VICTOR HUGO

OUVRAGES DU MÊME AUTEUR

A la Librairie Académique Perrin

HISTOIRE DES FRANÇAISES, 2 volumes.
BLANQUI L'INSURGÉ.
LES FACE-A-FACE DE L'HISTOIRE.
DOSSIERS SECRETS DE L'HISTOIRE.
NOUVEAUX DOSSIERS SECRETS.
L'EMPIRE, L'AMOUR ET L'ARGENT.
LA CASTIGLIONE, *d'après sa correspondance et son journal inédits.*
LETIZIA. NAPOLÉON ET SA MÈRE, *couronné par l'Académie française.*
LES GRANDES HEURES DE VERSAILLES, *grande médaille d'or de la ville de Versailles.*
GRANDES AVENTURES DE L'HISTOIRE, *prix Plaisir de lire.*
OFFENBACH, ROI DU SECOND EMPIRE.
LES HEURES BRILLANTES DE LA CÔTE D'AZUR.
GRANDS MYSTÈRES DU PASSÉ.
GRANDS SECRETS, GRANDES ÉNIGMES.
HISTOIRE DE LA FRANCE ET DES FRANÇAIS AU JOUR LE JOUR, 8 volumes (en collaboration avec André Castelot, Jacques Levron et Marcel Jullian).
L'HISTOIRE EN QUESTION, première série.
L'HISTOIRE EN QUESTION, deuxième série.
ALAIN DECAUX RACONTE, première série.
ALAIN DECAUX RACONTE, deuxième série.
ALAIN DECAUX RACONTE, troisième série.
ALAIN DECAUX RACONTE, quatrième série.
DISCOURS DE RÉCEPTION À L'ACADÉMIE FRANÇAISE ET RÉPONSE D'ANDRÉ ROUSSIN.

Chez d'autres éditeurs

LE LIVRE DE LA FAMILLE IMPÉRIALE (en collaboration avec André Castelot et le général Kœnig) (Plon).
CET AUTRE AIGLON, le prince impérial (Presses Pocket).
L'ÉNIGME ANASTASIA (Presses Pocket).
LA CONSPIRATION DU GÉNÉRAL MALET (Presses Pocket).
LA BELLE HISTOIRE DES MARCHANDS DE PARIS (hors commerce).
LA MÉDAILLE MILITAIRE (épuisé).
LOUIS XVII RETROUVÉ (épuisé).

Théâtre

LES ROSENBERG NE DOIVENT PAS MOURIR (Librairie Académique Perrin).
DANTON ET ROBESPIERRE (*L'Avant-scène,* en collaboration avec Stellio Lorenzi et Georges Soria).

ALAIN DECAUX
de l'Académie française

VICTOR HUGO

*

« Je veux être Chateaubriand ou rien. »
(1802-1839)

Librairie Académique Perrin

ISBN 2-266-01885-X

à Micheline

Les écrivains qui n'aiment pas Victor Hugo me sont ennuyeux à lire, même quand ils n'en parlent pas.
Jules RENARD.

Cette édition-là des *Misérables* comportait neuf fascicules. Chacun, de grand format, était illustré recto et verso d'une photographie tirée du film de Raymond Bernard. Dix-huit images noir et blanc qui, chez le libraire de Portrieux (Côtes-du-Nord), me fascinaient. Valjean prenait les traits burinés et puissants d'Harry Baur, Javert ceux, naturellement implacables, de Charles Vanel, Cosette portait en une nuit d'épouvante un seau d'eau plus lourd qu'elle, Fantine riait avec les dents de perle de Florelle, Max Dearly, engoncé dans une cravate géante, dansait et ricanait le personnage de Gillenormand, cependant que le jeune Marius arborait le sourire niais d'un Jean Servais peu servi par le scénario.

Mon père, qui faisait la guerre — la drôle — vint en permission pour Noël. Je lui parlai avec tant de convoitise de ces *Misérables* qu'il n'hésita guère. Les neuf fascicules s'amoncelèrent le soir même sur ma table de chevet. Je me souviens qu'en ouvrant le premier, je tremblais un peu : d'avidité mais aussi de bonheur.

J'avais quatorze ans. Je découvrais Hugo.

Je ne savais rien de lui. Au lycée je ne l'avais pas encore étudié. Alors, pourquoi tant d'impatience à le lire ? Je dévorais Dumas depuis l'âge de onze ans. Mais Dumas ne m'avait pas encore parlé de Hugo. Honnêtement, je crois mon attirance née de ces couvertures en forme de paraboles. J'ai égaré *mes* fascicules, lus, consultés, caressés si longtemps. Les photographies — œuvres à n'en pas douter d'un maître — je les revois, concerto où le noir l'emportait, véhicule idéal de scènes et situations qui, tant elles se révélaient en accord avec les rêves et les espoirs des générations, ont pris place dans la mémoire comme dans l'inconscient de quelques dizaines de millions d'hommes, de femmes — et d'enfants.

De cette lecture poursuivie sans relâche ni répit jusqu'à cette mort de Valjean qui me valut tant de larmes, je suis sorti anéanti, éperdu, brisé. Je ne savais pas que je venais de rencontrer le plus grand roman de la langue française. Mais je sentais que j'avais traversé quelque chose d'immense.

Je n'ai pas quitté Hugo depuis ce Noël de 1939. Notre exil de guerre se poursuivit pendant dix-huit mois. Il existait devant la plage de Saint-Quay-Portrieux une baraque en planches au fronton de laquelle on lisait : Bibliothèque paroissiale. Tout l'œuvre romanesque de Hugo s'y trouvait, classé au catalogue dans une catégorie que mon âge rendait hélas inaccessible ! Pour ces Bretons catholiques, Hugo restait inquiétant ; sans doute ne se trompaient-ils pas. Une lettre de ma mère fut le sésame qui m'ouvrit le paradis. De *Bug-Jargal* à *l'Homme qui rit*, j'ai tout lu. Tout. Quand je fus venu à bout de l'océan, il me resta *Victor Hugo raconté par un témoin de sa vie.* Après l'œuvre — juste après — je découvrais l'homme. Je le croyais du moins.

Connaître mieux Hugo. Ou plutôt le connaître. Tel fut le propos de ma vie entière. Aller plus loin que le « témoin », voire à son encontre, plus loin que la légende du poète de la République, de la barbe blanche et de l'art d'être grand-père. Répudier Épinal. Retrouver le quotidien au-delà du génie. Admettre la sincérité du révolutionnaire et le comprendre bourgeois. Croire à sa générosité totale et constater son amour de l'argent. Le voir vivre en leur absolu ses passions amoureuses et asservir la meilleure des amantes.

J'ai lu les lettres où il se met à nu, celles des hommes qui l'accompagnèrent, des femmes qui l'aimèrent. Je l'ai suivi dans *Choses vues* et l'ai découvert prodigieux journaliste. Je l'ai retrouvé dans les assemblées, l'ai admiré chantre de la seule vraie cause, celle de l'homme, polémiste féroce pour foudroyer les intérêts ou écraser les égoïsmes.

J'ai lu les travaux innombrables d'innombrables érudits.

J'ai salué la réussite incomparable d'une tentative a priori impossible : l'édition chronologique par Jean Massin des œuvres complètes de Hugo.

J'ai visité les lieux où il vécut, allant à Besançon aussi bien qu'à Guernesey, voulant voir le sommet du Donon tout autant que la Seine à Villequier, l'appartement de la place des Vosges comme la maison de Juliette. Il m'était cher, il m'est devenu proche.

De mon mieux, je l'ai servi, portant au théâtre *Notre-Dame de Paris*, écrivant avec Stellio Lorenzi pour la télévision le roman de sa vie [1], adaptant avec Robert Hossein *les Misérables* pour le cinéma. Il y a tant d'années qu'il ne me quitte pas ! Au hasard de mes visites, au fil de mes recherches, des détails inaperçus me sont apparus ; des lettres inédites, des textes inconnus m'ont permis une compréhension souvent renouvelée de mon héros. Le principal : les inestimables manuscrits de sa femme, si curieusement ignorés des biographes, mes prédécesseurs. On lira plus loin l'histoire du livre d'Adèle, le fameux *Victor Hugo raconté par un témoin de sa vie*, trafiqué au-delà du possible. La consultation des manuscrits, indemnes de toute censure, permet d'accéder au témoignage brut, dans sa sincérité et dans son authenticité.

Ainsi ai-je vu se dessiner Victor Hugo — gigantesque eau-forte — comme le reflet à l'identique et la projection *ne varietur* du XIXe siècle français tout entier. J'ai cherché ailleurs une aussi totale conformité et ne l'ai point trouvée. Hugo incarne son siècle mais on pourrait dire également que ce siècle-là galope derrière Hugo. L'un et l'autre croient à l'avenir, à ce radieux XXe siècle qui devait voir s'abattre les frontières, mourir la guerre, la misère, l'ignorance, naître de la fraternité universelle ce bonheur des hommes qu'annonçaient les utopistes, ces bien nommés.

A Guernesey, devant le chêne des États-Unis d'Europe qu'il planta dans la certitude que ces États seraient unis quand l'arbre serait grand, j'ai rêvé à ce qui fut de sa part illusion majeure et de la nôtre péché mortel. L'arbre est immense — et qu'avons-nous fait ?

Ce livre, pourtant, j'ai hésité à l'écrire. Commencé, je l'ai abandonné. Il en était tant, déjà, et on en annonçait d'autres. Mais certains ouvrages s'imposent à l'écrivain telles des nécessités. Il *fallait* que j'aille plus loin avec Hugo. Et avec moi-même quant à Hugo.

1. Série non encore réalisée.

Une hagiographie ? Certes non. Celer les défauts, les erreurs, les contradictions de Hugo serait le desservir. S'il a souvent déguisé la vérité en ce qui le concernait, n'a-t-il pas conservé toutes les preuves qu'il y avait travestissement, gardant jusqu'au plus dérisoire des chiffons de papier, comme s'il laissait lui-même aux biographes de l'avenir le soin de le démentir ?

Substituer Hugo à l'image de Hugo, sans indulgence inutile, mais en une constante et lucide volonté de compréhension, c'est toute l'ambition de ce livre.

A. D.

PREMIÈRE PARTIE

JE VEUX ÊTRE CHATEAUBRIAND OU RIEN

I

LA CHAISE DES ANCÊTRES

Effacer le passé, on le peut toujours : c'est une affaire de regret, de désaveu, d'oubli. Mais on n'évite pas l'avenir.

Oscar WILDE.

J'ai aimé Guernesey, son granit et son sable. Ses prairies qui s'achèvent en plages ; ses vaches qui paissent dans le fracas des vagues ; ses menhirs et ses églises ; ses rhododendrons et ses pommes de terre ; ses tomates en serres ; ses jardins, ses ravins, ses ruisseaux bordés d'autant d'herbe que de varech, ses arbres cernés de sel et de lichen ; ses caps déchiquetés par le vent autant que par la mer. J'ai aimé ses bruyères, ses ajoncs, ses hortensias, ses magnolias, ses orangers en pleine terre ; j'ai aimé les mirages semés par ses rochers, esquisses qui se dérobent dans l'écume, bas-reliefs qui s'affirment par l'agression des flots.

J'ai aimé Saint-Pierre-Port, bâti jadis autour de bois sculptés apportés de Saint-Malo. J'ai aimé cette colline que la ville semble prendre d'assaut, ses maisons comme tassées l'une sur l'autre, espalier de façades blanches ou grises, « Caudebec sur les épaules de Honfleur », disait un voyageur. Surtout, j'ai aimé cette grosse demeure en forme de cube qui domine tout de sa masse sans grâce. Je l'ai aimée parce qu'elle s'appelle *Hauteville House*.

Pourtant, rien de plus triste que les trois rangs de fenêtres à l'anglaise ouvrant sur la rue. Côté jardin, cela s'harmonise : la porte s'adoucit d'un perron de bois ; au premier étage un atelier vitré, prolongé par une terrasse, rompt la monotonie. Surtout, ce qui frappe, c'est ce balcon, sous le toit, qui court le long de la façade. De ce qui ressemble assez à une dunette de navire, on aperçoit tout Saint-Pierre-Port en bas, au-delà les îles de la Manche, certains jours le Cotentin. La France.

Il est inséparable d'une image, ce balcon : celle d'un homme qui, chaque matin, réveillé dès l'aube par le cri des mouettes et le canon de la citadelle, s'avançait sur les planches à claires-voies. Je le regarde.

Il n'est pas très grand, mais ce qui, au premier coup d'œil, émane de lui, c'est une impression de solidité, de force. Beaucoup de ceux qui l'ont rencontré à cette époque ont, sans se donner le mot, évoqué un vieux chêne. Nous les comprenons. Curieusement vêtu d'un costume de nuit rouge, les cheveux gris en broussaille, le visage creusé, comme fortifié de rides, ce n'est pas le château en pleine eau, là-bas, relié par une digue à la terre, qu'il regarde. C'est vers sa droite que les yeux de Victor Hugo cherchent quelque chose, ces yeux qui savent voir loin — et il en est fier. Il y a là une modeste maison, la Fallue, dont les fenêtres sont à la française, avec de petits carreaux.

Une de ces fenêtres, justement, vient de s'ouvrir. Une femme aux cheveux gris — elle a son âge, ou à peu près — est apparue. Elle agite la main, frénétiquement. Il lui répond. Il attache une serviette à la rampe du balcon, preuve que la nuit a été bonne — elle appelle cela son « torchon radieux ». Elle lui envoie des baisers. Il lève les bras. Un dernier signe. A regret, la femme va refermer sa fenêtre. Lui est entré dans cette pièce ménagée sous le toit, totalement vitrée, manière de serre en plein vent, belvédère face à la mer. Il a gagné l'une des deux tablettes de bois noir fixées au mur. Debout, il va entreprendre sa tâche quotidienne, bœuf de labour attelé à son sillon, mais bœuf inspiré. Trempant la plume d'oie dans l'encre — il la lui faut, cette plume à l'ancienne — Victor Hugo va ajouter, comme chaque matin, quelques dizaines de vers ou quelques pages de prose à son œuvre. Quand une page est achevée, couverte de la même écriture pleine et régulière, il la jette, derrière lui, sur la tapisserie de l'un des divans bas. Elle vole un instant, s'abat. Le tas grossit. A midi, il aura fini sa tâche de la journée, l'exilé de *Hauteville House.*

C'est pour elle, pour cette demeure que nous étions venus à Guernesey. Tout à coup, après un tournant, elle nous a sauté aux yeux, derrière ses chênes verts, avec sa porte surmontée d'un drapeau tricolore, enclave française en cette île anglaise qui n'oublie pas la Normandie. On nous avait beaucoup parlé de *Hauteville House.* J'avais lu ce que Hugo en avait dit lui-même, les livres qui lui avaient été consacrés, j'avais regardé bien des photographies. Mais il faut y pénétrer, il faut y vivre.

Nous y sommes restés trois jours. Nous l'avons habitée comme s'il était là. Nous avons même, la nuit, écouté *son* silence. Rien n'a changé. Ils sont en place, les meubles qu'il cherchait dans l'île, qu'il démembrait, transformait, adaptait, y sculptant lui-même tant de figures bizarres. Elles sont aux murs, aux plafonds, les tapisseries découpées, enclouées, recomposées. Elles rutilent, les chinoiseries du salon rouge ; ils paraissent clignoter, les lustres de bois noir de la chambre de Garibaldi ; ils éclatent, ces VH dont il a semé sa maison et qui nous ont confondus par leur abondance. La voilà, *Hauteville House,* sans exemple, poème lyrique, onirique, fantastique.

Chaque jour à midi, par un escalier étroit et roide, il descend de son cabinet vitré — il l'appelle son *look-out.* Pendant des heures, tous ont fait silence. Quand on entend son pas — plus lourd que léger, ce pas — le silence meurt, d'un seul coup. Regardez l'aquarelle peinte par son petit-fils Georges, vous le voyez descendre son escalier, vous entendez le soupir de soulagement de la maisonnée.

Au sous-sol, la cuisinière sait que l'heure est venue. Les plats préférés de Monsieur mijotent sur le gros fourneau. Chacun, celui-ci de sa chambre, celle-là du jardin, celui-ci de la salle de billard, se hâte vers la salle à manger. Il n'est pas question que le maître de maison attende. Surtout pas.

Je suis entré, je me suis assis. D'ailleurs la table est mise. Le couvert de Hugo, celui des siens. Enserré, abasourdi par l'extravagant foisonnement d'objets et de paroles — car, ne vous méprenez pas, ce sont des *paroles* que ces objets accumulés, ces devises accolées aux murs —, tout à coup je les ai sentis près de moi, les Hugo. Je les ai vus, entendus. Là, Adèle, la fille — Adèle comme sa mère, mais surnommée *Dédé* — triste et fermée, vieille fille avant l'âge. Là, Charles, trente ans, mou, sanguin, qui ronge son frein dans l'île. Là, François-Victor, plus « en esprit », perdu dans Shakespeare qu'il traduit : trente-six drames, cent vingt mille vers. En arrivant à Jersey — qui a précédé Guernesey — François-Victor a demandé à son père : « Comment rempliras-tu l'exil ? » Le père a répondu : « Je regarderai l'océan », puis à son fils : « Et toi ? — Moi, a dit le fils, je traduirai Shakespeare. » Alors, Hugo : « Il y a des hommes-océans. »

Mais celle que j'ai vue surtout, c'est l'épouse. Mme Victor Hugo. La maison renferme ses portraits. A tous les âges. Au temps de Guernesey, des peintres indulgents l'ont montrée autoritaire, altière, encore belle. Malheureusement pour elle, des photographes ont aussi opéré à *Hauteville House.* Impitoyable, la photographie. A travers ces plaques et ces épreuves jaunies, j'ai vu, à la table de cette salle à manger, Adèle alourdie, envahie par une graisse malsaine, surtout devenue si laide qu'on n'ose en croire les images de sa jeunesse pendues à d'autres murs. Qu'est devenue la grâce de ses vingt ans, où sont ces épaules alanguies, ces grands yeux noirs, cette bouche si petite dont le dessin et le rouge, irrésistiblement, évoquaient une cerise ? Où est cette « beauté espagnole » qui tant faisait rêver les amis du poète ? Est-ce l'exil qui à ce point l'a changée ? Le chagrin, la maladie ?

Le repas a commencé. Hugo mange. Vite, beaucoup, gloutonnement. Charles parle des journaux de France arrivés le matin par le bateau à vapeur. Ou bien, par habitude, hasarde un calembour. On aime les calembours à *Hauteville House.* Si, dans *les Misérables*, Hugo fera dire que « le calembour est la fiente de l'esprit », il placera le mot dans la bouche d'un personnage solennel et ridicule. C'est Charles — parce qu'un certain Mauger, maître maçon, travaillant avec dix ouvriers douze heures par jour, avait mis un an à terminer cette salle à manger — qui s'est écrié que l'on avait enfin une *salle à Mauger.*

Ce maçon n'était qu'un exécutant. Le concepteur du décor — c'en est un — c'est Hugo. Il a voulu ces carreaux de Delft qui cernent la cheminée monumentale incrustée de plats de faïence, cette cheminée en forme d'un H immense. Je me souviens : pudiquement, le conservateur de la maison, M. Robert Sabourin, voulait me persuader que ce H pouvait évoquer *Hauteville House*[1]. Allons donc ! il s'agit de l'H de Hugo. Dans cette maison, il crie qu'il est chez lui — et il le crie partout. Prodigieux culte de la personnalité imposé par lui-même avec un écrasant naturel.

1. Comment ne pas remercier M. Sabourin de l'inépuisable complaisance — doublée de tant de science — qu'il a mise à nous accueillir, hors de l'afflux des visiteurs, et à nous guider.

Il a voulu, inscrits dans le bois au-dessus de la porte, ces trois mots qui disent tout :

EXILIUM VITA EST[1]

Il a voulu, dans cette même salle à manger, entre les deux fenêtres, que fût placée cette « chaise des ancêtres », sorte de cathèdre, en quoi ses contempteurs — Dieu sait s'il en a eu ! — ont voulu voir un trône. En fait nul ne peut s'y asseoir, pas même lui, puisqu'une chaîne, tendue entre les deux bras, en interdit l'accès. Au milieu, il a voulu que fussent peintes les armoiries des Hugo, avec cette date : 1534, et sa propre devise :

EGO HUGO

Sur l'accoudoir droit, le nom du premier des Hugo : *Georges 1534.* Sur l'accoudoir gauche, le nom du dernier, son père : *Joseph Léopold Sigisbert 1828.*

Une jeune servante passe les plats. Elle regarde souvent — trop — du côté de Hugo. Mais nul ne paraît s'apercevoir d'un manège pourtant évident. La conversation tombe un peu. Alors l'épaisse Mme Hugo pose une question à son mari. Elle a trait à un point précis de la jeunesse de Victor. Les autres font silence. Il ne s'agit plus de ces propos de table qui meublent l'heure passée en commun. La gravité de chacun, la curiosité attentive de tous — sauf peut-être de *Dédé* perdue dans son rêve — montrent que l'on vient de passer à quelque chose de sérieux. Hugo, quelque peu rassasié par le premier plat englouti, prend son temps, interroge sa mémoire — infaillible, cette mémoire —, n'a aucun mal à retrouver le souvenir sollicité. Il parle, raconte, se raconte. D'évidence il y trouve du plaisir. Mais ce qui, pour d'autres, ressemblerait à de la complaisance, n'est pris ici par la famille Hugo que pour ce que cela est : un exercice, toujours difficile, parfois périlleux, un moment de travail de plus, dans cette maison tout entière consacrée au travail. Les fils, la fille savent — bien sûr — que, tout à l'heure, Mme Hugo retranscrira ce que vient de dire le père. Ils savent que, depuis de longs mois, elle a entrepris d'écrire la vie de Victor Hugo. Or, à *Hauteville House,* rien de ce qui touche à Victor Hugo n'est pris à la légère. Jamais. Nul ne méconnaît qu'ici l'on côtoie le génie. Tous communient dans un culte de chaque instant, accepté et qui, curieusement, n'est de la part d'aucun nuancé d'hypocrisie.

1. La vie est un exil.

Ce livre, Adèle Hugo en a eu l'idée peu après le coup d'État de Louis-Napoléon. Dès leur arrivée à Jersey, elle s'est mise au travail. L'essentiel, c'est à Guernesey qu'elle l'écrira. François-Victor s'est souvenu : « Victor Hugo racontait les faits que Mme Hugo désirait connaître, dans un récit minutieux qui se prolongeait jusqu'à la fin du repas. Le déjeuner fini, Mme Hugo remontait dans sa chambre et fixait, par des notes très brèves, ce qu'elle avait entendu. Le lendemain matin, elle se faisait éveiller de bonne heure, faisait ouvrir les épais rideaux de sa chambre, faisait apporter un pupitre qu'elle posait sur son lit, se mettait sur son séant et, tout en buvant une tasse de chocolat, relisait ses notes, puis se mettait à écrire la narration définitive qui a été publiée. »

Le résultat, après cinq années d'un travail maintes fois interrompu, sera la publication en 1863 de *Victor Hugo raconté par un témoin de sa vie,* mis en vente en même temps à Paris et à Bruxelles — sans nom d'auteur.

Un livre irremplaçable. Comment connaîtrions-nous dans ses détails les plus intimes l'extrême jeunesse du poète, ses premières sensations, ses joies, ses chagrins, ses espoirs, les impressions ressenties au contact des premiers lieux visités, jusqu'à ses « mots » d'enfant ? Victor Hugo a parlé ce livre ; Adèle — qui souvent avait partagé les jeux de cette enfance — l'a écrit ; il s'agit d'un témoignage au sens le plus vrai du mot. Tous les biographes de Hugo s'en sont abondamment servis. Ainsi, l'image du poète qui s'est imprimée dans le public est celle-là même qu'il souhaitait, puisque c'est celle que, selon sa volonté, Adèle a tracée de lui. L'image la plus authentique qui soit.

Authentique ? Voire.

Le *Victor Hugo raconté* n'est qu'une supercherie parfaitement calculée. Réussie au-delà du possible, admirable à bien des égards — mais une supercherie. Ceci pour plusieurs raisons qu'il faut connaître.

La première : ce n'est pas le texte d'Adèle qui a été livré au public. Il a été réécrit entièrement, affadi pour le rendre plus exemplaire. Le « correcteur » s'appelle Auguste Vacquerie, l'un des plus fidèles parmi les disciples de Hugo, préoccupé plus que Hugo lui-même de l'image du poète qu'il fallait imposer à la postérité. Pour comprendre l'importance des modifications opérées, des passages amputés ou modifiés du tout au tout, il a fallu pouvoir disposer du manuscrit d'Adèle — ou plutôt des manuscrits — longtemps gardés sous le boisseau [1].

Vrais et sincères ces souvenirs ? Sûrement. Déjà, par rapport au *Victor Hugo raconté*, le progrès est immense. Mais il s'agit de la sincérité d'Adèle. N'oublions pas qu'Adèle est un reflet, une sorte de magnétophone intelligent. Le problème essentiel qui se pose à nous est celui de la sincérité de Hugo. N'hésitons pas un instant : Hugo n'est pas sincère, *lui.*

La volonté de transcendance est évidente. Mais elle l'est chez tous les mémorialistes. Si Hugo prétend avoir lu Tacite à huit ans, alors qu'en fait il lisait Virgile — ce qui déjà n'était pas si mal — c'est parce qu'un jeune génie est censé préférer la grandeur selon Tacite, au bucolique selon Virgile. Péché véniel après tout et auquel je me garderai de jeter la première pierre.

L'important — l'essentiel — est ailleurs. Le *Victor Hugo raconté* reflète une enfance qui n'a pas existé. L'enfance de Victor n'est rien d'autre qu'un drame pathétique, un roman noir avant la lettre. Un désastre. Elle devient, dans le *Victor Hugo raconté*, une sorte de conte allègre, l'histoire d'un petit garçon comblé, grandissant heureux entre l'amour de sa mère et la gloire de son père. En fait — et c'est cela qui bouleverse — l'enfance que Hugo a racontée à Adèle n'est pas celle qu'il a vécue, mais celle qu'il a rêvée. Beaucoup d'enfants malheureux en ont usé ainsi, mais celui-ci est écrivain, l'un des plus grands que le monde ait portés. Dans sa recomposition, il ne jette pas seulement l'amertume de ses regrets mais l'inspiration de sa sensibilité poétique. Son invention devient *une œuvre*, d'autant plus poignante que chaque ligne acquiert une double signification, le sens caché ne se devinant qu'en le comparant au sens avoué, lequel est faux. Cette enfance inventée, il finira par y croire. En dissimulant de toutes ses forces les insupportables face à face de son père et de sa mère, les affreuses altercations de ces époux haineux, ce n'est pas tant le lecteur qu'il voudra tromper, mais lui-même.

En marge du manuscrit d'Adèle, une note évidemment dictée par Hugo lève un coin du voile. Il s'agit des enfants Hugo : « Près leur mère, près leur père malgré la division,

1. Désormais, quand je citerai *Victor Hugo raconté par un témoin de sa vie* — dont beaucoup de passages gardent leur valeur — je dirai le *témoin*. Quand il s'agira du brouillon original inédit, ce sera le *manuscrit d'Adèle.*

leurs cœurs se chauffaient, ils sentaient la douceur du nid, la famille vite s'échappait, l'orage venait, leur mère était amère, leur père irrité. Quand ils avaient le père, ils n'avaient pas la mère : jamais les deux ! Jamais qu'un tronçon de famille — une idée à peine formée s'évanouissait, l'une chassait l'autre. » Mais cette note est restée inédite. Elle n'a pas été reprise dans le texte publié des souvenirs d'Adèle. Il ne fallait pas proposer au public une image dont Hugo lui-même ne supportait pas l'évocation.

De ce désastre dont il a tant souffert, il a donc décidé de ne retenir que les bonheurs — vrais ou faux. Soyons nets : ceux qui le lui ont reproché — cuistres impénitents, censeurs sans entrailles — ont ignoré l'évidence d'un enfant malheureux. Ils ont oublié que le paroxysme de la souffrance humaine, c'est dans l'enfance qu'il peut être ressenti.

Est-ce chronologiquement qu'Adèle a engagé et poursuivi ses entretiens avec Victor ? Impossible de le savoir. De toute façon, le jour est venu où elle a dû poser la question :

— A propos, que dois-je dire des origines de la famille ?

J'imagine la gravité de Victor, tout à coup. Je le vois prendre son temps. Il sait qu'il parle pour Adèle, donc pour son public, ses lecteurs d'aujourd'hui et de demain. Mais il s'adresse aussi à ses fils. Je ne crois pas me tromper en disant qu'il attache autant d'importance à convaincre ses fils de l'antiquité de leur famille qu'à en persuader la postérité. Sa famille est ancienne, il en est sûr, et ce qu'il énonce, lentement, presque laborieusement, il le croit. Demain, assise dans son lit — combien de tasses de chocolat, ce matin-là ? — Adèle mettra au point ce qu'il lui a confié. Et nous, ses lecteurs, nous lirons : « Le premier Hugo qui ait laissé trace, parce que les documents antérieurs ont disparu dans le pillage de Nancy par les troupes du maréchal de Créqui en 1670, est un Pierre-Antoine Hugo, né en 1532, conseiller privé du grand-duc de Lorraine, et qui épousa la fille du seigneur de Bioncourt. Parmi les descendants de Pierre-Antoine, je remarque : au seizième siècle, Anne-Marie, chanoinesse de Remiremont ; au dix-septième siècle [1]... » Cela continue jusqu'à ce

1. Le *témoin*.

« Louis-Antoine que M. Abel Hugo disait être le conventionnel Hugo exécuté pour modérantisme ».

Moi, lisant cela, je me souviens de la salle à manger de Guernesey, la chaise des ancêtres, je revois les armoiries peintes au dossier, la date de 1534. Et je soupire. La voilà déjà, la première supercherie ! Car, bien sûr, il n'y a pas un mot de vrai dans tout cela. Devant ce grand homme changé en M. Jourdain, les biographes se croient ici obligés d'afficher de l'indulgence. Ils s'efforcent à modérer leur dédain. Qu'avait-il besoin, Hugo, de se chercher des ancêtres imaginaires ? Il n'avait qu'à imiter Napoléon qui, aux héraldistes trop prompts à lui fabriquer une ascendance élevée, avait superbement répondu :

— Ma noblesse remonte à Montenotte !

Certes. Mais ici Hugo pourrait plaider non coupable. L'auteur de la fausse généalogie, ce n'est pas lui, mais son père.

Dans une note rédigée le 16 avril 1825 pour le Conseil du Sceau, le général Hugo affirmait être issu d' « une famille très ancienne en Lorraine où elle a compté des branches illustres, dont l'une dans le dix-septième siècle a donné le savant Louis Hugo, abbé d'Estival, évêque de Ptolémaïde ». En 1828, trois ans plus tard et deux ans avant *Hernani*, Victor rédigeait de sa main une note autobiographique, tout entière inspirée par les dires de son père, dans laquelle il se disait né d' « une famille de Lorraine, anoblie en 1535 dans la personne de Georges Hugo, capitaine des gardes du duc de Lorraine ». La gloire du poète ayant provoqué, quant à de telles origines, des controverses parfois fort peu aimables, il s'acharna. En 1867 encore, l'auteur des *Misérables* persistait et signait : « Les Hugo dont je descends sont, je crois, une branche cadette, et peut-être bâtarde, déchue par indigence et misère. Un Hugo était déchireur de bateaux sur la Moselle. Mme de Graffigny (Françoise Hugo, femme du chambellan de Lorraine) lui écrivait : *Mon cousin.* »

Rien de plus vrai : il y eut un Georges Hugo anobli, un Hugo évêque de Ptolémaïde, une Hugo épouse du chambellan de Lorraine. L'ennui c'est qu'aucun d'entre eux ne possédait le moindre point commun avec nos Hugo. Le général Hugo l'a cru, ou voulu le croire, ou voulu le faire croire. Il a parlé de leurs « ancêtres » à ses enfants. Ceux-ci l'ont cru à leur tour. On croit volontiers ces choses-là. Et Victor Hugo, bien plus que d'autres, se devait de croire son père. Parce que, ce père si imparfait, de qui il avait essuyé tant d'injustes souffrances, il avait choisi d'en faire une figure idéale. Un Bayard napoléonien qui eût été, en plus, un père exemplaire. Bayard ne peut mentir. Tout s'explique de ces Hugo blasonnés dont le seul tort est de ne pas avoir été parents du nôtre. Acquitté, Victor Hugo, pour cause de crédulité filiale.

La généalogie, science exacte, nous dit que Hugo, patronyme d'origine germanique, est un nom fort commun en Lorraine. A son ami Dumas, Victor confiera que « Hugo veut dire souffle ». Le premier ancêtre connu de Victor est un Claude Hugo dit « le Hollandais », engagé comme fossoyeur pendant une épidémie de peste, le 20 août 1631, par la ville de Mirecourt (Vosges) qui y met d'ailleurs le prix. Claude Hugo, cela sonne comme le Claude Frollo de *Notre-Dame de Paris.* Et son métier, même épisodique, nous conduit à ses pareils qui hantent, alliés objectifs des bourreaux, les pages noires du très sombre *Han d'Islande.* Ce Claude fut le grand-père de Jean Hugo, cultivateur à Domvallier, lequel eut pour fils Jean-Philippe, cultivateur à Baudricourt, ce qui enchantait Barrès. Celui-ci cherchait dans ce « village immobile dans la solitude du plateau lorrain » la route qui mène à Domrémy, les prairies mosellanes où naquit Claude Gelée, le chemin de la petite ville de Mirecourt où Pierre Fourier vit le jour : « qu'un même canton ait produit de telles plantes humaines, Jeanne d'Arc, Pierre Fourier, Claude Gelée et cette puissante famille des Hugo d'où jaillit Victor Hugo, c'est un grand sujet de méditation ».

Le Hugo de Baudricourt s'est marié le 1er janvier 1707 avec Catherine Grandmaire, dont il a eu sept enfants. L'un de ceux-ci, Joseph, naîtra le 24 octobre 1727.

Ici nous quittons les silhouettes sans contours esquissées par les généalogistes autour d'un nom, d'un métier, d'une résidence. Ce Joseph, nous le suivons à la trace. Un homme dur, nous dit-on, et de caractère : litote pour signifier mauvais caractère. On le voit, en sa jeunesse, répondre aux mirifiques promesses des sergents recruteurs, s'engager, devenir cornette de chevau-légers, autrement dit adjudant. Son temps accompli, la charrue le rebute alors que le rabot le tente. Nous le retrouvons maître menuisier, bientôt doté du privilège des bois flottés sur la Moselle.

Ainsi, Joseph est un homme qui a pignon sur rue. Puisqu'il est maître menuisier, c'est qu'il fait travailler des ouvriers. Il a épousé en premières noces la fille d'un maître cordonnier, en secondes la gouvernante des enfants d'un comte. Ses deux épouses lui ont donné douze enfants dont sept filles. L'inventaire dressé après le décès de sa première épouse, Dieudonnée Béchet, le 8 août 1768, révèle un actif de 2420 livres, une maison à Lunéville, une autre à Nancy, rue des Comptes, et une remise dans la même ville, rue de la Mort-qui-Trompe. C'est dans sa maison de Nancy, au 29 de la rue des Maréchaux, quartier des échoppes et du négoce, que va naître, le 11 novembre 1773, Joseph Léopold Sigisbert, alors que Joseph achevait à peine de payer sa maison de la rue des Maréchaux.

Car, malgré les apparences, on ne roule pas sur l'or, chez les Hugo. Léopold devra interrompre tôt des études dont lui-même a dit qu'elles avaient été poursuivies « avec distinction » au collège royal de Nancy : son père n'a pas « les moyens d'y pourvoir longtemps ». Que l'on n'imagine point pourtant un garçon inculte. L'enseignement de ce temps marquait très vite et très profondément un jeune cerveau. En 1794, quand le général Moreau notera le capitaine Hugo, il écrira : *beaucoup d'instruction.* Car, à l'exemple de son père, il s'est engagé : à quinze ans, le 16 septembre 1788. Dès que l'on a découvert qu'il avait triché sur son âge, on l'a renvoyé dans ses foyers. Mais il est tenace, le jeune Léopold. De nouveau, au lendemain de la prise de la Bastille, il s'engage. On le congédie derechef : trop jeune. Son premier engagement valable — prime à l'entêtement — sera du 23 avril 1791, au 3e régiment d'infanterie.

Retenons bien la date : avril 1791. La Révolution déferle sur la France. On met la dernière main à la Constitution de 1791 qui a établi la souveraineté nationale sur les ruines de l'absolutisme. Plus de roi de France, mais un roi des Français. Les grands clivages que fera naître la guerre déclarée l'année suivante par Louis XVI ne se sont pas encore produits. L'immense majorité des Français a adopté les idées nouvelles. Dans la France entière, les gardes nationales, les gardes citoyennes regroupent l'élite des zélateurs de la liberté. La même année 1791, le maître menuisier Joseph Hugo, soixante-quatre ans, s'enrôle à Nancy dans les rangs de la compagnie Saint-Epvre. Six ans plus tard, quand on le fêtera officiellement en raison de sa nombreuse progéniture, le rapport le désignera comme « très excellent républicain ».

Donc, au sein même de la famille, un climat. Quand la patrie sera en danger, il se passera chez les Hugo quelque chose de rare : les quatre frères de Léopold le rejoindront dans les armées de la Révolution. Sur ces cinq Hugo, deux furent tués à Wissembourg, les trois autres devinrent officiers : Léopold général de division, Louis-Joseph général de brigade, Francis-Juste major d'infanterie. Certains, découvrant cet épisode à la Plutarque, douteront ou souriront. Ils auront tort.

En ce temps-là, l'histoire va au pas de course. A l'armée du Rhin, Léopold accomplit des merveilles, il est blessé devant Mayence : une balle dans le cou. Le voilà capitaine, puis adjudant-major. En compagnie de son ami le commandant Muscar — un Basque bon vivant de trente-quatre ans —, ce n'est pas seulement au feu que Léopold célèbre la République. On voit les deux amis dans les clubs, ils pérorent, ils s'enflamment et, sous leur commandement, le 8e bataillon du Bas-Rhin devient le bataillon de l'Union. Bientôt les deux compères se feront francs-maçons.

La Vendée s'insurge. Parmi les troupes que l'on achemine pour réprimer la révolte, vont marcher le commandant Muscar et le capitaine Hugo. Un détail : Hugo a oublié qu'il s'appelait Léopold. Il signe désormais Brutus. Substitution de prénom qui nous en dit long sur ses choix et options. Le 11 juillet 1793, Brutus Hugo entre en Vendée militaire.

« Cette guerre, écrira Victor Hugo, mon père l'a faite, et j'en puis parler. » Rien de plus vrai. Il l'a faite et bien faite. Seulement il est sûr que ce n'est pas de la façon racontée par son fils. Le père et la mère *recomposés* par Victor Hugo sont des êtres parfaits, il faut que nous l'admettions une fois pour toutes. Que Brutus Hugo se soit courageusement battu, qu'il ait été blessé à la bataille de Vihiers et de nouveau sur le Maine, nous n'en disconvenons pas. Mais que, dans cette « guerre des géants » — en fait une lutte affreuse où, de part et d'autre, on s'est livré aux pires des atrocités — Brutus Hugo se soit affirmé toujours un parangon d'humanité, le plus tolérant des Bleus, prompt à pardonner, ne songeant qu'à épargner l'adversaire, c'est tout autre chose.

A la table de l'exil, il parle, le poète. Puisque son père est en question et qu'en exil il est convenu qu'il aime son père — cela n'a pas toujours été le cas, oh ! non — son admiration ne doit connaître aucune faille. On en est à la Vendée. Hugo s'émeut. Le lendemain, transcrivant ses notes, Adèle, à propos de Léopold, s'exaltera : « Partout le dévouement s'attachait au jeune officier. C'est qu'il avait ce qui est aimé de tous, ce qui, seul, est pleuré par tous : la bonté, cette grande absolution humaine. En toute occasion on retrouve des preuves de cette bonté [1]. » A travers le récit enregistré par Adèle on ne voit Léopold Hugo — Brutus ? quel Brutus ? — que solliciter des grâces, recueillir des enfants abandonnés, multiplier les actes de charité. Il va jusqu'à sauver vingt-deux femmes de rebelles promises au peloton d'exécution !

Tout cela est beau. Surtout, cela est nécessaire à la conception hugolienne édifiée sous le second Empire d'un héros républicain. Il doit être évident qu'un soldat de la Révolution, selon Victor Hugo, réprouve la terreur et toutes les formes de violence. Il apporte à la défense de l'unité nationale le courage, la noblesse, et surtout la tolérance. Toutes qualités qui conviennent parfaitement à ce père idéalisé qu'il défend. Malheureusement les érudits vendéens ont travaillé. Ils ne méconnaissent nullement les actes d'indulgence que l'on doit à certains officiers bleus. Tous, ils ont été recensés, narrés. Ceux qu'attribue Adèle à son beau-père n'ont laissé aucune trace. Du vivant de Victor Hugo, nombre d'acteurs de la grande guerre étaient encore à même de témoigner. Certains auraient pu trouver profit à confirmer les dires d'un poète illustre. Aucun ne l'a fait.

Ce que l'histoire nous dit, simplement, c'est que Brutus Hugo a fait le travail qu'on lui demandait. La guerre a changé de sens et de forme. On n'en est plus aux grandes batailles. Les chouans tiennent la campagne, établissent partout leurs camps et en changent sans cesse. Soudain ils se démasquent, frappent d'autant plus cruellement qu'on ne les soupçonnait pas là. Pas de quartier : les faux fouaillent et éventrent. On en est à la guerre de mouvement, anticipation de ces guérillas italiennes et espagnoles que connaîtra aussi Brutus Hugo — redevenu Léopold. Les paroisses se sont vidées. Les femmes, les enfants accompagnent les maris et les pères, font à l'occasion le coup de feu. D'évidence, il faut que les Bleus répondent. Les représailles sont le corollaire des guérillas. Le bataillon de l'Union, composé de 1 141 recrues, augmenté de gardes nationaux de Nantes, va être chargé de cette sale besogne. On peut parler d'opérations implacables : œil pour œil, dent pour dent. On bat le pays, on occit ou l'on capture tout ce que l'on rencontre de « brigands ». Tantôt on

1. *Manuscrit d'Adèle,* chapitre I.

fusille sur place, tantôt on ramène des prisonniers que l'on exécutera après un jugement sommaire. *Muscar à Haxo, 8 décembre 1793 :* « Huit brigands ont été fusillés hier et deux en ce moment. Je veux ménager désormais vos précieux moments. » *Muscar à la Commission militaire de Nantes, 28 décembre :* « Encore sept brigands de fusillés hier. Tous les jours, ce jeu patriote va se reproduire, bien décidé à donner la chasse à tous ceux qui infectent encore ces environs ; j'espère qu'aucun n'échappera à mon activité et à ma haine implacable. »

Et Brutus ? Il suffit de le citer lui-même : « Je pris part à *toutes* les petites affaires qui se succédèrent tant sur le Tenu qu'au Port-Saint-Père. »

A la table de Guernesey, Hugo a raconté à Adèle que son père, en tant que chef d'état-major, avait « pris part à l'expédition de Quiberon ». Pieusement, elle l'a retranscrit. Or Brutus n'a pas été promu chef d'état-major et il ne s'est pas battu à Quiberon. La tâche qui lui a été réservée se révèle beaucoup moins glorieuse : il a pourchassé les chouans qui s'enfuyaient de la presqu'île. L'histoire a montré que bien peu purent échapper à ce rabat, véritable chasse à courre humaine. Image, pour Victor Hugo, insoutenable. Il a donc décidé qu'elle n'existait pas.

La vérité, c'est que, le 26 novembre 1795, Muscar et son bataillon se portent à Châteaubriant. Qu'ils vont y séjourner pendant six mois, ceci jusqu'au 5 juin 1796. Il s'agit de protéger la ville et les forges voisines, très importantes pour l'économie, des incursions des chouans qui, en quasi-impunité, battent la campagne. Afin de leur asséner des coups que toujours on espère définitifs et qui ne le sont jamais, Muscar a créé deux colonnes mobiles. Il confiera la seconde à Hugo quand celui-ci le rejoindra. Alors Hugo tue ou fait tuer, ou encore il procède à des réquisitions de vivres qui rendent ces paysans encore un peu plus exsangues. Un militaire qui fait ce travail-là ne peut l'accomplir efficacement que s'il le prend au sérieux. Par voie de conséquence, Hugo s'est mis à haïr ces rustauds opiniâtres, à détester cette menace qui renaît chaque jour de ses cendres [1].

1. Quand on lit son récit rédigé vingt ans plus tard, on s'étonne à lui voir soudainement revivre ses haines et ses colères d'antan. Les chouans, pour lui — il écrit sous la Restauration ! —, sont tous des « détenus, des forçats arrachés à la justice », ou encore des « étrangers apatrides » *(sic)*, ou au mieux « des misérables habitués au pillage ». Toutes accusations qui nous paraissent familières tant nous les avons nous-mêmes entendu adresser à tous les résistants du monde.

Quant aux idées nouvelles, Brutus n'a pas varié d'un pouce depuis les débuts de la Révolution. Au contraire, il se scandalise de la stupidité des Bretons qui l'entourent, lesquels n'arrivent pas à « comprendre les bienfaits » de cette République qu'il idolâtre. Cela dit, gardons-nous de le voir toujours prêt à prêcher ou moraliser. N'oublions pas qu'en 1796 il a vingt-trois ans. C'est un bon garçon qui, avant toute chose, aime s'amuser. Le rire est le propre de Hugo. En toute occasion il s'esclaffe. Pour un peu, il indisposerait des camarades plus enclins à la gravité. Mais il a si bon caractère ! Sa jovialité est si sincère que nul ne peut lui en vouloir. Muscar composera — pour rire lui aussi — son épitaphe.

Hic jacet le major de notre bataillon :
Universel rieur, il mourut de trop rire,
Gai jusque sur le Styx il fit rire Pluton,
Oh ! pour le coup les morts vont aimer leur empire !

Les hommes qui rient font rire. Et ceux qui font rire les femmes leur plaisent. Pas question que Brutus réfrène ce *tempérament* qui lui a été donné en partage. Nous sommes en un temps de morale facile. A l'armée, Brutus traîne une certaine Louise Bouin dont le corsage est épanoui autant, nous dit-on, que sa cervelle est légère. Il l'aime bien. Elle tient à lui. Dans une lettre, il fera l'éloge des deux « sphères » qui se dressent sous son corsage et auxquelles il aime rendre visite le plus souvent qu'il peut.

Charette vient d'être capturé au terme d'un affrontement sans merci ; on le fusillera à Nantes en mars 1796. Brutus Hugo a pris sans rechigner sa part de ce combat. Mais il l'a fait en riant aux éclats et en caressant les « sphères » de Louise Bouin. Ne nous voilons pas la face : il a raison. Pourquoi aurait-il mauvaise conscience, s'il se sent fort de son bon droit ? La guerre est son métier et il fait la guerre. Il fait aussi l'amour. Est-il le premier à aimer en même temps la guerre et l'amour ?

Pourtant, dans un instant, pour Brutus l'amour va peut-être changer de visage. A Châteaubriant, il va rencontrer Sophie Trébuchet.

Nous y sommes. Plutôt, c'est Adèle qui va franchir une nouvelle étape. A la table des Hugo, chacun a dû sentir que l'on abordait un moment capital. Il s'agit de cette grand-mère qu'aucun de ces jeunes gens, garçons et fille, n'a connue. Mais Adèle a approché Sophie Trébuchet. Elle en conserve un souvenir ambigu. Sa plume ne risque-t-elle pas d'errer ? On devine qu'elle va se montrer aussi prudente que vigilante, plus fidèle que jamais à la dictée de son mari. Elle va donc écrire que le père de Sophie, Jean-François — le grand-père maternel de Hugo —, était un armateur : « Les Trébuchet étaient de Nantes, des armateurs de père en fils, et de très bonne bourgeoisie. Toutes leurs racines étaient à Nantes, ils étaient de ces piliers de pays qui voient un exil quand ils ne voient plus leur clocher, c'est pour eux une terre promise, une élection que d'y être [1]. » Le père de Sophie — grand-père maternel de Hugo — « continuait l'idée séculaire de la famille, l'ardeur au culte et aux rois [2] ».

C'est à ce père armateur que Léopold Hugo — Brutus ? quel Brutus ? — aurait été demander la main de Sophie Trébuchet : « Comment le soldat de la Convention était-il entré chez le fidèle de Louis XVI ? Et comment y était-il venu ? Je l'ignore ; mais je sais bien ce qui l'y avait fait revenir et ce qui l'y avait fait rappeler. » Bien sûr, sous la plume d'Adèle, la raison s'appelait Sophie. Sophie dont Brutus était tombé amoureux : « L'armateur hésitait fort à donner sa fille à un militaire, obligé de courir le monde et de laisser sa femme seule ou de la traîner sur les routes. Il objectait encore les opinions du major, qui seraient une contradiction dans la famille et qui pourraient devenir une brouille dans le ménage. Mais il n'y a pas de meilleur avocat que l'amour [3]. » Et Adèle va montrer l'armateur, vaincu, donnant sa fille à Brutus.

Belle histoire. Elle est *totalement fausse*. Quand Brutus a rencontré Sophie, le père de celle-ci — qui n'avait jamais été armateur — était mort depuis douze ans ! Raisonnons : si Adèle l'a écrit, c'est que son mari le lui a dit. Mais pourquoi l'a-t-il dit — puisque c'était faux ?

« Ma mère vendéenne », dit Victor Hugo.

Il l'a montrée, cette mère, « pauvre fille de quinze ans, en fuite à travers le bocage ». Il a fait d'elle « une brigande, comme Mme de Bonchamp et Mme de La Rochejaquelein [4] ». Plus tard, évoquant sa propre formation politi-

1. *Manuscrit*, chapitre I, seconde version.
2. *Manuscrit*, chapitre I, première version.
3. Je cite ici le *témoin* qui a fort intelligemment condensé les diverses versions retenues par Adèle dans ses manuscrits successifs et qui, pour dire le vrai, nous apparaissent fort embrouillées.
4. Préface des *Feuilles d'automne* (1831).

que, il s'est dépeint égaré par la formation qu'il devait à sa mère :

> J'ai trop peu vu la France et trop vu la Vendée...

Cette Vendée, il l'identifiera à sa mère :

> Parce que ma mère, en Vendée, autrefois,
> Sauva en un seul jour la vie à douze prêtres [1].

Au soir de sa vie, il parlera encore de Sophie et se dira « fils d'une Vendéenne amie de Mme de La Rochejaquelein [2] ». Il a tant dit et redit que sa mère était vendéenne et royaliste qu'on l'a longtemps admis sans discussion. Il a fallu que récemment des brassées de documents sortent des archives pour que la légende soit d'abord conduite à l'agonie, puis au trépas. Sophie Trébuchet était tout, hormis une Vendéenne royaliste. Mais voilà, il fallait qu'elle le fût. D'abord parce que l'antithèse est le pléonasme de Hugo : une mère royaliste répond à un père républicain. Ensuite parce que le royalisme de sa mère, éclos tardivement sous l'Empire pour cause d'amour assassiné, avait besoin d'être ennobli. La Vendéenne efface la conversion de circonstance. Cette identité d'emprunt met la dernière touche à un portrait inachevé.

Les Trébuchet appartenaient à une famille de fondeurs. On les trouve au nord d'Ancenis et autour de Châteaubriant. Jean Trébuchet, maître fondeur à la Forge Péan, près de Moisdon, fils d'un autre maître fondeur, a épousé Françoise Louvigné, elle-même fille d'un maître fondeur. Ils ont eu treize enfants. Le dernier-né, Jean-François Trébuchet, a préféré — peut-être justement parce qu'il était le dernier — se faire marin ; il est bien le seul. Engagé à dix-huit ans, en 1749, comme simple pilotin, dans la marine de commerce, il sera lieutenant, puis capitaine en 1767. Cette année-là, il épouse Renée-Louise Lenormand du Buisson dont il aura huit enfants. La troisième, prénommée Sophie, est celle qui nous intéresse. Jean-François Trébuchet naviguera la moitié de sa vie et mourra, en 1783, dans l'océan Indien.

Sophie avait huit ans à la mort de sa mère, onze lorsque disparut son père. La famille l'avait confiée à sa tante

1. *Les Contemplations* (1854).
2. *Actes et paroles* (1875).

Françoise Robin, sœur de son père, veuve d'un notaire. A soixante ans, celle-ci vivait chichement d'une petite rente. Elle se voulait fort adepte des idées nouvelles, lisait les philosophes, idolâtrait Voltaire. Elle voulait bien croire à l'Être suprême mais regardait les prêtres de haut. Comme il était prévisible, Sophie avait adopté les idées de sa tante. D'autant plus que son grand-père maternel, René-Pierre Lenormand du Buisson, surveillait son éducation. Un notable, procureur fiscal, puis sénéchal, enfin procureur au présidial de Nantes. Comme maint bourgeois de Nantes, il n'en flambait pas moins pour le « changement ». C'est chez lui, en 1788, que fut conçu et rédigé le cahier de doléances de la ville de Nantes. Déjà en ce temps-là, il appelait les prêtres des tyrans et stigmatisait « le joug qu'en compagnie des nobles ils ont durant des siècles fait peser sur le peuple ». Il allait applaudir à la mort de Louis XVI et accepter le poste de juge au tribunal révolutionnaire, sa nomination étant due à Carrier. Comme tel, l'arrière-grand-père de Victor Hugo allait envoyer à la mort un grand nombre de paysans, de prêtres, de religieuses. Il entérinera même la décision de Carrier — injustifiable — de faire exécuter des prisonniers sans jugement. Décision qui justement conduira aux affreuses noyades de Nantes. Auteur de remarquables travaux sur la famille Trébuchet, Mme Simone Loidreau a pu souligner que parmi les gens envoyés à la guillotine par Lenormand du Buisson, il y eut ceux qui provenaient des rafles du château d'Aux : le père de Victor Hugo les avait arrêtés et son arrière-grand-père les avait condamnés. Le fils de René-Pierre, François, oncle de Sophie, ira plus loin encore. Il laissera, en toute simplicité, sa femme devenir la maîtresse de Carrier. Heureux, content, il obtiendra du noyeur en chef une place de commissaire de guerre qui rapportait 10 000 livres par an. Ce qui ne l'empêchera pas, après que Carrier fut monté sur l'échafaud, de demander le divorce — *pour cause d'immoralité de son épouse !* — et de l'obtenir.

Pour parachever cet édifiant tableau de famille, n'oublions pas Marie-Joseph Trébuchet, frère de Sophie, lui aussi lieutenant de Carrier en 1794.

Extraordinaire climat en vérité, et c'est celui au milieu duquel vit Sophie pendant les premières années de la Révolution. Certes on a rappelé que deux de ses sœurs étaient ursulines et que, d'ailleurs, René-Pierre Lenormand du Buisson les avait chassées de chez lui pendant la Terreur. Mais ces sœurs-là n'avaient pas été élevées par la tante Robin.

Tout porte à croire que de 1789 à 1794 — années qu'elle passe à Nantes — Sophie a vibré à l'unisson de son grand-père, de son oncle et de son frère. Pourtant, en février 1794, la tante Robin et sa nièce quittent Nantes pour Châteaubriant ou plutôt pour Mortagne-sur-Chère, nom nouveau. Est-ce la Terreur que fuit la citoyenne Robin ? On peut penser au contraire qu'elle s'éloigne pour échapper à une réaction anti-Carrier que l'on sent parfaitement venir et qui logiquement menacera la famille Trébuchet si complètement compromise aux côtés du Conventionnel. D'ailleurs, Châteaubriant, quand les deux femmes s'y réfugient, s'affiche comme une ville totalement acquise à la Révolution.

Bien sûr, il y a, non loin de là, la maison de famille des Trébuchet, la Renaudière, simple demeure campagnarde : une salle carrelée et une cuisine au rez-de-chaussée, trois chambres à l'unique étage. Mais c'est une autre branche de la famille qui en est devenue propriétaire. Elles sont donc, la tante et la nièce, comme retranchées dans une ville muée en bastion. Les églises et le château sont devenus casernes. On a installé ailleurs un service d'intendance et un hôpital militaire. L'état-major loge à l'hôtel de la Bothelière. On est entre soi. Mais, à tout nouvel arrivant, on recommande de ne pas s'éloigner seul : les environs grouillent de rebelles. Dans cette ville, l'armée républicaine — celle de Muscar et Hugo — ronge son frein. Les lettres de Muscar ne sont qu'une longue plainte : « Nos troupes ne sont pas assez nourries. Aussi, chaque jour, suis-je désolé par les plaintes du pillage... » Ou encore : « Toutes nos troupes ont la fièvre ; elles souffrent aussi de la faim. »

Ces troupes, elles sortent quand on le leur commande. Elles battent, à la recherche des « brigands », ce pays de Lamée, monotonie verte brisée au printemps par l'or des ajoncs et, l'été venu, par un autre or, celui des blés. Plat pays où les seuls reliefs sont les clochers des églises et les moulins à vent dont les ailes trop souvent n'ont plus rien à moudre. Quand il le faut, ces troupes sèment aussi l'horreur. A quoi répond une autre horreur. La pire va se produire alors que Sophie vit à Châteaubriant.

Que s'est-il passé ? Ceci.

Sous le commandement du général Humbert — Ponsard en fera son « lion amoureux » — une colonne a investi le Petit-Auverné, enfoncé les portes de la maison commune, brûlé les rôles des contributions, lacéré les registres d'état civil. On a mis à sac les maisons et leurs caves, on a brisé les meubles, on a détruit les linges, dispersé les provisions. Et surtout on a tué, violé dans des conditions que rien n'excuse. Après quoi — satisfaite ? — cette troupe a pris ses quartiers à la Renaudière. Oui, chez les Trébuchet ! On a bu beaucoup de vin, chacun s'est endormi dans la maison et ses dépendances. Quelle erreur ! Sous le commandement de Terrien, dit Cœur de lion, un parti de chouans va fondre sur les Bleus endormis que l'on surprend au gîte. Bilan : cent soixante tués parmi les Bleus, plus de trois cents grands blessés. Un acharnement qui épouvante.

Pourquoi taire l'affaire du Petit-Auverné qui montrait dans sa nudité la réalité de la « guerre des géants » ? Il est un détail dont la parole de Hugo, la plume si vive d'Adèle eussent su tirer un parti remarquable : au lendemain du massacre de la Renaudière, les paysans ont découvert que, dans les ruisseaux qui descendaient le long du domaine, coulait du sang...

Rien. Pas un mot dans le récit du *témoin* ni dans le *manuscrit d'Adèle.* Pour une raison simple : narrer un tel épisode, admettre que Sophie l'avait connu, revenait à rendre impossible la confrontation prochaine de la « vendéenne » Trébuchet et du républicain Hugo. Brutus ne participait pas à l'affaire du Petit-Auverné mais il était le frère d'armes de ceux qui s'y trouvaient. Évoquer après cela une rencontre, des amours, des fiançailles, c'était amener à douter des véritables sentiments de la Vendéenne. Et il fallait que nul n'en doutât.

Car nous y voici. Pour la première fois, Brutus et Sophie vont se trouver face à face.

En 1796, à Châteaubriant, Sophie et sa tante fréquentent assidûment deux familles : la première, les Ernoul de La Chenelière, cousins des Trébuchet, dont la fille a figuré la déesse Raison dans une cérémonie patriotique ; la seconde, celle du citoyen Demangeat, maître de forge désigné par le département et qui a pour adjoint un parent des Trébuchet. Des parents, des alliés — mais des partisans de la Révolution. En ce temps de haines mortelles, les tenants d'un camp se feraient plutôt crever les yeux que supporter la vue d'un « suppôt » du camp d'en face. Nouvelle preuve des options révolutionnaires de la tante Robin et de sa nièce.

De leur côté, Muscar et Hugo sont souvent les hôtes de

ces deux familles éminemment républicaines. Comment douter ? C'est chez les Ernoul ou chez les Demangeat que Sophie Trébuchet a dû rencontrer Brutus Hugo. Ceci, à une date postérieure à mars 1796.

Je les regarde, Brutus et Sophie. Je les vois dans ce salon de province, au milieu de meubles simples mais cossus et bien cirés. Je les vois sous les inévitables portraits de famille. Il n'est pas très grand, le capitaine — 1,70 m — mais large d'épaules et de torse, trapu bien qu'athlétique, avec un cou de taureau, un visage rond, des yeux à fleur de tête, le front trop bas, un nez trop gros, des lèvres trop fortes, le teint trop rouge. De sa part, j'entends une plaisanterie un peu lourde ponctuée d'un énorme éclat de rire. A quoi ne répondent qu'un signe de tête, un silence et un regard trop grave.

Avec le sans-gêne de soldats qui n'ont aucune raison de faire des manières chez des amis, Muscar et Hugo s'ébrouent. Pourquoi Brutus, comblé par Éros, s'attarderait-il à considérer longuement cette Bretonne de taille petite — 1,56 m — point particulièrement belle qui, avec ses vingt-quatre ans, selon les concepts du temps, n'est plus de la première jeunesse ? Lui n'en a pas encore vingt-trois. Au moins si elle avait quelque bien ! Brutus apprendra vite — tout se sait dans une petite ville — que Sophie n'apportera pas la moindre dot, ce qui même en République demeure un défaut majeur.

Et pourtant, c'est un fait que Brutus viendra frapper bientôt chez la citoyenne Robin — et qu'il y reviendra. Muscar aussi d'ailleurs.

Qu'est-ce donc qui l'attire ? Pour le *témoin*, c'est « cette indépendance d'esprit et cette personnalité décidée des filles sans mère, obligées d'être femmes plus tôt que les autres ». Peut-être. Et aussi « l'extrême finesse de sa physionomie » tout autant que « son regard intelligent ». La suite ? Sophie aurait découvert avec émotion que Brutus « avait été humain dans la guerre, il avait eu pitié des femmes et des enfants. Et puis, c'était un grand et fier garçon, bien fait, vivant, et ayant dans l'expression de son visage cette beauté supérieure, la bonté ». Après quoi, le *témoin* court la poste, il enchaîne allégrement : « L'intelligence et la bonté sont faites pour s'entendre. Elles s'étaient entendues si bien qu'il y avait eu promesse de mariage. »

Si vite, vraiment ? Si facilement ? Avec une telle réciprocité ? N'éprouvons aucun doute : nous sommes encore une fois au plein de l'enfance recomposée de Victor Hugo. Il n'est pas mauvais ici, pour remettre le *témoin* à sa place, de citer quelques lignes du *manuscrit d'Adèle*, retirées de la version définitive. Le portrait de Sophie Trébuchet, le portrait *sincère* — et comme on comprend qu'on ne lui ait pas permis de le publier ! — nous laisse bien perplexes quant au coup de foudre, que, selon la tradition, Brutus aurait éprouvé à l'égard de sa « Sophie de Châteaubriant ». Lisons ensemble : « Leurs natures étaient opposées, mon beau-père était tendre de tempérament et de cœur, ma belle-mère était (*biffé :* de glace) froide, sa sensibilité ne s'exprimant pas... pour moi du moins... à la surface du moins... Mon beau-[père] n'était ni commun ni abrupt, mais il était primitif, il aurait fallu à ma belle-mère (*biffé :* une culture d'esprit) ou du moins plus de prestige d'esprit... Ils (*biffé :* ne se touchaient) par aucun côté. Je sais qu'il est bon qu'il y ait des différences... mais il faut se retrouver par quelque point. » Voilà beaucoup d'indulgence pour le beau-père, guère d'enthousiasme pour la belle-mère.

Encore est-ce là le brouillon d'une seconde ou d'une troisième version. Le *manuscrit d'Adèle* — première version — m'apparaît pire encore : « La future épousée était sans beauté, petite, grêlée, clignotant des yeux. Un nez aigu s'abaissait sur sa bouche... » On comprend que le censeur soit passé par là !

De ce qu'ont pu se dire Brutus et Sophie, on ne sait rien. Tout ce dont nous sommes sûrs, c'est qu'est née entre eux, au cours des semaines qui ont suivi, une sorte d'intimité. Un peu plus tard, Hugo, séparé de Muscar et lui écrivant, lui donnera des nouvelles de leurs connaissances de Châteaubriant. Il lui parlera de « Sophie ». On n'appelle pas — surtout en ce temps — une étrangère par son prénom.

Et puis le jour est venu où le bataillon a dû quitter Châteaubriant. Le *témoin* n'a noté, à propos de la séparation de Sophie et de Hugo, qu'un échange de promesses : Brutus ne serait pas parti « sans laisser et sans emporter le serment de tout faire pour hâter l'union désirée ». Un serment de Brutus ? Qui avait à gagner à un tel mariage ? Lui, capitaine à vingt ans, débordant de liesse comme d'appétits et qui regardait l'avenir avec cette confiance que l'on accorde aux certitudes ? Elle, glissant peu à peu vers l'état de vieille fille, piètre parti désargenté, sans appel compromise par les options de sa famille ? Qui en Bretagne voudrait épouser la petite-fille, la nièce, la sœur de complices du noyeur de Nantes, réprouvé par Robespierre lui-même et que sa condamnation à mort avait officiellement voué à toutes les exécrations ? Restons lucides : l'arrivée dans sa vie du capitaine adjudant-major Brutus Hugo, Sophie Trébuchet aurait pu l'accueillir comme un miracle si elle y avait cru, mais ce n'était pas le cas. Du moins, elle a dû frémir d'espoir, un espoir mal contenu.

Et Brutus ? Ce qu'il a pu apprécier chez Sophie, c'est sans doute un rang social supérieur au sien, une tradition de bourgeoisie que lui, le « primitif », a dû lui envier, une distinction naturelle quoique enrobée de trop de froideur. Mais franchement, celui qui proclame avec tant de flamme et de gaieté le contentement que lui procurent si souvent les « jolies sphères » de Louise Bouin, celui qui célèbre à tout instant son « teint de lis » et ses « lèvres de rose », cet homme-là aurait pu se muer en cet amoureux de Sophie, fervent et transi, qu'ont dépeint trop de biographes ?

S'il y a eu serment, ou demande de serment, l'initiative ne peut être venue que de Sophie, tout éperdue à l'idée que s'éloigne, en la personne de Brutus, le seul avenir enfin tolérable qu'elle ait pu entrevoir.

Inlassablement, Adèle a repris la plume. Elle évoque l'arrivée de Brutus Hugo dans la capitale : « La Vendée pacifiée, l'amoureux vint à Paris accompagnant sa demi-brigade. Comme adjudant major il remplit les fonctions de rapporteur au conseil de guerre. Une intimité s'établit entre le rapporteur et le greffier, Monsieur Foucher. Monsieur Foucher était de Nantes, était breton, l'était d'idées comme de naissance. Il y avait un peu de Mademoiselle Sophie dans le greffier et probablement l'amour aida à cette intimité. »

Entre donc en scène ce Foucher qui n'est autre que le père d'Adèle. La rencontre s'est faite à l'Hôtel de Ville, alors siège des conseils de guerre, où Hugo et Foucher étaient logés l'un et l'autre.

Il faut que nous imaginions, face à l'athlète Hugo, ce tout petit homme aux cheveux « noir de corbeau » doux et cultivé qui, s'il ne s'avoue pas royaliste, se tait pour la seule raison que prudence est mère de sûreté. Ce conservateur, ce clérical n'en va.pas moins se lier avec Brutus, un franc-maçon qui voue aux gémonies tout ce qui peut ressembler à un prêtre. Preuve de tolérance respective. Avec Foucher, Brutus pourrait parler de Sophie. Mais lui en parle-t-il ?

Ce qui est sûr, c'est que Brutus n'apprécie pas les progrès de l'opposition royaliste. Quand le Directoire fomentera le coup d'État du 18 fructidor, Brutus entonnera un chant de victoire : « Les amis de la patrie ont levé la tête ! Ils ont sapé, avec force et prudence, les fondements préparés de la plus sanglante aristocratie... Je fus un des acteurs... La République, au bord de l'abîme, fut arrêtée et arrachée du précipice par la main divine qui protège l'égalité ! »

Ce qui est sûr, encore, c'est que Louise Bouin, quelque temps plus tard, va quitter Brutus. Adieu aux « jolies sphères » ! La séparation ne semble pas avoir engendré de grands drames. Mais peut-être le célibat tout neuf de Brutus va-t-il être à l'origine, de sa part, de ce que nous pourrions appeler un « retour à Sophie ». Nous le connaissons assez, ce bon vivant : il n'est pas fait pour la solitude. Les amants abandonnés sont les plus vulnérables. Est-ce alors que lui est repassée par la tête l'image de cette Sophie de Châteaubriant, point si désagréable après tout ? Ce souvenir a-t-il été avivé par une lettre de Sophie reçue à point nommé ? Nous savons, nous, que la Bretonne était tenace. Nous savons aussi qu'elle a entre-temps envoyé un ami auprès de Brutus. Il n'a pas dû manquer de plaider sa cause. Soudain, Brutus décide de franchir le pas. Il épousera Sophie. Il l'annonce à Muscar dans une lettre qui part pour Ostende où le Nisus de cet Euryale sert d'ailleurs héroïquement.

Ah ! la fièvre chez la tante Robin ! Hugo épouse ! Il faut partir, partir sur-le-champ. Mais quoi, voyager seule quand on est fille ? Même sous le Directoire cela ne se fait pas. Donc, son frère Marie-Joseph — l'ex-lieutenant de Carrier — l'accompagnera.

Quel dommage que ni Hugo ni Adèle ne nous aient conté le départ de Sophie, son voyage sur les chemins incertains du Directoire ! C'est le temps où, au bureau parisien des coches, on peut lire : *part quand il peut.* C'est le temps où, dans les ministères, les employés, depuis six mois, n'ont pas touché un sol. Le temps encore où les militaires ne sont guère mieux traités. En 1797, la dévaluation globale atteint 99,966 %. La France survit dans la ruine.

Pourtant, la voici, la diligence de Sophie. Et Brutus, à l'arrivée, attend. Il est là, plus athlétique, plus en chair, plus rouge que jamais. Et tout aussi rieur. Effusions, embrassades. A quand le mariage ?

Suivons attentivement la chronologie. L'arrivée de Sophie à Paris date du 2 novembre 1797. Or, le 6 — quatre jours plus tard ! — Brutus écrit à Muscar : « Je t'ai annoncé, dans ma dernière lettre, mon mariage avec Sophie. Il n'en peut rien être, mon cher Muscar. Sous quinze jours je t'apprendrai du nouveau. Je suis infidèle. Je te dirai le reste. »

Que s'est-il donc passé pour que Brutus ne veuille plus se marier ? Il le dit, il l'avoue : il est tombé amoureux. Il est *infidèle.* Une jeune personne a succédé dans son cœur à Louise Bouin. Ceci dans le temps même où Sophie venant de Châteaubriant, est arrivée à Paris pour l'épouser ! Sous la sécheresse de ces quelques lignes, on discerne un drame dont nul n'a parlé, ni le *témoin,* bien sûr, ni même les biographes qui n'ont eu que le tort de ne pas confronter les dates. Pour Brutus, c'est l'embarras extrême, l'impression de se débattre dans un cul-de-sac, le désir forcené de sortir du guêpier : il ne va tout de même pas épouser cette Bretonne qu'il n'aime pas alors qu'il s'est remis à en aimer une autre ! Et, pour Sophie, une humiliation sans exemple, un dépit non pas amoureux mais pire car il naît d'un amour-propre blessé. Le frère dans tout cela, jouant la mouche du coche. Des cris, des larmes, des mots irrémédiables. Voilà ce qu'ont été les *fiançailles* de Sophie Trébuchet et de Brutus Hugo.

Malgré tout, le 15 novembre — neuf jours après l'aveu de Brutus à Muscar — Brutus épouse Sophie. Comment a-t-il mis les pouces — et si vite ?

Nous voilà réduits aux hypothèses. Une ligne d'une lettre de Léopold apporte peut-être le début d'une solution. Elle est de septembre 1805, époque à laquelle les époux se verront séparés par la force des choses et surtout par un abîme d'incompréhension. Ici, chaque mot adressé par Léopold Hugo à Sophie compte : « Rappelez-vous, *quand je dus vous épouser,* vous me fîtes espérer qu'il vous revenait quelque chose de votre père. » Tournons et retournons cette phrase, nous ne pourrons tirer qu'un seul sens — évident : à savoir que l'adjudant major Hugo a *dû,* donc a été *contraint* d'épouser Sophie. Ce qui nous confirme tout aussitôt dans notre conviction que, pour faire aboutir ce mariage, c'est Sophie — elle seule — qui a enlevé la place. Quant à la raison qui a forcé ce brave à trois poils à franchir un pas qu'il ne tenait plus du tout à accomplir, là, nous ne savons rien. Des menaces du frère ? Le colosse Brutus l'eût étendu pour le compte. Des supplications de Sophie ? Léopold ne parle pas de prières mais de contrainte.

Alors ? Alors, il faut deviner. Se demander si Sophie, se trouvant seule avec Hugo et, mêlant pour une fois larmes et coquetterie, n'a pas tout à coup troublé ce sanguin ? Et si, quoique amoureux d'une autre, il ne l'a pas faite sienne en un instant, sans naturellement qu'elle y mette beaucoup d'opposition ?

Je le vois, le lendemain, Brutus Hugo. Je le découvre accablé, furieux contre lui-même mais conscient que son honneur l'oblige à « réparer ». Sophie est une jeune fille de bonne famille. En tout cas, une jeune fille. Impossible de la comparer à une Louise Bouin. S'il ne l'épouse pas, il la laisse déshonorée, condamnée à jamais au célibat.

Alors, il épouse.

Dans la lettre de septembre 1805, les lignes qui suivent laissent soupçonner des discussions sordides, un marchandage odieux. Pour emporter la décision, Sophie a dû parler d'*espérances* : « Vous me fîtes espérer qu'il vous revenait quelque chose de votre père. Il n'en a rien été ; si cela n'a point été de votre faute, tous les reproches ne peuvent non plus tomber sur moi. » Nous sommes loin décidément de ce mariage-passion qui aurait conduit enfin un couple enamouré au zénith du bonheur, ceci à la mairie du 9e arrondissement, quartier de la Fidélité. Pour nous qui connaissons l'avenir nous sommes tentés d'écrire : quartier de l'Infidélité.

De tout cela, bien sûr, pas un mot chez le *témoin*. Hugo est resté bouche cousue. D'ailleurs, l'a-t-il connue cette vérité-là ? Ce ne sont pas des choses dont les parents tiennent à parler à leurs enfants. *Manuscrit d'Adèle :* « Mme Hugo ne parlait guère de sa famille — elle était peu biographe. » Adèle se borne — en tout et pour tout — à souligner l'absence de tout mariage religieux : « Les églises étaient fermées dans ce moment, les prêtres enfuis ou cachés, les jeunes gens ne se donnèrent pas la peine d'en trouver un. La mariée tenait médiocrement à la bénédiction du curé, et le marié n'y tenait pas du tout. » Voilà qui est net — et parfaitement vrai.

Dans un de ses Carnets, Victor Hugo écrira plus tard : « Ma mère n'aimait pas les prêtres : cette forte et austère femme n'entrait jamais dans une église ; non à cause de l'église, mais à cause des prêtres. Elle croyait à Dieu et à l'âme ; rien de moins, rien de plus. Je ne crois pas l'avoir entendue plus de deux ou trois fois dans sa vie prononcer ce mot : les prêtres. Elle les évitait. Elle ne parlait jamais d'eux. Elle avait pour eux une sorte de sévérité muette... »

« Les enfants ne se firent pas attendre. » Cette phrase, dans le récit d'Adèle, enchaîne immédiatement avec les lignes sur le mariage civil. Belle ellipse, en vérité. Pourtant, avant l'arrivée des enfants, il eût fallu parler de Sophie — et de Brutus.

On l'entrevoit, Sophie, dès les débuts du couple, laissant peut-être plus souvent que de raison s'appesantir sur elle la tristesse. Pour Brutus, c'est le contraire : depuis son mariage, il a choisi, dans une virevolte qui lui ressemble bien, d'en prendre son parti. Toujours riant, toujours luron, toujours gaillard, il prouve désormais surabondamment sa flamme à sa jeune épouse. Et il trouve maintenant que l'on n'a rien inventé de mieux que le mariage.

Bref, Brutus se laisse aller au bonheur. Les ennuis d'argent ne l'atteignent même pas : « L'argent, s'exclame-t-il, n'est un nerf que pour la guerre. Pourvu que j'en aie assez pour vivre dans la paix, je suis sans dettes et sans soucis. » S'il se prend de querelle avec un camarade nommé Cathol, s'il réclame de lui les réparations qu'il juge indispensables à son honneur, sans les obtenir, s'il en accuse tout à coup ses chefs — car ce braillard, cet optimiste plonge parfois dans un véritable délire de la persécution — cela ne dure pas. Il est tout à Sophie, il est tout à l'enfant qui doit venir. Car cette grossesse qui s'annonce va décidément rendre Brutus tout à fait amoureux de sa femme.

Sophie accouche le 15 novembre 1798, un an jour pour jour après le mariage : exactitude toute militaire. C'est un fils, aussitôt prénommé Abel. Et Brutus se révèle un père émerveillé. Important.

Début 1799, Brutus va quitter ses fonctions de rapporteur au conseil de guerre. Le voici adjudant major au 3e bataillon. Comme tel, il change de résidence. Il est désormais logé à l'École militaire.

Je ne puis m'empêcher de revenir à Guernesey. Jusqu'ici j'ai surtout montré Adèle toute à la responsabilité qui lui a été confiée, sculptant avec constance — et volontairement sans riguer — la statue en pied de son mari. Mais le mari, justement ? Impossible que, le moment approchant de certains épisodes, il n'ait pas réfléchi à la version qu'il allait présenter à la table de famille. Impossible que, dans son travail du matin sous les vitres du *look-out,* il n'ait parfois traversé quelques instants de distraction.

Exemple : l'entrée en scène de Lahorie. Hugo sait très bien que Lahorie a été l'amant de sa mère. Adèle le sait aussi, ou tout au moins le soupçonne. Et tout à l'heure, à table, il va falloir aux fils parler de Lahorie d'un ton serein, il va falloir à Adèle questionner sans curiosité déplacée. Pas facile.

Le résultat ? *Manuscrit d'Adèle :* « C'est durant ce séjour aussi au conseil de guerre que Monsieur Hugo rencontra Lahorie, qui fut dans la suite le parrain de Victor Hugo, ce même Lahorie, complice dans l'affaire Mallet *(sic)* et condamné à être fusillé. La connaissance eut lieu dans ces mêmes conseils de guerre dont les registres réservaient une place pour inscrire cette condamnation. Ainsi tout d'avance se préparait pour l'arrivée du poète, jusqu'à cette attache sinistre qui rive le poète au malheur. »

Pas mal, n'est-ce pas ?

En fait, ce n'est pas une *connaissance* qu'Adèle aurait dû évoquer, mais des retrouvailles. Brutus Hugo avait connu Lahorie six ans plus tôt, en mars 1793. Il lui avait, racontera-t-il, « rendu quelques services qu'il n'avait pas oubliés et qu'il désirait reconnaître à son tour. J'étais capitaine adjudant-major qu'il n'était pas encore sous-lieutenant ; il me retrouvait dans la même situation et voulait absolument acquitter la vieille dette de la reconnaissance ».

Le moment est venu de nous demander qui est ce Victor Fanneau de Lahorie. Ayant exactement la même taille que Brutus, cinq pieds deux pouces, soit 1,70 m, il faut le voir, mince, bien serré dans son uniforme bleu, portant au côté l'épée de rigueur et sur la tête un bicorne à cocarde. Un rapport de police nous aide singulièrement à faire sa connaissance. On décrit en détail « ses cheveux noirs à la Titus, ses sourcils noirs, ses yeux noirs, assez grands et ouverts, quoique enfoncés, le tour de ses yeux qui est jaune, son teint qui est marqué de petite vérole ». Le policier minutieux qui a tracé cette description va même jusqu'à évoquer le rire de Lahorie qu'il juge « sardonique ». Il ajoute que, cavalier émérite, on lui voit des jambes fortement arquées. Tel quel, sans être beau, le colonel est séduisant. Malgré les prétentions nobiliaires que les Lahorie afficheront — autant que les Hugo — ils sont de toute petite extraction. D'abord, ils ne s'appellent que Fanneau. Lahorie est le nom d'une propriété. Ils vivent de la terre, faisant commerce de chevaux, de bœufs et pratiquant l'élevage. A la veille de la Révolution, à Javron, dans la Mayenne, ils n'en sont pas moins fort à leur aise.

Tout enfant — il est né en 1766 et compte donc six ans de plus que Sophie, sept de plus que Brutus — Victor a été placé à Paris au collège Louis-le-Grand alors tenu par les

Jésuites. Il y a acquis une vaste culture et des manières dont les contemporains ne cesseront de dire qu'elles étaient « aristocratiques ». Le général Dessoles, qui l'a connu auprès de Moreau et qui semble posséder l'art des formules, a tout dit en écrivant à son propos : « Il avait de l'esprit et des plus parés ; il savait le faire valoir. »

Cette intelligence, cette culture, cette finesse ont bien vite désigné Lahorie pour les états-majors. Colonel en février 1799, il a été attaché à Moreau, lui-même inspecteur extraordinaire de l'armée d'Italie. Dès lors, il sera agent de liaison, galopant sans cesse entre l'Italie et la France. On le verra si rapide, si véloce que les soldats le surnommeront « la botte de sept lieues ». Peu à peu, ce messager se mue en négociateur, donne des avis que l'on écoute, des conseils que l'on suit.

C'est à cette époque que Hugo le retrouve à Paris. Retenons que Lahorie est célibataire. S'est-il intéressé à Sophie ? Nous n'en savons rien. S'est-elle intéressée à lui ? Hugo l'a-t-il seulement présenté à sa femme ? Nous n'en savons rien. Le mari, en tout cas, est ravi. Une lettre postérieure, adressée par lui à Lahorie, montre que celui-ci le traite en ami. Hugo aime l'amitié. Et puis, quand l'ami est un supérieur hiérarchique, cela ne gâte rien.

Manuscrit d'Adèle : « Lahorie demanda au major Hugo s'il ferait avec plaisir la campagne qui allait s'ouvrir. Jamais militaire ne se refusa à la chance d'être tué. Le major partit pour Bâle. »

C'est vrai, Hugo va de nouveau faire la guerre. Seulement, ici, Adèle brûle les étapes. Bâle, c'est pour plus tard. Ce qui attend d'abord Brutus, c'est l'armée du Danube. Auparavant, en juin 1799, il va mettre en lieu sûr sa femme et son fils : à Nancy, où le vieux menuisier Joseph Hugo vient de rendre à l'Être suprême son âme républicaine. A son beau-frère, Brutus confie que Sophie a préféré se rendre à Nancy plutôt qu'à Nantes parce que ainsi elle se trouvera plus près des champs de bataille. De toute façon, « comme elle y est connue et aimée, elle ne peut y être que bien. Abel a sept mois et dit papa, maman ». Il donne l'adresse de Sophie : « Citoyenne Hugo la jeune, chez sa mère, 81, rue des Maréchaux, ville vieille, Nancy ». Et lui : « A Worms, armée du Danube ».

J'ai vu à Nancy la rue des Maréchaux. Elle a peu changé, avec sa courbe légère, longue de cent mètres, large à peine de sept. C'est là, à deux pas de la place Stanislas, merveille sans égale, que Sophie s'est installée dans la maison où Brutus était né : trois étages à quatre fenêtres, un couloir étroit et obscur, une cour intérieure où le soleil ne pénètre jamais. Aujourd'hui, un restaurant s'y est installé et j'ai pu y déguster la « sole Hugo ». Tout autour, les façades jaunâtres de maisons toutes de même hauteur, cassées, à l'époque, par les devantures des échoppes.

C'est dans ce cadre que, très vite, le climat a viré au sombre pour bientôt devenir irrespirable. La belle-mère ? Au début, elle semble n'avoir point montré d'hostilité. Mais elle demeure, avec l'une des sœurs de Brutus, la citoyenne Martin-Chopine, prénommée Marguerite, dite Goton. Entre elle et Sophie, on en est sans délai venu à l'ère des discordes. Goton, sous prétexte qu'elle est chez elle, veut que chacun en passe selon ses volontés. Elle a des idées si arrêtées sur l'éducation des bébés qu'elle veut les imposer à Sophie, nullement disposée à se laisser faire. Sophie rêve de son pays natal, oppose amèrement les paysages bretons et nantais à ceux de Lorraine. Dans une lettre, faisant certainement état des confidences de sa femme, Léopold constate que celle-ci préfère « la Chaire marécageuse et dormante à la Meurthe rapide et tortueuse ». Il s'agit naturellement de la Chère qui coule à Châteaubriant. Bref, le mal du pays dans toute son évidence. Heureusement, voici que survient Brutus ! Oui, son séjour à l'armée n'a duré qu'un peu moins de deux mois. A Nancy, il vient d'être nommé — encore ! — rapporteur près un conseil de guerre. « Je crois, écrit Brutus, qu'à force de plaider, je finirai par en faire ma profession. » Du coup, l'harmonie règne de nouveau dans la triste maison de la rue des Maréchaux. C'est là que parviendra un beau matin la grande nouvelle : Bonaparte, de retour d'Égypte, a balayé le Directoire d'un revers de sabre. A Saint-Cloud, les grenadiers de Murat ont obligé les députés des Cinq Cents, leur toge rouge flottant derrière eux, à sauter par les fenêtres. Le soir même, une poignée de représentants terrifiés — une trentaine — ont voté la constitution d'un Consulat provisoire, confié à Bonaparte. Désormais la Révolution s'appellera Napoléon.

Léopold Hugo ? Il va applaudir, Léopold — car il semble que ce soit vers cette époque qu'il ait rangé son prénom de Brutus parmi les souvenirs d'un passé dont il ne tient pas à trop souligner les outrances. Un opportuniste ? Mais non. Un Français comme les autres, fâché depuis longtemps que la République tombe en quenouille et content que cette république-là — justement parce qu'il l'aime — se livre aux mains d'un bougre qui décidément va lui rendre sa toge virile. Les militaires aiment l'ordre. Que vaut une république sans ordre ? Léopold va même puiser dans cette approbation joyeuse de nouveaux élans voluptueux puisque, deux mois plus tard, Sophie lui annoncera qu'elle est enceinte.

Mais voici que reparaît Lahorie. Un hasard ?

Lahorie a surgi à Nancy au début de l'an VIII, peu de temps après ce 18 Brumaire auquel il a non seulement adhéré mais donné son appui. Bonaparte vient de confier à Moreau le commandement en chef de l'armée du Rhin. *Récit de Léopold Hugo :* « L'adjudant général Lahorie, passant par notre quartier général pour se rendre à Bâle, me demanda si je ne ferais pas avec plaisir la campagne que Moreau allait ouvrir sur le Rhin. Jamais militaire n'avait répondu non à proposition pareille, cependant il me fallait le consentement de M. Mutelé, et ce digne chef ne me le refusa point. »

Au moment où va s'ouvrir une campagne capitale, Lahorie, adjoint de Moreau, n'est pas en situation de s'attarder. Chaque heure compte. Il est déjà à Bâle quand Léopold l'y rejoindra.

A Bâle, Hugo rencontrera Moreau, lui plaira. Nommé adjoint à l'état-major général de l'armée du Rhin, Léopold va se jeter dans la campagne de l'an VIII qui — cependant que Bonaparte remporte en Italie la fulgurante victoire de Marengo — écrase en Allemagne les ennemis de la République. Il est du passage du Rhin. Il est à Tiengen, Engen, Moeskirch, à Biberach. Avec Moreau, il passe le Danube. Avant que d'entrer à Dillingen, le voilà nommé chef de bataillon sur le champ de bataille — à titre provisoire il est vrai.

Comment ne pas le voir, le brave Hugo, tel que l'a immortalisé son fils, galopant à travers la mitraille pour porter les ordres de Moreau.

> Étant petit, j'ai vu quelqu'un de grand, mon père,
> Je m'en souviens ; c'était un soldat ; rien de plus...

Hugo combat avec La Tour d'Auvergne. Il entre dans Munich avec Moreau. Le *témoin* : « J'ai les lettres qu'il écrivait à sa femme les soirs de combat ; il y donne en détail les mouvements de troupes, les gains et les pertes ; il n'y oublie que lui. » C'est vrai : la bravoure du commandant Hugo n'a d'égale que sa modestie. Mais bientôt ces lettres vont parler de tout autre chose que de guerre et de combats. Ce qui est en train de naître à Nancy, c'est un drame, dont naturellement le *témoin* ne parlera pas.

Entre Sophie et Goton les relations se sont à ce point envenimées qu'elles ont atteint un point de non-retour. Sous le toit de la veuve du maître menuisier, Sophie, qui ne croit pas à l'enfer, le découvre. C'en est trop, elle n'en peut plus, elle écrit à son mari, l'implore d'accepter qu'elle vienne le rejoindre. Ce n'est pas une idée folle. Beaucoup d'officiers appellent au camp leurs épouses ou leurs maîtresses. Mais Léopold refuse tout net : les arrières des armées françaises ne sont pas sûrs. Alors Sophie, passant d'un extrême à l'autre, fait connaître à Hugo qu'elle va partir pour Nantes. Pour Hugo, il ne s'agit que d'une explicable aspiration vers les sources, de vacances en somme. Il s'incline. D'autant plus que Sophie lui a confié qu'elle se portait mal. Même, il envoie à Sophie les cent cinquante francs nécessaires à un voyage confortable. Deux jours plus tard — la somme n'a pu matériellement parvenir à Nancy — il reçoit une lettre de Sophie en forme d'ukase. C'est sur-le-champ qu'elle va partir. A l'égard de Nancy, de la veuve Hugo, de sa belle-sœur, sa haine déferle : « J'emmène Abel avec moi, je serais bien fâchée de l'abandonner dans un pays auquel je dis adieu pour toujours. »

Adieu pour toujours ! Quand Léopold, au quartier général de Memmingen, reçoit la lettre, il est 11 heures du soir. Depuis plusieurs jours, aucune lettre de sa femme ne lui est parvenue. Et celle-ci le jette dans un total désarroi.

Il ne s'agit donc plus de vacances à Nantes ! Mais d'un départ définitif ! Il va se jeter sur son lit de camp, tenter en vain de trouver le sommeil. Trois heures plus tard, il se relève :

« Je n'ai pu fermer l'œil, une fièvre brûlante m'a interdit tout sommeil ; le jour paraît et je me jette tout trempé de sueur à la table où j'ai commencé ma lettre. Cruelle et trop aimée Sophie, voilà l'effet de quelques phrases trop dures. »

A-t-il voulu vraiment se donner la mort ? Il le laisse entendre :

« Je me suis arrêté, non par la crainte, je n'en ressentis pas, mais parce que je crus penser que tu m'aimais encore, que tu n'avais écrit cette lettre qu'avec irréflexion et j'ai dit : Il faut attendre, il sera toujours temps quand j'aurai reconnu que j'ai perdu son cœur. Ne m'abuse donc plus, parle-moi franchement, m'aimes-tu encore ? Ma conservation t'est-elle de quelque intérêt et si je consens à te laisser dans ta famille, m'y conserveras-tu un cœur fidèle, penseras-tu à moi ? Me donneras-tu chaque jour de tes nouvelles ? M'y peindras-tu chaque jour le sentiment véritable de ton cœur ?... »

Ce feu, cet emportement, cette souffrance du jeune officier ne nous font pas sourire. Il est à croire que Sophie elle-même y a été sensible. Peut-être aussi n'y avait-il là que chantage. Elle s'est bien vite inclinée, Sophie. Elle a renoncé à son voyage. Et puis Léopold ne promettait-il pas de tout tenter pour se rapprocher d'elle ? On a dû signer rue des Maréchaux une sorte de transaction. Le surprenant baptême d'Abel — auquel n'avaient songé jusque-là ni Sophie ni Léopold — nous en fournit une confirmation. Quand la grand-mère et la tante ont découvert que leur neveu n'était pas baptisé, elles ont poussé les hauts cris. Alors, le 28 juillet 1800, Abel Hugo a reçu le baptême d'un prêtre constitutionnel. Mais sur le registre, Sophie — en signe sans doute de désapprobation — n'a pas signé.

Cinq semaines plus tard, le 16 septembre, elle donne naissance à un second fils. On l'appelle Eugène. Celui-là, on ne le baptise pas.

L'Autriche est à genoux. Elle demande l'armistice. A Partsdorf, des pourparlers s'engagent. Voici, face à l'Autrichien Dietrichstein, le Français Lahorie, maintenant général de brigade et chef d'état-major de Moreau. Lahorie dont Ségur écrit : « Il a les façons d'un royaliste. »

Or Lahorie a entraîné là Léopold Hugo. Durant les négociations, ils ne se quittent guère. Hugo n'est pas homme à garder un secret, surtout si celui-ci le concerne et le ronge. Comment n'aurait-il pas mis Lahorie dans la confidence des difficultés traversées par son ménage ?

Les deux parties décident qu'un congrès s'ouvrira. Une ville est choisie : Lunéville. L'Autriche y enverra son nouveau ministre, Cobenzl, et Bonaparte son frère Joseph. Sur toutes les lèvres, un seul mot : la paix. Même en Vendée, on chante des *Te Deum*. On ne parle plus que de Lunéville. Sophie, stupéfaite, va tout à coup apprendre que son mari est nommé adjudant de place, c'est-à-dire gouverneur militaire. Et de quelle ville ? De Lunéville !

Manifestement, il y a du Lahorie là-dessous. Bon bougre, il a dû recommander que l'attelage à deux, si efficace à Partsdorf, se trouvât reconstitué à Lunéville. Du même coup, il sauvait un ménage en péril.

Donc, les Hugo — mari et femme — délirent. Sophie va pouvoir quitter l'irrespirable atmosphère de la rue des Maréchaux. Léopold va — enfin — retrouver sa chère Sophie.

2 janvier — 9 février : la durée des négociations du traité de Lunéville. Le temps où *peut-être,* pour Sophie Hugo, le destin va s'infléchir dangereusement. Car, à Lunéville, voici donc réunis Léopold, Sophie — et Lahorie. Impossible, bien sûr, de demander au *témoin* quelque information là-dessus.

Lahorie ? Je rappellerai que nous ne savons même pas s'il a connu Sophie à Paris. Que, s'il y a eu rencontre entre elle et lui à Nancy, elle n'a pu durer que quelques heures [1]. Que d'ailleurs nous serions en peine de découvrir sur leurs relations une seule ligne dans aucune correspondance, une seule mention dans le moindre document d'archives.

Que peut donc représenter Sophie aux yeux de Lahorie quand il la retrouve — ou la découvre — à Lunéville ? Il la voit embellie par sa récente maternité. Surtout, s'il l'a connue à Paris, il a dû juger que les lustres des salons lui convenaient mieux que le casernement spartiate de l'École militaire. C'est que, pendant ce mois-là, de par la volonté bien marquée de Bonaparte, un ton nouveau règne à Lunéville. Adieu à la rigueur révolutionnaire ! Avec quelque surprise, les Autrichiens découvrent que les Français en sont revenus à un semblant de cérémonial, voire d'étiquette. Les uniformes des membres de la délégation française ne le cèdent en rien à ceux de leurs propres représentants. D'ailleurs n'est-ce pas, de la part du Premier Consul, s'avouer bien proche d'habitudes dynastiques que d'envoyer là son frère ? Joseph ne se contente pas de poser

1. Il suffit de consulter à cet égard le dossier de Lahorie aux Archives de la Guerre. Le séjour de Sophie à Nancy a duré de juin 1799 à septembre 1800. Durant ce temps on trouve Lahorie affecté à l'armée d'Italie (février-novembre 1799), puis à l'armée du Rhin. Le 9 novembre 1799, il est chef d'état-major de Moreau. Le 17 juillet 1800 — deux jours après avoir obtenu la suspension d'armes de Partsdorf — il est nommé général de brigade au Quartier général de Munich. Si nous nous souvenons que les négociations qui aboutiront à la paix de Lunéville ont duré de novembre 1800 à fin février 1801, nous nous convainquons qu'il n'est pour Lahorie aucune possibilité de *séjours* à Nancy.

en « citoyen frère », il mène grand train, de même que Clarke, futur duc de Feltre, lequel en est déjà à « assortir les couleurs de sa livrée à celles de son écu ». On va de fête en fête et, bien sûr, on y convie l'adjudant de place Hugo. La Bretonne de Châteaubriant, sous les lambris redorés, découvre des entours et des allures auxquels jusque-là elle était restée bien étrangère. Sans trop de difficulté, elle s'est rappelée les bonnes manières apprises à Nantes au temps d'une adolescence qui lui semble remonter au déluge. Et puis elle est loin d'être sotte, Sophie. Lahorie a pu l'entendre répondre avec pertinence à Joseph Bonaparte, avec esprit à Clarke. Une autre Sophie ? Aux yeux de Lahorie, sûrement.

Et Léopold ? Ses fonctions ne sont nullement de simple apparat. Dès le premier jour, Joseph Bonaparte s'est senti en confiance avec ce brave tout d'une pièce. C'est Léopold qui est chargé des liaisons entre Moreau et le frère du Premier Consul.

Ce dont nous sommes certains, à Lunéville, c'est de l'inéluctabilité de rencontres entre Lahorie et Sophie. Les fonctions du chef d'état-major de Moreau le conduisaient fatalement à assister à ces réceptions où Léopold Hugo se devait de conduire sa femme. S'est-on vu ailleurs qu'au sein de ces festivités ? Le lecteur se lassera — et peut-être sera déçu — de lire ici la même éternelle réponse : nous n'en savons rien. Ce qui est probable, mais non démontré, c'est qu'une certaine « amitié », comme on disait alors, a dû naître entre Sophie et Lahorie. N'est-ce pas le temps où, dans une lettre à son cher Muscar, Hugo s'enthousiasme sur « l'estimable Lahorie » et « l'adorable Sophie » ? Sophie ne parlera-t-elle pas des caresses dont Lahorie a comblé ses enfants, caresses qui n'ont pu être données qu'à Lunéville ?

Que Sophie ait rêvé, c'est possible. Que cela ait été plus loin, dans cette petite ville où tous regardaient tous, cela est difficile à croire. Aussi bien nul ne l'a cru.

Le traité est signé. La frontière de la France sera sur le Rhin, l'Italie jusqu'à Naples deviendra toute française, l'Autriche ne conservant que la Vénétie. A propos de ce traité, Cobenzl a soupiré : « Il est affreux ! » Les plénipotentiaires des deux camps vont s'égailler. Lahorie s'est éloigné. Une fois encore, tout au long de difficiles négociations, Hugo s'est distingué. Rien ne le prouve mieux que la lettre que Joseph Bonaparte va écrire, demandant pour lui le grade de général de brigade : « Le général Moreau m'a témoigné, à son passage à Lunéville, le désir de l'emmener avec lui. Il appréciait beaucoup sa bravoure, son activité et son intelligence. J'ai prié le général de le laisser à Lunéville et je me suis beaucoup applaudi de cette idée. Le c... Hugo a été très utile [1]. Vous comprenez, c... ministre, que mon intérêt pour lui est légitime et je vous demande, comme une chose personnelle, le grade de chef de brigade pour le c... Hugo. »

On n'en est qu'à la première année du Consulat. On a dû objecter à Joseph que Léopold Hugo venait d'être tout juste confirmé dans le grade de chef de bataillon et que consentir à un avancement aussi irrégulier serait ouvrir un précédent fâcheux. L'ex-Brutus restera chef de bataillon.

On ne lui en propose pas moins une promotion flatteuse : le poste de commandant d'armes à Clèves. Ah ! non, pas l'Allemagne ! Elle a failli lui coûter trop cher. *Récit de Léopold :* « Je quittai donc Lunéville dans le grade que j'y avais lors de mon arrivée au commandement de cette place, après y avoir épuisé mes économies, et je me rendis à la 20e demi-brigade où, sans me consulter, mes amis avaient cru devoir me faire, à tous événements, placer comme quatrième chef de bataillon. Cette destination, que j'aurais écartée si j'avais pu la prévoir, m'ouvrit un nouveau cours de chagrins et de dégoûts. »

Or la 20e demi-brigade tient garnison à Besançon.

Cette nouvelle résidence, les Hugo voudront la connaître avant d'aller s'y installer définitivement. Environ 200 km à parcourir vers le sud, mais les Vosges à traverser. Ce qui veut dire des chevaux qui peinent dans les montées, une « moyenne » à peu près digne des rois fainéants. Et quand tout à coup le Donon se dessine là, devant eux, le chef de bataillon Hugo, qui n'en peut plus d'immobilité, ordonne que l'on s'arrête.

Ce Donon n'est pas une bien haute montagne, son plus haut sommet — il y en a deux — ne s'élève qu'à 1 008 m. Je me suis engagé au milieu de ces grands pins qui tapissent toutes les pentes, escarpements civilisés, courbes

1. La lettre est adressée également au C... ministre. Il s'agit naturellement du mot citoyen. Le *témoin* commente avec justesse : « Je conserve l'orthographe comme caractéristique d'un moment où déjà le mot commençait à fatiguer les maîtres, où ils ne prenaient pas même la peine de l'écrire tout entier. »

sereines, ne suggérant à l'œil que douceur — à l'âme qu'apaisement.

Vers où, en cette fin de printemps de 1801, ont-ils porté leurs pas ? Nous ne pouvons que les imaginer s'avançant sur un sentier que les schistes rendent glissant et dont la terre garde l'humidité des neiges fondues. Le temps est beau, quelques nuages courent le ciel.

Un palier, une clairière ? On ne sait. Sophie reprend souffle. Léopold que rien ne fatigue — jamais — et que l'air vif au contraire fustige se sent tout à coup d'humeur folâtre. Plutôt qu'à la ligne bleue des Vosges son regard a dû s'arrêter à celle, blanche et vaporeuse, que forme le bas du pantalon de lingerie de Sophie, bien dégagé comme le veut la mode du temps. Expéditif, le commandant Hugo. Et puis l'herbe est trop tendre. Il demande, il exige. S'il est sanguin, avide en amour, doté de ce tempérament formidable dont ses lettres à sa femme portent l'aveu sans cesse renouvelé, est-ce sa faute ? Cette voracité pourrait faire leur bonheur à tous les deux. Elle causera le drame de Léopold Hugo.

Probablement n'a-t-elle pas même eu le temps de dire non. Est-il pour rien officier des armées de la République ? Vingt ans plus tard — presque jour pour jour — le général Hugo écrira à son fils Victor : « Créé, non sur le Pinde, mais sur un des pics les plus élevés des Vosges, lors d'un voyage de Lunéville à Besançon, tu sembles te ressentir de cette origine presque aérienne. »

Décidément, ces Hugo ne font rien comme tout le monde. Mon père n'a pas cru devoir m'informer quant aux conditions dans lesquelles j'ai été engendré. Le vôtre non plus, je suppose. Le général Hugo, si. Tant mieux. Ainsi saurons-nous pour l'éternité que Victor Hugo a été conçu en plein air.

II

LA COUR, LE PUITS ET L'AUGE

Ce n'est pas la souffrance de l'enfant qui est révoltante en elle-même, mais le fait que cette souffrance ne soit pas justifiée.

Albert CAMUS.

Au temps de la plus grande Rome, la voie qui, partant d'Italie, permettait de gagner les villes du Rhin passait par Besançon. Aujourd'hui encore l'actuelle Grande Rue, grise, noble et austère, en suit à peu près le tracé. Peu avant de s'engager sous une porte romaine de fière allure, elle s'élargit en une petite place carrée, marquée par une belle fontaine. Là, au numéro 140, s'élève une demeure reconstruite en 1761 par l'architecte Colombot pour l'apothicaire Joseph Baratte [1]. Un homme riche et un homme de goût, ce Baratte. Il avait fait si superbement décorer son officine que ce travail d'art a tenté, en 1910, un collectionneur qui se l'est approprié. On peut présentement l'admirer au musée Lascaris de Nice.

Je l'ai vue, cette maison, large et de belle apparence, se déployant de part et d'autre de sa porte d'entrée que surmonte un linteau de pierre sculptée. Au rez-de-chaussée, deux boutiques occupées par l'Association franc-comtoise de culture ; l'une a pris la place de la pharmacie de M. Baratte.

Deux étages à cette « maison Baratte », cinq fenêtres à chaque étage, trois mansardes dans le toit de vieilles tuiles

1. Sur cette place sont nés Auguste et Louis Lumière, inventeurs du cinématographe. Hugo et les frères Lumière : que d'images !

rouges. Curieusement, sur ce toit, j'aperçois une haute serre de verre : qui se souvient de Guernesey reste libre de voir là l'annonce singulière, en cette maison natale de Hugo, du fameux *look-out* où s'élabora *la Légende des siècles.*

Car c'est là, au premier étage, dans un appartement loué, qu'il est né. Une fois la porte de la rue franchie, on s'engage dans un long corridor sombre qui débouche dans une cour peu harmonieuse où abondent coins et recoins. A droite, il y a un escalier extérieur, comme on en trouve beaucoup dans les vieux immeubles de Besançon. Celui-ci s'orne jusqu'au premier palier — le nôtre — d'une rampe de fer à laquelle, pour l'étage supérieur, succède une rampe en bois peint d'une assez laide couleur marron.

Inutile de chercher de nos jours, dans l'appartement du premier étage, une trace de la présence de la famille Hugo. Nous savons seulement que Léopold et Sophie ont occupé les pièces donnant sur la rue : un salon éclairé par trois fenêtres, une chambre à coucher avec deux fenêtres. Nous savons aussi qu'en 1879 les boiseries de la chambre restaient à peu près intactes et que subsistait une glace à deux feuilles et cadre de bois sculpté : Sophie a pu y chercher son image ingrate et Léopold camper sa taille avantageuse.

Il fait froid, l'hiver, à Besançon. On peut supposer que, le 26 février 1802, on a allumé un grand feu dans la cheminée. C'est probablement ce qu'ont vu d'abord les deux frères Hugo quand on les a poussés dans la chambre. De l'aîné, Abel, trois ans, la famille dit qu'il est « beau comme un amour ». Eugène — quinze mois — a, lui, « la beauté de la force ». Adèle, retranscrivant les paroles de sa belle-mère, le montre dans son manuscrit comme « un garçon rose, frais, aux larges épaules, aux larges poignets ayant de gros os, le solide de la maison ». Saisis, les enfants aperçoivent, là, près du lit, l'uniforme, les épaulettes, les bottes, le sourire ému de leur père. Surtout, dans ce lit, leur mère tout alanguie, ne quittant pas des yeux un petit paquet emmailloté, posé sur un fauteuil. Devant leur hésitation, on déclare aux enfants que ce paquet est leur frère. « Il tenait si peu de place, devait raconter Sophie, qu'on eût pu en mettre une demi-douzaine comme lui. » Elle dira encore qu'il « n'était pas plus long qu'un couteau » et qu'il « ressemblait si peu à un être humain » que le gros Eugène « qui parlait à peine, s'écria en l'apercevant : " Oh ! la bébête ! " ».

Quant à Abel, à qui l'on a seriné depuis des semaines

qu'il aurait bientôt une petite sœur et qu'elle s'appellerait Victorine, il a bien dû admettre que cette Victorine était devenue Victor.

A vrai dire, Victor a failli s'appeler Arnaud. Tel était le prénom de l'ami Muscar à qui tout naturellement Léopold s'était adressé dès que son « troisième » s'était annoncé : voulait-il, lui, un brave, devenir le parrain du fils ou de la fille d'un autre brave, le plus cher de ses anciens camarades ? Mais Muscar s'était dérobé : Ostende était trop loin, ses responsabilités trop absorbantes.

Merci Muscar. Qu'aurions-nous été faire de cet Arnaud Hugo ? A notre héros il aurait manqué quelque chose, non d'essentiel mais de nécessaire. Elles eussent fait défaut, « ces quatre syllabes, Victor Hugo, parfaitement symétriques deux à deux comme pour mieux entrer, sur le rythme, dans la mémoire de la postérité [1] ».

Alors, si Muscar refuse, qui acceptera ? Les Hugo ont pensé à Victor de Lahorie. « Citoyen général, lui a écrit Sophie, vous avez toujours témoigné tant de bontés à Hugo, fait tant de caresses à mes enfants, que j'ai beaucoup regretté que vous n'ayez pu nommer le dernier. A la veille d'être mère d'un troisième enfant, il me serait très agréable que vous fussiez le parrain de celui qui va venir. Il ne faut pour cela qu'un léger effort de votre amitié pour nous... »

La marraine est déjà choisie : c'est l'épouse d'un aide de camp de Moreau en résidence à Besançon, une Mme Delelée. « Victor ou Victorine, écrit Sophie à Lahorie, sera le nom de l'enfant que nous attendons. Votre consentement sera un témoignage de votre amitié pour nous. »

Sans s'être autrement fait prier, Lahorie a accepté. Une semaine plus tard, le 14 ventôse an X, Léopold lui mande que Sophie « a été délivrée plus heureusement qu'elle ne s'y était attendue, ayant été singulièrement gênée pendant sa grossesse. Je vous aurais écrit plus tôt, mon cher Général, si je n'avais voulu vous dire comment se portaient l'accouchée et l'enfant. Nous sommes au huitième jour, l'un et l'autre se portent aussi bien qu'il est possible de le désirer. Nous avons nommé l'enfant Victor-Marie, ce dernier nom étant celui de Mme Delelée. Vos intentions et les nôtres sont donc remplies ».

Gratitude. Effusions. En tout cas, Lahorie est parrain.

1. Fernand Gregh.

Parrain républicain s'entend. Car nul ne songe, chez les Hugo, à faire de Victor un chrétien par le baptême. Quoique Bonaparte ait d'ores et déjà signé le Concordat, et bien que les églises soient rouvertes, Léopold se souvient d'avoir été Brutus. Quant à Sophie, son aversion pour les prêtres ne s'est pas atténuée, loin de là.

Reste que ce petit Victor n'a que le souffle et que la sage-femme a déclaré qu'il ne vivrait pas. En le portant à la mairie, comme le veut la loi de l'époque — on a enregistré la présentation d'un garçon né à dix heures et demie du soir septidi ventôse an X de la République, sous les prénoms et nom de Victor-Marie Hugo — Léopold s'est demandé s'il le ramènerait vivant à la maison [1]. Seulement, Sophie n'entend pas que son troisième fils donne raison à l'augure de triste figure.

Manuscrit d'Adèle : « Elle l'avait toujours près d'elle, dans ses bras, suivant son souffle. Lorsqu'il dormait, elle penchait sa tête sur son oreiller, l'écoutait dormir. À son réveil, elle lui donnait vite son lait, regardait chaque fois qu'elle le démaillotait ses petites jambes et ses petits bras qui n'avaient que des *peaux qui pendaient*, comme disent les nourrices. Elle lui donnait, et encore, son lait pour remplir ses membres vidés. Ils ne se remplissaient pas vite, mais les jours passaient ; chaque jour passé augmentait l'espérance. »

Victor lui-même a rappelé « que de lait pur, que de soins, que de vœux, que d'amour » l'avaient fait « deux fois l'enfant de sa mère obstinée ».

Jusqu'à ce qu'il ait eu six semaines, oui.

Parce que, à Besançon, l'incorrigible Léopold va se précipiter dans une nouvelle querelle avec un chef de brigade nommé Guestard. Parce qu'il va vertueusement dénoncer ce supérieur dont certains agissements s'apparentent, certes, à des trafics, mais qui n'en reste pas moins un supérieur. Parce qu'une enquête confiée à l'honnête général Lecourbe va donner tort à Hugo, qualifié, dans un rapport envoyé aux bureaux de Paris, d'*intrigant*. Parce qu'une disgrâce immédiate va s'abattre sur l'*intrigant* : il est muté à Marseille en même temps que tout le régiment. Pour faire cesser ce tumulte qui eût été acceptable sous le Directoire, mais devenu anachronique sous Bonaparte, rien de mieux qu'un changement d'air.

1. L'acte de naissance est actuellement conservé à la Bibliothèque de Besançon où j'ai pu le consulter.

Il faut partir sans délai. Les Hugo ont à peine le temps de boucler leurs malles et l'on se met en route, parents et enfants, sans excepter le petit dernier, d'une faiblesse toujours inquiétante.

L'arrivée à Marseille est un soulagement. Mais il faut découvrir une nouvelle demeure, s'habituer à des meubles qui ne sont point à soi, engager une servante que l'on ne connaît pas. Hugo n'est guère plus riche qu'avant, mais depuis Bonaparte, on paie un peu plus régulièrement les officiers.

Les autorités, en déplaçant la 20e demi-brigade de Besançon à Marseille, n'ont fait que changer le lieu de l'affrontement Guestard-Hugo. A certains signes, Hugo comprend que ses supérieurs sont décidément en train de donner raison à son chef de brigade. Va-t-il passer pour un séditieux ? Il est trop lucide pour méconnaître les risques qu'il courrait alors : avancement compromis, voire conseil de guerre. Il s'affole, sent qu'il perd pied. Alors il songe aux relations nouées à Lunéville. Seul Joseph Bonaparte peut le tirer de là. Le rêve serait d'aller expliquer au frère du Premier Consul lui-même la situation où il s'est si imprudemment jeté. Mais il sait qu'on lui refusera toute permission. Où est passé le bon vivant, le jovial, le tonitruant Léopold ? Il n'est plus que l'ombre de lui-même. Tout à coup, Sophie le voit littéralement ressusciter. L'idée, que ne l'a-t-il eue plus tôt ? C'est sa femme qu'il va envoyer à Paris pour plaider sa cause ! *Récit de Léopold Hugo :* « Je fis partir mon épouse de Marseille pour Paris, afin d'aller supplier Joseph Bonaparte de m'arracher une seconde fois à la vingtième demi-brigade. »

Victor vient juste d'atteindre ses neuf mois. Certes, il semble hors de danger, mais il reste fragile, délicat. *Manuscrit d'Adèle :* « Il n'avait rien des autres poupons rebondis — la gloire des nourrices —, rien de leur pétulance, de leur ramage joyeux. Sa petite tête, qu'il ne portait pas encore, tombait sur son épaule ; il était tout rechigné, et loin que sa figure fût un rire, on y voyait tomber de temps en temps quelques larmes plaintives. » Sophie n'a pas dû manquer d'objecter à Léopold : *et Victor ?* L'étonnant est que Léopold ait passé outre à ces justes appréhensions. Pourtant ses lettres nous le montrent tel un père moderne, très proche de ses fils, tenant à s'occuper d'eux dans toutes les occasions de la vie et débordant d'amour pour eux. D'où la raison sans doute de cette apparente insensibilité : s'il est cassé de son grade, peut-être condamné, comment élèvera-t-il ses enfants ?

Le 28 novembre 1802, Sophie, convaincue, quitte Marseille pour Paris.

Jamais, depuis le 18 Brumaire, la popularité de Bonaparte n'a été aussi évidente. En juillet, par un plébiscite aux résultats écrasants, les Français l'ont porté au Consulat à vie. La nouvelle Constitution a fait de lui un véritable souverain. Le 15 août — date de sa naissance — a été décrété Fête nationale. « Voici le second pas vers la royauté », s'est exclamée Mme de Staël.

C'est dans ce climat nouveau, face à un avenir tissé d'espoir, que Sophie va chercher de son mieux à accomplir sa mission. Difficile, la tâche qui lui incombe. A part les rares relations qui lui restent de son précédent séjour à Paris — entre autres ses amis Foucher —, elle ne connaît pas grand monde. Une lettre de Léopold à Sophie, du 18 mars 1803, lui recommande d'aller remercier « les généraux, nos amis ». Lahorie est l'un de ces généraux-là.

Des biographes ont évoqué ces retrouvailles, montré l'amour qui est né entre elle et lui, et qui bientôt va se muer en passion. Les détails piquants ne nous sont pas épargnés : par exemple cette lune de miel exaltée qui se serait passée au château de Saint-Just, près de Vernon, propriété de Lahorie. Il faut revenir sur terre. Des relations entretenues à cette époque entre Sophie Hugo et Victor de Lahorie, nous ne savons rien. Pas la plus petite lettre, pas même l'esquisse d'un témoignage. Tout ce que l'on nous raconte provient en filiation directe d'un unique ouvrage [1]. Ses lecteurs ont cru avoir affaire à un travail d'historien — d'autant plus que le livre est truffé de documents de valeur — alors que l'auteur, publiant à la pire époque de l'histoire romancée, n'a voulu proposer au public qu'un roman né de l'histoire.

Faut-il pour autant conclure qu'il n'ait existé aucune liaison entre Sophie et Lahorie ? Naturellement non. Ce qui le démontre, c'est la suite. Pour l'amour de Lahorie, Sophie affrontera de grands périls. Elle se fera sa complice, le cachera par deux fois à la police, la seconde pendant de longs mois. Elle bravera la morale admise en vivant avec lui sous le même toit. Les documents inédits que le lecteur trouvera plus loin la montreront si étroite-

1. Louis Guimbaud : *la Mère de Victor Hugo* (1930).

ment liée avec Lahorie que le doute n'est plus permis : elle l'a aimé. Autant qu'une femme puisse aimer un homme, puisque pour lui elle a risqué sa vie.

Comment, après cela, ne pas découvrir ici une évidence ? Venue seule à Paris rencontrer ceux qui pouvaient aider son mari, elle a retrouvé Lahorie, naguère si bienveillant, si amical. Une tendresse esquissée s'est changée peu à peu en un sentiment plus profond. Émerveillée, la froide Sophie Hugo s'est découverte amoureuse — bien mieux : aimée par l'homme qu'elle aimait. Dès lors, on s'explique que Sophie, partie pour quelques semaines, soit restée treize mois éloignée de son mari et de ses enfants. Treize mois ! Pour accomplir des démarches, vraiment, c'est beaucoup ! A cet interminable séjour, il n'est qu'une explication et celle-ci se résume en un seul nom : Lahorie.

Léopold ? L'absence a exalté la force des sentiments qu'il voue à sa femme. Lui-même écrit sans cesse à sa femme. Il évoque pour elle des images riantes, hélas enfuies, celles de Sophie et lui bondissant, en amoureux, sur les rochers rouges, face à la mer de Marseille. La tristesse le mine, il parle douloureusement de ses enfants : « Ton Abel, ton Eugène, ton Victor prononcent tous les jours ton nom... Le dernier appelle plus souvent sa maman, sa “ ma maman ” et cette pauvre maman n'a pas le bonheur de l'entendre. » C'est donc à neuf mois que Victor a dit maman pour la première fois. « Si une larme coule à chacune de mes paupières, si maintenant elles inondent mon visage, elles feront des larmes de sympathie quand tu vas me lire. N'est-ce pas, ma Sophie ? Ton Victor entre, il m'embrasse, je l'embrasse pour toi et lui fais baiser cette place... »

Si nous lisons un peu vite, nous ressentons l'impression d'un petit garçon qui entre en courant, se jette dans les bras de son père pour l'embrasser. Nous devons nous résigner à comprendre que Victor — dix mois — ne peut que se trouver dans les bras de la servante Claudine. Et s'il embrasse la place blanche laissée sur la lettre, c'est que Léopold a dû poser la feuille sur les lèvres du bébé. Il l'a fait, explique-t-il à Sophie, « pour que tu y recueilles au moins, dans ton éloignement, quelque chose de lui ; j'y joins aussi le baiser le plus ardent. Je viens de lui donner du macaron, dont j'ai soin d'avoir une provision dans mon tiroir et il s'en va courir, avec Nicolas, en le suçant... ». Décidément, l'adjudant-major raffole des images hardies.

Si le petit Victor Hugo court, c'est bien sûr dans les bras du domestique Nicolas.

Sur le chapitre de Victor, Léopold est intarissable. « Je n'ai pu retenir une larme quand Victor, apporté par Claudine, a fixé les yeux sur ta place, et promené ensuite ses regards, avec inquiétude, sur tous les coins de la chambre. Le cher enfant n'a cessé de regarder partout et n'a été distrait de ses idées ni par les agaceries de ses frères, ni par mes caresses. »

Ce qui se dessine pour le premier bataillon, c'est un départ. Et quel départ : la plus grande partie de la 20e demi-brigade s'embarque pour Saint-Domingue. Hugo, parce qu'il est en disgrâce, sera envoyé à Bastia. Tous ses camarades, ou presque, perdront la vie aux Caraïbes. Cette malchance apparente de l'ex-Brutus se mue en veine insolente.

C'est en février que l'on doit embarquer. Et Sophie est toujours à Paris. Que fera-t-on des enfants ? Après avoir songé d'abord à les laisser à Marseille, où Sophie les rejoindrait, Léopold s'est décidé à les emmener avec lui en Corse. Il a confiance dans la servante qui s'occupe d'eux : « Claudine les aime ; elle paraît fidèle. »

Si l'on devait raconter Victor Hugo en images, l'une d'elles le montrerait à Bastia, dans l'appartement de fonction aux hautes et vastes pièces carrelées, presque sans meubles, affecté à son père et cherchant partout si sa mère n'y est pas. Il vient d'avoir un an.

Un jour, grande nouvelle :

« Nous allons passer à l'isle d'Elbe. C'est un bruit généralement répandu et qui m'afflige singulièrement. Ce sera un grand retard pour nos lettres. L'hyver on n'y en reçoit aucune et si la guerre a lieu, j'y serai bloqué. Si je l'étais seul, au moins ; mais si j'y suis assiégé avec mes enfants !... Et puis, comment t'envoyer de l'argent ? Va, ton absence me cause bien des peines.

« J'ai donné à Victor une promeneuse. Ce pauvre enfant ne pouvait la sentir dans les premiers jours ; il était triste et on aurait dit qu'il se plaignait d'être envoyé avec une femme qui ne parlait pas notre langue. Il s'y habitue. Il m'a beaucoup inquiété pour ses dents. Rapporte au moins du vaccin... »

Nouvelle image de Victor Hugo : le cadre est celui de Porto Ferrajo, gros village appelé à être un jour la capitale du royaume dérisoire de l'empereur Napoléon vaincu. Voici, sous les tuiles rousses et craquelées par le soleil, un bâtiment d'une rusticité conforme à l'environnement. Au premier étage, quelques chambres en enfilade que l'on partage avec la domestique du propriétaire. Là, entre ce père et Claudine, bonne aux deux sens du mot, Victor va apprendre à marcher et prononcer ses premiers mots. Dans les notes rédigées sous la dictée de Hugo, Alexandre Dumas écrira : « La première langue qu'il parle est l'italien. Après papa et maman, le premier mot qu'il prononce est pour se plaindre d'une bonne *cattiva.* »

Sophie ? Elle est à Paris. Toujours. Ses lettres se font de plus en plus rares. Quand elle écrit, c'est pour demander des nouvelles des enfants. Avec quel empressement Léopold lui répond !

« Victor est bien-portant, mais faible : la dentition est pour lui une opération très difficile, et je crains qu'il n'ait des vers. J'ai demandé de l'herbe grecque dont les Corses font le plus grand cas, et en ce moment il doit m'en être arrivé de Bastia. Il a encore quelques croûtes à la tête, mais elles sont peu de chose. Du reste, il dit le nom de ses frères, beaucoup d'autres petits mots, le sien entre autres. Il fait quelques pas seul, mais avec trop de précipitation pour les continuer plus longtemps. Toujours content, je l'entends rarement crier ; c'est le meilleur enfant possible. Ses frères l'aiment beaucoup. »

Excellent Léopold. Je relis Sainte-Beuve qui a si bien parlé de lui : « On dirait quelque guerrier gigantesque qui a recueilli dans son casque trois bambins aux chairs rebondies, aux bonnes figures d'angelots, et qui les porte légèrement, tout au long de l'étape, avec des précautions de maman. » Au vrai, le brave à trois poils est changé en nourrice sèche.

La lettre à Sophie est du 18 juillet 1803. Victor va sur ses dix-sept mois. Léopold, après s'être affirmé toujours fidèle, ajoute : « Tout le monde me gronde de ce que je sors peu ; tout le monde s'étonne que tu ne viennes pas et que j'aie avec moi les enfants. Cela fait jaser. Il m'en revient quelque chose et je ne dis mot... »

La vérité, c'est qu'il ne comprend plus. Faut-il à sa femme tant de temps pour mener à bien des démarches ? Ce qui tenaille maintenant Léopold, c'est le doute. Il faut prendre garde à un homme qui écrit : « Ne pense pas que je sois en proie à la jalousie ; je te respecte trop pour en avoir, quoique j'aime avec idolâtrie. »

Elle a dû sentir que certaines bornes étaient dépassées. Elle quitte Paris. Par Marseille et Livourne, elle s'est enfin décidée à rejoindre ce mari auprès duquel il lui faudra s'expliquer. Et ses enfants.

Inutile de revenir sur les difficultés d'un tel voyage. Immanquablement, on en sort accablé, rompu, d'une humeur exécrable. Léopold, lui, a frété une canonnière pour aller attendre sa chère Sophie à Livourne. Il ne tient plus en place, il rêve de l'instant où il serrera dans ses bras cette épouse que l'absence a idéalisée. La réalité de la rencontre a-t-elle correspondu à ce qu'il en espérait ? Le caractère de Sophie n'a jamais été commode. Sans doute les fatigues du voyage l'ont-elles encore aigrie. Et puis il y a Lahorie.

On s'embarque pour Elbe. Pour Sophie, une image neuve que celle de cette mer, du long sillage qu'y trace sous la caresse du soleil, toutes voiles gonflées, le navire bondissant dans le bleu de l'eau, sous le bleu du ciel. Il n'est pas sûr qu'elle ait apprécié. Un gros bâtiment barbaresque attaque la canonnière. On dégage les canons, la poudre jaillit, les boulets volent. On se défend avec vigueur. Léopold fait merveille. Les pirates maghrébins déguerpissent. On voit d'ici Léopold tourné vers Sophie et quêtant des applaudissements. Il n'est pas sûr qu'elle ait applaudi.

Impossible que Nicolas et Claudine n'aient pas amené, le 11 décembre 1803, les trois petits Hugo sur le quai de Porto Ferrajo, afin qu'ils puissent, au milieu des filets qui sèchent, des pêcheurs qui débarquent et des soldats qui veillent, embrasser plus vite leur mère. Sur la rencontre, pas un texte, pas une ligne. Sur les réactions de Victor face à cette femme qu'il ne connaît pas et qui est sa mère, pas un mot.

Que s'est-il passé à l'île d'Elbe entre Léopold et Sophie ? S'il faut en croire cette dernière, elle aurait appris par la rumeur publique que son mari, profitant de son absence, l'avait trompée. Horreur ! Scandale ! La mauvaise femme, une certaine Catherine Thomas, serait la fille de l'économe de l'hôpital de Porto Ferrajo dont il venait — jurera Sophie — « d'être chassé pour malversations ». Qui plus est, dira encore Sophie, dévoilant délibérément un trait en forme de stigmate, la fille Thomas « ne possédait rien au monde [1] ! ». Ce serait à cause de la fille Thomas que Hugo, après avoir semblé la « recevoir avec affection », l'aurait

1. Requête adressée par Sophie Hugo aux président et juges du Tribunal de première instance de l'arrondissement de Thionville (1814).

invitée, « peu de jours après son arrivée », à repartir avec ses enfants, « lui donnant pour raison qu'il fallait les mettre en sûreté, la forteresse où elle se trouvait étant menacée par les Anglais ».

Prenons garde. Cette dignité offensée, cette douleur d'honnête femme trompée avec une *créature* par le mari qu'elle aime, c'est le récit que Sophie compose en 1814. De fait, elle n'est guère restée à Porto Ferrajo qu'un seul mois. Est-ce parce qu'il lui a été impossible de tolérer davantage le scandale d'un Léopold vivant ouvertement avec la fille Thomas, qu'elle a préféré céder sa place ? Elle-même, en 1814, se contredit. Elle convient qu'à Porto Ferrajo elle n'a rien su de la liaison de Léopold : « Cependant, Madame Hugo ignorait la conduite de son mari. » Son départ ? Elle « se décida à repartir, ne se doutant guère que son mari désirait son absence afin de vivre plus en liberté avec sa maîtresse ». Ce n'est donc pas parce qu'elle est trompée qu'elle s'en va si vite. Elle n'en sait rien. La véritable explication, c'est Léopold qui nous la fournit dans une lettre postérieure — de peu, elle est du 8 mars 1804 :

« Adieu, Sophie. Rappelle-toi quelquefois que rien ne peut me consoler de ton absence ; que j'ai un ver rongeur qui me mine, le désir de te posséder ; que je suis dans l'âge où les passions ont le plus de vivacité et que ce n'est pas sans murmurer contre toi que je sens les besoins de te serrer contre mon cœur. Prégusse est bien heureux, il est aimé de sa femme et il la possède. Moi, je ne possède que le chagrin, la douleur et l'ennui. Adieu, je suis tout à toi. »

Nous y sommes. En arrivant à Porto Ferrajo, Sophie s'est refusée à Léopold. Est-ce parce qu'elle ne voulait pas trahir Lahorie ? Ou bien parce qu'elle s'était à l'avance promis de ne plus s'abandonner à ce désir marital auquel elle ne s'était en vérité jamais résignée ? Peut-être les deux raisons se sont-elles ajoutées. A Léopold, elle s'est contentée de fournir l'explication dont tant de femmes se sont si longtemps fait une arme absolue : elle ne voulait pas d'un quatrième enfant. Une lettre, encore de Léopold — du 11 juin 1805 — nous éclaire là-dessus : « Je suis trop jeune pour vivre seul, trop bien-portant pour ne pas être porté aux femmes ; j'aime, je dirai plus, j'adorerai encore la mienne, si la mienne veut se convaincre que j'ai besoin de son amour et de ses complaisances. Mais je ne puis être sage qu'avec ma femme ; ainsi, ma chère Sophie, je crois qu'il vaudrait mieux que je te fisse un enfant de plus que de te délaisser pour une autre... » Dans la même lettre : « Je n'ai vu dans ton départ qu'une volonté ferme de me fuir, d'éviter les caresses qui t'étaient importunes, de te soustraire à des scènes de ménage que ta tête bretonne rendait beaucoup trop longues. »

Tout est dit : Sophie, au lit comme ailleurs, ne supportait plus Léopold. Usant avec habileté de tous les prétextes — faux et vrais —, mettant en avant la guerre qui reprend et menace l'île d'Elbe, elle a arraché à son mari l'accord espéré, peut-être prémédité dès son départ de France : elle quittera Porto Ferrajo pour Paris. Elle ne repart pas seule. Son voyage lui aura au moins fait gagner de rentrer avec ses enfants.

Au moment où Victor quitte l'île, il va avoir deux ans. On ne trouve, ni dans un texte écrit par lui plus tard, ni dans le *manuscrit d'Adèle*, aucune trace du chagrin qu'il a dû nécessairement ressentir en se séparant de son père. Ne confondons pas l'absence de souvenirs — il est rare que les premiers soient antérieurs à l'âge de quatre ans — et la réalité des impressions. J'écris ceci en présence d'un petit garçon de deux ans. Elle me frappe, elle m'émeut, la violence de l'amour — pourquoi avoir peur du mot ? — qu'il manifeste pour sa mère, pour son père. Or, pendant plus d'un an, Léopold Hugo, pour le petit Victor, a tenu lieu à la fois de père et de mère.

Quel vide aussi pour Léopold ! Quel accablement, pour cet être si sensible, si « nature » ! Certes, Sophie lui donne des nouvelles. Ses lettres sont suffisamment affectueuses pour qu'il les couvre de « mille tendres baisers ». Elle lui parle des enfants, des progrès d'Abel, des tentatives du bon Eugène, des farces du petit Victor. J'aime assez que Victor, à deux ans, soit présenté comme un farceur.

Elles continueront, les lettres de Léopold, d'abord pleines d'élans, de passion, d'illusions. Il espère toujours que sa femme le rejoindra, qu'ils ne se quitteront plus jamais, lui, elle, les trois garçons. Qu'elle abdiquera ses préventions et renoncera à ses froideurs. S'il se laisse aller à un aveu, c'est plus pour la provoquer que pour créer l'irrémédiable : « On peut bien à mon âge et avec mon tempérament malheureusement trop ardent, avoir pu s'oublier quelquefois, mais la faute ne fut jamais qu'à toi. » Il le pense — et il espère. Encore.

L'enfant perçoit dès le premier jour de sa vie. Entre les impressions, il choisit, accepte ou refuse, voilà tout. A fortiori s'il a deux ans : la personnalité est déjà établie. Nous avons vu Victor s'acclimater à l'île d'Elbe moins aisément que ses frères. Nous l'avons vu marcher à dix-huit mois. Nous l'avons trouvé, à cet âge, « toujours content, ne pleurant que rarement, le meilleur enfant possible ». Nous l'avons suivi des yeux, à Bastia, puis à Porto Ferrajo, promené devant la mer par l'excellente Claudine. Nous savons que ce bébé a subi la chaleur de l'été méditerranéen. Que son cerveau a saisi ces outrances de la nature qui, pour tant d'hommes et de femmes, s'associent à l'image du bonheur : trop crus, le bleu de la mer, celui du ciel ; trop verts, les pins jaillis de rochers trop rouges. La découverte de sa mère a signifié pour Victor un adieu à cette lumière.

Le long voyage de Livourne à Paris ? Ce sont les aînés qui l'ont saisi comme un spectacle, kaléidoscope d'images et de sensations. Le petit a surtout enduré le supplice de tous ces jours à rester immobile, ankylosé entre les jambes de sa mère. Et maintenant on est parvenu en un lieu mystérieux et sombre qui ne ressemble à rien et qui s'appelle Paris. Deux syllabes prononcées devant lui dix fois par jour. Cette maison du 24, rue de Clichy, nous n'en savons que ce que Hugo en a dit lui-même : « Je me rappelle qu'il y avait dans cette maison de la rue de Clichy une cour où était un puits ; près de ce puits était une auge, et un saule dont les branches tombaient dans l'auge [1]. » Bien sûr, ces souvenirs ne datent pas de 1804. Sophie et ses fils habiteront la rue de Clichy jusqu'en décembre 1807. A cette époque, Victor aura cinq ans. Alors, réellement, il se souviendra. Mais la cour, le puits, l'auge étaient là en 1804.

Pour Victor, une fois achevée la première exploration, la rue de Clichy, ce pourrait être les ténèbres après la lumière — antithèse déjà hugolienne — s'il ne trouvait là cette femme dont la présence compense tout : sa mère. Il l'a tant réclamée ! Il a tant répété son nom ! Voir sa mère auprès de lui a été son premier vœu conscient. Privilège de l'enfance : l'oubli. Le grand chagrin né de la séparation d'avec son père s'est atténué, a disparu. Maintenant, Victor ne quitte plus Sophie. Bonheur qui devrait suffire à compenser la perte du soleil blanc et de la mer indigo. Et pourtant, on ne le voit pas souvent rire, Victor. *Manuscrit d'Adèle :* « Le

1. *Manuscrit d'Adèle.*

petit Victor était encore languissant. Mon père me disait : quand j'allais chez Madame Hugo, je trouvais toujours Victor dans un coin, pleurnichant et bavant sur son tablier. »

Un soir, grand mystère. Un homme apparaît que Victor ne connaît pas. Timidité. L'enfant se cache dans les jupes de sa mère. Vaguement, il entend Sophie parler de parrain. Mot neuf, lourde perspective insondable.

C'est donc Lahorie ? C'est Lahorie.

Pendant l'absence de Sophie, l'histoire s'est remise à galoper. Derrière la redingote grise et le petit chapeau, elle ne s'essoufflera qu'en 1815. Au début de l'année 1804, il a semblé que les opposants se retrouvaient tous pour porter à Bonaparte un coup qu'ils voulaient décisif. Au mois d'août précédent, le chouan Georges Cadoudal a débarqué près de Dieppe, il a retrouvé à Paris Pichegru évadé du bagne de Cayenne. Les deux hommes ont rencontré le général Moreau. Tous trois poursuivent un seul et même but : chasser Bonaparte du pouvoir. Le tuer ? Peut-être.

Sophie est restée très discrète sur ce qu'elle a pu connaître de cette intrigue. Pas un mot dans les écrits de son fils. Le *témoin* n'en dit rien. Mais le *manuscrit d'Adèle*, déjà, nous fait dresser l'oreille. Peu de lignes, mais elles valent d'être lues et relues : *Madame Hugo connaissait les généraux ; elle était absorbée dans l'événement qui, mettant en cause l'usurpateur, agitait les opinions.* Il apparaît que non seulement elle a été dans le secret le plus complet, mais qu'elle a joué, dans la conspiration, un rôle extrêmement actif. Une lettre d'elle, *inédite,* au secrétaire d'État à la Guerre Davout, écrite en 1815, nous livre à cet égard de bien curieux détails. Il s'agit d'une supplique, d'où le fait qu'elle soit écrite à la troisième personne : « Les généraux Pichegru, Moreau, Georges et Lahorie se rassemblèrent trois fois chez elle pour conférer, et ils la chargèrent de suivre une liaison formée aux Tuileries par le général Lahorie et qui ne pouvait être continuée par lui sans beaucoup de danger. Cette liaison était fort importante, puisque c'est l'indécision de cette personne au moment d'agir qui a fait manquer toute l'affaire et causer la mort de tant de braves serviteurs du Roi ; après la découverte de la conspiration, le général Pichegru fut trois jours caché [chez] elle [1]. »

Surprenant récit. Les sceptiques ne manqueront pas

1. *Maison de Victor Hugo,* Correspondances, n°9752. Communiqué par Sheila Gaudon.

d'observer qu'au moment où Sophie écrivait cette lettre, ni Pichegru, ni Moreau, ni Georges, ni Lahorie n'étaient plus là pour la contredire. Que, par ailleurs, son intérêt, alors qu'elle sollicitait une faveur d'un ministre de Louis XVIII, était de se présenter comme engagée personnellement dans le plus dangereux des complots menés contre Napoléon. Peut-être, mais pour nous qui la connaissons si déterminée, si absolue, une participation semble non seulement vraisemblable mais logique. Amoureuse de Lahorie, comment n'aurait-elle pas épousé les passions politiques de son amant ? Pourquoi ne lui aurait-elle pas offert son appui, voire sa complicité ? Bien sûr, elle courait de grands risques. Quelle amoureuse sincère voudrait y penser ?

Ce qui est certain, c'est que Lahorie, définitivement déçu par Bonaparte, est passé de la bouderie à l'opposition déclarée, et de l'opposition à la conspiration. En 1803 et 1804, il s'est fait, auprès d'un Moreau encore réticent, l'avocat des royalistes. Moreau l'a chargé de suivre les démarches du Premier Consul « pour mettre les conjurés sur ses traces ». Ce qui correspondait très exactement à l'affirmation de Sophie : à cette tâche précise confiée à Lahorie de chercher à connaître l'emploi du temps de Bonaparte, elle a précisément apporté sa collaboration.

Elle aura donc partagé les espoirs et les illusions de Moreau, Pichegru, Cadoudal — et Lahorie. Pas longtemps. La police de Fouché est la meilleure du monde. Le 15 février, le général Moreau, appréhendé sur la route de Grosbois, est conduit au Temple. Le 27 février, on se saisit de Pichegru dans sa cachette de la rue Chabanais. Le 9 mars, le plus redoutable de tous, Georges Cadoudal, est arrêté à son tour sur la place de l'Odéon. Dès lors, ce qui intéresse Fouché, ce sont les complices. Il en est un qui lui a été désigné comme fort dangereux : Lahorie. Alors, la police le cherche partout. Six agents — pas un de moins — sont lancés sur sa piste. On investit son domicile. On saisit ses papiers. On court à son château de Saint-Just. Lahorie reste introuvable.

Pour Sophie, c'est l'angoisse, un chagrin jusque-là jamais éprouvé. Son amant est devenu un homme traqué. Elle rêve de l'aider. Mais comment ? Un soir, on sonne à sa porte.

Elle va ouvrir. Dans la pénombre du palier, elle aperçoit deux hommes qui portent un brancard. Sur ce brancard, Lahorie !

Sainte-Beuve a connu — assurément de la bouche de

Hugo — l'explication de ce coup de théâtre. Lahorie était parvenu à se dérober aux poursuites « en se cachant chez un ami », La Mothe-Bertin, qui habitait 19, rue de Clichy. Cette adresse nous aide à comprendre. Car, chez cet ami, Lahorie est tombé malade. « Un jour, dit Sainte-Beuve, qu'il avait entrevu quelque inquiétude sur la physionomie de son hôte, craignant de lui être un sujet de péril, et dans l'exaltation de la fièvre qui l'enflammait, il se fit transporter le soir même, sur un brancard, rue de Clichy, où Mme Hugo logeait alors. »

Elle s'empresse, elle accueille en même temps les porteurs et le malade : « Mme Hugo, généreuse comme elle était, n'hésita pas à recueillir l'ami de son mari, et le garda deux ou trois jours. »

Est-ce seulement parce qu'elle est généreuse que Sophie va garder Lahorie auprès d'elle ? Est-ce seulement par prudence que Lahorie, n'ayant qu'à traverser la rue, s'est fait transporter chez elle ? Assurément non. On ne consent à ce genre d'audace, on ne se jette dans ces sortes de folies — c'en est une — que si des liens profonds et réciproques unissent les êtres qui s'y précipitent ensemble.

Ainsi Victor a-t-il découvert pour la première fois l'existence et la personne de son parrain, conduit sur une civière, aussitôt couché dans le meilleur lit de la maison, tendrement soigné par sa mère. Victor est trop petit pour savoir s'il est jaloux. Il est trop petit pour comprendre. A cet âge on se contente de ressentir. Et il ressent.

Ils sont rue de Clichy lorsque la France se donne un empereur. Quand le pape Pie VII vient à Notre-Dame sacrer le « Corse aux cheveux plats ». Ils sont encore rue de Clichy lors du couronnement de Napoléon à Milan, roi d'Italie. Quand il entre dans Vienne. Quand il vainc à Austerlitz. Quand, à son retour à Paris, il accepte le titre de « Grand ».

Ils sont toujours rue de Clichy lorsque Napoléon annonce qu'il a résolu de ressusciter l'Empire d'Occident et qu'il va conquérir Naples pour en livrer le trône à son frère Joseph : « Ce sera, ainsi que l'Italie, la Suisse, la Hollande et les trois royaumes d'Allemagne, un de mes états fédératifs formant véritablement l'empire français. »

Justement, Léopold Hugo est de ceux qui vont prendre Naples. Depuis que Sophie l'a quitté, il est passé de l'île d'Elbe en Corse, et de Corse en Italie où, sous Masséna, il a mené son bataillon au combat. La victoire de Caldiero lui doit beaucoup, peut-être tout. Parce que le sort a trop souvent contraint Léopold à des opérations de contre-terrorisme, l'histoire oublie que chaque fois qu'il fait une vraie guerre, il s'y conduit fort bien. L'affaire de Naples n'a pas été une partie de plaisir. Outre les Napolitains, les Français ont eu à combattre les Anglais et les Suisses.

Vis-à-vis de Sophie, Léopold est passé d'un extrême à l'autre. D'abord, après son départ, il est convaincu qu'il ne s'agit que d'un malentendu. Il garde l'espoir qu'elle reviendra à de meilleurs sentiments et qu'elle le rejoindra, prête enfin à ne plus se rebeller contre une fougue dont elle devrait au contraire s'enchanter : « Je n'aime, et je dis bien vrai, je n'aime toujours que toi seule » (18 juin 1804). Il passe ensuite au désenchantement : « Né avec un caractère qui ne m'a point créé d'ennemis, et qui a attaché beaucoup de personnes, je t'ai vue malheureuse avec moi, rechercher de t'en éloigner pour des prétextes spécieux et m'abandonner au feu des passions de mon âge » (16 novembre 1804). Contre toute évidence, c'est à nouveau l'espoir : « Pourquoi ne pas hasarder un dernier voyage, je dis un dernier voyage, car je ne veux plus de fantaisies, ni d'espérances. » Et en même temps l'aveu : « Je ne cherche de femmes que par le besoin, mais mon cœur est tout à toi » (11 juin 1805). Puis la feinte indifférence : « Il y a bientôt un siècle que je n'ai reçu de tes nouvelles, je désire que ce soit une preuve que tu t'amuses » (10 avril 1806). Enfin l'irritation : « Donne-moi donc de tes nouvelles, ou dis-moi avec franchise que tu ne veux plus m'en donner ; je saurai alors quel parti prendre. J'ai dans ce moment plus d'inquiétude de ton silence que d'humeur et de mécontentement... Adieu, Sophie, je désire n'avoir aucun reproche à te faire » (19 août 1806).

Des reproches ? Sans doute préférerait-elle les mériter. Mais Lahorie, toujours en fuite, vient si rarement sonner à sa porte ! Du coup, Sophie — logique de femme qui aime un autre homme — s'est mise à en vouloir très fort à son mari. Ses lettres l'irritent. Ses silences l'irritent. Tout ce qui vient de lui l'irrite. Alors, elle n'écrit plus. Ou seulement pour donner des nouvelles des enfants, à moins que ce ne soit pour réclamer de l'argent.

C'est en ce temps-là que Sophie s'est peu à peu desséchée dans ce rôle de femme sévère, peu avenante, dure aux autres comme à elle-même dont ceux qui l'ont connue ont gardé le souvenir. Toute la tendresse qui lui reste, elle l'adresse à ses enfants. L'image que Victor gardera toujours de sa mère ne saurait être qu'une vision idéalisée. Il aimera cette mère au-delà de tout. Certaines analyses le montreront même atteint d'un complexe d'Œdipe. Une mère sans amour ne fait pas naître un tel complexe.

De la rue de Clichy, on a un jour conduit Victor pour la première fois à l'école, rue du Mont-Blanc. L'école, c'est beaucoup dire. En fait, il s'agit d'une manière de garderie. Comme il est le plus petit des élèves et qu'on ne sait guère comment l'occuper, on le mène, chaque matin, dans la chambre de la fille du maître d'école, Mlle Rose. Or Mlle Rose aime à faire la grasse matinée. Volontiers, elle prend le petit bonhomme dans son lit. Quand elle se lève, elle met ses bas. Il regarde — il aime regarder. A Guernesey, Victor Hugo évoquera encore cette vision innocente et qui peut-être ne l'était pas tant. L'épisode des bas apparaît à ce point conforme aux descriptions freudiennes de la sensualité enfantine — et du complexe spectaculaire — qu'à première vue on pourrait la croire forgée pour les besoins de la psychanalyse. Mais, en 1806, Sigmund Freud n'était pas né. On s'est plu à rechercher, dans l'œuvre de Hugo, les allusions aux pieds, assimilés à une partie interdite du corps féminin : elles sont innombrables. Pour Hugo, la vue d'un pied nu est coupable. Preuve d'un souvenir, à quatre ans, qu'il ressent déjà comme le viol d'un interdit.

Pour la fête du maître d'école, on va donner une représentation théâtrale. On joue *Geneviève de Brabant.* Victor se souviendra que la classe était séparée en deux par un rideau. Mlle Rose s'était distribué le personnage de Geneviève. Victor, comme le plus petit de l'école, s'était vu confier le rôle du fils de Geneviève. « On me mit un maillot, par-dessus un maillot une peau de mouton ; à cette peau pendait une griffe en fer... Pendant que Geneviève disait son rôle, je m'amusais à lui piquer les jambes avec cette griffe. Geneviève interrompait son débit et me disait : “ Veux-tu bien finir, petit vilain [1] ! ” »

Autre souvenir encore : dans la classe, on le place devant une fenêtre qui donne sur le chantier de l'hôtel en construction du cardinal Fesch, oncle de l'empereur Napoléon. Ce jour-là, un cabestan hisse une pierre de taille sur laquelle a pris place un ouvrier. Soudain la corde casse. Dans sa chute, l'ouvrier est broyé par la pierre.

« Et votre papa, mon petit ami ? — Mon papa n'est pas là, Monsieur. »

1. *Manuscrit d'Adèle.*

De temps en temps une lettre, imprégnée de ce grand soleil qui manque aux aînés, arrive de Naples. Là Léopold a retrouvé la faveur d'un Bonaparte, pas Napoléon mais Joseph. Le prince, en attente d'être roi — et qui s'en avoue le premier étonné — s'est souvenu de Lunéville et a accueilli le mieux du monde l'ex-gouverneur.

Lorsque le prince Joseph devient roi, il nomme Léopold major du Royal-Corse que son nouveau chef, en un tournemain, réorganise et met sur pied. De son palais de Portici, il va lui donner l'ordre de délivrer le royaume de Fra Diavolo. Un *brigand.* Il se nomme en fait Michel Pezza. Il terrorise les campagnes entre le Volturne et les États du Saint-Père, cela au nom de Ferdinand IV qui l'a fait général et duc de Cassano. Ce qui explique la véritable dimension du personnage. Impossible de raconter ici la campagne du mari de Sophie qui, à la tête de 8 à 900 soldats, cherche et affronte les 1 500 hommes de Fra Diavolo. Cette poursuite dure plusieurs jours. On escalade les Apennins, on redescend dans la plaine, on traverse les torrents gonflés par des pluies récentes. On finit par capturer un Fra Diavolo blessé, malade, à bout de forces. Naturellement, il sera mis à mort. Il n'est pas de lois de la guerre pour les *brigands.* Voilà décidément Léopold Hugo en faveur auprès du roi de Naples. En 1807, il sera nommé gouverneur d'Avellino et, en 1808, colonel du Royal-Corse. Ce que le *témoin* traduit ainsi : « Le premier soin du gouverneur fut d'écrire à sa femme de venir le rejoindre. Il y avait plus de deux ans qu'il était séparé d'elle et de ses enfants. Maintenant que l'Italie était pacifiée, il allait pouvoir être mari et père. »

En réalité, c'est de sa propre initiative que Sophie s'est résolue à partir pour Naples. Est-ce donc que ses rancœurs se soient apaisées, que son hostilité soit atténuée ? Nullement. Ce n'est pas l'épouse qui a voulu rejoindre Naples, mais la mère. Léopold lui avait fait part de son espoir d'obtenir pour Abel une place à l'École militaire du royaume de Naples, peut-être également une pour Eugène : « Dis à Eugène que, s'il est bien sage, il pourra obtenir la même faveur, et à Victor qu'il aura beaucoup de bonbons » (9 janvier 1807). C'était le temps où, manifestement, bien peu d'argent parvenait rue de Clichy. Sophie avait-elle le droit de condamner ses enfants à la médiocrité, presque à la pauvreté ? Ce royaume de Naples, elle le voit bien plus comme un rêve d'or que comme un pays sous le soleil. Elle imagine ses trois fils obtenant de la faveur royale un éclatant présent et un avenir radieux.

C'est dit. Elle partira.

Or elle choisit le plus mauvais moment. La liaison de Léopold avec Catherine Thomas, nouée à l'île d'Elbe, s'est fortifiée de garnison en garnison. Née sous un consul, elle se poursuit sous un roi. Maintenant la *fille Thomas* — comme ne cessera de le dire Sophie — réside au palais d'Avellino auprès de son amant. Pour être précis, la cohabitation publique avec sa maîtresse signifie que Léopold a renoncé à Sophie. Nullement de gaieté de cœur. La vérité est que Catherine Thomas l'a consolé de ses malheurs conjugaux.

Après tout, la fidélité de cette *fille Thomas* finit par nous toucher comme elle a dû l'émouvoir, lui, le premier. Nous ne savions à peu près rien de Catherine Thomas avant que des recherches récentes ne lèvent un coin du voile, à commencer sur ses origines. Son père, Nicolas Thomas, est né en 1756, à Ligny-en-Barrois. Il est lorrain. Pour des raisons que l'on ignore, il est venu se fixer en Corse, à Cervione, un gros bourg situé à 40 kilomètres au sud de Bastia, siège de l'évêché et de la juridiction royale d'Aleria. Il a épousé Lina Saettoni, de laquelle est née à Cervione, le 5 novembre 1783, Maria-Catalina : celle qui deviendra Catherine Thomas. La profession du père ? Curieusement, il est connu comme « coiffeur faisant fonction d'huissier ». Il semble que Léopold Hugo l'ait rencontré en 1803 à Bastia, probablement par l'intermédiaire d'un chef qu'il a nécessairement fréquenté, le général de brigade Casalta, présent à Bastia à cette date et cervionais d'origine. A cette époque, Maria-Catalina avait dix-neuf ans.

Nicolas a-t-il suivi l'armée française à Porto Ferrajo ? Est-il devenu, comme l'affirmera Sophie Hugo, économe à l'hôpital ? L'a-t-on vraiment « révoqué pour malversations » ? Nous n'en savons rien. Elle-même se présentera comme fille d'un propriétaire terrien qu'elle anoblira plus tard, de même qu'elle décernera une particule tardive à sa mère. Elle dira avoir été mariée avec un officier d'état-major de l'armée espagnole. On la verra même soudainement comtesse de Salcano. Convenons que cela sent quelque peu l'aventurière. Refusons pourtant de nous fier aux apparences. Ces identités d'emprunt de plus en plus ronflantes, elle ne les a prises que pour figurer plus avantageusement auprès de l'homme dont elle partageait la vie. Pour lui faire honneur, en quelque sorte. Ce qu'il nous faut constater, c'est qu'elle donne à Léopold tout ce que Sophie lui a refusé : fidélité, amour, soutien, sûrement équilibre sexuel. Que Catherine ait eu du cœur, et du meilleur, cela est évident. Dans ce couple, la fidélité n'apparaît d'ailleurs pas unilatérale. Léopold se garde pour Catherine. Léopold est l'homme d'une seule femme, toujours. Son éternel regret — et qui expliquera tout de son attitude postérieure — sera que cette femme-là n'ait pu être Sophie.

Donc, Catherine et Léopold vivent ensemble au palais d'Avellino. Une première fois, en février 1806, Sophie avait exprimé le désir de rejoindre son mari. Léopold avait catégoriquement refusé :

« Quand tu parles de me rejoindre, oublies-tu donc ce qu'il en coûterait pour un tel voyage, ignores-tu que je ne saurais où prendre l'argent pour le faire ? Et quand, dans une supposition, je m'en trouverais assez, n'aurais-je pas à craindre que tu me retrouvasses cette foule de défauts qui t'ont si promptement décidée à me quitter et que tu ne me quitterais pas une seconde fois ? »

D'où un conseil exprimé sans ambages :

« Il vaut donc mieux que tu donnes à Paris tes soins à l'éducation des enfants et, quand des temps plus heureux luiront pour nous, nous pourrons songer à nous réunir. Tu es tranquille, rien ne te tourmente ; tu es encore une fois plus heureuse que moi... »

Sophie l'a si bien compris que, vers la fin de 1807, lorsqu'elle transforme ses velléités en résolution et décide de se mettre en route, elle n'avertit pas Léopold. A peine parvenons-nous à le croire, mais c'est ainsi. Voilà qui nous démontre que l'énergie de la petite Sophie de Châteaubriant ne s'est pas gâtée au fil des années. Rappel utile : en 1807, Léopold a trente-quatre ans, Sophie, trente-cinq. Et Catherine Thomas, vingt-quatre.

Au moment où l'on va quitter la rue de Clichy, Victor, lui, aura bientôt six ans. Cette fois, devant les curiosités du voyage, il va pouvoir ouvrir l'œil, regarder, comprendre, absorber — plus tard restituer. Entre cinq et six ans tout enfant devient parfaitement capable d'ordonner ses sensations. Mais celui-ci s'appelle Victor Hugo, lequel a toujours privilégié le regard. N'oublions jamais ce vers, l'un des plus fameux des *Contemplations* :

Deviens le grand œil fixe ouvert sur le grand tout.

Les dessins de Hugo, en leur originalité flamboyante, prouvent qu'avant tout il *voit* en peintre. Ce qui domine, sous son pinceau comme dans sa vision, c'est l'art d'appréhender les contours. Une montagne, un vieux château, une mer lui inspireront des images identiques ; il parlera de *haillons* d'écume aussi bien que de *haillons* de pierre. Il y verra des déchirures, des guenilles. Il jouera de la flamme, de la lumière, de l'ombre. Une lucarne deviendra un œil borgne. Il parlera de joue à propos d'une muraille, il la verra « ridée et dartreuse » [1]. L'enfant Hugo va vivre en images le voyage de Naples.

Il quitte son puits, son auge et son saule. Il part pour un voyage — aller et retour — qui durera un an. S'étonnera-t-on que l'enfant Victor en ait — selon ce que l'adulte Hugo a confié plus tard à Sainte-Beuve — rapporté « mille sensations fraîches et graves, des formes merveilleuses de défilés, de gorges, de montagnes, des perspectives gigantesques et féeriques de paysages, tels qu'ils se grossissent et qu'ils flottent dans la fantaisie ébranlée de l'enfance » ?

Les vitres cinglées par une pluie battante, la diligence quitte Paris. Le souvenir de cette pluie a marqué Victor, ainsi que celui du cuir luisant de la voiture. Tout au long du voyage, pour Victor, s'installe la hantise de verser. Jusqu'au Mont-Cenis, tout au moins. Pour le franchir, Abel — neuf ans — et Eugène — sept ans — se sont vu attribuer des mulets. Mais, c'est sur un traîneau que Sophie et Victor escaladent le col pour ensuite en descendre. Un traîneau fermé, ouvert sur l'extérieur non par des vitres, mais — cinquante ans plus tard Victor s'en souviendra — par des plaques de corne. Victor se rappellera aussi, une fois le col passé, les toits de Suse. Des toits gris, précisera-t-il.

Au vrai, pour Victor comme pour ses frères, la diligence s'est muée en prison. Comme le froid reste vif, on a placé de la paille sous les pieds des voyageurs. Alors les enfants ramassent de cette paille et en confectionnent des petites croix qu'ils collent aux vitres, guettant impatiemment le moment où l'on rencontrera des paysans. Ceux-ci, immanquablement, apercevant les croix de paille, font eux-mêmes le signe de la croix. Et les trois petits garçons de s'esclaffer. Baptisés ou non, les petits Hugo savent à quoi s'en tenir sur la « superstition ». Sophie est passée par là.

1. Charles Baudouin.

Si les premiers souvenirs du voyage ne représentent guère pour Victor qu'une mosaïque éclatée, l'arrivée à Rome le ravit. Après tant d'étapes de glace ou de pluie, on trouve « un temps charmant ». *Manuscrit d'Adèle :* « Ce fut une fête pour les enfants, pour le petit poète surtout [1]. Cette ville lui sembla rayon et clarté. Le pont Saint-Ange, orné de statues, cette magnifique entrée de Rome, fut le couronnement de cet éblouissement. »

Par rapport au trajet parcouru, Naples peut paraître à portée de main. Il faut croire que Sophie en a pris conscience. C'est de Rome, semble-t-il, qu'elle s'est décidée — enfin — à écrire à son mari pour lui annoncer qu'elle et leurs enfants étaient en route pour le rejoindre. Ici, l'audace s'accompagne de ruse. Impossible à Léopold de lui répondre, de lui interdire par exemple l'accès du royaume de Naples. La lettre parviendrait à Rome après qu'elle-même, Sophie, aurait quitté la Ville éternelle !

De sorte que Léopold, au reçu de la fameuse lettre, va devoir bon gré mal gré se préparer à accueillir ses trois fils — de cela seul il est ravi — et celle qui reste sa femme, détail qui ne l'enchante guère.

Elle approche, la famille Hugo. Victor évoquera pour Adèle ces « têtes coupées déjà desséchées ou saignant encore », ces mains et ces bras « cloués à d'autres arbres, affreux épouvantails disant aux tueurs des grandes routes : " Voilà ce que vous serez ! " ». Preuve que cette vision l'a suivi, poursuivi, il parlera aussi à Dumas des « têtes coupées plantées le long des routes et qui, brûlées par le soleil, lui semblent des têtes à perruques ». A l'adresse de Dumas, encore, il précisera également : « Une fois entrés dans les Abruzzes, une escorte de sept ou huit carabiniers. Môle de Gaëte, puis le golfe de Naples, le port de Naples, le Vésuve. » C'est à Adèle qu'il a confié une image qui, en deux lignes, dit tout : « Naples sembla au petit Victor une robe blanche bordée d'une mer bleue. »

Émerveillement d'un monde neuf, redécouverte de cette lumière depuis Elbe enfouie au plus profond de soi, bouche ouverte devant le volcan.

Pour Victor, l'éblouissement se double de fièvre et d'espoir : il va rencontrer son père, ce père dont il ne sait plus rien.

1. Cette cocasse distraction de plume d'Adèle me fait souvenir de cet historien bonapartiste qui, évoquant la jeunesse de Napoléon, écrivait : « le petit empereur ».

Est-il venu à Naples au-devant des siens, le colonel Hugo ? Les a-t-il attendus en son palais d'Avellino ? Hugo a cru se souvenir qu'à Avellino, son père s'était mis en grand uniforme pour les recevoir. Il s'est rappelé aussi les embrassements. *Manuscrit d'Adèle :* « Il fit grimper ses fils sur son habit de colonel pour les mieux serrer dans ses bras. » Assurément, le colonel, plein d'élans et de tendresse, a dû étreindre très fort ses garçons contre cette poitrine dorée qui faisait mal aux joues enfantines lorsqu'on s'y frottait de trop près. On croit entendre la grosse voix se récrier. On croit voir le sourire s'épanouir sur la bouche lippue perdue dans le visage rebondi. Et les petits qui courent et sautent, tâchant de capter l'attention de ce père que, d'emblée, ils se sont mis à admirer éperdument.

Il n'est pas que les enfants. Elle est là, Sophie. Muette, sévère, déjà réprobatrice. Lui, après les premières effusions destinées aux garçons, la regarde à la dérobée, presque timidement, comme s'il cherchait à la deviner. Bien sûr, on imagine. On est contraint d'imaginer. Sur cette rencontre, nous ne possédons pas le moindre document convaincant. Il semblerait plutôt que Léopold soit venu attendre les siens à Naples où l'un de ses frères, Louis Hugo — qui s'est distingué à Eylau — se trouve déjà. Il aurait alors affirmé à Sophie que son palais n'était pas digne d'elle et que seul un soldat comme lui pouvait s'en contenter. Il lui aurait aussitôt loué un appartement à Naples.

Certes, Victor s'est souvenu du palais d'Avellino. Il l'a même décrit à Adèle qui transcrit cela d'une manière charmante. Il suffisait à Victor de fermer les yeux et de revoir ce « palais de marbre à vents coulis ». Il s'est souvenu des crevasses qui s'ouvraient aux murs, dues « au temps et aux tremblements de terre ». Les détails lui revenaient en foule : « Les crevasses dont se plaignait tant leur mère étaient pour eux un sujet d'amusement. Il y en avait justement au-dessus du lit du petit Victor. Depuis son réveil jusqu'au lever, il regardait la campagne à travers... Derrière le palais était un ravin assez profond tout couvert de noisetiers. Ces noisetiers et ce ravin à monter et à descendre faisaient la joie des enfants... » C'est en janvier que Sophie et ses fils sont arrivés à Naples. Ce n'est qu'au printemps ou à l'été — plusieurs mois plus tard ! — que Victor et ses frères ont fait la connaissance de cette résidence où — Catherine Thomas ayant consenti à s'éclipser — ils n'ont dû séjourner que quelques jours. Pas plus de quelques jours. Léopold n'aurait pas toléré de se séparer davantage de sa chère maîtresse. Après quoi, Sophie et les enfants ont regagné la capitale du roi Joseph. Tristement. Amèrement. Et quand, un demi-siècle plus tard, Hugo racontera le voyage de Naples à sa femme, il dira que sa mère, ses frères et lui ont passé « quatre mois » à Avellino. Quatre mois !

Des enfants Hugo tels qu'ils étaient au temps du séjour napolitain, une lettre de Léopold à sa mère nous livre un croquis certainement fort exact. Elle nous montre Abel « grand, poli, posé, plus qu'on ne peut l'être à son âge » ; Eugène avec « la plus belle figure du monde, il est vif comme la poudre ». Quant à Victor, « il est posé, réfléchi, peu parleur et ne disant jamais qu'à propos. Ses réflexions m'ont plus d'une fois frappé. Il a une figure très douce. Tous trois sont de charmants enfants, s'aimant beaucoup entre eux et aimant bien leur cadet ».

Naples, pour Victor et ses frères, ce n'en seront pas moins, sur fond de Vésuve, des grandes vacances inespérées, presque illimitées : plus d'école, plus d'emploi du temps obligé. Ce sera l'insolite de Naples, ses couleurs outrées, ses ruelles peuplées des criailleries des *lazzaroni* et du chant de mandolines. Naples et ses odeurs fortes. Naples et ses églises prises d'assaut comme une place publique ou un marché. Naples et ses enfants dépenaillés, s'agenouillant pour une piécette, mais plus fiers qu'un duc d'être napolitains. Naples et ses palais, immenses et baroques, souvent divisés en appartements dénués du moindre confort ; c'est l'un d'eux qu'habitent Sophie, Abel, Eugène et Victor. Naples et sa vermine. Naples et son armée de prêtres noirs qui, selon les ordres auxquels ils appartiennent, glissent le long des murs ou marchent fièrement au milieu des rues. Naples, en un mot.

Sophie n'aime pas Naples. C'est encore Adèle qui le dit : « La mère, elle, était insensible à la nature. Elle n'était occupée que d'une seule chose, des mauvais gîtes qu'elle avait chance de rencontrer et de la puce qu'elle était sûre de trouver. » A Naples, elle restera donc dans sa chambre une grande partie de la journée et attendra que le soleil soit tombé pour conduire en calèche ses enfants jusqu'au bord de la mer.

Ce n'est pas seulement parce qu'elle perçoit mal les beautés de la nature et l'architecture que Sophie n'aime pas Naples. C'est parce que, dès le premier instant, elle a compris que ce long périple, elle l'avait effectué pour rien.

On ne refait pas l'histoire. Malgré tout, je reste persuadé que si Sophie s'était, dans un élan spontané, jetée dans les bras de Léopold, la charmante Catherine Thomas n'aurait pas fait long feu. Mais Sophie n'a ressenti aucun élan. Ce qu'elle n'éprouve pas, elle est incapable de le feindre — ce qui d'ailleurs est tout à son honneur. Elle n'a jamais aimé Léopold. L'amour, elle l'a découvert trop tard. Avec un autre. Quant à Léopold, il a renoncé à elle. Parce qu'il a enfin admis — il y a mis le temps — que sa femme avait elle-même à jamais renoncé à lui. Mais nous le connaissons, Léopold. Bien sûr, il y a Catherine Thomas. Cependant peut-on imaginer que, voyant paraître devant lui cette jeune femme — qui est la sienne — et qu'il a tant espéré retrouver un jour, il n'ait pas tenu à lui manifester aussitôt qu'il était toujours son mari ? Comme elle a dû logiquement protester, tenter de se dérober, il est probable qu'il soit allé de force jusqu'au bout de son désir. Sanguin Léopold.

Imagination ? Cette étreinte, peut-être fugitive et pour Sophie révoltante, semble avoir laissé des traces. Que l'on veuille bien découvrir les lignes suivantes adressées d'Avellino par Léopold à Sophie :

« La seconde lettre aurait dû m'offrir quelques passages agréables ; elle en contient quelques-uns, mais la nouvelle que tu me donnes les efface tous. J'aime à croire que tes inquiétudes sont sans fondement ou seront sans suite. Le mal dont tu me parles est sans contredit bien à craindre, mais il ne l'est pas dans son principe, et des soins donnés par quelqu'un d'habile peuvent t'en débarrasser promptement. J'aimerais beaucoup à l'apprendre et surtout savoir que tu es dans le cas de ne rien négliger pour le rétablissement de ta santé. »

Quel sens peut-on donner à un tel passage ? Il ne s'agit pas d'une maladie. Une femme qui parle d'*inquiétudes* sait très bien ce qu'elle veut dire. Le mari qui espère que ces inquiétudes « sont sans fondement ou seront sans suite » s'exprime avec une indéniable clarté et quand il parle de « soins » donnés par quelqu'un « d'habile », il est allé jusqu'au bout de sa pensée.

Si nous admettons ce nouvel épisode — et comment ne pas l'admettre ? — nous sentons d'autant mieux, dépassant l'indifférence qu'elle a vouée jusque-là à Léopold, la haine que Sophie ne manquera pas de lui porter désormais. Non seulement elle a dû subir une manière de viol, mais il l'a engrossée et finalement contrainte aux démarches humiliantes, aux risques — et peut-être aux remords — d'un avortement. L'horreur. La fureur. La haine.

Il vit donc à Avellino. Elle est à Naples, délivrée de ses « inquiétudes ».

Mais les enfants ? Mais Victor ? Pour retrouver *papa*, ils ont accompli cet épuisant, cet effrayant voyage ; « exposer des enfants aussi jeunes, écrira Léopold, par une saison pareille, et pour une aussi longue route, était en quelque sorte les vouer à la mort ». Pendant des semaines, ils n'ont pensé qu'à l'instant de la rencontre. La vue du superbe uniforme a couronné leur rêve. Et puis, adieu l'uniforme. Adieu, papa. Le vieux palais lézardé d'Avellino, on n'a fait que l'entrevoir. Ces enfants-là ne seraient pas comme les autres s'ils n'avaient le cœur lourd, très lourd.

Certes, Victor est petit. Il n'entend pas grand-chose à tout cela. Mais il y a ses frères, surtout l'aîné, qui comprennent mieux. Il y a des conversations devant lui. Des silences. Des questions à leur mère où le nom de *papa* revient sans qu'elle réponde.

Nul doute que, pour Victor, le souvenir napolitain ne soit peuplé d'autant de tristesse que pour Sophie d'amertume. Il n'en dira rien. Pas un mot à Sainte-Beuve, pas un mot à Dumas. A Adèle, c'est un souvenir enchanteur qu'il confie. Il montre ce père qui, la guerre à peine achevée, est tout au bonheur de pouvoir appeler près de lui sa femme et ses enfants. Il évoque les embrassades chaleureuses et émues, le vieux palais dont les lézardes cuisent au soleil. Et quand il faudra partir, il dira que ce sont les plus belles vacances de sa vie qui s'achèvent.

Le plus déchirant peut-être, ce n'est pas l'épisode vécu à Naples par un Victor de six ans. C'est le travestissement volontaire qu'il s'est imposé à lui-même.

Après avoir cru éternel le partage du monde esquissé avec le tsar Alexandre — les conquérants sont souvent des naïfs — Napoléon s'est tourné vers l'Espagne. Quand, le 4 mai 1808, Léopold écrit à sa mère que, si ce n'étaient les enfants, il se séparerait définitivement de sa femme, il ne peut savoir que, deux jours plus tôt — le *Dos de Mayo* —, les Madrilènes ont levé l'étendard de la révolte contre les Français de Murat et que, paradoxalement, ce soulèvement réprimé à la manière forte va décider de son propre avenir. Le roi d'Espagne Charles IV abdique sa couronne en faveur de Napoléon qui s'en dessaisit aussitôt au profit de son frère Joseph. Mais Joseph n'oublie pas ses amis. Le

3 juillet 1808, Léopold Hugo quitte Naples pour l'Espagne où l'appelle le nouveau roi.

Sophie n'a plus rien à faire en Italie. Sans doute va-t-elle retenir une voiture pour les jours qui suivent ? Pas du tout. Elle reste sur place jusqu'en décembre. Impossible d'expliquer la bizarrerie d'une telle attitude si ce n'est par l'espoir de pouvoir mieux bénéficier là du pactole qui va assurément fondre sur son mari. « Tout bonheur matériel repose sur des chiffres », dira Balzac. Les lettres que lui adresse désormais Léopold — la première étant de Vittoria, le 10 octobre — ne parlent à peu près que d'argent. Quant à l'état de leurs relations, quelques lignes suffisent pour que nous soyons fixés : « Les enfants recevront une éducation qui me permettra de pousser leur carrière et de cette manière ils ne se ressentiront point de la rupture que nous avons établie entre nous. Il faudra qu'ils ignorent cette rupture et être assez prudents pour ne pas les en rendre participants par des éclats injurieux contre l'un ou l'autre. Nous nous sommes prouvé que nous ne pouvions pas vivre ensemble, mais l'intérêt de nos enfants l'ayant emporté sur la nécessité d'un acte public de séparation, tu devras les élever dans un égal respect pour moi comme pour toi. »

La page est tournée. Le 22 décembre 1808, Sophie passe marché avec un *vetturino* du nom de Luigi Bugamali. Il lui en coûtera 30 louis et 24 francs de France et Luigi s'engagera à la conduire, elle, sa femme de chambre et ses « trois enfants mâles », de Naples à Milan, en dix-huit jours. Il s'engage également à lui assurer la nourriture, « le coucher dans trois lits propres », la sécurité. Il promet que les malles seront attachées par des « chaînes de fer » et jure que la place libre, près du conducteur, ne sera occupée que « par une personne honnête ».

Ce Luigi se révélera homme de parole. Victor va revivre ses angoisses de l'aller, mais la voiture ne versera pas. Le 10 janvier 1809 on sera à Bologne, à Milan le 15. La malle-poste de Lyon les déposera à Paris, le 7 février, dans la cour de l'*Hôtel des Postes.*

III

GOYA

D'ordinaire les empires conquérants meurent d'indigestion.

Victor HUGO.

Où se loger au retour à Paris ? A Avellino, pour parler d'études sérieuses, Léopold s'était composé un visage sévère. Il répétait et Victor s'en souviendra : « Ah ! ça, mes chers garçons, il va falloir travailler... Il n'y a pas à plaisanter avec l'éducation des hommes. Le moment est venu d'apprendre. » Un soir, « comme le petit Poucet entendant la détermination de ses parents de le perdre, lui et ses frères », les enfants ont écouté à travers la porte les paroles de leur père exigeant de leur mère que l'on « mît Abel, son aîné, dans un lycée et les deux plus petits dans une école [1] ».

L'habitation qui doit remplacer l'appartement de la rue de Clichy, Sophie va donc la chercher dans le quartier des écoles. Elle tient à une maison avec un jardin. « Elle était indifférente au grand côté de la nature, dit Adèle, mais elle adorait les fleurs et par conséquent les jardins. » Découvrant au numéro 250, rue Saint-Jacques, une maison à louer avec jardin, elle signe sans visiter. Certes le jardin est une réalité, mais le logis se révèle si exigu que, faute de chambres en suffisance pour les enfants, il devient impossible de vivre là bien longtemps. De nouveau, Sophie se met en quête. Un jour de septembre 1809, elle rentre : elle a trouvé — qui plus est tout à côté.

1. *Manuscrit d'Adèle.*

Abel, déjà pensionnaire au lycée, ne peut être informé séance tenante. Mais, le lendemain matin, Sophie entraîne Eugène et Victor — neuf et sept ans — découvrir la nouvelle maison. Un jardin ! La merveille se situe impasse des Feuillantines au numéro 12. Pour pénétrer dans cette impasse, on se glisse entre les numéros 261 et 263 de la rue Saint-Jacques. Et les voilà figés, les deux frères, bouche bée, yeux écarquillés. Pour mesurer l'éblouissement ressenti aussitôt par Victor, il n'est que de rêver avec lui :

Le jardin était grand, profond, mystérieux,
Fermé par de hauts murs aux regards curieux
Semé de fleurs s'ouvrant ainsi que des paupières,
Et d'insectes vermeils qui couraient sur les pierres,
Plein de bourdonnements et de confuses voix ;
Au milieu, presque un champ ; dans le fond presque un bois [1]...

Les Feuillantines étaient un couvent. Sous la Révolution, un certain Lalande l'a acheté comme bien national. Il en occupe une partie, loue l'autre qui deviendra l'asile béni des Hugo. En tout, une superficie d'environ 200 mètres de long sur 60 mètres de large. Au fond de l'impasse une grille donne accès à une cour assez large. De plain-pied, on entre chez Mme Hugo. « Quelque chose d'assez sombre — un palier ou une antichambre — menait à une salle à manger qui avait le salon à sa droite. » Les deux pièces « donnaient sur le jardin. Elles étaient au midi, boisées, avec de hautes fenêtres pleines de ciel et de chants d'oiseaux ». Cela, c'est Adèle qui l'écrit. Petite fille, elle a bien connu les Feuillantines : « Elles ont pour moi le charme de tout ce qui est loin... Je me rappelle les plates-bandes garnies de fleurs, proches de la maison, le puisard et la grande allée du fond, où l'on avait installé une balançoire qui était d'une grande ressource pour les amusements de notre petit monde. On en usait sans discrétion, les arbres où elle était attachée s'en ressentaient, leur écorce était toute rongée... »

A la première visite, seule la présence de M. Lalande, le propriétaire, a empêché les petits de s'élancer. Un geste, un sourire et les voilà qui se précipitent à la découverte de ce jardin qui déjà leur semble un parc immense, mieux : une forêt vierge. Car des enfants, dans l'enchevêtrement des branches non taillées, des buissons retournés à l'état de nature, des herbes folles, peuvent se croire aussitôt

1. *Les Rayons et les Ombres.*

plongés dans le mystère d'une jungle. Ils se récrient, ils s'appellent : « Par ici ! Par ici ! »

Et voilà l'allée de marronniers où l'on sait déjà que l'on accrochera une balançoire. Et voilà le puisard à sec, admirable forteresse pour jouer à la guerre et donner l'assaut. Et puis, surgissant d'espaliers à demi brisés, quelque chose qui ressemble à un reposoir, des vestiges de croix et des niches de saints. S'effaçant sur un mur, cette inscription : PROPRIÉTÉ NATIONALE.

Une surabondance de fleurs sauvages, des arbres flanqués de surgeons jamais entrevus, des branches qui ploient sous les fruits, à ce point que les deux petits garçons seraient incapables même de ramasser ceux qui gisent à terre. Quand ils découvrent des treilles chargées de raisin, l'envie folle les saisit d'en dévorer des grappes entières. M. Lalande, s'avançant en compagnie de Sophie, les voit soudain arrêtés par la convoitise. Bonhomme, il leur crie qu'ils peuvent manger autant de raisin qu'ils voudront. Victor se rappellera que son frère et lui en sont revenus « ivres ». Proposition à soumettre à la faculté : un enfant peut-il s'enivrer avec du raisin frais ?

Le dimanche suivant, c'est Abel, surgi de son lycée en uniforme à boutons dorés, qui paraît. Abel à qui Eugène et Victor, gravement, présentent « leur » jardin. Et vient le jour de l'emménagement. Victor et Eugène ont emballé les soldats de plomb, les canons miniatures. Ils ont empaqueté les toupies, les billes. Ils ont serré dans des cartons leurs images les plus précieuses. Surtout, a dit Sophie, n'oubliez rien ! Que l'on n'ait pas à revenir ! De l'ancien logis au nouveau paradis, on est allé à pied. Il n'a fallu que cinq minutes. Pour la première fois, on y a couché. Pour la première fois, on va s'y réveiller. Des Feuillantines Hugo dira un jour : « C'est le soleil levant de ma vie. »

Dans l'œuvre de Hugo, certains thèmes seront, sous des formes différentes, traités à plusieurs reprises. Aucun autant que celui des Feuillantines. Sans cesse il y revient. Et sans cesse il revient à Sophie.

Durant toutes ces années, pour le petit Victor, Sophie incarne aussi bien le père absent que la mère d'autant plus présente. L'amour, c'est à la mère qu'il le voue. L'obéissance, c'est à la mère qu'il la doit. Elle gouverne sa vie, tout entière. Tous ses gestes, toutes ses pensées lui sont adressés. C'est Sophie, naturellement, qui a décidé de l'époque où les deux « petits » — dans toutes les familles on appelle ainsi ceux qui ne sont pas l'aîné — iront à l'école. Il en est une, rue Saint-Jacques, où un couple, brave homme, brave femme, apprend aux fils d'ouvriers à lire, écrire, compter. Victor a cru longtemps que ce La Rivière était un ancien prêtre de l'Oratoire, défroqué pendant la Révolution. D'érudites recherches ont montré qu'il n'en était rien. La Rivière à Paris, comme Fouché à Nantes, servait à l'Oratoire sans avoir reçu les ordres. Le futur duc d'Otrante était professeur, La Rivière une manière de répétiteur. Est-elle vraie l'histoire à laquelle crut Victor ? La Révolution aurait épouvanté La Rivière et, pour fuir l'échafaud auquel il était convaincu que son célibat le conduisait tout droit, il aurait épousé sa servante ; au temps des Feuillantines, assisté par sa femme il n'en apprend pas moins fort bien le B A-BA aux gamins du quartier. Il est suffisamment frotté de latin et de grec pour pouvoir les enseigner, ce qu'il fera plus tard aux frères Hugo, obtenant des résultats si remarquables qu'ils plaident pour la science du professeur.

Voilà donc Victor dans sa première véritable école. On l'assied à un pupitre. La Rivière s'approche pour lui montrer ses lettres. Le petit garçon l'arrête. Il déchiffre à livre ouvert la page que La Rivière commençait à épeler. Ainsi découvre-t-on que Victor sait lire. Il a appris tout seul en regardant les lettres.

L'écriture viendra très vite, et aussi l'orthographe. Durant le premier semestre, la mère La Rivière — comme les enfants l'appellent sans respect — pourra, d'un trait, lui dicter un Évangile entier. Il ne fera qu'une seule faute : bœuf sans o.

L'école ne prend qu'une partie de la journée. Le matin, avant de s'y rendre, Victor et Eugène courent au jardin. A peine, l'après-midi, sont-ils rentrés qu'ils s'y précipitent derechef. Ils salissent leur chemise, ils déchirent leur culotte. Sophie, en femme qui doit compter, les habille en hiver de gros drap marron, en été de forte toile. Mais quelle est la toile, quel est le drap qui résisteraient à des jeux d'enfants en bonne santé ?

Sophie a-t-elle su quelque chose du *sourd*? Les enfants ont leurs mystères auxquels rarement participent les parents. Si l'on veut savoir ce qu'était le *sourd,* il suffit d'ouvrir *les Misérables.* Le *sourd,* c'est un « monstre fabuleux qui a des écailles sous le ventre et qui n'est pas un lézard, qui a des pustules sur le dos et qui n'est pas un crapaud, qui habite les trous des vieux fours à chaux et des puisards desséchés, noir, velu, visqueux, rampant, tantôt lent, tantôt rapide, qui ne crie pas, mais qui regarde, et qui est si rapide que personne ne l'a jamais vu ».

A peine rentré de l'école, aussitôt poussée la grille du cul-de-sac, Victor lance à Eugène :

— Allons au *sourd* !

Ils jettent leurs cahiers à la volée, ne permettent pas à leur mère de les embrasser, s'élancent, courent vers le puisard, écartent les ronces, ôtent les briques, fouillent les trous :

— Je le tiens !

Mais on ne trouve jamais le *sourd* ! On voudrait que les journées ne finissent pas. Mais l'heure arrive, fatale, désespérée, où il faut s'aller coucher. Encore cinq minutes ! Non, c'est l'heure.

Vite au lit. Une prière et le petit Victor s'endort dans l'attente d'une autre journée au paradis des Feuillantines.

Une prière ? Tout démontre — et un avenir proche le prouvera plus encore — que Sophie s'est refusée à donner une éducation chrétienne à ses enfants. Pourtant, on ne peut nier la réalité de cette prière du soir, car Hugo lui-même s'en est souvenu : « Dans mon enfance, j'avais au-dessus de mon lit un petit tableau entouré d'un cadre noir que je ne sais quelle servante allemande avait accroché au mur. Il représentait une vieille tour isolée, moisie, délabrée, entourée d'eaux profondes et noires, qui la couvraient de vapeurs, et de montagnes qui la couvraient d'ombre. Le ciel de cette tour était morne et plein de nuées hideuses. Le soir après avoir prié Dieu et avant de m'endormir, je regardais toujours ce tableau [1]. »

L'intérêt de cette citation, c'est que la prière n'y vient que par allusion. Avant tout Hugo nous parle du tableau et de son sujet, la Maüseturm. Le détail n'en sonne que plus vrai. Au fait, peut-être la prière n'était-elle dite que par l'inspiration clandestine de l'excellente servante Claudine. Nous savons aussi par un poème des *Contemplations* qu'un jour, sur le haut d'une armoire, les frères Hugo ont trouvé un gros livre noir : une Bible. Ils l'ont ouvert, se sont aperçus avec ravissement que le volume était illustré d'estampes.

Nous lûmes tous les trois ainsi, tout le matin
Joseph, Ruth et Booz, le bon Samaritain

1. *Le Rhin*, XX.

Et toujours plus charmés, le soir nous le relûmes.
Tels des enfants, s'ils ont pris un oiseau des cieux
S'appellent en riant et s'étonnent, joyeux,
De sentir dans leur main la douceur de ses plumes.

Le dimanche, avec l'apparition d'Abel, l'aîné, le savant, les jeux prennent un tour nouveau, plus sérieux. On ne se juge cependant réellement au complet que lorsque Mme Foucher conduit ses enfants aux Feuillantines. Pour longtemps, les Foucher deviendront les meilleurs amis de Sophie. Victor Foucher, du même âge que Victor Hugo, Adèle qui a une année de moins, sont faits pour être compagnons de jeux des jeunes Hugo. La petite fille, surtout. Parce que son frère, ataviquement, est ce que l'on appelle une bonne pâte : il ne sait pas riposter. Et l'autre Victor, le fils de Sophie, en profite. Adèle nous livre un portrait du jeune Victor Hugo bien loin de la biographie qu'a voulu tracer le *témoin* : « Mon mari, qu'aucune agression ne pourrait faire sortir de son aménité, était un tortureur dans son enfance. Il donnait *des manchettes*, amusement qui consiste à désarticuler les os des poignets. » La désarticulation dont parle Adèle aurait conduit les victimes à l'hôpital. On vous pardonne votre erreur, Adèle. Votre *manuscrit* démontre d'ailleurs qu'il s'agit bien de l'une de ces torsions que, pour ma part, sans savoir pourquoi, j'ai toujours appelée « norvégienne » : ce frottement autour du poignet, auquel nous nous sommes tous livrés sur le poignet d'un frère ou d'un camarade, et qui, de plus en plus rapide, conduit à une douleur aussi vive qu'éphémère, mais insupportable au plus endurci. « Il s'exerçait sur ses camarades ; les poignets de mon frère en étaient bleus. » Le pauvre Victor Foucher se laissait faire et ne disait rien. Une voisine, Mme Delon, l'en grondait. Elle se fâchait contre le cadet des Hugo :

— Comment peux-tu faire tant de mal à ce pauvre petit Foucher qui est bon comme le pain ?

Et la balançoire des Feuillantines ! Adèle n'oubliera pas : Victor, « en vrai petit garçon qu'il était, mettait son amour-propre à aller très haut. Il montait debout sur l'escarpolette, se tenait raide et tendu ainsi que la corde qu'il avait dans les mains, puis il donnait de vigoureux élans jusqu'à ce que son corps se perdît dans les panaches verts des arbres que la balançoire faisait onduler de haut en bas... Chacun allait à son tour dans la balançoire. Je m'y mettais lorsque mon tour arrivait. Je préférais me balancer seule que d'être balancée, parce que les garçons, qui ont du plaisir à la force, me faisaient aller trop haut. Pourtant, quelquefois, je me laissais faire. Après avoir posé mes conditions. Mais, je me refusais à ce que le petit Victor prît la corde parce que lui ne cédait jamais à mes prières — et, quoique je lui dise, poussait la corde de toutes ses forces... »

Grande rivale de la balançoire : la brouette. Elle est antique, son unique roue grince et tressaute. Quelle importance ! Qu'elle le veuille ou non, on y assied Mlle Adèle et on lui bande les yeux. Les garçons la voiturent dans les allées, lui intimant l'ordre de dire où elle est. Chaque fois qu'elle se trompe, c'est une rafale de rires. Mais de temps en temps, elle dit juste. Arrêt immédiat. Les soupçons déferlent. On inspecte le bandeau et l'on s'aperçoit qu'elle a triché. Les garçons se fâchent : il faut recommencer ! On serre tant le mouchoir qu'il laisse une profonde trace noire. Quand ils sont las de jouer avec une fille, les garçons passent à quelque chose à leurs yeux de beaucoup plus important. Ils déracinent les échalas du jardinier et, décrétant que la niche à lapins sera une forteresse, choisissent ceux qui vont la défendre et ceux qui, du bas, l'attaqueront. Fatiguée de soigner les écorchures, Sophie, dictateur obéi, interdira les échalas.

Il arrive aussi que Victor et Adèle non seulement courent ensemble, mais s'empoignent. On se dispute la plus belle pomme du pommier. Victor frappe Adèle pour un nid d'oiseaux. Elle pleure. Victor, méchamment, crie que c'est bien fait. Elle et lui, de concert, s'élancent vers leurs mères qui tout haut leur donnent tort et raison tout bas [1].

Je n'ai pas encore parlé de la chapelle. Car, au fond du jardin, derrière les massifs, ce qui se perd sous les lierres et les branches, et derrière l'inscription PROPRIÉTÉ NATIONALE, c'est bien une chapelle.

Imaginez un édifice à l'abandon, deux pièces. Dans l'une on devine un fragment d'autel. L'autre est une sacristie. En somme une chapelle devenue cabane de jardin, envahie par les bêches, les pelles, les rateaux, les arrosoirs. Ce que le temps a le moins endommagé, c'est la sacristie.

On y va rarement. Pourtant, un jour, non sans étonnement, les enfants voient Sophie, aidée de la servante,

1. *Dernier jour d'un condamné,* chapitre XXXIII. Les souvenirs d'enfance que Hugo prête au condamné ne sont autres que les siens.

débarrasser la pièce des outils de jardinage. On balaie, on frotte, on lave. Plus surprenant encore, on apporte là un lit, une table, une « toilette », deux chaises. Quelqu'un va donc vivre dans cette chapelle ? Oui, quelqu'un : Lahorie.

C'est le propre de l'enfance : tantôt elle imagine des mystères là où il n'en existe pas, tantôt elle les refuse quand ils sont évidents. Victor n'a pas dû s'étonner de voir la petite bande des Feuillantines s'accroître en une seule nuit d'un élément de plus. Son parrain, il ne l'a jamais connu, rue de Clichy, que surgissant de la nuit pour rentrer dans la nuit. De telles visites ont doté son personnage de contours acceptés : ceux de l'homme que l'on voit devant soi à l'instant même où on ne l'attendait pas. On n'attend pas Lahorie aux Feuillantines. Le voilà. Il s'installe. Fort bien.

Une question se pose : la location de la demeure et de son jardin a-t-elle été préméditée par Sophie, non seulement pour y fixer sa propre habitation et celle de ses enfants, mais aussi pour recevoir Lahorie ? Adèle nous dit que c'est « en 1809 » que Lahorie est venu loger aux Feuillantines. Dans un récit des *Actes et Paroles,* Hugo précise : « C'était un soir d'été. » Rappelons-nous que la première visite des Feuillantines se situe en septembre, puisque les enfants font une orgie de raisin ce jour-là, et que le raisin ne mûrit pas à Paris avant septembre. Il est de très beaux mois de septembre et cela correspond donc au souvenir de Hugo : « C'était un soir d'été. » Quand on lit le récit du *témoin,* on ressent l'impression que la famille Hugo est établie depuis longtemps aux Feuillantines lorsque survient Lahorie. Une fois de plus, nous sommes en présence d'une transposition volontaire. En fait, Lahorie est venu s'établir auprès de sa maîtresse dans les tout premiers jours de leur installation. Le premier soir, il dîne avec Sophie et les enfants. Ceux-ci le revoient le lendemain, le surlendemain. Et tous les jours qui suivent.

Ces jeux, ces courses éperdues, ces amitiés enfantines, ces disputes éphémères, ce vert paradis, nous procurent une sensation de paix immense et de bonheur presque idéal. Nous nous sentons loin, très loin dans l'espace et le temps. En fait, tout cela se déroule pendant que Napoléon et sa Grande Armée galopent d'un bout à l'autre de l'Europe. Les aigles, la redingote grise, les bonnets à poils écrivent ensemble une histoire que les *Te Deum* à Notre-Dame, les fanfares et les défilés offrent aux Parisiens comme des présents de gloire.

Ce Victor qui grandit n'échappera jamais à l'épopée, même au temps de sa foi légitimiste. Quand il haïra le neveu de Napoléon, la grande ombre de l'oncle l'accompagnera encore. Il n'oubliera pas ces jours de fête où tonnait le canon des Invalides, où, le soir venu, les lampions s'allumaient aux fenêtres cependant que l'on tirait des feux d'artifice : « La cité avait une auréole, comme si les victoires étaient une aurore ; le ciel bleu devenait lentement rouge. » Il se souviendra de ces deux dômes qui dominaient le jardin : celui du Val de Grâce, tout près, avec la flamme flottant à son sommet, lui semblait « une tiare qui s'achève en escarboucle » ; à l'autre, plus loin, celui du Panthéon, « gigantesque et spectral », il voyait « autour de sa rondeur un cercle d'étoiles comme si, pour fêter un génie, il se faisait une couronne des âmes de tous les grands hommes auxquels il est dédié ». Il se souviendra que la lumière de la fête, « clarté superbe, vermeille, vaguement sanglante, était telle qu'il faisait presque grand jour dans le jardin [1] ».

Mais ces fêtes parviennent jusqu'à lui comme un écho assourdi, la trajectoire amortie d'une flèche au bout de sa course. Il entrevoit plus qu'il ne voit. « Je vivais dans ce jardin des Feuillantines, j'y rôdais comme un enfant, j'y errais comme un homme. »

C'est l'enfant qui accueille Lahorie. L'homme donnera tout son sens à sa présence aux Feuillantines.

Donc, en septembre 1809, Victor Fanneau de Lahorie, las de chercher éperdument de nouveaux refuges, accepte l'offre de Sophie. La chapelle l'attend. Il y vient. Pour le bonheur de Victor et de ses frères. Cela, il faut le dire. Aucun homme avant Lahorie n'aura produit sur Victor une impression aussi forte, aussi durable. Rien de fictif cette fois dans ces images neuves qui vivront si longtemps, si fortement en lui. Lahorie levant de terre Victor à bras tendus, le lançant en l'air très haut, le recevant dans ses bras, « à la grande terreur de la mère, mais à la grande joie de l'enfant ». Lahorie encore accourant de la chapelle, à la fin de l'après-midi, quand Victor et Eugène reviennent de l'école. Lahorie refermant le livre qu'il lisait, le plus souvent un auteur latin — car en ce temps-là les militaires lisaient le latin couramment. Lahorie tout entier appartenant aux enfants.

1. *Actes et Paroles.*

L'été, pour le dîner, Sophie n'exige aucun protocole. Les petits s'assoient sur les marches du perron. On pose là plats et assiettes. C'est Lahorie qui découpe et sert. Il se hâte, car les enfants ont grande envie d'aller s'amuser encore. Mais, si d'aventure, pendant le repas, Lahorie commence une histoire, les garçons restent cloués sur leur marche. Jouer ? Il n'en est plus question tant sont belles les histoires que conte le général. Mais, le soir, Lahorie se manifeste encore. Il demande qu'on lui apporte les devoirs préparés pour l'école. Il les lit, les commente, les corrige s'il le faut. L'année suivante, quand La Rivière mettra Victor au latin — à cette époque les enfants apprenaient le latin à huit ans — Lahorie l'aidera à expliquer Virgile.

Ce qui intrigue Victor, c'est, lorsqu'ils vont se promener au-dehors, que leur grand ami ne les accompagne jamais. Les enfants ont beau le supplier, il se découvre toujours quelque nécessité qui le tient cloué à la maison. En fait, Lahorie ne sort jamais du jardin. Autre étonnement de Victor : cet hôte qu'il voit comme le plus sociable, le plus liant des hommes, devient tout à coup sauvage et misanthrope quand il s'agit de quelqu'un d'autre. Un coup de sonnette, et il court s'enfermer dans sa sacristie. Lorsque les garçons lui demandent pourquoi il agit ainsi, il répond qu'il déteste le monde, qu'il n'aime que les livres, les jardins et les enfants. Seul M. Foucher est au courant de sa présence aux Feuillantines. De lui seul Lahorie accepte les visites.

Victor a-t-il *su* ? Sous l'Empire, assurément non. Il a sept ans quand Lahorie s'installe aux Feuillantines, moins de neuf ans quand le sort les séparera. Mais plus tard ?

Sous la dictée de son mari, Adèle explique à ses lecteurs pourquoi Mme Hugo a offert sa maison : « La même loi qui frappait le condamné atteignait le receleur. Il fallait donc plus que de la générosité. Madame Hugo avait ce plus, elle était brave. » C'est un certain général Bellavesne qui lui aurait demandé de procurer un refuge à Lahorie. Elle lui aurait répondu qu' « elle offrait sur l'heure sa maison à Lahorie. Cette offre lui paraissait d'autant plus naturelle qu'elle le connaissait d'ancienne date, qu'il avait toujours été plein de grâce pour elle et pour les siens et qu'il avait rendu service à son mari. Son devoir vis-à-vis de Lahorie proscrit se doublait de ce qu'elle lui devait ». C'est cela, justement, qui nous éclaire. Hugo s'acharne à faire croire que, depuis l'armée du Rhin et sa propre naissance, sa mère et Lahorie n'ont plus eu de contacts. A-t-il oublié ce qu'il a confié à Sainte-Beuve : que Lahorie a passé trois jours rue de Clichy chez sa mère ? Il l'a oublié. Ignore-t-il que, dans une lettre à Sophie du 9 septembre 1806, Léopold Hugo a attribué les ennuis qu'il rencontrait relativement à son avancement à leurs « liaisons » avec Lahorie ? Il ne l'ignore pas. Quand il égare Adèle pour qu'elle égare le public, il connaît les lettres de son père, mais n'imagine pas qu'elles soient lues par d'autres que lui. Le travestissement apparaît si fort qu'il démontre le mensonge. Et le mensonge prouve que Hugo adulte a *su.*

En 1875, il reviendra sur les Feuillantines. Parlant de lui à la troisième personne, il écrira : « L'enfant voyait aller et venir, entre deux guerres dont il entendait le bruit, revenant de l'armée et repartant pour l'armée, un jeune général qui était son père et un jeune colonel qui était son oncle ; ce charmant fracas paternel l'éblouissait un moment ; puis, à un coup de clairon, ces visions de plumets et de sabres s'évanouissaient, et tout redevenait paix et silence dans cette ruine où il y avait une aurore. »

C'est beau. Mieux que beau. Mais Léopold Hugo n'est pas venu aux Feuillantines. Le « charmant fracas paternel », ce sont les Feuillantines telles que Hugo les a rêvées. Habitées par un père qui n'y fut jamais.

Un matin, le général Bellavesne accourt aux Feuillantines. L'un des rares de qui Lahorie ne fuit pas le coup de sonnette. Triomphant, il raconte. Il a dîné la veille au ministère de la Police. Le titulaire ne s'appelle plus Fouché, hélas, mais Savary. Après le dîner, le ministre a pris Bellavesne à part et lui a dit :

— Vous savez où est Lahorie. Voici longtemps qu'il se cache. Je comprenais cela dans les premiers mois, il faisait bien alors de se soustraire à la justice. Le gouvernement n'était pas encore solide et ne pouvait pas se laisser toucher. Maintenant l'Empire est fort, il est maître en France et en Europe, il est épousé par les vieilles monarchies, de quoi voulez-vous que nous ayons peur ? Sa Majesté est heureuse et n'en veut plus à personne. Dites donc à Lahorie qu'il n'a plus rien à craindre et qu'il peut sortir librement.

Devant de tels propos, Bellavesne s'est contraint à la prudence. Il a dit qu'il ne savait nullement où était caché Lahorie, que d'ailleurs il le croyait en Angleterre.

— Il n'est pas en Angleterre, a dit Savary de son ton tranchant habituel. Il est à Paris. Je le sais. Et vous le savez aussi. Je ne vous demande pas où. Est-ce que je ne le saurais pas dans une heure, si je voulais ? Si je vous en parle, c'est uniquement par amitié pour lui qui doit souffrir de toute cette gêne inutile. Répétez-lui ce que je vous ai dit et qu'il en fasse ce qu'il voudra.

Comme il est tenté, Lahorie ! Et comme elle se méfie, Sophie Hugo ! Pour elle, c'est un piège. Lahorie ne veut pas croire qu'un vieux camarade montrerait tant de duplicité. Sophie comprend qu'il va céder, se livrer. Elle élève la voix, obtient au moins que Bellavesne retourne au ministère de la Police. Cette fois, Savary va droit au but :

— Il a besoin d'air, ce troupier ! Allons, dites-lui donc qu'il n'a plus rien à craindre et que je l'attends.

Bellavesne court de nouveau aux Feuillantines. Lahorie écoute attentivement. Bellavesne lui demande ce qu'il compte faire, il répond qu'il verra. Sophie se récrie : « On n'est pas assez simple pour croire à la parole d'un homme de police ! » Lahorie ne répond pas.

Le lendemain matin, à l'heure du déjeuner, la servante vient dire à Sophie qu'il n'y a plus personne dans la sacristie. Sophie sursaute, court à la vieille chapelle. Personne en effet.

Au moment où elle rejoint la maison, alarmée au plus haut degré, un cabriolet s'arrête à la grille de la cour. Par la fenêtre elle voit Lahorie sauter de voiture. Il accourt à elle, lui saisit les mains :

— Faites-moi compliment, je suis libre ! Je peux aller, venir, vivre, me voilà redevenu un homme, je suis ressuscité !

Il n'a pu résister. De grand matin, il s'est rendu chez Savary qui l'a reçu, lui a sauté au cou, a rappelé leurs anciennes campagnes, juré que tout danger était éteint pour lui. Après trois quarts d'heure d'entretien le plus cordial, il l'a congédié avec une vigoureuse poignée de main :

— A bientôt !

Jamais peut-être Lahorie n'a déjeuné avec autant d'entrain. On achève, voici la cuisinière tout alarmée : elle vient de voir des hommes « à mine suspecte » traverser la cour. On sonne. Lahorie va lui-même ouvrir :

— Le général Lahorie ? demande un des hommes.

— C'est moi.

— Je vous arrête.

A peine pourra-t-il dire adieu à Sophie. C'est la prison qui l'attend.

L'histoire, telle que l'a racontée Hugo à Adèle, s'arrête

là. Pas un mot sur la réaction des enfants, l'après-midi, à leur retour de l'école. Pas un mot de leurs cris certains, de leurs pleurs probables. Ces enfants sans père avaient, en la personne de Lahorie, découvert un substitut de paternité. Dans l'espace d'une journée, ils le perdent. Curieux que Hugo, si subtil à revivre ses sensations d'enfance, n'ait pas parlé de celle-là. En revanche, un thème revient sans cesse dans l'œuvre de Hugo : celui du proscrit, celui du caractère sacré de l'asile. L'homme qui se livre et devient victime de sa conscience, il le traitera maintes fois. De même celui de l'arrestation. Voyez par exemple celle de Gwynplaine dans *l'Homme qui rit.*

Dans la mémoire de Hugo, Lahorie deviendra l'un des mythes essentiels. Lorsque, plus tard, il prêtera à Lahorie les propos que l'Enjolras des *Misérables* tiendra à Marius — prenons garde que, dans la pensée politique de Hugo, ces derniers sont essentiels —, il situera exactement son parrain à la place qu'il veut lui réserver : la première. Je ne me sens pas obligé de croire que Lahorie fut ce saint laïque dont Hugo voudra nous imposer l'image. Mais je reste frappé par cette parole que lui fait prononcer le fils de Sophie dans le jardin des Feuillantines. Lahorie se tourne vers Victor, le regarde fixement et lui dit :

— Enfant, souviens-toi de ceci : avant tout, la liberté.

Il pose sa main sur la petite épaule, « tressaillement que je garde encore ». Et il répète :

— Avant tout la liberté.

Cette idée de liberté a éclairé la vie entière de Hugo. Il l'attribue à Lahorie et je ne puis me convaincre — ici — qu'il invente. De Lahorie, il dit : « Tel est le fantôme que j'aperçois dans les profondeurs de mon enfance. Cette figure est une de celles qui n'ont jamais disparu de mon horizon. Le temps, loin de la diminuer, l'a accrue. En s'éloignant, elle s'est augmentée, d'autant plus haute qu'elle était lointaine, ce qui n'est propre qu'aux grandeurs morales. L'influence sur moi était ineffaçable. Ce n'est pas vainement que j'ai eu, tout petit, de l'ombre de proscrit sur ma tête, et j'ai entendu la voix de celui qui devait mourir dire ce mot du droit et du devoir : Liberté. Un mot a été le contrepoids de toute une éducation. »

Donc, dans le jardin des Feuillantines, un grand vide. Sur la maison des Hugo, une chape de chagrin. Comment Sophie serait-elle à même d'apporter aux enfants quelque réconfort que ce soit, alors que sa propre souffrance est plus vive que la leur, quoique d'une autre nature ?

Une seule manière de sortir les fils Hugo de leur mélancolie : leur parler de leur père. Malheureusement, l'occasion ne s'en produit pas souvent. Parfois des lettres arrivent d'Espagne. Sophie s'enferme pour les lire et les petits ne savent rien de ce qu'elles contiennent. Seul Abel, lors de sa sortie du dimanche, a droit parfois à ce privilège inouï : sa mère lui remet une lettre personnelle de Léopold Hugo. Si les petits savent quelque chose de ce personnage lointain et un peu mystérieux qu'est devenu leur père, c'est par Abel.

Un jour, cependant, Sophie va leur donner des nouvelles de ce père. Précieux *manuscrit d'Adèle*. Celle-ci nous retrace ce moment-là avec la précision d'un miniaturiste qui aurait lu Proust. C'est un matin. Victor et Eugène, désœuvrés, traînent dans la chambre de leur mère, tandis que la servante — toujours la fidèle Claudine — fait le lit, un lit Empire en acajou dont le chevet et le pied se terminent en haut par un boulet, dont les montants arrière sont surmontés par des coupes de bois couleur bronze et les montants du devant par deux étoiles de cuivre. Claudine s'acharne à retourner les deux énormes matelas de laine lorsque surgit Sophie. Elle s'approche des enfants et, avec un peu de solennité :

— Soyez bien contents, votre père est nommé général.

Manuscrit d'Adèle : « Général est un mot qui tinte fort à des oreilles de petit garçon. Le lit empire, les colonnes, les vases couleur bronze, les étoiles de cuivre, la femme de chambre tournant les matelas, ne se séparent pas dans la mémoire de Victor Hugo de cette phrase : *Votre père est nommé général.* »

C'est qu'il a fort bien mené sa barque en Espagne, l'ancien colonel du Royal-Corse. A peine arrivé auprès de Joseph, le nouveau roi l'a attaché à sa personne. Léopold l'a accompagné dans toutes les opérations de Biscaye et de Navarre. C'est lui que Joseph a envoyé pour accueillir Napoléon, en novembre 1808, venu apporter son « formidable appui » aux armées de Joseph harcelées de toutes parts. D'une décision de Napoléon il a reçu le commandement d'un nouveau régiment, baptisé Royal-Étranger et surtout composé de prisonniers suisses, wallons — et même français — capturés au Retiro. Chargé de veiller à la sûreté des communications impériales, il a dû faire face à la guérilla. Nouvelle fatalité du destin : après la Vendée,

Fra Diavolo ; après les *brigands* de Naples, ceux d'Espagne.

Les traînards de l'armée impériale étant capturés, torturés, mis à mort, Léopold a dû faire enlever quelques Espagnols d'un village soupçonné d'avoir pris part aux assassinats. Il les a fait pendre. Leurs têtes coupées ont été placées au-dessus de la porte d'entrée de l'église, leurs corps accrochés à un gibet planté sur le point le plus élevé de la route de Valladolid à Madrid. *Mémoires de Léopold :* « Cet exemple indispensable et terrible n'eut pas besoin d'être renouvelé. »

Avila restait un point menaçant. Le 16 janvier 1809, avec 400 hommes, Léopold a pris la ville qu'il a aussitôt fortifiée, prêt à repousser les assauts d'un ennemi de plus en plus redoutable. Avila est devenue une place de première importance, sur laquelle va pouvoir s'appuyer Soult lors du mouvement qui contraindra Wellington à la retraite. Joseph a voulu récompenser tant de fidélité et d'efficacité : le 20 août 1809, à la demande du maréchal Jourdan, Léopold a été fait maréchal de camp, sans passer par le grade de brigadier général. Il a reçu un million de réaux en cédules hypothécaires, ce qui correspond à peu près à 260 000 francs de l'époque. Joseph l'a nommé en même temps inspecteur général de tous les corps formés et reformés. Il a créé Hugo commandeur de l'Ordre royal d'Espagne, dignité enrichie de 30 000 réaux de rente. Comme il était de plus majordome du palais, à bon droit Léopold Hugo a pu se considérer comme l'un des premiers officiers de la Couronne. C'est pourquoi :

— Soyez bien contents, votre père est nommé général.

Les relations entre Léopold et Sophie ? Les époux s'écrivent de loin en loin des lettres de glace. Ils ne parlent que d'argent et il nous paraît bien loin le temps où le colonel napolitain gêné parvenait à peine à envoyer de quoi vivre à sa famille. Outre la pension qu'il fait maintenant verser à sa femme — 4 000 francs par an, « payables d'avance par trimestre chez MM. Ternaux » — il lui fait passer régulièrement des sommes de plus en plus importantes. A partir du grade de général, l'occupation rapporte. Sophie n'en est pas pour autant satisfaite. Léopold juge cela un peu fort : « *D'Avila, le 9 mai 1809.* C'est par le principe qui me dirige et m'a toujours dirigé que j'ai calculé vos besoins et les dépenses que l'éducation des enfants doit nécessairement occasionner. J'ai doublé la somme que par écrit vous aviez exigée de moi et vous pensez m'obliger à l'augmenter par vos menaces ; vous vous trompez... Adieu. Je souhaite que votre santé soit bonne. »

Le 2 juillet, toujours d'Avila, il lui fait passer une lettre de change de 6 000 réaux, c'est-à-dire environ 1 600 francs : « Mon intention est que vous l'employiez à payer vos dettes et à faire aux enfants les cadeaux que je leur dois pour leurs progrès et leur bonne conduite. » Le 10 avril 1809, Hugo autorise MM. Ternaux Frères à remettre à sa femme les fonds qu'il leur a confiés. Le 14 mai, il lui annonce une lettre de change de 6 000 francs. Le 2 août, c'est une lettre-bilan : nous apprenons que le général a avancé à sa femme une somme d'une trentaine de mille francs et qu'il tient à sa disposition 18 000 francs. En fait, si Hugo fait verser tant d'argent à sa femme, c'est qu'il a le projet d'acheter un domaine en France : « Vous pourrez voir si vous pouvez payer de suite le domaine dont je vous ai parlé et s'il vous reste 20 000 francs (déduction faite des fonds dont vous avez besoin pour une année) vous pourrez tirer sur moi, à un ou deux mois de vue pour 20 000 autres et je vous enverrai le restant en lettres à trois mois. Je vous répète que le domaine peut être de 60 000 francs, payables en trois ou quatre mois. Si vous en trouviez un, un peu plus cher, il faudrait qu'il y eût un peu plus de temps pour le paiement. Vous pouvez donc conclure pour le premier, selon mes premières intentions ; je ne pense pas qu'il vous faille d'autre autorisation, puisque vous n'avez pas cessé d'être mon épouse. Je ne vous limite pas dans mes vues : votre intérêt est au moins égal au mien : c'est celui de nos enfants, mais je vous répète que votre acquisition doit être susceptible d'amélioration et d'augmentation. »

Dans la même lettre, il annonce qu'il a soumissionné en Espagne un bien de 20 000 livres de rente : « Sa Majesté me protège beaucoup pour que j'en sois le propriétaire, mais, malgré cela, je tiens à un domaine en France. » Pour la première fois depuis longtemps la lettre comporte une formule qui va plus loin que la stricte politesse : « Adieu, Sophie, portez-vous bien. Je vous embrasse, ainsi que les enfants. »

Le général Hugo est comblé d'honneurs, couvert d'argent. Tant mieux. Il veut devenir propriétaire en France : cela s'explique. L'ennui est qu'un tel souhait, s'il est connu, sera très mal vu par le roi Joseph. Convoiter un domaine en France, c'est avouer que l'on doute de l'éternité de la nouvelle dynastie. Si Joseph a fait don d'un million de réaux à Hugo, c'est pour qu'il s'établisse en Espagne, point ailleurs. Pour détourner les soupçons, il a donc, sans l'avoir vu, acquis ce domaine dans la province de Ségovie. Ce qui ne l'empêche pas, en sous-main, de persister dans son projet français. *Léopold à Sophie,* 21 septembre 1806 : « J'ai calculé qu'en réalisant toutes les lettres de change antérieures vous pouviez avoir, votre pension d'un an mise à part, 20000 francs devant vous. Je vous en envoie 30000 et vais incessamment vous compléter la somme de 60 par les 10000 qui vous manquent encore... Je vous embrasse, ainsi que les enfants que je félicite de tout mon cœur sur leurs progrès. »

Impossible d'en douter : avec une confiance quasi aveugle et sans la moindre garantie, Léopold vient de faire passer entre les mains de sa femme une véritable fortune. Il charge Sophie d'un mandat précis : acheter un domaine sur les revenus desquels il escompte vivre quand l'âge de la retraite sera venu et qui, dans son esprit, représente l'héritage de ses enfants. Certes, il y a longtemps qu'il ne se permet plus aucune illusion sur les sentiments que peut lui vouer cette épouse. Mais il est sûr de son honnêteté. A-t-il raison ? Trois ans plus tard, dans une requête au tribunal de Thionville, Sophie Hugo écrira ou fera écrire : « Le général prétendit (en 1811), comme il le fait aujourd'hui, que sa femme avait à lui des fonds considérables qu'il lui avait envoyés pour acheter une terre en France. » Sophie le nie hautement. Or nous savons, nous qui pouvons lire les lettres de Léopold et en quelque sorte vérifier l'envoi de chaque somme, qu'elle a bien reçu ces fonds-là. Nous savons aussi qu'elle n'a acheté aucun domaine. Avait-elle donc des dettes si criantes qu'il eût fallu de telles sommes pour les combler ? A-t-elle procédé à des placements clandestins pour préserver son propre avenir ? C'est ce que nous ne savons pas. Mais nous pouvons mesurer la colère d'un homme qui, disposant, pour la première fois de sa vie, de sommes importantes, les dépose entre les mains de sa femme, et s'aperçoit, quelque temps plus tard que non seulement il n'a plus rien, mais qu'elle nie avoir reçu quoi que ce soit !

Au début de 1811, Sophie peut croire que le pactole continuera à couler vers elle, éternellement. Lahorie est au secret et, à son grand désespoir, elle ne peut obtenir de ses nouvelles. Curieusement, elle se retrouve dans la situation qu'elle a connue naguère, lorsque, après la découverte de la conspiration de Moreau, Lahorie avait dû disparaître.

Recevant de Naples les nouvelles d'une ascension inespérée de Léopold, elle était partie sans prévenir pour le rejoindre. Vaguement, au début de 1811, elle médite une aventure similaire.

Un jour, les enfants, assis à leur déjeuner, voient entrer, « vivement et joyeusement, avec des broderies sur tout l'habit et un grand sabre brillant qui lui traînait aux jambes » un homme de haute taille tout bruni par le soleil. Sophie, l'air un peu rechigné, accompagne cet officier. Elle le leur présente : « Votre oncle. » Il arrive d'Espagne, l'oncle Louis, il est colonel. Il était à Avila avec son frère Léopold. Victor et Eugène le dévorent des yeux. Littéralement, ils sont éblouis. Victor, racontant l'irruption de son oncle aux Feuillantines, dira à Adèle :

— Il nous fit l'effet de l'archange saint Michel dans un rayon.

C'est Léopold qui a appelé son frère Louis en Espagne, et aussi son autre frère, Francis. Louis est gai, beau causeur, non dénué de charme. Il parle de l'Espagne avec éloquence. Il peint la péninsule avec ces couleurs et ce pittoresque que mettront les voyageurs du XIXe siècle à décrire l'Afrique. Il montre les Français orgueilleux de leur toute-puissance, les Espagnols héroïques dans leur fanatisme. Un problème, ce fanatisme, mais l'armée française en viendra à bout. Depuis vingt ans, partout et toujours, n'a-t-elle pas été victorieuse ? Les enfants rêvent. Ce rêve a les couleurs de l'Espagne, pourpre et or. Apprendre que votre père est gouverneur d'Avila et de Ségovie, qu'il commande la province de Guadalajara, et aussi bien la seigneurie royale de Molina ! Un détail : depuis peu le général est aussi comte de Siguenza. Le titre est espagnol, mais authentique.

L'oncle Louis s'en est allé, laissant aux Feuillantines la trace d'un songe ébloui et superbe. Il a fortement incité Sophie à rejoindre son mari.

Un matin, Eugène et Victor trouvent sur la table de leur chambre des livres neufs. Sophie explique :

— Voici un dictionnaire espagnol et une grammaire. Vous allez vous y mettre dès aujourd'hui. Il faut que vous sachiez l'espagnol dans trois mois.

Au bout de six semaines ils vont en savoir assez pour le parler entre eux, avec cette réserve — mais elle est de taille ! — qu'ils ignorent tout de la prononciation.

Manuscrit d'Adèle : « La maison prit cette physionomie et l'air vide et triste qui précèdent les voyages. Les armoires restaient ouvertes, les effets étaient épars, les meubles dérangés et poudreux, les pauvres fleurs abandonnées ; le millet du serin n'était pas renouvelé et le chat attendait longtemps sa pâtée. On ne s'occupait plus que d'emplir les malles qui, bouches béantes, étaient à terre ; on ne parlait plus que relais, postillons, route, voiture... »

Seule de la maisonnée, Sophie n'est pas dupe des beaux contes de l'oncle Louis. Elle est très exactement renseignée sur la situation en Espagne. Elle sait que, dans le gouvernement de Guadalajara par exemple, sévit la plus ardente, la plus exacerbée des guérillas. C'est en spécialiste de la répression que le général a été nommé là. Depuis la fin de 1809, aucun courrier, aucune estafette de Paris, quittant Madrid, ne parvient au but en sécurité. A moins d'un kilomètre des postes français, les guérilleros les enlèvent, les égorgent et livrent leurs dépêches aux Anglais qui les publient avec allégresse. Un courrier, entre Valladolid et Salamanque, a été cloué sur la porte de Tordesillas. Il s'agit là d'un supplice très ordinaire. Souvent, pour corser l'affaire, on crucifie le Français la tête en bas, et sous cette tête, on allume un feu — petit pour que cela dure. L'Église tout entière est sur le pied de guerre, les moines jaillissent de leurs couvents pour animer la rébellion.

Impossible pour un Français de voyager seul. C'est la mort certaine. Alors, pour gagner Madrid, une seule solution : le convoi. A intervalles devenus quasi réguliers, il faut que Napoléon renfloue les caisses endémiquement ruinées de son frère Joseph. Plusieurs fourgons transportent de Paris à Madrid l'or nécessaire à l'entretien des troupes et aux dépenses du gouvernement espagnol. Cela s'appelle *le trésor.* On l'achemine au milieu de forces si considérables que nul guérillero n'ose s'y frotter. On attendra donc que des militaires, des fonctionnaires civils, des ayants droit de toutes sortes se trouvent réunis en assez grand nombre. On leur désigne une place au sein de ce cortège si formidablement protégé. Et cette citadelle ambulante se met en route. Aux premiers jours du printemps, une lettre parvient aux Feuillantines. Qui d'autre que l'oncle Louis aurait pu la faire écrire ? Elle avertit la comtesse Hugo qu'un convoi partira bientôt de Bayonne et qu'elle doit s'y rendre sans tarder. Sur-le-champ, elle court prendre chez Ternaux 12 000 francs pour le voyage. On a bien lu : 12 000 francs ! Elle se fait établir un passeport au nom de Mme Hugo, née Trébuchet de la Renaudière. C'est la première fois — et la dernière — que surgit cette particule inattendue, entée tout entière sur une propriété qui ne lui appartient pas. Le 10 mars 1811, dix jours avant la naissance à Paris du roi de Rome, Victor grimpe, avec sa mère et ses frères, dans l'énorme diligence, complètement réservée à la famille Hugo, qui va les conduire à Bayonne. Ce qui attend l'enfant, c'est une découverte pour lui primordiale, celle de l'Espagne. C'est aussi la guerre à neuf ans.

Je le vois s'avancer sur les routes, le monument roulant, haut perché entre ses quatre gigantesques roues. A l'intérieur, six places, juste ce qu'il faut à Sophie, escortée de ses trois fils, de Claudine et du domestique Bertrand. Sur le toit, je découvre le coupé où, sous une capote de cabriolet, on peut tenir à deux, à condition de ne craindre ni pluie ni vent. Au-delà, c'est ce qu'on appelle la rotonde, où l'on entasse les bagages.

Je vois la diligence arrêtée au premier relais. Je vois Eugène et Victor tout engourdis qui sautent de leur prison et tout à coup jettent un regard de convoitise vers le cabriolet, tout là-haut sur le toit. Il ne fait pas chaud en ce début de mars ? Qu'importe à ces deux jeunes garçons qui n'ont qu'une envie : « jouir de la campagne, des chevaux, du postillon et des coups de fouet. » A leurs supplications, Sophie cède. Les deux petits garçons se lancent à l'assaut de leur nouveau domaine. La lourde machine s'ébranle. L'émerveillement commence.

Victor Hugo aura soixante ans lorsqu'il rassemblera ses souvenirs sur le voyage d'Espagne. Il n'a rien oublié. Les pages qui naissent sous la plume d'Adèle, on les sent restituées ici presque littéralement. Ce sont les plus frappantes, les plus vives, criblées de ces petits faits qui, ici, ont une odeur de printemps, d'enfance et de vérité.

Voici Blois, voici Angoulême où Victor remarque de vieilles tours. Elles lui resteront à ce point dans la mémoire qu'un demi-siècle plus tard il sera capable de les dessiner sans les avoir revues. Et puis voici Bayonne où l'on apprend que le convoi, dont on avait dit qu'il était pour le lendemain, ne partira qu'un mois plus tard.

On s'installe dans une maison qui appartient à une veuve. Cette femme a une fille qui, d'après Adèle, a dix ans ; selon une lettre, postérieure de trente ans, de Hugo au peintre Louis Boulanger, « quatorze ou quinze ans ».

Hugo à Boulanger, 26 juillet 1843 : « Je la vois encore, elle était blonde et svelte, et me paraissait grande. C'était un regard doux et voilé, au profil virgilien, comme on rêve Amaryllis ou la Galatée qui s'enfuit vers les saules. Elle avait le cou admirablement attaché et d'une pureté adorable, la main petite, le bras blanc et le coude un peu rouge, ce qui tenait à son âge ; détail que le mien ignorait alors. Elle était habituellement coiffée d'un madras thé à bordure verte, étroitement serré du sommet de la tête à la nuque, de façon à laisser le front à découvert et à ne cacher que la moitié de la chevelure. Je ne me rappelle pas la robe qu'elle portait. Cette belle enfant venait jouer avec nous. Quelquefois Abel et Eugène, mes aînés, plus grands et plus sérieux que moi, et " faisant les hommes ", comme disait ma mère, allaient voir l'exercice à feu sur le rempart... Alors j'étais seul, je sentais l'ennui venir. Que faire ? Elle m'appelait et me disait : *Viens, que je te lise quelque chose.* »

Nous la voyons, cette jeune beauté. Nous le voyons, ce petit garçon de neuf ans qui, naturellement impubère, ressent des impressions qui, d'être à ce point physiques, nous inquiètent un peu. Elles l'ont marqué sa vie durant : « Par moments, mes yeux se baissaient, mon regard rencontrait son fichu entrouvert au-dessous de moi, et je voyais, avec un trouble mêlé d'une fascination étrange, sa gorge ronde et blanche qui s'élevait et s'abaissait doucement dans l'ombre, vaguement dorée d'un chaud reflet de soleil. »

Elle lit, parfois elle lève les yeux et mécontente, s'écrie :

— Eh bien, Victor ! Tu n'écoutes pas ?

« J'étais tout interdit, je rougissais et je tremblais et je faisais semblant de jouer avec le gros verrou. Je ne l'embrassais jamais de moi-même ; c'est elle qui m'appelait et qui me disait : *embrasse-moi donc...*

« Qu'était-ce que cela, mon ami ? Qu'est-ce que j'éprouvais moi, si petit près de cette grande fille innocente ? Je l'ignorais alors. J'y ai souvent songé depuis [1]. »

Hugo dira que chacun peut retrouver dans son passé de ces passions d'enfant « qui sont de l'amour comme l'aube est du soleil ». Il appellera cela le « premier cri du cœur qui se lève » et — plus joliment encore — le « chant du coq de l'amour ». Bayonne restera dans sa mémoire comme un « lieu vermeil et souriant », comme le plus ancien souvenir de son cœur. En 1843, c'est tout cela qu'il reviendra chercher à Bayonne. C'est ainsi qu'il reverra la maison, avec sa façade inchangée, son balcon, la porte, la fenêtre de sa chambre. Il cherchera la jeune fille. En vain.

1. *Pyrénées* (*En voyage*, II).

Dans le voisinage, nul ne la connaissait plus. C'était comme si elle n'avait jamais existé. Alors il dessinera la maison et s'en ira. Déchiré.

On peut croire, aux premiers balbutiements de l'enfance, que tout être aspire inconsciemment à une lumière, à un climat, à des horizons. Obscurément, Hugo ressentait la nécessité du paysage espagnol et jusqu'aux sonorités de la langue. Même parvenu à son extrême vieillesse, ses carnets intimes seront criblés de notes en espagnol. Songeons à la place de l'Espagne dans son œuvre littéraire et dramatique. Songeons à *Hernani*, à *Ruy Blas*, aux pièces espagnoles des *Orientales*. Songeons aux trois séries de *la Légende des siècles* qu'il consacrera au *Cid*. Au vrai, une véritable obsession. Peut-être ne faut-il pas l'isoler de l'aspiration violente qui, dès sa première entrée en Espagne, le porte vers son père.

L'Espagne, c'est le pays où vit *son* héros. Non seulement le cadre ne le déçoit pas, mais, dans sa sauvage grandeur, l'âpre et violent éclat de ses couleurs, il le ressent comme s'il y avait toujours vécu. Même s'il ne lui déplaît pas que l'Espagne soit aussi le royaume de la peur. C'est tout juste s'il n'appréciera pas artistiquement ces gorges étroites d'où, à tout instant, la mort peut pleuvoir, ces escarpements et ces défilés dont chaque détour suggère une embuscade et peut dissimuler l'ennemi.

Au départ de Bayonne, Sophie a loué à un certain Marron, voiturier, pour 2400 francs — et ceci le 14 avril 1811 — un « immense carrosse rococo comme il n'y en avait déjà plus que dans les gravures ». Là vont se tenir à l'aise Sophie, ses trois fils, les deux domestiques, le marquis de Saillant, chargé de l'escorte, sans compter « les bagages, des provisions de toutes sortes, une caisse de vin, une énorme boîte de fer battu à double couvercle pleine de viande cuite, et un lit de fer avec son matelas » : car Sophie se défie des lits espagnols. Ce n'est pas de Goya que ce carrosse semble sorti, mais de Vélasquez. Il faut pour le traîner au moins six chevaux ou mules. Sophie va appeler cet autre monument son *cabas* parce qu'elle en a vu qui, autrefois à Nantes, portaient ce nom. Grâce au ciel, ce cabas est, comme la diligence française, doté d'un cabriolet où Victor et Eugène vont s'installer avec l'assurance de vieux habitués.

On traverse la montagne de Biscaye, si trompeuse avec la grâce de ses courbes verdoyantes. Voici Irún d'où doit partir le fameux convoi : « C'est à Irún que l'Espagne m'est apparue pour la première fois et m'a si fort étonné, avec ses maisons noires, ses rues étroites, ses balcons de bois et ses portes de forteresse, moi l'enfant français élevé dans l'acajou de l'Empire. Mes yeux accoutumés aux lits étoilés, aux fauteuils à cou de cygne, aux chenets en sphinx, regardaient avec une sorte de terreur les grands bahuts sculptés, les tables à pied tors, les lits à baldaquin, tout ce monde vieux et nouveau qui se révélait à moi [1]. »

Il s'ébranle, l'incroyable convoi, dont l'épicentre est représenté par le *trésor,* 12 millions d'or que l'Empereur envoie tous les trimestres à son frère et qu'escortent 1 500 fantassins, 500 chevaux et quatre canons : deux à l'avant-garde, deux autres derrière le trésor. Tous les voyageurs tempêtent pour que leur voiture soit au voisinage du trésor, c'est-à-dire des canons : « Chacun voulait être avant les autres ; l'ordre de la marche commença par un immense pêle-mêle d'hommes et de femmes qui se querellaient, de cochers qui s'injuriaient, de voitures qui s'accrochaient, de chevaux qui se mordaient. »

Je m'émerveille à voir le jeune Victor traverser le village d'Ernani — oui, Ernani ! — avec ses maisons mi-féodales, mi-paysannes. Le héros qu'il appellera Hernani sera lui aussi un seigneur ayant vécu comme un paysan. Il aura dormi sur l'herbe, bu aux torrents, affronté les nids d'aigles, caché sous ses haillons le plus illustre des blasons.

Plus loin, on verra cette ville que les soldats du général Lasalle ont réduite à l'état de ruines calcinées, lesquelles semblent donner raison à son nom de « tour brûlée », puisqu'on l'appelle Torquemada — oui, Torquemada ! On essuie quelques balles à l'approche de Silinas et les petits Hugo, avec un entrain qu'ils n'ont pas besoin de forcer, s'écrient que les bandits sont « bien gentils de leur envoyer des billes ». Silinas a si bien brûlé que ce n'est plus guère que de la cendre. Et toujours, au long des défilés, derrière les rochers ou les volets clos, l'oppressante présence de la haine, d'un pays tout entier soulevé contre l'envahisseur. Dans les villes ou les villages demeurés intacts, Victor voit une population qui, sur le passage des Français, détourne ostensiblement les yeux. Il observe aussi ces personnages dont il semble qu'ils n'appartiennent qu'à la seule Espagne, ces estropiés, ces nains, plus ou moins hommes,

1. *En voyage,* II.

plus ou moins monstres. Les mendiants psalmodient leurs séculaires supplications. Ce sont là comme des « caricatures bariolées » qui toujours hanteront Victor Hugo. Et, aux étapes, les mêmes chambres, les mêmes lits grouillant de vermine, puces et punaises, dont les bataillons serrés semblent affirmer pour Sophie une prédilection quotidiennement renouvelée. Et, à mesure que l'on progresse vers la capitale, ce sont d'autres images, affreuses, écœurantes, hallucinantes d'hommes fusillés au bord des routes, ou achevant de pendre au bout d'une corde.

Mais d'autres visions vont bientôt l'emporter sur celles de la guerre. La cathédrale de Burgos : grandeur et sévérité, foisonnement de pierres, majesté austère. Ce qui frappe Victor, c'est cette horloge d'où, au sein du plus solennel des monuments, jaillit à chaque heure qui sonne un monstre fantastique, accoutré en bouffon, lequel fait le signe de la croix, frappe trois coups et disparaît. Hugo dira que ce contraste l'avait aidé à comprendre que le grotesque et le tragique pouvaient fort bien s'associer sans se contrarier. Et puis — enfin — après un voyage qui a duré trois mois : Madrid.

Une avenue bordée d'arbres, des maisons peintes de rose et de vert. Après tant d'aridité — celle du plateau de Castille — des feuilles et des fleurs qui réjouissent l'âme. Le carrosse s'engage dans la rue de l'Alcade, cahote dans la rue de la Reine. A l'angle des deux rues, se dresse un vieux palais. C'est là. L'intendant du prince Masserano, vêtu de noir, épée au côté, accueille ces hôtes imposés. C'est, depuis l'occupation française, la règle dans les maisons espagnoles. Le propriétaire ne se montre pas. On conduit Sophie et ses enfants à l'appartement qui, au premier étage, leur a été réservé. Devant tant de splendeurs Victor et ses frères restent muets : salon de damas rouge ; boudoir de damas bleu ; chambre à coucher dont le damas est tramé d'argent ; autre chambre de brocatelle moirée à fond jaune lamé de rouge ; immense galerie servant d'écrin aux portraits de famille — et comment ici encore ne pas penser à *Hernani* ? Une telle opulence, Sophie Hugo n'aurait pu imaginer qu'elle existât quelque part. Les petits garçons courent partout, éblouis. Ils admirent les dorures, les sculptures, les verres de Bohême, les vases de Chine, les lustres de Venise, les dessins de Raphaël et de Julio Romano. Jamais les fils Hugo ne se retrouveront tout à fait dans les couloirs et les salons de l'antique palais. Tant de faste soulève en eux des sentiments confus. Victor entend l'intendant appeler sa mère : Madame la Comtesse. Mais ce peuple de domestiques qui frôlent les murs et baissent les yeux sur son passage procure à Victor une impression déconcertante et déjà amère : il est fils d'un conquérant mais il se sent un intrus.

Léopold n'est pas à Madrid. Il est en mission. Ce qui pour Victor va se produire à Madrid, c'est identiquement le scénario de Naples. Un père que l'on est venu voir de très loin. Un père qui, à l'arrivée, se dérobe. Avec une différence parfaitement mesurable : à Naples, Victor avait six ans ; à Madrid, il va en avoir dix. Comment la cruelle déconvenue ressentie n'aurait-elle pas imprégné sa mémoire ? Pourtant, à soixante ans, quand il narre l'épisode à Adèle, voici ce qu'il trouve et ce qu'elle écrit : « Huit jours après leur arrivée, Madame Hugo reçut une lettre de son mari par un exprès. Il y avait une si grande désorganisation partout que les postes ne fonctionnaient même pas... Mon beau-père annonçait qu'il allait venir sous deux ou trois jours. » Bien sûr, il n'y a pas eu de lettre.

Privilège de l'enfance : la moindre occasion vient à bout des tristesses. L'une de ces occasions s'appellera Mme Lucotte, femme du général. A la cour du roi Joseph sa beauté est légendaire. Devant la perfection de ce corps et de ce visage, le petit garçon Victor Hugo va se laisser aller à une admiration bien sûr platonique mais où l'on sent poindre ce trouble — encore une fois — qui depuis sa prime enfance le saisit au spectacle d'une femme qui le touche.

Une autre occasion aura pour nom Pepita. Il s'agit de la fille de la marquise de Monte Hermoso — l'une des nombreuses maîtresses du roi Joseph. D'ailleurs le marquis, son époux, s'est vu aussitôt promu Grand d'Espagne. Pour services rendus.

Victor n'a pas dix ans, Pepita en a seize. Mais l'adolescente et l'enfant ne se quittent plus.

> Je palpitais dans sa chambre
> Comme un nid près du faucon ;
> Elle avait un collier d'ambre,
> Un rosier sur son balcon [1].

1. *L'Art d'être grand-père :* « Les fredaines du grand-père enfant. Pepita. »

Quand il songe à Pepita, Victor s'émeut délicieusement. Quand il pense à son père, ce sont des larmes qui lui viennent aux yeux.

En fait, si Léopold se trouve dans son gouvernement de Guadalajara, c'est en la compagnie de la chère Catherine Thomas qui se présente maintenant comme Catherine de Hugo, comtesse de Siguenza, née de Salcano. Louis va se charger — non sans quelque appréhension — d'apprendre à son frère l'arrivée de Sophie à Madrid.

La colère de Léopold se lève dans l'instant. Une colère ? Une tempête, un ouragan. Louis tombe d'autant plus mal que le général souffre d'une vieille blessure qui vient de se rouvrir, laquelle « rejette des esquilles ». Tout se mêle, se croise, la douleur physique, les tourments endurés déjà du fait de cette femme qu'il croyait éloignée à jamais et qui reparaît sans crier gare ! Elle se réclame de sa position d'épouse ? Elle veut vivre auprès du mari que la loi, à défaut de Dieu, lui a donné ? Eh bien, elle va voir ! Le lendemain même — de grand matin — le général comte Hugo court chez Don Ricardo Arroyo, procureur, puis chez Don Antonio Pardo y Vara, alcade major de Sa Majesté et président du tribunal de première instance de Guadalajara. A midi, tout est accompli : le général Hugo a demandé le divorce.

Extraordinaire document que cette requête en bonne et due forme : onze pages *in-octavo,* bien entendu écrites en espagnol et sur papier timbré aux armes de « S M José Napoléon, par la grâce de Dieu, roi de l'Espagne et des Indes ».

Quelles raisons le demandeur a-t-il invoquées ? Il stigmatise l'humeur « ambitieuse » et « impérieuse » de Sophie. Cette ambition l'a conduite à des dépenses intolérables engagées « sans permission, ni consentement de son respectable époux ». N'a-t-elle pas, pour venir à Madrid, pris chez le banquier du général comte la somme de 12 000 francs, en utilisant la procuration que son mari lui avait délivrée avec trop de confiance ? On doit voir là une injustifiable atteinte à l'autorité maritale. Par ailleurs, le mari vient d'apprendre que son épouse était à Madrid avec ses enfants et ses domestiques, alors qu'il la croyait à Paris. De quel droit a-t-elle, sans autorisation, entrepris un tel voyage ? Il s'agit là encore d'une injure grave, prévue par le code civil. La requête conclut au divorce et à la remise des trois enfants sous la garde du mari. C'est le 10 juillet 1811 qu'elle va être signifiée à Sophie. Trois semaines après l'arrivée de celle-ci au palais Masserano. Trois semaines pendant lesquelles Victor s'est demandé quand il verrait paraître enfin son général de père.

Dans le récit d'Adèle, pas un mot — je dis bien pas un mot — de cette requête en divorce qui s'est abattue sur le sombre palais madrilène. Nous la connaissons bien, Sophie. Des larmes ? Ce n'est pas son genre mais comment n'aurait-elle pas pris ses fils à témoin de la vilenie paternelle ? Comment une nouvelle blessure — plus profonde encore — ne se serait- elle pas ouverte au cœur de Victor ?

Donc, entre Léopold et Sophie, la guerre est ouverte.

La requête en divorce a été signifiée à Sophie le 10 juillet 1811. Le 11 au matin, un cavalier de la garde royale se présente au palais Masserano. Il est porteur d'une lettre aux armes d'Espagne. Voici ce que Sophie va pouvoir lire :

« Madame,

« M. le Général Hugo désire faire placer dans un collège les trois enfants mâles qu'il a eus de son mariage avec vous. M. Ricardo Arroyo, procureur de Guadalaxara, est chargé par lui de retirer ces enfants et de leur chercher une maison d'éducation.

« Je ne puis vous taire que M. de Hugo *(sic)*, prévoyant des difficultés de votre part, a invoqué l'autorité des lois et qu'elles ont parlé en faveur de ses désirs. Je suis dans l'obligation de contribuer s'il est nécessaire à leur exécution. Je vous prie instamment, madame, de ne pas vous opposer aux volontés de votre mari et de remettre de bonne grâce les enfants à un chargé de pouvoirs. Époux et père moi-même, je remplis avec regret un pénible devoir. J'espère que vous ne l'aggraverez pas par une opposition qui, dans l'état où sont les choses, serait aussi inutile que fâcheuse. »

Cette lettre, c'est le général gouverneur de Madrid, Lafon-Blaniac, qui l'a écrite. Visiblement, il n'approuve pas. Mais les lois sont formelles et le code Napoléon est tout sauf féministe. La seule autorité, dans un ménage, appartient au mari.

Révolte, colère. Les enfants de nouveau pris à témoin. Un sentiment qui naît, sous les hauts plafonds du palais Masserano, et qui ressemble à de l'horreur. N'hésitons pas : ce qu'entreprend Léopold Hugo est détestable. Qu'il ait voulu user de ses propres fils comme de pions sur l'échiquier conjugal, voilà qui ne grandit pas le « héros au sourire si doux ».

Oui, l'horreur. L'horreur de la séparation quasi immédiate annoncée aux enfants. Ils n'avaient pas de père, ils n'auront plus de mère. A l'exception d'Abel, destiné à devenir page à la cour du roi Joseph, les deux plus petits seront jetés dans un collège dont à l'avance ils se font l'idée d'une prison. Pour Victor, c'est le désarroi absolu, une douleur telle qu'il n'en a pas connu jusque-là de semblable, une angoisse proche de la terreur. Et c'est Sophie, dans l'énorme voiture de style piranèse du prince Masserano, qui va conduire elle-même Eugène et Victor au collège des Nobles, expressément désigné par leur père pour les recevoir.

Ce collège va se révéler exactement tel que Victor et Eugène pouvaient l'imaginer. Des moines, en grande robe noire, en rabat blanc et en sombrero. Des couloirs peints à la chaux dont on n'aperçoit pas la fin, où l'on s'entend marcher et où la voix fait écho. De rares ouvertures en haut des murs d'où perce un jour trop discret. Des cours si étroites que, même en été, on n'y découvre de lumière que dans l'un des angles.

Deux petits garçons qui se jettent dans les bras de leur mère et contiennent tant qu'ils peuvent leurs larmes. Mais, quand on les conduit dans la cour, quand un moine leur dit que leurs études commenceront le lendemain, qu'ils ont le reste de la journée pour jouer, deux petits garçons qui se mettent à sangloter convulsivement.

Le soir, ils n'ont pas faim. Ils promènent leurs regards mornes sur cet immense réfectoire, fait pour cinq cents convives, où ils ne voient que vingt-quatre élèves. Tous les autres ont été retirés du collège par leurs parents en signe d'opposition au roi intrus. Victor décrira à Sainte-Beuve la chaire élevée au milieu du réfectoire où un sous-maître faisait la lecture en espagnol cependant que l'on mangeait en silence.

Même impression d'un vide qui serre le cœur lorsqu'on les mène au dortoir. Dans ce dortoir des petits, sur cent cinquante lits, il n'y en a pas dix d'occupés. Sur ce désert, veille un bossu vêtu d'une veste de laine rouge, d'une culotte bleue et de bas jaunes. Les petits Hugo sauront vite qu'on le nomme *Corcovita,* ce qui veut dire « petite bosse ». Chaque matin, la messe. A tour de rôle, tous les élèves doivent la servir, sauf les petits Hugo. Pourquoi ? Parce que, voltairienne impénitente, Sophie, pour que ses fils échappent à l'appareil de toute « superstition », a déclaré au régent du collège que ses fils étaient protestants !

Ils ne seront pas maltraités. Les moines n'oublient pas

que le père est puissant. On a voulu les mettre à l'*Epitome*, au *De viris*. On s'est aperçu que Virgile et Lucrèce n'avaient pas de secret pour eux.

Les enfants qui les côtoient sont les fils d'Espagnols ralliés à Joseph. Officiellement. Parce que — *tous* — ils souhaitent la défaite de Bonaparte, ils méprisent Joseph, qualifié par eux d'ivrogne et de poltron.

Placés le premier jour dans la division des petits, Victor et Eugène ont montré une telle supériorité qu'on leur a le lendemain fait sauter une classe, le surlendemain une autre et ainsi de suite, passant en une semaine de la septième à la rhétorique. Voilà le petit Victor — d'une taille inférieure à celle de la moyenne — qui rencontre de grands élèves de seize ou dix-sept ans. Tout d'abord, il n'a eu droit qu'à des regards de dédain. Quand on l'a entendu lire à livre ouvert des auteurs que ces adolescents en étaient à ânonner, on l'a considéré avec une sorte de respect. Sur le plan des études, uniquement. En politique, des discussions journalières opposent les fils des occupés et ceux des occupants. Victor et Eugène jurent que Napoléon était dans son droit en faisant de son frère Joseph le roi d'une Espagne que lui avait cédée légalement Ferdinand VII. Les jeunes Espagnols crient que cette cession n'a été obtenue que par la fraude — ce qui d'ailleurs n'est pas vrai. Ce débat ne reste pas toujours verbal. Un jour, un certain Frasco, comte de Belverana, se jette sur Eugène en brandissant des ciseaux et le blesse profondément au visage. Victor s'empoignera avec un grand gaillard d'une saleté redoutable, difforme, hargneux, du nom de Elespuru. Bien plus tard, Victor Hugo saura se souvenir : Elespuru est le nom d'un des fous de *Cromwell*.

Il n'empêche qu'à son insu, Victor s'espagnolise. Il finira par prendre au sérieux le titre de comte de son père, acceptera que ses professeurs et ses condisciples l'appellent, lui troisième fils d'un comte, baron. Même, il griffonne sur ses livres de classe un prénom espagnol suivi d'une particule imaginaire : « Bittor de Hugo ». Eugène l'imite qui signe : « Eugenio de Hugo ».

L'hiver venu, on trouve le collège plus sinistre encore. Il fait froid, l'hiver, à Madrid. Aucun chauffage. Dans la Sibérie des classes, du dortoir, du réfectoire, Eugène gagne des engelures et Victor les oreillons. Le cou démesurément enflé, il souffre le martyre. Il faut reconnaître qu'on tente de le soigner. On décide de lui appliquer un remède populaire à Madrid : on lui fera prendre du lait de femme.

Encore faut-il découvrir la « donneuse ». Il se trouve que la femme du majordome du collège vient d'accoucher. On place Victor près d'elle. Est-ce le lait qu'il partage avec le bébé de la dame, ou l'appartement chauffé où on le conduit ? Il guérit.

La seule lumière dans cette nuit : les visites de Sophie. Au parloir, les petits se jettent dans ses bras, ce qui étonne fort les Espagnols que leur propre mère autorise seulement, dans d'exceptionnelles occasions, à lui baiser la main. Une fois seulement, Abel viendra les voir, mais elle sera mémorable ! Il paraît devant les petits dans son costume de page bleu de roi, rehaussé à l'épaule par des aiguillettes d'argent et d'or. Sous le bras, il tient son chapeau d'officier et une épée bat à son côté.

Ce qui frappe aussi Victor, ce sont les visites de cette générale Lucotte, déjà délicieusement remarquée et qui parfois accompagne Abel. Quand il l'aperçoit, fort parée, d'une élégance toute parisienne, l'enfant tressaille de bonheur. Il la trouve encore plus belle que naguère. Lorsqu'elle se penche vers lui pour le complimenter d'une voix dont il dira qu'elle était « argentée », il tremble d'un plaisir qui, assez étrangement si l'on considère son âge, ne lui est plus tout à fait inconnu.

Tels auront été les mois de collège vécus à Madrid par Eugène et Victor Hugo. Un été triste suivi d'un hiver lugubre. Pendant ce temps, leur père et leur mère ont poursuivi leur duel. Impitoyablement.

Ayant tenu son rôle de figurant aux festivités parisiennes du baptême du roi de Rome, Joseph, le 18 juillet 1811, a regagné Madrid. Sur son bureau, comme à l'accoutumée, des pétitions. Parmi elles, il s'étonne d'en découvrir plusieurs de la main de la générale Hugo. Elle se plaint — avec habileté et éloquence — du comportement de son mari. On imagine Joseph fronçant les sourcils : a-t-il besoin d'une contrariété de plus ? Mais doit-il croire cette femme en colère ? Il a fait appeler la pétitionnaire, l'a écoutée avec cette bienveillance qu'ont louée en lui tous ceux qui l'ont connu. Après quoi — Salomon madrilène — il a convoqué Léopold auprès de lui. Que lui a-t-il dit ? Nous ne le savons pas. Mais nous pouvons augurer qu'il a dû le tancer, sinon selon la morale, du moins au nom de l'ordre public. L'espagnol est, de tous les peuples, celui qui s'attache le plus aux apparences. La discorde si bruyamment affichée entre l'un de ses plus chers serviteurs et son épouse ne peut que servir d'argument aux ennemis de la présence française. Général, que comptez-vous faire ?

Le ton de l'aîné des Bonaparte a dû être suffisamment cassant pour que Léopold ait senti, dans l'air brûlant de juillet, voler un vent de disgrâce. Or Léopold, après tant d'années obscures, a vu tout à coup sa carrière prendre un essor inespéré. Trois ans plus tôt, alors qu'il quittait Naples, pouvait-il imaginer un jour être général, gouverneur, comte ?

Quitter tout cela ? Rentrer dans l'anonymat ? Même la vie commune avec Catherine Thomas, si exquise à ses yeux, n'eût pas compensé une perspective aussi consternante. Alors, Léopold Hugo, sourire aux lèvres, a dû se faire tout miel. Le roi se trompe. La situation n'est point aussi compromise que Sa Majesté le croit. Lui, Léopold, s'affirme tout prêt à un rapprochement avec Madame la générale Hugo.

Et l'on assiste au plus étonnant des retournements. Cet homme qui, implacable, exigeait quelques jours plus tôt le divorce, rend visite à sa femme, l'entoure d'un flot de paroles apaisantes. Elle se dit sans argent — ce qui est bien improbable après ce qu'elle a prélevé à Paris. Il jure qu'il va l'aider sans retard. La tragédie espagnole devient comédie italienne.

Le ton est donné par la lettre tout amicale que Léopold, le 5 août, adresse à Sophie : « Je n'ai fait que courir depuis ce matin, et j'aurais été te voir, si je ne devais me trouver de bonne heure à la Casa del Campo. J'ai vu le général Lafon-Blaniac et il donnera l'ordre pour que les fonds soient de suite versés à tes soins. Le Roi est informé que nous sommes contents ; je l'ai vu et lui ai parlé. Ce soir, après le dîner de Sa Majesté, j'irai te voir. Je t'envoie une caisse de bougies. Crois à mon attachement. »

Nous avons compris. L'unique raison de cette lettre se résume à cette phrase : « Le Roi est informé que *nous sommes contents.* » Pauvre Sophie !

Léopold ira jusqu'à faire présenter officiellement « la comtesse de Siguenza » à la Cour. D'où le souvenir — point imaginaire celui-là — conservé par Victor « des étoffes éclatantes », de « ces satins pailletés, de ces soies plombées et de ces dentelles espagnoles d'une épaisseur si souple » portés par sa mère et qu'il a pu contempler grâce à un congé extraordinaire.

Mais Catherine Thomas ? Elle qui, après avoir été à la peine, venait de découvrir l'extrême jouissance d'être à l'honneur ? S'il faut en croire Sophie, devant le péril extrême où elle s'est vue, elle a su combattre avec toutes les armes dont peut disposer une femme qui se sait aimée. *Requête de Sophie Trébuchet, femme Hugo, aux juges du tribunal de Thionville* : « Le général se trouvait depuis trois jours loin de cette femme et de son funeste ascendant ; il revint franchement à sa femme, avoua ses torts, promit de vivre à l'avenir en bon époux et bon père et de renvoyer la cause de tous les malheurs de sa femme. Malheureusement un événement militaire l'obligea de quitter subitement Madrid. Il retrouva cette malheureuse et ses horribles conseils. »

Elle aurait donc été bien forte, Catherine Thomas. Mais les « horribles conseils » sont-ils la seule cause du nouveau revirement de Léopold ? Il semble bien qu'un « officieux » soit venu tout à coup lui révéler cette liaison que sa femme avait poursuivie, depuis si longtemps, avec Lahorie. Lequel officieux pourrait bien d'ailleurs avoir été Louis Hugo.

Question : Léopold ignorait-il *vraiment* l'existence de cette liaison ? On peut penser qu'il l'avait au moins soupçonnée, mais que, pour avoir la paix, et n'étant pas lui-même sans reproche — oh ! non — il avait feint de ne rien savoir. Dès le moment où on l'avertit officiellement, Léopold se doit d'ouvrir les yeux. D'où des cris, une colère peut-être plus bruyante que sincère, une dénonciation portée aussitôt à Joseph. Non seulement, Sire, ma femme me trompe, mais elle me trompe avec un traître, un conspirateur, présentement prisonnier d'État !

Voilà Sophie au comble des alarmes. Il lui faut se justifier sur-le-champ, ou alors elle est perdue. *Sophie Hugo au roi Joseph* : « Quel raffinement de cruauté, afin de me perdre ! M. Hugo a été l'adjoint du général La Horie ; il lui doit une partie de son avancement militaire. Peu de jours avant sa proscription, La Horie venait encore de rendre un service important au sieur Hugo, en arrangeant une mauvaise affaire que celui-ci s'était attirée dans son régiment et qui l'aurait certainement fait destituer. Cet infortuné, poursuivi par la police, vint se réfugier chez moi. Je n'ai pas cru pouvoir refuser un asile à un homme auquel je devais tant de bienfaits. »

Elle œuvre si bien, Sophie, qu'elle parvient à ébranler Joseph. Après tout, si elle disait vrai ? Si elle n'avait eu que le tort d'accueillir un ami dans le malheur ? D'autant plus que Léopold, nommé chef d'état-major du maréchal Jourdan, ce qui l'oblige à résider à Madrid, a acquis en toute hâte, dans la Carrera San Gerunimo, une charmante demeure, tout environnée de roses et de glycine. Il y a installé Catherine, comtesse de Salcano, et y a fait transporter, en « cinq chariots de déménagement », tout ce qu'il possède de meubles et d'effets. Ses domestiques, ses chevaux, sa voiture, viennent occuper les communs. Nous sommes fixés : Léopold a choisi.

On verra désormais « Mme la comtesse de Salcano », en arrogant équipage, faire sa promenade quotidienne au Prado. Dans la calèche de noble allure, on apercevra parfois le général Hugo se prélassant à ses côtés. Même — jurera Sophie — le couple illégitime aura l'outrecuidance, aux jours de congé, d'aller quérir Eugène et Victor en leur collège — et de les faire asseoir face à eux sur les coussins de la voiture !

Au mois de septembre 1811, Sophie, se promenant « près de la porte d'Alcala », apercevra ainsi ses enfants servant d'escorte à la concubine. Du moins l'écrira-t-elle au roi Joseph. Devons-nous douter d'une telle affirmation et la ranger au nombre des exagérations coutumières d'une épouse en colère ? Peut-être pas, si nous prenons connaissance d'une lettre du roi au général Hugo, en date du 30 janvier 1812 :

« Mon désir le plus constant est que vous vous arrangiez de manière à être heureux. Je n'ai rien négligé pour cela. L'attachement que je vous porte m'en a fait un devoir. Mais, si mes vœux ne se réalisent pas, je ne dois pas vous cacher que ma volonté est que vous ne donniez pas ici un exemple scandaleux, en ne vivant pas avec Mme Hugo, comme le public a le droit de l'attendre d'un homme qui, par sa place, est tenu à donner un bon exemple... Quel que soit le regret que j'aurais de vous voir éloigné de moi, *je ne dois pas vous cacher que je préfère ce parti au spectacle qu'offre votre famille depuis trois mois*[1]. »

Elle a gagné, Sophie. Sur tous les plans. Non seulement Joseph lui donne raison, mais il accepte ses autres plaintes et celles-ci sont d'ordre pécuniaire. Elle gémit que son mari, hors un cadeau de 3 000 francs reçu en août 1811, ne lui a versé que 1 750 francs en huit mois. Calculons : cela fait près de 600 francs par mois, ce qui n'est pas si mal pour une femme logée aux frais de l'État, n'ayant d'autres

1. Souligné par moi.

débours que les siens propres et l'entretien de deux domestiques payés aux misérables tarifs du temps. Mais Sophie ne manque pas d'énumérer les sommes qu'encaisse annuellement son époux : 18 000 francs en tant que général, 6 000 comme gouverneur de province, 18 000 comme sous-inspecteur général de l'infanterie, 12 000 comme majordome de Sa Majesté. En tout 108 000 francs. Admirons.

Joseph tranche encore : la générale Hugo percevra désormais directement la solde de majordome de son mari, soit 12 000 francs par an. Triomphe ultime : Sophie rentre en possession de ses enfants. De Victor et d'Eugène, du moins, car Abel, page du roi, restera auprès de celui-ci. Il est bien entendu, si Sophie récupère les plus jeunes de ses fils, que c'est pour quitter l'Espagne où elle n'a plus rien à faire. Victor a été conduit au collège des Nobles un jour d'été. C'est un jour d'hiver que leur mère vient leur rendre leur liberté.

L'Espagne de 1811 et 1812 restera, dans l'infaillible mémoire de Victor Hugo, l'image d'un malheur public auquel il reviendra sans cesse, et celle d'un malheur privé dont — fidèle à lui-même — il ne parlera jamais.

Le maréchal duc de Bellune rentre lui aussi en France. Il abandonne cette Espagne qui fait eau de toute part, le « commencement de la fin », dira Talleyrand pourtant responsable au premier chef de l'erreur de Bayonne. La résistance des Espagnols était acharnée ; elle est devenue inexpiable. Les troupes françaises n'agissent plus que sur la défensive, sans cesse en mouvement pour faire face aux guérillas, de jour et de nuit sur le qui-vive, de semaine en semaine plus démoralisées. Madrid est devenue un bastion assiégé où règne la famine. De sorte que la nomination de Léopold, le 3 mars 1812, comme commandant de la place ne doit pas nous apparaître comme le signe d'une faveur retrouvée. Le général Hugo, dans sa lutte contre les guérilleros, le fameux Empecinado notamment, a marqué tant de points que l'on a recours à lui comme à un ultime espoir.

C'est précisément le 3 mars que le duc de Bellune quitte Madrid, au milieu d'un convoi digne de ce puissant personnage, c'est-à-dire formidable. A l'abri des canons, des soldats, des cavaliers, ont pris place la générale Hugo et ses plus jeunes fils. Lentement, on remonte vers le nord. Victor redécouvre le pays déjà traversé, bâillonné de silence à l'aller, criant sa rage au retour. A Burgos, les Hugo croisent le cortège d'un homme lié sur un âne, ahuri de terreur, escorté de pénitents gris aux cagoules baissées. On leur dit que cet homme va être « garrotté », c'est-à-dire étranglé. On leur montre l'estrade où l'on va procéder à l'affreux supplice. Victor dira que ce fut là sa première rencontre avec l'échafaud. Capital. Ils s'enfuient.

A Valladolid, leur voiture passe au pied d'une croix sur laquelle sont cloués les membres sanglants d'un adolescent coupé en morceaux. On a poussé le raffinement jusqu'à « reconstituer » le cadavre. L'Espagne des dix ans de Victor Hugo restera peuplée de ces images à la Goya. Car c'est le nom qui — sans cesse — nous rejoint quand nous songeons au jeune Hugo en Espagne. Ce Goya qui, pour l'éternité, nous montrera l'Espagnol en chemise blanche et tête nue, invectivant les bourreaux français, étendant les bras devant eux, en signe grandiose de refus ; et, dans l'ombre, ces autres visages espagnols furieux, ces bouches tordues par l'injure ; et le peloton groupé, avec ses shakos, ses havresacs. Et cette lanterne qui, pour éclairer la mise à mort, perce la nuit de sa lueur blafarde. Les horreurs de la guerre, la barbarie des hommes, les échafauds et les bourreaux, tout cela hantera le poète Hugo et nourrira une œuvre qui laissera Baudelaire pétrifié : « L'excessif, l'immense, sont le domaine naturel de Victor Hugo. Le génie qu'il a de tout temps déployé dans la peinture de *toute la monstruosité*[1]. »

Mais il se souviendra aussi d'une autre Espagne. Il en rapportera des noms, des personnages, une sombre et flamboyante toile de fond. La duchesse de Benavente, mère de l'un de ses condisciples au collège des Nobles, se retrouvera dans *Bug-Jargal.* Le comte de Belverana, autre condisciple, revivra dans *Lucrèce Borgia.* C'est du séjour de 1811-1812 que sont nés Ruy Blas et Don Salluste, Ruy Gomez de Silva et Hernani.

De cette Espagne-là, encore, il emportera l'image de Pepa, la petite Andalouse, fille de marquis et qui « dansait dans un rayon d'or ». L'Espagne de Hugo, déjà, est faite de sang, de mort — et de volupté.

L'essentiel, peut-être, c'est que le petit garçon n'est pas loin de se sentir responsable de ces horreurs qu'il a traversées.

1. Souligné par Baudelaire.

Moi, je me croyais un homme
Étant en pays conquis.

Ces horreurs-là étaient nées de la volonté de tout un peuple de reconquérir sa liberté. « Avant tout, la liberté », avait dit Lahorie.

IV

LES SOULIERS VERTS

Pendaison et mariage,
questions de destinée.
William SHAKESPEARE.

Aux Feuillantines, tout est prêt à recevoir Sophie Hugo et ses enfants. Le bon La Rivière à qui l'on avait remis les clés, a veillé à tout. Volets et fenêtres sont restés soigneusement clos, la poussière a été tenue à distance et les meubles abreuvés d'encaustique. « Les vers n'avaient rien enlevé, les souris rien déposé. » Au soir de l'arrivée, la « mère » La Rivière va donner aux voyageurs à bout de force la surprise émerveillée d'un rôti à la broche.

En apparence, rien de changé dans leur vie de chaque jour. Seulement les frères Hugo ont grandi. Mieux que grandi, ils ont vieilli. Ce qui les étonne le plus, c'est de découvrir différents leurs propres amis. Adèle, par exemple, la fille de M. Foucher va sur ses dix ans. Depuis quelque temps, on lui dit : « Heureusement que vous avez changé, en grandissant ; quand vous étiez petite, vous étiez noire ! noire ! Comme vous étiez laide [1] ! » Il est bien vrai que le petit pruneau devient joli. Certes, elle reste très brune de cheveux et d'yeux, la peau du fin visage est toujours mate, on parle de sa « beauté espagnole », ce qui à l'époque n'est pas un compliment. Mais de toute sa personne émane un charme singulier. Ce qui ne l'empêche pas d'être, de son propre aveu, « gâtée et volontaire » : « Devant une petite amie, je donnai un soufflet à ma

1. *Manuscrit.*

bonne. Je n'ai jamais rencontré cette amie qu'elle ne m'ait rappelé ce soufflet ! » Plus grave : invitée avec une petite fille de son âge à un bal d'enfants et d'adolescents, elles ne dansent pas une seule fois, les jeunes gens préférant les cavalières de quinze ans. Quittant, furieuses, la salle du bal, elles aperçoivent au vestiaire « deux pelisses de satin rose garnies de cygne » ; assurément celles-ci appartiennent à ces « grandes » qui leur ont pris leurs cavaliers : « Nous crachâmes sur les pelisses, beaucoup, de façon à les rendre impossibles. » Qui aurait cru cela de la petite fille à l'escarpolette ?

M. Foucher n'est plus greffier. Il a été nommé chef du Bureau de recrutement au ministère de la Guerre, mais il loge toujours à l'hôtel de Toulouse, siège du conseil de guerre. Le rapporteur auprès de ce conseil est maintenant un certain Delon, lequel a un grand fils, Édouard, tout récemment admis à l'École polytechnique. Malgré la différence d'âge, cet Édouard — autorisé deux fois par semaine à sortir de l'école — a pris le petit Foucher en amitié. Comment ne deviendrait-il pas aussi l'ami d'Eugène et de Victor ? Chaque fois que cet Édouard Delon se présente aux Feuillantines, il est accueilli par des cris, on accourt au-devant de lui. Il a si fière allure avec son uniforme de polytechnicien ! Il est si vif, si gai, si chaleureux ! Bref, on l'adore. Avec lui, les jeux multiplient leur élan, la balançoire vole quasi vers le firmament. Quant à la niche aux lapins, on l'attaque désormais avec le même art tactique dont avait usé l'armée qui a pris Saragosse. Quand vient le temps de la fatigue, Édouard Delon, les petits Foucher, les petits Hugo s'en vont s'asseoir autour du puisard. Delon leur narre des histoires que les enfants écoutent comme s'ils étaient aux Mille et Une Nuits. Nouveaux souvenirs.

N'imaginons pas un jeu perpétuel. Sophie entend que ses fils travaillent. Le lundi qui a suivi le retour, elle les a remis au latin. Un problème : au collège des Nobles, ils étaient en rhétorique. Va-t-on les contraindre à retourner en sixième ? Sophie s'en est entretenue avec La Rivière. On est convenu que le mieux serait qu'il vînt leur donner des leçons à domicile.

Nous devons de la gratitude à ce La Rivière. C'est auprès de lui que Victor a « balbutié » ses premiers vers. Adèle, fille du poète, notera dans son journal — ils écrivent tous, ces Hugo — que les deux premiers vers de Victor Hugo ont été :

Le grand Napoléon
Combat comme un lion.

Cependant Adèle, la mère, si elle cite les mêmes vers, affirme que d'autres les avaient précédés, inspirés ceux-là par la chevalerie, « des vers paladins ». Les règles ? Victor les ignorait. Jamais il n'avait lu le moindre ouvrage de prosodie. Lors de ses premiers essais, il inscrivait une rime féminine à la suite d'une rime féminine. Il relisait, disait : « Cela ne va pas. » Il cherchait, raturait jusqu'à ce que les vers sonnent bien à l'oreille. « L'oreille lui apprit à croiser ses rimes. »

Plus proche de l'indulgence que de l'admiration, Sophie observe ces balbutiements. Elle sort rarement de sa maison et de son jardin. Elle ne voit guère que les Foucher. Comme elle lit beaucoup, elle envoie ses enfants choisir pour elle des livres chez le propriétaire d'un cabinet de lecture, nommé Royol, figé une fois pour toutes dans une tenue Louis XVI, culotte courte et bas chinés. Ce Royol est cité dans *les Misérables* et désigné comme ami du candide M. Mabeuf.

Je les vois, ces deux enfants de douze et dix ans, errant en toute liberté dans la boutique du libraire, plongeant des heures durant dans de mauvais romans aussi bien que dans des chefs-d'œuvre. L'érotique *Faublas* et Diderot, l'équivoque Restif de la Bretonne et Jean-Jacques. Mlle de Scudéry et Mme Bournon-Malarne, Mme de La Fayette et Mme Barthélemy-Hadot. Il est effaré par cette liberté de choix, M. Royol. Lire *Faublas,* classique du libertinage, à dix ans ! Il ignore que Victor dévore aussi les *Voyages du capitaine Cook,* évident antidote aux scènes d'alcôve décrites sans génie par Louvet. Un autre va se scandaliser : Pierre Foucher.

— Vous êtes imprudente que de tout laisser lire à vos fils, dit-il à Mme Hugo.

— Bah ! a répondu Sophie. Ils ne comprennent pas ce qui est au-dessus de leur âge, et ce qu'ils comprennent leur développe l'esprit.

Elle n'a pas changé, décidément, cette Sophie que Foucher a observée à son retour de Madrid : « Aucune femme, à ma connaissance, n'avait un caractère aussi prononcé que le sien. Elle était inébranlable dans ses opinions comme dans ses affections... Elle était inexorable pour le libéralisme français, pour cette secte, disait-elle, dont le règne n'a été et ne sera jamais qu'une tyrannie appuyée sur des passions viles, sur les baïonnettes et sur le bourreau. » Deux mots, d'après Foucher, caractérisent Mme Hugo : « L'âpreté et la roideur. »

Lahorie avait été mis au secret dans l'une des prisons de Paris. Cette rigueur avait duré cinq mois. En juin 1811, on a levé la mise au secret. Il semble que Lahorie ait pu donner de ses nouvelles à Sophie, alors en Espagne [1]. Savary l'a autorisé à recevoir des parents et amis, chaque dimanche et fête, pendant deux heures. A peine rentrée d'Espagne, Sophie a couru à Vincennes. Quels regards, quels soupirs ils ont dû échanger dans ce parloir public qui leur ôtait toute possibilité d'effusions ! Depuis l'arrestation de Victor de Lahorie, elle a cru sa vie de femme achevée. Elle s'est tout entière absorbée dans ses responsabilités de mère. Tout à coup, elle revit. Sa passion, contrariée par la séparation, exaltée par la captivité de son amant, ne se veut plus de bornes. Elle ne vit plus que pour les visites à Vincennes.

C'est le temps où décidément s'obscurcit l'étoile napoléonienne. La Grande Armée va s'enfoncer dans les steppes de Russie. A Paris, on célébrera comme une victoire l'entrée dans Moscou. Aussitôt les plus avertis évoqueront Pyrrhus. Ils ont raison.

Comment les opposants à l'Empire ne donneraient-ils pas enfin libre cours à des espoirs si longtemps déçus ? A Vincennes, chaque prisonnier se mue en conspirateur. Lahorie, dans des conditions que nous connaissons mal, semble avoir pris contact avec un certain général Malet, lui-même prisonnier d'État et admis, en tant que tel, à la maison de santé du docteur Dubuisson, faubourg Saint-Antoine. Or ce Malet, qui se donne pour républicain, est occupé, en compagnie d'un abbé royaliste nommé Lafon, à mettre en forme la plus ahurissante des conspirations de l'histoire. Il est parti d'une idée simple : on profitera de l'éloignement de l'Empereur et on annoncera qu'*il est mort*. L'effet produit sera tel que le pouvoir impérial s'effondrera sur-le-champ, laissant la voie libre pour Malet [2].

1. Une curieuse lettre reçue par Sophie à Madrid de la part du commandant de la Gendarmerie impériale, un certain Charnier, fait état d'une somme de 14000 piécettes plus 2000 réaux qui devait lui être versée par une « personne qui n'aimerait pas que vous fussiez dans le besoin ». Seul Lahorie, à cette époque, était susceptible d'un tel geste.
2. Voir *la Conspiration du général Malet*, du même auteur (1950).

Sophie Hugo a-t-elle servi de lien entre Malet et Lahorie ? Pour le penser, on ne disposait jusqu'ici que de quelques lignes de Pierre Foucher, très curieuses il est vrai. Il faut les lire avec attention : « Je ne sais si feue Mme Hugo était pour quelque chose dans la téméraire entreprise de Malet... Cette dame, qui avait passé sa première jeunesse parmi les Vendéens, s'entendait merveilleusement à garder un secret politique. Elle ne m'aurait d'ailleurs pas mis, moi, employé du gouvernement, dans la confidence d'une conspiration contre lui. Toutefois, quelques particularités parvenues à ma connaissance, après les événements de 1814, me font conjecturer qu'elle avait eu connaissance du projet des ennemis de Napoléon et, dès lors, je ne serais pas éloigné de croire qu'elle goûta l'idée, si elle ne la donna pas, de faire écrouer Savary, à son tour, dans cette vilaine prison de la Force. » C'est tout. Remarquons que Pierre Foucher ne veut que *conjecturer.* Cet homme sérieux ne se croit pas autorisé à aller au-delà. Mais nous sentons bien qu'au fond de lui-même il est convaincu.

Un document inédit va nous permettre de lui donner raison. Depuis plus d'un siècle, les historiens napoléoniens ont en vain recherché la preuve éventuelle d'une participation de la mère de Victor Hugo à la conspiration de Malet. Ils ont inutilement fouillé les cartons des Archives nationales et ceux des Archives de la Guerre. Ils n'ont pas songé à interroger les correspondances de la famille Hugo. Là gisait la vérité.

A une date inconnue — entre juillet et le 13 novembre 1815 — Sophie Hugo a préparé, à l'adresse du maréchal Clarke, duc de Feltre, secrétaire d'État à la Guerre, une supplique dont subsiste seulement le brouillon [1] et dont on a pu lire plus haut déjà un extrait. Sophie sollicite une « demande de retenue sur les appointements de M. Hugo qui laisse sa femme dans le dénuement le plus absolu » et, après avoir évoqué certains épisodes de la carrière de son mari et de sa propre vie, elle ajoute, parlant d'elle à la troisième personne :

« Après la découverte de la conspiration, le général Pichegru fut trois jours caché [chez] elle, le général Lahorie y trouva un asile pour beaucoup plus de temps et il y fut arrêté en 1811 ; Mad. Hugo devait l'être aussi, mais elle dut son salut à la connaissance qu'elle avait de certains faits dont Savarie *(sic)* craignait la révéla-

1. Maison de Victor Hugo, *Correspondances,* n° 9752. Lettre communiquée par Jean et Sheila Gaudon.

tion. Mad. Hugo n'est point une femme intrigante ; occupée uniquement de l'éducation de ses enfants, d'un caractère timide à l'excès, elle craint par-dessus tout ce qui peut la mettre en scène et faire parler d'elle, elle n'a dû qu'à des liaisons d'amitié, de reconnaissance, qu'à des circonstances impérieuses enfin, la part qu'elle a prise et la connaissance qu'elle a eue de beaucoup de choses. C'est ainsi qu'elle a connu tous les détails de la conspiration de Mallet *(sic)*, elle doit même dire à ce sujet à Votre Excellence qu'on a trompé Sa Majesté et qu'il serait peut-être nécessaire que le Roi fût informé du rôle que certain personnage y a joué, et surtout du but qu'on se proposait. Mad. Hugo croyait l'an dernier que cela était indifférent, et elle était bien décidée à emporter le secret avec elle, mais ce qui s'est passé depuis, ce qui se passe encore la fait penser autrement. »

Comment douterions-nous désormais ? Sophie Hugo, principale intéressée, non seulement admet qu'elle a connu *tous les détails* de la conspiration, qu'elle y a pris une part, mais elle est prête à éclairer Louis XVIII sur le rôle qu'elle y a joué — pour l'appuyer ou plus probablement l'écraser — un personnage qui, au moment où elle écrit, reste certainement mêlé aux affaires publiques. Une telle proposition de témoignage nous est garante de la sincérité de Sophie. Pouvait-elle courir le risque, si le roi l'avait reçue, d'être confondue de mensonge ?

Donc, elle a tout su. Et d'abord la date arrêtée pour la conspiration : 22 octobre 1812. Ce soir-là, Malet et l'abbé Lafon s'évadent de la maison de santé du docteur Dubuisson. La nouvelle prétendue de la mort de Napoléon produit l'effet espéré. La 10e cohorte se range aux ordres de Malet qui, se rendant à la prison de la Force, où a été transféré Lahorie, le fait mettre en liberté, ainsi d'ailleurs qu'un autre général du nom de Guidal et un certain Boccheciampe. Lahorie, nommé séance tenante par Malet ministre de la Police, s'en va aussitôt arrêter Savary, lequel — vaudevillesque retour des choses — prend sa place en prison ! Pendant une nuit, Paris est aux mains des conspirateurs. A l'aube tout se dévoile, Malet et ses complices sont arrêtés et, dès le 28 octobre, jugés en cet hôtel de Toulouse où résident toujours les Foucher. Le rapporteur n'est autre que ce Delon, père d'Édouard, l'ami des petits Hugo.

Le jour du procès, tôt le matin, Sophie est accourue chez ses amis Foucher. Elle a vu la cour de l'hôtel regorger de troupes et une nombreuse cavalerie, sabres nus, barrer la rue du Cherche-Midi. En compagnie de Mme Foucher, elle attend. Les heures passent. De temps en temps, la porte bat : c'est M. Foucher qui vient donner des nouvelles. Elle se tait. Apprenant que l'audience est suspendue, elle traverse les couloirs de cet hôtel familier et se présente à Delon. Mais celui-ci ne se cache pas d'être un bonapartiste intransigeant. Le danger que les conspirateurs ont fait courir à l'Empire l'a indigné. Quand Sophie le supplie de ménager le parrain de son fils Victor, c'est tout juste s'il ne lui impose pas silence. Son réquisitoire sera implacable.

Le jugement est rendu à 4 heures du matin. Sophie n'a pas un instant quitté l'appartement des Foucher. La porte s'ouvre une dernière fois. M. Foucher paraît. Sophie, qui le regarde, l'entend énumérer les peines édictées par les juges militaires : Malet est condamné à la peine de mort. Pour complicité sont condamnés à la même peine treize inculpés dont Guidal, Boccheciampe — et Lahorie. Cette nuit-là, personne ne s'est couché chez les Foucher. Pas même la petite fille de neuf ans, Adèle. Elle se souviendra que Sophie, lorsqu'elle a appris la condamnation à mort de Lahorie, est restée muette. Mais *« ses genoux tremblaient »*[1].

Les condamnés seront fusillés dans l'après-midi.

Ce jour-là, Eugène et Victor passent devant l'église Saint-Jacques du Haut-Pas. Il pleut, une de ces pluies d'automne, « fine et pénétrante ». Les deux enfants doivent s'abriter sous la colonnade de l'église. A cet âge-là, on ne tient pas en place. Alors ils jouent, ils rient. Soudain, une affiche attire l'attention de Victor. C'est une liste de noms parmi lesquels se lit celui de Soulier. Comment l'enfant saurait-il que le capitaine Soulier est l'une des dupes de Malet et qu'il va payer sa naïveté de sa vie ? Peut-on s'appeler Soulier ! Victor se met en devoir de lire l'affiche tout entière. Il s'agit de l'arrêt qui condamne à mort « Malet, Lahorie et leurs complices ». Lahorie ? Le nom ne dit rien à Victor. Sa mère leur a présenté l'hôte des Feuillantines comme M. de Courlandais. L'attention tombe, on s'éloigne en sautant, en criant. En riant.

Une mère désespérée et qui ne peut rien dire à ses enfants de son chagrin. Ils la découvrent un peu plus repliée sur elle-même. Plus austère, plus silencieuse. Ils ne comprennent pas. Si proches qu'ils puissent se sentir de

1. *Manuscrit.*

leurs parents, les enfants entrent rarement dans les malheurs de ceux-ci. Le bon La Rivière vient toujours donner ses leçons aux Feuillantines. Sophie le paye 24 francs par mois. Au printemps, pour mieux expliquer *les Géorgiques,* il se promène avec les enfants dans le jardin. Hugo dira plus tard que cette éducation si libre a représenté pour lui un bienfait sans égal. Je les vois, Victor et Eugène, tenant leur Virgile grand ouvert, et cheminant auprès du vieil homme. Je la vois, Sophie, observant du perron cette démarche.

Ainsi parlaient, à l'heure où la ville se tait,
L'astre, la plante et l'arbre, — et ma mère écoutait [1].

Tout se mêlera, à l'heure des souvenirs. Les herbes folles, les marronniers, l'allée aux boutons d'or, le vieux puisard, les murs croulants, les jeunes roses — et le chant des vers latins.

Et les prés et les bois, que mon esprit le soir
Revoyait dans Virgile ainsi qu'en un miroir.

La Rivière enseigne surtout du latin, un peu de grec, guère d'histoire. Mais, à travers le latin, les enfants découvrent le passé romain. Comment, étudiant Cicéron, ignorer Catilina ? Les connaissances historiques de Hugo n'en resteront pas moins fragmentaires, sans unité, sans cohésion. « Mon mari, écrira Adèle à Guernesey, s'élève contre l'éducation bornée qu'on donnait alors aux enfants. On s'en tenait aux côtés purement littéraires ; de géographie et d'histoire pas un mot. Les deux écoliers sortirent des bancs n'en sachant absolument rien. » Et, non sans malice, elle ajoute : « Cette ignorance a fait commettre à mon mari de grossières erreurs : dans les *Odes et Ballades,* il a confondu Ivry-sur-Seine avec Ivry-la-Bataille ; dans *Cromwell,* les habitants du canton de Vaud avec les Vaudois, sectataires de Valdo. » Inutile de préciser que le *témoin* s'est bien gardé de reprendre cette notation, forme évidente du crime de lèse-Hugo.

Si on parle peu d'histoire aux Feuillantines, n'est-ce pas aussi parce que l'histoire se fait chaque jour ? Quand l'Europe tout entière se lève contre le maître d'hier, quand en France tout se cherche et s'apeure, comment aurait-on

1. *Les Rayons et les Ombres,* XIX — *Ce qui se passait aux Feuillantines vers 1813.*

aux Feuillantines d'autre héros que le Corse devenu César ?

Un homme refuse les inquiétudes de l'heure ; le principal du lycée Napoléon. L'été de 1813, il se présente aux Feuillantines. Hugo a dessiné de l'importun un portrait en forme de caricature. Il l'a dépeint fort laid et stupide, chauve et noir, avec un « front pauvre », un maintien solennel. Il a montré sa mère d'abord effrayée par l'intrusion du pédagogue. Celui-ci multiplie les « humbles attitudes ». Il déclare qu'il a appris que l'enfant n'était pas dirigé, qu'au travail il préférait le rêve et qu'à cet âge rêver librement représentait un grave danger. Bref, aimable et triomphant, il propose le collège.

Ses bancs de chêne noirs, ses longs dortoirs moroses,
Ses salles qu'on verrouille et qu'à tous les piliers
Sculpte avec un vieux clou l'ennui des écoliers [1].

L'homme s'en est allé. Sophie reste triste, préoccupée. A-t-elle eu raison d'accorder sa confiance entière à ce vieux La Rivière ? Hugo dira que c'est le jardin des Feuillantines qui a répondu à sa mère. Elle y a porté son regard, a vu Victor et Eugène, les a entendus déclamer leurs vers latins sous les arbres et parmi les fleurs. Elle les y a laissés.

C'en est fini des espoirs espagnols de Napoléon. Les Anglais, secondés par les guérilleros, repoussent les Français vers les Pyrénées. Trois jours après Vitoria, Joseph acculé a nommé Léopold Hugo premier aide de camp. Le 17 mars 1813, sous le regard de Goya, le roi quitte Madrid. Il laisse derrière lui une division française — et le général Hugo qui va organiser la retraite des derniers soutiens et partisans de Joseph. Juste le temps d'entasser dans des voitures un ultime butin : des Raphaël, des Titien et, le 27 mai 1813, il n'y a plus à Madrid un *Gavacho,* c'est-à-dire un Français.

Sait-on par quel col l'armée française passera d'Espagne en France ? Par celui de Roncevaux. Chateaubriand : « Nos grands souvenirs faisaient le fond des scènes de nos nouvelles destinées. » Léopold et son fils Abel sont à Pau.

Sophie Hugo à Abel, 24 septembre 1813 : « J'ai pleuré souvent sur ton sort, sur celui-même de ton malheureux père qui, s'il nous fait beaucoup de mal, s'est fait et s'en fait encore plus à lui-même.

1. *Les Rayons et les Ombres.*

Espérons, mon Abel, un meilleur temps et surtout que nos malheurs communs te servent de leçon. Vois où peuvent conduire le défaut de principe et des passions extravagantes. Quelle belle destinée ton père a gâtée ! Tous les avantages qu'il pouvait retirer de son service d'Espagne sont perdus pour sa famille et pour lui-même. Il revient de là avec des dettes, car je crois bien qu'il n'a pas achevé de payer la maison qu'il avait achetée à cette femme. Et comment les paiera-t-il aujourd'hui qu'il rentre au service de France (comme tous ses camarades) dans le grade qu'il avait en entrant au service du Roi, car tu sais qu'il était chef de bataillon. Comment pourra-t-il payer 30 ou 36000 francs qu'il doit encore devoir à M. Marie, avec 3600 francs par an ; la moitié de ses appointements sera nécessaire seulement pour payer ses intérêts. Et comment vivra-t-il, et nous aussi, avec le reste ? »

C'est vrai : d'ordre de l'Empereur, les titulaires de grades espagnols se voient rétrogradés dans leur grade français. Le chef de bataillon Léopold Hugo, à sa demande, va rejoindre la Grande Armée en Allemagne — pour l'accompagner dans sa retraite jusqu'en France. On lui rendra alors les insignes ainsi que les rations de brigadier général et il recevra le commandement de la place de Thionville.

Ils ressemblent à bien des familles françaises d'alors, ces Hugo dispersés, chacun vivant une attente à la fois identique et différente. A la fin de septembre, voici Abel aux Feuillantines. Comme il a changé ! Tous se récrient, Sophie, les amis, les voisins : un homme, vraiment ! Il est vrai qu'Abel, à quinze ans, ressemble à un athlète. L'école des pages de Madrid l'a rompu aux exercices du corps et de l'esprit. Les deux petits frères admirent.

Victor vit la fin d'un monde. Celui d'un règne, mais il n'y croit pas encore. Celui de son enfance, mais il ne le sait pas encore. On le voit souvent avec Adèle. Mais leurs jeux prennent un tour neuf dont il se souviendra aussi longtemps qu'il vivra :

« Elle me dit : *Courons !* et elle se mit à courir devant moi, avec sa taille fine comme le corset d'une abeille et ses petits pieds qui relevaient sa robe jusqu'à mi-jambe. Je la poursuivis ; elle fuyait ; le vent de sa course soulevait par moments sa pèlerine noire et me laissait voir son dos brun et frais. J'étais hors de moi. Je l'atteignis près du vieux puisard en ruine ; je la pris par la ceinture, du droit de la victoire, et je la fis asseoir sur un banc de gazon ; elle ne résista pas. Elle était essoufflée et riait. Moi, j'étais sérieux et je regardais ses prunelles noires à travers ses cils noirs.

« " Asseyez-vous là, me dit-elle. Il fait encore grand jour ; lisons quelque chose. Avez-vous un livre ? "

« J'avais sur moi le tome second des *Voyages* de Spallanzani. J'ouvris au hasard, je me rapprochai d'elle, elle appuya son épaule à mon épaule et nous nous mîmes à lire chacun de notre côté, tout bas, la même page. Avant de tourner le feuillet, elle était toujours obligée de m'attendre. Mon esprit allait moins vite que le sien.

« " Avez-vous fini ? " me disait-elle, que j'avais à peine commencé.

« Cependant, nos têtes se touchaient, nos cheveux se mêlaient, nos haleines peu à peu se rapprochèrent, et nos bouches tout à coup. Quand nous voulûmes continuer notre lecture, le ciel était étoilé. »

Ce soir-là, Victor restera silencieux et sa mère s'en étonnera :

« " Tu ne dis rien ? me dit ma mère. Tu as l'air triste. "

« J'avais le paradis dans le cœur... [1] »

Rien de plus chaste que ces amours dont il ne sait pas qu'elles sont amour. Le sort va rapprocher encore ces enfants. La municipalité de Paris ayant résolu de prolonger la rue d'Ulm, le jardin des Feuillantines se trouve exproprié. Que faire d'un logis que l'on n'avait pris que grâce au jardin ? Sophie va louer, tout à côté de l'hôtel des conseils de guerre, au numéro 2 de la rue des Vieilles-Thuileries — qui prolonge la rue du Cherche-Midi — le rez-de-chaussée d'une vieille demeure, plus modeste que grandiose. Fidèle à sa passion, Sophie a trouvé là quelques mètres — dix de large sur quinze de profondeur — d'herbes et d'arbustes. Rien de plus que de la verdure où reposer les yeux. La générale Lucotte, elle aussi rentrée d'Espagne avec les siens, va suivre le train, s'installer au premier étage. Quand il se révélera que le rez-de-chaussée est devenu trop petit, Sophie louera aussi le second qu'habiteront ses enfants. N'importe, chacun pleure les Feuillantines. Les pièces sont trop exiguës, le jardin trop chétif, d'ailleurs Sophie l'interdit aux enfants. Heureusement, la maison a une cour, et la cour une remise, où le général Lucotte a abrité sa voiture et ses chevaux. Les enfants « imaginèrent de monter sur le toit et de se laisser tomber sur le foin. Pour peu qu'ils se fussent trompés d'une ligne dans leurs calculs, ils se tuaient. On leur fit une si verte défense qu'ils ne recommencèrent plus ». Les

1. *Le Dernier Jour d'un condamné.*

petits Hugo, les petits Foucher décrètent alors que la voiture du général Lucotte est devenue leur bien. Ils la prennent d'assaut, s'allongent sur les coussins. Ô volupté des voyages immobiles ! « Les petits Lucotte s'ajoutaient. Ils étaient empilés à la faire crever. Ils travaillaient la voiture en tous sens. Ils la balançaient de droite à gauche, la secouaient derrière et devant. La pauvre voiture grinçait, gémissait si bien qu'on accourait y voir. On prit la bande sur le fait, l'on mit des cadenas aux portières [1]. »

La cour devient alors champ clos. On s'affronte au jeu de balle. Un des joueurs se place le ventre contre le mur, un autre lui envoie la balle dans le dos. « Le petit Victor, dit malicieusement Adèle, envoyait plus souvent la balle qu'il ne tendait le dos. » Et puis, « il y avait je ne sais quel jeu où le vaincu devait recevoir des manchettes. Victor était le grand donneur de manchettes ». Voilà donc revenues les manchettes et ce goût singulier qu'affiche pour elles le jeune Hugo. C'est encore l'infortuné petit Foucher qui en fait les frais. Il pousse des cris atroces. Adèle s'est souvenue que, tout étonnée, elle a un jour demandé à son frère :

— Cela te fait donc bien mal ?

Aussitôt, avec un empressement dont elle aurait dû se méfier, le jeune tortionnaire lui a proposé :

— Voulez-vous changer ?

« Je voulus faire l'épreuve et présentai mon poignet. Au début de l'épreuve, les manchettes me semblèrent un tel supplice que je dégageai violemment ma main ! »

Et les malles de Mme Lucotte ! La plus élégante des Françaises de Madrid en a rapporté tant qu'il a fallu les réunir dans la remise. Les enfants les empilent les unes sur les autres, reconstituent une forteresse, avec tours, bastions, plates-formes. Merveille des escalades, de l'attaque, des défenses. Jusqu'au jour où, tremblant pour ses trésors, Mme Lucotte ferme à clé la porte de la remise. Il ne restera plus aux garçons et à Adèle, écœurés, que les jeux de carte et leur sagesse obligée.

L'indiscipline et l'anarchie, pour l'enfance dont les valeurs sont brutalement remises en question, représentent un défoulement logique. Je me souviens de juin 1940. D'autres armées déferlaient sur la France. Nos pères étaient absents. Ce qui régnait dans notre lycée breton,

1. *Manuscrit.*

c'était comme un immense refus. Nous manquions les cours sans nous faire excuser. Nous refusions toute autorité. Je revois ce professeur de français, une femme, incapable de dominer notre vacarme absurde et qui, tout à coup, s'est mise à pleurer. Dans l'instant, nous nous sommes tus. Pour refuser la honte, nous choisissions le chahut. Il avait pris un goût de cendres.

Face à la petite bande de la rue des Vieilles-Thuileries, Sophie, déchirée, ne s'est guère senti le goût de sévir. Napoléon est devenu pour elle l'homme qui a fait mourir son amant. Sa chute qu'elle entrevoit devrait la combler de joie. Mais, épouse d'un général d'Empire et tenant de lui ses seules ressources, que deviendra-t-elle s'il n'y a plus d'Empire ? Mme Lucotte raisonne de même. On a de longs conciliabules avec Pierre Foucher qui, chef du Bureau de recrutement, est à même de connaître tous les mouvements de troupes. Haletantes, les deux femmes se penchent sur les cartes d'état-major du général Lucotte. On suit la progression de ceux que, déjà, on n'appelle plus l'*ennemi* mais les *Alliés*. Déconcertante progression. Chaque fois que ces Alliés-là croient tenir une ville, Napoléon — redevenu Bonaparte — les en déloge. Victor se souviendra d'avoir vu les longues charrettes chargées de soldats assis dos à dos, jambes pendantes qui, au grand trot de leurs chevaux, quittent Paris chaque jour, rappelés par l'Empereur, poussés vers les points que Prussiens, Russes, Autrichiens croient décidément en leur pouvoir. A chaque fois, pour l'ennemi, c'est la surprise, l'effroi, l'échec. Napoléon vient d'inventer la guerre-éclair. Nous aussi, en juin 1940, à l'écoute de la radio, nous devenions sérieux. Passionnément, Victor plonge dans les belles cartes du général Lucotte. Il apprend la géographie par l'invasion.

Le 29 mars, Eugène et Victor sont réveillés par un vacarme dont ils discernent mal l'origine. Est-ce le toit qui tombe sur leurs têtes ? Ils ouvrent la fenêtre, regardent dans la cour. Impossible de percevoir d'où vient ce bruit sourd, ce roulement qui évoque le tonnerre. Au petit matin, ils courent dans la chambre de leur mère, la questionnent. Réponse de Sophie :

— C'est la canonnade des Russes et des Prussiens.

Stupeur des enfants. Il y a des semaines que l'on parle ouvertement de la chute imminente de Paris. Mais ces étrangers aux portes, c'est trop. Ils n'ont connu que les Français entrant dans les capitales des autres.

Paris se défendra, non sans héroïsme. Les Alliés pénètreront dans la ville, soulevant des regards de haine et des murmures de colère dans les quartiers populaires et des applaudissements dans les beaux quartiers. Pour la première fois depuis de bien longues années, les amis de Sophie la découvrent rayonnante. En une nuit elle a rajeuni ! On multiplie les fêtes publiques ; elle y court. La douceur du printemps l'invite à sortir en robe de percale blanche, en chapeau de paille de riz garni de tubéreuses. La mode de ce temps-là s'applique même aux souliers qu'il faut avoir verts. Parce que le vert est la couleur de l'Empire. Avec de telles chaussures, c'est à chaque instant que le règne de Napoléon est foulé aux pieds ! Sophie n'aura plus que des souliers verts.

A tous les coins de rue se sont postés des marchands de cocardes blanches. Dûment chapitrés par Sophie, les trois fils Hugo vont en acheter chacun une qu'ils font coudre à leur chapeau. Lors de l'entrée solennelle de Louis XVIII, toute la famille ira se placer à une fenêtre du palais de justice obtenue par M. Foucher. Follement, Sophie acclame le vieux roi en habit bleu à épaulettes, étalé dans une immense calèche fleurdelisée, ayant près de lui la duchesse d'Angoulême vêtue de blanc. Devant et derrière marchent les mousquetaires. La Vieille garde suit, humiliée, mâchant ses moustaches. Victor s'est attaché un lis d'argent à la boutonnière. Immense est sa fierté : n'a-t-il pas été autorisé à donner le bras à Mlle Adèle ? Fier mais empêtré. « On dit à Victor de m'offrir le bras. Il était si novice qu'il mit son bras dans le mien. On rit beaucoup du dadais de garçon qui laissait la petite fille être le cavalier. »

La frénésie royaliste de Sophie Hugo ne resterait qu'anecdote si le biographe n'y découvrait une conséquence aussi imprévue qu'essentielle. La fièvre de Sophie va passer à son fils cadet. Quand il aperçoit le podagre Louis XVIII, Victor a douze ans et trois mois. Il est à l'âge où l'enfant, point encore adolescent mais sur le point de l'être, se croit en droit de se forger des idées personnelles. C'est ailleurs qu'il les recueille. Il croit choisir et ne fait qu'enregistrer. Victor a grandi dans la lumière d'un phare : sa mère. En son inconscient, son père n'est qu'un regret et une blessure.

Hélas ! le père absent, c'est le fils misérable [1].

1. *La Légende des siècles : la Paternité.*

Certes, ce père suscite en lui des rêves de gloire : « Mon père avait une escorte, nous habitions un palais. » Mais cette gloire reste vague, informulée, elle aussi en forme de regret. Pendant l'Empire, il ne semble pas que Sophie ait beaucoup parlé de politique à ses enfants. La police impériale avait de grandes oreilles. Elle n'a pas contrarié l'élan juvénile qui conduisait ses fils à s'intégrer dans l'adulation générale. Étourdis par les victoires, enivrés par le fracas et l'encens levés autour d'un seul homme, ils se sont laissé investir par la grandeur. En 1814, il eût suffi d'une mère qui prônât la fidélité — elles ont existé — pour que l'enfant se rangeât au nombre des opposants farouches qui, sans faiblir, allaient refuser les Bourbons. Ce n'est pas à la fidélité qu'appelle Sophie mais à son contraire. Elle s'exclame qu'elle est vendéenne et qu'elle a vibré avec les Blancs. C'est faux, mais comment Victor ne le croirait-il pas ? Voilà une nouvelle grandeur à admirer, une nouvelle gloire à vénérer. Et puis, il y a la déception. Après tout, ce Napoléon a déçu. Pourquoi a-t-il fait croire que nul ne le battrait jamais ? *Malheur aux vaincus* pourrait être un mot d'enfant. Tout conduit Victor vers le drapeau blanc. C'est l'époque où Chateaubriand se rallie la jeunesse en identifiant les Bourbons à la liberté. Le temps où Benjamin Constant rêve d'une monarchie constitutionnelle à l'anglaise, d'où naîtraient enfin pour les Français ces droits sacrés refusés par l'ancienne monarchie, promis par la Révolution, dérobés par l'Empire. Certes, le gros Louis XVIII n'apparaît guère exaltant, mais ces Bourbons qui se perdent dans la nuit des temps, n'y a-t-il pas là quelque chose de sublime ? Comme Victor — déjà — n'entreprend rien à demi, ce n'est plus seulement monarchiste qu'il va se proclamer, mais légitimiste. Il est un mot qu'il veut oublier : l'empereur. Désormais, il est tout au roi.

Qu'un enfant de douze ans se forge une opinion politique, voilà généralement qui ne prête pas à conséquence. Des enfants de mon âge ont applaudi le maréchal Pétain qui sont peut-être aujourd'hui à l'extrême gauche. La différence, ici, c'est que l'enfant s'appelle Victor Hugo. Et que le grand tournant qu'il vient de prendre va inspirer la quasi-totalité de son œuvre poétique et littéraire pendant quinze ans. Le poète Victor Hugo va naître et s'épanouir dans les plis de ce drapeau blanc qu'il vient d'adopter, croit-il, à jamais. Plus tard il reviendra au bonapartisme, scandera, avec d'inégalés accents, Napoléon et les aigles impériales. Son rêve l'ayant déçu, il répudiera toutes les dynasties et verra dans l'État républicain la seule sauvegarde des droits du peuple. Vieillissant, il prônera la République universelle des socialistes et de Garibaldi. Il mourra vénéré par les révolutionnaires du monde entier. Tout cela est vrai. Mais à douze ans, parce que sa mère haïssait Bonaparte, Victor Hugo a choisi de vivre quinze années de sa jeune vie dans l'ombre des Bourbons de la branche aînée.

Léopold a défendu Thionville jusqu'au bout. Et bien défendu. Kellermann lui écrira : « Vous avez prouvé qu'il n'y avait rien d'impossible au dévouement et au courage et votre conduite a été tout ce qu'elle devait être. » Au nom de Louis XVIII, le comte de Damas a envoyé ses félicitations au général Hugo qui est nommé, le 21 novembre 1814, maréchal de camp. Le 1er novembre, il reçoit la croix de Saint-Louis et, le 14 février 1815, il est fait officier de la Légion d'honneur.

A-t-il oublié les siens, Léopold ? On pourrait le croire, à le voir installé dans une des belles maisons de Thionville, celle de Me Alexandre, notaire, en compagnie de la prétendue Mme d'Almeg. Il semble content de son sort, quoiqu'il soupire après une solde qui ne lui a pas été versée depuis le 1er janvier 1812 — ce qui en dit long sur les désordres qui ont marqué la fin de l'Empire. Quand il lit dans les gazettes que sans doute Thionville sera rendue à la France, il se sent fier car c'est grâce à lui si son pays a conservé cette place. Grand lecteur devant l'Éternel, il s'est remis à étudier ses classiques. Ce qui ne l'empêche pas, le 7 mai, d'écrire à Abel une longue lettre lui annonçant, entre autres, la mort de sa mère et ajoutant : « Embrasse tes frères pour moi, j'aurais eu bien de la satisfaction à recevoir de leurs nouvelles. » Flèche du Parthe adressée à Sophie qui n'a pas cru devoir faire écrire les deux petits à leur père. Comment aurait-il pu prévoir qu'au moment où la lettre arriverait à Paris, la générale Hugo serait en route, précisément en compagnie d'Abel, pour Thionville !

Elle est décidément la femme des voyages en forme de coups d'État. Elle agit par surprise et ses attaques ont la soudaineté de l'éclair. Après Naples, puis Madrid, elle n'a pas changé de tactique. Elle fait irruption à Thionville sans s'être annoncée. Pourquoi ? Dans une requête présentée au tribunal de Thionville le 4 juin — déjà citée ici — elle va s'expliquer : « L'exposante, accompagnée de son fils aîné, s'est rendue dans cette ville pour vivre avec son mari ; elle espérait y être traitée maritalement et obtenir la protection et l'assistance que la loi prescrit aux époux. » Voilà qui est sibyllin. Comment Sophie, qui hait son mari qui le lui rend bien, aurait-elle pu souhaiter reprendre paisiblement à ses côtés la vie conjugale ? En vérité, ce qui la guide, c'est une fois de plus la question financière. Une lettre de Léopold à sa sœur, la veuve Martin, nous informe que Sophie est venue à Thionville pour lui réclamer 3 000 francs, somme qu'il n'a pas voulu verser, venant d'être averti qu'elle avait prélevé 4 000 francs, chez son banquier Anceaux : « Cette femme est insatiable d'argent. »

Je regarde le portrait du général Hugo, ce visage jovial aux joues fortement arrondies, ces grosses lèvres gourmandes, ces yeux où pointe de la malice. Ce portrait-là est celui d'un brave homme, je suis prêt à en jurer. Bien sûr, il est un peu hâbleur, un peu facilement content de lui. Méchant, non. *Sauf en ce qui concerne Sophie.* Le traitement qu'il va lui faire subir à Thionville, nul ne pourrait l'excuser. J'ouvre de nouveau le dossier de la requête présentée au tribunal de Thionville. Voici ce que j'y trouve. Je rappelle que c'est Sophie qui parle :

« Elle a été reçue avec dédain et mépris, mise à coucher dans l'antichambre, tandis que la fille [Thomas] occupait la chambre à coucher de l'appartement et se renfermait toutes les nuits sous clé avec le général dans cette partie du logement. Mme Hugo fut assujettie les premiers jours à manger à la même table que la fille Thomas et forcée sous peine de mauvais traitements de lui faire accueil. Mme Hugo se plaignit avec ménagement, elle exposa avec modération le danger auquel s'exposait son mari de vivre avec une concubine dans la maison conjugale, qu'il oubliait sa dignité, que c'était un attentat aux mœurs, et qu'il se rendait passible des peines prononcées par l'article 339 du Code Pénal. Les démarches de l'exposante devinrent infructueuses et la médiation des amis du général inutile. Le sort de Mme Hugo devint chaque jour plus déplorable. Son mari ne quitta plus la chambre où couchait cette fille, il s'y enfermait souvent sous clé, seul avec elle plusieurs heures dans la journée, au grand scandale de toute la maison, et lorsque quelques affaires pressantes rendaient la présence du général nécessaire, après avoir essayé d'ouvrir, on l'appelait, et comme souvent il ne répondait pas, alors on lui disait à travers la porte qui le demandait et pourquoi ; et s'il jugeait que cela en valût la peine, un instant après il sortait. Cette scène scandaleuse s'est renouvelée plusieurs fois avant l'arrivée de Mme Hugo et depuis, notamment le 1er juin dernier. Au reste il mangeait dans cette chambre et y faisait manger ceux qu'il invitait à sa table. Son épouse fut congédiée, obligée avec son fils de manger à une table particulière, servie par les domestiques qui ne recevaient d'ordre que de cette fille Thomas et à qui elle avait déclaré qu'elle était seule maîtresse dans la maison et qu'ils ne devaient point obéir à Mme Hugo qui, ayant un jour demandé qu'on fît son lit, reçut pour réponse qu'on ne pouvait le faire sans la permission de Mme Almeg. »

On se trouve ici en présence d'une situation que Balzac lui-même n'eût pas imaginée. Bien sûr, il s'agit d'une requête en séparation. Il suffit d'avoir étudié, chez un avocat, les dossiers de divorce, pour ne plus s'étonner des termes qu'employaient, avant les dernières réformes, les époux qui cherchaient à démontrer l'injure grave. Mais ici ? Il n'est pas possible que Sophie ait inventé tout cela. Il faut qu'elle ait eu des témoins et que ceux-ci se soient déclarés prêts à déposer devant le tribunal. D'ailleurs, elle n'en a pas fini : « L'intérêt qu'elle porte à son mari, celui de ses enfants, l'empêche de présenter le tableau de tous ses malheurs, auxquels son mari a mis le comble, en l'abandonnant avec son fils, sans pourvoir en aucune manière à ses besoins dans le logement, qu'il a quitté en lui faisant les menaces les plus violentes si elle essayait de le suivre, et cela pour aller vivre au château d'Hus avec sa concubine, qui est censée avoir loué le château ; la justice connaîtra facilement la fraude puisque cette malheureuse ne possède rien au monde. »

Une question : pourquoi Sophie, se voyant en butte à d'aussi inqualifiables offenses, n'a-t-elle pas, dès le premier jour, quitté la maison de Me Alexandre pour aller s'installer à l'auberge ? Il lui suffisait d'envoyer un huissier constater l'entretien de la concubine au domicile conjugal. Pourquoi a-t-elle accepté de subir tout cela pendant tant de jours ? Comme on l'a dit, « il faudrait entendre l'avocat du général ». N'a-t-elle pas choisi, avec la froide volonté que lui ont connue tous ses amis, de pousser à bout son mari ? L'autre son de cloches, celui de Léopold, nous le découvrons dans sa lettre à la veuve Martin, sa sœur :

« Mme Tréb. m'ayant attaqué le 4 juin devant les tribunaux pour obtenir une provision de 3 000 francs, je l'ai attaquée le 11 en divorce et elle s'est sauvée le lendemain 13, sans que personne ne sache rien... Quant aux preuves pour le divorce, je n'en manquerai pas, mais je veux bien encore faire ce sacrifice et l'ajouter à ceux sans nombre que j'ai déjà faits. Aussi je me bornerai à une simple demande en séparation si je la trouve raisonnable. Quant au conseil de vivre avec elle, tu sais bien que cela est impossible : je ne l'ai jamais tant abhorrée. »

Nous voici fixés. Sophie est remarquablement arrivée à ses fins. Avant d'en finir avec le lamentable épisode de Thionville, je veux penser à Abel. Je songe que ce garçon de quinze ans et demi a dû assister, dans la maison de Me Alexandre, aux scènes intolérables qui ont opposé ses parents. Qu'il a subi, en même temps que sa mère, les humiliations auxquelles celle-ci s'était exposée. C'est l'enfer qu'a traversé Abel. Or nous ne connaissons pas un mot de lui qui permette de penser qu'il ait cessé de respecter ses parents. Pas un seul.

Restés à Paris, Victor et Eugène ne soupçonnent rien de tout cela. Ils n'ont de compagnie, rue des Vieilles-Thuileries, que celle des domestiques, Claudine et Bertrand. Victor souffre cruellement de l'absence de sa mère. Ce qui nous vaut une lettre, la première de lui que nous connaissons. Signée Victor Hugo, une immense correspondance nous est parvenue. Des milliers et des milliers de lettres qui ne cesseront de nous éclairer sur son personnage. Donner à lire la première de toutes, voilà un événement que le biographe ne peut manquer de ressentir fortement. Cette lettre est du 23 mai 1814 :

« Ma chère maman,

« Depuis ton départ, tout le monde s'ennuie ici. Nous allons très souvent chez M. Foucher, ainsi que tu nous l'as recommandé. Il nous a proposé de suivre les leçons qu'on donne à son fils ; nous l'avons remercié. Nous travaillons tous les matins le latin et les mathématiques. Une lettre cachetée de noir et adressée à Abel est arrivée le soir de ton départ. M. Foucher vous la fera passer. Il a eu la bonté de nous mener au Muséum. Reviens bien vite. Sans toi, nous ne savons que dire et que faire ; nous sommes tout embarrassés. Nous ne cessons de penser à toi. Maman ! Maman !

« Ton fils respectueux. Victor. »

Dans sa requête en divorce, Léopold n'y est pas allé par quatre chemins. Bousculant les préjugés et les règles, il a carrément fait état d'une liaison de sa femme. Coup droit à Sophie qui, à l'évidence, se défend très mal dès qu'on l'attaque sur ce point précis. Elle continue à représenter Lahorie comme un « homme respectable », bienfaiteur de son mari. N'ira-t-elle pas, dans l'une de ses requêtes, jusqu'à parler de lui comme d'un vieillard *qui avait servi de père au sieur Hugo* ? « Tout ce qui est exagéré est insignifiant », répétait volontiers Talleyrand.

Si en toute hâte Sophie a quitté Thionville, c'est parce

qu'elle a été avertie que Mme Martin, sœur de Léopold, se prévalant d'une procuration de ce dernier, avait fait apposer les scellés sur son appartement de Paris. Une personne dont nous ne connaissons pas l'identité l'avait prévenue « que l'intention de cette dame était de faire vendre tout le mobilier. Même, il se pouvait que la vente ait lieu sous quatre ou cinq jours ». Ceci encore : « Mme Martin a enlevé vos deux enfants à M. Foucher. Ils sont chez elle. »

Voilà Victor et Eugène confrontés directement à la vérité. Comment ne pas *voir* la scène ? Ces deux petits garçons tranquilles, travaillant chaque matin avec le bon La Rivière, se rendant régulièrement chez M. Foucher, jouant avec les enfants de celui-ci : tout à coup la foudre s'abat sur eux. Cette tante qu'ils connaissent à peine — et qu'ils persisteront à appeler *Madame* — surgit, accompagnée du juge de paix du 10e arrondissement. Le magistrat appose les scellés sur les placards et les tiroirs. Mme Martin annonce à ses neveux qu'ils doivent la suivre. Questions, protestations, larmes, rien n'y fait. Le juge est là qui confirme et approuve. Il faut partir. Tout cela a dû faire du bruit puisque Pierre Foucher, « le cœur brisé », en écrit dès le lendemain à Léopold : « Oh ! mon général, si vous étiez le témoin du désespoir de vos malheureux enfants, si vous pouviez entrevoir le sort qui les attend, vous arrêteriez le cours désastreux que prend une désunion dont vous serez la principale victime... Ce n'est point l'éclat fâcheux, le mauvais effet de cette scène qui m'afflige le plus. J'envisage le sort de vos jeunes garçons livrés à Mme Martin, dont vous connaissez mieux que moi le caractère, les manières et surtout le cœur. » Pierre Foucher supplie le général d'annuler sa requête en divorce, de renoncer au procès qu'il veut intenter à sa femme : « Que rien ne ternisse, mon général, la belle réputation militaire que vous vous êtes faite. »

Elle ne semble pas avoir changé, la veuve Martin. Toujours aussi dure, autoritaire, vulgaire. Chez elle, les deux petits rongent leur frein, appelant de tous leurs vœux le retour de leur mère.

Quand, le 23 juin, sautant de la diligence, Sophie accourt rue des Vieilles-Thuileries, elle trouve le juge de paix occupé à apposer les scellés, cette fois sur les portes extérieures de son appartement. Elle se réfugie chez les Foucher, court chez un avocat qui conseille un référé. Ces formalités durent dix jours, Victor et Eugène étant toujours chez la veuve Martin — *Madame* — Sophie et Abel chez les Foucher. De part et d'autre, le chagrin, la colère, l'exaspération. Lisez l'œuvre entière de Victor Hugo : pas un mot de l'épisode.

Le président du tribunal de la Seine donne raison à Sophie. Le 5 juillet, elle peut réintégrer son appartement. Joie infinie : Victor et Eugène rejoignent leur mère. Tout cela est dûment annoncé à Léopold. On vient de mettre fin à ses fonctions de commandant de Thionville. Escorté de Catherine Thomas, dont on ne sait plus bien si elle est comtesse de Salcano ou veuve d'Almeg, il accourt à Paris où, dans le courant de septembre, il s'installe, 12, rue du Pot-de-Fer, logement officiellement loué par la dame d'Almeg. Mais il arrête en son nom propre — général comte Hugo — un appartement, tout près de là, 35, rue des Postes. Sa rage souffle en tempête. Faute d'un autre champ de bataille, c'est une guerre judiciaire qu'entame le général. D'abord, il réclame d'être mis en possession de tout ce qui garnit l'appartement de la rue des Vieilles-Thuileries. Sophie s'y oppose. Nouvelle requête de Léopold. Tout cela prend des mois. On est au plein de cet étrange hiver de 1814-1815 au cours duquel, du fait des sottises accumulées comme à plaisir par la famille royale et le ministère, les Français s'éloignent chaque jour davantage des Bourbons.

Les jeunes Hugo, un peu rassérénés de se retrouver auprès de leur mère, ont découvert un jeu nouveau. Ils ont acheté un théâtre de carton et une troupe complète de petits comédiens en bois. Il a été décidé que Victor et Eugène écriraient chacun leur pièce. C'est ainsi que Victor va composer un *Palais enchanté*. A peine finie, il met l'œuvre en répétitions. On s'achemine vers la représentation. L'auteur traverse toutes les affres des créateurs. Quel sera le jugement du public — composé exclusivement d'Eugène ? Cette représentation n'aura jamais lieu.

Le 26 janvier 1815, un référé donne raison au général Hugo : il peut entrer en possession des biens de la communauté. Ce jugement est exécutoire le 10 février. Le même jour, Léopold se présente rue des Vieilles-Thuileries, il enlève « dix chemises, vingt-quatre paires de bas, dix-neuf mouchoirs de batiste, toute l'argenterie, une lorgnette de spectacle en vermeil » qu'il transporte en son domicile de la rue du Pot-de-Fer. Cela encore n'est rien. Il somme sa femme de se rendre à l'appartement qu'il a loué, rue des Postes. Sophie s'incline, elle ne peut qu'accepter, la loi l'y oblige. Elle demande seulement que ses meubles soient portés à ce nouveau domicile. Le pire est à venir : le général signifie à Sophie qu'elle n'est pas digne de conserver la garde de ses enfants. Il ordonne à Victor et Eugène de rassembler leurs affaires et de l'accompagner sur-le-champ. Désarroi, épouvante. Mais où, papa ? A la pension Cordier, rue Sainte-Marguerite, numéro 41. Ils n'ont qu'un court répit pour réunir leurs effets, leurs reliques d'enfance, leurs livres les plus précieux. Éperdus, ils se jettent dans les bras de leur mère — et emboîtent le pas à ce père presque inconnu.

Toujours, Victor se souviendra de leur arrivée à la pension Cordier. Devant, le général qui marche d'un bon pas. Derrière, deux petits garçons silencieux qui s'efforcent à le suivre. Elle n'est pas bien engageante, cette rue courte, étroite, montrant à l'une de ses extrémités la prison de l'Abbaye et à l'autre le passage du Dragon. Victor a jeté un bref coup d'œil sur la porte dressée à l'entrée de ce passage, ornée du dragon qui lui a donné son nom. Bref intérêt archéologique vite retombé, car le passage entrevu est si sombre ! Il en vient un vacarme perpétuel, celui des marchands de ferraille qui, tout au long du jour, battent leur fer. Et ce bruit, ce jour-là, n'a pas paru très gai à Victor. L'état d'esprit des deux petits Hugo ? « Les pauvres garçons étaient profondément tristes », note Adèle. On s'est arrêté devant la porte de la pension. Elle ne se compose que d'un corps de bâtiment — un rez-de-chaussée, un étage, plus un étage mansardé — entre deux cours. Suivant toujours le général, les enfants traversent la première cour et sont surpris d'y voir quelque lumière ; du coup ils la trouvent gaie. *Manuscrit d'Adèle* : « Ils furent reçus par un vieux bonhomme ayant sur la tête un bonnet polonais dont les pointes rabattues étaient garnies de fourrures. Il portait une houppelande polonaise également garnie de fourrures. Son nez était plein de tabac. Il en mettait une si grande quantité que, son nez ne pouvant contenir tout, le trop-plein tombait en cascades de ses narines à sa chemise et de sur sa chemise sur sa houppelande. » Ce bonhomme s'appelle Cordier. Victor sera toujours convaincu qu'il avait été prêtre et s'était défroqué. Nous savons déjà que cela fait partie de sa mythologie ordinaire. Cordier semble avoir été plutôt un dignitaire de la franc-maçonnerie. Les enfants apprendront vite que la tabatière n'est pas destinée seulement à recevoir plusieurs fois par jour son trop-plein de tabac, mais que son propriétaire la voue à un autre usage : volontiers Cordier en frappe les têtes des élèves récalcitrants. Ils sauront aussi que Cordier dispose d'un adjoint, un certain M. Decotte, professeur de mathématiques. Si Cordier n'est pas tendre, Decotte est carrément brutal. Victor se souviendra de lui comme d' « un monstre aux ongles noirs de crasse », d'un « pédant gonflé de morgue et bouffi de cou ». Tous, nous avons accoutumé notre mémoire à changer en repoussoirs les professeurs dont nous croyons avoir eu à nous plaindre.

Toujours en compagnie de leur père, les petits Hugo vont visiter la pension sous la direction de M. Cordier. D'abord, au rez-de-chaussée, les classes et le réfectoire. Puis, à l'étage, les dortoirs. Le général demande, pour le bien des études de ses fils qu'il destine à préparer Polytechnique, que le dortoir commun leur soit épargné.

Plein de componction, M. Cordier a consenti et affirmé que l'on mettrait tout de suite ces deux élèves d'exception à l'algèbre et à la géométrie. Après quoi il leur a montré la seconde cour, celle qui appartient en propre aux élèves. Surprise : Victor et Eugène y aperçoivent de la verdure et même — en plein hiver ! — des fruits. Ils tendent leur jeune cou et poussent le même cri d'étonnement : les arbres fruitiers sont peints sur le mur du fond : « Des arbres, des gazons, des berceaux de feuillage, tout un parc complet, jusqu'à des jets d'eau. »

Glacés, les petits Hugo vont entendre leur père dicter à Cordier des instructions implacables. Celles-là mêmes qu'il résume dans une lettre à sa sœur, le 31 mars 1815 : « Je te confie le soin de mes deux jeunes enfants, placés chez M. Cordier, et sous aucun prétexte je n'entends qu'ils soient remis à leur mère ni sous sa surveillance. C'est à toi seule que je les confie et c'est à toi que M. Cordier doit en répondre. Je te donnerai souvent de mes nouvelles ; donne m'en des leurs... »

Une lettre postérieure d'Abel à son père nous apprend que Léopold est allé plus loin encore : il a expressément interdit au maître de pension de laisser Sophie voir ses fils. Où s'est-elle enfuie, la bonté naturelle de Léopold ? L'ex-Brutus retombe dans la même barbarie qu'à Madrid.

Quelle impression Victor peut-il conserver de son père ? Il était trop petit en Corse et à l'île d'Elbe pour se souvenir de ce guerrier qui lui servait à la fois de père et de mère. Il lui a fallu attendre le voyage de Naples pour découvrir à six ans un géniteur quasi légendaire. Encore savons-nous qu'il n'a fait que l'entrevoir. Quatre années encore et, à

Madrid, le père invisible reparaît. Conséquence pour l'enfant : la prison. Trois années de nouveau, et c'est un père enragé qui surgit rue des Vieilles-Thuileries, arrache ses fils à leur mère pour les conduire à la pension Cordier. Pour Victor, le général Hugo n'est rien d'autre que l'agent du malheur. Cependant, nulle révolte de sa part, apparente du moins. La force de la tradition y est pour beaucoup. On se doit de traiter un père avec déférence, quel que soit ce père et quoi qu'il ait pu faire. Il est de règle d'accompagner ce respect d'un sentiment qu'il est convenu d'appeler amour. Si on ne le ressent pas, on feint de l'éprouver. Mais aussi, l'enfance a besoin d'admirer. Aux yeux de Victor, son général de père est un héros. Malgré tout ce qu'il a subi de lui, il reste fier de ce héros.

Autre difficulté qu'a fort bien soulignée Adèle : « Ce qu'ils voyaient, entendaient, leur éducation entière était une contradiction continuelle. Leur père, soldat de 92, leur parlait *Révolution,* la mère, Vendéenne, *Droit divin.* » La même contradiction se poursuit sur le plan de la religion. Victor et Eugène quittent l'enseignement des Jésuites de Madrid pour entrer sous la férule d'un Cordier qui érige la philosophie en programme d'études autant qu'en règle de vie. Rien ne doit être accepté par ces enfants qui ne soit démontré. L'obscurantisme doit être pourchassé et la superstition écrasée à l'égal de *l'infâme* de Voltaire. C'est ce que résume drôlement Adèle: « L'écart pour les enfants était profond ; ils quittaient les Jésuites, ils tombaient de la superstition à l'incrédulité. » Le miracle, au milieu de ce flux et de ce reflux perpétuel d'idées, de prédications et d'objurgations, c'est que ces enfants aient gardé la tête froide. Au moins Victor.

L'affreux drame qui va se jouer chez sa mère, le samedi 13 février 1815, Victor l'a-t-il connu ? A l'époque, sans doute non. Les témoins auront eu, espérons-le, l'élégance de se taire. Mais plus tard ? Le jour choisi pour le déménagement de Sophie, Léopold se présente chez celle-ci.

Requête de Mme Hugo au Président du tribunal civil de la Seine : « Le samedi 13 du présent mois, il revint chez sa femme, rue des Vieilles-Thuileries, et lui dit, du ton le plus impérieux et le plus grossier, qu'il fallait qu'elle se rendît sur-le-champ, sans les meubles convenus, dans le logement de la rue des Postes, que son fils ne l'y accompagnerait pas, qu'il voulait qu'elle fût seule, dans cette maison sans domestiques et au même moment il chassa brutalement la Dlle Constance qui venait servir le déjeuner de Mme Hugo ; il agit de la même manière vis-à-vis d'une amie de la dame Hugo, Mme Delon, femme d'un lieutenant-colonel adjoint à l'état-major et rapporteur au conseil de guerre ; il la mit à la porte en l'accablant d'injures et lui dit que sa femme ne verrait personne, etc. A Mme Hugo qui, indignée d'une telle conduite, lui demandait quel sort il lui réservait, il répondit qu'elle le saurait plus tard, mais qu'elle se mît bien en tête qu'il ne lui devait que du pain, de l'eau et le couvert ; et, sans la plus légère provocation, il poussa l'outrage jusqu'à cracher trois fois au visage de l'exposante, en lui disant que c'était pour prouver à tout le monde l'estime qu'il avait pour elle ; comme un furieux, il se jeta sur l'exposante, la saisit à la gorge, se répandit contre elle en invectives des plus grossières et des plus outrageantes, l'accusa d'avoir eu des enfants pendant son absence, d'avoir mené une vie débordée. Cette dernière scène s'est passée en présence de M. et Mme Delon, de M. le général Lucotte et sa femme, du portier de la maison, de beaucoup d'autres personnes qui avaient été appelées par les cris et les vociférations du sieur Hugo [1]. »

Cette profusion même de témoins nous incline à penser que la scène s'est bien déroulée de la façon dont Sophie l'a décrite : le gros homme devenu tout à coup fou furieux. La servante qu'il chasse. Le général Lucotte et sa jolie femme, Mme Delon revenue en la compagnie de son mari, le portier accouru, les voisins — ce qui semble indiquer que la fin de la scène s'est déroulée sur le palier. L'homme hors de lui qui crache devant tous au visage de sa femme, la serre à la gorge et peut-être l'étranglerait sans l'intervention épouvantée des autres.

De telles voies de fait ne peuvent être excusées. Pas un instant je ne chercherai au général Hugo de circonstances atténuantes. Je constate seulement ceci : pour qu'un homme en arrive à de telles extrémités à l'égard d'une femme, il faut que cet homme-là ait été bien malheureux. Pour que la haine l'aveugle à ce point, il faut aussi qu'il se souvienne d'avoir beaucoup aimé cette femme.

Le tribunal va juger que Léopold, cette fois, a outrepassé les droits pourtant exorbitants que le Code accordait alors au mari sur sa femme. Un référé décide que Sophie demeurera en possession du logement et des meubles de la rue des Vieilles-Thuileries. Une ordonnance du président du tribunal fixe un domicile particulier à chacun des deux époux. Il est enfin décidé que Sophie recevra de Léopold

1. Ce passage est donné ici pour la première fois dans son intégralité. Bibliothèque nationale, Mss, NAF, 23777.

une pension de 100 francs par mois, qu'Abel Hugo poursuivra sa carrière militaire, mais qu'Eugène et Victor resteront à la pension Cordier, sous le seul contrôle et aux seuls frais de leur père.

C'est fini. Léopold et Sophie ne se reverront plus. Jamais.

Comment, à la pension Cordier, Victor n'aurait-il pas recueilli les échos des démêlés judiciaires qui ont si âprement opposé son père et sa mère ? Nouveaux chagrins, nouvelles amertumes. Heureusement il y a la promenade du dimanche. Victor et Eugène sont depuis seize jours les hôtes forcés de M. Cordier quand, le dimanche 26 février 1815, on les conduit, en rangs aussi sages qu'ordonnés, au Champ-de-Mars. On suit, le long de la Seine, le chemin de halage. On passe sous le pont d'Iéna. Tout à coup, un élève s'arrête, se raidit. Il montre à ses camarades une large inscription sur une arche : *1er mars 1815. Vive l'Empereur !* On s'étonne. Pourquoi le 1er mars, alors que l'on n'est qu'au 26 février ? La promenade s'achève dans cette interrogation. Or, le 1er mars, Napoléon débarquera à Golfe-Juan.

De clocher en clocher, l'Aigle va voler jusqu'aux tours de Notre-Dame. Le 20 mars — dans le jardin des Tuileries, depuis le matin les marronniers sont en fleur — Napoléon rentre en son palais, environné d'un triomphe qui est plus encore une ivresse. Le 31, Davout, nouveau ministre de la Guerre, fait savoir à Léopold Hugo qu'il lui appartiendra de commander de nouveau la place de Thionville. Léopold part aussitôt. Il a confirmé à sa sœur qu'il n'était pas question que ses fils vissent leur mère. L'histoire vient ici se mettre au travers de la barbarie. Quand une révolution s'annonce, l'ordre tremble toujours sur ses bases. La France s'arme, les ennemis s'assemblent, l'inquiétude monte : demain sera-t-il fait d'un empereur ou d'un roi ? Les murs de la pension Cordier sont à ce point traversés par l'interrogation générale que les cerbères en oublient de fermer les portes. Victor et Eugène les franchissent et courent se jeter dans les bras de leur mère.

Il n'est que d'ouvrir *la Légende des siècles,* ou encore *la Fin de Satan,* pour rencontrer un Hugo fasciné par les chutes, que celles-ci concernent les anges ou les hommes. Nul n'a mieux montré les cimes d'où plonge soudain, dans un infini sans appel, l'être hier idolâtré. Comment l'enfant Hugo n'aurait-il pas ressenti la chute de Napoléon comme quelque chose d'immense? Le voyant revenir de l'île d'Elbe, il a retenu son souffle, ainsi que presque tous les Français, comme devant un chef-d'œuvre. Le voyant anéanti, il n'a pu qu'éprouver l'impression d'un vide démesuré. Mais Victor Hugo, jeune royaliste, va vite revenir à d'autres certitudes. Le 15 juillet 1815, Napoléon est monté à bord du *Bellérophon.* Le 17, sur sa grammaire latine, Victor écrit : *Vive le Roi!*

Le 11 novembre, Léopold Hugo, pour ne pas avoir à remettre les clés de Thionville aux Alliés, quitte la ville. Geste qui ne manque pas d'allure. Il sait, il est vrai, que toute carrière lui sera désormais interdite. Le régime ne pardonne pas à ceux qui, pendant les Cent Jours, ont opté pour l'usurpateur. Du jour au lendemain, Léopold a pris rang parmi les « demi-solde ».

Le 10 février, « Mme Veuve d'Almeg » va acheter une maison à Blois, 73, rue de Foix. Manière commode pour Léopold d'éviter que ce bien ne rejoigne la communauté qui subsiste entre Sophie et lui. Il semble qu'il ait quitté Paris sans prendre congé de ses fils, d'où une lettre étonnée, un peu triste, en date du 31 mars, que lui adressent Eugène et Victor : « Nous voulions t'écrire, mais Mme Martin a refusé jusqu'ici de nous dire où tu étais. Ce n'est qu'hier qu'elle a consenti à nous l'apprendre, sans cependant vouloir nous laisser ton adresse ; en sorte que nous sommes forcés de la charger de cette lettre où, comme elle-même nous y a invités, nous renfermons la note de tout ce qui nous est absolument nécessaire en ce moment. » Les petits affirment qu'ils font tous leurs efforts pour contenter leurs maîtres. Après quoi : « Adieu, mon cher papa, nous attendons ta réponse avec impatience, tant pour avoir de tes nouvelles que pour être soulagés dans nos besoins. Nous t'embrassons de tout cœur. Porte-toi bien et aime toujours tes fils soumis et respectueux. E. Hugo. Victor. »

Hormis la perte de la liberté dont ils ne se consoleront jamais, les deux frères finiront par s'accoutumer à la pension Cordier. L'enfance a ce génie de s'adapter partout. Ils se feront des amis, notamment ce Jules Claye qui, devenu imprimeur, publiera les plus belles éditions des *Contemplations,* de *la Légende des siècles,* et des *Misérables.* De même que Léopold a exigé pour ses fils une chambre à part, il a prescrit de leur faire apprendre le dessin. Ils recevront donc des leçons particulières d'un M. Cadot. Cet inconnu aura donc été le premier à voir des formes et des traits surgir du crayon de Victor. Les deux frères travaillent d'ailleurs avec plaisir. Ils aiment apprendre. L'erreur serait de croire — chose tentante — qu'un petit génie du nom de Victor Hugo grandit à la pension Cordier escorté d'un frère réduit à la vocation de faire-valoir. L'intelligence d'Eugène est vive, très vive même. Il n'est pas sûr que les lettres adressées à Léopold par les deux frères soient toujours écrites par Victor. N'oublions pas qu'Eugène est l'aîné des deux. Naturellement, il prend le pas sur son cadet. Ces deux garçons n'en sont pas moins rayonnants de vivacité, d'esprit, d'initiative, d'appétit de vivre. Le goût du théâtre ne leur a nullement passé. Ils imaginent de représenter, « des pièces guerrières, des représentations à la Franconi ». Là-dessus, Adèle fournit des détails très évocateurs :

« Les tables des élèves rapprochées les unes des autres exhaussaient suffisamment les acteurs et simulaient le théâtre, les bancs rangés systématiquement pouvaient bien faire l'illusion d'un parterre de théâtre. Quant aux costumes, il n'y en avait que d'une sorte. On acheta beaucoup de carton, de papier d'or et d'argent, puis on se procura des lattes, on fit des casques en carton, sur lesquels était collé ce papier or et argent. On recouvrit les lattes de ce même papier. Là s'arrêtait le costume. Les guerres si récentes emplissaient encore les esprits. Le jeune Victor composait des pièces guerrières. En qualité d'auteur, il se donnait le plus beau rôle. Les sujets pris dans l'Empire représentaient les grandes victoires : Austerlitz, Marengo. Les écoliers étaient heureux quand l'étranger était battu, c'était à qui jouerait les Français. Eugène et Victor — Eugène collaborait — avaient les premiers rôles dans l'apothéose impériale. Ils étaient tour à tour : Duroc, Lannes, Murat. La particularité, c'est qu'ils représentaient ces héros avec leur décoration du Lys au côté. On voyait bien, par là, cette contradiction d'idées. Victor allait même quelquefois jusqu'à s'appeler Napoléon. Les spectateurs rangés avec le plus grand ordre sur les bancs applaudissaient. »

Le théâtre, les deux frères vont tenter de le faire passer dans la réalité. Ils vont imaginer deux peuples dont chacun se composera d'une partie — inégale d'ailleurs — des élèves de la pension. Bon gré mal gré, chacun devait se ranger sous l'autorité — le despotisme plutôt — soit du *roi* Victor, soit du *roi* Eugène. Un seul, le petit Vivien, a protesté. Désormais, on l'a vu errer, mélancolique, seul dans les cours, n'appartenant à aucune de ces bandes qu'on appelait peuples. Le plus curieux était le nom que chacun des rois avait accordé à leur peuple respectif. « Les suivants de Victor s'appelaient des chiens, ceux d'Eugène, des veaux. L'armée d'Eugène était beaucoup moins nombreuse, il n'avait guère qu'une dizaine de gamins sous ses ordres ; de ce nombre étaient les deux neveux du général Lecourbe, compagnon d'armes du général Hugo. Eugène et Victor exerçaient sur leurs troupes une autorité absolue, c'était le pouvoir le plus autocrate qui fût. Un des neveux commit une infraction quelconque au règlement. Eugène lui dit gravement : " Tu n'es plus mon veau. " Lecourbe pleura jusqu'à ce qu'il fût rentré en grâce. » Chaque frère a doté son peuple d'un code, dicté des lois et naturellement prescrit des peines. La pire de toutes ? La privation des droits civiques et celle de la nationalité. En outre, chacun des souverains décerne des décorations de carton, rehaussées de papier d'argent ou d'or : découverte par Victor de la vanité en tant qu'instrument du pouvoir.

Une autre image de la pension Cordier soigneusement gommée par le *témoin* : pour pallier l'ordinaire, insuffisant et mauvais, Victor donnait mission à l'un de ses « chiens », qui avait la chance d'être externe, de lui acheter du fromage d'Italie. Il s'agissait d'un joli petit garçon, nommé Léon Gatayes qui, plus tard, devait devenir un artiste célèbre. Il était pâle, délicat, doux, timide, craintif. Sa mère l'habillait si joliment qu'il ressemblait à un petit Anglais. Attention ! La croûte du fromage d'Italie devait être noire, calcinée. Malheur au petit Léon si elle ne l'était pas. Adèle passe aux aveux : « Victor donnait à Léon des coups de pied dans les mollets. » En somme, le petit garçon si tendre, si rêveur des Feuillantines, est devenu une terreur de collège. Pourquoi pas ?

Ce qui n'exclut pas, une fois tombée l'excitation des jeux, une fois éteints les grands cris des chiens et des veaux s'interpellant, une fois remisée jusqu'au lendemain la passion d'apprendre, que le cœur des petits Hugo soit souvent redevenu bien lourd.

La pension Cordier, c'est toujours l'absence du père, mais ce n'est pas nouveau. C'est la privation de la mère, et de cela ils souffrent cruellement. C'est la guerre ouverte avec la tante Martin, les lettres de plus en plus impertinentes que les deux frères adressent au sujet de celle-ci à leur père. Les colères sans cesse renouvelées que ce persiflage suscite chez Léopold. Les mois qui passent. Et les années. Au-delà des murs de la pension, se profilent, de plus en plus imprécis, les contours d'un monde extérieur que l'on est réduit à imaginer. Quand on n'étudie pas, on rêve. Le jour approche où Victor découvrira qu'au-delà même du rêve existe l'évasion suprême. « La poésie convient plus particulièrement à l'enfance des peuples », soliloquait Chateaubriand. Peut-être aussi à l'enfance des hommes.

V

ADÈLE

Aimer c'est la moitié de croire.
Victor HUGO.

Entre le père assigné à résidence à Blois et la mère exilée dans Paris, une seule interlocutrice pour les jeunes Hugo : la tante Martin. Régulièrement elle se présente à la pension Cordier, interprète inflexible autant qu'intolérante des volontés paternelles. Le drame de cette femme naît de sa bêtise. Comme elle sent les enfants hostiles, elle s'enferme elle-même dans une cuirasse de convention, qu'elle pense autoritaire et qui n'est que mesquine. Ce qui la perd définitivement, aux yeux de ses neveux, c'est sa vulgarité. Quand elle crie ou plutôt criaille, là, dans le parloir, ils ont honte. Et pourquoi se croit-elle autorisée à insulter ce qu'ils ont de plus précieux, leur mère ? Ils détestaient cette tante, maintenant ils la haïssent.

Eugène et Victor à Léopold, 12 mai 1816 : « Tu nous as dit qu'elle était chargée de pourvoir à tous nos besoins, tu lui as sans doute laissé des instructions, mais nous ne pouvons croire que tu lui aies prescrit de traiter tes fils comme elle voudrait les traiter. Nous ne pouvons rien lui demander, *pas même des souliers*, qu'elle ne se récrie aussitôt après nous, sans ménager ses termes, sans penser au respect qu'elle se doit à elle-même. Si nous voulons lui prouver que nous avons raison, il nous faut essuyer un torrent de basses injures, quittes, quand nous nous y dérobons à nous entendre appeler sots et impertinents, etc., etc. »

Victor gardera de cette femme un souvenir furieux. « Une femme dont le nom ne souillera pas ma plume, la demi-sœur de mon malheureux père », écrira-t-il en 1821 à Pierre Foucher. Et quand dix ans plus tard, elle tentera de renouer avec ce neveu devenu célèbre, il lui répondra avec une sécheresse calculée : « Ne réveillez plus des souvenirs pénibles d'une époque où mon père a tout compromis, sa fortune et celle de ses enfants. L'en avons-nous moins aimé ? »

Les deux garçons manquent à ce point du nécessaire qu'ils n'ont pas de vêtements de rechange.

Eugène et Victor à Léopold, 24 octobre 1816 : « Nous allons quatre fois par jour au collège, par la pluie et par la neige ; tu sens qu'il faut bien laisser à nos habits, à nos souliers le temps de sécher : comment le faire, si nous n'avons pas de quoi changer ? »

Tout en assaisonnant sa réponse de nouvelles attaques contre leur mère, Léopold offre à ses fils vingt-cinq louis par an pour leur entretien. A quoi Eugène et Victor rétorquent froidement qu'ils acceptent ces louis pourvu qu'ils leur soient « remis en main propre ». Ils sont tristes, amers :

« Quant à la fin de ta lettre, nous ne pouvons te cacher qu'il nous est extrêmement pénible de voir traiter notre mère de malheureuse, et cela dans une lettre ouverte qui ne nous a été remise qu'après avoir été lue... Nous avons vu ta correspondance avec maman ; qu'aurais-tu fait dans ces temps où tu la connaissais, où tu te plaisais à trouver le bonheur près d'elle, qu'aurais-tu fait à la personne assez osée pour tenir un pareil langage ? Elle est toujours, elle a toujours été la même, et nous penserons toujours d'elle comme tu en pensais alors. Telles sont les réflexions que ta lettre a fait naître en nous. Daigne réfléchir sur la nôtre, et sois assuré de l'amour qu'auront toujours pour toi tes fils soumis et respectueux. »

Constatons que l'amour des deux garçons pour leur mère demeure inchangé. Cette mère, il leur est toujours interdit de la voir. Le 26 décembre 1816, Eugène et Victor écrivent au général qu'ils doivent « se résigner à passer ce Jour de l'An comme les autres, c'est-à-dire depuis deux ans sans voir nos parents ». Cependant, Abel, dans une lettre qui est une explosion, où d'un seul élan il crie ce qu'il a sur leur cœur, laisse envisager que l'interdit a été transgressé : « Tu veux qu'on défende à une mère de voir ses enfants, comme si cela était possible, et comme si l'on pouvait trouver un maître de pension assez hardi pour oser le faire. » La preuve nous est fournie par le fragment d'un journal que Victor a également tenu à la pension Cordier ; il est éloquent : « On rentre de récréation à 9 heures. M. Cadot vient, nous prenons notre leçon de dessin jusqu'à 10. Maman vient sur les deux heures... Elle sort sur les trois heures. On n'ira pas se promener aujourd'hui. » Preuve que même le code Napoléon ne pouvait empêcher la loi de nature de s'exercer.

Dans ce désert affectif de la pension, un peu de chaleur cependant : la rencontre d'un jeune maître d'étude. De septembre 1815 jusqu'aux premiers mois de 1817, Jean-Baptiste Biscarrat a présidé la classe d'étude. Hugo se souviendra de lui comme d'un *ami* : le mot est dans le manuscrit d'Adèle qui ajoute : « Il était leur consolation, le confident, à cause de lui ils supportaient la pension. Il n'était pas très beau, très marqué de petite vérole, mais d'une figure riante et loyale. Il était ce qu'il paraissait ; il avait la nature droite de ces natures sans aucun dessous... » Dès son arrivée à la pension Cordier, Biscarrat a pris Victor et Eugène en amitié. Nous savons que la fille de la lingère de la pension, Mlle Rosalie, aimait fort Biscarrat. Or Mlle Rosalie connaissait un employé de la Sorbonne, ce qui fait qu'elle a conduit son soupirant, ainsi que les deux jeunes amis de celui-ci, contempler le second siège de Paris du haut d'un observatoire peu commun : « Le dôme de la Sorbonne domine Paris, on voit les environs : Meudon, Sèvres, Saint-Cloud, Vaugirard par où justement entraient les alliés... La montée du dôme n'était pas facile ; on y parvenait par des échelles escarpées. Mademoiselle Rosalie avait grand peine, elle craignait de se casser les jambes et de montrer ses jambes. Elle faisait aller Biscarrat devant mais, pour les petits Hugo, elle ne s'inquiétait pas. Ils étaient des enfants, ils n'y connaissaient rien ! Ces enfants regardaient, trouvaient drôle ce que laissait voir la demoiselle et pouffaient de rire [1]. »

Sophie et Biscarrat. Biscarrat et Sophie. L'un des tout premiers poèmes écrits par Victor sera dédié à sa mère, pour le jour de sa fête. Il doit dater de la fin septembre 1815 :

1. *Manuscrit d'Adèle.*

C'est en vain que le soir, le malheur qui m'oppresse
M'ôte la liberté
Je vais faire éclater la joie et la tendresse
De ce cœur enchanté.

Car il écrit des vers, Victor. Nous voilà au cœur du problème : pourquoi écrit-il des vers ?

En 1816, il achève sa rhétorique. En octobre de la même année, en compagnie d'Eugène, il entre en classe de philosophie. Les deux frères, tout en demeurant internes chez Cordier, vont aller suivre les cours du lycée Louis-le-Grand. Ne nous leurrons pas quant au sens du mot philosophie. Noble par définition, il recouvre en ce temps toutes les disciplines. En fait, Victor s'est orienté vers les mathématiques élémentaires. Une fois encore, la volonté paternelle est passée par là. Le général entend toujours que ses fils se présentent à Polytechnique. Ce n'est nullement en amateur que Victor s'est jeté dans les études scientifiques. Après une année, il se trouvera parfaitement à l'aise en mathématiques spéciales. N'obtiendra-t-il pas un accessit de géométrie en 1817, un accessit de physique en 1818 ? Dans la préface des *Rayons et les Ombres* il constatera qu'il n'existe « aucune incompatibilité entre l'exact et le poétique » et précisera : « Toute son enfance à lui poète n'a été qu'une longue rêverie mêlée d'études exactes. » Il est à l'aise dans l'étude de l'algèbre comme dans celle de la physique, et même il y prend un vif plaisir.

Il n'est point de brouillards, comme il n'est point d'algèbres,
Qui résistent, au fond des nombres ou des cieux,
A la fixité calme et profonde des yeux [1].

Pourquoi ce goût avoué pour les sciences l'éloignerait-il de la poésie ? Nous quittons à peine ce XVIIIe siècle où l'esprit humain pouvait encore embrasser, sans s'y perdre, la totalité de ce qui était connu. Voltaire et Mme du Châtelet passaient avec allégresse de l'astronomie à la physique, des mathématiques à la chimie. Après quoi, sans étonner son entourage, Voltaire composait une tragédie. Ce sont les grandes lectures de l'enfance qui donnent le goût d'écrire. Mais le goût ne suffit pas. D'aucuns à dix ans ont composé des pièces pour un théâtre d'enfants sans pour autant devenir plus tard auteur dramatique. D'autres au

1. *La Légende des siècles.*

même âge ont griffonné quelques vers pour leur mère sans entrer jamais au panthéon de la poésie française. Le jour est venu où le jeune Victor Hugo a ressenti l'impérieux désir de versifier pour son propre compte. Ce désir s'est mué en besoin, ce besoin en nécessité. J'ai vu sous mes yeux naître un jeune peintre. A tout instant, le crayon était dans sa main. Il cherchait, esquissait, jouissait du seul fait que des formes naissent de ses doigts. Le poète est le peintre des mots. Son ivresse ne vient pas des couleurs mais des rythmes et des sons confrontés.

Manuscrit d'Adèle : « C'est quand il était dans son lit que Victor se livrait à son entraînement poétique. Dans son lit il était délivré, plus de cloche à répondre, plus de récréation forcée, de devoir exigé. Dans le lit, si l'on s'entend avec le sommeil, on s'appartient. Avant de se coucher, il ne manquait jamais d'apprendre vingt-cinq ou trente vers de Virgile ou d'Horace, quelquefois de Lucrèce. En s'éveillant, au petit jour, il faisait la traduction des vers qu'il avait appris la veille. Cela lui était une excellente gymnastique, il luttait ainsi avec l'expression et prenait l'habitude de la faire entrer dans les vers, et son inspiration s'en aidait, c'était le jouet de l'idée. »

Victor versifie, Eugène en fait autant. A la pension Cordier, ce n'est pas bien vu. On vit sous l'autorité d'un édit de M. de Fontanes, grand maître de l'Université de Napoléon qui, en 1812, a défendu les exercices de versification française, pour la raison que ceux-ci ne seraient « pour les écoliers de seize à dix-sept ans, qu'une dangereuse distraction ou un tourment stérile ». Quel interdit a jamais jugulé l'inspiration des poètes ? Toute la France fait des vers. On rime au quartier Latin comme dans le faubourg Saint-Germain, dans les ateliers, les bureaux et jusque dans l'armée. M. Decotte lui-même rime en secret.

Après une journée pleine de chiffres, Eugène et Victor retrouvent leur mansarde. Comme le bâtiment ne comporte qu'un étage, les quatre pensionnaires — pas un de plus —, qu'elle héberge en août 1817, n'ont droit qu'aux combles. On a mis les Hugo dans une petite chambre toute tendue de « sparterie » des Indes — sorte de fibre tressée — qu'un maître d'étude nommé Vivien avait rapportée d'Asie. Fier de sa décoration, le maître d'étude avait exigé que son fils fût logé dans la même chambre que les Hugo. Hugo retrouvera le petit Vivien député sous Louis-Philippe, ministre sous Cavaignac. Du vasistas on aperçoit les bras du télégraphe Chappe sur les tours de Saint-Sulpice, mais le pittoresque n'efface pas la fournaise l'été, la banquise l'hiver. C'est sur le sommeil que l'on prendra pour assouvir ce goût devenu en peu de temps, au grand dam de Vivien, forcené. Entre les deux frères, c'est comme une compétition, vive mais tendre, qui s'engage. De l'émulation, non de la rivalité.

Abel Hugo a confié à Philibert Audebrand : « Quand nous habitions les Feuillantines, le grand homme de la famille, ce n'était pas Victor, mais Eugène. » La remarque va loin. A-t-il existé chez Victor, dès sa petite enfance, le désir de rejoindre, puis de dépasser ce grand frère trop admiré ? A l'âge de huit ans, lorsque La Rivière leur donnait à traduire deux pages de latin, Eugène en traduisait trois, et Victor alors, sans le dire à son frère, en traduisait quatre. Indication précieuse qui nous conduit dans ces zones obscures d'où peut tout naître un jour — et mourir. Que Victor et Eugène se soient, chez Cordier, constitués les chefs de deux partis rivaux, voilà qui à première vue nous touche, mais devrait tout aussitôt nous inquiéter. Et plus encore ces deux frères travaillant à la lumière de la même chandelle aux mêmes thèmes poétiques et les soumettant aux mêmes arbitres : le répétiteur Biscarrat et leur mère. Eugène n'a-t-il pas ressenti avec quelque humiliation, lui qui a deux ans de plus que Victor, la nécessité de suivre à Madrid, puis à la pension Cordier, les mêmes classes et les mêmes cours ?

Eugène écrira, comme écrira Abel — comme a écrit et écrira leur père. Mais il ne sera jamais que le second d'un capitaine appelé Victor, plongeant dans l'embarras Biscarrat et Sophie. Ayant à juger lequel, du *Déluge* de Victor et de celui d'Eugène est le meilleur, le maître d'étude se livre à d'infinies contorsions épistolaires, multipliant les excuses jusqu'à l'amphigouri, pour enfin accorder la palme à Victor. Quand les deux frères soumettent à leur mère l'épître qu'ils ont chacun adressée à Baour-Lormian — d'abord maître à penser et bientôt bête noire — celle-ci se voit forcée de renvoyer les deux concurrents dos à dos, quitte à décevoir Victor, fâché qu'elle ne se soit pas « prononcée » sincèrement entre son poème incontestablement supérieur — il le savait — et celui d'Eugène.

Sainte-Beuve a montré le frère de Victor « adolescent mélancolique, plus en proie à la lutte, plus obsédé et moins triomphant de la vision qui saisit toutes les âmes au cœur du génie et l'épanche, échevelé, à la limite du réel sur l'abîme de l'invisible ». A la pension Cordier, nous n'en sommes pas là. A la lumière d'une chandelle achetée au prix de rudes économies, les frères Hugo font des vers, sont heureux de les composer — et c'est très bien ainsi.

Le premier véritable poème de Victor — qui a douze ans — est du 1er janvier 1814. Il est adressé à cette générale Lucotte de qui le petit Victor a admiré, tout enfant, la coquetterie et le charme, la grâce et la frivolité. Il ne s'agit de rien moins que d'un madrigal !

Madame, en ce jour si beau,
Qui nous annonce un an nouveau,
Je vous souhaite de bonnes années,
Des jours de soie et d'or filés
Et surtout en votre vieillesse
De bons enfants et des richesses.
Ainsi, Madame, pour en finir,
C'est avec bien du plaisir
Que je vous présente en ce jour
Et mon hommage et mon amour.

De 1815 à 1818, Victor compose des vers réunis dans des cahiers dont trois ont été publiés par M. Géraud Venzac. Le premier date de 1815 et 1816 : un cahier d'écolier, sans cartonnage ni reliure, qui compte 32 feuillets, soit 64 pages. Au deuxième feuillet, on lit : *Cahier de vers français. Traits d'histoires, fables, portraits, épigrammes, etc.* par Victor-Mary Hugo, 1815. Avec, en épigraphe, ce vers de Virgile :

Forsan et haec olim meminisse juvabit.

Le second cahier comprend 55 feuillets, soit 110 pages. Sur la première page : « *Poésies diverses* / Victor / 1816-1817. » En épigraphe, ce vers de Saint-Just : « J'ai quinze ans, j'ai mal fait, je pourrai faire mieux. » Référence d'un grand intérêt. Lire Saint-Just en 1816 ne devait pas être à la portée de beaucoup de jeunes gens de quatorze ans.

Le troisième cahier est daté de 1818-1819. Sur la première page — à demi déchirée — on trouve ces mots, de l'écriture de Hugo, celle des années 1860 : « Les bêtises que je faisais avant ma naissance. » Adèle a eu ces cahiers entre les mains, avec d'autres qui ont été brûlés. Elle s'est souvenue qu'au-dessous de cette curieuse appréciation se trouvait un dessin, datant lui aussi des années 1860. Il représentait un œuf « dans lequel on voit quelque chose d'informe et d'horrible au bas de quoi il y a : un *oiseau* ». Dans l'œuf on peut prévoir l'oiseau. Dans l'oiseau l'envol.

Rien de plus excitant pour l'esprit que de suivre, de cahier en cahier, l'évolution d'un jeune poète. A l'âge où écrit Victor, impossible d'espérer découvrir de l'originalité. Il est évident que Hugo s'inspire surtout de ce qu'il a lu. Il a lu Parny — et cela se sent. Il a lu Lemercier — et cela se sent. Il a lu Fontanes, Lebrun — et cela se sent. L'influence la plus heureuse qu'il ait subie reste celle de Jean-Baptiste Rousseau, auquel il emprunte volontiers la strophe de dix vers, les huit pieds et en général toute la prosodie. La forme est déjà très sûre. Dans les trois *Cahiers de vers français*, on ne relève qu'une demi-douzaine d'erreurs prosodiques. Ce qui n'est pas si mal pour un si jeune poète et ce sur plusieurs milliers de vers. Au reste, il a son âge. Les plaisanteries scatologiques des collégiens l'inspirent quand il faut : une fois c'est un pot de chambre, une autre un pet. Un ballon dont le jet malencontreux brise une corniche lui est sujet d'inspiration. Aussi la camaraderie. Et encore sa mère.

Soudain, l'enfant de quatorze ans sort de sa gangue. Pour la semaine sainte de 1816, il s'affronte aux « derniers jours du monde ».

Tremblez méchants, tremblez ! Vos âmes criminelles
Subiront dans l'enfer les peines éternelles
        Pour prix de leurs forfaits.
L'Éternel a parlé. Le monde est dans l'attente.
Seule de Gabriel la trompette éclatante
        Trouble la paix des cieux.

Viennent aussi des poèmes d'inspiration politique. Dès 1815 :

Le Corse a mordu la poussière ;
L'Europe a proclamé Louis
L'aigle perfide et meurtrière
Tombe devant les fleurs de lis.

Un an plus tard, l'inspiration antibonapartiste se fait lyrique :

Mais du sang des Français cimentant tes malheurs,
Ta chute même, hélas, nous fit verser des pleurs.
Champs de Waterloo, bataille mémorable,
Jour à la fois pour nous heureux et déplorable.

Donc il faut haïr Napoléon, mais on peut pleurer sur lui. Et la défaite de Waterloo peut susciter aussi bien des espoirs que des joies. De ses productions, est-il orgueilleux ? Ce n'est pas sûr. Il suffit de lire ce qu'il écrit à son frère aîné :

Je crois, Abel, qu'en mon déluge
Je me suis moi-même noyé.

Porté par cette facilité qui entraîne sa plume, il s'est en 1816 essayé à la tragédie. Voici *Irtamène* — 1508 vers, beaucoup plus un pastiche de Voltaire que de Racine — qui se situe à Memphis où l'usurpateur Actor a détrôné le roi Zobéir. Ce qui nous vaut ces rimes prévisibles :

O mon roi ! Zobéir
Épargnez-moi l'horreur de vous désobéir.

A se demander si le patronyme n'a pas été choisi uniquement pour en venir à ce vers ! L'analogie est évidente, assez puérile : Actor est Napoléon, Zobéir Louis XVIII. Le dernier vers de cette tragédie, qui nous déconcerte par sa facile abondance, est : « Quand on hait les tyrans, on doit aimer les rois. » Logique charmante parce qu'elle est enfantine.

Parmi la production de l'élève Victor Hugo, il faut mentionner *Athelie ou les Scandinaves*, esquisse de tragédie en cinq actes et en vers, et encore un mélodrame en prose : *Ines de Castro*. Tout cela se presse dans ces cahiers à bon marché, brochés par lui-même d'une ficelle et d'un nœud. Dans la marge, de temps à autre des dessins et l'on a pu évoquer une hardiesse qui fait parfois songer à Rembrandt. Songeons qu'il s'agit d'un adolescent qui suit des cours de 8 heures du matin jusqu'à 5 heures du soir. Que, de 6 heures jusqu'à 10, il est occupé, soit aux leçons de mathématiques données par M. Decotte, soit à ses rédactions et devoirs. Songeons que cette œuvre poétique considérable — par la quantité tout au moins — a été volée à la nuit dans une mansarde. Constatons et étonnons-nous. Le fleuve Hugo a pris sa source. Largement.

Un poète n'écrit jamais pour lui seul. Certes, Victor a Eugène pour lecteur. Cela n'est pas suffisant. Comment le maître d'étude de la pension a-t-il surpris le secret des frères Hugo ? Nous l'ignorons, mais le fait est là. Ce qui les a rapprochés, c'est leur commune haine envers la pension Cordier et ses propriétaires. *Manuscrit d'Adèle* : « Biscarrat partageait leur dégoût. Il était pion, ces pauvres êtres n'aimaient pas plus les maîtres que les écoliers, leurs despotes d'en haut que leurs despotes d'en bas ; aussi quand ils étaient ensemble, ils en disaient gros. » L'important est que Biscarrat aime la littérature. Il fait lui-même de la poésie. Très vite, il a obtenu la confiance des frères Hugo. « Les jeunes gens lui montraient tout ce qu'ils écrivaient et le prenaient pour juge. Il était minutieux, passait tout au crible, épluchait vers à vers. » De mois en mois il a constaté les progrès du jeune Victor, s'en est réjoui, mais n'a pas relâché sa sévérité. Aussi sur les cinq cents vers du *Déluge*, il en a désigné dix *mauvais*, deux *faibles*, cinq *passables*, trente-deux *bons*, quinze *très bons*. Mais les quatre cent trente-six autres vers ?

A la pension Cordier, l'hygiène tient une grande place. Non seulement on conduit régulièrement les élèves se baigner — Abel a souhaité partager cette faveur — mais on les emmène parfois jouer au bois de Boulogne. Un jour, au cours d'un combat entre « veaux » et « chiens », une pierre lancée par un veau « très rageur » frappe Victor au genou et le blesse assez grièvement. Il faut le porter jusqu'à la pension Cordier. Là, il prend le lit, la fièvre monte, le genou devient énorme. Le médecin appelé ordonne un long repos. Bien des années plus tard, au chevet de son père mort, Hugo retrouvera ce médecin qui lui dira : « Je me nomme Monsieur Rivalier, et je vous ai soigné pour une blessure au genou quand vous étiez écolier dans la pension Decotte [1]. »

Joie ! Cette immobilité obligée lui permet de versifier tout à son aise. Nouvelle preuve que l'interdit du général Hugo est oublié : sa mère vient le voir tous les jours. Comme Sophie s'enquiert de ce qu'a dit le médecin, Victor répond, « avec une parfaite insouciance » :

— Il paraît que je ne vais pas bien, le médecin parle de me couper la jambe.

Au fait, une jambe coupée, cela ne permettrait-il pas d'écrire tout à son aise ? En janvier 1817, la blessure n'est plus qu'un mauvais souvenir. L'année qui commence va

1. *Manuscrit d'Adèle.*

marquer pour l'adolescent de quinze ans un tournant essentiel de son destin.

Hugo avait raison d'écrire : « C'est de la physionomie des années que se compose la figure des siècles. » De cette année 1817, fort obscure par ailleurs, ce que retient le biographe, c'est le concours de poésie proposé par l'Académie française, sur le thème : *le bonheur que procure l'étude.* Simple péripétie, mais qui devient essentielle dès lors que, du fond de sa pension, Victor va décider de concourir. Par cette résolution, le fils de Léopold et de Sophie devient Victor Hugo.

Par Adèle, nous savons que, en ce temps-là, « la poésie avait fini par déborder chez le jeune homme. On avait beau agir, prôner les mathématiques, parler du père, de son désir — un autre père, la vocation, l'emportait ». Quand Victor réussit à se procurer un journal — chose rare, les journaux sont chers — c'est pour y chercher tout ce qui a trait à la littérature, « les feuilletons de théâtre, les vers, les nouvelles ». Ainsi a-t-il eu connaissance du thème proposé par l'Académie. Il s'en est souvenu avec tant de précision que sa femme a pu nous rapporter ses paroles :

— Si je concourais, se dit-il, voilà une idée. Si je concourais pour ce prix, si je faisais un poème ? Mais je n'en veux rien dire à personne, il ne faut pas surtout que ma mère le sache, ait le moindre soupçon. Elle s'agiterait, se tourmenterait et je ne voudrais pas lui donner cette préoccupation. Si je n'obtiens rien, elle n'aura aucun chagrin. Si j'ai quelque chose, elle sera heureuse. Je vais concourir sans rien dire [1].

Hugo sera toujours ainsi : dès qu'il conçoit, il agit. Sur le thème proposé par ces messieurs du quai Conti, il va donc composer 334 vers.

Mon Virgile à la main, bocages verts et sombres
Que j'aime à m'égarer sous vos paisibles ombres !
Que j'aime, en parcourant vos aimables détours,
A pleurer sur Didon, à plaindre ses amours.

Bien sûr, l'inspiration est classique, les allusions fourmillent à la lyre de Tibulle, et c'est, juste quand il le faut, le zéphir qui frémit. Bien sûr, les ruines d'Athènes sont prises à témoin ainsi que « les restes éloquents de son

1. *Manuscrit d'Adèle.*

grand Demosthène ». Le malheureux Darius rime avec le cruel Marius. Mais cela est exprimé avec une agilité qui étonne. Pas la moindre pompe. Ce classicisme même, cette convention acceptée prennent comme une allure de jeunesse qui ne trompe pas. L'idée de base ne manque pas d'ingéniosité. Hugo n'oublie pas qu'il s'agit de vanter l'étude mais, rêvant de suivre l'exemple d'anciens tels que Démosthène ou Cicéron, il découvre que ces grands hommes n'ont en fin de compte connu que la disgrâce. Que l'amour de l'étude soit donc désintéressé, que celui qui veut en retirer des joies se préoccupe avant tout de fuir les vanités !

Le ciel ne m'a créé que pour l'obscurité,
C'est sous un chaume obscur qu'est la sécurité ;
C'est là qu'exempt de maux, exempt d'inquiétude,
Je parerai de fleurs les autels de l'étude.

C'est donc en vantant la modestie que Victor recherche le premier honneur de sa vie. Mais il n'oublie rien : les vers sont dédiés au bon La Rivière.

C'est un lundi — le 7 avril 1817 — que les vers ont été achevés et l'on annonce pour le jeudi suivant la date limite du dépôt des manuscrits. Comment le reclus de la pension Cordier pourra-t-il se rendre quai Conti ? Seul Biscarrat a reçu « l'importante confidence ». Il se mue en bon samaritain. Il est chargé de guider la promenade des élèves. Ruse touchante : le jeudi suivant, le maître d'étude choisit de montrer le palais de l'Institut aux élèves de MM. Cordier et Decotte. Pourquoi pas ? A peine est-on parvenu devant le palais élevé par Mazarin, que Biscarrat, attirant gravement l'attention des jeunes gens sur les détails de la façade, les invite à une observation détaillée. Pas un instant à perdre : Victor et lui s'engouffrent dans la cour, se font indiquer le secrétariat de l'Académie, gravissent l'escalier quatre à quatre et, hors d'haleine, déposent le poème entre les mains d'un certain Cardot [1], que Victor aussitôt juge « majestueux et redoutable ». Ce n'est qu'un brave homme d'huissier qui, avec application, note sur le manuscrit le chiffre 15. Alors Biscarrat et Victor dévalent l'escalier, traversent de nouveau la cour en courant pour rejoindre le pensionnat abandonné à lui-même. Ils tombent sur Abel venu ce jour-là travailler à la bibliothèque ! Incrédule, l'aîné dévisage son frère.

1. Tel est du moins le nom que donne le *témoin*. Adèle écrit : Causat.

— Comment se fait-il que je te trouve ici ?

Victor se contente de rougir. L'aveu vient de Biscarrat.

Quelques semaines plus tard, Abel surgit dans la cour de la pension Cordier. Victor, qui jouait aux barres, ne le voit même pas. L'aîné hèle le cadet :

— Viens ici, imbécile !

Victor s'approche. Alors, Abel : « Qui est-ce qui demandait ton âge ? L'académie a cru que tu voulais la mystifier. Sans cela tu avais le prix. Quel âne tu es ! Tu as une mention. » C'est vrai. Victor a écrit :

Moi, qui, toujours fuyant les cités et les cours,
De trois lustres à peine ai vu finir le cours.

Dans la langue classique, un lustre, c'est cinq ans. En fait, Victor a été classé neuvième et il est faux que ce soit pour cette raison que le prix lui ait échappé. Le secrétaire perpétuel, Raynouard, s'était contenté, dans son rapport, de noter : « Si véritablement il n'a que cet âge, l'Académie a dû un encouragement au jeune poète. » Le lundi 25 août, dans son discours public, il citera avec éloge le nom de Victor Hugo qui, entre-temps, lui a envoyé son extrait de naissance. De l'événement la presse rendra compte. On lit dans le *Journal du commerce* du 26 août : « Et quel est le grave censeur qui ne se laisserait pas dérider par un enfant de quinze ans qui envoïe ingénument sa pièce à l'Académie, et fait peut-être, sans le savoir, des vers que tout le monde regarderait comme une bonne fortune poétique. » Raynouard avait adressé à Victor une lettre aimable, mais qui prouve que l'on peut être académicien sans connaître l'orthographe : « Je *fairai* avec plaisir votre connaissance. »

Cette fois, plus question de se rendre clandestinement à l'Institut. Victor s'en va montrer la lettre à M. Cordier qui, conscient de la gloire soudainement jetée sur sa pension, accorde aussitôt à Victor l'autorisation de sortir au jour de son choix. Sans le savoir, Victor choisit un jour de séance. On le fait attendre dans la bibliothèque. Longtemps. Enfin paraît M. Raynouard. Hugo se souviendra de lui comme d'« un monsieur à figure froide et revêche, la chevelure comme de la soie blanche et le teint couleur de suie ». Le secrétaire perpétuel regarde le visiteur avec un étonnement mêlé d'hostilité. Cette jeunesse, cette petite taille, cette voix fluette, tout cela mériterait-il vraiment une récompense ? *Manuscrit d'Adèle* : « Il resta debout comme un homme qui veut en finir vite. Il dit à Victor son regret de n'avoir pas su son âge, que c'était heureux peut-être : le prix, un pareil succès l'aurait probablement gâté et empêché de travailler. Il termina en disant : " Notre incrédulité vous servira ", puis il tourna le dos. Victor trouva que Monsieur Raynouard ignorait autant la politesse que l'orthographe. »

Rien ne manque décidément au succès de Victor. La pension Cordier elle-même est, comme dit Adèle, « inondée de splendeur ». Cordier et Decotte déclarent sentencieusement qu'on ne peut « entraver une pareille vocation ». L'existence de Victor « était transfigurée. Il sortait, rentrait à sa fantaisie, il visitait les académiciens qu'il voulait... Il s'épanouissait, il était libre, applaudi, il voyait se lever sa renommée. C'était son aube ».

Par chance, tous les académiciens ne ressemblent pas à M. Raynouard. Le doyen, François de Neufchateau — il avait lui-même été sacré poète à treize ans par Voltaire — lui adresse des vers charmants et même l'invite à déjeuner. On imagine à la pension Cordier l'émotion qui croît, le petit Victor brossant de son mieux l'un de ses deux habits, cirant ses chaussures jusqu'à user sa brosse et partant fièrement s'asseoir à la table de l'ancien jacobin, devenu directeur avec Barras, comte avec Napoléon et qui s'est sincèrement affligé que Louis XVIII ne le fît pas pair de France. Le vieux monsieur parle longuement à l'adolescent de la pomme de terre, sujet principal de ses préoccupations. Il évoque ses longs et vains efforts pour qu'elle fût baptisée parmentière. A sa table, on ne sert, sous les travestissements les plus ingénieux, que le « légume sacré ». Neufchateau raconte le 18 Brumaire en se donnant le rôle principal, ce qui révèle à Victor le vice essentiel du mémorialiste. Il finit par lui confier une recherche sur les sources espagnoles du *Gil Blas* de Lesage.

Impossible de mener à bien cette étude sans se rendre à la Bibliothèque nationale. Nouvelle autorisation de M. Cordier. Quelque temps plus tard, Victor porte son travail à M. de Neufchateau qui l'insérera sous son nom, sans en changer un seul mot, dans la nouvelle édition de *Gil Blas* qu'il va publier. Ce qui apprend à Victor que, lorsqu'on est arrivé, on peut tout se permettre.

Eugène, lui aussi, s'est présenté au concours de l'Académie française — et n'a rien obtenu. En apparence il ne fait que se réjouir du succès de son frère. Mais nous découvrons de l'amertume dans le refus obstiné qu'il opposera à Biscarrat de lui communiquer ses propres vers.

Victor prend-il tout à fait au sérieux cette gloire relative où il vient d'entrer ? Le 10 juillet 1816, à quatorze ans, il a écrit dans son journal : *Je veux être Chateaubriand ou rien.* Cela s'explique. Ces années-là, Chateaubriand domine tout. Sa gloire est immense. Victor a lu avec passion *Atala,* cependant que sa mère préférait la parodie du chef-d'œuvre : *Ah ! la la !* ce dont s'affligeait son fils. Surtout, le souffle de René, si neuf dans la littérature française, si puissant qu'il rejetait au rang de balbutiements les chants des néoclassiques, ne pouvait que séduire « l'enfant du siècle » qu'est Victor Hugo. Qui plus est, le personnage vaut le prosateur. Les libraires vendent des lithographies qui montrent le génie campé dans sa grandeur. Face à l'adversité, il a fait front. Il a bravé la tyrannie, triomphé des tempêtes, foudroyé ses ennemis. Grâce à lui, le christianisme est sorti des ténèbres où la Révolution avait cru pouvoir l'enfermer. Cette famille des Bourbons, si oubliée en 1815, il lui a tout à coup donné une réalité, la recouvrant de tous les prestiges de la fidélité. Louis XVIII l'a appelé au ministère. Il s'y est montré noble et dédaigneux, se retirant sur l'Aventin dès lors qu'on voulait l'obliger à transiger avec lui-même. Écrire *Chateaubriand ou rien*, c'est vouloir atteindre au génie de l'écrivain ; c'est souhaiter n'être point inférieur à l'homme.

Les vacances de 1817 ? Elles seront, pour Victor, selon ce qu'il dira à Adèle, « une fête perpétuelle ». Les amis de sa mère célèbrent à qui mieux mieux sa mention à l'Académie. Une preuve de plus que les ukases de Léopold sont maintenant dédaignés de plus en plus allégrement. M. Cordier a pris sa retraite. L'odieux M. Decotte lui a succédé, mais l'Académie française l'a définitivement réduit au silence. Sans que nul ne cherche plus à l'en empêcher, Victor se rend chez son frère Abel qui a renoncé à l'armée et se consacre, dit-il, « aux affaires », sans que celles-ci apparaissent bien définies. Abel habite seul, reçoit des amis, les fait connaître à Victor. Certains font de la littérature et ont même organisé, le 1er de chaque mois, chez un restaurateur de la rue de l'Ancienne-Comédie nommé Edon, un « banquet littéraire ». Cachant mal sa fierté, Victor y est admis.

Parfois Victor emmène Eugène qui d'ordinaire refuse. « Il avait, dit Adèle, le goût de la solitude, des instants sombres, de la bizarrerie en beaucoup de choses. » Première mention des difficultés psychologiques d'Eugène. Pourtant, présentant en mai 1818, aux Jeux floraux de Toulouse, son ode sur la *Mort du duc d'Enghien*, Eugène obtiendra un prix, c'est-à-dire mieux que la mention décernée l'année précédente à Victor par l'Académie française. Lequel Victor, candidat aux mêmes Jeux floraux avec une ode sur le *Désir de la gloire* et une autre sur la *Mort de Louis XVII*, a connu le désagrément de ne rien obtenir.

Hugo ne parlera pas à Adèle de la candidature d'Eugène au concours de l'Académie française, il ne fera aucune allusion à leur rivalité aux Jeux floraux de Toulouse. Ce silence est un aveu. Pour Victor le souvenir d'Eugène en 1817 et 1818 reste une blessure.

Le 3 février 1818 — Victor aura seize ans dans quelques jours — le long combat qui, depuis tant d'années, opposait Léopold et Sophie Hugo s'achève enfin. Le tribunal prononce un jugement de séparation de corps et de biens. Le bon Biscarrat, qui a dû quitter Paris pour Nantes et qui entretient avec les deux frères une correspondance hebdomadaire, va leur écrire tout naturellement : « Vous avez gagné vos procès. Vous n'auriez jamais dû craindre de les perdre si la bonne cause prévalait toujours. » Vos procès ! C'est vrai qu'ils sont concernés au premier chef : arguant que le général ne réside pas à Paris, le tribunal accorde à Mme Hugo la garde de ses enfants. De plus, Sophie obtient une provision de 3 000 francs, à charge pour elle de participer à l'éducation, à la nourriture et à l'entretien de ses fils. Ce que viennent de conquérir les frères Hugo, c'est tout simplement la liberté. *Biscarrat aux frères Hugo* : « Votre bonheur est le mien. Chacun de vous va se livrer aux occupations auxquelles son goût et ses talents l'appellent et lui présagent un plein succès. » Le même Biscarrat vit maintenant dans une admiration de Victor aussi réfléchie que définitive. Sa *Mort de Louis XVII* l'a enchanté :

« Ce délire, cette extase poétique m'ont confirmé dans l'idée que j'ai toujours conçue de vous, que vous seriez mis un jour au rang de nos meilleurs poètes. J'en augurais déjà une pièce d'une force supérieure ; la lecture a surpassé mon attente... Quelles ressources offre notre langue quand elle est maniée par une main habile !... Je n'ai jamais lu une ode sur un sujet historique plus belle que la vôtre... Eugène sait bien quoi penser dans le fond de son cœur mais il se donnera bien garde de vous le dire : le vrai n'en est pas moins le vrai. »

Chaque jour, Eugène et Victor quittent ensemble la pension Cordier pour le lycée Louis-le-Grand. Sans surveillance. « On aurait craint de blesser Victor », écrit naïvement Adèle. Hugo se souviendra de son professeur de mathématiques : « un petit bonhomme appelé Guillard ». Mais « Victor était bien plus à la littérature qu'aux mathématiques, sa pensée plus aux rimes qu'au tableau. Il était occupé d'un opéra-comique dont les personnages s'appelaient Saint-Léger, d'Harcourt, Dorval, Céline, et bien d'autres choses. Il faisait des stances au sommeil, traduisait l'*Enéide*, il adressait des vers au duc d'Angoulême... ». Au moment où elle écrivait cela, Adèle avait sous les yeux l'ensemble des œuvres de jeunesse de son mari, soigneusement conservées. Une règle chez Hugo : garder tout. Elle les juge, et elle juge bien : « Ce n'est qu'une œuvre d'enfant... Son cerveau souple d'enfant s'était tout assimilé. Tout a son échantillon dans ces recueils : tragédies, fables, satires, chansons, portraits, odes, jusqu'à des madrigaux et à des impromptus. Il y a des notes intéressantes, pointilleuses, effarouchées, austères. On sent la crainte de ne pas être tout à fait dans le vrai, de se laisser prendre à faux. C'est l'éveil d'une conscience. Tout est scrupule. »

Le Victor de ce temps-là — n'oublions pas qu'elle l'a bien connu — elle le voit tel qu'il a dû être : « Un garçon sérieux, mélancolique, un Didier. » Didier, le sombre héros de *Marion de Lorme*. Cet adolescent triste manifeste heureusement des traits d'enfance. En classe de philosophie, il s'est installé tout en haut de l'estrade, à côté d'une fenêtre, le plus loin possible du professeur, M. Maugras, un ancien prêtre — encore un ! — dont la prétention était de ressembler à Mirabeau. Il écoute peu mais n'en noircit pas moins son cahier de cours, ceci non pour se pénétrer de la théorie des sensations, mais pour le plaisir de commencer chaque ligne par la même lettre : « Quand il parvenait, en espaçant les mots ou en les rapprochant, à écrire dix lignes commençant par la lettre T ou la lettre M, il était ravi. Lorsque ces combinaisons étaient épuisées, il prenait une autre lettre. »

Chaque jour, avant de rentrer à la pension Cordier, les deux frères courent embrasser leur mère. Ils n'ont que cinq minutes, mais ils ne les vendraient pas au prix de l'or. Au bout de six mois, les deux frères prendront l'habitude de manquer les cours de M. Maugras, préférant de plus longues visites à Sophie que l'étude de la philosophie et des philosophes. Pas une fois, M. Maugras n'a adressé la parole à Victor. Il n'a exigé de lui aucun devoir. Au mois de juillet, il semble découvrir sa présence :

— C'est bien vous, monsieur, qui avez remporté une mention l'année dernière, à l'Académie ?

— Oui, monsieur, c'est moi.

— Eh bien, je vais vous mettre du concours. Quand on a une mention à l'Académie, on peut avoir un prix à l'Université. Qui peut le plus, peut le moins.

Le sujet du concours de cette année-là : l'existence de Dieu. Voilà qui va comme un gant à Victor : « Il n'avait à faire qu'avec l'esprit, il volait en plein horizon. » Dans la grande salle sombre de l'ancien collège des Irlandais, il s'est assis près d'un élève qui n'est autre que le fils de Chauveau-Lagarde, défenseur de Marie-Antoinette. « Il fit son devoir, en garda copie comme toujours, et la donna à M. Maugras qui le trouva si bien qu'il crut au prix. Victor n'eut rien. Le professeur qui voyait une injustice lui fit avoir le second prix de philosophie au collège. »

Lucide, Biscarrat voit de loin grandir l'âpre jalousie d'Eugène. D'abord, ne voulant pas donner trop d'importance à la chose, il en plaisante. En juin, seul Victor lui fait parvenir deux envois. Rien d'Eugène. Pourquoi ? A la question du maître d'étude, Victor répond franchement : il se dit très inquiet quant à la santé mentale d'Eugène. *Biscarrat à Victor, 14 juillet 1818* : « Sa pauvre tête... hein ! entre nous, ne revient pas vite. Son timbre, je crois, se brouille chaque jour davantage. Ce vertigo soudain, qui lui fait garder un silence si absolu, n'annonce rien de bon. Sa position vraiment critique m'afflige beaucoup pour lui, pour sa famille, pour vous surtout. Observez-le ; faites bien en sorte qu'il ne lise pas cette triste peinture de sa maladie. L'irritation qu'elle lui causerait pourrait bien le faire retomber dans ses lubies, hélas ! trop fréquentes. Ce que c'est que de nous, mon ami, ce que c'est que de nous ! Il est vrai que le pauvre diable n'a jamais eu la tête entièrement à lui : j'étais loin de présumer cependant qu'il tomberait si promptement en démence. »

Démence : le mot est prononcé. Il suivra Eugène jusqu'à sa mort. Comment ne pas rapprocher de ce jugement impitoyable un fragment du manuscrit d'Adèle ? L'épisode remonte à l'époque de la rue des Vieilles-Thuileries et par conséquent se situe en 1814 ou au début de 1815 : « Je me souviens d'un incident qui m'a frappée beaucoup, parce que je n'avais jamais été punie. Nous dînions chez madame Hugo, c'était rue des Vieilles-Thuileries. On servit des pommes cuites au dessert. Je ne sais quelle idée biscornue passa dans le cerveau d'Eugène, il lança une pomme cuite contre le mur. Sa mère ne fit que le regarder. Il s'en alla à la cuisine et ne reparut pas de la soirée. »

Pauvre Eugène.

Donc, Victor va seul au banquet du restaurateur Edon. Le banquet coûte deux francs par tête, vin compris. Pour cette somme, M. Edon s'estime en droit de ne proposer que des portions congrues. On s'en contente : l'insuffisance est compensée par une poésie variée. Au dessert, chacun est tenu de montrer ce qu'il a écrit dans le mois. Comme les commensaux sont tous — sauf Abel — adolescents, ils prennent la chose très au sérieux. Le problème essentiel de ces soirées, c'est l'instant où M. Edon présente la note. Un profond silence plane tout à coup sur cette table si bavarde. Embarras que dissipe aussitôt l'excellent Abel, baptisé pour ce fait « le Rothschild de la bande » : c'est lui qui paye ! Un jour, un des dîneurs lance une idée : et s'ils écrivaient un livre collectif ? Pourquoi ne pas supposer que des officiers, pour tuer le temps à la veille d'une bataille, se confient les uns aux autres un épisode de leur vie ? Que chacun se mette dans la peau d'un officier, « et le public sera délicieusement surpris de trouver dans un seul livre toutes les espèces de talent ». La table crie bravo, le plan est adopté. On discute sur le délai qu'il faut se fixer. Victor intervient : « J'aurai fini dans quinze jours ! » On le croit si peu que les autres parient le contraire. Quinze jours plus tard, il a fini *Bug-Jargal*.

Le thème ? Un épisode — imaginaire — de la révolte des esclaves noirs à Saint-Domingue. Plus tard, il remaniera profondément cette première version, mais le texte original nous surprend par la fermeté du style, la sûreté de la narration, le dosage — parfaitement sobre — des effets. Deux hommes dominent le récit, le narrateur, un certain Delmar, neveu d'un colon, et Bug-Jargal, l'esclave de ce colon, un Noir « d'une taille presque gigantesque ». L'oncle est dépeint comme l'un de ces négriers furieux tels que les montrera Mrs. Beecher-Stowe. Ce qui nous intéresse fort, c'est que le narrateur plaint ces Noirs si maltraités : « La moindre hésitation de la part d'un esclave était punie des plus durs traitements, et souvent l'intercession de ses enfants [1] ne servait qu'à accroître sa colère. Nous

1. Ceux de l'oncle.

étions donc obligés de nous borner à soulager en secret des maux que nous ne pouvions prévenir. » Première contradiction entre le conservatisme politique affiché par l'élève de la pension Cordier et un souci de justice dont les fortes têtes du parti ultra non seulement se seraient moquées, mais qu'ils auraient, au nom de l'efficacité, sévèrement condamné.

Aucun des autres convives du banquet de chez Edon n'aura, dans un si court délai, non seulement achevé mais entrepris sa part du livre collectif. Le pari est perdu par ces auteurs en herbe au profit d'un seul. Le banquet littéraire n'y survivra pas.

Les débris de galions espagnols — et aussi un sens bien compris de l'utilisation du crédit — avaient permis au général Hugo d'acheter, non loin de Blois, le château de Saint-Lazare. Sous le nom de sa compagne, Léopold avait acquis cet ex-bien national pour 36 000 francs. Ils vivaient là tous les deux, dans cette grande maison de maître, flanquée d'un logement de « closier » et de jardinier, d'un pressoir, d'une cour, d'une basse-cour, de jardins, de promenades, de charmilles, de bosquets, de vignes et de terres labourables, tout cela clos de murs et « contenant 9 hectares 72 ares 48 centiares ». Aujourd'hui, un tel domaine marquerait, pour le fisc, un dangereux signe extérieur de richesse. Point au début du XIXe siècle. On payait peu ou prou le personnel, les impôts n'accablaient personne. Bref, on pouvait vivre dans une grande demeure avec de petits moyens.

C'était le cas de Léopold Hugo.

Il peut compter sur 7 840 francs par an dont 6 400 sont destinés à éteindre ses dettes, à verser la pension qu'il doit à sa femme — 100 francs par mois — et celle qu'il verse à ses fils. Habiter un château avec 1 440 francs par an ? Est-ce possible ? C'est possible.

Cette exiguïté de moyens permet d'expliquer — sans l'excuser — la rigueur avec laquelle il a élevé ses enfants, les échanges tantôt amers tantôt furieux qui l'ont opposé à eux, l'habitude trop fréquente de Léopold de ne leur accorder que des épithètes injurieuses.

A ses ordres, il a bien fallu qu'ils se plient. Ils l'ont fait sans humilité inutile, avec au contraire une dignité qui force l'estime. Une fois, une seule, leur colère a éclaté. Eugène s'étant adressé à Decotte sur un ton qui n'a pas plu à celui-ci, le maître de pension a donné un soufflet à cet élève de dix-huit ans. Averti, le général a donné raison à Decotte, affirmant que, si cela se reproduisait, il faudrait mettre le coupable en prison et son frère aux arrêts pendant un mois. Cette rigueur toute militaire lui a valu, de la part d'Abel, une volée de bois vert.

Abel à Léopold, 26 août 1817 : « Où tout autre se glorifierait de tels enfants, tu ne vois que des misérables, des polissons, prêts à déshonorer un nom que tu as rendu recommandable par ta " carrière " militaire. Lis tous les journaux, lis les rapports du secrétaire perpétuel de l'Académie, lis surtout le *Journal du Commerce*, l'ex-*Constitutionnel* du 26 août, tu verras qu'il est d'autres carrières de gloire que la carrière militaire, tu y verras que le plus jeune de tes fils a débuté dans la carrière par un triomphe. Eugène n'a pas été si heureux, mais le mérite de Victor ne lui ôte pas le sien. O mon père, voilà pourtant les enfants que tu poursuis avec tant de fureur, des enfants qui, loin de chercher à déshonorer ton nom, voudraient te faire hommage de leurs couronnes. Non, mon père, je te connais, tu as écrit cette fatale lettre mais ton cœur ne l'a pas dictée. Tu aimes encore tes enfants ; un mauvais génie, un démon de l'enfer, auquel tu devrais plutôt attribuer tes malheurs qu'à notre respectable mère, un démon qui sans cesse attaché à tes pas fascine tes yeux et ne te montre que des signes de haine où tu trouverais des preuves d'amour si tu osais t'approcher de cœurs qui te chérissent, un être familiarisé avec la calomnie et le mensonge a empoisonné à tes yeux l'action de mes frères... Un jour viendra que tu nous connaîtras mieux, tu verras dans tout son jour hideux l'infernale créature dont je veux te parler, l'heure de notre vengeance sera arrivée, nous retrouverons notre père, et l'artisan de malheur tremblera à son tour. »

Depuis, Léopold, profondément blessé, n'a plus voulu correspondre avec Abel. Quant à ses deux autres fils : « Je n'écris jamais que peu de lignes à ses frères, parce que tous, ainsi que lui, sont sourdement du parti de leur mère et que je n'ai que de mauvais procédés à espérer pour les énormes sacrifices qu'ils me coûtent tous et qui me ruinent. »

Puisqu'ils sont maintenant maîtres de leur destin, Eugène et Victor fomentent à la fin de l'année scolaire 1817-1818 un de ces coups d'État qu'affectionnait leur mère : adieu Polytechnique ! Ils le font savoir à leur père pour qui la nouvelle a dû représenter une amertume de plus. Grande question : quelle profession embrasser ? Ah ! ils sont malins, les frères Hugo ! Ils jurent qu'en faisant leur droit, en trois années ils auront accès à une « carrière lucrative ». C'est sûr, archisûr. Seulement, il faut que papa paye. *20 juillet 1818* : « Nous te proposons de nous donner 800 francs à chacun pour nos dépenses. Nous voudrions te demander moins, mais tu sentiras que cela nous est impossible, si tu considères que tu nous donnes déjà 300 francs pour notre entretien et qu'avec 500 francs de plus nous ne pourrons, sans la plus stricte économie, subvenir aux frais de notre nourriture, à l'achat de nos livres, au paiement de nos inscriptions et diplômes, etc. » Léopold se résigne. Va donc pour le droit : « Je ne trouve point vos prétentions exagérées... Je vous ferai compter à chacun, et par douzièmes, 800 francs par an... »

Le 17 août, Victor obtient le 5e accessit de physique au Concours général en traitant de la « théorie de la rosée ». Pour cette ultime confrontation avec l'Université, la science rejoint la poésie. Officiellement Victor n'achève que ses études secondaires. Il ne franchira plus jamais le seuil d'une école.

Joie infinie : le 8 septembre, Eugène et Victor quittent la pension Cordier pour aller demeurer chez leur mère. Sophie n'habite plus rue du Cherche-Midi. Elle s'en est allée loger au troisième étage du no 18 de la rue des Petits-Augustins, un immeuble qui naguère a fait partie d'un couvent. Fatalité des lieux de culte chez l'incrédule Sophie Hugo. Là, point de jardin, mais une consolation : des fenêtres on aperçoit les beaux restes du parc de l'ancien hôtel La Rochefoucauld. Aussitôt entrés dans l'appartement, Victor et Eugène se sont mis en quête d'un cabinet de travail. Pour étudier le droit ? Non, bien sûr. Pour faire des vers. Sophie leur a assigné une petite pièce dont la fenêtre unique donnait sur une cour encombrée par un étrange amoncellement de pierres tombales : celles des rois de France chassés de Saint-Denis par la Révolution.

Ces monuments vont exercer sur Victor une véritable fascination. Vivre dans la familiarité des sépulcres de ceux qui avaient si longtemps régné sur la France l'enivre littéralement. Quand Louis XVIII décidera de reconstituer à Saint-Denis la nécropole dérobée, quand les déménageurs emporteront les pierres pour les replacer dans la basilique, il éprouvera comme un déchirement. Il sentira alors que, pour exister, méditer, écrire, une certaine pesanteur lui était nécessaire : celle qui nous vient des siècles et que nous appelons l'histoire. C'est donc assis sous les voûtes d'un ancien couvent, en contemplant les vestiges de trois dynasties que l'adolescent enfin libre va composer ses adieux à l'enfance :

O temps ! Qu'as-tu fait de cet âge ?
Ou plutôt qu'as-tu fait de moi ?
Je me cherche, hélas ! et ne vois
Qu'un fou qui gémit d'être sage [1]....

L'année 1818 marque pour Victor Hugo l'accès à la liberté, certes, mais surtout l'engagement dans cette carrière des lettres qu'il appelle depuis tant d'années de ses vœux. Ce qu'il ressent — nous en sommes sûrs — c'est cette sorte d'appétit dévorant, cette boulimie intellectuelle qui a concerné tous les hommes au moment d'accomplir une vocation.

Je le cherche, ce Victor Hugo de seize ans. Je me souviens de ce petit garçon peint par Adèle : « dans un coin, pleurnichant et bavant sur son tablier ». Je me souviens de Pierre Foucher si frappé de le voir « dans sa première enfance, malingre, chétif et ne paraissant pas vouloir de la vie ».

Dois-je penser qu'au sortir de la pension Cordier, le garçon reste débile, physiquement s'entend ? Il a voulu lui-même en imposer l'image :

Quand je sortis du collège, du thème,
Des vers latins, farouche, espèce d'enfant blême,
Et grave, au front penchant, aux membres appauvris [2]...

Je préfère me reporter au même M. Foucher qui nous dépeint Victor à sa sortie de pension : « C'était un jeune homme florissant de santé et vivant dans la plénitude de ses hautes facultés. » Avec cela, un adolescent précocement mûri. Bientôt, il écrira à Adèle : « Tout jeune que je suis, la douleur est pour moi une vieille connaissance avec laquelle il me serait maintenant bien cruel de renouer [3]. »

Est-ce d'un naturel — et farouche — désir de revanche que lui est venue cette habileté de se « promouvoir » lui-même dont nous constatons qu'il use déjà remarquablement ? Je n'ai pas voulu alourdir ce récit, mais les citations étaient tentantes de toutes ces lettres qu'il a écrites de sa pension aux académiciens, de ces remerciements trop

1. *Odes et Ballades*
2. *Les Contemplations*, I, VII.
3. *Lettres à la fiancée*, 22 mars 1822.

empressés aux uns et aux autres, de ces fleurs — aux bouquets trop parfaitement composés — dont il accable tous ceux à qui il croit devoir quelque chose, mais dont il espère obtenir plus encore. Il sait qu'il s'engage dans une carrière plus que difficile : périlleuse. Il pense que ce n'est pas un crime de vouloir aider le talent par l'habileté.

Politiquement, où en est-il ? Royaliste, toujours, et même à la pointe du royalisme. Biscarrat, fort à droite, trouve qu'il va trop loin ! Dans ces années-là, la jeunesse des écoles est libérale, elle lit Benjamin Constant, elle applaudit le député Manuel, bientôt elle sera dans la rue. Pour comprendre Hugo, il faut revenir à sa mère. Il ne cesse de dire qu'il est du parti de sa mère. Cela s'expliquait quand il avait douze ans. Mais à seize ? Il s'acharne à mettre de la logique dans son choix politique. Ses poèmes royalistes — singulièrement ceux de 1818 : *la Mort de Louis XVII, les Vierges de Verdun* — s'affirment comme une condamnation sans appel des excès de la Terreur. Il faut dire que 1793 est très proche encore, qu'il ne faut pas chercher bien loin pour rencontrer des témoins qui, sous le couperet de la guillotine, ont perdu un père, une mère, un mari, une épouse. La peine de mort infligée pour combattre une idée correspond pour Hugo à une inexplicable aberration. C'est en cela peut-être qu'il nous est si proche. Pour détester la peine de mort en matière politique — et bientôt toute peine de mort — il ne lui a pas été nécessaire, comme Louis-Philippe d'Orléans, de se souvenir d'un père mort sur l'échafaud. Il a senti, voilà tout. Parce que Hugo sent. Mieux, plus vite, plus profondément que d'autres. Nous-mêmes avons grandi en admettant souvent une justification raisonnée de la Terreur. « La révolution est un tout », nous disait-on. Il a fallu, pour nous convaincre qu'il n'est pas de « bonne » terreur, de gigantesques équivalences contemporaines. J'aime aujourd'hui que les condamnations les plus sévères des tribunaux de 1793 soient formulées par de jeunes historiens de gauche.

L'ultraroyalisme de Hugo est de son âge. Pour lui, les libéraux sont les héritiers des guillotineurs. Donc, guerre aux libéraux qui

> Voudraient nous rendre égaux en abattant nos têtes [1].

1. *Réponse à Ourry, Cahier de vers français,* III.

Cela est simpliste ? Bien sûr. Mais Hugo a seize ans. Et puis, il y a Chateaubriand, son idole. Il épouse ses querelles, ses indignations. Il hait Decazes parce que Chateaubriand méprise Decazes. Il frémit quand il l'entend s'écrier, justement cette année-là : « Je suis la voix du prophète qui annonçait sa ruine à Jérusalem. » Dans ces moments, il rêve de s'atteler lui aussi, au service de l'État, à un char que conduirait Chateaubriand. Biscarrat, fin comme l'ambre, tout en le moquant d'aller si loin, lui jure qu'il sera un jour ministre. Est-il sincère en se récriant ?

Une femme a retrouvé le bonheur, c'est Sophie. Elle s'est battue, longuement, durement avec cette « âpreté » que remarquait en elle Pierre Foucher. Elle a gagné. Ses fils sont à ses côtés. Si Eugène l'inquiète, elle voit grandir l'autre, en génie et en beauté. Dès les premiers essais littéraires de Victor, Sophie a eu la certitude que le talent de cet enfant forcerait toutes les admirations. Victor sera un grand homme : voilà une chose qu'elle ne songe même pas à discuter, ni que l'on discute devant elle. Les inscriptions à l'école de droit que Victor va prendre le 19 novembre 1818, le 15 janvier 1819 et le 15 août de la même année ? Fichaises. Elles sont bonnes pour tromper le bourreau de Blois. Pour elle, l'important, c'est que Victor — et aussi Eugène — s'assoient chaque matin à la table de leur cabinet, face à la cour où s'amoncellent les débris des tombeaux des rois. Ce qui compte, c'est qu'ils écrivent des vers. Et puis, quand vient le soir, Sophie s'habille, elle revêt sa robe de mérinos amarante que recouvre un cachemire jaune à palme, se coiffe de son chapeau de paille orné d'une « frisure ». Escortée de ses deux grands fils, elle quitte la rue des Petits-Augustins pour s'en aller à pied jusqu'à la rue du Cherche-Midi. Là où habitent toujours ses amis Foucher. Ceci, chaque soir.

« Aussitôt le dîner, écrit Adèle, tous les trois arrivaient. Les deux grands garçons allaient devant se donnant le bras, madame Hugo marchait derrière. »

Sophie trouve là, au coin de la cheminée, à droite, un fauteuil toujours prêt. Sans ôter son châle ni son chapeau, elle s'assoit, tire un ouvrage de son sac. Le maigre et jaune M. Foucher se tient de l'autre côté de la cheminée, gardant soigneusement à portée sa tabatière et sa bougie. A quelque distance, autour d'une table où l'on a posé la lampe, se placent, sans oser hasarder jamais la moindre modification à ce rituel, Mme Foucher, sa fille Adèle, Eugène et Victor.

Manuscrit d'Adèle : « Mon père passait sa soirée à lire. Ses livres n'étaient pas des livres de louage, il ne lisait que des livres de bibliothèque, ce qu'on appelle des bouquins. En lisant, il brûlait ses bas, c'était systématique. Il en avait quatre ou cinq paires les unes sur les autres. Il mettait ses pieds sur les tisons, c'était aussi accepté que de les mettre sur les chenets, les trous faits par le feu aussi simples que des trous d'usure.

« Madame Hugo regardait pétiller le bois, sa prise de tabac entre les doigts. Elle prisait aussi. De temps en temps, elle disait à mon père : " Monsieur Foucher, voulez-vous une prise ? " ou bien mon père offrait sa tabatière. C'étaient souvent les seules paroles et les seuls mouvements de la soirée, ma mère toute à ses aiguilles ne disait mot, moi j'étais pensive, et Madame Hugo avait élevé ses enfants à ne jamais parler sans être interrogés. Je me suis souvent demandé depuis pourquoi Madame Hugo se dérangeait : changer un coin de feu pour un autre coin de feu ne valait pas beaucoup la peine. »

En fait, ces mornes heures auraient paru insupportables à Victor et Eugène s'il n'y avait eu Adèle. En 1819, elle n'a pas seize ans. Il faut la voir telle que l'a peinte à cette époque Julie Duvidal, sa maîtresse de dessin, « élève du baron Gérard, et de Mlle Godefroid ». C'est ainsi, en écoutant crépiter le feu de bois, que la voient Victor et Eugène. Ils la contemplent qui tire l'aiguille, adorable sous la lampe, le front bombé, les sourcils arqués et un peu trop fournis, le nez droit, les grands yeux noirs aux paupières dorées, la bouche comme gourmande, prête à sourire. Ils la regardent, sa tête enveloppée par ses cheveux noirs aux reflets bleus, bouclés mais sans artifice, assemblés en grappe de part et d'autre d'oreilles exquises.

Elle est belle, Adèle Foucher. L'étrange de l'affaire, c'est que les parents Foucher, fort austères l'un et l'autre, vigilants au-delà du possible sur le chapitre de la morale et des convenances, n'aient pas senti le risque qui pouvait découler de ces soirées où tant de beauté était offerte à tant de jeunesse ; c'est qu'ils n'aient rien surpris de ce qui était flagrant : à chaque instant, Victor quittait son livre des yeux, à chaque instant, c'est Adèle qu'il regardait.

Où en est-il, Victor, avec les femmes ? Nulle part. Nous avons surpris chez lui, depuis l'enfance, la continuité d'un intérêt qui ressemble à de l'avidité. Ces jeunes femmes qui mettent leurs bas, ces chevilles entrevues, ces jarretelles qui frémissent et le font frémir, ces dos nus, la peau mate de Pépita, les élans mal contrôlés que lui inspire Mme Lucotte, tout cela n'est pas seulement le signe que Victor est intéressé par la femme, mais celui qu'elle le fascine. *Odor di femina.*

Nous qui connaissons l'avenir et savons que l'octogénaire Hugo restera doté d'un tempérament flamboyant, nous pouvons facilement imaginer les élans d'un adolescent tourmenté par la puberté. Dans ses *Adieux à l'enfance*, il y a ces vers :

Je soupire et je dis toujours :
Le bonheur passe avec l'enfance ;
Tel le cherche dans les amours,
Qui le perd avec l'innocence.

Ce qui lui attirera, de la part d'Eugène, une critique féroce : « On croit entendre un vieux libertin. Quelle honte d'avouer qu'on a perdu son innocence à seize ans ! »

La vérité, c'est qu'il ne l'a nullement perdue. Les femmes, il se contente de les dévorer des yeux — de loin.

Jeannette avait quinze ans, c'est en mai que rimeur
Et lycéen, je vis passer cette primeur... [1]

La vérité, nous la trouvons dans cet aveu : « J'ai toujours redouté d'aborder une femme. » Elle est aussi dans *les Contemplations* :

Je ne savais que lui dire ;
Je la suivais dans le bois,
La voyant parfois sourire
Et soupirer quelquefois.

Je ne vis qu'elle était belle,
Qu'en sortant des grands bois sourds
— Soit, n'y pensons plus ! dit-elle
Depuis, j'y pense toujours.

Il n'ose pas. Et il ne tient pas à oser. Pourquoi ? Parce que sa mère n'a cessé de lui montrer, de lui répéter que le plaisir illégitime est un vice. Les drames de sa propre jeunesse sont nés de ce vice-là, c'est-à-dire des amours irrégulières de son père, qu'il connaît, et de celles de sa mère, qu'il soupçonne. Les sociologues, qui dressent des statisti-

1. *Pierres.*

ques à propos de tout, ont remarqué que les enfants de divorcés se mariaient plus tard que les autres. A seize ans, Victor a « programmé » sa vie professionnelle. Il en fait autant pour sa vie sentimentale. S'il brûle de désirs — comment en serait-il autrement ? — il les réfrène. Et même, il demandera à sa mère de le préserver des tentations :

Toi qui de mon enfance heureuse
Soutenais les pas chancelants,
Viens de ma jeunesse fougueuse
Contenir les écarts brûlants [1].

Alors, rien ? Rien. Dans l'inestimable document que représentent les lettres qu'il adressera à Adèle durant leurs fiançailles, il revient sans cesse sur sa pureté. Il est vierge et il en est fier parce qu'il se garde pour celle qu'il aime. Le don qu'il attend d'elle, il juge équitable qu'elle le reçoive de lui : « Absente, présente, je t'ai toujours aimée, et c'est parce que j'ai voulu en tout temps te rendre un culte aussi pur que toi, que je suis inaccessible à ces tentations, à ces séductions auxquelles l'immorale indulgence du monde permet à mon sexe et à mon âge de succomber » (15 octobre 1820). « O mon Adèle, je conserverai, comme toi, sois-en sûre, jusqu'à la nuit enchanteresse de nos noces, mon heureuse ignorance. Je t'apporterai des caresses aussi neuves que celles que je serais si heureux de recevoir de toi » (28 août 1822).

En attendant, chaque soir, rue du Cherche-Midi, il regarde Adèle. Elle est élevée sévèrement, bourgeoisement, quitte peu sa mère. Celle-ci, excellente ménagère, lui enseigne à bien tenir une maison. Quand elle se promène dans les rues de Paris — jamais seule — Adèle, comme toutes les jeunes filles de son temps, doit marcher les yeux baissés. De là, quelle surprise de la voir, pendant les soirées de l'hôtel de Toulouse, lever parfois les yeux de son travail d'aiguille ! Quelle surprise de la surprendre jetant un regard vers les garçons ! Elle néglige Eugène. Elle ne voit que Victor, sa beauté plus châtaine que blonde, son front mat. Victor dont il n'est pas sûr, pas sûr du tout, qu'elle ait lu le moindre vers. Mais Victor, déjà, dans leur petit cercle, célèbre.

Un garçon de dix-sept ans qui occupe des soirées

1. *Adieux à l'enfance.*

entières à regarder une fille. Une fille de seize ans, croyant n'être pas devinée, qui regarde ce garçon : voilà qui promet des lendemains auxquels le destin peut associer soit des chagrins accablants, soit des joies sans limite. Tout dépend évidemment du destin.

En janvier 1819, Sophie doit s'aliter avec de la fièvre. Le médecin appelle cela une fluxion de poitrine, mais un avenir proche prouvera qu'il s'est trompé. Victor, qui ne fait jamais rien à demi, se consacre de jour et de nuit à soigner sa mère.

Cette année-là, l'Académie de Toulouse met au concours pour son prix de poésie un thème qui ne plaide pas pour son indépendance politique : « le Rétablissement de la statue de Henry IV ». Elle faisait depuis longtemps partie du paysage parisien, cette statue du bon roi, à la pointe de l'île de la Cité. La Révolution l'avait déboulonnée ; le cheval et son cavalier avaient fini en canons. A la demande de Louis XVIII, et à la suite d'une souscription publique, le sculpteur Lemot venait d'achever une nouvelle statue équestre. Elle ne manquait pas d'allure, mais elle pesait très lourd. A ce point que les chevaux chargés de tirer le char sur lequel on l'avait posée n'avaient pas suffi à la tâche, il avait fallu que les passants s'y missent, prouvant en même temps la force de leurs bras et leur fidélité monarchique. Victor passait par là. Il avait poussé comme tout un chacun.

Ce souvenir lui est revenu en mémoire et l'idée de concourir lui est passée par la tête. Quand sa mère est tombée malade, il n'y a plus pensé. Un soir que la fièvre laisse un peu de répit à Sophie, elle interroge son fils : cette ode, l'a-t-il envoyée ? Il répond qu'il ne l'a même pas commencée. Sophie se désole : le délai pour l'envoi du manuscrit tombe le lendemain. Fâché d'avoir peiné sa mère, Victor attend que celle-ci s'endorme. Dans la nuit, tout en la veillant, il compose l'ode entière. Au matin, ouvrant les yeux, Sophie en trouve le texte sur son lit. Nous imaginons sans peine son émotion. La nôtre est moins évidente. Rien que de prévu dans la facilité qui éclate presque à chaque vers. L'alexandrin se mêle à l'octosyllabe avec une incroyable aisance. Hélas, l'infaillibilité formelle ne débouche que sur une sorte de chant néoclassique, fort réussi mais qui ne nous trouble à aucun moment.

L'ode est mise à la poste. Accompagnée, pour faire bonne mesure, par deux autres pièces : *les Derniers Bardes,* et *les Vierges de Verdun.* Quelques jours plus tard, Victor reçoit cette lettre de Toulouse :

« Depuis que nous avons vos odes, monsieur, je n'entends parler autour de moi que de votre beau talent et des prodigieuses espérances que vous donnez à notre littérature. Si l'académie partage mes sentiments, Isaure n'aura pas assez de couronnes pour les deux frères. Vos dix-sept ans ne trouvent ici que des admirateurs, presque des incrédules. Vous êtes pour nous une énigme dont les muses ont le secret.

« Agréez, etc...

« SOUMET. »

Cet Alexandre Soumet — on disait couramment « notre grand Alexandre » — avait connu la gloire à Paris. Il avait lui-même obtenu aux Jeux floraux de Toulouse en 1811 la « grande amarante d'or » pour une *Ode sur la naissance du roi de Rome.* Les temps ayant changé, il vient de composer un *Éloge de Louis XVI.* Il s'est d'ailleurs expliqué : « Il est permis d'y voir un effet des événements politiques. » Bien sûr. Soumet s'est montré bon prophète : *les Derniers Bardes* vont obtenir une mention ; *les Vierges de Verdun* l' « amarante réservée ». Quant au *Rétablissement de la statue de Henry IV*, il se voit attribuer le « lys d'or », la plus haute récompense décernée par l'Académie de Toulouse !

Le « lys d'or » à dix-sept ans, voilà qui dépasse — et de loin — la mention décernée deux ans plus tôt par l'Académie française. L'ode paraît en juin, dans le *Recueil de l'Académie des Jeux floraux.* On en parle — et beaucoup. Surtout, Soumet va mettre en rapport le jeune Victor avec certains de ses amis, lesquels vont se révéler fort utiles. C'est par Soumet que Victor va faire la connaissance d'un haut fonctionnaire des Domaines, Jacques Deschamps de Saint-Amant, vieil homme doté de deux fils poètes : Émile et Antoni Deschamps. Autour d'eux, Victor va prendre l'habitude de rencontrer un certain nombre d'écrivains et de poètes, monarchistes comme lui : notamment Henri de Latouche, Jules Lefèvre, Belmontet. Dans ce même salon de la rue Saint-Florentin, Victor va connaître un jeune officier féru de poésie, un certain Alfred de Vigny. Il l'y verra souvent accompagné de deux de ses amis de la Maison militaire du Roi, à laquelle il appartient lui-même : Gaspard de Pons et le comte d'Oudetot. Tout ce monde oscille du libéralisme à l'ultraroyalisme, mais communie dans une même certitude : c'est le catholicisme qui sauvera la France.

Hugo, toujours loin de toute religion, glisse vers une conviction nouvelle : l'État royal n'assurera une authentique liberté qu'en proscrivant les idéologues toujours enclins à jeter la France dans une dictature révolutionnaire. Il n'assoira définitivement son autorité qu'en s'appuyant sur une religion nécessaire. Ainsi Victor, fidèle du Trône, s'affirme partisan de l'Autel. Proclamation toute politique, où la foi n'a rien à faire mais seulement la raison. L'équivalent du mot trop célèbre de Voltaire : « Si Dieu n'existait pas il faudrait l'inventer. » Vigny se souviendra avec un peu de nostalgie du Victor Hugo de ce temps-là : « Il était un peu fanatique de dévotion et de royalisme, chaste comme une jeune fille, un peu sauvage aussi, cela lui allait bien. »

Les nouveaux amis de Victor, s'ils sont en quête — comme tous les Français de cette époque — d'un avenir pour cette France qui se cherche depuis 1789, ne sont nullement des adeptes du « politique d'abord ». Ils sont à l'écoute d'une autre France, celle qui donne à la chose littéraire une place qui ressemble à une primauté. En s'enfiévrant pour les vers et pour la prose, on se venge de l'assoupissement public où 1815 a plongé la France. Jamais les cabinets de lecture n'ont eu tant de clients [1]. La place que donnent les journaux à la littérature pourrait s'expliquer par l'impossibilité où l'on se trouve de discuter librement de politique. En fait, elle correspond tout simplement aux exigences des lecteurs.

De quoi parlent, rue Saint-Florentin, les nouveaux amis de Victor ? Avant tout de Chateaubriand. Mais ils distinguent mal ce qu'il y a de neuf chez l'auteur de *René*. Peut-être, comme un jeune homme qu'ils ne connaîtront que plus tard et qui se nomme Sainte-Beuve, ont-ils « frémi » en lisant *René*. Si cela est, ils seraient en peine d'expliquer pourquoi. Ils lisent Goethe aussi bien que Byron, Schiller aussi bien que cet André Chénier si inconnu et que justement Latouche vient de révéler au public ; mais ils se proclament toujours classiques. Ces hommes de trente ans se gardent de traiter en protecteurs l'adolescent Victor Hugo. S'ils en éprouvaient la tentation, le sérieux dont le jeune homme enveloppe toutes ses attitudes leur en ôterait l'envie. Car le joli Victor est grave, nous dirions trop grave. Peut-être parce qu'il sent la nécessité de se conserver le

1. Voir la révélatrice étude de Françoise Parent-Lardeur : *les Cabinets de lecture sous la Restauration*, 1982.

respect que son œuvre — et non sa jeunesse — lui a acquis.

On ne savait pas ce qu'était le « lys d'or », rue du Cherche-Midi. On l'a appris très vite. Au printemps de 1819, les Foucher louent quelques pièces flanquées d'une tourelle à Gentilly, la campagne en ce temps-là. Chaque dimanche, les quatre Foucher s'y rendent, pour respirer le bon air. Sophie Hugo va prendre l'habitude de les rejoindre et de partager leur repas de midi, appelé alors dîner. Comme, dans ces villages perdus, on manquait de fruits, Sophie en apporte régulièrement. Adèle se souviendra d'un beau panier de fraises que « le bon Eugène avait dans les mains en arrivant, et du visage rouge de Mme Hugo. Il faisait très chaud et elle avait fait la route à pied ». Mais l'important, le voici : « Un matin, Madame Hugo avait donné à Victor une commission pour la maison. Ce devait être l'été. Les jalousies étaient baissées et les fenêtres ouvertes, ce détail m'est bien présent. Victor me remit un papier plié. J'avais une appréhension de l'ouvrir devant lui, je le dépliai seulement après son départ. Il contenait des vers, un madrigal, une façon de vers à Chloris, ce que les jeunes filles appellent des vers amoureux. Je me rappelle de celui-ci :

Et le pupitre égare l'écrivain.

« A quoi cela avait-il trait ? Lui avais-je prêté aide pour écrire ? La raison m'échappe. Ces vers de vaudeville, cette note badine, préludaient à un sentiment sérieux. »

En croyant se rappeler que cela se passait en été, Adèle se trompait. Hugo ne nous a pas seulement fourni la date de ce grand événement, il nous en a fait connaître le déroulement : « C'est le 26 avril 1819, un soir où j'étais assis à tes pieds, que tu me demandas mon plus grand secret, en me promettant de me dire le tien. Tous les détails de cette enivrante soirée sont dans ma mémoire comme si c'était d'hier, et cependant depuis il s'est écoulé bien des jours de découragement et de malheur. J'hésitai quelques minutes avant de te livrer toute ma vie, puis je t'avouai en tremblant que je t'aimais, et après ta réponse, mon Adèle, j'eus un courage de lion. »

Comme ces Hugo — pour le plus grand bonheur du biographe — ont pris l'habitude de tout nous confier d'eux-mêmes, Adèle prend le relais.

Manuscrit : « Je ne veux point analyser, raconter, m'arrêter sur ce grand amour tombé sur moi, pauvre enfant de la foule. Ces souvenirs me sont sacrés, j'en suis heureuse et ils me rendent confuse. Je voudrais ensevelir dans mon cœur cette aurore, cette pensée hermine, voiler ce rayon blanc. Et pourtant, puisque c'est la vie de mon mari que je raconte, il faut bien dire son mariage... Un feuillet de la vie est terminé, on a un passé, déjà, on peut dire " autrefois ". Ces pleurs sans raison, ces joies de rien, ces mélancolies maladives, ces rêves de l'impossible, ces défaillances d'un mot, cet agenouillement pour un regard, ces petits bras tendus à la mère, l'enfance, l'adolescence, ces parfums, ces effluves de frais amours remontent dans les clartés, et tout cela ne reviendra plus. C'est un commencement de mort, le premier point mis à la vie. »

Arrêtons-nous. Selon Adèle, c'est Victor qui a pris l'initiative en lui remettant un message assez sibyllin. Selon Victor, Adèle, la première, lui a demandé de lui confier son « plus grand secret ».

Pourquoi les deux versions ne seraient-elles pas complémentaires ? Hugo a d'abord remis à Adèle ce madrigal qu'elle a cru comprendre sans en être sûre. Alors, le soir venu, elle l'a questionné sur son « grand secret ».

Ce soir-là, ils se séparent, ivres tous deux — mais elle avec plus de retenue que lui — du bonheur le plus pur, celui de l'amour sincère, avoué, partagé. Le premier. « Après ta réponse, mon Adèle, j'eus un courage de lion. »

Adèle et Victor vont s'écrire régulièrement. Ces lettres ont été précieusement conservées dans une grosse enveloppe sur laquelle Adèle a écrit : « Confiées à la piété de mes enfants. Lettres que m'a écrites mon mari avant mon mariage. » C'est trop de modestie. Dans la même enveloppe, les lettres d'Adèle voisinent avec celles de Victor. Ce qui les rapproche, c'est que chacun a écrit sur le papier qui lui est tombé sous la main. Les missives de Hugo sont de toutes dimensions, l'écriture court, cherchant comme avec acharnement tous les endroits libres du papier. Adèle utilise aussi des feuillets disparates, souvent dérobés dans le secrétaire du bon M. Foucher. L'écriture de Hugo est nerveuse, rapide. Celle d'Adèle appliquée, mais se déformant tout à coup pour traduire l'inquiétude : « Adieu, maman revient. » Ces lettres-là s'échelonnent de janvier 1820 à octobre 1822, célébrant d'abord des fiançailles pour s'achever par un mariage. Un mot les recouvre toutes, ces lettres : *secret.*

Car il n'est pas question de confier cet amour-là à leurs

parents. En 1819, cela ne se fait pas. Ce sont les parents qui choisissent à une jeune fille son futur mari, à un jeune homme sa future femme.

Seraient-ils tentés de tout avouer qu'ils entendent déjà les exclamations sur leur jeunesse, leur imprudence condamnable, l'impossibilité à leur âge de sentiments durables. Ils savent aussi qu'un tel langage leur serait insupportable. Donc, on feindra. Il faut, en apparence, que rien ne soit changé. Ce n'est pas facile.

Manuscrit d'Adèle : « Victor m'avait dit : “ Je vous aime. ” Pour lui, c'était dire : “ Vous êtes ma femme. ” Il allait travailler, gagner de l'argent, afin de pouvoir se marier. La littérature devait subvenir aux besoins, soutenir seule le ménage. J'avais mon père, ma mère, des frères [1] ; l'appartement était resserré et nous pouvions rarement nous parler. Quand il avait quelque chose à me dire, un conseil à me donner, une plainte à faire, et c'était souvent, il m'écrivait. Une épingle de moins à ma guimpe le fâchait, la plus petite licence de langage le choquait. On peut imaginer ce que pouvaient être ces licences dans un intérieur si chaste que ma mère ne pouvait admettre qu'on prêtât un amant à une femme mariée. Elle n'y croyait pas. Il voyait des périls, prenait à mal une infinité de choses où je n'apercevais rien de mal. Sa pensée allait loin, et je ne pouvais tout prévenir. J'étais simple et la simplicité ne prévoit pas l'imagination. »

Rien de plus vrai : cet amant vierge est un fiancé peu commode. Ses lettres nous apparaissent souvent comme des cris de jalousie qui nous sembleraient puérils s'ils n'étaient si sincères. Le 4 mars 1822, à 10 heures et quart du soir, il lui écrit :

« Je voudrais, Adèle, que tu craignisses moins de crotter ta robe quand tu marches dans la rue. Ce n'est que d'hier que j'ai remarqué avec peine les précautions que tu prends... Je n'ignore pas que tu ne fais en cela que suivre les opiniâtres recommandations de ta mère, recommandations au moins singulières, car il me semble que la pudeur est plus précieuse qu'une robe, bien que beaucoup de femmes pensent différemment. Je ne saurais te dire, chère amie, quel supplice j'ai éprouvé hier et aujourd'hui encore dans la rue des Saints-Pères, en voyant les passants détourner la tête et en pensant que celle que je respecte comme Dieu même était, à son insu et sous mes yeux, l'objet de coups d'œil impudents. J'aurais voulu t'avertir, mon Adèle, mais je n'osais, car je ne savais quels termes employer pour te rendre ce service. Ce n'est pas que ta

1. A quarante-cinq ans, Mme Foucher avait donné naissance à un second fils.

pudeur doive être sérieusement alarmée. Il faut si peu de chose pour qu'une femme excite l'attention des hommes dans la rue. Toutefois je te supplie désormais, bien-aimée Adèle, de prendre garde à ce que je te dis ici, si tu ne veux m'exposer à donner un soufflet au premier insolent dont le regard osera se tourner vers toi... »

Quand Adèle répond, elle le fait avec un bon sens qui, avouons-le, enchante : « J'étais bien loin de penser que ma tenue avait quelque chose de peu convenable, et, quoique j'eusse la prétention du contraire, je n'en accueille pas moins ton avis avec reconnaissance. Maman a raison lorsqu'elle me dit d'être propre et de ne pas laisser traîner ma robe dans la boue. Toutes les femmes ont cette précaution et on ne les remarque pas. Mais moi qui fais toutes ces choses d'une manière ridicule, je ne m'étonne pas si je me fais remarquer. Je t'assure que j'y ferai attention. »

Heureusement, la prose de Victor est aussi un long cri d'amour :

« Il est donc vrai que tu m'aimes, Adèle ? Dis-moi, est-ce que je peux me fier à cette ravissante idée ? Est-ce que tu crois que je ne finirai pas par devenir fou de joie si jamais je puis couler toute ma vie à tes pieds, sûr de te rendre aussi heureuse que je serai heureux, sûr d'être aussi adoré de toi que tu es adorée de moi ? Oh ! ta lettre m'a rendu le repos, tes paroles de ce soir m'ont rempli de bonheur. Sois mille fois remerciée, Adèle, mon ange bien-aimé. Je voudrais pouvoir me prosterner devant toi comme devant une divinité. Que tu me rends heureux ! Adieu, adieu. Je vais passer une bien douce nuit à rêver de toi. Dors bien et laisse ton mari te prendre les douze baisers que tu lui as promis et tous ceux que tu ne lui as pas promis (janvier 1820). »

Car il a suffi qu'ils s'avouent leur amour pour qu'il soit son *mari* et elle sa *femme*. Il déteste le mot fiancé, qu'il trouve conventionnel et douceâtre. Leur amour demeure pur, comme au premier jour. Lui se consume en désirs, mais ne demande rien. Elle, pieuse, convaincue de ses devoirs, se croit coupable alors même qu'elle vit dans l'innocence. Un baiser lui semble un péché. D'où la lettre qu'on vient de lire. Pour un poème qu'il lui a dédié, elle a promis des baisers : douze. Sur les joues bien entendu. Puis elle est revenue sur sa promesse, n'en a accordé que quatre. Cette pureté de Hugo, Vigny à tort l'appellera dévotion : « Il était dévot au point qu'un jour au bal il détourna les yeux en voyant de jeunes personnes décolletées comme on l'est pour danser et me dit : “ Ne sont-ce pas là des sépulcres blanchis ? " » Le Hugo de ce temps-là, c'est très exactement le Marius des *Misérables*. Un véritable autoportrait : « Il était à cette saison de la vie où l'esprit des hommes qui pensent se compose, presque à proportions égales, de profondeur et de naïveté. Une situation grave étant donnée, il avait tout ce qu'il fallait pour être stupide, un tour de plus, il pouvait être sublime. Ses façons étaient réservées, froides, polies, peu ouvertes. Comme sa bouche était charmante, ses lèvres les plus vermeilles et ses dents les plus blanches du monde, son sourire corrigeait ce que toute sa physionomie avait de sévère. A de certains moments, c'était un singulier contraste que ce front chaste et ce sourire voluptueux. Il avait l'œil petit et le regard grand. »

Jusqu'à la description physique de Marius qui correspond à celle de Hugo [1] : « Marius à cette époque était un beau jeune homme de moyenne taille... un front haut et intelligent, les narines ouvertes et passionnées, l'air sincère et calme, et sur tout son visage je ne sais quoi qui était hautain, pensif et innocent. Son profil dont toutes les lignes étaient arrondies sans cesser d'être fermes, avait cette douceur germanique qui a pénétré dans la physionomie française par l'Alsace et la Lorraine... [2] » Même la Lorraine y est.

Un détail, mais qui compte : nul, à part les membres de sa famille, n'a jamais tutoyé Hugo. Comment ses lettres d'amour de ce temps-là ne se ressentiraient-elles pas de cette raideur ? Elles sont passionnées, bien sûr, mais l'on y chercherait en vain cette légèreté, ces fantaisies dont les amants aiment à semer leur correspondance. Ce paroxysme va durer près de trois ans : « Un amour pareil à celui que j'ai pour toi, mon Adèle, élève tous les sentiments au-dessus de la misérable sphère humaine. » Il pare Adèle de toutes les vertus, de toutes les perfections : « Je vois Dieu en toi. Je l'aime en toi » ; « Je suis une chose qui est à toi » ; « Tu es pour moi tout ton sexe parce que tu m'offres l'ensemble de tout ce qu'il y a de parfait ». Anticipant Ruy Blas, il se jette à ses pieds : « Pardonne-moi d'être si peu de chose et d'avoir levé les yeux si haut. » En fait, ce qui lui advient est arrivé à bien d'autres : il aime, certes, il aime follement, mais Adèle représente à ses yeux bien plus une image qu'une réalité. Elle en a conscience,

1. M. Jean-Luc Mercié y voit à juste titre une « copie conforme ».
2. *Les Misérables*.

elle le détrompe sans cesse, jurant qu'elle ne ressemble en rien au portrait qu'il ne cesse de tracer d'elle.

Ses lettres à elle ? Je ne partage pas l'opinion de ceux qui, les lisant, ont cru pouvoir l'accabler. Certes, elle fait des fautes d'orthographe, et de grosses. Elle use d'une langue souvent pauvre — ce n'est qu'après quarante ans de vie commune avec Hugo qu'elle deviendra écrivain, preuve que cela s'apprend. Elle recourt trop souvent aux clichés. Mais comment oublier que, devant l'incompréhension de ses parents, elle ira jusqu'à envisager de fuir avec lui ? Ce qui ne l'empêche pas de souffrir mille morts : « On est bien malheureuse, Victor, quand on désire l'absence de sa mère... Je suis désolée, quand je veux faire ma prière, de ne pouvoir adresser à Dieu que des oraisons de bouche et que toute mon âme soit portée vers toi. C'est certainement une chose bien triste... Quand ma pauvre mère a le dos tourné, je prends ma plume en cachette et la trompe... »

Elle garde ses lettres dans une boîte de carton à compartiments. Elle les cache sous ses dessins. Ce qui accroît son angoisse, c'est que ses parents ont fini par soupçonner qu'il y avait anguille sous roche. D'où une vigilance tardive qui embarrasse aussi bien Victor que sa « femme ». Aux réunions de la rue du Cherche-Midi comme aux dimanches de Gentilly, on les voit embarrassés, contraints. Ce qui désespère Adèle : « Ce n'est pas assez pour moi d'être malade de chagrins et de peine ! Il faut encore que je t'ennuie dans le peu d'instants que tu es avec moi... » Elle insiste : « L'ennui, il est peint sur ton visage et jusque dans tes moindres paroles... »

Il n'en peut plus, il craint de la perdre. Une idée lui traverse l'esprit qui nous rappelle que nous sommes à l'aube du romantisme : pourquoi ne l'épouserait-il pas secrètement ? Il passerait une nuit avec elle et se tuerait le lendemain : « Personne n'aurait de reproches à te faire. Tu serais ma veuve... Un jour de bonheur vaut bien une vie de malheurs... » Une phrase, dans cette prose où s'opposent violence et sagesse : « Maintenant, tu es la fille du général Hugo. Ne fais rien d'indigne de toi ; ne souffre pas qu'on te manque d'égards ; maman tient beaucoup à ces choses-là. » L'invite m'apparaît d'autant plus importante qu'il lui avoue par ailleurs, chaque fois qu'il écrit à son père, éprouver du remords : il a l'impression de trahir sa mère. Il n'en ordonne pas moins à Adèle d'être digne du général.

Ce père qui lui a fait tant de mal et dont, malgré tout, il est si fier.

Ce ne sont plus seulement les parents qui formulent des soupçons, ce sont les commères du quartier qui jasent sur les visites de Victor. Et Mme Foucher qui naturellement l'apprend, et qui tranche : « Adèle, si tu ne cesses pas, si les propos que l'on tient sur ton compte continuent toujours, je me verrai forcée de parler à M. Victor, ou plutôt à sa mère, et tu seras cause, ma fille, que je me brouillerai avec une personne que j'aime et que j'estime beaucoup... »

Affolée, Adèle supplie Victor d'être prudent. Il promet et, la rage au cœur, convient qu'il sera opportun de ne plus se voir qu'une fois par mois. On en est là quand, le 26 avril 1820 — un an exactement après l'aveu —, la foudre s'abat sur eux.

Ce jour-là, devant Mme Foucher, Adèle laisse tomber une lettre de Victor. Sa mère aperçoit la feuille blanche, couverte d'une fine écriture. D'un air irrité que sa fille ne lui connaissait pas, elle s'écrie :

— Qu'est-ce que cela ? Dis-le-moi. Je le veux.

Manuscrit d'Adèle : « Je lui racontai tout. Je n'ai jamais trop su mentir. Je ne m'en fais pas une vertu. Ma paresse en est cause un peu. Combiner une histoire me fatigue, je m'empêtre dans les calculs, j'éprouve comme un poids, j'ai le besoin d'en finir et de dire vite ce qui est. Je lui dis l'amour de Victor, que je l'aimais, que nous étions convenus de nous marier. Elle me répliqua “ que ce n'était pas de mon âge de penser au mariage et de recevoir des billets doux. Il lui fallait aller au fond, parler à Mme Hugo, savoir ce que cela voulait dire ”. Soit qu'elle fût étourdie de la révélation, soit par discrétion, elle ne demanda pas à lire la lettre. »

Malgré Victor qui précisait : « c'est d'un 26 avril que dataient mes espérances, c'est d'un 26 avril que data mon désespoir », les biographes de Hugo ont longtemps cru qu'il s'agissait d'une clause de style, que M. et Mme Foucher avaient pris leur temps pour s'en aller parler à la générale Hugo. Le manuscrit d'Adèle donne raison à Victor. Tout s'est passé en une seule journée. *Adèle* : « Quand mon père rentra, elle [ma mère] lui apprit la chose. Tous deux coururent après le dîner, chez Madame Hugo. Elle crut que ce n'était qu'un badinage, une affaire d'enfant. “ Je vais appeler Victor, dit- elle, vous allez voir que ce n'est rien. ” Elle questionna son fils. Il répondit que c'était vrai, qu'il aimait et il ajouta à mon père qu'il était résolu de m'épouser et lui demanda ma main. Madame Hugo était consternée. Elle dit à Victor : “ C'est bien, allez ! ” Elle causa après, se reprochait son imprudence, d'avoir manqué de clairvoyance. Elle ne s'était aperçue de rien, si ce n'est de l'inégalité dans l'humeur de son fils qu'elle attribuait à tout autre cause. »

Rien de plus simple : depuis les succès de Victor, l'admiration que lui porte Sophie s'est hissée à des hauteurs incommensurables. Le fond de son caractère a toujours été l'orgueil. Toutes les humiliations, les épreuves, les chagrins qu'elle a traversés, Victor lui en apportera la revanche : elle en est convaincue comme un chrétien l'est de la divinité de Jésus-Christ. Pour son fils, elle prévoit un avenir éblouissant. Son talent, son génie le lui mériteront. N'étant pas à l'abri du paradoxe, elle qui a rayé de sa vie Léopold Hugo ne manque pas en l'occurrence de rappeler qu'il est général et comte. Héritier de ces titres, Victor peut prétendre à un grand parti, alliant nom et fortune. Cette *petite Foucher,* comme elle dit, elle ne l'a toujours vue que muette dans son coin, n'ouvrant la bouche que pour murmurer des propos ordinaires, ou courbée sur son travail d'aiguille, ou bien encore à la cuisine cherchant avec sa mère la recette d'une crème à la vanille. Comment pourrait-elle envisager de donner à son éblouissant Victor une petite fille si effacée ? Donc, elle est catégorique : « Jamais, moi vivante, un tel mariage ne se fera. » En outre, elle se sent humiliée, furieuse contre elle-même. S'être ainsi laissé duper, avoir manqué à ce point de discernement ! *Manuscrit d'Adèle* : « Ce fils qu'elle conduisait, qui avait la subordination d'un enfant, à sa discrétion entière, dont elle tenait les actions, se faisait homme, décidait son mariage. Elle avait pourtant surveillé. La surveillance était si grande qu'elle comptait le temps de ses fils quand ils sortaient. Elle les attachait à ses jupons pour s'assurer d'eux. Elle craignait les rues, les dangers grossiers, elle n'avait qu'un œil, elle ne voyait pas cet autre danger d'amener chaque jour deux jeunes gens, absolument sevrés de distractions, près d'une jeune fille. La moins agréable, dans ces conditions, devenait séduisante. »

M. Foucher l'écrira : « Mme Hugo est inébranlable dans ses décisions. » Au tour des Foucher d'être humiliés. Est-ce ainsi qu'on traite leur fille chérie ? Qu'on reconduit leur famille au rang d'utilités ? D'autant plus que les Foucher, dans le premier instant, n'ont pas accueilli défavorablement cette idylle. Bien sûr, ces deux enfants sont jeunes. Victor n'a ni fortune ni moyens d'existence. Il faudra attendre. Mais Adèle et Victor ont été élevés ensemble, les familles se connaissent depuis toujours : pourquoi pas ? Depuis que les cancans se sont abattus sur la rue du Cherche-Midi, Mme Foucher n'a cessé de répéter à sa fille : « Je veux que tu jouisses de ta jeunesse. Les soucis viennent toujours trop tôt. » *Manuscrit d'Adèle* : « Elle faisait sa distribution, ma mère ; elle classait la douleur, elle croyait à un âge pour la souffrance. »

Les biographes ont cru aussi que la rupture s'était produite, définitivement, ce soir-là. Nouvelle erreur. Adèle nous révèle qu' « il y eut deux ou trois pourparlers afin de s'entendre sur ce qui était à faire ». Le dernier entretien aura lieu chez les Foucher. « Je n'avais pas vu Mme Hugo depuis les explications. Je me croisai dans l'appartement avec elle. J'avais un bonnet qui venait de tomber. J'en étais contente : j'étais embarrassée, la recherche de mon bonnet me donnait une contenance. Elle me dit, d'un air triste et doux — le contraire de celui de ma mère à la découverte de la lettre — “ je viens de voir ton bonnet, Adèle ”, elle me désignait le bonnet. » Cette fois, tout est consommé. *Victor à Adèle, 26 avril 1821* : « Tu ne sais pas, Adèle, et c'est un aveu que je ne puis faire qu'à toi, tu ne sais pas que, le jour où il fut décidé que je ne te verrai plus, j'ai pleuré, oui, pleuré véritablement, comme je n'avais point pleuré depuis dix ans, comme je ne pleurerai sans doute plus. Je supportai une discussion pénible, j'entendis même l'arrêt de notre séparation avec un visage d'airain ; puis, quand tes parents furent partis, ma mère me vit pâle et muet, elle devint plus tendre que jamais, elle essaya de me consoler ; alors je m'enfuis et quand je fus seul, je pleurai amèrement et longtemps. »

Dans le gros dossier des « Lettres à la fiancée », on ne trouve plus de lettre pour l'année 1820, non plus que pour les deux premiers mois de 1821. J'ai une révélation à faire au lecteur : en ce temps-là, les enfants obéissaient à leurs parents.

Discuter avec sa mère, la convaincre, la fléchir, rien de tout cela n'est venu à l'esprit de Victor. Il connaît le caractère de Sophie. Il sait trop, ayant pris un parti, qu'elle s'y est toujours tenue. Il l'a confié lui-même : dans un premier temps, la séparation avec Adèle a signifié pour lui « la nécessité de mourir ». Après quoi, il s'est dit que son devoir était de lui « conserver un défenseur » tant qu'elle pourrait « en avoir besoin ». Alors : « Depuis ce jour, je ne respire, je ne parle, je ne marche, je n'agis qu'en pensant à toi ; je suis comme dans le veuvage ; puisque je ne puis être près de toi, il n'y a plus de femme au monde pour moi que ma mère ; dans les salons où j'ai été jeté, on me croit l'être le plus froid qu'il y ait, nul ne sait que j'en suis le plus passionné. »

Et elle ? Elle ne pourrait avoir des nouvelles de Victor que par ses parents. Or M. et Mme Foucher ne lui parlent jamais de Victor. Elle n'ose pas les questionner. Elle pleure. *Manuscrit d'Adèle* : « On dirait que c'est partout la loi à la nuit de suivre le jour. Nous nous aimions et la désunion est venue. L'amour a délié la longue amitié, notre jeunesse a séparé les vieux amis. »

Entre elle et lui, l'ignorance de ce que fait l'autre, de ce qu'il pense. L'attente, la souffrance. Le silence.

VI

LES MARIÉS DE SAINT-SULPICE

Le général Hugo, au doyen de la faculté de Droit, 28 avril 1820 : « Monsieur le Doyen. Je paie depuis deux ans à mes jeunes fils Eugène et Victor une pension pour qu'ils étudient en droit à l'université de Paris. Mais je n'ai jamais pu apprendre d'eux s'ils suivent les cours avec exactitude et quelque distinction. J'ignore même si une entreprise littéraire que les journaux seuls m'ont apprise, et des motifs de laquelle l'un d'eux avait fait l'éloge le plus touchant et le plus mensonger (puisque je paie régulièrement une autre pension à la personne pour le prétendu soutien de laquelle cette entreprise aurait lieu) ; j'ignore, dis-je, si l'entreprise dont je parle n'a pas entièrement arraché mes fils à leurs études. Aurez-vous l'obligeance, Monsieur le Doyen, de me faire connaître le nombre des inscriptions déjà prises et celles encore à prendre pour eux, ainsi que votre opinion sur la manière dont ils se disposent à subir les premiers examens qui auront lieu ? »

Le voilà qui rentre en scène, le général Hugo. Précisément deux jours après le verdict familial qui a séparé Victor et Adèle. Du fond de son prieuré blésois, au milieu de ses bois, de ses labours et de ses vignes, le général a bien raison d'être inquiet. Victor a pris sa quatrième inscription le 21 novembre 1819, la cinquième le 14 janvier. Tout au long de l'année 1820, il persévérera. Sa dernière inscription sera du 15 janvier 1821. Mais il n'a acquis aucun grade à la faculté de Droit. Pour cela, il aurait fallu suivre les cours, ce dont il s'est bien gardé.

Peut-être Hugo a-t-il pensé d'abord qu'il pourrait conjuguer l'état d'avocat et la carrière des lettres. Au début de 1820, il ne le croit plus. C'est l'époque où il déclare tranquillement à Soumet qu'il entend vivre de sa plume et qu'il deviendra pair de France. L'époque où, avec ses frères, il vient de lancer une revue, *le Conservateur littéraire.*

Ce périodique tout neuf est à l'origine de la nouvelle colère du général Hugo. Si elle éclate, c'est que se trouve en cause la personne qu'il hait le plus : sa femme. Le 3 mars précédent, le journal *le Conservateur* fait paraître un article saluant la naissance d'une nouvelle revue publiée par de jeunes écrivains dévoués à la bonne cause. Cet article expliquait que « ces intéressants jeunes gens » s'étaient donné un but extra-littéraire : subvenir aux besoins d' « une mère distinguée », laquelle les avait dotés de « bons principes ». Le rédacteur mettait le comble à son dithyrambe en concluant : « Heureux jeunes gens d'avoir une mère qui ait senti le prix de l'éducation ! Heureuse mère de voir ainsi couronner ses soins ! »

Pour Victor, l'apparition du *Conservateur* a tout à coup conforté des positions dont la fermeté restait plus pragmatique que théorique. En ce temps, il se compare à un « jeune jacobite ». Comprenons qu'il veut être assimilé aux partisans de Jacques II d'Angleterre, adversaires farouches du changement de dynastie, qui avaient porté au pouvoir Guillaume III d'Orange. Victor ne veut pas du duc d'Orléans, fils de Philippe-Égalité, derrière lequel il sait que s'engouffreraient tous les libéraux honnis. Pour lui *le Conservateur* de Chateaubriand est donc l'organe des « jacobites », bien plus que celui des ultras au nombre desquels il ne se reconnaît pas. « Être Ultra, se souviendra-t-il dans *les Misérables*, c'est aller au-delà, c'est être partisan des choses au point d'en devenir l'ennemi, c'est être aussi fort pour, qu'on est contre. » Convenons que le jugement vaut pour tous les temps.

Le titre même du *Conservateur littéraire* est un hommage à Chateaubriand. On s'inscrit dans sa foulée, on se propose d'être le reflet, dans le domaine des lettres, de ce que le grand homme exprime en politique. Si le titre est de Victor, l'idée de publier une revue appartient à Abel. Un ami de celui-ci a imprimé l'ode de Victor *A la Vendée*, ainsi que la satire du *Télégraphe.* Cela s'est vendu « passablement ». Puisque l'on peut ne pas perdre d'argent avec la littérature et peut-être en gagner, l'entreprenant Abel a pensé à une revue où les trois frères Hugo écriraient et, s'il le fallait, quelques amis. La première livraison va paraître le 11 décembre. En fait, c'est Victor qui, de décembre 1819 à mars 1821, alimentera presque seul la revue, Abel, pris par ses affaires, s'occupera surtout, hors quelques études hispaniques non sans intérêt, de l'administration et de la diffusion de la publication. D'ailleurs, il n'est pas d'homme plus modeste que l'excellent Abel. Il répète sans la moindre aigreur : « Moi, je n'ai pas de talent [1]. » Eugène, de plus en plus sombre, de plus en plus lointain, doit se faire arracher quelques vers par ses frères, cependant que Biscarrat, toujours à Nantes, s'alarme de cette inactivité. Il faut à tout prix le faire travailler : « Faute de quoi, c'est un jeune homme perdu... » Mais comment rendre la vie à celui qui la refuse ? Alors Victor écrit, écrit. Il ne s'accorde aucun loisir. Il piaffe, s'acharne, explose. En seize mois, voulant donner au public l'impression d'une rédaction nombreuse, il écrit sous onze pseudonymes et livre au *Conservateur littéraire* cent douze articles, longs comme on les faisait en ce temps-là, solidement charpentés, allant au fond des choses. Sans compter vingt-deux poèmes inédits.

D'emblée, on s'interroge : certes, Victor a reçu une solide formation classique, mais pouvait-on soupçonner qu'il eût engrangé une érudition aussi vaste ? On ressent l'impression qu'il a tout lu, tout vu, tout compris. Rendant compte d'un livre qui vient de paraître, les comparaisons fusent, les références à l'Antiquité, aux littératures espagnole, anglaise, allemande. Ce qui frappe tout autant, c'est l'intelligence de l'analyse, la force de la pensée, la fermeté du style. Il marche armé d'une certitude tranquille, la même qu'il exprimera dans la préface des *Odes* de 1824 : « Les plus grands poètes sont venus après de grandes calamités publiques. » Il s'interroge : « Quand donc ce siècle aura-t-il une littérature au niveau de son mouvement social, des poètes aussi grands que ses événements ? » Toujours le paradoxe : il répudie la Révolution et l'Empire mais sans cesse leur grandeur l'obsède. Raison de plus, s'écrie-t-il, « haro sur la littérature plate », devenue intolérable « puisqu'il n'y a plus là de Bonaparte pour résorber le génie et en faire des généraux ».

Contrairement aux espérances d'Abel, *le Conservateur littéraire* ne va pas enrichir ses fondateurs. Il ne va pas non plus les ruiner. On lit la revue des Hugo. On en parle. Et bien davantage on parle du principal rédacteur, ce Victor Hugo si jeune, si jeune, et dont tout le monde, désormais, répète qu'étant à dix-huit ans parvenu si loin, il est impossible de savoir jusqu'où il ira.

1. *Manuscrit d'Adèle.*

Cette époque de la Restauration, qui nous semble si paisible, dément à chaque instant son propre cliché. Deux camps s'opposent, inexpiablement, comme ils continueront de s'affronter tout au long du XIXe siècle. L'un veut que l'histoire soit figée comme les rois réunis en Sainte-Alliance, l'an 1818 à Aix-la-Chapelle, ont, avec une belle assurance, décidé qu'elle devait l'être ; l'autre veut qu'on brise tous les liens, que l'autorité appartienne à tous et que plus rien, jamais, ne soit immobile. En 1819, les tensions se sont exacerbées. « L'année 1820, écrit *le Constitutionnel*, commence sous de tristes auspices. Tout le monde se plaint. » Le 13 février, coup de tonnerre : un certain Louvel assassine le duc de Berry, fils du comte d'Artois et dernier héritier du trône. Berry n'ayant pas de fils, Louvel a cru éteindre définitivement la dynastie des Bourbons. C'est seulement un peu plus tard que l'on apprendra que la duchesse est enceinte. La naissance du duc de Bordeaux, futur comte de Chambord, accréditera le mythe : « l'enfant du miracle ».

Dans les milieux ultras, la colère gronde. On en est assuré : le poignard qui a tué le duc de Berry ne peut être que libéral !

Je ne suis pas sûr que Victor Hugo ait éprouvé un profond attachement pour ce prince un peu niais, qui, de façon maladroite, avait tenté de se rallier les grognards de Napoléon, comme *l'autre*, en leur tirant l'oreille. L'ennui est qu'il n'avait pas la manière. Le prince laissait une jeune femme charmante et des petites filles que l'opinion plaignit. Si l'homme était indifférent à Hugo, le principe lui tenait trop à cœur pour qu'il ne réagît point violemment. Le résultat sera l'*Ode sur la mort du duc de Berry*, écrite dans les heures qui ont suivi l'annonce de l'assassinat et qui va paraître dans le numéro de mars du *Conservateur littéraire*. Elle fera grand effet. Louis XVIII, fort ému, aimera à en réciter quelques vers à ses courtisans :

Monarque à cheveux blancs, hâte-toi, le temps presse ;
Un Bourbon va rentrer au sein de ses aïeux ;
Viens, accours vers ce fils, l'espoir de ta vieillesse ;
    Car ta main doit fermer ses yeux...

Sans doute ces vers reflètent-ils un sentiment sincère, mais nous souscrirons plutôt au jugement postérieur de Hugo, reconnaissant que l'esprit de parti avait guidé sa plume, au point de l'amener à composer des vers où « la douleur va jusqu'à la rage, l'éloge jusqu'à l'apothéose, l'exagération dans tous les sens jusqu'à la folie et au fanatisme ». Comparer la duchesse de Berry à la Vierge Marie était tout de même un peu fort, surtout — et c'était le cas — si cela était dit sérieusement ! Victor ira jusqu'à demander que l'on soit impitoyable pour l'assassin, ce qui nous choque chez un homme déjà hanté — nous le savons — par le problème de la peine de mort.

Ce n'est pas insulter à la douleur des Bourbons de penser qu'une telle prise de position d'un jeune poète déjà connu était une aubaine pour le pouvoir. Louis XVIII témoignera de sa satisfaction en faisant verser 500 francs de gratification à l'auteur. Ils viendront à point pour combler les manques quotidiens laissés par la maigre pension du général Hugo. De même que les 361 francs 50 centimes que lui vaudra, le 8 mai suivant, son ode *Moïse sur le Nil*, primée par l'Académie des Jeux Floraux. Chateaubriand a lu l'*Ode sur la mort du duc de Berry* et en a entretenu l'un de ses familiers, un certain M. Agier. Il lui a dit que l'auteur était un *enfant sublime*. Agier va s'empresser, dans un journal, de rapporter le mot de Chateaubriand. On juge si cette parole du grand écrivain fut répétée partout. Selon Adèle, c'est de ce moment que Victor entra dans « la vraie célébrité ». Plus tard, Chateaubriand croira devoir jurer que jamais il n'avait dit cela. Cela en un temps où Hugo lui-même sera devenu libéral alors que son ancien maître à penser restait légitimiste. En fait, il n'existe aucune raison sérieuse de considérer le mot comme apocryphe. En 1820, tout le monde l'a connu, chacun l'a répété et Chateaubriand n'a nullement démenti.

Victor est allé remercier Agier, lequel lui a vraiment conseillé de se rendre sans retard chez Chateaubriand. Hugo hésite, il craint de balbutier devant l'idole. Il faut que sa mère lui intime quasiment l'ordre d'y aller, cette Sophie qui, dit drôlement Adèle, « ne riait plus d'Atala depuis qu'Atala admirait son fils ». Le lendemain, à 7 heures du soir, M. Agier vient chercher Victor. Les voilà tous les deux chez Chateaubriand, au numéro 27 de la rue Saint-Dominique. On les introduit chez le grand homme. Victor voit un salon meublé simplement, avec des sièges recouverts de housses grises. Il découvre aussi, assise sur une causeuse, une dame qui n'est autre que Mme de Chateaubriand et qui ne se dérange pas plus que « si c'était un automate qui venait d'entrer ». René, marqué par l'âge, est debout, adossé à la cheminée, avec je ne sais quoi de militaire dans l'allure, engoncé dans une énorme cravate noire qui dissimule le col de la chemise, cependant que son petit corps voûté s'enveloppe d'une redingote noire, boutonnée jusqu'en haut. Ce qui frappe le jeune poète, c'est le nez, d'une ligne ferme et impérieuse, l'œil fier, le sourire charmant, « mais ce n'était qu'un éclair et la bouche reprenait vite l'expression sévère et hautaine ». Courtois, il se dit enchanté de voir l'auteur de ces vers qu'il a aimés :

— Il y a, surtout dans les derniers, des choses qu'aucun poète de ce temps n'aurait pu écrire. Mes vieilles années et mon expérience me donnent malheureusement le droit d'être franc, et je vous dis sincèrement qu'il y a des passages que j'aime moins ; mais ce qui est beau dans vos odes est très beau.

Victor devrait planer au comble de la béatitude, « pourtant il y avait dans l'attitude, dans l'inflexion de voix, dans cette façon de distribuer les places, quelque chose de si souverain, que Victor se sentit plutôt diminué qu'exalté. Il balbutia une réponse embarrassée et eut envie de partir ». L'arrivée de deux disciples du maître le détourne de cette idée. Il restera jusqu'à la nuit et ne partira que lorsque Chateaubriand, ayant omis de demander de la lumière et se taisant lui-même, aura signifié qu'il était temps de prendre congé. Un mot aimable cependant pour Victor : il souhaite le revoir, précisant qu'on le trouve chez lui tous les jours de 7 à 9 heures du matin. Horaire propre à frapper d'admiration un adolescent à qui, depuis l'âge de raison, on a seriné que l'avenir appartient aux gens qui se lèvent tôt.

Victor hésite à donner suite à l'invite. La condescendance le gêne décidément aux entournures. Encore une fois, c'est sa mère qui le tance. Il s'en va sonner chez M. de Chateaubriand, est cette fois plus aimablement reçu, prend l'habitude des visites qui finissent par l'enchanter. Le vieil écrivain se confie. Un jour, il lui dit, d'un air de mystère, que dans son jeune temps, il a composé des vers. Il tient même à en lire quelques-uns à Victor. Celui-ci juge *in petto* que l'idole a bien fait de ne pas persévérer. Au beau milieu de l'entretien, un domestique apporte une immense cuvette remplie d'eau. Devant Victor, Chateaubriand laisse tomber successivement tous ses vêtements, se met nu comme un ver, entre dans un bassin où son domestique le lave et le frictionne. Après quoi, il fait la toilette de ses dents, « qui étaient fort belles et pour lesquelles il avait toute une trousse de dentiste ». Comme ragaillardi par ce nettoyage à fond, il reprend ses propos, ceci avec une liberté qui sidère Victor. Quand il évoque la censure :

— Quel gouvernement ! Ce sont des misérables et des imbéciles. La pensée est plus forte qu'eux, et ils se blesseront à la frapper. S'ils ne compromettaient qu'eux ! Mais ils perdront la monarchie à ce jeu-là.

Chateaubriand, nommé ambassadeur à Berlin, fera dire à ce Victor qui semble l'avoir définitivement conquis qu'il souhaite l'emmener dans la capitale prussienne. Étonné, le jeune homme vient avec effusion le remercier d'une proposition qu'il décline d'ailleurs, expliquant qu'il ne peut quitter sa mère.

— Est-ce seulement votre mère ? demande M. de Chateaubriand pour la première fois tout sourire.

Le bruit de la porte fait se retourner le visiteur : Mme de Chateaubriand vient d'entrer. Jusque-là elle n'a jamais paru le connaître ni même l'apercevoir. D'autant plus vive est la surprise de Victor de la voir venir à lui, plus amène encore que son époux.

— Monsieur Hugo, je vous tiens et il faut que vous m'aidiez à faire une bonne action. J'ai une infirmerie pour les vieux prêtres pauvres. Cette infirmerie me coûte plus d'argent que je n'en ai. Alors, j'ai une fabrique de chocolat. Je le vends un peu cher, mais il est excellent. En voulez-vous une livre ?

Victor a sur le cœur les grands airs de Mme de Chateaubriand. L'envie lui prend sur-le-champ de l'éblouir.

— Madame, j'en veux trois livres.

Le but est atteint. Mais Victor est ruiné.

Qu'importe pour lui la pauvreté ? La seule chose qui compte c'est l'interdiction continuelle de rencontrer Adèle. C'est qu'il meurt d'amour pour elle. Je dis bien : il meurt.

Aucune nouvelle de l'élue, de sa « femme ». Son désespoir, il le fera revivre par Marius lorsque celui-ci aura cru Cosette enfuie : « Une idée douce lui restait, c'est qu'*Elle* l'avait aimé. » Il n'aurait qu'un mot à dire, trois lignes à écrire et ses affres se dissiperaient peut-être. Il n'ose. Les semaines passant, et les mois, il s'est persuadé qu'Adèle a dû s'éloigner de lui. Il ne se méprend pas totalement. Les Foucher répètent à leur fille que si ce M. Victor s'était présenté rue du Cherche-Midi, on l'aurait reçu. Suprême duplicité : les Foucher connaissent bien Victor et encore mieux Sophie.

Que faire ? Victor se hasarde à de petites ruses. Il envoie

le Conservateur littéraire aux Foucher. En juillet, il y insère une élégie sur les malheurs d'un poète médiéval, Raymond d'Ascoli, qui lui ressemble comme un frère. Mais il est loin d'être sûr qu'elle aura compris, ou même qu'elle l'aura lu. Il était grave, il devient sombre. Est-ce pour cette raison que, dans ce même mois de juillet, Sophie l'encourage à se rendre au bal de Sceaux, alors fameux et dont parlera Balzac ?

Quand il y parvient, la fête bat son plein : odeurs fortes et flonflons, danseurs en cohue, couples qui tournoient. Lui, sévère à son accoutumée et que rien ne déride, promène son regard sur cette foule qui lui ressemble si peu. Tout à coup il tressaille. Cette jeune fille, au bras d'un autre, qui s'alanguit au rythme de la danse, quoi, c'est Adèle ! Jalousie, si familière à cet Othello en herbe, chagrin qui dans l'instant contrarie l'extraordinaire bonheur de la retrouver. Elle, à son tour, l'aperçoit. Et elle ne veut ni ne peut lui parler !

A cette époque, il tient un carnet où il griffonne aussi bien des vers, des réflexions, des notes pouvant servir à des écrits futurs — et qui serviront. Surtout, ce carnet est un journal d'amour, avec cette particularité qu'il ne s'y trouve pas un seul mot d'amour. Adèle en est le sujet principal, presque unique. C'est pour elle qu'il a ouvert ce journal. Or la première ligne nous dit ceci : « 16 juillet 1820 — Bal de Sceaux — *je t'en prie.* » Sur ces trois syllabes, on est libre d'échafauder un roman. Je le vois, entre deux danses, profitant de l'éloignement de Mme Foucher, esquisser des gestes qui sont des appels, multiplier les mimiques, tenter éperdument d'obtenir un entretien, si bref soit-il. Je vois Adèle, épouvantée, qui lui fait signe que sa mère va revenir : non, non, c'est impossible. Lui insiste : *je t'en prie.* Sans obtenir rien.

Il n'oubliera pas ce bal de Sceaux. Il y conduira même Marius venu y chercher Cosette qu'il avait — lui aussi — perdue. Comme lui, Marius quitte le bal et s'en retourne « à pied, seul, las, fiévreux, les yeux troubles et tristes dans la nuit, ahuri de bruit et de poussière par les joyeux coucous pleins d'êtres chantants qui revenaient de la fête et passaient à côté de lui, découragé, aspirant pour se rafraîchir la tête l'âcre senteur des noyers de la route ».

Dans le carnet, aucune autre mention avant le 10 septembre : « Dimanche 10 7bre au Luxembourg. 1820. reciproqt ». Victor utilise une sorte de code, ou plutôt un système d'abréviations. Mme Hugo est là, vigilante, et ne se fait pas scrupule de fouiller dans les affaires de ses fils. Autant employer un langage qui — Victor l'espère — lui demeurera hermétique. L'abréviation *reciproqt*, donnée ailleurs sous la forme *Rt*, signifie que Victor a aperçu Adèle mais que Adèle, aussi, a vu Victor. Ce qui ne veut pas dire qu'ils se soient parlé.

Entre ces deux dates — juillet et septembre — Sophie a déménagé. Sa santé inquiète ses fils. Toujours cette toux, toujours cette fièvre. C'est au numéro 10 de la rue de Mézières que l'on est allé habiter : un rez-de-chaussée loué par Abel. Avec un jardin, cette fois. Une attention particulière des frères Hugo : ils espèrent que la vue d'un peu d'herbe, celle de quelques branches aidera leur mère à se rétablir. Elle s'essouffle si facilement ! Un rez-de-chaussée vaudra mieux que trois étages.

Il aime sa mère, Victor, et l'a prouvé cent fois. Mais il ne supporte plus l'absence d'Adèle. Il est à bout. Éperdument, il cherche une porte de sortie. Dans le cadre de ses fonctions au ministère de la Guerre, Pierre Foucher vient de publier un ouvrage parfaitement dénué d'intérêt et destiné seulement aux cadres de l'armée : un *Manuel du recrutement*. Merveilleuse occasion ! *Le Conservateur littéraire* ne propose-t-il pas la critique des livres nouveaux ? Les lecteurs de la revue n'auront pas dû trouver sans quelque étonnement, entre un portrait de Lamartine et des réflexions sur Chénier, un éloge ému des qualités littéraires du *Manuel* de M. Pierre Foucher. Comme entre-temps la duchesse de Berry a accouché d'un fils, Victor a cru devoir consacrer une ode à la *Naissance du duc de Bordeaux*. Les vers sont aussitôt envoyés rue du Cherche-Midi à M. et Mme Foucher. Avec l'espoir, encore, qu'Adèle en prendra connaissance. Ce qui vaut à Sophie une lettre qui n'a dû lui procurer qu'un plaisir mitigé.

Pierre Foucher à Sophie Hugo, 13 octobre 1820 : « Madame. J'avais à remercier M. V. Hugo de son article flatteur sur le *Manuel du recrutement*. J'ai de nouveaux remerciements à lui faire pour le don d'un exemplaire de son ode sur la *Naissance du duc de Bordeaux*. Ma femme est de moitié dans cette dette, car elle a pris sa bonne part du plaisir que ces vers nous ont fait. Les passages : *Tel un fleuve mystérieux ; oui, souris, orphelin*, ont été sentis d'un auditoire qui n'est cependant pas poétique. Vous le savez, personne chez nous ne sait juger les vers... »

Une solution, une seule : ne plus se contenter de suivre — de loin — les pas d'Adèle. L'approcher, lui parler. Pour le moment, Victor en est à guetter les occasions. Il épie la porte et la fenêtre de l'aimée, use des porches et des venelles, se fond dans les murailles, la suit de loin, l'âme en feu. Un soir à 7 heures et demie, il l'aperçoit — *Elle !* — en compagnie de sa mère. Le vendredi 29 septembre, il la surprend également à 7 heures et demie du soir escortée par un certain M. Tiollet. Le carnet indique : *reciproqt.* Donc, s'il l'a vue, elle l'a vu aussi ! Le mercredi 4 octobre, à 5 heures et demie du soir, toujours rue du Cherche-Midi, elle donne le bras, nous ne savons à qui : *reciproqt.* Lui qui ne fréquente pas les offices, il assiste à la messe de Saint-Sulpice, le dimanche 8 octobre, ce qui lui permet d'entrevoir Adèle avec sa mère, cela à midi et demi. Ce dimanche est tout entier consacré à la bien-aimée : il la suit en fiacre jusqu'au numéro 2 du cul-de-sac Desvignes ; toujours en fiacre, et à 2 heures et demie, il la revoit au numéro 37 de la rue Bourbon-Villeneuve ; à 3 heures, il est encore sur ses traces, tandis qu'elle visite le Musée (probablement du Louvre) avec Pierre Foucher ; il est là sans relâche, à 4 heures un quart, cependant que le père et la fille arpentent ensemble le jardin du Palais-Royal, comme Valjean et Cosette le feront du Luxembourg. Quelques lignes non rédigées, la sèche mention des lieux et des heures. Et comme nous le voyons, ce Victor de dix-huit ans, éperdu d'amour, courant sur les traces de celle en qui il a placé toute son espérance. Devant tout ce passage, une grande accolade, un seul mot, perpendiculaire : *réciproquement.* Ainsi à Saint-Sulpice, au cul-de-sac Desvignes, rue Bourbon-Villeneuve, au musée, au Palais-Royal, donnant le bras tantôt à sa mère, tantôt à son père, chaque fois, Adèle la futée a aperçu son amoureux !

Le mercredi 11 octobre, le carnet porte cette mention : « r. du dragon *(parlé)* S à 4 h du soir ». Comprenons qu'elle est seule (S). L'essentiel n'est d'ailleurs pas le lieu, mais le fait. Oui, *il lui a parlé* et surtout il a osé le faire. Quand il l'a abordée, il craignait qu'elle ne l'eût oublié ou qu'elle lui en voulût. Or elle ne l'a pas éconduit, mais lui a répondu dans des termes qui ne lui ont laissé aucun doute : elle l'aime toujours ! Il va désormais noter tous les mercredis — ou presque — une rencontre rue du Dragon ou dans l'une des rues avoisinantes. Tantôt le matin vers 10 heures, tantôt l'après-midi vers 5 heures. Et, du même coup, nous comprenons toute l'affaire. Victor connaît depuis longtemps le goût d'Adèle pour le dessin. Elle suit des cours chez un professeur nommé Julie Duvidal. Ces cours l'occupent toute la journée du mercredi. Et ils se donnent rue du Dragon.

Bienheureux carnet [1]. Il coupe court aux errances des biographes et nous précise, sans hésitation possible, que Victor et Adèle ne se sont pas *parlé* une seule fois entre le 26 avril et le 11 octobre 1820. Il a tenu six mois !

Prenons garde que cette petite Adèle, en acceptant des entrevues clandestines, montre une fois encore une audace immense. Si les parents apprennent ce comportement sans exemple, ils la jetteront dans un couvent : elle le dit dans une lettre à Victor. Son amour ne peut donc faire de doute ni son courage. D'autant plus que les entrevues se multiplient.

Incroyable, ce qu'il passe de temps à l'observer ou à chercher à la voir ! Ils se *parlent* le jeudi 14 à 10 heures et quart du matin. Ils se retrouvent le samedi 16 — à 5 heures moins dix minutes du soir — (il note jusqu'à l'heure précise) rue Sainte-Marguerite. Il la guette le mardi 19 à 4 heures et demie du soir et l'aperçoit rue du Cherche-Midi donnant le bras à son frère. *Recipt.* Il la retrouve le mercredi 20 à 10 heures et demie du matin — seule — et donc peut lui parler. Avec cette mention : *Sans adieu.* Ils se sont donc séparés fâchés. Elle est partie sans un mot, sans dire au revoir. Tout cela dépasse ses forces, Adèle.

Elle lui a proposé de revenir chez ses parents. Il a répondu qu'il le ferait volontiers, à condition que ce retour puisse se faire « honorablement ». Elle n'a pas aimé ce mot. Même en 1819, les filles ne devaient pas apprécier tellement les garçons de dix-huit ans qui font passer l'obéissance à leur mère avant toute chose. La course contre la montre n'en continue pas moins. Le lundi, jour de Noël, il est à Saint-Sulpice, la voit en compagnie de Mme Foucher. Le même jour, à 6 heures et demie, sans doute pour le salut, il est de nouveau à Saint-Sulpice, il l'épie encore — sans qu'elle le voie — et cette fois, damnation ! elle est avec sa mère et son frère. Il lui faut attendre le mardi 26 décembre (il note que c'est ce jour-là que Chateaubriand part pour son ambassade) : à 10 heures et demie du matin, il la rencontre rue de Seine, seule enfin, et l'aborde. Visiblement, ils se réconcilient, puisqu'il parvient à lui parler encore le mercredi matin, à l'apercevoir l'après-midi,

1. Bibliothèque nationale, département des manuscrits, n.a. fr. 1341.

donnant le bras à son frère, puis le jeudi 28, après-midi, encore avec son frère, pour la retrouver seule le samedi 30 à 11 heures et demie du matin — et lui parler !

Le 8 mars 1821, il brûle ses vaisseaux : il écrit à Adèle ! Sa dernière lettre était du 18 avril 1820. S'il se permet cette nouvelle audace, c'est que de nouveau il a rencontré la jeune fille dans un bal. Et que son attitude l'a navré.

Victor à Adèle, jeudi 8 mars 1821 : « Si tu ne m'aimes plus, si tu en aimes un autre que moi, sois heureuse ; car je n'ai de droits sur toi que ceux que tu as bien voulu me donner. Sans doute celui que tu aimes alors est plus digne que moi, je te pardonne donc : mais je ne me consolerai jamais. Si nos deux destinées doivent ainsi être désunies, souviens-toi, quel que soit notre avenir à tous deux, que, dans toutes les situations possibles, tu trouveras toujours en moi un appui certain, un défenseur heureux de te servir. Si tu es heureuse, oublie-moi : si tu es malheureuse, ne m'oublie pas. Adieu... Si tu ne m'aimes plus, tu ne me répondras pas ; mais si tu m'aimes encore, tu me répondras. Adieu, je t'embrasse, mon Adèle, car je me crois encore ton mari. »

Cette lettre, il ne pourra la lui remettre que le 12 mars. Deux jours plus tard, Adèle lui répond :

« Je t'écris à la hâte ce mot pour te tranquilliser, pour te dire que je t'aime toujours, pour t'engager à compter constamment sur moi. En écrivant, je trompe maman : cette idée m'est insupportable, tu vois à quel point tu as de l'ascendant sur moi. Tu es toujours mon ami, mon mari ; tout ce que je puis te dire, c'est d'avoir de la patience, d'être soumis aux volontés de ta mère, de tâcher de l'amener doucement, de travailler avec courage... Je travaille de mon côté beaucoup. Je tâche d'avoir du talent, je voudrais être digne de toi. Adieu, j'ai peur d'être surprise. Adieu, Victor. »

Les fiancés se sont donc réconciliés. Cela ne dure guère. Victor souhaiterait qu'Adèle lui écrive plus souvent mais Adèle tremble toujours que leurs relations secrètes se découvrent dans ce quartier où tant de gens la connaissent : « Il est impossible qu'on ne me rencontre pas te parlant, d'autant plus qu'on sait que tu ne viens plus chez nous, et alors que deviendrais-je ? » Voilà Victor au comble de la contrariété : « Ton billet m'a profondément affligé. J'avais écrit quelques lignes amères, je les ai brûlées ; de quoi ai-je droit de me plaindre ? Ta lettre est prodigieusement raisonnable. Moi, je t'aimais assez pour en perdre la raison. Je suis un fou, un cerveau brûlé. Je me serais jeté pour toi dans un précipice ; tu m'as arrêté avec une main de glace. » Il jure de ne plus lui écrire, de ne plus lui parler, de ne plus la voir. Jamais ! « Sois contente. Il n'y aura que moi de puni, comme il n'y eut que moi de coupable. Cependant, tant que ton bonheur ne sera pas à jamais assuré, je veux vivre, car il faut que si jamais tu as besoin de moi, tu puisses encore me trouver là. Adieu. »

Rassurons-nous, la correspondance reprendra et ils se reverront. Et puis ils se fâcheront de nouveau, se réconcilieront encore. François Mauriac : « Quand un homme se souvient d'une époque où il aimait, il lui semble que rien ne s'est passé pendant ce temps-là [1]. »

Il s'est passé que Victor s'est mis à composer un roman. Oui, un roman. Il l'a intitulé *Han d'Islande.* Un livre plus frénétique que fantastique, bien dans le goût de l'époque où l'on réédite les œuvres d'Ann Radcliffe et où Nodier investit la scène française avec ses vampires. Ce n'est pas un hasard si, dans le mois où il commence à écrire *Han d'Islande,* le fameux Frankenstein, flanqué de sa Créature, vient de faire son entrée chez les libraires français. *Han d'Islande* vient à point. Le jeune Hugo a fait bonne mesure : le sang se déverse à longs flots sur chaque chapitre et un père assoiffé va jusqu'à boire dans le crâne de son fils.

En fait, le roman tout entier n'a été entrepris que pour compenser l'absence d'Adèle. Toujours elle !

Victor à Adèle, 16 février 1822 : « J'avais une âme pleine d'amour, de douleur et de jeunesse, je ne t'avais plus, je n'osais en confier les secrets à aucune créature vivante ; je choisis un confident muet, le papier. Je savais de plus que cet ouvrage pourrait me rapporter quelque chose ; mais cette considération n'était que secondaire quand j'entrepris mon livre. Je cherchais à déposer quelque part les agitations tumultueuses de mon cœur neuf et brûlant, l'amertume de mes regrets, l'incertitude de mes espérances. Je voulais peindre une jeune fille qui réalisât l'idéal de toutes les imaginations fraîches et poétiques, une jeune fille telle que mon enfance l'avait rêvée, telle que mon adolescence l'avait rencontrée, pure, fière, angélique ; c'est toi, mon Adèle bien-aimée, que je voulais peindre, afin de me consoler tristement en traçant l'image de celle que j'avais perdue, et qui n'apparaissait plus à ma vie que dans un avenir bien lointain. »

1. *Journal,* t. I.

Reconnaissons que, dans *Han d'Islande,* au milieu de l'incroyable bric-à-brac d'une épouvante préfabriquée, des caractères insensés, des paysages outrés, des patronymes imprononçables, Hugo a glissé deux héros charmants : Ordener qui était lui-même — et Ethel qui était Adèle.

Victor destinait *Han d'Islande* au *Conservateur littéraire.* Mais la revue des frères Hugo s'éteint en mars 1821. Plus exactement, elle fusionne avec les *Annales de la Littérature et des Arts.* Quand on s'unit à plus puissant que soi, on se donne la mort. Ce qui s'achève, dans la vie de Hugo, c'est, comme l'a dit Sainte-Beuve, « une période décisive : amour, politique, indépendance, chevalerie et religion, pauvreté et gloire, étude opiniâtre, lutte contre le sort en vertu d'une volonté de fer, tout en lui a paru et grandi à la fois, à ce degré de hauteur qui constitue le génie ».

Avec Adèle, il en est toujours à la phase douce-amère où se mêlent et se contrarient l'espoir et le désespoir ; *Victor à Adèle, 26 avril 1821* : « Voici la seconde année du malheur qui commence. Arriverai-je à la troisième ?... Adieu pour ce soir, mon Adèle. La nuit est avancée, tu dors et tu ne songes pas à une boucle de tes cheveux que, chaque soir, avant de t'endormir, ton mari presse religieusement sur ses lèvres. » *Adèle à Victor* : « Voici la dernière fois que je t'écris. Je te donnerai ce mot à la hâte parce que j'ai toute la maison Duvidal sur le dos. Ainsi je ne te verrai plus du tout, cela est impossible, et je ne recevrai plus de tes nouvelles. Je ne tromperai plus maman, mais m'en aura-t-elle plus d'obligations ? Je ne sais pas. » C'est une lave incandescente qui soutient la passion de Victor et Adèle songe surtout aux convenances familiales. Ce qui ne l'empêche pas d'aimer Victor de tout son cœur. Qui d'elle ou de lui est le plus déchiré ?

Ce silence dont elle menace Victor tombe au pire des moments. Sophie Hugo va mal, très mal. Un jour qu'elle a voulu terminer les aménagements d'une plate-bande de son petit jardin, elle s'est sentie assoiffée et elle a bu un verre d'eau. *Manuscrit d'Adèle* : « Elle eut le frisson, puis la fièvre. Une seconde fluxion de poitrine se déclara et les fils de veiller de nouveau la chère malade. On la tira de la période aiguë, mais les poumons étaient engagés ; elle traîna quelques semaines dans une fausse convalescence et reprit le lit à la fin de mai. Le médecin trouva la rechute grave mais conserva l'espérance. Il n'y avait aucune aggravation apparente dans l'état de Mme Hugo et on ne douta pas autour d'elle de la guérison. »

Des fils qui aiment leur mère comme Victor et Eugène aiment la leur ne veulent pas en tout cas douter. Victor conçoit pour Sophie une passion puissante, ardente, quasi brûlante. Elle s'est accrue depuis l'enfance à mesure qu'il a vu sa mère souffrir du fait de son père. L'enfant s'est peu à peu senti protecteur : fils, père, mari en même temps. De là, quand il a fallu choisir entre Adèle et Sophie, l'absence de toute hésitation. Choisir Adèle, c'eût été courir le risque non seulement de perdre sa mère, mais — surtout — que sa mère le perdît, lui, son plus ferme appui.

Le médecin a dit : point d'aggravation. De toute sa foi, Victor espère. Le 27 juin, son frère et lui sont seuls avec Mme Hugo, doucement assoupie. Heureux de la voir si calme, Eugène et Victor ne la quittent pas des yeux.

— Regarde, dit Eugène, comme maman est bien ! Elle dort depuis hier soir, il n'y a pas de trace de souffrance sur sa figure.

Victor opine : assurément, leur mère est sur la voie de la guérison. Il s'approche pour la mieux voir, l'embrasse au front. Il la trouve glacée. Sophie Trébuchet, comtesse Hugo, est morte, ce jour-là, à 3 heures après-midi. Rien, dans le carnet de Victor, n'exprime l'immense douleur dans laquelle il a tout à coup sombré. Mieux que des mots, ce qu'il a tracé sur une page, ce 27 juin, c'est une tête de mort, un point d'exclamation. Et le signe de l'infini.

Seule, Adèle, plus tard, a su ce qu'il avait ressenti. Seule, elle nous l'a dit en quelques phrases naïves, d'autant plus touchantes :

« La mère est morte ! plus rien ! est-ce possible ! Tout à l'heure elle semblait sauvée. Déjà on bâtissait des projets d'avenir avec le cher être et vous voilà, enfants, devant l'inflexible. Vous pleurez, vous criez, vous vous tordez, vous essayez de ranimer ce cadavre, il est de glace. Aucun souffle n'échauffera cette lèvre ; pas une larme ne mouillera cette paupière. Eh ! c'est vrai, vous devez souffrir ! Tout est âcre, présent et passé. Si vous remontez de l'homme à l'enfant, vous trouvez votre mère. Penchée sur vous, âme et corps, elle dirigea vos pas incertains et votre pensée balbutiante. Vous lui apportiez vos vers boiteux et vos rimes dissonantes ; jamais elle ne vous railla et gravement vous reprenait. Vous sanglotez à ces souvenirs. La mère grandit avec vous, la flamme s'affermit sur votre front... De la mère et du guide, rien, pas même le fantôme [1]. »

Anéantis, prostrés, les deux frères ne songent pas même à faire face aux détails obligés d'un décès. Il faut qu'Abel, accouru, s'occupe de tout. Le cercueil de cette incroyante est porté à l'église Saint-Sulpice. Les trois Hugo, quelques amis dont un jeune prêtre, le duc de Rohan, fort amateur des vers de Victor, la conduisent au cimetière de Vaugirard, sa dernière demeure. *Manuscrit d'Adèle* : « Cette terre, l'objet de ses soins, la couvrit ; son corps et les fleurs qu'elle avait tant aimées se confondirent avec elle. »

Jamais Victor n'a éprouvé l'impression d'une solitude aussi accablante. Revenant, l'âme glacée, du cimetière, il s'interroge : quelle raison lui reste-t-il d'exister ? Ce père qui vit à Blois ? Il ne sait rien de lui. Le bon Abel ? Il est bien lointain. Eugène ? Mieux vaut n'en pas parler. Sa fiancée ? Il sait qu'elle continuera de lui être refusée par les Foucher, meurtris pour toujours par l'affront qui leur est venu de Sophie.

Et pourtant, c'est vers Adèle qu'il ira. *Manuscrit d'Adèle* : « Souffrir seul est dur. La douleur, ainsi que le bonheur, veut être partagée ; qui écoutera cette angoisse ? Et Victor courut au conseil de guerre, il y aurait là une jeune âme qui le comprendrait et lui répondrait. » Il fait nuit. Le voici devant l'hôtel de Toulouse. Il découvre les fenêtres des Foucher tout illuminées. Il entend de la musique, des bribes de conversation, des rires aigus qui montent de l'ombre du jardin. De *leur* jardin ! Il se glisse entre les arbres, va coller ses yeux à une vitre bien connue de lui. Il aperçoit Adèle en robe blanche, ses beaux cheveux noirs cernés de fleurs, et qui danse, et qui rit ! Choc affreux qu'il n'oubliera jamais.

Le lendemain, Adèle se promène dans le jardin. Elle voit soudain Victor devant elle. Il est si pâle qu'elle comprend aussitôt. Elle s'élance vers lui :

— Qu'y a-t-il donc ?

— Ma mère est morte. Je l'ai enterrée hier.

— Et moi, je dansais !

Ensemble, les sanglots montent de leurs gorges.

Vêtu de noir, M. Foucher va rendre rue de Mézières une très officielle visite de condoléances. A Victor, il conseille de quitter Paris. Un simple coup d'œil sur les deux jeunes gens lui a suffi : ils sont pauvres, très pauvres. Plus ponti-

1. *Manuscrit d'Adèle.*

fiant que paternel, le chef de bureau rappelle à Victor et Eugène que la vie est moins chère en province. Quand il s'en va, Victor et Eugène se regardent : qu'a-t-il voulu dire avec sa province ? Est-ce donc qu'il les invite à rejoindre leur père à Blois ? La vérité est ailleurs et Victor l'a fort bien comprise : M. Foucher tient surtout que l'amoureux qu'il devine toujours aussi fervent inscrive le plus de lieues possible entre lui et sa chère Adèle.

Il a bien fallu que les trois frères annoncent la nouvelle à leur père. C'est Victor qui a tenu la plume :

Au général Hugo, 28 juin 1821 : « Notre perte est immense, irréparable. Cependant, mon cher papa, tu nous restes et notre amour et notre respect pour toi ne peuvent que s'accroître de ce qu'il ne nous reste plus qu'un seul être auquel nous puissions reporter la tendresse que nous avions pour notre vertueuse mère. Dans cette profonde douleur, c'est une consolation pour nous de pouvoir te dire qu'aucun fiel, aucune amertume contre toi n'ont empoisonné les dernières années, les derniers moments de notre mère. Aujourd'hui que tout disparaît devant cet horrible malheur, tu dois connaître son âme telle qu'elle était : elle n'a jamais parlé de toi avec colère et les sentiments profonds de respect et d'attachement que nous t'avons toujours portés, c'est elle qui les a gravés dans notre cœur... Il ne nous appartient pas, il ne nous a jamais appartenu de mêler notre jugement dans les déplorables différends qui t'ont séparé d'elle, mais maintenant qu'il ne reste plus d'elle que sa mémoire pure et sans tache, tout le reste n'est-il pas effacé ? »

Victor précise que Sophie « ne laisse rien, que quelques vêtements, qui nous sont bien précieux ». Pour payer les frais de la maladie et de l'enterrement, ils ont dû vendre l'argenterie, la montre, etc. Il reste le médecin et quelques autres dettes à payer : « Si tu ne peux t'en charger, nous tâcherons par la suite de les acquitter du produit de notre travail. Le mobilier qui n'est rien appartient à Abel, chez qui maman demeurait avec nous, ne pouvant payer elle-même le loyer. Tout notre but, mon cher papa, est de cesser d'être à ta charge le plus tôt possible. » Victor affirme qu'Eugène et lui vont se hâter d'achever leur droit, « que la maladie de maman nous a fait suspendre pendant quelque temps. Nous gagnerons quelque peu de chose par nous-mêmes, afin de t'alléger le fardeau. Au reste, viens, si tu le peux, ou veuille nous mander tes intentions ». Un mot encore : « Adieu, mon cher papa, je t'embrasse au nom de mes frères abîmés comme moi dans la douleur. »

En post-scriptum, quelques lignes de la main d'Abel qui précise : « Eugène n'est pas dans le cas de t'écrire. »

Léopold ne viendra pas à Paris. Lui-même se débat dans des difficultés d'argent qui rendent un tel voyage presque impossible. Pour lui, le seul résultat tangible de la disparition de « l'exécrable Trébuchet » sera de lui permettre d'épouser enfin Catherine Thomas. Le mariage — civil — sera célébré moins d'un mois après la mort de Sophie, le 28 juillet 1821 à Chabris (Indre). Sur le registre de l'état civil on lira que Léopold Hugo épouse « la dame Marie-Catherine Thomas y Sactoin, âgée de 37 ans, veuve du sieur Anaclet d'Almet, propriétaire ». Cependant qu'une lettre de faire-part annoncera, avec une désinvolture tout autant généalogique qu'orthographique, l'union du général avec « Mme Veuve d'Almé, comtesse de Salcano ».

Les fils Hugo vont choisir d'ignorer le mariage de leur père. Ils ne l'ont ni félicité ni d'ailleurs critiqué. Comment le pourraient-ils ? Ce n'est que grâce aux subsides du général qu'ils pourront tenter de survivre.

Comme l'a prévu Victor, la vindicte des Foucher ne s'est pas éteinte avec la mort de Sophie. Cette année-là, ils se gardent de louer, comme tous les étés, une maison dans les environs de Paris : le jeune Victor surgirait à toute heure du jour et de la nuit de derrière chaque arbre. Ils choisissent Dreux. Cérémonieusement, Victor est venu à l'hôtel de Toulouse rendre à M. Foucher sa visite de condoléances. M. Foucher s'est empressé de l'informer : les vacances se passeront à Dreux, chez le frère de leur belle-sœur Asseline. Ici l'arrière-pensée montre le bout de son nez. La diligence pour Dreux coûte 25 francs. M. Foucher sait que Victor ne les possède pas. Oui, il en est là.

Chez sa mère, il vivait pauvrement. Ce qui commence pour lui, c'est une ère de quasi-misère. Dans quelques semaines — en octobre — Eugène et lui devront rendre l'appartement de la rue de Mézières où est morte Sophie. Au deuxième étage de la même maison, le propriétaire leur proposera une mansarde qu'ils accepteront avec reconnaissance. Mais cette soupente se révélera encore trop chère pour eux. Ils la partageront avec un cousin Trébuchet, prénommé Adolphe, lui aussi venu à Paris faire son droit. Une fois de plus, c'est au Marius des *Misérables* que l'on pense :

« Il mangea de cette chose inexprimable qu'on appelle *de la vache enragée.* Chose horrible, qui contient les jours sans pain, les nuits sans sommeil, les soirs sans chandelle, l'âtre sans feu, les semaines sans travail, l'avenir sans espérance, l'habit percé aux coudes, le vieux chapeau qui fait rire les jeunes filles, la porte qu'on trouve fermée le soir parce qu'on ne paie pas son loyer, l'insolence du portier et du gargotier, les ricanements des voisins, les humiliations, la dignité refoulée, les besognes quelconques acceptées, les dégoûts, l'amertume, l'accablement. Marius apprit comment on dévore tout cela, et comment ce sont souvent les seules choses qu'on ait à dévorer. A ce moment de l'existence où l'homme a besoin d'orgueil parce qu'il a besoin d'amour, il se sentit moqué parce qu'il était mal vêtu, et ridicule parce qu'il était pauvre. A l'âge où la jeunesse vous gonfle le cœur d'une fierté impériale, il abaissa plus d'une fois ses yeux sur ses bottes trouées et il connut les hontes injustes et les rongeurs poignantes de la misère. »

Plus tard, quand ce bourgeois — qu'il est par toutes les fibres de son être — se dressera pour défendre ceux qui n'ont rien, pour dénoncer l'infamie d'une pauvreté devant laquelle ses contemporains ferment délibérément les yeux, il faudra se souvenir qu'il a lui-même touché le fond de cette misère. Ce dont il parlera, il l'aura connu. Et bien.

Comment les 25 francs de la diligence de Dreux ne représenteraient-ils rien d'autre qu'un rêve inaccessible ? Voilà de quoi définitivement rassurer M. Foucher. Comment l'excellent chef de bureau, qui a vu grandir Victor, le connaît-il si mal ? Les Foucher quittent Paris en voiture, le 15 juillet. Victor se met en route dès le 16. De quelle manière ? A pied naturellement !

Le 16, ce néophyte du marathon marche de Paris à Versailles où l'héberge son ami Gaspard de Pons. Il passe la journée du 17 en sa compagnie. Le lendemain avant de reprendre la route, il s'attable dans un café. En attendant qu'on le serve, il prend un journal qui traîne sur un guéridon. Le geste a le malheur de déplaire à un garde du corps assis à la table voisine. Il l'arrache au jeune homme. Furieux, Hugo se dresse, fait face au malotru qui, goguenard, le dévisage :

— Vous n'êtes pas content ? Rien de plus facile à arranger.

— Vous m'en rendrez raison ! s'écrie Victor.

On convient de se battre le jour même dans la salle d'armes d'une caserne voisine. Les témoins sont tout trouvés : ce sont Gaspard de Pons, officier de la garde royale, et l'un de ses camarades.

Certains ont mis en doute la réalité de ce duel, raconté par Richard Lesclide qui fut secrétaire de Hugo [1]. Il est vrai que celui-ci ajoute : « il garda le lit quinze jours ». Nous sommes sûrs que, dès le lendemain, Victor se rendra — toujours à pied — de Versailles à Houdan, où il couchera chez M. Souillard, père du jeune poète Adolphe de Saint-Valry. Pourtant le duel ne fait pas de doute. Hugo l'a raconté à Alexandre Dumas d'abord, à Jules Claretie ensuite. Sous sa dictée, Dumas a jeté sur le papier des notes à peine rédigées dont il se servira dans ses *Mémoires.* Au bas de ces feuillets, une ligne de la main du scripteur : *« Note dictée par Victor Hugo, écrite par moi. »* Nous sommes donc en présence d'un document brut, ce qui en augmente prodigieusement l'intérêt. Or, à propos de ce duel, que lisons-nous ? « Il avait perdu sa mère, deuil éternel. Il était allé voir à Versailles Gaspard de Pons ; il était très triste. Un officier nommé Vacheval lui prit un journal des mains ; on se battit à l'épée, il reçut un coup d'épée dans le bras. » Je remarque l'enchaînement chronologique de la mort de sa mère au duel.

Jules Claretie donne d'autres détails. C'est *la Quotidienne* que lisait Victor. Le garde du corps était un homme « très élégant et très impertinent ». Il s'appelait Vasserot — même consonance que ce Vacheval dont s'est souvenu Dumas. Il avait provoqué un jeune homme inconnu et, en apprenant qu'il s'agissait du jeune poète royaliste dont il connaissait les vers, s'était senti le plus malheureux des hommes. Impossible d'aller plus loin que de l'égratigner ! « A la fin, avec une adresse parfaite, il le blessa le plus légèrement du monde au bras gauche, et comme en s'excusant. » La cravate bleue de Victor servit d'écharpe à son bras blessé. Vasserot réclama l'honneur de la nouer lui-même.

Donc un duel. Donc une blessure bénigne, ce qui explique que Hugo ait pu aussitôt reprendre sa marche, ce qui ne l'en place pas moins au rang des héros amoureux. Le soleil brûle, il est fatigué, sans doute souffre-t-il un peu. Il va.

Victor Hugo à Alfred de Vigny, 20 juillet 1821 : « J'ai fait tout le voyage à pied, par un soleil ardent et des chemins sans ombre d'ombre. Je suis harassé, mais tout glorieux d'avoir fait vingt lieues sur mes jambes ; je regarde toutes les voitures en pitié ; si

1. Richard Lesclide : *Propos de table de Victor Hugo* (1885).

vous étiez avec moi en ce moment, jamais vous n'auriez vu plus insolent bipède. »

Donc il est à Dreux. Avant tout, découvrir l'adresse des Foucher. Que d'allées et venues, que de marches — encore ! — et de contremarches pour parvenir au but. Nous sommes en un temps où le pouvoir croit apercevoir des conspirateurs partout. Ce jeune homme un peu hagard, aux habits poussiéreux, qui court la ville à la recherche d'on ne sait qui ou d'on ne sait quoi, suscite tout à coup la méfiance de la police de Louis XVIII. Un commissaire se plante devant le jeune homme, lui demande ses papiers « d'un ton rogue et très impératif ». Des papiers, il en a bien sur lui, mais ce sont quelques vers griffonnés, des notes au crayon sur son voyage. Un passeport ? Non, il n'en a point.

— C'est bel et bon, mon petit ami, mais cela ne peut pas se passer ainsi, j'ai ordre d'arrêter toute personne étrangère à la localité qui n'est pas en règle, et vous allez me suivre.

Le suivre où ? En prison naturellement ! Hugo est sauvé par une parente de Saint-Valry qui, au dernier moment, veut bien répondre de lui.

Pas un instant, il n'a perdu de vue son but : rejoindre Adèle, se faire reconnaître d'elle. Le 10 au matin, il y parvient. Joie, allégresse ! Mais, du côté d'Adèle, stupéfaction et terreur lui répondent ! D'où ce billet au crayon, qu'elle réussit à lui faire passer en cachette : « Mon ami, que fais-tu ici, je n'en peux croire mes yeux. Je n'ai aucun moyen de te parler. Je t'écris à la hâte en cachette pour te dire que tu sois prudent, que je suis toujours ta femme. Si cela te sert à quelque chose je crois que nous part[ons] lundi (?) à 5 heures du matin. Tu n'as aucun moyen pour me répondre. Estime-moi, je fais tout cela car je t'aime. »

Le lot du joueur est de sans cesse doubler ses mises. Victor a beau se dissimuler derrière tous les pans de mur, le perspicace M. Foucher ne tarde pas à repérer la silhouette du plus déterminé des marcheurs amoureux. Le haut-le-corps et le regard irrité du père d'Adèle ne peuvent laisser aucun doute à Victor. Que faire ? Il prend le parti d'écrire. Une lettre ? Plutôt une merveille d'invraisemblance :

« Monsieur, j'ai eu le plaisir de vous voir aujourd'hui ici même, à Dreux, et je me suis demandé si je rêvais. Je ne crois pas que vous m'ayez vu, j'ai pris du moins mille soins pour que cela ne fût pas ; cependant comme il me serait possible que vous me rencontrassiez de manière ou d'autre ces jours-ci, et que ma présence ici fût diversement interprétée, je crois convenable et loyal de vous en avertir et de vous envoyer ci-incluse une lettre qui vous montrera combien elle est naturelle. Le motif de la vôtre ne l'est sans doute pas moins ; il ne nous reste qu'à nous étonner du plus bizarre de tous les hasards. »

Alors, il raconte qu'il est venu rendre visite à un ami qui habite — justement ! — près de Dreux. Hélas, cet ami, quand il est arrivé, était parti l'avant-veille. Pour Gap ! Il n'a pas voulu quitter la ville sans visiter les ruines intéressantes qu'elle contient et s'est même légèrement foulé le bras en les parcourant. (Bonne explication du bras en écharpe !) C'est au cours de l'une de ces visites archéologiques que le hasard — oui, le hasard — l'a fait rencontrer M. Foucher ! « J'ai été surpris par votre présence, qui aurait été pour moi un vrai bonheur, si je n'avais senti tout de suite dans quelle situation délicate elle me mettait. Je vous écris donc sans détours pour vous donner une preuve de candeur et vous informer en même temps de ce que je fais pour vous délivrer du déplaisir que vous cause sans doute ma présence involontaire. » Du reste, il serait parti dès le soir même et M. Foucher aurait toujours ignoré sa présence, s'il n'avait dû accepter « d'obligeantes invitations » qui le retardent quelques jours encore. « Ce qu'il y a de singulier, c'est que je n'ai quitté Paris qu'avec beaucoup de répugnance. Le désir que vous m'aviez montré de me voir absent pendant quelque temps a beaucoup contribué à me décider. Votre conseil a singulièrement tourné. Permettez-moi, Monsieur, de vous en remercier un peu, car je ne puis m'affliger de cette rencontre que parce qu'elle vous déplaît sans doute. » Il jure qu'il sortira le moins possible et que, si une nouvelle rencontre vient à se produire, il tâchera d'éviter le père d'Adèle. Au vrai, nous nous rendons compte que la plus ingénue des lettres n'a été écrite que pour la conclusion : « Adieu, Monsieur, ayez confiance en moi. Mon désir est de vivre digne de l'admirable mère que j'ai perdue ; toutes mes intentions sont pures. Je ne serais pas franc si je ne vous disais que la vue inespérée de Mlle votre fille m'a fait un vif plaisir. Je l'aime de toutes les forces de mon âme, et dans mon abandon complet, dans ma profonde douleur, il n'y a que son idée qui puisse encore m'offrir de la joie. »

La nature n'a heureusement pas doté le chef de bureau

d'un cœur de pierre. Sa réponse peut se résumer ainsi : allons, viens nous voir, imbécile ! Reçu en présence de Mme Foucher et d'Adèle, le jeune poète se montre suppliant, enthousiaste, passionné.

Pierre Foucher observe gravement que l'état d'écrivain ne nourrit pas son homme. Hugo se fait son propre avocat, parle avec fougue du grand roman qu'il a commencé, *Han d'Islande*, et qui, composé dans la manière de Walter Scott, sera assurément un grand succès de librairie. Il évoque la pension qu'on lui laisse entrevoir, à lui poète légitimiste — l'un des rares de sa génération ! A tout cela, Pierre Foucher ne croit guère mais, devant tant d'amour si ardemment proclamé, il se laisse fléchir. Les deux jeunes gens se quittent fiancés. Cependant, pour rendre publiques ces fiançailles, on attendra que la position de Victor se révèle plus solide. Adèle et lui pourront se rencontrer toutes les semaines, mais jamais seuls. On se retrouvera au Luxembourg, mais jamais seuls. Parfois, on ira au spectacle, mais jamais seuls. Enfin M. Foucher autorise Adèle et Victor à s'écrire, ignorant bien entendu qu'ils n'avaient pas attendu sa permission. La clairvoyance des pères de famille est inversement proportionnelle à l'ingéniosité des amoureux.

Victor a repris le chemin de Paris. A pied, mais cette fois il a des ailes. Le 26 au matin, il est de retour. On le sent comme en ébullition, Victor. Adèle ! Adèle ! La brune fille des Foucher lui tient à ce point lieu de tout qu'il va faire au chef de bureau une incroyable proposition : il est prêt à *renoncer à la carrière des lettres* en vertu de son amour pour Adèle ! « Le sacrifice de mes desseins me coûtera peu, car je n'ai jamais été, je ne serai jamais ambitieux que pour elle. »

Pierre Foucher à Victor Hugo, 28 juillet 1821 : « J'ai reçu votre lettre ce matin. Elle nous a fait plaisir. C'est dans de pareilles dispositions que nous désirons vous voir marcher et persister. Donner à votre édifice une base large et moins d'élévation est chose prudente. Avant tout, *sécurité ;* point de bonheur ici-bas sans le repos de l'esprit. Ne négligeons rien pour nous rassurer nous-mêmes sur cet avenir qui n'est que trop menaçant dans un siècle où tout semble conduire à de nouveaux malheurs. Personne ici ne souhaite que vous abandonniez la littérature ; elle est et doit être votre principale ressource comme votre principale obligation... »

Merci M. Foucher.

Il ne tient plus en place, l'amoureux d'Adèle. Quand on tourne les pages de sa correspondance, que l'on relit ses lettres à sa fiancée, celles qu'il adresse à ses amis, on le sent littéralement hors de lui. Mais, comme nul être au monde ne fut plus *double* que Hugo, il est capable dans l'instant de secouer ce tumulte et de retrouver cette sérénité grave qui, chez un garçon de son âge, impressionne tant ceux qui le rencontrent. Il s'en est drapé pour aller remettre à Chateaubriand, à la demande du secrétaire perpétuel Pinaud, le diplôme de Maître ès Jeux floraux qui vient d'être décerné au grand homme. Quoique l'auteur de *René*, à la suite des ultras les plus durs, vienne avec éclat d'abandonner les affaires publiques, ce qui navre Victor — un protecteur de moins ! —, c'est avec orgueil qu'il s'acquitte de sa mission. Il confie à Pierre Foucher : « J'ai été heureux de cet incident, parce qu'il établit un nouveau rapport entre Chateaubriand et moi. » Aucun désarroi n'entamera jamais son sens de la carrière. Il n'est plus question de carrière lorsque, au cours de ce même mois de juillet 1821, il va rencontrer Lamennais.

Prenons garde que nous voici de nouveau à un tournant important — pourquoi ne pas le dire : essentiel — de sa vie. Voici le moment où Hugo, né et élevé en dehors de toute religion, se demandera s'il ne conviendrait pas de se faire catholique.

En 1831, Hugo dira de sa mère à Sainte-Beuve : « Le fond de sa philosophie était le voltairianisme. » Il ajoutera, avec cette lucidité sans indulgence qui lui vient de nature, que sa propre éducation a été fondée sur « un philosophisme religieux ». Hors les prières du petit enfant apprises en secret d'une servante — et vite oubliées —, on ne trouve en effet aucune trace, au cours de la jeunesse de Hugo, du moindre enseignement religieux. Il ne se souvient pas d'être entré dans une église pour y prier. Si on l'a conduit dans un édifice religieux, c'est pour le visiter, rien d'autre et rien de plus. Il ignore tout des élans ressentis en commun, lors d'un office où la ferveur de chacun soutient celle de tous, rien de l'apaisement éprouvé au sortir du confessionnal, rien de l'avidité précédant la communion, rien de l'intensité du dialogue intime avec Dieu qui la suit. Il n'a pas entendu les chants qui troublent l'âme, délicieusement, les grondements et les plaintes de l'orgue qui l'exaltent. Jamais, les genoux écorchés par la paille de sa chaise, il n'a senti tout à coup la certitude sans appel que Dieu est. « Et Dieu ? tel est le siècle, ils n'y pensèrent pas », soliloquait Vigny. Le régime, lui, y pensait. On invoquait Dieu dans les préfectures autant que dans les cathédrales. Cette alliance non seulement avouée mais proclamée pouvait troubler une jeune âme royaliste. Beaucoup des amis légitimistes de Victor se targuaient d'une foi propre à impressionner celui qui en avait été privé. Victor était trop subtil — toujours sa redoutable lucidité — pour ne pas percevoir, dans certains comportements, ces hypocrisies si bien analysées, à la même époque, par le jeune Julien Sorel. Mais d'autres rayonnaient d'une telle certitude qu'à leur spectacle il lui prenait des tristesses dont il ne savait point si la jalousie les avait engendrées ou plus simplement la frustration.

Donc il éprouve l'essentiel besoin de croire. Il *veut* croire. Il cherche la foi, celle-là qu'il définira si éloquemment :

« La foi vient de l'intuition, et la foi, c'est l'ancre de la raison humaine. La raison flotte, vogue, navigue, explore, découvre, va, et c'est là le voyage sublime. Elle dresse la carte de l'idée, elle éclaire toute la périphérie de ce problème éternel qui est pour notre pensée la mer ; mais c'est avec l'ancre seulement, avec la foi, avec l'intuition qu'elle peut en trouver le fond et s'y rattacher. Jamais de repos, jamais de mouillage, jamais de port pour ce navire, s'il n'a cette ancre. »

L'ancre, en 1821, ses amis catholiques se disputent, un peu maladroitement — zèle de catéchumènes —, l'honneur de la lui tendre le premier. Au premier plan de ceux-ci : le duc-abbé — ou l'abbé-duc — de Rohan. Il a trente ans. Possédant Josselin et Pontivy, le duc de Rohan-Chabot, duc de Montbazon, duc de Beaumont, prince de Léon, pair de France, apparaît en Bretagne comme un roi sans couronne. Six ans plus tôt, sa jeune femme qui se préparait pour un bal s'était par mégarde approchée d'une cheminée. Ses dentelles s'étaient enflammées. Elle était morte brûlée. Désespéré, Rohan avait cherché la paix dans la religion. Bientôt il était entré dans les ordres.

Dès 1820, encore séminariste, Rohan a tenu à confier à Victor l'enthousiasme soulevé chez lui par la lecture de ses vers. Il a ému le jeune poète en lui affirmant qu'il n'ambitionnait rien de plus que d'être curé de son village. Victor va de temps à autre le visiter au séminaire. Un soir, il a rencontré dans la cellule de Rohan un « vieux prêtre décrépit », si courbé que son bâton « dépassait de deux pieds son crâne dénudé ». Le malheureux était vêtu d'une redingote râpée et d'une culotte « dont on eût pu compter les fils ». Il était rayonnant.

— Vous paraissez bien joyeux, lui dit le duc. Il vous est donc arrivé bonheur ?

— Oui, dit le vieux prêtre. Je touchais, comme vicaire de Saint-Nicolas du Chardonnet, quatre cent cinquante francs par an ; mes appointements viennent d'être réduits à trois cent cinquante. Je remercie Dieu, je n'espérais plus avoir le temps d'être éprouvé, si près de mourir.

Contant plus tard la scène, Victor a reconnu s'être demandé si le vieillard parlait sérieusement. Mais « ce moribond n'aurait pas raillé avec la tombe ». Assurément, il était sincère.

Quelques jours plus tard, c'est Rohan qui vient rendre visite à Hugo. Il trouve Victor « préoccupé et triste ». Il lui parle du vieux prêtre.

— Voyez, lui dit-il, il est vieux, il est infirme, il est misérable, il n'a qu'une bouchée de pain, on lui en arrache la moitié, et il est radieux ! Voilà la religion. Quand vous n'y verriez qu'une philosophie, la meilleure de toutes n'est-elle pas celle qui nous fait heureux du malheur ?

Victor le regarde un instant, en silence. Puis il répond par quatre mots qui prennent, dans le contexte où nous le voyons se débattre, un intérêt très vif : *« Mais je suis religieux. »*

Ce que Rohan — il est dans son rôle — traduit à tort, par : je suis pratiquant. En homme qui ne veut pas laisser passer une occasion, il enchaîne :

— Avez-vous un confesseur ?

— Non.

— Il vous en faut un, je m'en charge.

André Maurois n'a pas eu tort de voir dans l'abbé de Rohan, futur cardinal, un évêque de Stendhal. Dans les allées du pouvoir — et dans ses coulisses — la congrégation veille. Ne doutons pas de la foi réelle de Rohan mais soyons persuadés que celle-ci, en l'occurrence, s'est accompagnée d'un regard de convoitise : quel intéressant sujet que ce jeune Hugo qui chante si bien le trône, mais qui — pierre d'achoppement — semble ne pratiquer aucune religion. Victor va accepter de se laisser conduire chez l'abbé Frayssinous. Il se sent toujours en porte à faux : conscient que son agnosticisme s'inscrit en contradiction avec la foi monarchique telle qu'on l'affiche de son temps ; tenté par cette douceur qu'il voit dans les yeux de ses amis croyants, mais retenu par toutes les contraintes de son passé. Il aimerait tant faire de sa vie une harmonie ! D'où cette visite à l'abbé de Frayssinous qui, tout de go, lui explique que son devoir en ce monde est de parcourir une grande carrière, afin de dédier ses triomphes temporels au service de la religion. Le clergé d'ailleurs l'aidera. Plus l'entretien se prolonge et plus Victor sombre en un profond silence. M. de Frayssinous conclut par un vif éloge des jésuites et une diatribe contre M. de Chateaubriand qui est, selon lui, « un jacobin déguisé et plus dangereux sous son masque ».

En sortant, Victor dit doucement à l'abbé-duc que M. de Frayssinous ne sera jamais son directeur de conscience.

Perplexité de l'abbé : Hugo ne peut choisir un brave homme de curé, c'est lui qui le dirigerait. Il lui faut « une intelligence ». Rohan se frappe le front :

— Voyons, vous voulez un prêtre austère, voulez-vous Lamennais ?

— Lamennais, à la bonne heure.

Trois jours plus tard, l'abbé de Rohan prend Victor au saut du lit pour le conduire chez son grand confrère. Un cabriolet est à la porte. Les deux amis y montent et l'on gagne le quartier Saint-Jacques. Tout à coup, là, dans une rue qu'il reconnaît, un arbre évoque pour Hugo une foule de souvenirs.

— Voici un arbre que je voyais bien souvent quand j'étais enfant et que j'habitais les Feuillantines. Est-ce que l'abbé de Lamennais demeure dans les environs ?

— Oui, et nous approchons de chez lui.

Un instant plus tard, la voiture s'engage dans le cul-de-sac des Feuillantines. Hugo s'étonne :

— Le cocher ne se trompe pas d'adresse ?

— Mais non.

— L'abbé de Lamennais loge donc aux Feuillantines ?

Réponse affirmative de l'abbé-duc. Aussitôt, de la part de Hugo, c'est l'émotion, la joie un peu inquiète, mêlée assurément de cette croyance aux rencontres du destin, aux décrets d'une puissance invisible qui l'a poursuivi tout au long de sa vie. La même porte bâtarde sert toujours d'entrée à l'habitation. *Manuscrit d'Adèle* : « Traversant la cour, Victor se trouva devant l'appartement qu'habitait jadis sa mère. Passant par le palier, il entra dans la salle à manger ayant toujours à sa droite le salon où autrefois se réunissait la famille. Les pièces, dont les meubles épars annonçaient un déménagement, étaient encombrées de malles et de paquets. »

Au milieu de ce branle-bas, va et vient un petit homme chétif, « aux yeux pers et inquiets, bilieux de visage », avec une « bouche naïve comme celle d'un enfant », vêtu d'une redingote de gros drap gris, d'une chemise de toile bise, avec une cravate noire qui n'est plus qu'une ficelle. *Manuscrit d'Adèle* : « Le pantalon écourté descendait à peine à la cheville amaigrie que recouvraient des bas bleus déteints. Les souliers, en harmonie avec l'habillement, étaient à triple rangée de clous. » Il a trente-neuf ans, ce hobereau breton à l'esprit si original que, tout imprégné de principes chrétiens, il a attendu d'avoir atteint l'âge de vingt-deux ans pour s'estimer digne de faire sa première communion. Ordonné prêtre en 1816, il a presque aussitôt commencé la composition d'un *Essai sur l'indifférence en matière de religion*, véritable apologie de l'église catholique, dépeinte comme la détentrice absolue de la vérité en tous domaines. En 1821, après de multiples éditions accueillies triomphalement, la renommée de l'auteur est devenue considérable.

Il est d'autant plus gêné, Hugo. « L'entretien fut court, conte Adèle. Victor lui dit qu'il reviendrait une autre fois aux Feuillantines. » Lamennais déclare qu'il quitte la maison.

— J'irai vous trouver où vous serez, dit Hugo.

Rohan, qui suit son idée, intervient doucement :

— Vous verrez aussi l'abbé comme pénitent.

— *C'est convenu.*

Cette dernière phrase se trouve dans le *manuscrit d'Adèle.* N'oublions jamais que ce texte est brut, qu'il est le premier jet de la transcription des entretiens qu'elle a eus avec son mari. Le paragraphe suivant acquiert d'autant plus d'importance que l'ensemble des biographes a nié que Hugo se fût jamais approché des sacrements : « *Victor se confessa.* Il était fort scrupuleux. » Hugo aurait évoqué une soirée au cours de laquelle il avait eu à subir les « agaceries » de deux actrices plus très jeunes. « Il dit son inquiétude à l'abbé de Lamennais. Le directeur, qui avait l'âge des dames, sourit et le rassura. Trouvant sans doute que les péchés du pudique jeune homme étaient insignifiants et sa conversation intéressante, l'abbé causa. Victor le vit souvent, mais à titre d'ami seulement. »

Nous voilà convaincus : cette « confession » ne fut en fait qu'un entretien. A l'encontre de l'abbé-duc, Lamennais n'était pas homme à vouloir prendre une âme de force.

Après leur première rencontre, Lamennais va écrire à l'un de ses correspondants :

« J'ai reçu la visite d'un jeune écrivain qui a déjà le bruit et qui aura la gloire. Mais ce n'est pas ce qui m'a doucement ému. Monsieur V.H. a l'âme la plus pure et la plus calme que j'aie rencontrée dans le cloaque de Paris. Il est confiant et simple. Il m'a rencontré pour la première fois dans la maison où il a vécu près d'une mère aimée. Cette circonstance a facilité nos premières paroles. D'ailleurs M. Hugo comprend la religion, ou plutôt y entre de plain-pied par l'arc divin de la poésie. Je souhaite qu'il soit toujours dans le sentiment qu'il a sur les choses spirituelles. Il donnera des ailes à la pensée catholique que nos écrivains pieux traînent souvent sur les pavés et même dans le ruisseau de la rue... »

D'évidence, Lamennais croit à l'adhésion de Hugo au catholicisme et même il voit en lui l'un des futurs porte-parole de la foi chrétienne. Est-ce donc que son interlocuteur a joué devant lui quelque chose qui ressemblerait à une comédie ? Si cela est, il faudrait penser que la comédie, Hugo se l'est jouée d'abord à lui-même.

Pourquoi n'a-t-il pas franchi le pas ? Ce qui l'a retenu au premier chef, c'est, en matière de religion, la double incroyance, voire l'hostilité de sa mère et de son père. La seule idée d'un acte qui pourrait ressembler à une trahison à l'égard de la mère bien-aimée, il l'a ressentie comme intolérable. Et puis, toute une part de lui-même se cabre devant ces « mystères » qu'il sait devoir accepter les yeux fermés. Cependant, nombre de ses amis les admettent. Alors ?

Il est là, hésitant, tiraillé, déchiré. Il n'en est pas à comprendre qu'au-delà de cette illusoire tentative de rencontre avec la religion catholique, c'est Dieu qu'il est en train de découvrir.

Le 31 juillet 1821, ô joie, il va se promener *officiellement* au bras d'Adèle au Luxembourg. Cela ne lui était plus arrivé depuis le 24 avril 1820. Le 1er août, il prend le chemin de Montfort-l'Amaury, reste un peu plus de dix jours auprès de Saint-Valry, son admirateur et ami. Ce jeune poète est né Adolphe Souillard. Il n'a pas jugé inutile d'embellir son patronyme. Il est si grand, si haut, si long qu'un jour où il se plaignait à Mme Charles Nodier d'un violent rhume de cerveau, Dumas lui a demandé si l'année précédente il n'avait pas pris froid aux pieds. Ce dont Saint-Valry lui a tenu rancune longtemps.

Si ce géant est fort catholique, sa mère l'est bien davantage. L'excellente femme tance affectueusement Victor : comment peut-il rester étranger aux pratiques d'une religion qui devrait le combler de ses biens ? Décidément, cet été-là, Hugo figure comme l'enjeu d'une chasse à courre où trop de gens sont prêts à sonner un hallali qui serait une conversion. Le 13, il est de retour à Paris et le lendemain écrit à Saint-Valry une lettre qui est peut-être la première page *romantique* de Hugo :

« Je suis donc retombé à Paris, mon cher ami. Je suis replongé dans cette atmosphère empestée. J'y avais donné rendez-vous aux soucis ; les voilà qui accourent à grands pas, mais j'ai, en les attendant, cette orgueilleuse consolation d'être arrivé le premier. C'est déjà, presque, avoir dompté le malheur que de n'avoir pas reculé devant lui. Moi, j'ai été au-devant.

« L'arrivée de mon père est encore dans le vague : le même vague règne partout dans mon avenir. Où cela me mènera-t-il ? Je suis dans la position d'un homme qui serait contraint de voyager sur un nuage.

« Ma pauvre machine est bien fatiguée. Je suis matériellement dégoûté de tout. Quelquefois, je pense que je vais faire quelque grande maladie qui me réunira à toutes mes belles ombres. Ma cage est encore bien neuve, mais il me semble que les fils en sont brisés, et mon âme ne cherche qu'une issue pour s'envoler.

« Il n'a pas tenu à vous que ma sérénité à Montfort n'ait été du bonheur et de la joie. Tant qu'on est près d'un véritable ami, il semble que rien ne manque, puis on se quitte et... c'est le rosier qui cache un gouffre.

« Ce n'est pas, mon ami, que le gouffre m'épouvante, mais je voudrais y tomber et non y descendre. Encore si la vie menait ailleurs qu'à la mort ! Mais c'est toujours là le but, et le grand chemin n'est pas si agréable qu'on ne désire quelquefois avec raison un chemin de traverse.

« Vous voyez que je suis rentré dans ma tristesse et dans mon orgueil en rentrant sous le toit où j'eus une mère. Ne montrez pas cette lettre à la vôtre ; elle m'a connu calme et riant, qu'elle ne me connaisse jamais autrement ; on aime mieux ceux qu'on voit sourire que ceux qu'on voit pleurer. Hélas ! Que ne puis-je pleurer !

« Me voilà seul, et j'ai toute ma longue vie à traverser, à moins que... O combien alors ceux qui m'aiment devraient se féliciter !

« Adieu, je ne sais trop ce que j'écris, mais je sais à qui j'écris et un ami peut voir le désordre de ma maison.

« Je vous aime, je vous embrasse et vous regrette. »

Une lettre *Sturm und Drang* : c'est ainsi que la perçoit Jean Massin. Certes. A ce point que l'on serait tenté de croire que le jeune Hugo, ici, prend la pose. Ce qui après tout serait de son âge ; n'oublions jamais : dix-neuf ans. On se prend à penser que ce pessimisme, cette humeur tout à coup si sombres, il a pu estimer que, venant d'un jeune poète s'adressant à un autre jeune poète, cela seyait bien. D'autant plus que — le même jour ! — il écrit à Pinaud, secrétaire perpétuel de l'Académie des Jeux floraux, une lettre d'un ton tout à fait différent. Tout y est si « convenable » que nous en sommes presque gênés. Ici le jeune carriériste montre le bout de l'oreille.

Ne nous étonnons pas trop. Des correspondances de ce genre, à cette époque et pour quelques années encore, nous en rencontrerons beaucoup. Que le jeune Hugo ait brûlé d'ambition, pourquoi vouloir le nier ? Qu'il se soit appliqué, avec une habileté qui le dispute à la persévérance, à se procurer les moyens de satisfaire cette ambition, tout le démontre. Mais le flatteur qui prodigue aux grands de ce monde les compliments et les éloges souffre en même temps mille morts pour l'amour d'Adèle. Et le fait de vouloir être en bons termes avec M. Pinaud ne doit nullement nous incliner à croire que son spleen n'est pas une réalité. Ce qui le prouve, c'est la lettre qu'il va adresser à Pierre Foucher, le 16 août 1821 :

« Je meurs de toutes parts par l'incertitude ; tout mon avenir est replongé dans le vague. Rien de positif, rien de certain. Je voudrais être sûr de quelque chose, fût-ce du malheur, au moins pourrais-je marcher, sachant où je vais. Dans le moment actuel, il faut que j'attende ! La seule qualité que j'aie, l'activité et l'énergie pour agir, est paralysée ; les circonstances en revanche me demandent de la *patience*, vertu que je n'ai pas et que je n'aurai probablement jamais. J'ai tout perdu en perdant ma bonne mère. Oui, Monsieur, la position où je suis est très critique, j'aurais besoin d'épancher les douleurs que j'éprouve, mais une légitime délicatesse me l'interdit, et je dois souffrir tout seul, quoique je souffre pour les autres. »

A l'origine de cette morosité dépressive, il y a, c'est évident, la mort de Sophie Hugo. Le retour à Paris lui a fait retrouver les lieux où a vécu sa mère. La question d'argent s'est greffée là-dessus. Et puis, il en revient toujours au contrat moral qu'il a passé avec M. Foucher. Il a plastronné, affirmé sa conviction de gain rapide et certain. Aujourd'hui, il n'est plus sûr de rien.

Le 15 septembre, le roi Louis XVIII fait verser à Victor une nouvelle gratification de cinq cents francs. Un encouragement à aller de l'avant.

Écrire, certes. Écrire de plus en plus. Publier. Faire savoir qu'il publie. Mais il en revient toujours à Adèle. Les semaines passent, et les mois, et il lui écrit sans que se relâche un seul jour cette remarquable constance épistolaire. La vie de Hugo se déroule sur deux plans parallèles : le premier, sa carrière ; le second, Adèle. Parfois, ces plans se rencontrent, s'interpénètrent. Disons-le : la chose est rare. Dans ses lettres à Adèle, c'est d'amour qu'il parle, presque exclusivement. Sur son œuvre, sur ses ambitions, la plupart du temps il reste muet. Cela pour une raison qu'Adèle elle-même a définie dans une lettre à son fiancé : *« Ce n'est pas, je l'avoue, ton esprit et le talent que tu peux avoir, que je ne sais malheureusement pas apprécier, qui ont fait la moindre impression sur moi* (10 novembre 1821). » Le plus curieux, c'est que Victor semble en prendre parfaitement son parti.

Ce dont s'effraie Adèle, c'est de ce paroxysme qui ne s'éteint jamais. *A Victor* : « La passion est de trop, ce n'est pas durable ; du moins je l'ai toujours entendu dire. » Elle lui répète qu'il se trompe en la prenant pour un ange ; qu'elle n'est « rien qu'une pauvre fille ». Convenons que sa position n'est pas commode. De plus en plus, Adèle entend prononcer chez elle, à l'égard de son fiancé, des paroles peu agréables, des critiques aigres-douces, des doutes injurieux quant à son avenir. Bien sûr, elle proteste, prend hautement la défense de Victor. Mais, à la longue, la petite fille influençable qu'elle est restée subit le contrecoup de ces offensives quotidiennes. Elle doute, elle s'afflige. Ces fiançailles dureront-elles toujours ? Épousera-t-elle un jour son cher Victor ?

Si, en janvier 1822, Victor n'a pas encore sollicité le consentement de son père, ce n'est nullement qu'il hésite à épouser Adèle. Entre Léopold et Victor Hugo plane toujours l'ombre de Sophie Trébuchet. Un trop rapide rapprochement avec le père semblait au fils une trahison à l'égard de sa mère. Donc, il hésite, il traîne. Il a dû prendre beaucoup sur lui pour entamer une correspondance avec le général. Cependant, de lettre en lettre, ce père lui apparaît bien différent de l'image amère conservée de son enfance et de son adolescence. Il découvre un brave homme, le cœur sur la main, lui-même amateur de poésie, qui occupe sa retraite, comme il dit, à taquiner les Muses. En secret, il écrit. Il lit les poètes et les aime. Stupeur de Victor : le général comte Hugo saurait donc ce qu'est la poésie ? Le fils se décide à accomplir un geste délibérément omis jusque-là : il envoie à son père ses œuvres publiées. Réponse de Léopold, ex-Brutus, à son fils : « Ta Muse est constamment sublime dans ce que j'ai vu. » Bien mieux : il comprend le penchant de Victor pour la poésie, ainsi que celui d'Eugène, « penchant qui m'a fait tant grondé votre oncle Juste parce qu'il le détournait des devoirs de son état ; penchant qui m'entraîne aussi bien souvent, mais que tu justifies par des vers vraiment admirables ». Se pourrait-il que tous les torts n'eussent pas été du côté de Léopold ? Victor refuse encore de se prononcer.

Pour l'instant, ce qui inquiète ensemble Léopold et Victor, c'est la santé d'Eugène. Santé psychique s'entend.

En fait, Eugène passe par d'alarmantes alternatives d'apathie et de violence. L'annonce des fiançailles de Victor lui a, semble-t-il, porté un coup fatal. N'oublions pas les veillées de l'hôtel de Toulouse, Victor et Eugène portant les mêmes regards vers la même jeune fille. N'oublions pas la rivalité littéraire des deux frères et l'évidence, à l'époque où nous sommes, du triomphe de Victor et de l'échec d'Eugène. Au vrai, à l'égard de son frère, il en est à la haine. Victor, qui n'a rien, possède un trésor : une mèche de cheveux qu'Adèle lui a donnée. Un soir, il découvre que la relique a été « outragée » par Eugène. Comment ? De quelle façon ? Nous ne le savons pas. Mais, pour Victor, il s'agit du plus mortel des péchés, d'un crime inexpiable.

Victor à Adèle, 30 novembre 1821 : « C'est hier, au moment où j'allais me coucher en pensant à toi et après avoir baisé tes cheveux, que j'ai découvert quel coup on a eu l'audace et la cruauté de me porter. Une lumière hideuse a été jetée sur le caractère d'un être pour lequel la veille encore je me serais dévoué, à l'avenir duquel j'avais immolé une partie de mon avenir, pour lequel j'avais sacrifié ce produit de mes veilles que j'aurais dû considérer comme ton bien. Jusqu'ici je lui avais tout pardonné ; je n'avais vu dans sa basse envie, dans ses lâches méchancetés que la singularité incommode d'un naturel atrabilaire. — Grand Dieu, Adèle, je frémis quand je songe à qui s'appliquent ces paroles qui ne sont encore que l'expression modérée d'un mépris trop justifié. Je suis bien malheureux ! Tu es bien loin toi-même, ma noble amie, de soupçonner de qui je veux parler ; si le souvenir de ce vil drôle se présente quelquefois à ton esprit, tu l'accueilles sans répugnance, si tu parles quelquefois de lui, c'est avec amitié. Dieu ! Si je te le nommais ! — Non, je ne te le nommerai pas ; je voudrais ne pas me le nommer à moi-même — Hé bien, je souffrais tout de lui, je le plaignais même, car j'ai longtemps cru qu'il t'aimait, et j'aurais tout donné pour lui, Dieu m'en est témoin, tout, excepté toi. Mais au ciel ne plaise que tu aies jamais été souillée de l'amour de ce misérable... Pourquoi ce misérable a-t-il osé toucher à ce que j'ai de plus cher et de plus sacré au monde ? Pourquoi m'ôter mon bien, ma vie, mon seul trésor ? Que ne m'est-il étranger ! — Je voudrais être calme, et je ne réussis qu'à être inintelligible pour toi, Adèle, et pour moi-même. Je ne sais où je m'égare, je voudrais tout te dire, tout te nommer, mais une sorte de pudeur m'arrête, et je renferme le motif de ma souffrance comme j'aurais dû peut-être renfermer ma souffrance elle-même... »

La lettre continue longuement sur ce ton. Certes, Hugo affirmera à Adèle qu'il a pardonné à son frère. Nous n'en sommes pas sûrs.

Un autre retour violent va le renvoyer à son enfance. Édouard Delon, l'ancien compagnon des Feuillantines et de la rue du Cherche-Midi, devenu républicain, s'est jeté dans l'agitation secrète et vient, durant l'hiver 1821-1822, de participer à l'une de ces conspirations qui, suscitées par la Charbonnerie, montent de la France qui refuse. La police a trouvé sa trace. Il est en fuite. Vive est l'émotion de Hugo. Les idées doivent-elles avoir le pas sur l'amitié ? Sur-le-champ, Victor écrit à la mère d'Édouard pour lui proposer de cacher son fils chez lui : « Je n'examine pas si mes opinions sont diamétralement opposées aux siennes. Dans le moment du danger, je sais seulement que je suis son ami et que nous nous sommes cordialement embrassés il y a un mois. S'il n'est pas arrêté, je lui offre un asile chez moi ; j'habite avec un jeune cousin qui ne connaît pas Delon. Mon profond attachement aux Bourbons est connu ; mais cette circonstance même est un motif de sécurité pour vous, car elle éloignera de moi tout soupçon de cacher un homme prévenu de conspiration, crime dont j'aime d'ailleurs à croire Delon innocent. » Il ajoute : « Il peut se fier à la loyauté d'un royaliste et au dévouement d'un ami d'enfance. »

Mme Delon ne répondra pas. Elle fera bien. La lettre naïvement jetée dans une boîte publique, a aussitôt été décachetée et lue par le « cabinet noir », forme anticipée des écoutes téléphoniques. Il faut l'incroyable inconscience de Hugo — et sa totale ignorance des réalités policières — pour avoir cru qu'une lettre ouvertement adressée à la mère d'un conspirateur recherché, pourrait passer inaperçue ! Le geste est là. Il est beau.

Six mois déjà que M. Foucher, à Dreux, consentait du bout des lèvres à des fiançailles officieuses. Six mois et rien de nouveau, rien de concret. Adèle doit faire face aux attaques de plus en plus malveillantes de l'oncle Asseline, aux harcèlements de son frère, aux clabaudages du quartier et l'on pense qu'elle se compromet pour un garçon qui n'en vaut pas la peine. Alors elle est triste, elle se plaint douloureusement. Lui se rebiffe, furieux : « J'irai chez tes parents et je leur dirai : " Vous m'avez rendu bien heureux en me permettant de voir votre Adèle. Lorsque vous m'avez accordé de vous-mêmes ce bonheur, je m'étais résigné à y renoncer pour un temps. Je ne sais pas si j'aurais vécu longtemps sans la voir, mais j'aurais essayé et, avec l'espoir de la posséder un jour, j'y serais peut-être parvenu. Aujourd'hui vous paraissez douter de mon avenir. Adieu, vous ne me reverrez qu'avec un sort indépendant et le consentement de mon père ou vous ne me reverrez plus. " »

Parfois elle se fâche. Le 16 février, excédée, elle dit à Victor : « Tu ne m'aimes pas. » Comme les amoureux se contredisent à chaque instant, dès que Victor, le 7 mars, lui annonce qu'il a écrit à son père pour lui demander son consentement au mariage, Adèle lui propose aussitôt, si le général refusait, de l'enlever !

On n'en viendra pas à cette extrémité puisque Léopold répond qu'il consent... avec des réserves cependant : « Je suis loin de blâmer ton attachement pour Mlle Foucher. Mais n'es-tu pas trop jeune pour songer à des liens aussi sérieux que ceux du mariage ? Et quand tu aurais à ton âge cette maturité qu'ils réclament, quel est ton état dans le monde pour soutenir une femme et élever des enfants ? » Le général rappelle qu'il a été dépossédé du million de réaux qui lui avait été accordé et de l'autre million qui lui avait été promis, ainsi que de ses biens en Espagne. Il est sans fortune. « De ce tableau, il résulte qu'avant de songer au mariage, il faut que tu aies un état ou une place et je ne considère pas comme telle la carrière littéraire, quelle que soit la manière brillante dont on y débute. Quand donc tu auras l'un ou l'autre, tu me verras seconder tes vœux auxquels je ne suis point contraire. Agis dès lors pour remplir cette condition et dis-moi si je puis concourir avec tes amis pour t'y faire arriver promptement. »

Cela suffit aux amoureux. Victor, qui avait délaissé la composition de *Han d'Islande*, s'y remet le jour même. Adèle arrache à ses parents l'autorisation pour Victor de venir les rejoindre à Gentilly où les Foucher ont loué de nouveau pour l'été. Décidément, tout est rose. Ces jours-là, Victor écrit son ode intitulée *Buonaparte*.

Un sang royal teignit sa pourpre usurpatrice ;
Un guerrier fut frappé par ce guerrier sans foi ;
L'anarchie, à Vincenne, admira son complice,
Au Louvre, elle adora son roi.
Il fallut presque un Dieu pour consacrer cet homme.
Le prêtre-Monarque de Rome
Vint bénir son front menaçant ;
Car, sans doute en secret effrayé de lui-même,
Il voulait recevoir son sanglant diadème
Des mains d'où le pardon descend...

Un an après la mort du prisonnier de Sainte-Hélène, pouvions-nous attendre rien d'autre de ce poète royaliste qui vient d'avoir vingt ans ?

Il n'éprouve plus aucun doute sur son avenir, si du moins il en a jamais ressenti. Ses lettres à Adèle sont pleines de proclamations dans ce sens : il écrira, il triomphera, ses amis politiques lui procureront bientôt pour deux ou trois mille francs de places : « Alors, avec ce que la littérature me rapporterait, ne pourrions-nous pas vivre ensemble doucement et paisiblement afin de voir notre revenu s'accroître à mesure que notre famille s'accroîtrait ?... » Cette sûreté n'est jamais exempte d'exaltation : « Un jour, Adèle, nous demeurerons sous le même toit, dans la même chambre, tu dormiras dans mes bras... Nos plaisirs seront nos devoirs et nos droits... »

Elle, elle en est toujours à se demander si l'on a le droit d'embrasser un homme avant d'être sa femme devant Dieu. Elle répond d'ailleurs qu'elle ne peut s'en empêcher. Baisers au demeurant parfaitement chastes, uniquement sur les joues, même s'ils doivent susciter chez cet adolescent aux sens exacerbés des tumultes qu'il jugule en d'harassants efforts. Il n'est pas question qu'il demande à sa fiancée aucune privauté. D'abord, en ce temps-là, car cela ne se fait pas. Surtout, parce que son amour s'accompagne d'un respect sans limite pour la femme qu'il aime. Quant à lui, il tiendra son serment de parvenir lui-même vierge au mariage.

« Je ne considérerais que comme une femme ordinaire (c'est-à-dire peu de chose) une jeune fille qui épouserait un homme sans être moralement certaine, par les principes et le caractère connu de cet homme, non seulement qu'il est *sage*, mais encore, et j'emploie exprès le mot propre dans toute sa plénitude, qu'il est *vierge*, aussi vierge qu'elle-même. »

Le mot vierge a offusqué Adèle. On n'emploie pas des vocables pareils avec une jeune fille. Ce qui lui mérite une nouvelle explosion du plus bouillant des fiancés :

« Il me semble, Adèle, que si j'étais femme, de pareilles confidences de la part de celui que j'aimerais seraient bien loin de me déplaire. Serait-ce que tu ne m'aimes pas ?... »

Oui, elle l'aime. Mais, comme toutes les femmes qui aimeront Victor Hugo, elle a du mal à le suivre.

Victor s'est transporté dans un nouveau logement. Il faut croire qu'il ne supporte plus de vivre sous le même toit qu'Eugène puisque seul Adolphe Trébuchet l'a suivi. Les voici au 30, rue du Dragon. A côté de ce taudis, la mansarde de la rue de Mézières pouvait passer pour un palais. Imaginez « un boyau mal éclairé et qui avait grand'peine à contenir deux lits ». Une armoire pour deux, ce qui sera beaucoup pour Victor qui possède en tout trois chemises. Le seul luxe : accroché au-dessus de la cheminée, le Lys d'Or des Jeux floraux. Victor comme le Marius des *Misérables* doit, pour sauver les apparences, accomplir des prodiges. Avec sept cents francs, il subsiste une année entière. Pourtant, il va dans le monde, fréquente, écrit-il à Adèle, des hommes de talent et des hommes de génie. Quand il paraît dans les salons, avec son unique habit bien brossé, et la moins élimée de ses trois chemises, il ne faut à aucun prix que l'on puisse se douter que ce jeune homme qui porte si beau ne sait pas s'il mangera le lendemain.

Cette pension qu'on lui a laissé entrevoir ? Elle ne vient pas. De même a-t-on parlé d'une « sinécure littéraire » qui lui serait confiée au ministère de l'Intérieur. Aucune nouvelle. Dire que son bonheur est à ce prix ! Et Victor piaffe. Et Adèle, à un degré moindre, piaffe. Victor supporte de moins en moins la petitesse d'esprit des Foucher. Il comprend mal comment de cette famille a pu sortir l'idéale fiancée : « Il me semble voir une colombe parmi ces canes... Il y a bien des espèces d'animaux dans les hommes. » Pourtant, le 6 avril 1822, quelle joie quand il rejoint les Foucher à Gentilly ! Grande nouveauté : il s'agit bien d'un *séjour*. C'est donc qu'on le traite en fiancé officiel.

Gentilly ! Pour Victor et Adèle, le lieu demeurera dans leurs souvenirs comme une halte délicieuse. La maison, un ancien presbytère remis à neuf, appartenait à une vieille avare aux airs de souris blanche. Par souci d'économie, elle utilisait comme domestiques des fous de l'asile voisin de Bicêtre. Ils venaient fendre son bois ou sarcler son jardin. Vaste et profond, il était bordé de deux avenues de peupliers. D'un côté, un grand potager ; de l'autre, des fleurs. La Bièvre coulait près de là. Si l'on s'avançait sur ses bords, on découvrait la vallée, verte et gaie. Mais surtout, ce qui restera dans leurs souvenirs, c'est la tourelle, vestige de l'ancienne construction. Il ne s'y trouvait qu'une chambre, « vrai nid d'oiseau ou de poète ». Quatre fenêtres recevaient le soleil à toute heure. Chaque soir les fiancés se promenaient dans le jardin et regardaient le soleil disparaître derrière la colline.

Un jour, avec des airs mystérieux, Victor apporte à sa fiancée un paquet soigneusement plié et fermé. Elle croit à quelque cadeau, et l'ouvre avec précaution. Déployant ses ailes noires et membrées, une chauve-souris s'en échappe ! Terreur d'Adèle qui ne pardonne qu'en lisant les vers écrits sur le papier : *la Chauve-Souris.* Cette chauve-souris, Victor l'avait rencontrée dans *sa* tourelle où elle habitait avec lui. S'il faut en croire Hugo, celui-ci lui parlait :

Attends qu'enfin la vierge, à mon sort asservie,
Que le soleil comme un ange envoya dans ma vie,
De ma longue espérance ait couronné l'orgueil...

Gentilly n'est qu'une maison de fin de semaine. Les Foucher eux-mêmes n'y habitent pas en permanence. Victor quitte souvent sa tourelle pour retrouver ce qu'il appelle « ses affaires ». Ce qui le préoccupe toujours, c'est son frère Eugène. De plus en plus fantasque — le mot est faible — celui-ci quitte tout à coup Paris. Il s'est mis en route pour Blois. Est-ce pour revoir son père, lui confier ses angoisses ? Non. Il veut s'assurer que le général Hugo s'est bien remarié.

Pauvre Eugène ! Parti sans papiers, il est arrêté en route, à vingt et une lieues de Paris. Il doit implorer son père de le faire libérer : « Je te prie d'écrire à M. le Procureur du roi à Chartres pour déclarer que je suis ton fils et me réclamer. » Le général intervient. Ce qui n'empêche pas Eugène de lui écrire une lettre si insultante que Léopold refusera d'avoir désormais le moindre rapport avec ce fils qu'il croit plus ingrat que malade. Le général informe Victor qu'il a décidé de ne plus verser de pension à Eugène. Mais comme l'excellent homme ne veut pas la mort du pécheur, il enverra à Abel et Victor une somme égale à la totalité de celle qu'il réservait naguère à ses trois fils. A eux de rétrocéder à Eugène ce que celui-ci touchait auparavant. Bien sûr, ils n'y manquent pas.

De ce nouveau tourment, seules les heures passées à Gentilly peuvent consoler Victor. Certes, il faut supporter les soirées en famille. Elles se déroulent, dira Hugo, « dans une gêne perpétuelle ». Mais quel bonheur quand il advient qu'Adèle, le soir, se glisse dans sa tourelle. Ce sont alors de longs entretiens, d'enivrants frôlements, parfois un baiser — sur la joue. Pourquoi le vrai bonheur, celui de la vie commune et de la possession leur est-il refusé ? Il n'est décidément pour Victor qu'une issue : la réussite. Des odes qu'il a composées depuis quelques années, le nombre est assez grand pour faire un volume. Mais quel éditeur se hasarderait à publier le livre d'un débutant ?

Un matin, le bon Abel paraît, l'air tout mystérieux. Il porte un paquet sous le bras. Qu'est-ce donc ? Rayonnant, Abel ouvre le paquet : ce sont des épreuves. Victor se penche. Émerveillé, il découvre, imprimées, ses odes. Abel en a dérobé le texte manuscrit, a fait imprimer les vers, a passé un contrat avec le libraire Pelicier qui les vendra place du Palais-Royal.

Sous le titre *Odes et Poésies diverses*, le volume va paraître en juin, tiré à 1 500 exemplaires. Toujours grâce à Abel, il est convenu que l'auteur recevra cinquante centimes par volume, donc en tout 750 francs. Le premier exemplaire, sous sa couverture gris-vert, va être porté à la seule destinatrice qui, aux yeux de Victor, ait de l'importance. Dédicace : « A mon Adèle bien aimée, l'ange qui est ma seule gloire, comme mon seul bonheur. — Victor. » Adèle a pu découvrir une préface qui commence ainsi : « Il y a deux intentions dans la publication de ce livre, l'intention littéraire et l'intention politique ; mais, dans la pensée de l'auteur, la dernière est la conséquence de la première, car l'histoire des hommes ne présente de poésie que jugée du haut des idées monarchiques et des croyances religieuses. » Hugo estime que « le domaine de la poésie est illimité » ; il précise : « la poésie, c'est tout ce qu'il y a d'intime dans tout ».

Quelques jours avant, Adèle et Victor s'étaient une fois de plus disputés. Adèle avait menacé de se donner la mort.

Peu de temps après, elle avait récidivé. La paisible et obéissante Adèle a-t-elle rejoint Victor dans ses paroxysmes amoureux ? Belle réplique à celui qui lui répète : « Tu me réponds en souriant et d'une voix calme. Oh ! non, tu ne connaîtras jamais la violence de mon amour... » Et encore : « Tu n'as jamais répondu à mes caresses, le plus souvent tu parais *souffrir* mes baisers... » Peut-être. Mais elle a voulu se tuer.

Du coup, Victor tombe malade. Passant d'un extrême à l'autre, Adèle tremble pour sa vie. Elle est prête à tout. Elle le prouve. Quatre jours plus tard elle monte l'escalier de la rue du Dragon ! Elle vient chez son fiancé — seule ! Mis en goût par cette grande « première », Hugo la supplie de le rejoindre de nouveau. Épouvantée elle-même de ce qu'elle a osé, elle refuse. Alors, il pleure.

La presse parle peu des *Odes et Poésies diverses.* Pas même la presse royaliste. La publication comporte tout de même un résultat, et de taille. La promesse d'une pension semble ne plus pouvoir être différée. *A Adèle* : « Ils traitent l'affaire de ma pension comme une affaire, sans soupçonner qu'ils devraient la traiter comme un bonheur... » C'est Rohan qui, intervenant auprès de la duchesse de Berry, fera balayer tous les obstacles. Le 18 juillet, deux lettres de Léopold et de Victor se croisent. Le général écrit à son fils : « Je relis tes *Odes.* Tâche d'avoir une teinte moins mélancolique » ; quant à Victor, c'est un bulletin de victoire qu'il expédie :

« Je suis dans la joie, et je m'empresse de t'écrire pour que tu sois heureux de mon bonheur, toi qui y as contribué, toi à qui il est réservé de l'achever. J'ai enfin obtenu mon traitement académique. Le roi m'accorde, ainsi qu'à mon honorable confrère, M. Alex. Soumet, une pension de 1 200 francs sur sa cassette. Je te transmets cette heureuse nouvelle *sous le secret* parce qu'une autre pension va m'être incessamment donnée au ministère de l'Intérieur (j'en ai l'assurance positive de M. de Lourdoueix) et il serait à craindre que la publicité de l'une ne gênât l'émission de l'autre. Reçois donc ici, mon bien cher papa, tous les remerciements de ton fils pour ce que tu as fait pour lui dans cette occasion et pour ce que tu vas faire encore ; car c'est maintenant que j'attends tout de ton cœur et de ta bonté. »

Il tient parole, le général Hugo. Compte tenu des délais de la poste, on peut même dire qu'il ne perd pas une minute. Le 22 juillet, il écrit à Pierre Foucher : « Je connais à Victor une sensibilité exquise, un excellent cœur, et tout me porte à croire que ses autres qualités morales répondent à celles-là. C'est ce cœur, ce sont ces qualités que j'ose mettre aux pieds de votre aimable fille. Victor me charge de vous demander la main de cette jeune personne dont il prétend faire le bonheur et dont il attend le sien... »

Insidieusement, le général a fait savoir à son fils Victor qu'il serait bon pour lui de paraître s'apercevoir que son père s'est remarié. Tant pis pour la mémoire de Sophie : Victor va « reconnaître » la seconde comtesse Hugo.

Victor et Adèle vivent dans l'attente du mariage. Sans attendre la confirmation de la pension royale, Victor s'est préoccupé des démarches à entreprendre pour entrer en possession de son acte de naissance et de son extrait de baptême. Il en a écrit à son père. Le général répond aussitôt, c'est un homme ponctuel. Pour l'extrait de naissance, il conseille de s'adresser au capitaine chargé du dépôt de recrutement pour le département du Doubs. Mais le paragraphe suivant va faire tomber Victor littéralement des nues : « Quant à l'extrait baptistaire, la chose est plus difficile, car si ta mère ne t'a pas fait donner le sacrement qui fait le chrétien, je suis parfaitement sûr que tu ne l'as pas eu. Je vais donc remédier à cette omission, qui pourrait arrêter quelque temps le cours de tes espérances et prier M. Llorente, à qui j'adresse le billet ci-joint, de te faire baptiser en chambre comme si la chose avait été faite à Madrid sur la fin de 1811. En Espagne, les extraits de baptême étant faits sur papier libre et sans beaucoup de cérémonies, M. Llorente pourra légaliser la signature du prêtre en sa qualité ecclésiastique supérieure, si le patriarche des Espagnes et des Indes, mon très ancien et très respectable ami, n'était plus à Paris. »

Victor sait très bien qu'on ne lui a jamais fait pratiquer de religion. De là à apprendre qu'il n'a jamais été baptisé, le coup est rude ! Quand on relit ses lettres à Adèle, on s'aperçoit que, les jours suivants, il traverse une crise grave. Que faire ?

La solution d'un baptême clandestin, « en chambre » comme a dit le général Hugo ? Victor n'en veut pas. Lamennais le comprend fort bien. Ce genre de secret est toujours éventé à un moment ou à un autre. On imagine les petits journaux libéraux révélant que le plus ferme soutien du trône et de l'autel, le poète royaliste par excellence, le pensionné de Sa Majesté n'était pas baptisé ! Oui, quel parti prendre ?

La lettre que, le 13 septembre, Victor adresse à son père marque la fin de ce débat : « Si je n'ai pas été baptisé à Besançon, je suis néanmoins sûr de l'avoir été, et tu sais combien il serait fâcheux de recommencer cette cérémonie à mon âge. M. de La Mennais, mon illustre ami, m'a assuré qu'en attestant que j'ai été baptisé en pays étranger, cette affirmation, accompagnée de la tienne, suffirait. Tu sens combien de hautes raisons doivent me faire désirer que tu m'envoies cette simple attestation. »

Puisque « l'illustre » Lamennais s'y associe, pourquoi le général Hugo qui, en ces matières, continue à cultiver l'incroyance sarcastique qui était de règle à l'armée du Rhin, se camperait-il en gêneur ? On lui demande d'attester. Il atteste tout ce qu'on veut. Il suffit maintenant à Lamennais d'établir le bulletin de confession qui fera s'ouvrir toutes grandes les portes de l'église Saint-Sulpice. Il signe. Le tour est joué. Pour *de hautes raisons.*

La salle de la cour d'assises au Palais de justice. Une chaleur accablante. Pressée sur les bancs de bois usés, une foule si dense que l'on se croirait, aux heures de la Terreur, au procès de Danton ou de Marie-Antoinette. De fait, c'est aussi un procès politique qui se plaide. Celui de quatre jeunes gens qui, recrutés dans la Charbonnerie, ont cru venue l'heure de chasser ces Bourbons ramenés, comme dit le cliché, « dans les fourgons de l'étranger ». Ils sont soldats, sergents. C'est parce qu'ils ont voulu soulever leur régiment en marche vers l'Atlantique qu'on les appelle les *quatre sergents de La Rochelle.* Le soulèvement projeté n'a pas eu lieu. Dénoncés, ils ont été arrêtés, avec d'autres, alors qu'ils ne méditaient qu'un projet. Assis au banc des accusés, ce qu'ils risquent, c'est la mort.

Parmi la foule, voici deux jeunes gens, presque des enfants : Victor et Adèle. Qu'est-ce donc qui les a conduits là ? Assurément, déjà, il y a l'immense curiosité de Hugo pour tout ce qui concerne son temps. Le prodigieux journaliste des *Choses vues,* on peut dire qu'il débute ce jour-là. Mais la curiosité n'est pas la seule raison de sa présence. Le chef de bureau Pierre Foucher a dû obtenir des cartes d'entrée pour ce procès qui mobilise l'actualité. Sermonnée par Victor, Adèle a dû manifester un intérêt de commande qu'elle n'éprouvait sûrement pas. Aussitôt, Hugo a dû se proposer pour l'escorter. *Victor à Adèle* : « Je vais aller voir où en sont les débats des assises, s'ils pouvaient durer jusqu'à vendredi ! Une journée entière près de toi ! C'est encore une chose singulière de notre position que d'être contraints pour trouver quelques instants de doux entretiens, de nous réfugier dans la salle d'un tribunal. Personne ne se doute pourquoi je désirerais la prolongation de ce procès. »

Au-delà de ces « doux entretiens », comment un Victor Hugo de vingt ans ne ressentirait-il pas dans toute sa plénitude tragique la grandeur de cet instant ? Dans *le Dernier Jour d'un condamné,* il prêtera à son narrateur cette réflexion à propos de Bories, l'un des sergents : « Pauvre jeune homme, pour une idée, pour une rêverie, pour une abstraction, cette horrible réalité qu'on appelle la guillotine ! » Comment n'aurait-il pas senti se lever une amère réprobation, celle du cœur, en entendant l'avocat général, M. de Marchangy — un écrivain, l'auteur de *la Gaule poétique* ! — réclamer durant cinq heures d'horloge, la mort, la mort, et encore la mort ? Comment n'aurait-il pas ressenti une émotion violente en entendant Bories déclarer, avant que le jury ne se retirât pour délibérer :

— Monsieur l'Avocat général n'a cessé de me présenter comme chef du complot. Eh bien, messieurs, j'accepte, heureux si ma tête en roulant sur l'échafaud peut sauver celle de mes camarades !

Alors, sa main a dû serrer plus encore celle d'Adèle, et ses yeux peut-être se sont emplis de larmes. Bien sûr, les accusés sont des adversaires politiques, des gens qui ont conspiré contre la monarchie. Hugo ne peut que les haïr. Mais tant de jeunesse, tant de sincérité ! Et puis, quand les quatre têtes tomberont place de Grève, sous le couperet de la guillotine, comment ne pas ressentir de l'horreur ? Huit jours plus tôt, l'ami Édouard Delon a été une seconde fois condamné à mort — par contumace — pour complicité avec le général Berton, autre conspirateur impénitent. Delon est loin : il passera en Grèce pour soutenir avec Lord Byron la cause de la liberté et y trouvera la mort. Mais cette condamnation abstraite n'a rendu, aux yeux de Hugo, celle des jeunes sergents que plus concrète.

Alors Hugo doute. De plus en plus, il acquiert une certitude : la vie vient de Dieu. C'est lui seul qui peut reprendre ce qu'il a donné. L'homme, en infligeant la peine de mort, dérobe un bien qui ne lui appartient pas.

Une angoisse, un moment, l'a taraudé : il va être concerné par la loi sur le recrutement. S'il a le malheur de tirer un mauvais numéro, il sera, pour plusieurs années, embrigadé. Inutile alors de songer au mariage. Inutile d'espérer poursuivre sa carrière. S'acheter un remplaçant ? Avec quel argent ? Affolement. Désespoir. Tout à coup, une idée lui vient — ou on la lui souffle. Il écrit à Pinaud, l'un de ses plus fidèles soutiens à l'Académie des Jeux floraux :

« La loi sur le recrutement accorde l'exemption du service militaire à tous ceux qui auront remporté l'un des grands prix de l'Institut, voire même le *prix d'honneur de l'Université.* L'oubli fait par le législateur des prix de la seconde académie du royaume est ici réparé par l'esprit de la loi, et, d'après les informations que j'ai prises, j'ai acquis la certitude que cet article avait été interprété favorablement jusqu'ici, sur la réclamation des secrétaires perpétuels, pour des palmes décernées par des académies bien moins importantes que celle des Jeux Floraux. »

Habile Hugo. La manœuvre réussit. Flatté, Pinaud intervient. Victor est exempté. Aucun nuage n'assombrira plus l'horizon. Ni celui du poète ni celui du fiancé. La pension a été confirmée. Seulement elle a été réduite de 1 200 francs à 1 000 francs. Va-t-on s'arrêter à ce détail ? Les Foucher vident leur bourse. Au lendemain du mariage, M. Foucher sera obligé de demander une avance de 1 000 francs à son ministère. Il ne commencera à la rembourser que le 1er mars 1823. Adèle aura pour dot 2 000 francs « en nippes, meubles et espèces ». Quant à Victor, il se souviendra avec précision d'avoir utilisé les 700 francs que lui avait procurés la vente des *Odes* à l'achat d'un cachemire des Indes. « Car pour un cachemire français, il n'y avait pas à y songer, c'eût été trop cher... A cette époque, il n'y avait pas de corbeille de mariée sans cachemire. »

Le jeune ménage va donc débuter dans l'existence avec la seule pension de Victor, 83 francs par mois. Seul commentaire de Victor dans la dernière des lettres qu'il écrit à sa fiancée : « Notre histoire aura été une preuve de plus de cette vérité que vouloir fermement, c'est pouvoir. »

A l'hôtel de Toulouse, dans la salle du Conseil — cette même salle où Lahorie, parrain de Victor, s'est entendu condamner à mort — on a dressé une grande table autour de laquelle la noce a pris place. On a voulu respecter la tradition : un dîner suit toujours la messe de mariage. A Saint-Sulpice, ce 12 octobre 1822, c'est l'abbé de Rohan qui a reçu le consentement des jeunes mariés. Les témoins de Victor : Alfred de Vigny et Félix Biscarrat, accouru tout exprès de Nantes. Les témoins d'Adèle : son oncle Asseline et le marquis Duvidal de Montferrier. Le général Hugo est resté à Blois. Il n'a pas voulu venir sans sa femme et Victor l'a préféré absent qu'accompagné.

Le repas est achevé. On danse. Il faut reconnaître qu'elle est bien jolie, dans ses voiles blancs, Adèle Hugo, son visage radieux cerné par les torsades noires. Et mince, si mince ! Au fait, n'est-il pas beau, lui aussi, le marié ? Les invités, à qui mieux mieux, répètent que ce bonheur fait plaisir à voir. Il n'y a que Biscarrat pour remarquer, au cours de la soirée, l'agitation étrange d'Eugène. Il soliloque, se laisse aller à de grands gestes véhéments. Va-t-on vers un esclandre ? Biscarrat, tout bas, est allé prévenir Abel. A eux deux, ils ont convaincu Eugène de les suivre. Dans la nuit, le malheureux sombrera dans une crise de folie furieuse. Ce n'est pas, comme on l'a tant écrit, le spectacle du bonheur de son frère qui l'a rendu fou. Sa maladie était ancienne et profonde. Il franchit définitivement la limite qui sépare la raison, même blessée, de la folie.

Ni Victor ni Adèle n'ont remarqué le départ de leur frère. Le bonheur rend égoïste. Et puis, on s'est gardé d'attirer leur attention sur un incident resté inaperçu de la plupart. La fête s'achève. Les parents Foucher ont décidé de leur accorder l'hospitalité à l'hôtel de Toulouse puisque le petit ménage Hugo ne possède pas de quoi même acheter un lit. On les a conduits à leur chambre. Ils sont seuls.

Enfin !

DEUXIÈME PARTIE

CAR LE MOT C'EST LE VERBE

I

LE PRINTEMPS

> Si l'homme calculait son existence par le bonheur et comptait ses heures de joie pour des années de vie — dites ! compterait-il jusqu'à soixante ?
>
> Lord BYRON.

Nous savons tout de Hugo. Ce qu'il n'a pas dit sur lui-même, d'autres s'en sont chargés. Même ses nuits d'amour nous sont connues en détail. A commencer par la première : celle du 12 au 13 octobre 1822. Serrant pour la première fois contre son corps celui de la bien-aimée, il lui a prouvé neuf fois son désir [1].

C'est beaucoup. C'est trop. Songeons à cette interminable lune de miel qu'a traversée Adèle. Songeons que, jamais, au grand jamais, Hugo ne s'est permis avec elle un geste « déplacé ». Il a fallu attendre le 11 septembre 1822 — un mois seulement avant le mariage ! — pour qu'elle acceptât de se laisser embrasser sur les lèvres. La passion, que depuis tant d'années lui a portée Victor, se situe dans l'éther, nulle part ailleurs. Douze jours auparavant encore, Victor ne parlait à Adèle que de l'amour le plus virginal, « le plus chaste [2] ». En ce temps-là, la règle absolue est d'épargner aux jeunes personnes la peinture des réalités dont on juge qu'elles ne les découvriront que trop tôt. Tout juste Mme Foucher a-t-elle dû, la veille ou l'avant-veille, en termes aussi obscurs que confus, laisser entendre à sa

1. Il l'a confié à Juana Richard Lesclide, épouse du secrétaire de Hugo. Voir *Victor Hugo intime*, page 197.
2. Lettre du 1er octobre 1822.

fille qu'il faudrait faire son devoir, tout son devoir. En tout cas être courageuse. La petite a dû hausser les épaules. Décidément, cette pauvre mère n'a rien compris. Pourquoi faudrait-il du courage pour vivre cette heure que tous les deux appellent de tant de vœux éperdus ?

Et là, tout à coup, dans son lit, ce qu'elle découvre, c'est un homme déchaîné, un « vendangeur ivre », comme dira Lamartine. Pour l'excuse de Victor, on est tenté d'admettre qu'il rattrapait le temps perdu. Mais lui qui avait attendu près de quarante mois aurait bien pu étaler son impatience sur deux ou trois nuits. C'est sur une jeune épouse stupéfaite, éperdue, physiquement meurtrie, qu'il s'acharne. Elles sont éloquentes, les confidences d'Adèle à Sainte-Beuve : « en ces bras de fer brisée, évanouie... ». Il faut penser qu'elle a « gardé de cette découverte, très brutale, de la sexualité une espèce d'horreur [1] ». Il ne semble pas que, de cette expérience, Hugo ait tiré quelque leçon. Vers 1828, il écrivait : « L'homme a reçu de la nature une clef avec laquelle il remonte sa femme toutes les vingt-quatre heures. » Ce qui était manquer à la fois de psychologie et de délicatesse. Mais, parmi les maris, était-il le seul ?

« Là où il y a vraiment mariage, c'est-à-dire là où il y a amour, l'idéal s'en mêle. Un lit nuptial fait dans les ténèbres un coin d'aurore [2]. »

On préférerait retenir cette vision idéalisée si, précisément, l'aurore qui va suivre n'avait marqué le début d'une tragédie. Ils dorment. On frappe à leur porte. C'est Biscarrat, blême, au désespoir. En quelques mots, il raconte ce qui s'est passé la veille au soir à propos d'Eugène. L'état du malheureux s'est aggravé pendant la nuit. D'abord il a illuminé sa chambre « comme pour un mariage ». Après quoi, poussant des cris inarticulés, il a saisi un sabre et s'est mis à se battre avec les meubles, décapitant les chaises, éventrant l'armoire. Quel lendemain de noce !

Victor, laissant là Adèle, court chez Eugène. Désormais, il va se relayer auprès de son frère avec Abel, Victor Foucher et le cousin Trébuchet. De ce drame affreux, on ne croira pas utile d'informer le général Hugo. L'étrange de l'affaire, c'est que sept jours après son mariage, Victor adresse à son père une lettre qui fait état d'une joie que rien n'aurait ternie :

1. Henri Guillemin.
2. *Les Misérables.*

« Depuis le 12 de ce mois, je jouis du bonheur le plus doux et le plus complet... Si je ne t'ai pas écrit dans les premiers jours de mon bienheureux mariage, c'est que j'avais le cœur trop plein pour trouver des paroles... Je suis absorbé dans un sentiment profond d'amour, et pourvu que toute cette lettre en soit pleine, je ne doute pas que ton bon cœur ne soit content. »

Le 19 novembre, Adèle, écrivant à son beau-père, se présente comme « la plus heureuse des femmes » qui lui doit « tout son bonheur ». Une seule explication possible : Victor, espérant que l'état de son frère n'était que provisoirement compromis, a préféré ne rien dire à son père, déjà fort prévenu contre Eugène, et ne s'est décidé à lui faire connaître la vérité que lorsque les médecins l'ont convaincu du caractère incurable de la maladie, ou quand il a pu craindre que son père n'apprît par un autre la folie d'Eugène. Autour d'eux, on commençait à beaucoup en parler, comme le montre le journal d'un contemporain, Evariste Boulay-Paty :

« Je m'en suis revenu avec Soulié qui est venu passer une heure chez moi. Il m'a dit qu'Eugène Hugo avait tellement aimé Mme Victor Hugo que, deux ou trois jours après le mariage de son frère, il était devenu fou. C'était un jeune homme qui annonçait le plus beau talent. Fou par sève de chasteté, ô Charenton [1]. »

En décembre, il n'est plus possible d'éluder.

Victor à Léopold, 20 décembre 1822 : « C'est auprès du lit d'Eugène malade et dangereusement malade que je t'écris. Le déplorable état de sa raison, dont je t'avais si souvent entretenu, empirait depuis plusieurs mois d'une manière qui nous alarmait tous profondément, sans que nous puissions y porter sérieusement remède, puisque ayant conservé le libre exercice de sa volonté, il se refusait obstinément à tous les secours et à tous les soins. Son amour pour la solitude poussé à un excès effrayant a hâté une crise qui sera peut-être salutaire, du moins il faut l'espérer, mais qui n'en est pas moins extrêmement grave et le laissera pour longtemps dans une position bien délicate. » *Adèle à Léopold, 22 décembre 1822* : « Depuis que mon Victor vous a écrit, il a eu un jour, et surtout une nuit très calme, mais ce calme n'était que le prélude d'une crise très violente qui a duré hier quelques heures et qui a repris tellement fort cette nuit qu'il fallait deux hommes, et de plus la femme qui le garde, pour le contenir un peu... Ses frères, le mien, son cousin Trébuchet et un autre de ses amis se

1. Publié par le docteur Dominique Caillé, dans les *Annales de la société académique de Nantes.*

relayaient pour le veiller, mais déjà deux de ces messieurs sont malades de la crise de cette nuit. Enfin, mon cher papa, nous sommes plongés dans la douleur la plus vive. »

Que faire d'Eugène ? Abel soulèvera la question financière. Ni lui ni Victor ne sont à même de payer les frais d'un traitement onéreux. On va faire jouer le grade du général et obtenir l'hospitalisation d'Eugène à l'établissement du Val-de-Grâce. Pour faire soigner son fils, il semble que le père ait vidé sa bourse, pourtant guère enflée. Au début de 1823, le général Hugo vend le prieuré Saint-Lazare. Grave décision, qui a dû lui coûter. Mais cette demeure était son seul bien ; il savait qu'il allait avoir besoin d'argent et ne pouvait s'en procurer qu'à ce prix. Désormais, il habitera Blois, 73, rue du Foix, dans la petite maison que sa seconde femme y possède depuis 1816. Lui qui avait refusé de paraître au mariage de Victor annonce qu'il part pour la capitale afin de s'occuper d'Eugène. Voilà donc à Paris le gros homme sanguin. Naturellement escorté de son épouse.

Si, retrouvant cette belle-mère qu'il n'a pas vue depuis l'Espagne, il y a eu gêne de la part de Victor, il a su parfaitement la cacher. Il a *décidé* — tout est chez lui choix délibéré — de prendre son parti de la seconde comtesse Hugo. Ce n'est pas par inadvertance qu'Adèle a écrit à son beau-père : « Si notre belle-mère savait combien j'ai été sensible à tout ce qu'elle a bien voulu faire pour accélérer notre mariage, j'espère qu'elle voudrait bien recevoir mes remerciements. » On accueillera donc à Paris ladite belle-mère, sans empressement excessif, mais avec une courtoisie à laquelle le général sera sensible.

Les premiers moments seront tout à Eugène que Léopold retrouve avec chagrin. Comment oublierait-il le petit garçon blond et joufflu, primesautier et si gai, qui lui sautait dans les bras à Naples et riait dans les rigueurs du collège de Madrid ? Mais le séjour de l'ex-familier du roi Joseph sera surtout marqué par une découverte réciproque : le général fait la connaissance de son poète de fils et Victor, déjà à demi conquis par les lettres de son père, lui ouvre définitivement son cœur. On verra presque chaque soir le général venir dîner chez son fils. Adèle, belle-fille observatrice, dans des lignes qui n'ont naturellement pas été retenues par le *témoin,* a montré l'excellent homme à table : « C'était là surtout que l'entrain lui venait... Il fronçait sa narine à la façon des lapins, ce qui est une grimace des Hugo, clignait de l'œil comme s'il avait une nouvelle drôlerie à dire et finissait par accoucher de ce qu'il avait dit cent fois. »

Avec un attendrissement grandissant, Victor va découvrir le secret que son père cachait jalousement. Jusque-là, en quelques lignes un peu sibyllines, Léopold s'était contenté de lui confier qu'il s'intéressait aux belles lettres, qu'il avait même gribouillé quelques petites choses. A table, il se livre davantage. Avec la timidité d'une jeune fille, le général révèle qu'il a toujours écrit, que dès l'âge de dix-huit ans, il composait un *Projet d'entretien des routes par des hommes inhabiles au service actif*. Que trois ans plus tard, il en était aux *Moyens de détruire dans ses larves le ver rongeur de l'olivier en Corse*. Qu'en 1806, il proposait les *Moyens pour l'Espagne de se débarrasser de Gibraltar*. Que même il avait étudié les *Moyens de rendre potable l'eau de mer*. En vérité que de moyens ! Au milieu de cette avalanche, ce qui a peut-être touché l'auteur de *Bug-Jargal*, c'est la brochure de son père sur les *Moyens de suppléer à la traite des nègres par des individus libres, et d'une manière qui garantisse pour l'avenir la sûreté des colons et la dépendance des colonies*, opuscule publié à Blois, en janvier 1818, sous un pseudonyme. Le général n'a pas oublié de parler de son *Journal historique du blocus de Thionville en 1814 et en 1815* et de ses Mémoires pour lesquels il cherche un éditeur : œillade à Victor suivie d'un probable hochement de tête de celui-ci. Avec plus de confusion encore, le général a parlé de ses romans encore inédits, de son poème en 14 chants et 1 400 vers : *la Révolte des enfers*. Peut-être en a-t-il récité des extraits :

Gabriel accourez, s'écrie l'Éternel,
Allez à Lucifer dans les abymes sombres
Annoncer qu'aujourd'hui mon amour paternel
Va changer les destins des infernales ombres.
Deux enfers au lieu d'un, voilà ma volonté !
— Seigneur, dit Gabriel ! — Taisez-vous, mon bel ange,
Écoutez jusqu'au bout, admirez ma bonté,
C'est toujours pour le bien que ma volonté change !

Étonnement de Victor : son père est écrivain ! Il est poète ! Émotion.

Dans les débuts de la Restauration, lors de l'un de ses rares voyages à Paris, Léopold avait rencontré ses fils chez le général Lucotte. Victor, avec l'impétuosité et l'impudence de l'enfance, n'avait parlé que de la monarchie sainte et du roi bien-aimé. Léopold l'avait écouté en silence. Il avait dédaigné de répondre à la provocation, s'était simplement tourné vers Lucotte :

— Laissons faire le temps. L'enfant est de l'opinion de la mère, l'homme sera de l'opinion du père.

En janvier 1822, il n'en est pas là. Écoutant son grognard de père, Victor découvre seulement — mais c'est beaucoup — que les plis du drapeau blanc n'ont pas été seuls à envelopper la gloire de la France. Pendant vingt ans, des millions d'hommes, au nombre desquels était son père, ont parcouru l'Europe derrière les trois couleurs devenues l'emblème de la liberté. Il découvre que ces hommes, décorés volontiers par la presse ultra du nom de brigands, n'étaient rien de plus ni rien de moins que des géants.

Ce qui achève définitivement la conquête, c'est l'annonce faite un jour par Léopold d'un ton bourru qui cache mal son émotion : puisque l'état d'Eugène s'est amélioré, il a résolu de l'emmener avec lui à Blois. Il le soignera si bien, ce diable d'Eugène, que bientôt il sera complètement guéri. On ira donc le chercher en son hôpital. Le général Hugo et sa comtesse, escortés par un fils un peu pâle, un peu contraint, monteront dans la diligence de Blois. Léopold a fait jurer à Victor et à Adèle de venir bientôt leur faire visite. Bientôt !

Le jeune ménage a confié au général et à son épouse une grande nouvelle : Victor n'a pas perdu de temps, Adèle est enceinte.

Il s'est marié. Il a occupé d'interminables heures au chevet de son frère fou. Il a retrouvé son père. Il a vibré quand il a su que M. de Chateaubriand, revenu aux affaires, se préparait à exécuter la mission que les rois lui avaient confiée à Vérone : restaurer la monarchie absolue en Espagne. Il s'est ému quand il a appris, la guerre faisant fuir le crédit, la faillite de l'éditeur de ses *Odes,* Persan. Voilà beaucoup d'événements propres à arracher un poète de sa table de travail. Nous connaissons déjà suffisamment Hugo pour être sûrs qu'il n'en est rien.

Qu'écrit-il ? Des odes encore. En décembre, *Louis XVII* :

C'était un bel enfant qui fuyait de la terre ;
Son œil bleu du malheur portait le signe austère ;
Ses blonds cheveux flottaient sur ses traits pâlissants

Et les vierges du ciel, avec des chants de fête,
Aux palmes du Martyre unissaient sur sa tête
La couronne des innocents.

Le même mois, une autre ode : *Jéhovah* où, pour la première fois peut-être, on voit s'esquisser l'idée hugolienne de Dieu :

Gloire à Dieu seul ! son nom rayonne en ses ouvrages.
Il porte dans sa main l'univers réuni ;
Il mit l'éternité par delà tous les âges,
Par delà tous les cieux il jeta l'infini !

Des articles aussi. En février 1823, une critique sur le *Parricide*, de Jules Lefèvre, qui vaut d'être retenue. A propos de ce poète aujourd'hui bien oublié, fort médiocre mais que Hugo couvre légitimement d'éloges parce qu'il est son ami, il s'en prend à ceux qui pensent que la littérature et la poésie seraient une fois pour toutes figées : « Cette opinion aride, héritage légué à notre époque par le siècle de Voltaire, ne veut marcher qu'escortée de toutes les gloires de Louis XIV. » Il répudie totalement cette opinion « décourageante et injuriante » qui « poursuivrait du nom de Racine mort Racine renaissant » et qui « condamne toute originalité comme une hérésie ». Il salue ces « jeunes têtes pleines de sève et de vigueur, qui ont médité la Bible, Homère et Chateaubriand, qui se sont abreuvées aux sources primitives de l'inspiration et qui portent en elles la gloire de notre siècle ». Lisons très attentivement la suite : « Ces jeunes hommes seront les chefs d'une école nouvelle et pure, rivale et non ennemie des écoles anciennes, d'une opinion poétique, qui sera un jour aussi celle de la masse. En attendant, ils auront bien des combats à livrer, bien des luttes à soutenir ; mais ils supporteront avec le courage du génie les adversités de la gloire. » Hugo prophète ?

Le début de l'année 1823, c'est avant tout la rédaction de la préface de *Han d'Islande*, l'achèvement et bientôt la publication du roman.

J'ai lu *Han d'Islande* à quinze ans. L'impression me fut profonde. Les patronymes prétendument norvégiens, les situations absurdes, les outrances de chaque page, le côté haletant du récit, tout cela m'enchanta. L'enfant que j'étais se rencontrait avec les élucubrations superbes d'un écrivain adolescent. Comment n'aurais-je pas frémi en découvrant que Éthel, l'héroïne, ignore que son cher Ordener est le fils de l'ennemi de son père ? Comment n'aurais-je pas cessé de respirer en comprenant que le frère de Musdaemon et le bourreau n'étaient qu'un seul et même personnage ! Comment ne me serais-je pas émerveillé de voir Han sauvé par l'ours et l'ours sauvé par Han ! Comment n'eussé-je pas frémi en lisant des phrases de ce genre : « La porte s'ouvrit enfin lentement, et Ordener se trouva face à face avec la longue figure pâle et maigre de Spiagudry qui, les habits en désordre, l'œil hagard, les cheveux hérissés, les mains ensanglantées, portait une lampe sépulcrale, dont la flamme tremblait encore moins visiblement que son grand corps. » *La maîtrise dans le hagard,* dira Jules Renard. Hugo lui-même a su, dix ans plus tard, juger *Han d'Islande*: « *Han d'Islande* est un livre de jeune homme et de très jeune homme... Aussi *Han d'Islande,* en admettant qu'il vaille la peine d'être classé, n'est-il guère autre chose qu'un roman fantastique [1]. » Alfred de Vigny écrira pourtant à Hugo que ce *Han d'Islande* « est bien grand dans mon opinion ». Aucune réserve dans son éloge : « Mon ami, je vous le dis, et vous êtes le centième à qui je le dise, quoique je sois à Orléans, c'est un beau et grand durable ouvrage que vous avez fait là... Vous avez posé en France les fondements de Walter Scott. Votre beau livre sera pour nous comme le pont de lui à nous et le passage de ses couleurs à celles de France. » Suivait néanmoins un conseil qui marquait une réticence : « Faites un pas ; naturalisez le génie que vous avez jeté sur la Norvège, changez les noms et les décorations, et nous serons plus fiers que des Écossais. » Traduisons : vous avez été un peu loin. Lamartine sera du même avis. *A Victor Hugo, 8 juin 1823*: « Nous relisons vos ravissantes poésies et votre terrible *Han.* Soit dit en passant, je le trouve aussi trop terrible : adoucissez votre palette ; l'imagination, comme la lyre, doit caresser l'esprit ; vous frappez trop fort. » A peu près seul, un article de *la Quotidienne,* tout en regrettant le goût quelque peu morbide de l'auteur pour les monstruosités, ainsi que pour ces « anomalies dégoûtantes et auxquelles les langues humaines ont à peine accordé un nom : la morgue, l'échafaud, la potence, l'anthropophage, le bourreau », va louer le pittoresque, la vivacité, la nervosité du style, et encore « cette délicatesse de tact et cette

1. Préface à l'édition de 1833.

finesse de sentiment qui sont aussi des acquisitions de la vie ». Commencer par des *erreurs* de cette qualité, concluait le journaliste, n'est donné qu'à un très petit nombre d'écrivains. Hugo, lisant cet article inespéré, a bien sûr couru à la signature. C'était celle de Charles Nodier.

Une génération entière s'est enchantée du personnage de Nodier, de cet esprit charmant, léger et profond à la fois, en tout cas le plus original de son temps. Hugo croyait avoir tout lu. Nodier le battait de plusieurs longueurs. Nul n'aurait pu le prendre en défaut, ni sur Homère, ni sur Montaigne, ni même sur Goethe et Shakespeare. Son goût des livres avait fait de lui un bibliothécaire, à Besançon d'abord, puis à Laybach en Illyrie, pays si lointain que certains, au dire de Dumas, croyaient qu'il n'existait pas. Curieux de tout et d'abord des traditions populaires, il en avait rapporté une infinité de contes étranges et d'autant plus attachants. Devenu journaliste aux *Débats,* puis à *la Quotidienne,* il s'affirmait le plus ferme soutien des écrivains.

Éperdu de reconnaissance, Hugo se procure l'adresse de Nodier, et se précipite chez lui, rue de Provence. Il grimpe trois étages, sonne. Une ravissante jeune fille brune aux yeux rieurs lui ouvre:

— Papa est sorti, monsieur.

Hugo laisse un mot. Le lendemain, c'est Charles Nodier qui se présente chez Hugo : « figure anguleuse, œil vif et las, démarche fantasque et pensive ». Il a vingt-deux ans de plus que Victor et pourtant le contact s'établit aussitôt.

Il est touché, Charles Nodier, par le spectacle de ce couple encore enfant, hébergé par les parents Foucher. Il est frappé par l'amour qui les unit, il s'émeut à considérer la taille d'Adèle qui s'arrondit doucement. A Nodier, Adèle réserve le même accueil qu'à toute cette jeunesse qui désormais envahit l'hôtel de Toulouse. La jeune Mme Hugo donne à tous une image curieusement mêlée de paix apparente et d'une effervescence intérieure qu'elle dissimule de son mieux. Les inconnus la trouvent froide, parce qu'elle est timide. Les autres ne parlent que de son charme, de sa beauté « espagnole », de ses grands yeux noirs. Lui, Charles Nodier, est définitivement séduit. Il invite le couple à assister sans tarder à l'une des soirées qu'il offre chez lui à ceux qu'il aime. Il sent que les Hugo seront bientôt de ceux-là. Les Hugo le sentent aussi.

Le printemps venu, les Foucher ont loué de nouveau la maison de Gentilly où le jeune ménage va les rejoindre. Les peupliers, le potager, les fleurs, la Bièvre aux eaux vertes. Calme et repos. Mme Foucher entend éviter à sa fille, avant l'accouchement, toute fatigue inutile. Mais, cette fois, la chambre de la tourelle restera vide. Pour Victor et Adèle, un seul lit. Une inquiétude au moins vient de leur être ôtée, celle du lendemain. Victor, quant à sa carrière, va décidément de bonheur en bonheur : il vient de se voir décerner, sur les fonds littéraires du ministère de l'Intérieur, une pension de 2 000 francs qui s'ajoutent aux 1 000 francs de la munificence royale.

Une seule ombre à ce tableau idyllique : Eugène. Hugo a beau afficher partout un air d' « officier de cavalerie qui enlève un poste », la plaie fraternelle le ronge en secret. Affectueusement accueilli à Blois, le second des fils Hugo a adressé à Victor une lettre sensée, quoique comportant des traces d'aigreur. Un mois plus tard, Léopold confiait que l'on avait essayé sur Eugène un traitement à l'électricité mais que le résultat n'était guère probant. En avril : « Le temps influe beaucoup sur Eugène et je vois qu'il me faudra recourir à M. Esquirol. » Il s'agit d'un aliéniste fameux à Paris.

Léopold à Pierre Foucher, 5 mai 1823 : « Hier, mon cher Foucher, Eugène, dont j'observai depuis quelques jours les manières sombres et farouches, étant à dîner avec ma femme, une demoiselle et moi, s'élança tout à coup sans rien dire de sa place, un couteau à la main, se porta sur cette demoiselle, lui arracha son assiette qu'il brisa par terre et courut frapper sa belle-mère à la poitrine. Je fus heureusement assez prompt pour arrêter sa main au moment où elle allait sans doute porter le second coup, et assez fort pour pousser le furieux contre le mur de la salle à manger, mais ne pouvant lui arracher le couteau des mains, je pris le parti de lui en tordre la lame sous les yeux, ce qui l'intimida assez pour le lui faire lâcher ; alors, il se laissa lier par moi seul et je ne le gardai qu'un moment dans cet état pénible pour mon cœur, parce que je le vis abattu et incapable d'entreprendre une lutte avec moi. »

Le couteau, arrondi par le bout, n'avait fait que déchirer le *schal* et le fichu de la générale Hugo. Le médecin, appelé sur-le-champ, juge très grave l'état d'Eugène. Léopold ne peut plus garder son fils.

Le malheureux a dit froidement qu'il avait voulu tuer sa belle-mère « parce qu'elle lui faisait prendre des bouillons, des cochonneries et que d'ailleurs elle n'était pas sa mère ». Il a dit aussi qu'il savait que son père avait apporté beaucoup d'argent d'Espagne dont il avait spolié sa mère. Beaucoup d'argent ! Le gros homme a cru avoir un coup de sang. Ce n'en est donc pas fini des accusations d'autrefois, des calomnies qui lui avaient fait tant de mal ! Il se sentait le cœur en paix, il revit sa haine. Il retrouve le ton dont il usait pour parler de *l'exécrable Trébuchet* : « Fallait-il farcir de jeunes têtes de tous ces détails ! N'était-ce pas provoquer un jour de ma part des révélations que je voulais éviter, car enfin ce n'est qu'avec des révélations que je puis me défendre de tout ce qui a été dit, écrit ou mentionné contre moi. Or combien n'en ai-je pas à faire ? » On comprend pourquoi la lettre est adressée à M. Foucher. Il sait, lui. Si l'on attaque encore le général sur ce point précis, si l'on rouvre sa blessure, il racontera tout de Lahorie. Une phrase qui en dit long : « Communiquez, je vous prie, la présente à mes deux fils ; qu'elle leur serve à l'avenir de gouverne envers leur frère, leur belle-mère et moi. »

Eugène sera finalement interné à l'établissement Saint-Maurice que dirige le docteur Royer-Collard. Victor a frappé à la porte de personnages haut placés et a obtenu gain de cause : Eugène sera soigné aux frais du gouvernement. Le cœur se serre à lire la lettre, si volontairement sage, que l'infortuné garçon adressera à son père, le 16 novembre suivant. Ne perdons pas de vue qu'il est interné depuis le 7 avril. Il se dit profondément heureux qu'un « Monsieur » soit venu le voir et que par ce canal il ait pu recevoir des nouvelles de son père :

« Il paraît que ta santé est toujours bonne et que tu ne m'as pas oublié... J'ai lieu de croire que mes deux frères, Abel et Victor, se portent également bien, car j'eusse été certainement informé de leurs nouvelles s'il leur était arrivé quelque accident. Monsieur le Directeur et les personnes employées dans cette maison ont beaucoup de bontés pour moi. »

Près d'un mois s'écoule encore et c'est à Victor qu'Eugène cette fois s'adresse :

« Il y a déjà longtemps que j'ai reçu deux lettres de toi. J'ai tardé certainement à te répondre. Tu n'en seras pas trop affecté. J'espère que ta santé est toujours bonne. Je ne sais quelle raison t'empêche de venir me voir. Depuis plus de sept mois que je suis ici, je ne t'ai vu qu'une fois, et mon frère Abel que deux. Il faut nécessairement que tu viennes me voir le plus tôt qu'il te sera possible... Tu dois éprouver quelque désir de me voir et tu dois avoir des facilités pour le satisfaire. Je pense que tu viendras me voir incessamment, et que tu ne montreras pas moins d'affection en cela que je ne t'en ai toujours témoigné. »

Dix-neuf jours plus tard, Victor écrira à son père : « J'ai reçu une lettre assez raisonnable de notre Eugène. » Dans sa correspondance, il ne parlera plus d'Eugène. Jamais. Si, une seule fois, le 5 mai 1832. Dix ans plus tard ! Il écrira à son oncle Louis, un peu étonné sans doute d'une telle abstention, que le docteur Esquirol lui a interdit de visiter son frère. *Exit* Eugène. « Vivre, avoir tant d'ambition, souffrir, pleurer, combattre et, au bout, l'oubli... l'oubli... comme si je n'avais jamais existé [1]. »

La grossesse d'Adèle s'achève. Adolphe Trébuchet, en visite à Blois, ira dire à Léopold que sa bru est décidément « très enflée ». Léopold, sentencieux, préconisera « de courtes et très fréquentes promenades ». Le 16 juillet, enfin, c'est l'accouchement. Difficile, la mise au monde de ce petit garçon que l'on va baptiser Léopold — main tendue à ce père dont on vient de sentir qu'il peut redevenir redoutable. Victor a souffert les remords et les angoisses qu'ont traversées tous les pères en de telles occasions. Il a tremblé pour la vie de la mère et de l'enfant. La longueur de l'accouchement et ses suites vont laisser Adèle blessée, affaiblie.

Elle n'a pas assez de lait pour nourrir le bébé. Le petit hurle nuit et jour parce qu'il a faim. Il faut se résigner à prendre une nourrice. D'abord Adèle a refusé. Mais on lui a juré que la vie de son fils était en jeu. Alors elle s'est résignée. Victor trouve « une fort belle nourrice habitant notre quartier ». Une semaine après la naissance, Victor peut donner enfin de bonnes nouvelles à son père : « Mon Adèle bien-aimée se rétablit à vue d'œil : nous avons l'espoir que le lait sera bientôt passé ; l'enfant, fortifié par une nourrice saine et abondante, va très bien et promet de devenir un jour grand-père comme toi. » Cette euphorie dure peu. On découvre que la nourrice est « d'un caractère méchant et faux », il faut d'urgence lui retirer le petit Léopold. Que faire ? Preuve de la réelle intimité qui s'est établie entre Victor et son père, le jeune ménage songe à s'adresser au général et son épouse. Ne pourraient-ils pas trouver, à Blois ou dans les environs, demande Victor à

1. Marie Bashkirtseff.

Léopold, une nourrice « dont le lait n'ait pas plus de quatre ou cinq mois, et dont la vie et le caractère présentent des garanties suffisantes ; d'ailleurs, nous serions tous deux tranquilles, sachant notre Léopold sous tes yeux et sous ceux de ta femme. C'est ce qui nous a décidés à le placer à Blois plutôt que partout ailleurs ».

On reste étonné de la rapidité d'un courrier acheminé par la seule poste à chevaux. La lettre de Victor à Léopold est du 29 juillet. Le 30, à 2 heures de l'après-midi, le général l'a entre les mains. Le 31, il a trouvé la nourrice. Elle est jeune, vive et propre. Elle partira le lendemain, 1er août, par la diligence et sera à Paris le 2, entre 7 et 8 heures du matin. Le général annonce qu'il lui a remis 5 francs au départ et qu'il conviendra que Victor lui verse la même somme à l'arrivée : « Cette petite somme est pour elle, c'est l'usage du pays. »

Chez les Victor, on respire. La nourrice convient parfaitement. Quelques jours plus tard, le général et son épouse feront à leur tour le voyage de Paris : le moment est venu de baptiser le petit Léopold. Nul ne semble avoir hésité quant au principe de la cérémonie. Victor a dû penser que ses propres problèmes religieux suffisaient et qu'il était inutile d'en infliger pour l'avenir à ce nouveau-né. D'ailleurs, les Foucher n'eussent pas toléré qu'on se privât de ce sacrement essentiel. Pas davantage la générale Hugo, devenue fort dévote.

Cependant que l'armée française s'empare du fort du Trocadéro, le général comte Hugo, ancien d'une autre guerre d'Espagne, porte sur les fonts baptismaux le second Léopold Hugo. Dans ses bagages, le vieux brave a apporté un volumineux paquet : le manuscrit de ses Mémoires. Il va le faire lire à Abel et Victor. L'ouvrage se révèle suffisamment intéressant pour que le cadet n'ait point trop à se forcer quand il en fait l'éloge auprès du libraire Ladvocat. Résultat : un contrat pour Léopold.

Au fait, que devient-il, Abel ? On ne le voit plus guère chez Victor. Vigny écrit à son ami : « Adieu, mon bon Victor, embrassez Abel, si vous pouvez le rencontrer quelquefois dans le monde. » *Adèle à son beau-père* : « Nous ne savons pas ce que fait Abel en ce moment, il est plus gros que jamais. » Ce n'est pas à proprement parler une brouille, mais au moins de l'éloignement. Peut-être celui-ci est-il né de points de vues opposés sur les soins à donner à Eugène. Il est possible que des paroles regrettables aient été échangées. Peut-être enfin Abel, lui aussi, a-t-il considéré avec quelque amertume voilée l'envol du cadet. Rien de comparable à ce qu'a éprouvé Eugène. Abel est sain d'esprit et il l'est solidement. Tout au long des premiers pas poétiques de Victor, il l'a admiré sans réserve, soutenu continûment. Tout à coup, il sent le petit Victor lui échapper. Il est bon, Abel, cette bonté se lit sur le dessin de Devéria que conserve le musée Victor-Hugo ; elle surgit du regard gai, moqueur, de la lippe ironique et tendre. C'est vrai qu'il est bien en chair et qu'il ressemble assez au général, en plus débraillé. Impossible de penser que cet excellent garçon soit jaloux. Mais confusément, il regrette un passé encore proche et qu'il sent définitivement révolu. Victor n'aura plus jamais besoin de lui. Il est un peu triste. Alors, il s'éloigne.

Ce mois d'août, Victor ne compose pas moins de six grandes odes qui toutes figureront dans ses futures *Odes et Ballades.* Parmi elles, celle qu'il intitule *A mon père.*

Je rêve quelquefois que je saisis ton glaive,
Ô mon père ! et je vais, dans l'ardeur qui m'enlève,
Suivre au pays du Cid nos glorieux soldats,
Ou faire dire aux fils de Sparte révoltée
Qu'un Français, s'il ne put rendre aux Grecs un Tyrtée,
  Leur sut rendre un Léonidas.

Non seulement, ce père-là est adopté, mais le voici intégré à l'inspiration poétique de Victor. Il n'en sortira plus. Et comme ce père a été soldat de Napoléon, c'est autrement que Hugo va regarder désormais Bonaparte. Cette fois, il parle d'un « chef prodigieux », attelant les rois « au char de ses victoires ».

L'univers haletait sous son poids formidable.
Comme ce qu'un enfant a tracé sur le sable,
Les empires confus s'effaçaient sous ses pas.

Mais sa gloire, Victor tient à proclamer que Bonaparte la devait à des hommes comme son père :

Courbés sous un tyran, vous étiez grands encore.

On avait trop négligé les soldats du despote. En accablant légitimement ce dernier, on s'était montré injuste à l'égard des premiers. Hugo proclame que sa tâche, désormais, sera de faire rendre à ceux-ci ce qu'on leur a ôté :

Toi, mon père, ployant sous ta tente voyageuse,
Conte-nous les écueils de ta route orageuse...
Lègue à mon luth obscur l'éclat de ton épée ;
Et du moins qu'à ma voix, de ta vie occupée,
Ce beau souvenir prête un charme solennel.
Je dirai tes combats aux muses attentives,
Comme un enfant joyeux, parmi ses sœurs craintives,
Traîne, débile et fier, le glaive paternel.

Ravi, comblé de toutes parts, Léopold, en compagnie de sa femme, reprend la diligence de Blois. Ils emmènent avec eux le petit Léopold et sa nourrice, ainsi que le jeune Paul Foucher. La nourrice avait le mal du pays. Ce n'est qu'en la reconduisant chez elle que l'on pourra la conserver à son nourrisson. La générale a tant insisté qu'Adèle et Victor ont cédé. Malgré les larmes qu'elle a versées, Adèle se sent totalement rassurée. Elle sera bientôt détrompée. Un mois encore et Léopold annonce qu'il a fallu renvoyer la nourrice. Celle-ci était hébergée, avec son mari et ses enfants, dans un pavillon de la propriété. Elle négligeait le petit Léopold au profit de ses propres rejetons.

Sur les conseils de la Supérieure de l'Hôtel-Dieu, on renonce à la nourrice. La Mère Supérieure a affirmé que « si l'enfant buvait et mangeait bien, il ne fallait pas se presser ; qu'il s'élèverait comme deux cents autres qui étaient dans le même cas et ne courrait aucun des dangers que les mauvaises nourrices font courir à ces pauvres petits êtres ». Bulletin de victoire du général : « Voilà le sixième jour que le nôtre est élevé de la sorte ; loin de dépérir, il se colore, ses mollets s'arrondissent et aux petites coliques près de son âge, et du changement de saison, il se porte très bien, grâce aux soins vraiment maternels de ma femme... » Malgré tout, le médecin que le général a fait appeler estime qu'il faudra le renfort d'une chèvre. Il l'a fait lui-même chercher. Deux jours plus tard, « notre belle chèvre vient déjà chercher son nourrisson avec plaisir et celui-ci, que ma femme tient alors et met par terre sous ses jambes, prend parfaitement le pis. Il a très bien dormi cette nuit et ce matin il a enchanté sa bonne maman par ses sourires que l'on serait tenté d'appeler reconnaissants... Ce pauvre enfant est tout à fait joli, aussi ma cuisinière l'appelle-t-elle, avec toute la tendresse possible, son cher petit roi de France et Aimée [1] dit, elle, qu'elle

1. La femme de chambre.

ne pourrait plus le quitter. Ma femme le gâte et je lui pardonne... Le pauvre petit a déjà été si malheureux ! »

Je pense à l'île d'Elbe. Je pense au guerrier abandonné par sa femme et qui soignait ses trois fils — dont le bébé Victor — comme s'il eût été lui-même leur mère. Je ne puis manquer d'être touché par ce retour du vieux soldat, vingt ans plus tard, à d'identiques effusions paternelles.

Paul Foucher est rentré à Paris, n'a point tari d'éloges sur les soins donnés à son neveu par la « grand-mère » — on en est là. Deux jours plus tard, c'est la tragédie : une lettre de Blois annonce que l'enfant est au plus mal. Aussitôt le désespoir d'Adèle éclate, sans retenue, effrayant. Elle veut partir pour Blois. Son médecin s'y oppose catégoriquement. Elle n'est pas remise, le voyage pourrait la tuer, peut-être ne le supporterait-elle pas. Elle va, vient, totalement égarée. Hugo, qui voudrait bondir à Blois, n'ose quitter sa femme. Pour comble, on vient apprendre à Adèle que son grand-père paternel vient de mourir. Larmes ajoutées aux larmes.

Le lendemain, les nouvelles sont plus rassurantes : le petit Léopold a bien tété. La comtesse Hugo l'a voué à la Vierge pendant un an : il ne devra porter que du blanc. Espoir éphémère.

Léopold à Pierre Foucher, 10 octobre 1823 : « Mon cher ami, il a fallu hier en faire le douloureux sacrifice ; à 3 heures après-midi, ce cher enfant a expiré sous un baiser de ma femme. Je suis monté aux cris et aux sanglots qu'elle jetait et j'ai mêlé mes larmes aux siennes ; il le méritait bien ! Il était si beau et déjà si intelligent ! La bonne l'a emporté dans sa chambre pour le revêtir de ses derniers habits, mais non pour l'ensevelir, ma femme ne l'a pas voulu. J'ai permis que, sur les 7 heures du soir, elle allât le revoir. C'était un ange endormi, elle l'a pris dans son berceau, elle l'a couvert de caresses et l'y a replacé en apparence avec beaucoup de calme et de résignation. Mais, remontée chez elle, ce n'a plus été la même chose ; ses sanglots ont obligé à couper ses lacets et toute la soirée s'est passée en soins affectueux de notre part, de la sienne en divagations très alarmantes... Voilà les désirs qu'elle a exprimés hier : que son cher enfant soit embaumé entier dans une petite caisse de chêne, que nous le portions à la Miltière, qu'on y bâtisse un petit emplacement ; c'est là où elle veut que l'on entretienne des fleurs et qu'il sera l'objet d'un culte de sa part. Ce vœu était dans mes intentions, et tout va se disposer en conséquence. »

Que de douleur, à l'hôtel de Toulouse ! Que de gratitude pour le général et sa femme !

Victor à Léopold, 13 octobre 1823 : « Tout le monde est ici plongé dans la stupeur, comme si Léopold, comme si cet enfant né d'hier, cet être maladif et délicat n'était pas mortel. Hélas, il faut remercier Dieu qui a daigné lui épargner les douleurs de la vie. Il est des moments où elles sont bien cruelles. Notre Léopold est un ange aujourd'hui, cher papa, nous le prierons pour nous, pour toi, pour sa seconde mère, pour tous ceux qui l'ont aimé pendant sa courte apparition sur la terre. Il ne faut pas croire que Dieu n'ait pas eu son dessein en nous envoyant ce petit ange, si tôt rappelé à lui. Il a voulu que Léopold fût un lien de plus entre vous, tendres parents, et nous, enfants dévoués. Mon Adèle au milieu de ses sanglots me répétait hier que l'une de ses douleurs les plus vives était de penser à celles que toi et ton excellente femme avez éprouvées... »

Hugo va tenter de soulager sa douleur par un poème : *A l'ombre d'un enfant.* Il se demande si, dans l'au-delà, « parmi les soleils, les sphères, les étoiles, les portiques d'azur, les palais de zéphir »,

Parmi les jeux sans fin des âmes enfantines,
Quand leurs soins, d'un vieil astre, égaré dans les cieux,
Avec de longs efforts et des voix argentines,
  Guident les chancelants essieux...

quand « quelque vierge ravie » prend l'enfant mort tout juste arrivé de la terre entre ses bras, quand

Jésus pour accomplir ce qui fut dit au monde,
  Les place le plus près de lui ;
Ô ! dans ce monde auguste où rien n'est éphémère,
Dans ces flots de bonheur que ne trouble aucun fiel,
Enfant ! Loin du sourire et des pleurs de ta mère,
  N'es-tu pas orphelin au ciel ?

Le paradis, le « trône étincelant » de Dieu, Jésus : à l'instant où Hugo écrit, soyons assurés que ces images, ces idées, cette divinité n'ont pas été mises là par un vain souci de forme ou le désir de plaire. Elle est loin d'être achevée, la crise religieuse que Victor a traversée l'année précédente. Tout à coup, dans le paroxysme de cette douleur, c'est naturellement qu'il s'ouvre à l'espoir chrétien.

Il pleure.

Depuis quelques années, comme l'a si bien compris Sainte-Beuve, « sous la double influence directe d'André Chénier et des *Méditations,* sous le retentissement des chefs-d'œuvre de Byron et de Scott, au bruit des cris de la Grèce, au fort des illusions religieuses et monarchiques de la Restauration », il s'était, parmi quelques écrivains, formé « un ensemble de préludes, où dominaient une mélancolie vague, idéale, l'accent chevaleresque et une grâce de détails souvent exquise ». On est pour la monarchie selon la charte. On répudie les « grivoiseries païennes » de l'Empire au profit du merveilleux chrétien de Chateaubriand. En amour, on donne la préférence au platonisme plutôt qu'à la sensualité. On commence à regarder du côté du Moyen Age. On a beaucoup de choses à dire que l'on croit originales. On se sent une infinité de besoins communs. Bref, on se trouve très exactement dans les conditions qui préludent en général à l'idée d'une revue.

Soumet — le grand Alexandre — ; Guiraud — dont les cheveux sont si roux — ; Émile Deschamps — l'ami de Victor — n'y tiennent plus : cette revue, il faut la faire. Ils sollicitent Desjardins, Saint-Valry et Vigny de figurer avec eux au nombre des fondateurs. Avec, bien entendu, Lamartine et Victor Hugo.

Fondateurs ? Qu'est-ce à dire ? Émile Deschamps explique qu'il suffit que chacun verse 1 000 francs. Où Victor les prendrait-il ? Lamartine, qui fuit les clans et les cliques, offre, magnanime, à Hugo de verser pour lui sa quote-part : « Entrez comme fondateur, et moi, qui ne puis y mettre ni nom ni esprit, j'y mettrais bien volontiers les 1 000 francs convenus. Cela restera entre nous deux : vous me les rendrez quand ils seront couverts, et au-delà, par les bénéfices de l'ouvrage. » Blessé, l'ombrageux Victor ne répondra pas. Les autres, qui tiennent fort à sa collaboration et savent déjà ce qu'elle représente par rapport au public, acceptent une exception en sa faveur : il figurera parmi les fondateurs de *la Muse française* sans rien avoir versé. A *la Muse française,* on saura vite que le centre de gravité s'appelle Victor Hugo. La revue insérera en bonne place ses poèmes et ses articles.

Ce n'est plus *le Conservateur littéraire,* revue de trois frères où Victor régnait en roi, mais on trouve ici Hugo sur un pied de quasi-égalité avec Alexandre Soumet, ce qui à vingt et un ans n'est pas mal, convenons-en. Parmi les autres collaborateurs, on trouve Delphine Gay, Jules Lefèvre — celui du *Parricide* —, Jules de Rességuier, Gaspard de Pons, Marceline Desbordes-Valmore, ce Baour-Lormian au patronyme cocasse dont s'amusera tant Hugo, et le cher Charles Nodier. Le *témoin* n'a gardé qu'un souvenir mitigé de *la Muse française,* estimant que « la critique modérée et pacifique de ses collaborateurs n'avait pas l'âpreté et l'audace passionnée qu'il faut dans les époques de révolution littéraire ». C'était comme un lieu de congratulations mutuelles. « L'initiation, dit Sainte-Beuve, se faisait dans la louange ; on était reconnu et salué poète à je ne sais quel signe mystérieux, à je ne sais quel attouchement maçonnique et, dès lors, choyé, fêté, applaudi à en mourir. » En fait, Hugo regrettera que l'on n'y ait toujours abordé les questions que de biais.

On se souviendra de bons moments à *la Muse française.* Surtout ceux où l'on se réunissait chez Charles Nodier, d'abord rue de Provence, ensuite à la Bibliothèque de l'Arsenal. Il en était devenu conservateur par le fait d'un ministre touché par son charme et ébloui par son esprit. Hugo n'oubliera jamais cet escalier à rampe massive que l'on gravissait pour aller chez Nodier. Au premier palier, on trouvait, à gauche, une porte joignant assez mal et ouvrant sur un corridor carrelé. Dans la bibliothèque servant aussi de cabinet de travail et de chambre à coucher, Nodier attendait ses amis. Tous, ils le voyaient tel que Dumas l'a lui-même découvert : « C'était le savant aux prises avec le poète ; c'était la mémoire en lutte avec l'imagination. Non seulement Nodier était amusant à entendre, mais encore il était charmant à voir ; son corps long efflanqué, ses longs bras maigres, ses longues mains pâles, son long visage, plein d'une mélancolique sérénité, tout cela s'harmoniait *(sic),* se fondait avec sa parole un peu traînante, et avec cet accent franc-comtois... » Nodier éblouissait Victor comme il émerveillera tous ses contemporains, à commencer par le bon Dumas : « Il savait tout, puis encore une foule de choses au-delà de ce tout. D'ailleurs Nodier avait le privilège des hommes de génie : quand il ne savait pas, il inventait, et ce qu'il inventait, il faut l'avouer, était bien autrement probable, bien autrement coloré, bien autrement ingénieux, et j'oserai dire bien autrement vrai que la réalité. » Ne dirait-on pas que Dumas parle pour lui-même ? Ah ! les dimanches à l'Arsenal ! Les intimes — dont les Hugo — viennent pour le dîner. Point d'invitation. Si on se présente, on est accueilli. Malheur cependant à celui qui arrive le treizième : impitoyablement, on le relaiera à une petite table. Tout cela est bon enfant, libre et gai. Dès le potage, Nodier parle. C'est cela que l'on attend de lui : « Le plus charmant causeur qu'il y eût au monde », dit Dumas qui est orfèvre. Dès que Nodier ouvre la bouche, tous se taisent. Le dîner peut durer des heures — cela arrive — nul ne s'en rendra compte, car on n'a fait qu'écouter Nodier. Quand on apporte le café à table, Mme Nodier se lève avec sa fille Marie — dont tous sont secrètement amoureux — pour s'occuper de l'éclairage du salon. Si Saint-Valry est là, il est aussitôt requis à cause de sa grande taille. Il va allumer le lustre et les candélabres. Mais quand plus tard Dumas, autre géant, fera son apparition chez Nodier, il y aura chaque fois compétition entre Saint-Valry et lui.

Devant les lambris peints en blanc avec des moulures d'époque Louis XV, face au piano de Marie relégué dans un enfoncement pareil à une alcôve, installés sur douze chaises et fauteuils, sur un canapé recouvert en casimir rouge et complété par des rideaux de même couleur, voici le baron Taylor, Sophie Gay et sa fille Delphine, bien sûr Alexandre Soumet et Lamartine, Guiraud, Vigny, Gaspard de Pons, les frères Deschamps, Bixio, Dauzats, le peintre Tony Johannot, Louis Boulanger et le sculpteur Barye. Et, plus tard, Alexandre Dumas.

Tantôt, s'il est fatigué, Nodier va s'étendre dans son fauteuil à côté de la cheminée. Tantôt, et c'est le plus souvent, il va s'adosser au chambranle de la cheminée, les mollets au feu, le dos au miroir. Chacun fait silence. On sait qu'il va conter. Des visiteurs entrent, saluent de la main et vont s'asseoir sans faire de bruit. On est sous le charme. Le récit finit toujours trop tôt. Mais Nodier sourit, il se tourne vers Lamartine ou vers Hugo :

— Assez de prose comme cela, dit-il ; des vers, des vers, allons !

Sans se faire prier, Hugo ou Lamartine « mains appuyées au dossier d'un fauteuil, ou les épaules assurées contre le lambris », obtempèrent. Les alexandrins succèdent aux octosyllabes. Leurs vers, ils les disent plus qu'ils ne les récitent. Ce qui gagne l'assistance, c'est le rêve. Après quoi, l'adorable Marie va se mettre au piano. On danse. Victor, toujours sérieux, préfère discuter de littérature. Nodier s'est installé à la table de jeu. « Longtemps, il n'avait voulu jouer qu'à la bataille, et s'y prétendait d'une force supérieure ; enfin, il avait fait une concession au goût du siècle et jouait à l'écarté. »

Tous ceux qui auront fréquenté le salon de l'Arsenal en conserveront le même souvenir extasié. C'était le temps de *la Muse française,* mais c'était surtout le temps de Nodier.

Au fait, elle se fait de plus en plus timide, *la Muse française.* Alors qu'il n'est bruit que de la grande guerre qui s'engage entre romantisme et classicisme, *la Muse* se trouve enfin du courage... pour affirmer qu'elle veut rester neutre.

Romantisme : le grand mot est prononcé. Il est bien évident que Victor Hugo, lui, ne va pas rester neutre.

La Préface de *Cromwell,* le poignard d'*Antony,* la bataille d'*Hernani*; le gilet rouge de Théophile Gautier; Hugo galopant à la tête d'un bataillon composé entre autres de Lamartine, Dumas, Balzac, Vigny et brandissant — sur une caricature célèbre — une devise en forme d'étendard : « Le laid, c'est le beau » ; de la passion, du sang répandu, des imprécations, des répliques foudroyantes : « Elle me résistait, je l'ai assassinée ! » « Êtes-vous mon démon ou mon ange ? Je ne sais, mais je suis votre esclave ! » Autant d'images ou de mots qui revivent dans notre imagination, autant de souvenirs des bancs de l'école ou de nos premières lectures. A quinze ans, nous avons aimé les romantiques comme des gens tout à coup plus accessibles, plus près de nous que les classiques. Est-ce à dire que le romantisme aura toujours quinze ans ?

Jusque-là, le classicisme s'était survécu. On en était toujours aux ukases de Boileau : « Aimez donc la raison » et de Pascal : « Le moi est haïssable. » Malherbe avait fixé les règles de la poésie et elles exerçaient toujours leur empire. Voltaire n'avait pas conçu ses tragédies autrement que celles de Racine. Au vrai, depuis longtemps, cette façade néo-classique se lézardait. Jean-Jacques Rousseau, choisissant de se raconter sans cesse, avait oublié les impératifs pascaliens. Au théâtre, Beaumarchais avait usé d'une inspiration et d'une forme singulièrement audacieuses. Diderot ne pouvait se rattacher à aucune école. Et quand s'était révélée la grande prose de Chateaubriand, chacun avait pu respirer un souffle qui ne devait plus rien au passé. De toute son ardeur frémissante, Mme de Staël s'était jetée dans un fleuve dont peut-être elle ne savait pas que déjà il était romantique. Ainsi naissent les écoles, avant que l'on en murmure les règles.

Aussi, il y avait eu l'étranger. Depuis le XVIIIe siècle, l'esprit niait les frontières. L'Europe de la Révolution avait grandi à l'heure française. Mais nos compatriotes, voyageant sans cesse derrière nos drapeaux, recevaient à leur tour des impressions fortes. Jamais peut-être les Français n'ont tant aimé l'Allemagne que lorsqu'ils l'occupaient. Appréciant les qualités du peuple, ils ont été tentés, la paix revenue, d'en connaître les œuvres. Ce fut le temps chez nous où Schiller fut à la mode, et Goethe dont le *Werther* fit pleurer tant d'yeux féminins et — pourquoi pas ? — masculins.

On regardait aussi au-delà de la Manche. Dès le début du siècle, on s'était engoué d'Ossian, de Richardson. On avait cru découvrir Shakespeare mais, à travers Ducis, on n'avait fait que l'entrevoir. L'explosion byronienne avait tout balayé. On s'était émerveillé à la lecture de *Childe Harold* et de *Manfred.* Rémusat voyait en Byron le « Bonaparte de la poésie ». Certains affirmaient hautement que, pour régénérer notre littérature, il ne fallait pas craindre de s'inspirer de ces grands exemples. *La Muse française* elle-même, pour une fois moins timide, imprimait en 1823 : « Un patriotisme étroit en littérature est un reste de barbarie. »

L'affrontement romantique est une bataille de génération. Le romantisme, dès sa naissance, c'est une jeunesse qui s'ennuie, qui ne peut se satisfaire d'une vie politique réduite sous la Restauration à presque rien, et même de la paix intérieure qui, appelée par tant de vœux, lui paraît maintenant dérisoire après les orages de la Révolution et de l'Empire. Musset, *l'enfant du siècle,* ressent cela d'une façon aiguë : « Un sentiment de malaise inexprimable commença donc à fermenter dans tous les jeunes cœurs. Condamnés au repos par les souvenirs du monde, livrés aux cuistres de toute espèce, à l'oisiveté et à l'ennui, les jeunes gens voyaient se retirer d'eux les vagues écumantes contre lesquelles ils avaient préparé leurs bras... » Hugo est parfaitement à l'unisson, quand, en juin 1824, il va écrire et publier, dans un article nécrologique sur Byron :

« On ne recommence pas les madrigaux de Dorat après les guillotines de Robespierre, et ce n'est pas au siècle de Bonaparte qu'on peut continuer Voltaire. La littérature *réelle* de notre âge, celle dont les auteurs sont proscrits à la façon d'Aristide ; celle qui, répudiée par toutes les plumes, est adoptée par toutes les lyres ; celle qui, malgré une *persécution* vaste et calculée, voit tous les talents éclore dans sa sphère orageuse, comme ces fleurs qui ne croissent qu'en des lieux battus des vents ; celle enfin qui, réprouvée par ceux qui décident sans méditer, est défendue par ceux qui pensent avec leur âme, jugent avec leur esprit et sentent avec leur cœur ; cette littérature n'a point l'allure molle et effrontée de la muse qui chanta le cardinal Dubois, flatta la Pompadour et outragea notre Jeanne d'Arc ; ... son imagination se féconde par la croyance. Elle suit les progrès du temps, mais d'un pas grave et mesuré. Son caractère est sérieux, sa voix est mélodieuse et sonore. Elle est, en un mot, ce que doit être la commune pensée d'une grande nation après de grandes calamités, triste, fière et religieuse. »

C'est là très exactement ce que sentait un jeune colonel quand il disait à Stendhal : « Il me semble que, depuis la campagne de Russie, *Iphigénie en Aulide* n'est plus une si belle tragédie. »

Ce mot de romantisme revient à Stendhal, dans son essai *Racine et Shakespeare,* précisément publié en 1823, et complété en 1825. Il a d'abord employé le mot romanticisme, qui deviendra romantisme : « Le romanticisme est l'art de présenter aux peuples les œuvres littéraires qui, dans l'état actuel de leurs habitudes et de leurs croyances, sont susceptibles de leur donner le plus de plaisir possible. »

Racine et Shakespeare, c'est le premier manifeste romantique. En 1824, Émile Deschamps va rompre de nouvelles lances en publiant *la Guerre en temps de paix.* Hugo, malgré sa prise de position sur la nécessité d'une évolution de la littérature et de la poésie, se refuse encore à prendre parti. Dans la préface de ses *Odes et Ballades,* publiée en 1824, il déclare ignorer « profondément ce que c'est que le *genre classique* et le *genre romantique* ». Il ne veut reconnaître que « le bon et le mauvais, le beau et le difforme, le vrai et le faux ». Il jure que « le beau, dans Shakespeare, est tout aussi classique (si *classique* signifie : *digne d'être étudié*) que le beau dans Racine ». Sans doute. L'ennui, c'est qu'il y a effectivement les *Odes et Ballades,* déjà loin du classicisme, avec leurs vers souvent concis, frappés et légers à la fois, leurs libres images, le fréquent refus des périphrases, le jeu neuf des images et des mots. Bien sûr, on n'en est pas encore à une forme entièrement libérée. Les allusions mythologiques ou antiques montrent toujours le bout pointu de leurs oreilles. Delille se profile plus souvent que Baudelaire. Mais si nous relisons certains de ces vers, nous découvrons que Baudelaire n'est pas loin de faire son entrée.

Surprenant dialogue : le préfacier affirme qu'il se gardera de se jeter dans un mouvement qui ne peut prétendre qu'à une place sans importance face à un état de choses entre tous respectable. Mais le poète dément le préfacier.

Sa raison lui enseigne la défiance, l'inspiration la lui fait oublier.

Elle est consommée, la faillite de Persan, l'éditeur. Victor y laisse 650 francs. Va-t-il se désoler, se morfondre ? Il enrage plutôt... mais signe déjà un contrat avec un autre éditeur, Ladvocat, pour la publication de *Nouvelles Odes*. Curieux : c'est justement avec Ladvocat que Léopold Hugo avait traité pour ses Mémoires. Pour avoir le fils, cet astucieux commerçant n'aurait-il pas privilégié le père ? Ce que Victor engrange à cette époque, ce sont des odes, toujours des odes. Parfois, il lui vient une sorte de frénésie d'inspiration. Dans le seul mois de décembre 1823, il n'en compose pas moins de dix. En janvier 1824, trois nouvelles.

Le même mois, deux lignes dans une lettre de Victor — qui va avoir vingt-deux ans — à son père : « Tout porte à croire que notre Léopold est revenu. — Chut. » Confirmation le 27 mars : « Ma femme avance dans sa grossesse sans se porter aussi bien que je le voudrais ; nous ne sommes cependant pas inquiets ; mais tout en m'affligeant, je ne puis m'empêcher d'approuver la défense que lui ont faite les médecins d'aller en voiture. Cela nous prive d'un bien grand bonheur que nous nous promettions pour le printemps ; mais qui, nous l'espérons, n'est que retardé de six mois. »

Toutes ces semaines-là, Hugo se multiplie en faveur de son père qui voudrait reprendre du service ou tout au moins être promu au grade de lieutenant-général. Léopold croit que les puissants amis de son fils peuvent beaucoup. Il n'a pas tort. Le marquis de Clermont-Tonnerre laisse entrevoir « au moins une inspection générale ». *Victor à Léopold, 27 mars 1824* : « M. de Clerm.-Tonn., avec qui j'ai déjeuné avant-hier, m'a chargé de t'écrire que M. le duc d'Angoulême lui a parlé de toi et de tes Mémoires *qu'il a lus avec le plus haut intérêt*, qu'il regrettait que tu n'eusses pas été employé dans la dernière guerre d'Espagne. » Au fond, c'est de Chateaubriand que l'on pourrait tout espérer. *Victor à son père, 27 juin 1824* : « Si mon illustre ami revient aux affaires, nos chances triplent. Nos rapports se sont beaucoup resserrés depuis sa disgrâce ; ils s'étaient fort relâchés pendant sa faveur. »

Bien sûr, Victor continue à collaborer à *la Muse française* que sa pusillanimité n'empêche pas d'être considérée de plus en plus comme l'organe quasi officiel de la littérature romantique. Ce qui ne manque pas d'agacer des hommes comme Lamartine qui mande à l'un de ses amis : « Je reçois quelquefois cette *Muse française* qui vous amuse tant ; elle est en vérité fort amusante. C'est le délire au lieu du génie... » Si Lamartine prend ses distances, n'est-ce pas plutôt qu'il s'est mis à songer à l'Académie française ? Il n'est pas le seul. Alexandre Soumet, lui aussi, convoite l'habit vert.

Or, le 24 avril 1824, sous la coupole, l'excommunication solennelle a été fulminée. Du haut de la tribune, l'académicien Auger a tonné et foudroyé : le romantisme est une déviation du goût, il porte atteinte à la raison, il est lugubre et d'ailleurs malsain. Coup douloureux pour des candidats en puissance qui justement collaborent à *la Muse*, organe du romantisme ! D'autant plus que Frayssinous — le confesseur raté de Hugo —, devenu grand maître de l'Université, attaque avec une violence égale, lors de la distribution des prix du Concours général, la nouvelle école. Lamartine, qui s'est éloigné de Hugo à temps, ne se sent nullement atteint. Mais Soumet, cofondateur de *la Muse*, n'en dort plus ! Une candidature à l'Académie suppose toujours un état psychologique particulier. Le postulant refait chaque jour l'addition de ses possibles partisans et de ses probables adversaires. Il sait que chaque voix compte et que ces voix, hors celles d'amis irréductibles — ils sont rares — peuvent fluctuer au hasard d'une lecture, d'une conversation, d'un on-dit, voire d'un mauvais rêve. Toute la rédaction de *la Muse* subit le contrecoup des angoisses de l'infortuné Soumet qui ne tend plus l'oreille que vers le secrétaire perpétuel. Émile Deschamps soupire : « Nous osons à peine respirer sous ce régime de terreur littéraire. Le climat s'alourdit de jour en jour. » *La Muse* n'ayant pas accueilli les *Nouvelles Méditations* de Lamartine avec tout l'empressement souhaitable, Soumet, inquiet que l'on ne voie là un mauvais coup porté à un autre candidat — ce qui est très mal vu parmi les Quarante — écrit, furieux, à Guiraud : « M. de Lamartine est un géant et vous êtes des polissons littéraires de l'avoir méconnu. » Lamartine lui-même accuse Hugo : « Les oiseaux chantent et les serpents sifflent ; il ne faut pas leur en vouloir de mal... » ; ce qui agace fort Victor. La leçon de tout cela est tirée par Vigny : « C'est une chose infâme que la littérature. »

Chateaubriand a soutenu *la Muse* qui a si bien chanté *sa* guerre d'Espagne. On l'a chassé du ministère. Chute grandiose mais qui indirectement va sonner l'arrêt de mort de *la Muse.* Hugo, dans le dernier numéro de la revue, adresse à son grand homme un salut qui ne manque pas d'allure :

Chacun de tes revers pour ta gloire est compté
Quand le sort t'a frappé, tu dois lui rendre grâce,
  Toi qu'on voit à chaque disgrâce
Tomber plus haut encor que tu n'étais monté !

C'est le 15 juin 1824 que *la Muse* s'est sabordée. Le 20 juillet, Alexandre Soumet que les sondages, quelques semaines plus tôt, donnaient perdant, est élu sans coup férir. Impossible de ne pas voir là un marchandage : égorgez *la Muse,* vous aurez un fauteuil. Le 29 juillet, Victor écrit à son père : « C'est une histoire singulière que je ne peux te conter par lettre. » Le même jour, il fait insérer dans *la Quotidienne* une mise au point : « Je suis absolument étranger à la disparition du recueil *(la Muse)* à la fondation duquel je m'honore d'avoir pris part et dont la publication vient d'être inopinément interrompue au milieu de son succès. »

Les derniers jours de *la Muse* ont été semés de tractations un peu sordides au milieu desquelles Hugo, par son intransigeance distante, sèmera la gêne, le dépit, quelque chose qui ressemble à du remords. Il s'est donné sans réserve à l'entreprise. Mais vite il s'est aperçu, parmi ces écrivains en général ses aînés, dotés d'une renommée plus ancienne et de ressources financières plus évidentes, qu'il représentait une force. Pourquoi n'essaierait-il pas ses griffes ? Jusqu'au dernier jour, on a compté avec lui, on l'a redouté et même il a fait trembler.

Il ne se mêlera plus à aucune coterie littéraire, à aucun groupe organisé. Il sait très bien qu'il aura beaucoup à se battre — et bientôt. Il sait aussi qu'il ira seul au combat.

Un journaliste du nom de Magalon avait de plein fouet attaqué l'ordre des Jésuites. On l'en avait puni : treize mois d'emprisonnement. Ce Magalon n'est rien à Victor Hugo. Le jeune légitimiste devrait applaudir à cette condamnation qui sanctionne, dans l'esprit du règne, une attitude intolérable. Mais Victor ne se veut pas un légitimiste conséquent. Dans la condamnation de Magalon, quelque chose le froisse directement, intimement. Un gouvernement a-t-il le droit d'envoyer en prison un citoyen pour s'être borné à formuler un jugement qui ne cadre point avec les opinions en faveur ? Victor ne le pense pas. Il le dit, l'écrit. Il s'entremet auprès de ceux qu'il appelle « ses amis influents ». Il plaide avec une telle chaleur que l'on finit par libérer Magalon. Aussitôt, Hugo lui écrit sa joie de le savoir libre et de l'espérer heureux : « J'étais à votre égard dans une incertitude d'autant plus pénible que peu de malheurs m'ont intéressé comme le vôtre. » Magalon, bouleversé, lui exprime une gratitude éperdue. Hugo souffre à ce moment-là d'une inflammation de l'œil gauche qui durera plus de six semaines. Il répond :

« Soyez convaincu que je prends une part aussi vive à vos joies qu'à vos peines. C'est de ces sentiments que j'irai vous assurer moi-même sitôt que mes occupations nombreuses et un mal d'yeux qui me tourmente en ce moment me le permettront ; et je vous prierai surtout de ne point me parler de reconnaissance ; soyez assuré que vous ne m'en devez aucunement. Je n'ai rien fait pour vous qui ne fût dans ce que je considère comme la ligne rigoureuse de mes devoirs ; et si l'un de nous doit des remerciements à l'autre, c'est moi, Monsieur, qui vous en dois pour le plaisir que m'a fait votre noble façon de sentir. »

Donner, au temps de Louis XVIII, la priorité à la liberté d'opinion, reste la prérogative du mouvement libéral. Le légitimiste Hugo déteste officiellement les libéraux. Pourtant il raisonne et agit exactement comme l'un d'eux. Pourquoi ?

L'affaire de Magalon, celle de *la Muse française* se sont déroulées pendant un déménagement. Le premier qu'ait connu Victor en tant que chef de famille. Parce qu'il était matériellement impossible de faire autrement, le ménage a vécu pendant un an et demi sous le toit des parents d'Adèle. Les jeunes époux n'en pensaient pas moins et faisaient contre mauvaise fortune bon cœur. Les temps ont changé. Les arrières sont suffisamment assurés. La nouvelle grossesse d'Adèle a emporté la décision. Victor a loué un petit appartement, 90, rue de Vaugirard. Le 24 juin, on y est installé. *Manuscrit d'Adèle* : « L'appartement au premier donnait sur la rue. L'escalier de l'étage étroit et raide comme une échelle nuisait à l'élégance du logis ; mais les jeunes gens livrés à eux-mêmes pour la première fois étaient si heureux que le paradis eût envié leur perchoir. » Aussitôt, les amis affluent. Le colosse Saint-Valry s'attendrira : « Rien de plus intéressant à voir que ce jeune couple, écrira-t-il à Jules de Rességuier. Ce sont là les amours des anges, et beaucoup plus poétiques encore que sous la plume de Thomas Moore... »

Le ventre d'Adèle s'arrondit. Elle et Victor ont fait choix de la marraine : ce sera la générale Hugo. Suite des grandes manœuvres de la séduction. Mais l'ex-Catherine Thomas se situe elle-même de plain-pied sur ces hauteurs : elle déclare que si l'enfant est une fille, elle souhaite qu'on la nomme Léopoldine.

Scrupuleusement, Adèle fait ses comptes. Victor y tient beaucoup. Elles sont touchantes et bien utiles à consulter, ces liasses et ces factures aujourd'hui conservées à la Maison de Victor Hugo. Recettes et dépenses s'étalent sous nos yeux, reflet exact de la vie quotidienne du jeune ménage. Au chapitre recettes : les 175 francs par mois de la pension du ministère de l'Intérieur, les 250 francs par trimestre de la pension de la Maison du Roi, les rentrées des libraires Ladvocat, Lecointe et Duny. Au chapitre dépenses, des prêts, notamment à Mme Foucher et au général Hugo — bizarre ! —, les gages de la bonne (16 francs par mois), l'achat d'argenterie. On prépare l'arrivée de Léopoldine en faisant blanchir, le 11 août, une robe de baptême, un bonnet, un fichu, un col (8 francs 10) et en achetant, le 15 août, de « l'avoine pour berceau » (18 sous).

Le 28 août 1824, c'est bien une petite Léopoldine qui fait son entrée au domicile des Hugo. Joie sans mélange, revanche contre la mort du frère regretté. Dans l'instant, Victor expédie à son père une lettre qui résonne comme un bulletin de victoire :

« Tu as une petite-fille, une Léopoldine ! Mon Adèle, après cinq heures de souffrances héroïquement soutenues, vient de mettre au monde une grosse fille qui est aussi vivace que notre pauvre cher Léopold était débile ; ce matin à trois heures et 1/2, ce bonheur nous est arrivé. Je me hâte de t'en faire part, afin que tu en réjouisses ton excellente femme. Nous ne pourrons mieux la payer de ses mille attentions pour nous que par cette bonne nouvelle. Dis-lui que le plaisir de la savoir contente ajoute beaucoup à la joie de notre pauvre et charmante mère. Autre bonheur ! Cela va sans doute presser votre arrivée. Adieu, je suis épuisé de fatigue, mais au comble de la joie [1]. »

Par ses cris qui percent les murs, la petite fille prouve qu'elle tient fort à la vie. Très vite, on va l'appeler Didine

1. Maison Vacquerie, Musée Victor-Hugo, Villequier. INV. nº 1342.

et Hugo parfois la surnommera « le pipi à son papa » ! Le 12 novembre, Adèle écrira à Blois : « Léopoldine se porte très bien et a été vaccinée il y a dix jours ; le vaccin a très bien pris et elle supporte les petites souffrances inséparables de cet état avec beaucoup de gentillesse. »

Une naissance, une mort. Trois semaines après la venue de Léopoldine, un grand changement va se produire en France : le roi Louis XVIII expire. Le comte d'Artois, son frère, lui succède sous le nom de Charles X.

Comment Victor oublierait-il le juvénile enthousiasme auquel, avec tant de force persuasive, l'a naguère convié sa mère ? En ce roi podagre se sont incarnés ses espoirs et ses idéaux politiques. S'il a été déçu, il n'en est jamais convenu, fût-ce vis-à-vis de lui-même. Les vers se pressent sous sa plume pour évoquer les *Funérailles de Louis XVIII* :

Le sépulcre est troublé dans ses mornes ténèbres.
La Mort, de ces couches funèbres,
Resserre les rangs incomplets.
Silence au noir séjour que le trépas protège ! —
Le Roi Chrétien, suivi de son dernier cortège,
Entre dans son dernier palais [1].

Mais à peine a-t-il évoqué l'entrée du catafalque royal à Saint-Denis qu'aussitôt — voilà l'étonnant — l'image d'un *autre* s'impose à lui. Les dix premiers vers, consacrés au roi disparu — dix seulement — sont suivis par soixante autres qui évoquent Napoléon !

Dans ses étreintes foudroyantes,
Son aigle aux serres flamboyantes,
Eût étouffé l'aigle romain ;
La Victoire était sa compagne ;
Et le globe de Charlemagne
Était trop léger pour sa main.

En fait, Hugo s'est complu dans sa déjà chère antithèse. Il montre Bonaparte ayant rêvé de faire de Saint-Denis l'asile de la dynastie nouvelle :

A ce sépulcre, que je fonde,
Il faut des ossements nouveaux.

1. *Odes et Ballades.*

A la fin du poème, le dictateur expie ses illusions à Sainte-Hélène, cependant que l'héritier de nos rois, si longtemps et injustement exilé, retrouve le tombeau de ses pères. La morale et le trône royal triomphent. On n'en est pas moins frappé, comme à l'époque le critique du *Figaro,* de constater que « chaque fois que le poète rencontre Bonaparte sur son passage, sa verve s'échauffe, et son style devient aussi élevé que la fortune ou la disgrâce de son héros ».

Il y a d'ailleurs, dans les entours de Hugo, un nouvel ami. Il se nomme Alphonse Rabbe. Une atroce maladie l'a défiguré. Lentement, son visage s'est rongé : plus de paupières, plus de narines, plus de lèvres, plus de barbe. Mais des dents noires et un œil unique. Rabbe s'est tenu dans l'ombre tant qu'Adèle a été grosse. Il redoutait que sa seule apparition fût néfaste à l'enfant attendu. Or Alphonse Rabbe figure parmi les libéraux, et l'un des plus avancés. Ce qui n'a pas empêché Hugo, recommandant un livre de son ami au directeur du *Drapeau blanc,* d'écrire : « M. Rabbe, dont la conviction politique diffère de la nôtre, est un homme d'un beau talent et d'un beau caractère. » Comment ne pas penser à l'ancienne prophétie de Léopold, et reconnaître avec le *témoin* : « Ce que le général Hugo avait prédit au général Lucotte se réalisait peu à peu ; les opinions que la mère avait mises dans l'esprit de l'enfant s'en allaient une à une de l'intelligence de l'homme. »

De Blois, ce même Léopold appelle à cor et à cri son fils à le rejoindre. Une promesse a été faite, elle doit être tenue. Comme la petite Léopoldine croît en force et en beauté, aucune raison ne permet plus de refuser l'invite. De cette Léopoldine, Victor se montre littéralement fou. Adèle nous dit que, dès sa naissance, il a « connu la paternité dans toute son extension et donné à son nouveau-né tout l'amour qu'il multiplia ensuite sur ses autres enfants ». Il a exigé que le berceau, dans la chambre des parents, fût placé à côté du lit conjugal. Il y restera de longs mois, Victor ne pouvant se résoudre à ce qu'on le prive de son bébé. A moins d'un an, Didine — ainsi que l'on commence à la nommer — parviendra à se glisser du berceau au lit de ses parents « et de son doigt naïf », raconte Adèle, tentera « d'ouvrir les yeux de sa mère pour lui faire comprendre qu'il était l'heure de s'éveiller. La mère résistait à la ténacité de son nourrisson, puis cédait ; et c'était alors des joies et des rires à trois ». Dès que l'on sort, Hugo exige que l'on emmène Didine. Le bébé, porté par la bonne, va devant, le visage tourné vers le couple heureux. « Cette douce vue ne suffisait pas au père, il prenait sa fille dans ses bras pour la posséder tout entière. Il lui parlait, elle souriait, gazouillait et avait à peine un an qu'elle jasait. Sa tête venait à la hauteur du coussin d'une causeuse, qui est restée comme une relique dans la famille. »

On va donc retenir des places dans la diligence de Bordeaux, laquelle passe par Blois. Le jour du départ, Victor et Adèle, celle-ci portant le bébé, vont monter dans le coupé, lorsqu'un commissionnaire accourt, tout essoufflé, et remet à Hugo une grande lettre cachetée de rouge. M. Foucher a pris sur lui de le faire suivre jusqu'à la diligence. Victor l'ouvre : la lettre contient un brevet de chevalier de la Légion d'honneur. Le nouveau légionnaire a vingt-trois ans.

J'ai vu à Blois la petite maison qu'habitait le général Hugo. J'ai vu, au cœur de cette vieille ville dont chaque voie semble écrire une histoire et chaque fenêtre engendrer un rêve, cette rue peu large, aujourd'hui encore si paisible. On s'engage dans une allée qui, un peu plus loin, s'élargit en jardin et l'on découvre cette maison, « blanche et carrée, épanouie entre deux vergers », dont il est question dans *les Feuilles d'automne*. La maison frappe, non par sa modestie, mais par sa petitesse. On passe directement du jardin à des pièces minuscules. Un escalier étroit donne accès à des chambres plus étroites encore. On imagine Léopold, encore épaissi par la retraite, se heurtant à chaque instant — au moins par la pensée — à ces murs trop rapprochés.

Ce matin-là, le général a surgi, radieux, de chez lui. Il a couru au bureau de la diligence. Quand la grosse voiture s'est arrêtée devant lui, il a donné libre cours à son émotion. Il n'est pas sûr, quand il a vu descendre de la portière son fils, sa belle-fille et sa petite-fille, qu'il n'ait pas retenu une larme. D'autant plus que Victor n'a pu différer d'un instant la nouvelle qui lui brûlait les lèvres : « Papa, je suis chevalier de la Légion d'honneur ! » Nouvelle émotion, nouvel orgueil pour le vieux brave.

Victor, s'il a précisé que Lamartine était décoré en même temps que lui, n'a probablement pas cru devoir révéler que les deux poètes avaient, chacun de son côté, sollicité le ruban rouge. Le principal n'est pas la manœuvre, mais la victoire.

On s'installe chez la comtesse. Sur le plan des sentiments, le temps est au beau fixe. De son côté, Léopold a reçu l'annonce qu'il était nommé lieutenant-général (général de Division) à titre honoraire ; il éclate de bonheur. Ce n'est pas tout : une lettre officielle du vicomte Sosthène de La Rochefoucauld, chargé des Arts dans leurs rapports avec la Maison du Roi, vient informer Victor que le roi Charles X l'invite à son sacre. Pie VII avait consacré Napoléon empereur à Notre-Dame. Mais c'est à Reims, comme tous les rois ses prédécesseurs, que Charles X, niant par là délibérément les vingt années de la Révolution et de l'Empire, a choisi de recevoir l'onction, démontrant une méconnaissance prodigieuse et un dédain absolu de l'opinion.

Victor, l'invité du roi à Reims ! Cette seule idée l'émeut délicieusement. Il se voit sur les routes, puis dans l'antique cathédrale au milieu de tout ce que la France compte de célébrités. Il s'enchante, il piaffe. Bref, il réagit comme un enfant qu'il reste, à vingt-trois ans, malgré cette dignité et cette sévérité dont il s'enveloppe trop souvent au gré de ses amis. Au reste, c'est à l'un de ces amis-là qu'il songe. Il sait que Nodier figure parmi les invités. Et si l'on faisait route ensemble ?

Le climat d'harmonie familiale lui a semblé si évident qu'il a décidé de laisser Adèle et Didine aux soins de son père et de sa belle-mère. Depuis leur mariage, les jeunes époux ne se sont pas séparés. Ce qui est charmant, c'est que, s'écrivant de nouveau, ils retrouvent le ton des fiançailles. Dès la première étape, à Orléans, il faut que déjà Victor adresse une lettre à Adèle :

> « J'ai vraiment le cœur si plein de douleur qu'un peu d'épanchement me fera du bien, mon Adèle. Tu ne saurais croire combien, depuis que je t'ai quittée, bien-aimée, le temps me semble long et la distance énorme. Je ne pense qu'avec un grand abattement aux quatorze lieues qui me séparent déjà de toi, aux huit heures que je viens de passer sans te voir. Que sera-ce donc demain ? que sera-ce après-demain, et après ? et après ? Vraiment, mon Adèle, ma bien-aimée Adèle, prie Dieu qu'il me donne du courage, j'en ai besoin, et ces quinze jours me font l'effet de l'éternité. »

Un fil mystérieux relie les amants, même mariés. Avant d'avoir reçu la lettre de son mari, Adèle lui avait écrit :

« Je ne puis résister, mon Victor, au plaisir de t'écrire, et de te raconter comment j'ai passé ma journée ; hélas ! mon ami, elle a été bien triste, je n'avais pas auprès de moi mon bien-aimé, je le cherchais partout, je ne le trouvais pas ; je l'appelais, nul ne me répondait... » Ils s'écriront chaque jour et avec tant de hâte que la lettre de l'un croisera toujours la lettre de l'autre.

A Paris, Victor retrouve la chambre conjugale. Seul. Devant le lit — leur lit — il rêve mélancoliquement. Victor ou Werther ? Ce qui le sauve, c'est que le temps presse. Reims exige une tenue de rigueur. M. Foucher s'est occupé des bas de soie, des souliers à boucles, de l'épée. Il manque la culotte ! Une visite à point nommé au tout récent académicien Soumet apporte la solution de cette grave question : Alexandre, bon prince, offre la sienne.

Nodier a déjà bouclé son sac de voyage. Les deux amis ont comparé leur impécuniosité. Le roi est bien bon mais tout cela va coûter fort cher ! Hugo a l'idée de rendre visite à son nouvel éditeur, Ladvocat. Il lui fait miroiter les profits que celui-ci tirera immanquablement de la publication de sa future *Ode sur le sacre de Charles X.* Ici, l'avocat, c'est lui. L'autre n'hésite pas : il avance les fonds nécessaires au voyage.

Nodier et Hugo ont loué une sorte de grand fiacre à quatre places où se tiendront avec eux deux amis : un certain M. Cailleux, et le peintre Alaux que l'on appelle le Romain, parce que naguère il a obtenu le prix de Rome. Nodier déborde d'allégresse : « On ira à petites journées, on s'arrêtera où l'on voudra, on couchera la nuit dans des lits, ce sera charmant. »

On s'est engagé sur la route de Paris à Reims que l'on a eu la surprise de découvrir « sablée et ratissée comme une allée de parc ». Même, de place en place, on a aménagé sous les arbres des bancs de gazon. S'allonge un cortège quasi ininterrompu de diligences, de calèches armoriées, de coucous, de carrioles : « toutes les espèces de véhicules se hâtaient et donnaient au chemin l'animation bruyante d'une rue ».

A chaque étape, Nodier se précipite chez les libraires, Hugo, lui, cherche les monuments. Le quatrième jour, à Reims, on ne trouve à coucher que par miracle, et encore s'agit-il d'un minuscule salon dans la maison d'une actrice, Mlle Florville. L'un des voyageurs prend possession du canapé. Les autres se contentent de matelas jetés sur le tapis.

Victor à Adèle, 27 mai 1825, 7 heures du matin : « Sans même attendre qu'on rangeât mes malles, j'ai couru à la poste. Ta troisième lettre y était... J'ai voulu t'écrire à toutes les heures depuis notre arrivée, mais les mille affaires et les mille devoirs qui se disputent nos moments dans cette ville ne m'ont pas laissé le temps de respirer. Je comptais t'écrire avant de me coucher, mais nous sommes quatre dans la même chambre, nous nous couchons tous à la même heure, et nul ne prend la liberté de garder sa bougie allumée. Figure-toi d'ailleurs le désordre de ces quatre lits, de ces quatre bagages d'hommes dispersés dans une pièce grande comme les deux tiers de la chambre de Blois. »

Quelle presse, quelle impatience ! Lors de l'arrivée à Reims, il pleuvait. C'est sous cette pluie que Victor a dévoré les lettres de sa femme retirées à la poste. L'eau trempait les feuillets et délavait l'encre sans qu'il se rendît compte qu'il se trouvait devant le portail de la cathédrale. Il ne l'a aperçu que dix minutes plus tard, une fois sa lecture achevée. Nodier était au désespoir : sa malle s'était défoncée, tous ses effets étaient couverts de poussière, il avait perdu trois cols !

Victor à Adèle : « Tout est hors de prix. Après le dîner, il a fallu aller au spectacle. Quelle corvée !... Nous sommes rentrés à onze heures, couchés à minuit, éveillés à six heures, et je t'écris... Adieu, mon Adèle, embrasse tes beaux-parents. Dis à papa que Nodier veut absolument qu'il soit pair de France, et dit que cette dignité ne peut manquer à un homme aussi honorable. Si Nodier était roi ! Adieu, encore, chère ange ; je t'embrasse comme tu sais, comme je baise tes adorables lettres. »

Naturellement, quand d'aventure on dispose d'une heure, on écoute Nodier. Comment à Reims ne parlerait-il pas d'autre chose que de la cathédrale ? Hugo, passionnément, l'écoute. Déjà Chateaubriand l'avait conduit au gothique. Reims parachève la conquête. Victor se sent tout à cet art qu'il dira « vraiment fils de la nature. Infini comme elle dans le grand et le petit. Microscopique et gigantesque... ».

Chaque jour, il court à la poste. Quelle déception quand il n'y trouve pas de lettre ! Que de bonheur quand le préposé lui en tend une ! Le 28 mai, il tombe de haut. Adèle lui confie qu'elle est malheureuse à Blois. Certes, le général reste toujours pour elle le meilleur des beaux-pères. Mais la comtesse Hugo se révèle froide comme de la glace. Elle traite sa bru avec brusquerie, s'en va se coucher sans même dire bonsoir, persifle quand la jeune femme lui parle des terreurs qui lui sont venues d'un orage. Tout cela ne nous semble pas d'une gravité extrême. Adèle souffre surtout d'être séparée de son cher Victor. Elle croyait trouver dans l'ex-comtesse de Salcano une aide ou tout au moins une confidente. Elle n'a découvert que la sécheresse, un refus évident de communiquer. C'est à tout le moins ce qu'elle a cru sentir. La seconde lettre est plus explicite encore.

Adèle à Victor, 26 mai 1825 : « Mon bien adoré, j'ai appris aujourd'hui des choses qui me prouvent que Mme Hugo nous supporte avec peine et qu'elle s'en plaint. Tout cela serait long à te raconter et te distrairait du but de ton voyage ; cette femme est fort extraordinaire, mais elle est fausse. Je suis mal ici, nous ne pouvons y rester, mais comme il faut qu'elle ne s'en doute nullement, et surtout ton père qui ne me le pardonnerait pas, il faut que tu écrives que des affaires que tu ne prévoyais pas te forcent à rentrer à Paris, et qu'alors tu n'as que le temps de venir me chercher, que du reste tu conserveras toujours le doux souvenir de la manière dont ils nous ont reçus, écris cela parce que ça les engagera à avoir des soins pour moi... »

Au chagrin de Victor succède la colère :

« Comment ! On te laisse seule, seule dans ton isolement ! On est froid et inattentif pour mon Adèle bien-aimée dans la maison de mon père ! Je ne suis pas indigné, chère ange, je suis profondément, oui, bien profondément affligé. Moi qui connais l'admirable douceur de ton caractère et la bonté sans bornes de mon père, je suis atterré de ce qui se passe là-bas. Ce ne sont pas des soins, des attentions que tu as droit de réclamer, c'est la tendresse et la sollicitude paternelle, c'est quelque chose de plus peut-être que mes propres soins. Mon pauvre et excellent père ! Que ne lit-il ce qu'il y a dans mon cœur en ce moment, il y verrait quelle douleur inexprimable se mêle à mon dévouement infini pour lui, à mon profond amour pour toi ! »

Il est si bouleversé, Hugo, que c'est à peine s'il a la force de rapporter à Adèle que le roi vient d'entrer à Reims, « que M. de La Rochefoucauld m'attend ce soir, qu'il faudra être debout cette nuit à trois heures, que je suis fatigué d'avoir couru tout le jour. Rien de tout cela ne m'occupe. Je suis triste, plus triste que jamais. Mais tranquillise-toi. Nous arrangerons tout cela. Ton Victor, ton mari, ton protecteur va revenir, et que te manquera-t-il alors ? »

Il lui faut bien pourtant se rendre au sacre. Sosthène de La Rochefoucauld lui a remis lui-même son invitation :

« Il m'a dit que le roi avait demandé si j'étais ici. Je suis effrayé de ce qu'ils attendent de moi. J'ai la tête si malade et le cœur si triste. Comment chanter une joie ?... Adieu, bien-aimée, je t'embrasse sur tes yeux, pour qu'ils ne pleurent plus. »

Hugo et ses trois amis, un peu empruntés dans leur habit à la française, se présentent, l'épée au côté, à la porte de la cathédrale. On leur indique leur place. Suivant une mode démente qui parcourra une grande partie du XIXe siècle, on a cru devoir recouvrir de carton peint l'admirable architecture. Des ogives de papier cachent les sculptures de pierre ! « Nous avons vu le sacre, mon Adèle : c'est une cérémonie enivrante. » Ce n'est pas tant le fourmillement d'hommes chamarrés et de femmes éclatantes de pierreries qui a frappé Hugo ; pas plus que l'anachronisme de la tenue de Charles X, comme héritée d'un autre âge, une camisole de satin rouge galonnée d'or sous une robe de satin blanc, la tête surmontée d'une toque de diamants ornée de plumes blanches et noires ; mais plutôt le contraste entre les pairs placés à la droite du roi et les députés rangés à sa gauche. Les pairs lui sont apparus vêtus d'habits de velours bleu ciel brodé, enveloppés de manteaux de velours bleu ciel semés de fleurs de lys, avec des chapeaux à la Henri IV, garnis de plumes blanches. Les députés, eux, n'ont droit qu'à un habit de drap boutonné jusqu'en haut, avec pour unique ornement une broderie de soie verte au revers. Ces députés ne sont-ils pas les élus du peuple français ? Pourquoi a-t-on voulu les humilier ? Malgré tout, « la lumière de mai brillait dans l'église. L'archevêque était couvert de dorures et l'autel de rayons... ». Quand s'achève l'interminable cérémonie, Hugo s'en va saluer Chateaubriand chez lui. Il le trouve furieux !

— J'aurais compris, dit-il, le sacre tout autrement. L'église nue, le roi à cheval, deux livres ouverts, la charte et l'évangile, la religion rattachée à la liberté. Au lieu de cela, nous avons eu des tréteaux et une parade.

Pendant la cérémonie, quelqu'un avait fait don à Nodier d'un livre : « Je viens d'acheter ça six sous. » Il s'agissait d'un volume dépareillé de Shakespeare — en anglais. Le soir, dans l'exigu salon converti en dortoir, Nodier va traduire « à la volée » *le Roi Jean.* Stupéfait, émerveillé, Hugo écoute. Il dira : « Je trouvai cela grand. »

Adèle, traversant cette courte dépression qui suit souvent les maternités, ne s'est décidément plus supportée chez ses beaux-parents.

Le général Hugo à Victor, 29 mai 1825 : « Elle s'est déterminée, après avoir beaucoup raisonné le pour et le contre de sa démarche, à repartir pour Paris et conséquemment à hâter l'heureux instant de votre réunion. Nous avons vainement cherché à la détourner de sa résolution ; elle nous a vaincus par la solidité de ses réflexions et nous avons dû nous y rendre. Elle et votre charmante Didine emportent tous nos regrets, mais nous espérons que les plus tôt libres iront voir les autres... »

Ouf ! les parents Hugo n'y ont vu que du feu. Du reste, les choses s'étaient fort arrangées entre la belle-mère et la belle-fille, ainsi qu'Adèle, l'avant-veille de son départ, l'avait mandé à son mari : « Mme Hugo est revenue à moi bien tendrement. Cette pauvre femme a une maladie de nerfs qui la tourmente beaucoup. Cher Victor, écris à papa que tu les remercies bien tendrement, car alors, mon ami, elle était malade. Oh ! Je lui pardonne de bon cœur, pauvre femme ! »

Didine se porte à ravir. Une seconde dent va percer, elle ne s'en plaint même pas. Deux jours plus tard, Hugo est rue de Vaugirard et ouvre ses bras à ses bien-aimées.

Le général, de plus en plus préoccupé de la chose littéraire — son roman *l'Aventurière tyrolienne* va paraître et il en a terminé un autre, *Johann Schlups* — exhorte Victor à réussir l'ode que le gouvernement lui a commandée : « Prépare ton travail, ne désespère de rien, une grande gloire t'attend. M. de Lamartine a publié trop à la hâte ce qu'il a fait et ce que j'ai vu ne dit pas grand'chose. » Victor s'est mis au travail dès son retour et bientôt l'ode s'est trouvée achevée. Elle est pompeuse et conformiste à souhait. Mais non sans flamme ni talent.

Entre, ô peuple ! — Sonnez, clairons, tambours, fanfare !
Le prince est sur le trône ; il est grand et sacré !
Sur la foule ondoyante il brille comme un phare
Des flots d'une mer entouré.
Mille chantres des airs, du peuple heureuse image,
Mêlant leur voix et leur plumage,
Croisent leur vol sous les arceaux ;
Car les Francs, nos aïeux, croyaient voir dans la rue
Planer la Liberté, leur mère bien connue,
Sur l'aile errante des oiseaux.

Dès le 18 juin, l'ode est publiée. Plusieurs journaux la reproduisent en même temps. Les éloges pleuvent. Décidément le régime a trouvé son chantre. Sosthène de La Rochefoucauld demande — et obtient — que l'on verse à Hugo 1 000 francs pour les frais de son voyage à Reims. Le roi souscrit cinq cents exemplaires de l'ode et ordonne qu'on la réimprime — dit *le Moniteur* — « avec tout le luxe typographique par les presses de l'Imprimerie royale ». Ce n'est pas tout : Sa Majesté offre au jeune poète un service de table en porcelaine de Sèvres d'une valeur de 500 francs. Une vaisselle qui vaut bien davantage que l'armoire dans laquelle Adèle l'enferme.

Au sacre, Hugo avait retrouvé Lamartine qui avait fait promettre de lui rendre visite à Saint-Point. Lamartine avait invité aussi Nodier.

— Non seulement nous irons, avait répondu le conservateur de l'Arsenal, mais nous vous conduirons nos femmes et nos filles.

Après quoi, Nodier avait confié mystérieusement qu'il connaissait un moyen pour que le voyage ne coutât rien.

— Quel moyen ? avait demandé Victor.

— C'est de profiter de l'occasion pour voir les Alpes.

— Et puis ?

— Et puis, nous raconterons ce que nous aurons vu. Si ça vous ennuie, je m'en charge ; vous me donnerez seulement quelques vers ; Lamartine aussi, s'il veut en être. Nous trouverons bien quelqu'un pour nous faire des dessins. Et ce sera l'estimable éditeur Urbain Canel qui paiera notre voyage.

Le cher Nodier a vu juste. Convaincu, Canel prépare un traité selon lequel MM. de Lamartine, Victor Hugo, Charles Nodier et Taylor se réunissent pour publier un ouvrage provisoirement intitulé : *Voyage poétique et pittoresque au Mont-Blanc et à la vallée de Chamonix*. Lamartine doit toucher 2 000 francs pour chaque « méditation », Hugo 2 000 pour quatre odes, Taylor 2 000 pour huit dessins qu'il se charge non de faire, mais de fournir, Charles Nodier 2 250 francs pour l'ensemble du texte.

Déception : fin juillet, quand il s'agit de passer de la théorie à la pratique, Lamartine refuse de participer au livre projeté. Il n'ira pas au Mont-Blanc. Il n'en attendra pas moins les voyageurs à Mâcon, chez lui. Au dernier moment, Taylor déclare forfait.

Rue de Vaugirard, Adèle fait les bagages et rassemble, pour Didine, mille choses inutiles. Adèle nourrit encore et il n'est pas question de sevrer la petite fille qui va avoir un an. Victor se fait délivrer un passeport pour la Suisse et le royaume de Sardaigne. A noter que, sur son passeport du 20 avril précédent, ses yeux étaient qualifiés de bruns et que, le 29 juillet, on les signale gris. Pour nous rassurer, la taille demeure la même : un mètre soixante-dix.

Au dernier moment, tout est remis en question. Quelques jours avant le départ, fixé au 2 août, Victor est pris d'un torticolis « très aigu » — dit Adèle — accompagné de fièvre. « Le 31 juillet, il n'allait pas mieux ; il écrivit à Nodier qu'étant malade, il ne pouvait l'accompagner, et qu'il le rejoindrait le plus tôt possible. Avant d'envoyer la lettre, il prit l'avis de son médecin. Le docteur Labrie, fort intelligent, lui conseilla de partir : la distraction, le grand air, le guériraient plus sûrement que les ordonnances. La lettre fut déchirée et on fit les malles [1]. »

Le 2 août, à 7 heures du matin, les deux voitures sont à la barrière de Fontainebleau. Nodier a loué pour lui et sa femme une calèche où trouve place l'illustrateur du livre, Gué, un familier de l'Arsenal. Quant à Victor, à cause de la petite Didine, de son berceau et de la servante qui la soigne, il lui a fallu une berline. Faire à cette époque voyager un si petit enfant est une gageure. Les parents ne se sont-ils pas infligé une charge redoutable ? Pas du tout. Adèle se souviendra que « la chère petite fut un des enchantements du voyage... Elle avait son berceau dans la voiture, se réveillait en riant et ne pleurait jamais. Elle semblait déjà comprendre qu'elle ne devait pas troubler le plaisir commun. M. Nodier lui racontait dans ses heures de causerie des histoires qu'elle écoutait gravement et lui montrait les étoiles... ».

Merveilleux voyage, villes découvertes, ruines exaltées, campagnes en majesté. Et les incidents de rigueur. Deux gendarmes veulent arrêter Victor qui, pour soulager les chevaux, a mis pied à terre sur la côte de Vermanton. Il est nu-tête, mince, simplement vêtu de coutil gris. Il ressemble à un écolier en vacances. Des gendarmes lui font face tout à coup qui sévèrement lui demandent ce que signifie le ruban rouge qu'il porte à la boutonnière. Hugo répond tout naturellement qu'il s'agit de la Légion d'honneur. Les gendarmes se récrient : on ne donne pas la croix aux enfants ! Ils intiment à Hugo l'ordre de présenter son passeport ; s'il dit vrai, sa décoration doit y être inscrite. Hugo a oublié son passeport à Paris ! Sans ménagement, les gen-

1. *Manuscrit d'Adèle.*

darmes se saisissent de lui. En prison, l'usurpateur de décoration ! Du haut de sa calèche, Nodier a considéré tout cela. Il saute à terre. Lui, il a quarante ans. Il n'est pas sérieux mais, ce qui est mieux, le paraît. D'un air important, il annonce aux gendarmes :

— Monsieur est le célèbre Victor Hugo.

Les gendarmes n'ont jamais entendu prononcer ce nom-là. Mais l'assurance de Nodier leur en impose. Voilà le jeune poète rendu à la liberté. Sans demander son reste, il saute dans la berline. Les voitures seront loin que les gendarmes interloqués entendront encore les éclats de rire des voyageurs. Ô jeunesse.

Pour allécher Victor et le convaincre de répondre à son invitation, Lamartine lui avait dépeint son château de Saint-Point, merveille romantique avant la lettre. En vers, naturellement. Rien n'y manquait : deux « tours accouplées », vestige d'un vieux château

Dont les ruines mutilées
Jettent de loin sur le hameau
Quelques ombres démantelées... ;

des pierres médiévales où se posaient corbeaux et vautours ; de sombres créneaux ; les soupirs du vent du soir ; les doux concerts d'une harpe mélancolique

Dont une brise ossianique
Vient par moments ravir les airs
A travers l'ogive gothique...

On a emporté le poème, on l'a lu et relu. On attend un château digne de Walter Scott. On approche. Les voyageurs tendent le cou. Quand on aperçoit une grande maison banale peinte en jaune, Hugo croit à une méprise. Mais le châtelain s'avance, sourire aux lèvres : c'est bien Lamartine. Quoi ! Ce serait là Saint-Point ? Les « cimes crénelées », dont parlait l'épître, sont des toits plats. Du « lierre touffu », pas le moindre vestige, la « teinte voilée par les ans » est un affreux badigeon. Hugo ne peut cacher sa déception :

— Où donc est le château promis par vos vers ?

— Il a existé tel que je vous l'ai décrit. La maison que vous voyez avait des toits pointus où couraient les lierres dont je parle. Nous avons trouvé que ces pierres grises étaient tristes, elles ont été abattues ; le lierre en s'attachant aux murs y laisse son humidité, ce qui est aussi nuisible aux bâtiments qu'aux santés ; l'antique végétation a disparu aussi.

Victor ne peut s'empêcher de laisser éclater son indignation :

— Mais vous avez agi en vandale !

Ce qui ne semble pas susciter le moindre complexe chez son hôte qui, sentencieusement, conclut :

— Gardons, croyez-moi, les anciens monuments pour les descriptions de notre poésie et vivons comme nos contemporains !

Attitude, chez une des têtes de file du romantisme, qui nous laisse un peu perplexes. On annonce le dîner. On se retire pour changer de toilette. Les voyageuses, habillées dès le matin avec leur unique robe de soie et « n'en ayant pas d'autre à lui substituer », sont bien vite prêtes. Lamartine pénètre dans la salle à manger avec un costume constellé de taches. Mme de Lamartine, qui est anglaise, a gardé les usages de son pays : « La châtelaine et ses belles-sœurs, dit Adèle, arrivèrent à table décolletées et enrubannées. »

D'où un repas, malgré les efforts des hôtes, pesant et gêné. Au sortir de table, Mme Nodier prend à part Adèle :

— Je m'en vais ce soir. Je ne couche pas au château.

Drame. Adèle, Victor, Charles plaïdent. Rien n'y fait.

— Pour rien au monde je ne resterai ici deux heures de plus !

Il faut, malgré les chambres préparées, pour que l'on puisse repartir sur-le-champ, que Nodier trouve un prétexte aussitôt offert par sa riche imagination. Lamartine — qui n'est pas dupe — n'en raccompagne pas moins les visiteurs jusqu'à Mâcon. Le pays que l'on traverse est superbe, le ciel pur, le soleil qui se couche empourpre l'horizon. Nodier croit le moment venu — peut-être pour détendre l'atmosphère — d'improviser un compliment. Avec emphase, il s'écrie :

— N'est-ce pas un incident rare, un moment solennel que celui qui réunit trois hommes illustres devant ce magnifique spectacle et dans le plus beau lieu du monde !

Victor renchérit. Un peu trop haut. Lamartine approuve avec un sourire contraint. Il prend congé. Ombre sur le préromantisme.

Les Alpes seront pour Hugo une stupeur et un éblouissement. À Chamonix surtout, il laissera son enthousiasme s'exalter devant cette mer de Glace qui, « dépassant le Montanvert comme un bras qui se recourbe, penche et précipite ses blocs marmoréens, ses lames énormes, ses tours de cristal, ses dolmens d'acier, ses collines de diamants, dresse à pic ses murailles d'argent et ouvre dans la plaine cette boucle effrayante, d'où l'Arveyron naît comme un fleuve, pour mourir un mille plus loin comme un torrent ». L'écrasante présence de ce Mont-Blanc surgi des âges où la terre existait à peine et les merveilles qui l'entourent lui procurent l'impression d'entrer « dans le cabinet de curiosités de la nature, dans une sorte de laboratoire divin où la Providence tient en réserve un échantillon de tous les phénomènes de la création, ou plutôt dans un mystérieux sanctuaire où reposent les éléments du monde visible ».

Explorant la mer de Glace, Victor sera à deux doigts de glisser au fond d'une crevasse. Le soir, à l'étape, il écrira sur le livret de son guide : *« Je recommande Michel Devouassous qui m'a sauvé la vie. »*

La vérité, c'est que, dans ces immensités, il s'est senti parfaitement à son aise. Ici, la nature le devançait. A chaque tournant de chemin, elle lui proposait une de ses chères antithèses : « En ce moment, le nuage se déchira au-dessus de nous et cette crevasse nous découvrit, au lieu du ciel, un chalet, un pré vert et quelques chèvres imperceptibles, qui paissaient plus haut que les nuées. Je n'ai jamais rien éprouvé d'aussi singulier. A nos pieds, on eût dit un fleuve de l'Enfer ; sur nos têtes une île du Paradis. »

Mais l'avance versée par l'éditeur — Nodier et Hugo ayant reçu chacun 1 750 francs — commence à donner des signes de faiblesse. Allons, il faut rentrer ! On ne s'y résout pas sans tristesse. On revient sans hâte. Comme lors du voyage de Reims, on s'arrête partout où il y a une ruine — à la demande de Hugo — ou une bibliothèque, sur l'invite de Nodier.

— Mon cher, répète Nodier à Hugo, vous êtes possédé par le démon Ogive.

— Et vous par le diable Elzevir !

Quand on rentre à Paris, le 2 septembre, Charles Nodier fait les comptes : il ne lui reste que 22 francs et à Victor 18. A la barrière, non sans émotion, on se serre la main. La calèche gagne le Marais et la berline le faubourg Saint-Germain.

Ceux qui, à vingt-trois ans, n'ont pas vécu de tels

départs et de tels retours, n'ont pas connu le bonheur de vivre. Le livre déjà payé par Canel ne verra jamais le jour : l'éditeur, après de mauvaises affaires, devra déposer son bilan. Hugo publiera en 1829, dans *la Revue de Paris,* puis en 1831 dans *la Revue des Deux Mondes* les textes écrits par lui pour l'album mort-né.

Il n'oubliera jamais ce voyage, « le plus doux souvenir de ma vie », confiera-t-il en 1837, associant sans nul doute aux souvenirs de sa jeune gloire la présence d'Adèle et de Didine. « Souvenirs lumineux », dira-t-il encore de ce « doux voyage de Suisse ». Et il est vrai que tout s'y mêlait : l'amour de sa femme, aussi tendre qu'aux premiers jours, l'amour d'une petite fille qui faisait battre son cœur d'une fièvre inconnue. L'amour de soi.

II

LA JEUNESSE ET L'ESPRIT

> Les hommes pensent leur destin plutôt qu'ils ne le gouvernent, mais c'est là déjà une grande dignité.
>
> André THÉRIVE.

Rue de Vaugirard, la vie de Victor s'écoule, « rude et douce », c'est ce qu'il écrira cinquante ans plus tard. Sur la cheminée du salon brille toujours le lys d'or des *Jeux floraux* cependant qu'une pendule, qui restera dans son souvenir celle des *Odes et Ballades,* rythme les heures de travail. Pour évoquer ce bonheur de 1825 et 1826, il usera de l'adjectif « rayonnant ». Il est amoureux, toujours, amoureux parce qu' « un ange sur mon cœur ploie aujourd'hui ses ailes », ce qui lui rend les heures suaves comme le miel et chaudes telle une caresse.

C'est le temps où Sophie Gay l'appelle « l'ange Victor ». Le temps où le directeur du journal *le Globe,* Paul-François Dubois, est venu le voir comme on visite une curiosité — et a été séduit : « Rue de Vaugirard, dans l'entresol d'un atelier de menuiserie, j'ai vu, dans un tout petit salon, un jeune poète et une jeune mère, balançant dans ses bras un enfant de quelques mois et lui enseignant à joindre ses petites mains pour la prière, en face de quelques gravures de madones et des enfants Jésus de Raphaël. Bien que toujours un peu arrangée, la scène, naïve et sincère, m'a touché et ravi. »

Didine a grandi. Non seulement elle marche, mais en promenade, elle court devant ses parents. Si elle disparaît un instant, ce sont aussitôt de la part de Victor « des craintes et des terreurs ». Adèle s'en amusera plus tard :

« A la plus simple toux, à la moindre altération de la voix, on appelait le médecin dans l'effroi du croup. Le médecin pour prévenir le mal, probablement imaginaire, prescrivait l'émétique. Il faisait boire à la petite malade un litre d'eau chaude. Chaque fois qu'on lui présentait une tasse de ce breuvage insipide, la martyre disait à sa mère : “ Je t'assure, ma petite maman, que je n'ai pas soif. ” Les pauvres parents souffraient alors du supplice imposé à l'innocente enfant. »

Assis chaque jour de longues heures dans son minuscule cabinet de travail, aux odes il fait succéder les odes. Insensiblement sa forme s'est modifiée. La sensibilité, longtemps claquemurée sous l'enveloppe formelle héritée du passé, rejoint souvent la seule virtuosité et parfois la gagne de vitesse. Les beaux vers deviennent aussi de beaux cris. Quand il chante l'amour, il ne se croit plus tenu de se référer à la mythologie. S'il parle d'une inspiratrice, il ne se cache plus de dire qu'il s'agit de sa femme devant Dieu et les hommes. Il ose peindre son « œil noir et doux » et revivre les instants précieux où sa robe l'effleure avec un bruit léger. Il ose écrire qu'envers cette épouse qui est la sienne, il déborde d'amour jusqu'à parfois répandre des larmes.

Hélas, je t'aime tant qu'à ton nom seul je pleure !

Quand il brandit la petite Léopoldine dans ses bras, trophée vivant qui rit et gazouille, c'est tout juste s'il n'étouffe pas de bonheur. Cette allégresse quotidienne s'accompagne d'une impression de liberté si intense que, la plume à la main, il ne peut se défendre d'inventer d'énormes farces. Surtout n'oublions pas que ce jeune homme qui paraît si sévère aux inconnus retrouve son âge — vingt-quatre ans — quand, seul avec lui-même, il compose un poème. Lui faut-il une épigraphe ? Il la cherche, ne la trouve pas. Pourquoi ne pas en inventer une, de toutes pièces, à laquelle les aristarques ne verront que du feu et que peut-être ils assaisonneront de doctes commentaires ? L'apocryphe le délivre de toute contrainte et cela donne une petite pièce délicieuse :

Au soleil couchant
Toi qui vas cherchant
    Fortune,
Prends garde de choir ;
La terre, le soir,

Est brune,
L'océan trompeur
Couvre de vapeur
La dune,
Vois à l'horizon,
Aucune maison ;
Aucune !

Le seul point sombre : sa vue. A plusieurs reprises, pendant des semaines, l'inflammation des yeux s'accompagne d'une gêne douloureuse qui inquiète son entourage. Le plus étrange est que lui-même s'y attarde peu. Il se souviendra des crises éprouvées si souvent et si longtemps, du temps notamment où des taches venaient obscurcir son regard : « Ces taches allaient s'élargissant et noircissant. Elles semblaient envahir lentement la rétine. Un soir, chez Charles Nodier, je contai mes taches noires, que j'appelais mes papillons, à Sainte-Beuve qui, étudiant en médecine et fils d'un pharmacien, était censé s'y connaître et s'y connaissait en effet. Il regarda mes yeux et me dit doucement : — *C'est une amaurose commençante. Le nerf optique se paralyse. Dans quelques années la cécité sera complète.* Une pensée illumina subitement mon esprit. — *Eh bien,* lui répondis-je en souriant, *ce sera toujours ça.* Et voilà que je me mis à espérer que je serais peut-être un jour aveugle comme Homère et comme Milton. La jeunesse ne doute de rien [1]. »

Le général Hugo, lui, n'est naturellement pas de cet avis. *A Victor, 23 février 1826* : « Je pense que tu feras bien de commencer de bonne heure à te servir de conserves [2] vertes pour le travail du cabinet, mais de laisser tes yeux à leur force naturelle pour le reste du temps... Je te l'aurais écrit plus tôt si tu n'eusses défendu à ton Adèle de nous apprendre la cause d'un silence qui m'étonnait. » Le silence en question ne concernait rien de moins qu'une nouvelle grossesse dont Victor, superstitieux, ne voulait rien dire avant qu'elle se trouvât confirmée. Un nouvel enfant ? Vive Dieu, décidément !

Entre deux odes, Victor s'est même payé le luxe de réécrire *Bug Jargal* qu'il a publié sans nom d'auteur. *Le Drapeau blanc* s'est empressé de lever cet anonymat qui n'est qu'une coquetterie : « S.M. a daigné faire prendre pour sa bibliothèque particulière vingt-cinq exemplaires

1. Note de 1863.
2. Nom que l'on donnait encore souvent à cette époque aux lunettes.

de *Bug Jargal* par M. Victor Hugo. La première édition de ce roman, tiré à un grand nombre d'exemplaires, est sur le point d'être épuisée. La deuxième paraîtra la semaine prochaine. »

Mais le grand événement de tous ces mois, c'est cette pièce nouvelle dans laquelle il s'est jeté à corps perdu : « J'ai commencé *Cromwell* le 6 août 1826, deux mois avant la naissance de Charles [1]. »

Hugo a parlé de quatre-vingts ou cent volumes qu'il a dû consulter avant d'écrire *Cromwell.* Il nous apparaît significatif que Balzac ait rêvé lui aussi de composer un *Cromwell.* Le *Cinq-Mars* de Vigny s'achève par le nom de Cromwell. Et Hugo écrira à l'auteur, son ami : « J'ai fait du dernier mot de votre roman le premier de mon drame. » Rien de plus explicable que cette unanimité dans l'intérêt. A travers la Révolution anglaise, un lecteur des années 1820 ne pouvait que revenir à la Révolution française. Cromwell reconduisait à Napoléon.

Hugo l'a senti plus encore que ses contemporains. De plus en plus Napoléon le hante. Il y revient sans cesse. Son ode *les Deux Iles* qu'il compose en ce temps-là le montre libéré de sa haine et sans retenue se laissant aller à la fascination que lui inspire le colosse.

En Corse, à Sainte-Hélène encore
Dans les nuits d'hiver, le nocher,
Si quelque orageux météore
Brille au sommet d'un noir rocher,
Croit voir le sombre capitaine,
Projetant son ombre lointaine,
Immobile, croiser les bras ;
Et dit que, pour dernière fête,
Il vient régner dans la tempête,
Comme il régnait dans les combats !

Il faut se souvenir qu'entre-temps le *Mémorial de Sainte-Hélène* a paru et que d'emblée l'ouvrage de Las Cases a remporté un succès bien inattendu si l'on se rappelle que, depuis la mort du duc de Berry, le régime, soutenu par sa presse, continue à s'acharner dans la plus obstinée des réactions. Sous le ministère Villèle, l'année 1826 nous semble battre une manière de record. En février, le gouvernement n'a-t-il pas voulu rétablir le droit d'aînesse ? En

1. En fait trois mois.

décembre, n'a-t-il pas présenté un projet de loi sur la presse, intitulé — ce n'est pas une plaisanterie — « loi de justice et d'amour » ? Il s'agit de museler les journaux comme ils ne l'ont jamais été. Cette loi, les *Débats* vont la baptiser « loi vandale » tandis que Casimir Perier s'écrie : « Autant avouer que l'imprimerie est supprimée en France. »

On va même jusqu'à donner à l'ex-place de la Révolution, future place de la Concorde, le nom de Louis XVI, « roi martyr ». Entouré de tout ce qui compte dans le monde officiel, Charles X va l'inaugurer ; procession expiatoire. Mais ceux qui lisent le *Mémorial* sont ailleurs : ce sont les cent mille personnes qui, le 28 novembre, accompagnent le général Foy à sa dernière demeure. Cent mille ! Le libéral Barante, stupéfait, commente : « Nous sommes bien plus forts que nous ne croyons. »

Entre le renforcement sans cesse proclamé de l'alliance entre le trône et l'autel — officiellement la doctrine de Hugo — et l'image du Petit Caporal clandestinement distribuée dans les campagnes par les colporteurs, Victor sait-il bien lui-même où il en est ? Ce qui me frappe, c'est cette note qui date des derniers mois de 1826 ou des premiers de 1827 ; dans la liste des « drames que j'ai à faire », il prévoit : *la Mort du duc d'Enghien*, avec cette éloquente précision : « Justification de Bonaparte. » Il croit encore n'être attiré que par un personnage. On n'est pas Hugo sans brûler pour les personnages. Il n'a pas compris que, insensiblement, il glisse vers l'idée.

D'où *Cromwell*.

Parce que nous avons lu la préface en même temps que la pièce, nous avons tendance à considérer *Cromwell* comme une sorte de brûlot voulu. Comme s'il se fût agi d'emblée, pour Hugo, d'enfoncer les barrières. Erreur. La préface n'a été écrite qu'une fois la pièce achevée. Elle n'a fait qu'ériger en théorie — après coup — une création dramatique qui s'était épanouie dans une inspiration sans préméditation. Quand Hugo laissait entendre, dans cette préface, qu'il avait toujours su la pièce injouable, il n'exprimait rien d'autre qu'une contrevérité. Dès le début, il avait songé à un acteur, le plus grand de son temps : Talma.

Le baron Taylor, ami de longue date, est alors commissaire royal pour le Théâtre-Français. Hugo lui a fait lire cette pièce écrite à dix-sept ans : *Inès de Castro*. Taylor a jugé — rêve de tous les directeurs — qu'il tenait là *un auteur*. Il lui a demandé une pièce pour son théâtre. Taylor, très favorable au romantisme, flairait « l'événement ». Hugo lui a répondu :

— J'y pense. J'ai même commencé un drame sur Cromwell.

Commencé, c'était beaucoup dire. Accompagnant un ami à la diligence, Hugo, tandis qu'il traversait le Luxembourg pour revenir chez lui, s'était borné à faire ces vers, les premiers du drame :

Demain vingt-cinq juin mil six cent cinquante-sept
Quelqu'un que lord Broghill autrefois chérissait
Attend de grand matin le dit lord aux Trois Grues
Près de la Halle aux vins, à l'angle de deux rues.

A quelque temps de là, Taylor invite Hugo à dîner au Rocher de Cancale. Parmi les invités : Talma. Victor, placé à côté du grand tragédien, cause naturellement avec lui. Talma a soixante-trois ans. On le voit malade, fatigué. Hugo a été frappé par l'amertume de ses propos. Talma estimait que la société ne vouait que du mépris aux acteurs. Presque ami de Napoléon, celui-ci n'avait pas osé lui décerner la Légion d'honneur. Surtout, il jugeait n'avoir jamais eu un « vrai rôle ». Il avait incarné tous les héros de la tragédie, pas un *rôle*. Hugo lui a demandé ce qu'il entendait par là. Il s'est expliqué :

— Un personnage qui eût la variété et le mouvement de la vie, qui ne fût pas tout d'une pièce, qui fût tragique et familier, un roi qui fût un homme. Tenez, m'avez-vous vu dans Charles VI ? J'ai fait de l'effet en disant : *Du pain ! Je veux du pain !* C'est que le roi n'était plus là dans une souffrance royale, il était dans une souffrance humaine ; c'était tragique et c'était vrai ; c'était la souveraineté et c'était la misère ; c'était un roi et c'était un mendiant. La vérité ? Voilà ce que j'ai cherché toute ma vie.

Les pièces, affirme Talma, ont manqué à son talent. Il lui aurait fallu des œuvres se rapprochant des créations de Shakespeare, « dans lesquelles se rencontraient le familier et le terrible, les larmes et le rire ».

— J'ai demandé, ajoute-t-il, un rôle comme je viens de vous l'indiquer, à Casimir Delavigne, il a écrit *l'École des vieillards* et a fait un bourgeois trompé par sa femme. La poésie manquait au drame et l'idéal ne sauvait pas la vulgarité du sujet. J'ai joué Lemercier, mais il est plus trouble qu'ému et plus bizarre que dramatique. Je n'ai pas eu ce que je rêvais. Mais vous, Monsieur Hugo, dont le jeune talent a tant de promesses, pourquoi ne pas vous tourner vers le théâtre et me faire un rôle ?

— Mais je suis en train d'écrire un drame sur Cromwell !

Il a donc existé une conjonction entre Taylor, qui souhaite pour la Comédie-Française une pièce de Hugo, et Talma lui demandant de lui écrire un « rôle ». L'instigateur essentiel — le *manuscrit d'Adèle* est formel là-dessus — aura été Talma.

— Dépêchez-vous de finir votre drame, a dit l'acteur, j'ai hâte de le jouer.

Dépêchez-vous. Hugo, à la lettre, va obéir. Le 6 août 1826, il commence le premier acte ; le 28 octobre, il entre dans le cinquième et dernier acte de ce qui est, ne l'oublions pas, une énorme machine ! Le 3 novembre, il s'interrompt dans la scène 2 de cet acte. Pourquoi ? Parce que Talma est mort. Le décès du grand tragédien remonte au 19 octobre. Il a fallu à Hugo quelques jours pour apprendre la nouvelle, la méditer et tout à coup éprouver la lassitude qui naît toujours d'une grande déception. Il s'arrête parce que son interprète n'est plus.

Au vrai, tout s'est mêlé. Le 2 novembre est pour lui une autre date importante. Adèle a donné naissance à un petit garçon que l'on a baptisé Charles. Abel Hugo sera choisi comme parrain et Mélanie Foucher, épouse de Victor, belle-sœur d'Adèle, comme marraine. En d'autres temps, Hugo, galvanisé par ce nouvel enfant, eût repris sa plume dès le lendemain. Il n'en fait rien. Le moteur n'est plus là qui s'appelait Talma. Hugo attendra le 9 décembre pour se remettre à *Cromwell.* N'en doutons pas : en ce temps-là il brûle littéralement pour le théâtre. Bientôt il va s'écrier que le drame est la « sommité poétique des temps modernes ». Cette fièvre le ramène à *Cromwell* qu'il achève enfin le 1er janvier 1827.

Mais entre-temps, son nouveau volume de poèmes, les *Odes et Ballades*, a paru. Et il a envoyé un exemplaire à Paul-François Dubois.

Les bureaux du journal *le Globe.* Des plafonds bas, des vitres sales, une lumière avare, des meubles sans âge, une poussière si ancienne qu'on la croirait sacrée, des livres en avalanche, et, sur les tables, sur les chaises, par terre, du papier imprimé : à travers Balzac, nous croyons les avoir visités, ces bureaux des journaux de la Restauration.

Ce jour-là, Paul-François Dubois, directeur du *Globe*, considère d'un air perplexe le livre nouveau parvenu à son adresse.

Il entre à point nommé, le collaborateur qui vient de pousser la porte. Il s'agit d'un certain Sainte-Beuve, prénoms : Charles Augustin. Dubois se saisit d'*Odes et Ballades*, lui tend l'exemplaire et lui dit :

— C'est de ce jeune barbare, Victor Hugo, qui a du talent... Je le connais et je le rencontre quelquefois.

Qui est-il, ce Sainte-Beuve ?

Le moins qu'on puisse dire de lui est qu'il n'est pas beau. Tout jeune — il a deux ans de moins que Hugo — quelque chose dans son maintien et son expression évoque une sorte de vieillard prématuré. Petit — un mètre soixante — malingre, voûté, affligé d'une tête trop grosse, d'un nez trop long, de cheveux roux agressifs, timide et bafouilleur qui plus est, il n'a pour lui que son talent — qui est grand. Il s'est toujours su laid et jamais n'a osé regarder une femme en face. En fait de femmes, d'ailleurs, il n'a connu que des prostituées. Ce qu'il traîne dans la vie, c'est une tristesse qui peut-être lui vient de naissance. Il écrira : « Ma mère a perdu mon père la première année de son mariage, elle était enceinte de moi, elle m'a donc porté dans le deuil et la tristesse ; j'ai été abreuvé et baigné de tristesses dans les eaux mêmes de l'amnios ; eh bien, j'ai souvent attribué à ce deuil maternel la mélancolie de mes jeunes années et ma disposition à l'ennui. »

Il a grandi à Boulogne-sur-Mer, ville impériale. Il se rappellera la façon dont il était vêtu jusqu'en 1813 — en hussard — et dont il a vu Napoléon. Il dira même aux Goncourt l'unique souvenir qu'il gardait de Napoléon : il l'a aperçu en train de pisser. Et les deux frères de commenter : « N'est-ce pas un peu dans cette posture-là qu'il a vu et jugé depuis tous les grands hommes ? » Un élève brillant en tout cas, ce qui ne nous étonne guère. Les études commencées à Boulogne se sont poursuivies à Paris au collège Bourbon, où Dubois a été son professeur. Devant opter pour le droit ou la médecine, il a choisi la seconde. En fait, c'est la fondation du *Globe* qui a fixé son destin. Passionné de littérature, grand dévoreur de poètes, leur demandant sans cesse des élans lyriques que venaient, avec leur positivisme, contrebattre Helvétius ou Hobbes, l'étudiant en médecine a voulu se confier à son ancien maître. Ce matin-là, Dubois était malade, alité. Le jeune Sainte-Beuve l'a ému. Il a vu en ce garçon de vingt ans un être tourmenté, déchiré. Sainte-Beuve voulait écrire ? Pourquoi pas ? Dubois s'est souvenu de Goethe. Là, du fond de son lit, il lui a cité l'exemple du grand Allemand, libéré par son *Werther* de ce que nous appellerions ses complexes douloureux. Du reste, le directeur voulait voir l'aspirant critique au travail. Il n'a pas été déçu. Il va louer son style tout imprégné de liberté et de grâce, « précis, ferme » et sobre.

Le jeune Sainte-Beuve ne fait jamais rien à demi. On lui demandait un article sur les *Odes et Ballades,* il en donnera deux. En fait, c'est la même étude, trop longue pour tenir en un seul numéro qui paraîtra en deux livraisons, les 2 et 9 janvier 1827.

Le nom de Sainte-Beuve et le mot indulgence sont antinomiques. Le premier article, éclatant d'intelligence, a certainement paru à Hugo une manière d'éreintement. Même, du 2 au 9 janvier, attendant la seconde livraison, Victor a dû passer une bien mauvaise semaine. Après avoir cherché les raisons qui ont fait naître la nouvelle école de poésie, Sainte-Beuve en vient à ce *M. Hugo* selon lequel « l'histoire des hommes ne présente de poésie que jugée du haut des idées monarchiques et des croyances religieuses ». Il évoque l'apparition de ses premières poésies, saluées à grand bruit, mais « dans le cercle, malheureusement trop étroit, où il se produisit ». Il rappelle les prix précoces qu'il a mérités et l'inspiration de son premier volume d'*Odes* : « A chaque page une haine violente contre la Révolution, une adoration exaltée des souvenirs monarchiques, une conviction délirante, plus avide encore de la palme de martyr que du laurier de poète et, pour peindre ces sentiments de feu, un style de feu, étincelant d'images, bondissant d'harmonie ; du mauvais goût à force de grandiose et de rudesse, mais jamais par mesquinerie ni calcul. » Malheureusement, dit Sainte-Beuve, il n'y avait pas là de quoi faire un chantre populaire. « Hugo s'était présenté l'injure à la bouche, et ne fut pas écouté. »

A propos du second volume d'odes publié par Hugo, voici une nuance nouvelle : « Lorsque M. Hugo parle en son nom dans ses poésies, qu'il ne cherche plus à déguiser ses accents, mais qu'il les tire du profond de son âme, il réussit bien autrement. » Et de citer « les pièces délicieuses intitulées *Encore à toi* et *Son nom* ». Après quoi un éloge qui ressemble à de la perfidie : cette tristesse qu'il a respirée dans ce second volume, Sainte-Beuve l'explique par « la défaillance du poète à la vue des amertumes qu'il a rencontrées sur le chemin de la gloire ». Il précise : « On comprend que le premier accueil l'a blessé au cœur, et qu'il avait mieux espéré de la vie. Il ne lance plus ses vers qu'avec défiance et comme par devoir. » Sainte-Beuve annonce que, la semaine suivante, il traitera du troisième volume : *Odes et Ballades.* On imagine l'impatience qui a dû régner rue de Vaugirard, l'irritation de Victor, l'anxiété d'Adèle. Tous les écrivains sont passés par de telles épreuves. Mais cette fois le poète concerné doit ses angoisses à un critique de vingt-deux ans !

Le 9 janvier, le second article paraît. Il commence par une analyse des différents chapitres de l'ouvrage, reconnaît que l'auteur, s'il ne s'est pas élevé en politique — à propos de Napoléon par exemple — au-delà de ce que pense le commun des mortels, a su exprimer avec un certain bonheur les idées de tous : « Que, cédant enfin à ces innombrables sensations qui l'inondent, l'âme se mette à les répandre au-dehors, à les chanter ou à les peindre, là est le signe, là commence le privilège du poète. » Et voici de nouveau la sévérité : « En poésie, comme ailleurs, rien de si périlleux que la force : si on la laisse faire, elle abuse de tout ; par elle, ce qui n'était qu'original et neuf est bien près de devenir bizarre ; un contraste brillant dégénère en antithèse précieuse ; l'auteur vise à la grâce et à la simplicité, et il va jusqu'à la mignardise et à la simplesse ; il ne cherche que l'héroïque et il rencontre le gigantesque ; s'il tente jamais le gigantesque, il n'évitera pas le puéril. » Bien sûr, « l'inspiration première en est constamment vraie et profonde ». Tout le mal « vient de comparaisons outrées, d'écarts fréquents ; de raffinements d'analyse ».

Où en est-on, rue de Vaugirard ? On imagine Adèle proche des larmes, Victor consterné. Plus avidement encore, ils continuent de lire et découvrent tout à coup un passage où l'admiration ne se limite plus, où l'approbation se déclare entière et sans réserve : « Lorsque M. Hugo n'a pas à sortir de lui-même, et qu'il veut rendre seulement une impression personnelle, nous avons déjà remarqué que ses défauts disparaissent. Plus de divagations alors, plus d'exagération ; il ne perd point de vue, il n'altère point ce qu'il sent ; le tableau se compose sans effort et chaque idée apporte avec elle sa couleur. Telles nous semblent les stances à cette *Jeune fille* que le poète engage à jouir de son enfance et à ne pas envier un âge moins paisible. Il n'y a que vingt vers mais ils sont parfaits de naturel et de mélodie : on dirait le doux et mélancolique regard par lequel l'homme qui a souffert répond aux caresses d'un enfant. Quand on a fait ces vingt vers, on doit comprendre qu'il est un moyen de laisser voir la pensée, sans s'épuiser à la peindre. »

Rue de Vaugirard, on ne sait vraiment plus à quoi s'en tenir. Hugo court s'enquérir auprès de Dubois : qui donc a écrit ces deux articles non signés ? Il veut connaître non seulement le nom du critique mais son adresse. Car il tient à aller le remercier. Ici nous comprenons mal. Un certain nombre de biographes de Hugo — qui n'ont pas dû prendre la peine de lire les deux articles de Sainte-Beuve — expliquent tranquillement cette démarche en affirmant que l'approbation du jeune critique était si chaleureuse que Hugo ne pouvait faire autrement que de courir lui exprimer sa gratitude. Nous venons de voir qu'il n'en est rien. Alors ?

La vérité est que jamais une étude d'une telle ampleur n'a été consacrée à la jeune œuvre de Hugo. Que, pour celui qui s'en voit l'objet, c'est là une manière d'événement. La preuve, c'est qu'un lecteur allemand du *Globe* — et quel lecteur ! — le prendra exactement ainsi. Goethe va déclarer à son ami Eckermann : « Victor Hugo est un vrai talent, sur lequel la littérature a exercé de l'influence. Sa jeunesse poétique a été malheureusement amoindrie par le pédantisme du parti classique, mais maintenant le voilà qui a *le Globe* pour lui : il a donc partie gagnée... »

Sainte-Beuve grince, siffle, exécute. Mais parmi les plus douloureuses des flèches qu'il pointe, on sent l'immense intérêt qu'il porte au « phénomène Hugo ». Sans doute l'orgueilleux Victor a-t-il, dans le secret de son cœur, conscience des pas qu'il lui reste encore à franchir. D'où le désir de rencontrer l'auteur.

Ce n'est pas la seule raison ; dans la bataille littéraire, Hugo — nous l'avons déjà vu à l'œuvre — ne négligera jamais la stratégie. Ce critique inconnu, mais à la redoutable lucidité, voilà quelqu'un dont il ne serait pas mauvais de s'assurer la sympathie. Or Dubois va lui révéler que le critique s'appelle Sainte-Beuve : « Il habite à côté de chez vous, rue de Vaugirard, au numéro 94. » Voilà l'extraordinaire de l'affaire : les Hugo logent au 90 de la même rue ! Sur-le-champ, Victor se rend chez Sainte-Beuve pour le remercier. Il ne le trouve pas chez lui, laisse sa carte. *Récit de Sainte-Beuve* : « J'allai lui rendre visite le lendemain vers midi, et je le trouvai à déjeuner. »

Émotion, gêne réciproque, sourires contraints. Très

empressé, Hugo retrouve le premier son aisance coutumière, il remercie avec chaleur, il parle, parle, parle. Sainte-Beuve, subjugué, l'écoute mais ne peut s'empêcher de regarder Adèle :

« La conversation, dès les premiers mots, roula en plein sur la poésie : Mme Hugo me demanda à brûle-pourpoint de qui donc était l'article un peu sévère qui avait paru dans *le Globe* sur le *Cinq-Mars* de De Vigny : je confessai qu'il était de moi. Hugo, au milieu de ses remercîments et de ses éloges pour la façon dont j'avais apprécié son recueil, en prit occasion de m'exposer ses vues et son procédé d'art poétique, quelques-uns de ses secrets de rythme et de couleur. Je faisais dès ce temps-là des vers, mais pour moi seul et sans m'en vanter : je saisis vite les choses neuves que j'entendais pour la première fois et qui, à l'instant, m'ouvrirent un jour sur le style et sur la facture du vers... »

Mais lui continue à regarder Adèle. Occupée aux soins du ménage, elle est loin, perdue dans quelque rêve. A tel point que c'est Hugo qui, insistant, doit la tirer de sa songerie. Elle a dû rougir, murmurer une excuse. Sainte-Beuve l'a-t-il seulement entendue ?

Il est vrai que, depuis quelque temps, Adèle rêve beaucoup.

Il faut le voir, Hugo, en ce temps-là. Il travaille souvent en même temps qu'il marche. Sortant de chez lui, il gagne volontiers le boulevard Montparnasse. Là, il va et vient, pensif, à la recherche de vers ou de répliques, donnant de temps à autre un regard amusé aux passants attirés par les cabarets des barrières, les boutiques en plein vent, les parades foraines.

D'autres fois, Victor s'en va, sous les arcades de l'Odéon, lire les journaux. Le 25 janvier 1827, ouvrant un journal libéral, il y découvre la relation d'un incident qui s'est produit la veille chez l'ambassadeur d'Autriche. Ce soir-là, il y avait un bal. Les maréchaux de Napoléon, presque tous devenus dignitaires à la cour des Bourbons, se sont vus naturellement conviés. Mais quand le duc de Tarente en grand uniforme, bardé de tous ses cordons, s'est présenté, il a eu la surprise d'entendre l'huissier annoncer : M. le maréchal Macdonald. Pour le duc de Dalmatie, l'huissier a glapi : M. le maréchal Soult. Le duc de Trévise n'a eu droit qu'à : M. le maréchal Mortier. On a de même refusé son titre au duc de Reggio. Nul doute : il y a eu préméditation. On veut bien laisser aux maréchaux leur grade mais on leur refuse leur titre impérial. Outrés, les maréchaux sont sortis ensemble de l'ambassade.

Victor va rentrer fort échauffé rue de Vaugirard. Jamais il ne s'est autant senti le fils du général Hugo. Il n'hésite guère. Il vengera les maréchaux comme il vengerait son père. Il écrira une ode — d'un seul élan comme il entreprend tout dès lors qu'un sentiment fort le soulève. Commencée à midi, nous révèle Adèle, l'ode est achevée... à 6 heures du soir ! Le 9 février, *le Journal des débats* la publie. Il s'agit de l'*Ode à la colonne*.

Deux cents vers à peine. Pourtant, « elle pèse aussi lourd qu'un recueil entier dans l'itinéraire de Victor Hugo [1] ». Politiquement, nous découvrons ici un tournant décisif. Non pas que Hugo ait voulu rompre avec les Bourbons. Il reste habile et le souligne. De la colonne Vendôme, il dit :

Au bronze de Henri mon orgueil te marie.

Il parle des victoires que « les Bourbons ont toujours adoptées ». Mais, lors de la publication, nul ne s'y trompera. Ce qui frappe, dès les premiers vers, c'est le ton enflammé, la fougue, ce que nous appellerions la force de frappe. Tout au long des strophes, nous voyons un poète furieux qui crie, un poète frappé en plein cœur. Un poète qui ne veut plus larmoyer sur les péchés que l'on ordonne chaque jour à la France d'expier. Hugo ne veut plus des vingt ans de règne de Louis XVIII. Il exige que l'on intègre la Grande Armée aux fastes de la France et Napoléon aux souverains des anciennes races. D'emblée, c'est la colonne Vendôme, coulée dans le bronze des canons pris à l'ennemi, qu'il prend à témoin.

Ô Monument vengeur ! Trophée indélébile !
Bronze qui, tournoyant sur ta base immobile,
Sembles porter au ciel ta gloire et ton néant ;
Et, de tout ce qu'a fait une main colossale,
Seul es resté debout ; — ruine triomphale
De l'édifice du géant !

C'est fait : Hugo a brisé la gangue dont il parvenait mal à se libérer. La flamme qui enlève ses vers n'est pas forcée. Elle naît de sa propre blessure et elle est vraie.

1. Jean Massin.

J'aime à voir sur tes flancs, Colonne étincelante,
Revivre ces soldats qu'en leur onde sanglante
Ont roulés le Danube, et le Rhin, et le Pô !
Tu mets comme un guerrier le pied sur ta conquête.
J'aime ton piédestal d'armures, et ta tête
Dont le panache est un drapeau !

Mais de l'orgueil proclamé, vite il passe à la menace :

Prenez garde ! — La France, où grandit un autre âge,
N'est pas si morte encor qu'elle souffre un outrage !
Les partis pour un temps voileront leur tableau.
Contre une injure, ici, tout s'unit, tout se lève,
Tout s'arme, et la Vendée aiguisera son glaive
Sur la pierre de Waterloo...

Nous n'avons vraiment aucun effort à faire pour mesurer le double coup de tonnerre qu'a représenté la publication de l'*Ode à la colonne* dans les *Débats* du 9 février 1827, et sa reprise, les jours suivants, par la majorité des journaux. Double, parce que les royalistes qui voyaient en Hugo leur porte-parole vont se sentir trahis. Cependant que les demi-solde, les fidèles de la légende napoléonienne, les Vieux de la Vieille ressentiront une stupeur identique mais inverse. Victor Cousin abordera Hugo par ces mots : « Salut au grand citoyen [1]. »

A l'encontre des contemporains qui ont été impressionnés par le fond de cette ode, sa fougue revendicative, sa colère vibrante, nous sommes, nous, frappés par la forme. Hugo nous apparaît totalement dégagé des ornements douceâtres du néoclassicisme agonisant. Il répudie avec force les circonvolutions pour aller droit au but. En politique comme en poésie, Victor Hugo vient de choisir la liberté.

L'*Ode à la colonne* n'est pour lui qu'une péripétie. La veille du jour où les *Débats* l'ont publiée, Victor écrivait à Vigny et à Sainte-Beuve pour les convier à une lecture chez Pierre Foucher — l'appartement de la rue de Vaugirard est vraiment trop petit ! — des premiers actes de *Cromwell*. En fait, il donnera plusieurs lectures qui toutes se situent autour de son anniversaire : cette année-là, il a vingt-cinq ans.

La nouveauté de l'œuvre, sa force, le comique des qua-

1. *Manuscrit d'Adèle.*

tre fous mêlés à l'élan de la fatalité, la richesse comme l'audace des mots et des vers, tout cela émerveille Vigny : « C'est un colossal ouvrage... *Cromwell* couvre de rides toutes les tragédies modernes de nos jours. Quand il escaladera le théâtre, il y fera une révolution et la question sera résolue. » Sainte-Beuve va se montrer beaucoup plus réservé, jugeant certes que certains passages, comme le monologue, les scènes du conseil privé, sont fort réussies : « Tout cela est beau et très beau ; on se récrie d'enthousiasme presque à chaque vers. » Mais le jeune critique a eu beaucoup de mal à admettre la partie comique : « Plus le contraste produisait d'effet, plus il fallait le dispenser avec sobriété, et je crois que vous avez dépassé la mesure, surtout dans les *a parte* très longs et trop fréquents qu'il fallait, ce me semble, un peu plus sous-entendre : la parodie devrait être moins développée... » Décalage qui ne saurait nous surprendre. Il y a trop de raison chez Sainte-Beuve, alors que, chez Hugo, la déraison sera toujours l'un des stimulants de sa création. Déjà, dans la préface des *Odes et Ballades,* Hugo avait proposé une définition dont évidemment il ne pouvait penser qu'elle s'appliquerait à lui-même comme à Sainte-Beuve : « Le créateur, qui voit de haut, ordonne ; l'imitateur qui regarde de près, régularise. »

D'ailleurs, Hugo va s'expliquer là-dessus. Il sait déjà que la pièce, trop longue, et dotée de trop de personnages, sera difficilement jouable. Sans attendre la représentation, il va donc la publier. Mais il la fera précéder d'une préface de laquelle, stimulé par l'acharnement et la hargne des classiques, il va faire une proclamation. Sait-il, au moment où il la rédige, que cette préface va marquer définitivement son entrée dans l'histoire ? Une génération littéraire entière jugera avoir vécu *avant* ou *après* la Préface de *Cromwell.* Dans toute la société cultivée, l'effet produit sera proprement inouï. Hugo ne s'y est pas trompé qui a estimé que l'humanité, au moment où il écrivait, était parvenue à un nouvel âge : « Le genre humain dans son ensemble a grandi, s'est développé, a mûri comme un de nous. Il a été enfant, il a été homme ; nous assistons maintenant à son imposante vieillesse. » A cet âge neuf, il faudra une littérature, une poésie, un théâtre neufs : « Le christianisme amène la poésie à la vérité. Comme lui, la muse moderne verra les choses d'un coup d'œil plus haut et plus large. Elle sentira que tout dans la création n'est pas humainement *beau,* que le laid y existe à côté du beau, le difforme près du gracieux, le grotesque au revers du sublime, le mal avec le bien, l'ombre avec la lumière. » D'où la revendication d'intégrer le grotesque dans une œuvre d'art. Bien sûr, Hugo fait référence à Shakespeare. Comment l'oublierait-il puisque l'esthétique à laquelle il tente de donner des lois lui doit tant ?

La vie est faite de lumière et d'ombre. Le nouveau poète ne devra songer qu'à susciter des sensations proches de la vie. Il ne devra pas craindre de montrer alors que les auteurs classiques se contentaient de suggérer et de raconter. Dans le théâtre classique, on ne mourait qu'en coulisse. Le drame romantique ne redoutera pas de faire périr ses héros sur le devant de la scène. Foin de cette règle absurde des deux unités : « Nous disions deux et non *trois* unités, l'unité d'action ou d'ensemble, la seule vraie et fondée, étant depuis longtemps hors de cause. » « Le théâtre est un point d'optique. Tout ce qui existe dans le monde, dans l'histoire, dans la vie, dans l'homme, tout doit et peut s'y réfléchir, mais sous la baguette magique de l'art. » J'aime cette exclamation qui dit tout : « Malheur au poète si son vers fait la petite bouche ! » Rassurons-nous : ce ne sera jamais le cas de Hugo. Alors la liberté, la liberté absolue ? Certes, à condition qu'elle soit tempérée par le goût : « Le goût, c'est la raison du génie. »

Aurait-on parlé autant de *Cromwell* sans la préface ? De ce texte, ce qui va enchanter une partie du public et surtout la jeunesse, c'est le ton volontairement profanateur. Se plaçant en apparence sur le seul plan littéraire, Hugo multiplie les appels à la liberté. Et les lecteurs de se demander s'il existe deux libertés : littéraire et politique. En juin 1829, Hugo publiera dans *la Revue de Paris* un texte contemporain de la préface, et dont nous pouvons penser qu'il faisait partie à l'origine [1] : « Notre édifice est bien vieux. Il se lézarde de toutes parts. Rome n'est plus le centre. Chaque peuple tire de son côté... La Révolution française a consommé l'œuvre de la Réforme ; elle a décapité le catholicisme contre la monarchie... que fera l'avenir de cette société européenne qui perd de plus en plus, chaque jour, sa forme papale et monarchique ? » Hugo n'a pas cru devoir insérer un passage aussi audacieux dans sa préface. En 1827, il veut bien aller très loin — pas trop loin. Mais la jeunesse a compris. La presse conservatrice aussi. *La Gazette de France* va souligner que, si M. Hugo, « jeune écrivain dont la réputation n'a point dépassé

1. Claude Duchet.

l'enceinte de quelques cercles amis », prend sur un ton « de hauteur dédaigneuse » la défense du romantisme, un autre auteur dramatique, le vicomte d'Arlincourt, a su se faire l'avocat remarquable du classicisme : ils « l'ont fait en même temps et souvent dans des termes identiques ; s'il y a entre eux quelque différence, elle est tout entière à l'avantage du dernier, dont la prose nous a semblé bien préférable, sous le rapport du goût et de simplicité à celle de l'auteur de *Cromwell*... ».

Pour le lecteur à qui le nom de vicomte d'Arlincourt n'évoquerait rien — nul ne saurait en vouloir à ce lecteur — je me permettrai de citer ce vers mémorable de sa tragédie *la Captive* :

De ce monde il sortit comme un vieillard en sort !

Pas de doute, Victor Hugo, à vingt-cinq ans, est devenu chef d'école. La preuve, on le pourfend autant qu'on le porte aux nues. Alexandre Soumet lui-même va être à quia : « Je lis et je relis sans cesse votre *Cromwell*, cher et illustre Victor, tant il me paraît rempli des beautés les plus neuves et les plus hardies ; quoique dans votre préface vous nous traitiez de mousses et de lierres rampants, je n'en rendrai pas moins justice à votre admirable talent et je parlerai de votre œuvre michel-angelesque comme je parlais autrefois de vos *Odes.* »

Avec deux enfants, les murs de l'appartement de la rue de Vaugirard se révèlent trop étroits. Les cris, les rires de Léopoldine, les pleurs de ce bébé si florissant que chacun l'appelle déjà le « gros Charlot » dérangent le poète dans son labeur de chaque instant. L'idée s'impose : aller ailleurs, s'installer dans un logis moins étriqué. On a cherché. Victor aussi bien qu'Adèle ne souhaitent pas s'éloigner trop d'un quartier où ils ont leurs habitudes, leurs aises — et qu'ils aiment. On y a mis du temps, de la peine, et l'on a fini par découvrir l'appartement rêvé, au numéro 11 de la rue Notre-Dame-des-Champs. Imaginez une vieille maison composée seulement d'un rez-de-chaussée, d'un étage et de combles mansardés. Sur la rue, la façade évoque un peu celle, trapue, presque campagnarde, que les illustrations de la comtesse de Ségur proposaient de l'auberge de l'Ange gardien. La rue même ressemble à celle d'un gros village. Les chiens y courent en liberté et, d'un jardin voisin, s'élève volontiers le chant du coq. Les Hugo, ravis, se sont sentis en esprit plus près de Gentilly que de la rue Saint-Denis. Les barrières favorites de Victor, Montparnasse, Vaugirard, sont à deux pas : cela veut dire la pleine campagne.

A n'en pas douter, c'est le jardin qui a achevé de les séduire. Les amis de Hugo nous l'ont décrit tel un charmant *petit* jardin. Aujourd'hui, en plein Paris, un jardin d'une telle taille, nous l'appellerions un parc. Rien d'ordonné, des allées qui semblent avoir été tracées au hasard, des pelouses qui davantage sont des prairies, des arbres en liberté, des herbes folles. Là, une pièce d'eau et même — quel architecte-poète a bien pu penser à cela ? — un pont de bois, parfaitement inutile et d'autant plus charmant. Au fond, une porte ouverte dans un gros mur de pierre, permet de gagner directement le Luxembourg. En visitant le premier étage, seul proposé à la location, les Hugo ont dû s'avancer sur le balcon qui prolonge le salon et lorgner avec envie de ce jardin. Comment ne pas, dans l'instant, adresser une pensée émue aux Feuillantines ? Comment Victor, soudain, ne songerait-il pas à sa mère et à sa passion de toujours pour les jardins ? Les propriétaires, un couple de commerçants retirés des affaires qui ont acquis la maison pour y vivre paisiblement dans une rue sans bruit, ont dû surprendre la convoitise de ce regard, s'attendrir devant ces époux si jeunes, ces enfants si beaux. Eux-mêmes se sont réservé le rez-de-chaussée et logiquement ont seuls accès au jardin. L'offre généreuse ne s'est pas fait attendre : les locataires pourront disposer du jardin et les enfants y jouer quand ils voudront. Promesse qui a certainement balayé les dernières hésitations de Victor car le loyer est naturellement plus élevé que celui de la rue de Vaugirard. Chez les Hugo, on doit compter. Victor y veille sans cesse et Adèle, qui volontiers dépenserait, s'est mise au diapason. Au vrai, sans atteindre la richesse, on dispose de ressources nettement améliorées : en février 1826, Hugo a cédé pour 1 000 francs à l'éditeur Urbain Canel la nouvelle mouture de *Bug Jargal*. En novembre de la même année, les *Odes et Ballades* lui ont rapporté 3 000 francs. Cela s'ajoute à la pension royale et à celle du ministère de l'Intérieur. Tout cela, pour un jeune poète, n'est pas si mal.

On s'est donc décidé et transporté dans ce premier étage où l'on s'étale, avec un bonheur non exempt de volupté, dans le salon, la salle à manger, les deux chambres, le cabinet de travail. Précieux cabinet de travail ! Émile Des-champs, l'un des premiers, viendra y visiter Hugo, ne le trouvera pas, sera accueilli par Adèle. Il s'extasiera : « Elle nous a montré tout votre palais, avec ses jardins. Vous êtes admirablement logé et votre muséum est merveilleux. On n'a pas plus et plus beaux tableaux que ceux-là... »

Là, vont le rejoindre très vite les amis, anciens et nouveaux. A ceux rencontrés à *la Muse française* ou chez Nodier s'ajoutent maintenant de jeunes poètes éblouis par la gloire naissante de Hugo. Un jour, à Angers, un adolescent, Victor Pavie, publie dans une obscure feuille locale un article enthousiaste sur les *Odes et Ballades.* Hugo le remercie. Une lettre de l'idole ! Pavie accourt à Paris. Hugo le reçoit comme un familier de toujours. Vingt ans plus tard, Pavie répétera encore : « On deviendrait fou à moins. » Des poètes, certes, mais aussi des peintres et des sculpteurs. Après Boulanger et Devéria — qui habite aussi rue Notre-Dame-des-Champs — David d'Angers est devenu l'intime des Hugo. Delacroix et Huet ont suivi.

Dans le petit salon de la rue Notre-Dame-des-Champs, le jeune Balzac pourra rencontrer le jeune Vigny, le jeune Mérimée croiser le jeune Théophile Gautier. Ce qui me plaît, c'est leur jeunesse à tous. Bonaparte, recevant les chefs vendéens après le 18 Brumaire, leur déclarait : « Mon gouvernement sera celui de la jeunesse et de l'esprit. » Le Hugo de 1827, rue Notre-Dame-des-Champs, me fait songer à ce Bonaparte-là.

De temps en temps, Abel Hugo vient sonner chez son frère et aussi Paul Foucher, frère d'Adèle. L'été, quand vient le soir, il se trouve toujours quelqu'un, parmi ces jeunes gens, pour s'écrier qu'il est temps d'aller manger des galettes au *Moulin de beurre.* On le nomme ainsi, ce moulin, parce que le propriétaire s'est enrichi en vendant du beurre. Logique. Le moulin dresse ses ailes, du côté de Vanves, en pleine campagne. Avec des cris, des rires, la petite bande se met en route. Ces soirs-là, on ne revient pas dîner, on s'attable pendant des heures dans les guinguettes des environs.

Un soir, Abel arrête son cabriolet devant l'immeuble de son frère — oui, il possède maintenant un cabriolet, signe que ses affaires sont florissantes — et, tout animé, raconte que, cherchant où se restaurer, il a entendu une musique sous les arbres. Il s'est approché, a aperçu une petite maison bâtie entre une cour pleine de fleurs et les ombrages d'un jardin. Il a dîné sous une tonnelle, si bien dîné qu'il exige que son frère et ses amis l'y accompagnent sur-le-champ. De tels avis, cette jeunesse ne se les fait jamais dire deux fois : à l'instant on court vers ce restaurant dont on apprend qu'il appartient à une certaine mère Saguet. Tous se souviendront plus tard des

... vagues violons de la mère Saguet.

L'enchantement deviendra si général que désormais on ne nommera plus Abel que le « Christophe Colomb de la mère Saguet ». Hugo et ses amis font avec tant d'énergie l'éloge de cette « bonne grosse femme avenante » que bientôt les sculpteurs et les peintres y côtoieront les poètes et les écrivains. Un menu varié chez la mère Saguet ? Son seul garde-manger, c'est sa basse-cour. Comme s'en souviendra Adèle, « elle égorgeait quelques poulets, les coupait en deux, les faisait cuire sur le gril, et rehaussait le mets d'une sauce piquante. L'omelette, la ressource des imprévoyants, s'ajoutait aux volailles. Un petit vin blanc était sorti de la cave, le couvert était dressé sous les berceaux verdoyants, en vue des plaines de Vanves. On s'était mis à table à six heures, on la quittait à dix heures ». On s'en allait radieux.

Parfois, le dimanche, Adèle, qui a pu faire garder Charles, accompagne son mari et Didine — quel privilège ! — obtient la permission de suivre son père et sa mère. Adèle se souviendra que, lorsque la famille arrivait à l'auberge, les convives déjà réunis s'écriaient en voyant Léopoldine : « Qu'elle est belle, la petite Hugo !... Et la mère, fière, embrassait sa fille. » Ces jours-là, parmi les jeunes gens, il y a plus de réserve, plus de respect. Elle les impressionne un peu, Adèle, surtout par sa discrétion, ses silences. Au milieu de ces jeunes gens qui parlent haut, sont pétris de culture, échangent les vers et les jugements à l'emporte-pièce, citent aussi bien Juvénal que Chateaubriand, Dante que Lamartine, elle écoute et se tait. Parfois, fatiguée par tant de propos brillants, elle s'éloigne en esprit, laisse planer seulement sur son joli visage mat un sourire vague. Si on l'interpelle, elle répond n'importe quoi. Alors, il y a un bref silence et parfois un regard de Victor si sévère qu'elle perd définitivement contenance.

L'un des habitués de la rue Notre-Dame-des-Champs, Sainte-Beuve, l'a montrée retrouvant « par moments une sécurité nonchalante qui lui rendait la distraction et la rêverie ». Et il ajoute : « Plus je la voyais, plus elle me devenait une énigme de sensibilité et de profondeur, âme si troublée, puis tout d'un coup si dormante, si noyée en elle ou si tendue sur les deux ou trois êtres d'alentour, tantôt ne sortant pas d'une particulière angoisse, tantôt ravie en des espèces d'apathies mystérieuses et l'œil dans le bleu des nues [1]. » A l'annonce que les Hugo quittaient la rue de Vaugirard, Sainte-Beuve, fidèle Achate, a convaincu sa mère — avec laquelle il habitait — de les suivre. Il s'en est allé se loger dans la même rue, au numéro 19. Comment ne pas être frappé par une si extraordinaire fidélité ? On parle toujours de coup de foudre en amour. Il faut voir ici le signe d'un coup de foudre en amitié.

Sainte-Beuve critique n'a jamais pu retenir les réserves que lui inspirait l'œuvre de Hugo. Sainte-Beuve ami a, dès le premier instant, balayé tout désaveu. L'homme Hugo l'enchante, l'éblouit, le fascine. Peu à peu, les deux hommes se sont découverts inséparables. Sainte-Beuve sonne chaque jour chez son ami, parfois deux fois par jour. Dès que Hugo compose un poème, il faut qu'il le lise à Sainte-Beuve. A peine Sainte-Beuve a-t-il écrit un article qu'il accourt le montrer à Hugo. En ce temps-là, Sainte-Beuve écrit aussi des vers ; ce n'est pas ce qu'il fait de mieux. Tremblant, il vient les soumettre à son ami, sollicitant davantage les critiques que les avis. Quand le salon se remplit de romantiques de toutes obédiences, Sainte-Beuve s'y glisse, effarouché et tremblant. Hugo l'oblige à sortir de sa réserve, exigeant qu'il récite ses propres vers. Chaque fois, c'est un refus proféré d'une voix blanche. Alors Hugo insiste, relayé par tous les autres. Autour des jeunes gens et entre leurs jambes — le salon est si exigu ! — courent la petite Léopoldine et le gros Charlot. Enfin, Sainte-Beuve consent. Mais alors il recommande aux deux bambins, pendant qu'il aura la parole, de faire le plus de bruit possible. Aussitôt on proteste, on interdit aux enfants — qui n'y comprennent plus rien ! — de se faire entendre.

Chaque fois que Sainte-Beuve récite ses vers, Adèle Hugo écoute. Elle les trouve beaux, ces vers.

Six ans plus tôt, Alexandre Soumet avait proposé à Hugo d'adapter avec lui pour le théâtre un roman de Walter Scott, *le Château de Kenilworth*. Soumet devait rédiger deux actes et Hugo trois. Victor était aussitôt venu à bout de sa propre besogne. Soumet n'avait jamais livré ses deux actes.

1. *Volupté.*

Pourquoi, au début de 1827, Hugo — qui travaille encore à *Cromwell* — a-t-il eu l'idée de rechercher dans ses tiroirs l'œuvre ébauchée ? L'explication communément admise est qu'il a voulu à la fois rendre service à son jeune beau-frère Paul Foucher, alors âgé de dix-sept ans, et en même temps offrir un nouveau geste d'amour à Adèle. Pourquoi le nier ? Mais, quand on relit *Amy Robsart* — nouveau titre qu'il va donner à la pièce —, on comprend que l'œuvre reprise correspond à un certain nombre de nécessités psychologiques du Hugo de ce temps-là. Dans *Amy Robsart,* Hugo n'est pas loin de *Cromwell.* Il se retrouve en Angleterre, dans un contexte très voisin. Certes il n'est guère de points communs entre le dictateur Cromwell et le comte de Leicester, favori de la reine Elisabeth. On comprend malgré tout le désir soudain qui est venu à Hugo de reprendre son drame d'autrefois.

C'est sous le nom seul de Paul Foucher que l'on va représenter cette nouvelle version. Pauvre Paul ! Le drame n'est joué, le 13 février 1828, qu'une seule fois. Delacroix a beau avoir dessiné les costumes, les acteurs ont bien pu se donner de leur mieux, c'est un échec cuisant. Une cabale ? Un journaliste de *la Pandore* affirme que la pièce a été sifflée avant même que le rideau se soit levé. Le public ne cesse de huer les répliques, les scènes, les actes. Bientôt ce sont des rires, des cris, des injures. La critique se montrera féroce.

Navré d'avoir jeté son beau-frère dans cette aventure, peut-être furieux contre lui-même, Hugo écrit aussitôt aux journaux que les passages « les plus sifflés » sont de lui. Il ajoute noblement : « L'auteur a retiré la pièce. »

Au cours de tous ces mois-là, Hugo s'est senti très proche de sa belle-famille. Tout au long de l'année 1827, Mme Foucher a beaucoup souffert d'un mal que les médecins se déclarent incapables de soigner et qui d'évidence est un cancer. A l'automne, elle a dû garder le lit et ne s'est plus relevée. Aucun moyen d'apaiser ses souffrances. Ce qui frappe Adèle et Victor, c'est le courage qu'elle manifeste à chaque instant.

Manuscrit d'Adèle : « Tenaillée par un mal incurable, elle jetait un cri de douleur et s'inquiétait aussitôt de la santé des siens. Étaient-ils bien soignés ? Comment les nourrissait-on ? Avait-on soin du linge de ses fils ? Les chemises destinées aux grandes toilettes ne jaunissaient-elles pas ? Au milieu des cruelles angoisses de la chère éprouvée, rien n'était plus attendrissant que cette préoccupation des autres.

« Un prêtre fut mandé... Méridional, le sang lui montait facilement à la tête ; irascible par accès, bon diable du reste, leste dans la conversation, il était plus sensible que prêtre.

« Devant la souffrance, la destruction et le mystère de la mort, le léger abbé revêtit son caractère sacerdotal et cela sans qu'il y eût rien de joué. Il approcha la malade recueilli et grave, et la quitta le visage inondé de larmes. »

Un mariage va succéder à un deuil. Abel va épouser Julie Duvidal de Montferrier, cette charmante artiste qui naguère avait donné des leçons de dessin à Adèle. Abel l'avait rencontrée au mariage de son frère. Elle lui avait plu. Il ne se sentait pas assez à son aise pour se marier. Il avait attendu. Elle aussi.

Bien sûr le général Hugo est venu assister au mariage. La comtesse, sa femme, l'a suivi à Paris. Le gouvernement vient de le libérer définitivement de l'obligation à résidence qui frappait les officiers en demi-solde, tenus pour suspects. Il pense de plus en plus à sa propre carrière d'écrivain. Pourquoi ne pas devenir parisien, au moins pour un temps ? Il s'installe le plus près possible de ses fils, rue Plumet. Victor s'en souviendra dans *les Misérables,* quand il situera son « idylle » rue Plumet.

Victor ne s'est jamais senti si près de son père. Presque chaque soir, il passe de longues heures chez lui. Le général est toujours le même, gaillard, prompt à plaisanter. Il a beaucoup grossi, son teint est devenu de brique. Il cligne toujours de l'œil lorsqu'il annonce une nouvelle plaisanterie, fronce toujours sa narine à la façon des lapins. Elle l'aime de plus en plus, Adèle, et chaque fois qu'elle le peut, accompagne son mari chez son beau-père.

Ce soir-là, 18 janvier 1828, Victor et Adèle ont dîné tôt et sont partis rue Plumet.

Manuscrit d'Adèle : « Le temps était toujours trop court quand ils étaient ensemble pour ce qu'ils avaient à se dire. Le général, qui se levait grand matin, se couchait de bonne heure. Cette bonne conversation de coin du feu était si douce qu'on la prolongea plus que d'habitude.

« Il était onze heures du soir, Victor Hugo, rentré chez lui, se couchait, quand on sonna vivement à la porte d'entrée. La sonnette de nuit est quelque chose de sinistre. Victor Hugo, aussi surpris qu'inquiet, courut précipitamment ouvrir. Il vit un homme qu'il ne connaissait pas.

« “ Qui êtes-vous ? ”, demanda Victor Hugo, “ et qu'y a-t-il ? ”

« “ Je viens ”, répondit l'inconnu, “de la part de Mme la comtesse Hugo vous dire que votre père est mort ”. »

Mort ! Alors qu'une heure plus tôt le général riait aux éclats ! Il faut d'autres explications pour dissiper l'incrédulité de Victor. Il se rhabille, court rue Plumet.

« Il trouva son père rigide et décoloré, étendu sur son lit, le col de la chemise déboutonné et des ligatures au bras. Un étranger était près du lit. Dans la pénombre de la chambre, il sembla à Victor Hugo avoir déjà vu ce visage. L'inconnu dit à Victor Hugo que son père était mort d'une attaque d'apoplexie au cœur, qu'on était allé chercher des secours le plus près possible, que demeurant à la porte du général et étant médecin, on s'était adressé à lui, qu'accouru près du malade, il avait pratiqué une saignée et fait ce qui est indiqué en pareil cas, que tous ses efforts avaient échoué, l'apoplexie étant foudroyante. »

Quelque chose d'irrémédiable qui passe. *A Victor Pavie, 29 janvier 1828* : « J'ai perdu l'homme qui m'aimait le plus au monde, un être noble et bon, qui mettait en moi un peu d'orgueil et beaucoup d'amour, un père dont l'œil ne me quittait jamais. » La mort de Sophie Hugo avait emporté la moitié de la jeunesse de Victor. Cette fois, avec le « héros au sourire si doux », elle s'est enfuie tout entière. Chagrin. Solitude.

Le service a été célébré à l'église des Missions étrangères. On a porté en terre le général. Il a eu droit à un bel article dans *le Courrier français*. Détail : c'est un admirateur de Victor qui l'a rédigé, ce libéral d'Alphonse Rabbe.

La mort d'un proche est un stimulant de la mémoire. Tout revient en foule, le bon et le mauvais. Et les remords parfois. On se reproche ce qui n'a pas été accompli. Dans ce procès jugé à huis clos, le défunt est toujours acquitté. C'est soi-même que l'on condamne. En apparence, rien n'a changé pour Victor. Il parachève les travaux en cours, reprend les démarches interrompues, poursuit ses infatigables correspondances. Le même souffle d'inspiration l'enlève. A tout instant, il note un vers, ou deux, ou cinq, qui lui échappent, qu'il reprendra un jour ou non, peu importe. Il enregistre une idée de pièce, de poème, de roman. Il griffonne un commentaire, un avis, une critique, un aphorisme. Aucune lézarde apparente à la glorieuse façade du chef des romantiques. Mais, d'être secrète, la blessure n'en est pas moins profonde.

N'importe, on reste incrédule devant les innombrables pages restées à l'état d'ébauche.

Il faut découvrir la totalité de ces « feuilles paginées »

dans l'édition proposée par M. Guy Rosa. Ce que l'on éprouve, c'est une sensation de vertige. Songeons que, dans le même temps, il compose en janvier « la Chasse du Burgrave » pour *Odes et Ballades,* en mars, « la Chanson des Pirates » pour *les Orientales,* en avril « Grenade » et « les Bleuets » pour *les Orientales,* « la Légende de la nonne » pour *Odes et Ballades,* « le Ravin » et « les Fantômes » pour *les Orientales,* qu'en mai il n'écrit pas moins de six poèmes. L'inspiration semble couler de lui tel un fleuve au débit régulier, de plus en plus majestueux qui, tout à coup, sans que l'on puisse s'y attendre, se change en torrent, arrachant des fragments de berges pour les emporter loin. Très loin.

Ce qui se mêle à tout cela, ce sont les étapes prosaïques de la succession. D'un seul coup, on quitte les cimes pour le sordide. Presque aussitôt, des heurts se produisent avec la belle-mère, vite redevenue pour les fils Hugo Catherine Thomas. On en vient à un duel ouvert, à du papier timbré, à des contraintes, à des scellés. Chez son père, le grand amateur de vieux papiers qu'a toujours été Hugo s'est plongé dans les archives familiales. Voici des liasses épaisses de papier judiciaire, les pièces du procès en séparation, la confirmation de soupçons conçus de longue date. Un goût de cendres.

Au reste, rien de plus embrouillé que cette succession. Les frères Hugo se demandent s'ils doivent l'accepter et finalement ne le font que sous bénéfice d'inventaire. En novembre 1829, Hugo n'espérera plus rien quant à cet héritage mythique :

> « Mes biens d'Espagne accrochés par Ferdinand VII, nos indemnités de Saint-Domingue retenues par Boyer, nos sables de Sologne à vendre depuis vingt-trois mois, les maisons de Blois que notre belle-mère nous dispute... Par conséquent rien, ou peu de choses, à recueillir dans les débris d'une grande fortune, sinon des procès et des chagrins... Voilà ma vie. »

Bref, Abel et Victor ne se sont partagé que des illusions. Inutile de parler d'Eugène : point de succession pour les déments.

Le portraitiste officiel de Hugo est maintenant Achille Devéria. Je dis officiel parce qu'il le dessine aussi bien en 1827, en 1828 qu'en 1829. Bien sûr, on ne saurait découvrir, entre ces effigies si rapprochées, une évolution frappante. Et pourtant ! Le portrait de 1828 nous montre un homme au visage plein sous l'abondante chevelure sombre. On aurait même tendance à lui trouver les joues trop rondes. Certes, il est beau — qui oserait le nier ? Le front immense, les grands yeux noirs, le nez fin, la bouche sensuelle, tout cela, quand il paraissait dans un salon, faisait rêver les dames. Mais on serait tenté de voir là un poète trop bien nourri. En 1829, il a maigri. A ce point que les méplats s'accusent. L'air de satisfaction quelque peu ironique qu'il laissait apercevoir en 1828 a fait place à une gravité sereine, à une autorité plus souveraine qu'altière. Ici, l'iconographie ne fait que confirmer ce que lettres et témoignages nous apprennent. A vingt-six ans, Hugo a incontestablement acquis une manière d'équilibre. A vingt ans, ses amis le trouvaient trop sérieux, ce que nous pouvons comprendre par : trop tendu. Il n'est pas aisé de faire face à une célébrité prématurément venue. L'intéressé ne peut s'empêcher de songer que la chance a pris le pas sur le mérite. On devient vigilant quant à soi-même. D'où cette raideur, ce côté guindé que Vigny, par exemple, soulignait chez Hugo.

Hugo, à vingt-sept ans, c'est déjà l'homme qui se considère comme investi d'une mission. Plus loin, toujours : voilà son programme qui embrasse la poésie, le théâtre, le roman. En cela, il s'intègre parfaitement dans son siècle qui est celui, sur tous les plans, des entreprises démesurées et des créateurs boulimiques. Hugo, Balzac, Dumas sont contemporains.

Au reste, il est heureux : tous ceux qui le rencontrent emploient le même mot. Ils disent aussi qu'il est gai, ce qui est important : « Je ne sais personne ici-bas qui n'ait jamais ri du rire de M. Victor Hugo », note Jules Janin. Physiquement, il apparaît en pleine force. Nous aurions tendance à évoquer un grand fauve qui se contraint lui-même à la douceur. Toujours fidèle à Adèle, certes, mais se laissant aller dans le privé à des allusions si libres qu'il étonne Vigny : « A présent, il aime les propos grivois et il se fait libéral : cela ne lui va pas. » Rectifions : cela ne va pas à Vigny. Peut-être, dans l'aigreur de cette constatation, faut-il voir un peu de jalousie. Le gentilhomme-poète a quitté l'armée pour se consacrer aux lettres. Sa muse lui a inspiré et lui inspirera des chefs-d'œuvre, il n'en doute pas. Jamais elle ne l'entraînera vers ce génie tumultueux qu'il doit bien reconnaître à son ami Hugo. Les hommes dotés d'une voix douce ont toujours redouté et envié ceux à qui la nature a accordé un organe de stentor.

L'amertume de Vigny s'exerce aussi quant au nouvel ami de Hugo, Sainte-Beuve. Dans son journal, il note, le 23 mai 1829, avoir rencontré ce dernier chez Victor. Il le dépeint comme un « petit homme assez laid, figure commune, dos plus que rond, qui parle en faisant des grimaces obséquieuses et révérencieuses comme une vieille femme », ce qui n'est vraiment pas aimable. Il estime que Hugo est « dominé politiquement par ce jeune homme spirituel qui vient de l'amener, par son influence journalière et persuasive, à changer absolument et tout à coup d'opinion ». Il est bien vrai que Hugo ne jure plus que par Sainte-Beuve. Il est juste de dire aussi que Sainte-Beuve ne jure que par Hugo. Ces lignes-là, Vigny les garde enfouies dans son journal. Quand il écrit à Hugo, le style est tout autre :

« Je vous ai, je vous tiens depuis longtemps, malgré vous, et je ne vous quitte pas ; vous me suivez tout le jour, jusqu'à la nuit, et je vous reprends le matin. Je vais de vous à vous, de haut en bas, du bas en haut, des *Orientales* au *Condamné* ; de l'Hôtel de Ville à la tour de Babel. C'est partout vous, toujours vous, toujours la couleur éclatante, toujours l'émotion profonde, toujours l'expression vraie, pleinement satisfaisante, la poésie toujours. »

Il est vrai qu'avec *les Orientales*, parues en janvier 1829, Hugo vient encore d'étonner ses amis. Et ses ennemis.

Il n'a jamais vu la Grèce ni l'Orient. Mais la Grèce est à la mode. Là-bas, on se bat contre l'oppresseur turc. La jeunesse de l'Europe vibre pour cette cause en quoi elle voit celle de la liberté tout entière. Pour elle Byron vient de donner sa vie. L'ami de jeunesse de Victor, Eugène Delon, est allé mourir au pays des Hellènes. Défendre en France la Grèce est aussi une manière de tourner la censure : il serait interdit d'écrire « Vive la liberté » sur les murs de Paris. On appose les trois mots fulgurants sur le fronton d'un Parthénon imaginaire.

Maints poètes s'étaient déjà exercés à chanter la Grèce révoltée, Casimir Delavigne comme Lamartine. Ils n'avaient donné que des mots, des idées, guère d'images. Ce qui a tenté Hugo, précisément, ce sont ces images-là. Grand lecteur, il a lu les récits des voyageurs. Surtout, ce dont il s'est souvenu, c'est de l'Espagne. Elle chante toujours dans sa mémoire et il n'a rien oublié : « Fraîches promenades d'orangers le long d'une rivière ; larges places ouvertes au grand soleil pour les fêtes ; rues étroites, tortueuses, quelquefois obscures, où se lient les unes aux autres mille maisons de toute forme, de tout âge, hautes, basses, noires, blanches, peintes, sculptées ; labyrinthes d'édifices dressés côte à côte, pêle-mêle, palais, hospices, couvents, casernes, tous divers, tous portant leur destination écrite dans leur architecture... » Enfin, « à l'autre bout de la ville, cachée dans les sycomores et les palmiers, la mosquée orientale, aux dômes de cuivre et d'étain, aux portes peintes, aux parois vernissées, avec son jour d'en haut, ses grêles arcades, ses cassolettes qui fument jour et nuit, ses versets du Coran sur chaque porte, ses sanctuaires éblouissants, et la mosaïque de son pavé et la mosaïque de ses murailles ; épanouie au soleil comme une large fleur pleine de parfums [1] ».

Pourquoi avoir consacré tout un volume à l'Orient ? A cette question il répondra « qu'il n'en sait rien, que c'est une idée qui lui a pris, et qui lui a pris d'une façon assez ridicule, l'été passé, en allant voir coucher le soleil ». Explication de poète ? Pas du tout. L'été, la bande des amis de Hugo, lorsqu'elle courait vers le *Moulin de beurre*, regardait volontiers le soleil se coucher sur la plaine de Grenelle. Musset, participant épisodique de ces sages folies, s'est souvenu de ces moments privilégiés qu'il situe

... précisément à l'heure
Où quand, par le brouillard, la chatte rôde et pleure,
Monsieur Hugo va voir mourir Phébus le blond.

Le flamboiement pourpre du soleil qui meurt a tout à coup projeté Hugo très loin, en Espagne. Et de là plus loin encore : « Car l'Espagne c'est encore l'Orient ; l'Espagne est à-demi africaine, l'Afrique est à-demi asiatique. » Il a admiré aussi le *Massacre de Scio* exposé par Delacroix en 1824 et, du même peintre, la *Scène de guerre entre les Turcs et les Grecs,* événement du salon de 1827 et à propos de laquelle, avec une étonnante lucidité, Auguste Jal avait noté : « Le poète Hugo est peut-être le seul homme qui puisse être dans le secret du génie de ce peintre, que Dante aurait si bien compris. » Quelle tentation ! Puisque d'aucuns voient dans l'Orient de ce temps le symbole de la

1. Préface des *Orientales.*

liberté politique, Hugo, lui, va chercher là une rencontre avec la liberté poétique. Il raffole des mots, jongle avec eux depuis longtemps, beaucoup plus d'ailleurs dans ses feuilles secrètes que dans les textes publiés. Jusque-là, il lui a fallu contraindre sa virtuosité. Et si tout à coup il lui accordait libre cours ? Et si, lui, l'ami des peintres, tentait de peindre avec des mots ? Et s'il mêlait « la lumière et le bonheur d'écrire [1] » ? Le résultat sera *les Orientales*.

Son propos, il ne songea même pas à le dissimuler. Il le proclame dans sa préface : « L'art n'a que faire des lisières, des menottes, des bâillons ; il vous dit : Va ! et vous lâche dans ce grand jardin de poésie où il n'y a pas de fruit défendu. » Voilà qui est clair. Hugo jure qu'il ne se laisse aller qu'à sa fantaisie. Il jure qu'il ne faut chercher aucun arrière-plan dans ce recueil. Qui a-t-il cru tromper ? *Les Orientales* représentent aussi un acte, une prise de position dans un mouvement de pensée devenu en grande partie le sien. Ses vers dansent, cabriolent, s'enluminent, se cassent, éclatent, se déploient au gré de son caprice. Les sultanes lascives rencontrent les belles juives, Sara la baigneuse croise le soldat de la marche turque, le derviche tourne aux côtés du mufti sous les regards du pacha, on aime sous les oliviers et l'on rit au sérail. Mais l'enfant grec réclame de la poudre et des balles.

La pièce la plus fameuse des *Orientales,* c'est bien entendu *les Djinns.* Pour suggérer l'arrivée de « l'essaim des Djinns qui passe », Hugo commence par une strophe de deux pieds :

Murs, ville
Et port
Asile
De mort,
Mer grise
Où brise
La brise,
Tout dort.

Dès la deuxième strophe, les vers acquièrent une syllabe de plus. Cela jusqu'au décasyllabe qui marque l'insoutenable arrivée des Djinns :

Le mur fléchit sous le noir bataillon.
La maison crie et chancelle penchée,

1. Henri Meschonnic.

Et l'on dirait que, du sol arrachée,
Ainsi qu'il chasse une feuille séchée,
Le vent la roule avec leur tourbillon !

Ils sont passés, les Djinns, ils s'éloignent. Les vers décroissent de strophe en strophe. Bientôt ils seront loin.

Ce bruit vague
Qui s'endort,
C'est la vague
Sur le bord ;
C'est la plainte
Presque éteinte
D'une sainte
Pour un mort.

On doute
La nuit...
J'écoute :
Tout fuit,
Tout passe ;
L'espace
Efface
Le bruit.

La maîtrise. La maîtrise absolue. Mais point seulement cela. *Les Orientales* marquent aussi comme une libération de l'homme Hugo. Il sort définitivement de lui-même. Ce qui frappe, c'est l'évidente sensualité qui surgit de ses vers. Hugo l'a toujours portée en lui. Le fiancé d'Adèle, pour la réfréner, s'est enfermé dans sa chasteté farouche comme l'ermite en son cilice. Foin cette fois de l'inutile pudeur. Ces filles d'Orient ont les seins nus : non seulement il les regarde, il les montre, mais il y prend un évident plaisir. Et puis — voilà plus important — *les Orientales* marquent l'apparition publique de tous ces arrière-plans qui gisent au fond de lui, eaux dormantes encore qui bientôt sortiront de leur calme trompeur. Hugo ne serait pas Hugo sans ce monde invisible qui va peupler ses veilles et ses nuits, sans l'angoisse de l'infini qui ne cessera de lui étreindre l'âme. Ses amis le sentent comme le plus équilibré des hommes. Peut-être d'ailleurs l'est-il davantage en 1828 que dans l'avenir qui l'attend : l'au-delà, son cortège de brumes en forme d'anges ou de démons, ne font encore que le frôler avant que d'investir totalement sa vie. Mais ce qui pointe soudain à travers la lumière des *Orientales,* voire à travers le clinquant de tel ou tel vers, c'est déjà l'annonce de la *Bouche d'ombre.*

Parmi les rêves qui le hantent en ce temps-là, il en est un qu'il a transposé, tel quel, un peu plus tard. Nous savons, par le journal de sa seconde fille, que le cauchemar relaté dans *le Dernier Jour d'un condamné* est en fait un rêve de Hugo, dont les moindres détails l'ont marqué. Il était chez lui avec des amis. Sa femme et l'un de ses enfants dormaient dans une chambre voisine. Soudain, au bout de l'appartement, un bruit singulier trouble la nuit. On s'inquiète. Dans son rêve, Hugo *se voit* explorer les lieux en compagnie de ses amis. Il avise une armoire ouverte. La porte est « tirée sur l'angle du mur comme pour le cacher ». Brusquement, Hugo *se voit* ouvrant cette porte et découvrant « une petite vieille, les mains pendantes, les yeux fermés, immobile, debout, et comme collée dans l'angle du mur. Cela avait quelque chose de hideux, et mes cheveux se dressent d'y penser ». Qui est cette femme ? Pourquoi est-elle là ? Que veut-elle ? Il tente de l'interroger. En vain. Elle semble à demi vivante, à demi morte. « Un de nous l'a poussée à terre, elle est tombée. Elle est tombée tout d'une pièce comme un morceau de bois, comme une chose morte. Nous l'avons remuée du pied, puis deux de nous l'ont relevée et de nouveau appuyée au mur. Elle n'a donné aucun signe de vie. On lui a crié dans l'oreille, elle est restée muette comme si elle était sourde. » Hors d'eux, les convives suggèrent à Hugo de lui mettre la bougie sous le menton. On verra bien si elle ne réagit pas ! Il le fait. « Alors elle a ouvert un œil à demi, un œil vide, terne, affreux, et qui ne regardait pas. » Mais elle a continué à se taire. Derechef, Hugo *se voit* lui replacer la lumière sous le menton. « Alors, elle a ouvert ses deux yeux lentement, nous a regardés tous les uns après les autres, puis, se baissant brusquement, a soufflé la bougie avec un souffle glacé. Au même moment, j'ai senti trois dents aiguës s'imprimer sur ma main, dans les ténèbres. Je me suis réveillé, frissonnant et baigné d'une sueur froide... »

Ce même Hugo, à ses proches, suggère l'image idéale de l'équilibre et du bonheur. Mais si, pour lui, tout se déroulait aussi idéalement que le veulent ou le croient ses amis, pourquoi, dans la nuit du 30 au 31 mai 1828, aurait-il griffonné ces vers où gémit tant d'angoisse :

Dieu me reprendra-t-il ce bonheur qui s'enfuit ?
Quelle fleur de mon front tombera la première ?

D'où me vint la lumière
M'enverra-t-il la nuit [1] ?

Dès la publication des *Orientales,* les romantiques pavoisent. Pas seulement les romantiques. Les plus farouches des classiques libéraux — Dubois par exemple — applaudissent. Dans l'entourage de Hugo, c'est tout juste si l'on ne s'évanouit pas d'admiration. Le jeune Victor Pavie : « Victor nous a lu des *Orientales* inouïes et doublement inouïes... Et pas un vers faible ! » Cette fois, Sainte-Beuve a oublié ses réticences. *Le Globe* lui-même proclame son ralliement.

Les pièces principales des *Orientales* ont été élaborées tout au long de l'année 1828. Comme elle est riche, en clair et en sombre, cette année-là : la mort du père, et *Cromwell,* et *les Orientales* ! C'est aussi en 1828, durant l'été, que les Hugo se sont pour la première fois rendus chez le propriétaire du *Journal des débats,* Bertin aîné, à son château des Roches.

Bertin et les siens — sa fille notamment — vont jouer un grand rôle dans la vie familiale des Hugo. Presque chaque année le château s'ouvrira à la famille du poète.

Manuscrit d'Adèle : « Laissant derrière vous la barrière d'Enfer et la Butte aux Lapins, vous descendez dans la vallée de la Bièvre, si charmante. Vous passez devant les chaumières de La Brinvilliers, et alors s'ouvre sous vos pas une route qui conduit à une maison hospitalière dont la grille était nuit et jour ouverte à l'époque dont nous parlons.

« On longeait une allée sablée et ombreuse, et on arrivait à la maison, d'apparence modeste, plus étendue que haute, de construction irrégulière, bâtie dans un jardin, qui, agrandi peu à peu, avait pris les proportions d'un parc. »

Cette belle demeure du XVIIIe siècle, c'est le château des Roches. Sous Charles X, *le Journal des débats* est devenu une institution, l'organe quasi officieux de l'opposition constitutionnelle. C'est donc encore à un libéral que Hugo vient de se lier.

Les Hugo se souviendront toujours de l'accueil chaleureux que leur réservait aux Roches Bertin aîné. Toujours ils le reverront tel que Ingres, dans un tableau fameux, en a fixé l'image : assis sur son fauteuil, appuyant ses belles et fortes mains sur ses genoux, image de la fierté et de l'indépendance. Ils se souviendront de ce cou épais, toujours

1. *Tas de pierres.*

enfermé dans une large cravate blanche, de ces épaules impérieuses, de cette tête éclairée de deux yeux profonds et spirituels. Bertin aîné a une fille, née aux Roches. En 1828, elle a vingt-trois ans. Épanouie dans un embonpoint qui est une infirmité, elle est devenue excellente musicienne. Elle va se prendre pour les petits Hugo d'une affection profonde. Elle est charmante, Louise Bertin, intelligente, vive, bonne. Son visage restera inséparable du souvenir que Léopoldine, Charles, puis le petit Victor, garderont des Roches, château de leur enfance.

C'est de là, désormais, que Hugo part pour de longues promenades en compagnie de la petite Didine, qui a quatre ans maintenant et qui — il le niera toujours farouchement mais c'est vrai — reste sa préférée. Elle cueille des coquelicots et des bleuets, les rapporte pour en faire des bouquets, s'afflige quand les coquelicots ne « tiennent » pas.

Au retour à Paris, Didine et Charlot apprendront qu'ils ont un petit frère, prénommé Victor comme son père. Nouveauté : le faire-part de sa naissance, le 21 octobre, sera adressé aux amis et connaissances par la *baronne* et le *baron* Victor Hugo. Depuis la mort du général, Abel a pris le titre de comte. Eugène étant vicomte, Victor peut se croire autorisé à se présenter comme baron. Le fait-il par simple vanité ? Pour s'intégrer plus aisément dans une société où l'aristocratie donne le ton ? Peut-être ici devons-nous nous souvenir — encore — de Marius Pontmercy. A Waterloo Napoléon a jeté au colonel Pontmercy ce titre de baron dont la Restauration lui a dénié la propriété. Marius, en se faisant imprimer des cartes de visite portant le titre contesté, voulait, à la face des Bourbons, proclamer hautement les droits de son père. Le titre comtal du général Hugo n'a finalement jamais été reconnu en France. Le *baron* Victor Hugo reste le fils admirateur du général Hugo. Et si cela fait mieux, pourquoi s'en priver ?

Le petit Victor — qui, plus tard, pour éviter les confusions, se fera appeler François-Victor — sera baptisé à Saint-Sulpice le 5 novembre. Le parrain ? L'oncle Victor Foucher, ce petit Victor dont les poignets avaient porté si souvent la trace des tortures infligées par son homonyme Hugo. Quant à la marraine, c'est Léopoldine. Elle a les joues roses et rondes, un adorable petit nez. Mais elle ne sait pas signer !

C'est pendant l'année 1828, encore, que Hugo a songé à un grand roman où il introduirait toute cette fièvre gothique qui le hante, sa passion pour les cathédrales si décriées, sa fascination pour un Moyen Age dont il sent avec force que ses contemporains ont tort de le mépriser. Au verso de lettres datées des 20 et 25 septembre 1828, il prend les premières notes pour ce qui sera *Notre-Dame de Paris.*

Projet encore lointain et aux contours imprécis. Un autre travail, à la fin de 1828, va le requérir tout entier : il va écrire son premier ouvrage « engagé » : *le Dernier Jour d'un condamné.*

III

HERNANI

Pourquoi, orageux contrebandier, cette mauvaise volonté à te rendre à l'appel du Destin ? Le corps d'une femme faisait-il un mouillage si sûr à ton ancre !

Paul CLAUDEL.

Dans sa cellule, un homme attend. Assis sur le bat-flanc qui lui sert de lit, il ne quitte pas des yeux la porte et ses verrous, il guette les bruits qui traversent les murs. Cet homme sait qu'il va mourir. Dans sa mémoire résonne encore la sentence tombée de la majesté d'un tribunal : *condamné à mort*. On l'a conduit là, on l'a enchaîné. Un prisonnier condamné à la guillotine ne doit pas y échapper : d'où les chaînes. De nuit et de jour, on le surveille : et s'il allait choisir une autre mort ? Il n'a droit qu'à celle donnée par le couperet. C'est écrit, la société le veut, la loi l'exige.

Le condamné a attendu sa grâce, elle lui a été refusée. A chaque ombre, il a cru que les hommes noirs allaient tout à coup faire irruption dans ce cachot, se saisir de lui, le lier, l'emporter. A chaque ombre, il a tremblé. Quand il s'est vu encore vivant, un lâche soulagement lui a ployé les épaules. Un jour gagné ? Non. Un jour perdu, puisque chaque heure qui passe le rapproche du bourreau. Il s'est raccroché à tout, s'est leurré des espoirs les plus insensés, ceux-là mêmes dont se bercent les enfants avides d'éviter une punition.

Maintenant, cet homme sait. Tout est fini. Dehors, le bourreau et ses aides sont occupés à monter la sinistre machine du docteur Guillotin. Il vit son dernier jour. Alors il attend. Et *il a peur*.

Le 14 octobre 1828, *le Journal des débats* a rendu compte du dernier ouvrage d'un avocat parisien, Charles Lucas, et a rappelé que l'auteur avait publié, l'année précédente, un mémoire contre la peine de mort. Le même jour — oui, le même jour — Victor Hugo est entré dans son cabinet de travail de la rue Notre-Dame-des-Champs, s'est assis à son bureau et a commencé la composition d'un nouveau livre qui sera *le Dernier Jour d'un condamné*. Il l'achèvera le 26 décembre, à 3 heures du matin.

Il a donc mis deux mois et dix jours pour composer un roman tout entier dominé par ce que l'on pourrait appeler une exaspération de l'angoisse. Pas n'importe quelle angoisse. Celle qui saisit *personnellement* le lecteur, l'étreint, ne le lâche plus. Le condamné dont nous ne savons même pas pourquoi des juges ont décidé de l'envoyer à l'échafaud, nous sommes avec lui, dans sa cellule, cependant qu'approche l'heure fatale et qu'il noircit les feuillets qui conteront son histoire. Le sentiment éprouvé par un homme qui attend d'être exécuté, nous sommes *sûrs* de le partager avec lui. Sa terreur indicible devient la nôtre.

Bien sûr, l'article des *Débats* n'a pas seul jeté Hugo, par le mouvement impulsif d'un instant, devant les feuilles blanches d'où devait sortir son livre. L'article n'a été que le moteur d'un désir ressenti mais resté informulé. L'idée de la peine de mort était depuis longtemps intolérable à Hugo. Elle suscitait en lui un effroi qu'il avait contenu de son mieux, comme bien d'autres choses. Le moment est venu où, précisément, il a décidé de faire éclater les murs de cette prison intérieure.

Pourquoi ?

Adèle a évoqué la découverte, à Burgos, lors du retour d'Espagne, de ce tréteau de bois surmonté d'un poteau où l'on avait dit aux jeunes Hugo que l'on allait garrotter un homme. Elle a montré l'effroi des enfants à la vue du condamné que l'on menait à la mort, lié sur un âne, le dos tourné vers la tête de l'animal : « Cet homme avait l'air hébété de terreur. Des moines lui présentaient le crucifix, qu'il baisait sans le voir. Les enfants s'enfuirent avec horreur. » Il faudrait parler aussi des cadavres de suppliciés aperçus le long des routes d'Italie et d'Espagne.

Cependant, la répulsion affichée par Hugo pour la

peine capitale semble avoir trouvé sa parfaite représentation lorsqu'il a, pour la première fois, aperçu la guillotine. Il dénoncera les bûchers de Torquemada ou la potence de John Brown, mais il sera toujours obsédé par les montants de bois et le couperet : « La guillotine, puisqu'il faut l'appeler par son nom... », dit-il. Et encore : « La guillotine, c'est toujours avec répugnance qu'on écrit ce mot hideux. » Tout au long de sa vie, en vers comme en prose, il y reviendra :

Sa lumière rendait l'échafaud plus difforme.
L'astre se répétait dans le triangle énorme ;
Il y jetait ainsi qu'en un lac son reflet...

L'idée chez Hugo a constamment besoin de prendre assise sur le concret. S'il trouve tant d'arguments forts pour démontrer le caractère intolérable de la peine de mort et son inanité, c'est parce qu'il voit toujours se profiler devant lui la machine à tuer.

La première vision de la guillotine se situe en 1820. Par hasard — par hasard ? — Hugo s'est trouvé sur le passage de l'assassin du duc de Berry, Louvel, alors qu'on le conduisait à l'échafaud. Ce meurtrier-là n'était guère sympathique. Hugo l'a vu « gros et trapu », avec « un nez cartilagineux sur des lèvres minces, et des yeux d'un bleu vitreux ». C'était le temps de l'ultraroyalisme du jeune Victor, le temps de l'ode sur *la Mort du duc de Berry.* Pourtant l'homme se tenait là, devant lui, bien vivant, bien portant. Dans un instant on allait le tuer. Le frisson s'est mué tout à coup en apitoiement. Hugo a senti sa haine « pour l'assassin se changer en pitié pour le patient ». Pour la première fois, il a regardé la peine de mort en face et s'est étonné que « la société fît au coupable, et de sang-froid, et sans danger, précisément la même chose dont elle le punissait ». A ce moment précis lui est venue l'idée d'écrire un livre contre la guillotine.

Le plus étonnant, d'ailleurs, me semble que Hugo, écrivain *prudent,* se soit résolu à lancer tout à coup cet énorme pavé dans la mare qu'est *le Dernier Jour d'un condamné.* Nul ne songeait alors à mettre en cause la peine capitale. Les tribunaux en usaient généreusement. En 1826, on avait compté 150 condamnations dont 110 avaient été exécutées. En 1828, 114 condamnations et 75 exécutions. Toutes offertes en grande pompe à un peuple jamais rassasié de ces émotions fortes et avec la bénédiction quasi unanime de l'opinion. Balzac lui-même parlera de « la peine de mort, ce grand soutien des sociétés ».

Ce qui me frappe le plus, néanmoins, ce n'est pas tant l'acte de courage que représente la publication du *Dernier Jour*; pas plus que la singularité de l'acte, ni même la solitude dans laquelle va se camper l'auteur, mais le cheminement de la pensée qui l'a conduit jusque-là.

Voilà un homme que tous ses amis dépeignent comme heureux, essentiellement. Quand un Suisse, Juste Olivier, interrogera sur Hugo son ami le plus intime, Sainte-Beuve, celui-ci dira :

— Il a continuellement de si grandes, de si pures, [de si] délicates jouissances que lui procure son talent ! Ce qu'il fait est si beau, si parfait ! Il est tellement abondant ! C'est un homme heureux, plein. Il vit content dans sa famille. Il est gai — peut-être trop gai. C'est un homme heureux.

Gai ? Heureux ? Voire.

Déjà, dans *Han d'Islande* — il n'avait pas vingt ans — sa plume s'est glacée pour évoquer des hommes qui courent au spectacle des supplices. Dès lors il s'est montré saisi de terreur à l'idée de « l'infortuné qui sait précisément à quelle heure son sursis doit être levé ». D'autres que lui — beaucoup d'autres — ont assisté à des exécutions. Il leur est arrivé de ressentir fortement, douloureusement, ce terrible moment. Mais Hugo les dépasse tous. Pourquoi ? Parce qu'il est Hugo. Parce que la nature l'a doté d'une capacité émotionnelle intense et de la faculté de restituer les impressions reçues — foisonnement des images, richesse des mots — plus et davantage que quiconque. Le jeune bourgeois content de la rue Notre-Dame-des-Champs peuple ses nuits de rêves lugubres et ses jours d'incoercibles angoisses. Les autres n'entendent que ses rires, s'amusent de ses propos nouvellement libertins — ou, comme Vigny, s'en affligent. La vérité est ailleurs. Quand Juste Olivier aborde avec Sainte-Beuve le problème de l'invisible, il se heurte à un scepticisme déclaré : « Je ne crois jamais rien voir de surnaturel, de fantômes. » Question de l'Helvète :

— Et M. Victor Hugo, ne croit-il jamais avoir d'apparitions ?

— Oh ! Oui, lui, oui !

L'exclamation est du 23 juillet 1830, presque contemporaine de la publication du *Dernier Jour d'un condamné*. Elle témoigne d'une remarquable lucidité : Sainte-Beuve, mieux que personne, connaît son Hugo et ses dispositions naturelles. Nous savons, nous, qu'elles viendront, les apparitions.

Le même bourgeois content a recueilli avidement les souvenirs d'un chevalier de Port-de-Guy jeté à seize ans, en 1793, au bagne de Toulon comme réfractaire et qui lui a conté avoir été chargé d' « aller la nuit ramasser sur l'échafaud les têtes et les corps guillotinés du jour ». Le même bourgeois content est parti, en compagnie de son ami Jules Lefèvre, voir guillotiner un parricide place de Grève. En ce temps encore, on coupait le poignet du parricide avant de lui trancher le cou. Au moment où le bourreau a levé le voile noir — marque du parricide — et fait apparaître un jeune visage « effrayé et hagard », quand il a saisi la main droite du condamné, l'a attachée au poteau avec une chaîne, a brandi une hachette, Hugo n'en a pu regarder davantage. Il a détourné la tête et n'est redevenu « maître de lui que lorsque le *Ha!* de la foule lui dit que le malheureux cessait de souffrir ». Le même bourgeois content a cru sentir son cœur s'arrêter de battre en traversant la place de Grève alors que « le bourreau répétait la représentation du soir ». Le couteau glissait mal, Hugo a constaté que l'homme graissait les rainures puis manœuvrait le couperet jusqu'au succès. Ce bourreau paraissait satisfait, à la façon d'un ouvrier qui aime le travail bien fait. Soudain la pensée de Hugo s'est portée vers le désespéré qui « se débattait dans sa prison, fou de rage, ou se laissait lier avec l'inertie et l'hébètement de la terreur ». Pourquoi le jeune bourgeois content demande-t-il à son ami Gaspard de Pons, dont le régiment vient d'être transféré à Toulon, « des renseignements sur le bagne » ? Pourquoi ira-t-il, le 22 octobre 1828, avec son ami David d'Angers assister au ferrement des forçats en partance pour le bagne — et pourquoi revient-il le lendemain voir partir la *chaîne*? Pourquoi réagit-il comme il va imaginer que réagira Monseigneur Myriel : « De telles rencontres sont des chocs et le souvenir qu'elles laissent ressemble à un ébranlement. »

Quand on relit aujourd'hui *le Dernier Jour d'un condamné,* c'est le modernisme de la construction qui frappe. Le roman est écrit à la première personne, le condamné s'adresse directement à nous. Sans cesse, son attente hallucinée se mêle des souvenirs de son passé. Il s'adoucit aux riantes images de ses amours — très exactement calquées sur celles de Victor et Adèle — pour revenir soudain à l'épouvante de son présent. De quelle utilité nous serait le récit détaillé du crime qui l'a conduit dans sa prison ? C'est cette ignorance au contraire qui nous le rend plus proche. Qui fait que, littéralement, notre peur grandit avec la sienne : « Dix heures... Encore six heures, et je serai mort... Est-il bien vrai que je vais mourir avant la fin du jour ? » ; « Une heure vient de sonner. Je ne sais laquelle » ; « Il est une heure un quart... Encore deux heures et quarante-cinq minutes, et je serai guéri » ; « J'ai encore une heure pour m'habituer à tout cela ». Hors du monde, hors de nous-mêmes, nous butons enfin sur la dernière phrase, deux mots imprimés en capitales : « QUATRE HEURES ».

Le livre sera mal accueilli. Les critiques — Jules Janin au premier rang — rejetteront ce brûlot iconoclaste. Plus indulgent, Charles Nodier s'attachera davantage à l'auteur qu'à son sujet : « L'écrivain, ce semble, épouvante plus que le condamné. On est froid pour cet être qui ne ressemble à personne, et qui souffre avec tant de science et d'analyse ; mais toute la pitié du lecteur passe du côté du poète ; lui qui s'est mis volontairement tant de noir dans l'âme, lui qui s'est fait homicide en idée, qui s'est rêvé pour le plaisir du lecteur jugé, emprisonné, exécuté, pendant que d'autres poètes se font gratuitement, et dans de plus doux rêves, heureux en toutes choses, en amour, en talent, en avenir. » Voilà qui est bien observé. A une nuance près : ce n'est pas volontairement que Hugo s'est mis à la place du condamné. C'est parce qu'il lui *fallait* s'y mettre.

Sainte-Beuve à Victor Hugo, 11 octobre 1829 : « Le peu de talent que j'ai m'est venu par votre exemple et vos conseils déguisés en éloges ; j'ai fait parce que je vous ai vu faire et que vous m'avez cru capable de faire ; mais mon fond propre, à moi, était si mince que mon talent vous est revenu, tout à fait, et après une course un peu longue, comme le ruisseau au fleuve ou à la mer ; je ne m'inspire plus qu'auprès de vous, de vous et de ce qui vous entoure. Enfin, ma vie domestique n'est encore qu'en vous, et je ne suis heureux et chez moi que sur votre canapé et à votre coin du feu. » Rien de plus vrai : le petit Sainte-Beuve au long nez a découvert son havre. Il continue à sonner chaque jour chez son ami Hugo. Ces visites lui sont devenues plus qu'une habitude : une nécessité. Mais il trouve souvent Victor enfermé dans son cabinet de travail. La servante a reçu un ordre impératif : surtout qu'on ne dérange pas Monsieur ! Chaque fois, Sainte-Beuve ploie comme sous un coup fatal du destin. Il incline vers le parquet sa tignasse rousse. Un instant plus tard, d'une voix aussi tremblante qu'inquiète, il hasarde une question : et Madame ? Si l'on est en hiver, Madame est au salon, avec les enfants. L'été, elle a gagné, en compagnie des petits, ce jardin dont les propriétaires lui consentent l'accès. Elle s'est installée là, face à un chevalet. Elle dessine ou elle peint. Elle n'a pas oublié les leçons de Julie Duvidal et ce qui subsiste de ses productions nous montre une sûreté assez remarquable dans le maniement du pinceau ou du crayon. Nul génie — mais pourquoi faudrait-il que chacun ait du génie ?

Il s'approche, le petit Sainte-Beuve. Il salue. Nous pouvons penser que, dans les premiers temps, elle s'est amusée intérieurement de sa timidité, que peut-être elle lui a tendu des pièges dans lesquels il a dû tomber aussitôt. Jeu éphémère. Il est là chaque jour et elle s'habitue à le voir chaque jour. Et lui qui perd tous moyens devant une femme, qu'épouvante la vue d'une robe, qui n'a connu que des prostituées, découvre l'infinie douceur de pouvoir se confier librement à une personne « du sexe opposé ».

Prenons garde : ce qui se joue, c'est leur destin. Ni elle ni lui ne s'en doutent. Ni Hugo bien sûr. Mais c'est ainsi. Cette Adèle de 1829, Sainte-Beuve va la percer à jour et ce sera le commencement de tout. La femme en apparence si comblée, il a vite compris ce qui lui manquait. Il n'est jamais commode d'être femme d'écrivain. Mais femme de Victor Hugo ! D'abord, il y a chez lui cette extraordinaire puissance de travail, cette place immense occupée dans ses journées par la composition littéraire. Quel temps reste-t-il à l'homme qui, en quelques mois, a donné *Cromwell, les Orientales, le Dernier Jour d'un condamné* et esquissé *Notre-Dame de Paris* ? En outre, Victor est chef d'école, admis, reconnu, acclamé comme tel. Pour ses amis romantiques, il se veut toujours disponible. On l'appelle, il accourt. Tout le retient, tout le passionne : la peinture de Delacroix comme la musique de Berlioz. Car le romantisme, c'est aussi la peinture, c'est aussi la musique. Presque tous les soirs, il sort. Quand il rentre, elle dort. Il la réveille — toujours. Il n'est pas sûr qu'elle aime à être réveillée. A propos de ce Victor qui l'aime — et elle le sait — comme au premier jour, Adèle pourrait, comme tant de femmes, soupirer : « Je le vois si peu. » Ses rêves, ses petits soucis quotidiens, ses espoirs, ses regrets, ses chagrins, ses bonheurs, elle voudrait bien les lui confier. Impossible : Monsieur travaille. Monsieur n'est pas là.

L'Adèle de ce temps-là sait aussi qu'aucune femme ne pourrait mieux qu'elle s'avouer heureuse. Pourquoi, à certains moments, lui prend-il alors des accès de soupirs et de larmes ?

C'est Sainte-Beuve, l'ami de la maison, qui a montré Adèle dans sa chambre, assise contre sa vitre lorsque lui-même arrivait un peu tard, vers 1 heure : « Quel objet suivait-elle, si attentive ? A quoi pensait-elle ? Quel monde infini, invisible, parcourait-elle en esprit ? » Une femme qui agit ainsi, qui rêve ainsi, attend quelque chose. Même si elle ne le sait pas encore.

A-t-il pensé, Sainte-Beuve, dès le début de cette intimité, qu'il pourrait un jour en tirer bénéfice ? Probablement non. Depuis qu'il est en âge de connaître l'amour, il y a renoncé. Ce n'est pas tant sa laideur qui le paralyse — bien des hommes laids plaisent — que l'infirmité secrète dont il souffre. Il est hypospade. J'ai demandé au docteur Paul Ganière, éminent historien de la médecine, de m'éclairer sur cette maladie que les biographes qui la citent se révèlent incapables d'expliquer :

> « L'hypospade est un homme atteint d'un vice de conformation appelé l'hypospadias qui consiste en ce que l'urètre s'ouvre en dessous de la verge et non à son extrémité. Il existe naturellement plusieurs variétés de cette difformité selon que l'ouverture de l'urètre est plus ou moins éloignée de l'extrémité de la verge. Dans la majorité des cas, cette malformation n'entraîne pas de perte du sens génésique mais rend la fécondation très improbable et la plupart du temps impossible. La chirurgie a été longtemps impuissante à venir à bout de cette infirmité. »

Donc Sainte-Beuve, enfermant au plus profond de lui-même ce qu'il considère comme une tare, voire une honte à dissimuler à tout prix, s'est résigné. Il confiera : « Vous ne savez pas ce que c'est de sentir qu'on ne sera jamais aimé, que c'est impossible parce que c'est inavouable. » De là pouvons-nous mesurer l'éblouissement qu'a dû représenter pour le jeune critique cette intimité avec une femme charmante, douce et rêveuse. Il découvre un paradis dont il croyait que l'entrée lui resterait à jamais interdite. Ces entrevues de l'après-midi, si délicieuses, lui deviennent essentielles. C'est vers 3 heures qu'il aime à aller voir Adèle. Il entre. Elle ne se lève pas. Il la regarde et la trouve belle. Avec un sourire elle l'invite à s'asseoir. Alors commence la causerie merveilleuse. Il lui ouvre son cœur, parle de son « vide immense », de sa jeunesse « déjà dévorée à moitié ». Et elle lui répond « par des mots d'amitié ». « Délicieux moments », redira Sainte-Beuve dans *Volupté,* « où l'on n'espère rien, où l'on croit ne rien désirer ! ». Ce qui ne veut pas dire que l'on ne désire point. En apparence, Sainte-Beuve se contente de son rôle de confident. Mais il y découvre un singulier bonheur. Comment se dissimulerait-il que, déjà, il est amoureux ? Différents textes qui se recoupent permettent même de fixer le moment où il s'est pris à aimer Adèle d'amour : vers la fin de 1828. Mais il se ferait plutôt écarteler à quatre chevaux que de le lui avouer.

Tout au long de l'année 1829, cette situation ambiguë va se perpétuer. Il aime, l'amour l'exalte — et il se tait.

Et Adèle ? C'est au cours de cette année 1829 que, peu à peu, elle ne se contente plus d'accepter les visites de Sainte-Beuve et d'en sentir la douceur. Elle les attend, elle les espère. Elle prend conscience du prix qu'elle leur attache. Ses yeux s'ouvrent : Sainte-Beuve l'aime.

Hugo ? Il est à cent lieues de tout cela. Il ne voit rien. Il ne comprend rien. Il travaille.

Au détour d'un poème de 1827, son ami et disciple Victor Pavie avait écrit ce vers :

C'était une feuille d'automne.

L'assemblage de deux mots — pourtant bien simple — avait frappé Hugo qui aussitôt en avait félicité Pavie. Il faut croire que l'impression lui est restée profonde puisque, précisément, en cette année 1829, il commence les poèmes qui, réunis, seront ses *Feuilles d'automne.* En même temps, il s'est mis, sans trop d'enthousiasme, à ce gros roman déjà esquissé qu'il situe en plein XVe siècle autour de la basilique Notre-Dame. Mais la grande affaire cette année-là, c'est *Marion de Lorme.*

Qu'il revienne au théâtre n'a rien qui doive nous étonner. Oublierions-nous ces multiples essais dramatiques que l'on découvre au milieu des innombrables pages noircies à la pension Cordier ? Déjà, pour l'enfant Hugo, la poésie ne se séparait pas du théâtre. Avec *Cromwell,* il a pensé pouvoir réussir par une pièce la percée définitive du genre romantique. Le seul fait qu'il ait mené jusqu'à son terme cette énorme entreprise démontre beaucoup plus qu'une ténacité : une résolution absolue. Pour lui le succès — sur le plan personnel comme celui de l'école qu'il magnifie — passe par le théâtre.

Le 11 février 1829, Hugo s'est rendu à la Comédie-Française. Parce que ce soir-là, un jeune inconnu du nom d'Alexandre Dumas faisait jouer sa première pièce : *Henri III et sa cour.* Il fallait que Victor Hugo fût là. Car il s'agit de la création à la scène du premier drame romantique représenté. *Cromwell*, définitivement réservé aux libraires, il appartenait à Dumas, jusque-là simple expéditionnaire dans les bureaux du duc d'Orléans, d'ébranler le premier la Bastille classique. Un triomphe, cette représentation de *Henri III.* Tout s'est décidé en une seule scène, celle où le duc de Guise oblige son épouse à écrire à Saint-Mégrin, qu'il pense être son amant, une lettre qui recèle un piège diabolique. Le duc est armé, cuirassé, terrible. Comme la duchesse refuse de se prêter à la manœuvre qui doit perdre Saint-Mégrin, il lui saisit le bras de son gantelet de fer :

« Écrivez !

— Vous me faites mal, Henri.

— Écrivez, vous dis-je.

— Vous me faites bien mal, Henri, vous me faites horriblement mal. »

Sur cette réplique la salle a crié de terreur, des femmes se sont évanouies ! Et puis les applaudissements ont crépité.

Hugo, accueilli avec Vigny dans la loge de la sœur de Dumas, a assisté à la prodigieuse acclamation qui s'est élevée au baisser du rideau. *Le Globe* du 14 février imprimera : « Le succès a été immense. » Beau joueur, Hugo a fait queue dans les coulisses pour féliciter Dumas. Mais, en lui tendant la main, n'a-t-il pas éprouvé quelque amertume de n'avoir pas été le premier ? Il n'en a rien montré. Et Dumas, rayonnant, enfantin et grandiose, secouant sa crinière crépue, lui a crié :

— Ah ! me voilà donc enfin des vôtres !

Hugo, changé lui-même tout à coup en héros de Dumas, a répliqué :

— Maintenant, à mon tour !

Il existe entre les deux hommes de singulières similitudes. Tous les deux sont nés en 1802. Tous les deux sont fils de généraux. Le romantisme s'en mêlant, bientôt les fils seront amis, et des meilleurs.

Son sujet, Hugo sait qu'il le tient. Il y a de longs mois qu'il se documente sur l'époque de Louis XIII, qu'il rassemble des notes. Les feuillets se sont amassés. Il s'est attardé au personnage si attachant de Marion de Lorme, courtisane fameuse du début du XVIIe siècle. Il l'a retrouvée dans le *Cinq-Mars* de Vigny, paru en 1826. Peu à peu, Hugo s'est résolu à faire de cette femme l'héroïne de sa pièce. Une prostituée qui cherche à se réhabiliter : voici notre première rencontre avec l'un des thèmes essentiels de la pensée de Hugo. Sans cesse il plaindra la « femme qui tombe ». Fantine deviendra l'une des figures du roman français. Difficile de savoir d'où lui est venue cette hantise. Ce fiancé chaste, ce mari fidèle n'a jamais fréquenté les femmes de mauvaise vie. En réalité, sa vision est tout extérieure mais n'en prend que plus de force.

L'œuvre mûrit peu à peu dans le cabinet de travail de la rue Notre-Dame-des-Champs et au cours de ses longues promenades méditatives sur le boulevard Montparnasse. Mais il remet toujours à plus tard d'en entreprendre la composition.

Comme pour *Le Dernier Jour d'un condamné,* il lui faut un catalyseur. A la fin de mai 1829, Arnault, devenu, aux yeux des romantiques, le prototype du classicisme, donne à la Comédie-Française *Pertinax.* L'échec est grandiose. Dans Paris, on va désormais désigner la pièce sous le nom de *Père Tignasse,* calembour qui a dû enchanter Hugo. Pour la jeunesse romantique, il est définitivement entendu que tous les classiques sont chauves et, par voie de conséquence, qu'ils portent des perruques : d'où *Père Tignasse.* Détail ? Peut-être pas. La chute de *Pertinax* est du 27 mai. Le 1er juin, Victor s'installe à sa table de travail et commence une pièce qu'il a d'abord intitulée *Un duel sous Richelieu.* Curieusement, il rédige d'abord la scène 2 de l'acte I. Le lendemain seulement, il songera à écrire la première scène du même acte. Désormais, il travaille avec une rapidité qui en fera son trait dominant. L'acte I est achevé le 9 juin, l'acte II le 13, l'acte III le 18, l'acte IV le 19, l'acte V et le dernier, le 26. Adèle affirme que le quatrième acte, commencé à l'aube, a été poursuivi toute la journée, la nuit suivante et que Victor en a écrit le dernier vers au moment où le jour reparaissait.

L'ami Taylor — fait baron par le roi quatre ans auparavant — et qui préside aux destinées de la Comédie-Française, a su, l'un des premiers, que le *drame* était achevé. Il a demandé une lecture. Aussitôt des billets de la main de

Hugo partent dans toutes les directions. Dumas en reçoit un, le conviant pour le 12 juillet à entendre *Marion de Lorme* rue Notre-Dame-des-Champs. Frémissant, le futur auteur des *Mousquetaires* y court. Il découvre que l'appartement est rempli d'une foule de gens dont certains lui sont inconnus. Tout ce monde se tasse tant bien que mal dans le petit salon. Voici Alfred de Musset, Alfred de Vigny, Mérimée, Soumet, Villemain, Sainte-Beuve, Magnin, Armand et Louis Bertin, Émile et Antoni Deschamps, Frédéric Soulié, Balzac et toute une société de peintres, les familiers de la maison : Delacroix, Louis Boulanger, Devéria. Et d'autres encore, tels que Mme Tastu et Édouard Turquety. Dumas n'en croit pas ses yeux. Il n'oubliera jamais cette lecture. Les autres témoins non plus. L'un d'eux, Turquety, évoquera Hugo lisant lui-même et lisant bien : « Il faut avoir vu cette belle et admirable figure, et surtout ses yeux fixes, un peu égarés, qui dans les moments passionnés brillaient comme des éclairs. » On écoute, dans une attention tendue, une sympathie de plus en plus émerveillée. D'emblée, le cher Dumas juge que le premier acte est un chef-d'œuvre : « Il n'y a rien à y reprendre, à part cette manie qu'a Hugo de faire entrer les personnages par les fenêtres, au lieu de les faire entrer par les portes et qui se trahissait là, chez lui, pour la première fois. » A mesure pourtant que Hugo poursuit sa lecture, l'enthousiasme de Dumas se tempère de mélancolie : « Je sentais que j'étais loin de cette forme-là, que je serais longtemps à y atteindre, si j'y atteignais jamais. » Il ajoutera d'ailleurs : « On m'eût demandé dix ans de ma vie en me promettant qu'en échange, j'atteindrais un jour à cette forme, je n'eusse point hésité, je les eusse donnés à l'instant même ! » Dumas est assis près de Taylor. Au dernier vers, le baron se penche vers lui :

— Eh bien, que pensez-vous de cela ?

— Je dis que nous sommes tous flambés, si Victor n'a pas fait aujourd'hui sa meilleure pièce.

Déjà chacun se précipite, veut serrer la main de Hugo, lui dire sa joie, son bonheur : « Le petit Sainte-Beuve tournait autour du grand Victor... L'illustre Alexandre Dumas qui n'avait pas encore fait schisme, agitait ses énormes bras avec une exaltation illimitée. » Dumas va même jusqu'à se saisir de Hugo et le soulever avec sa force de géant. Il crie d'une voix qui fait trembler les vitres :

— Nous vous porterons à la gloire !

« On servit des rafraîchissements, dit Turquety : je vois

encore l'immense Dumas se bourrer de gâteaux et répéter la bouche pleine : “ Admirable ! Admirable ! ” »

A 2 heures du matin seulement, les auditeurs de *Marion de Lorme* vont se disperser dans la nuit. Exaltés.

En quelques heures le bruit s'est répandu dans Paris qu'une œuvre de premier ordre venait de voir le jour. Dès le lendemain, à 9 heures, Taylor sonne rue Notre-Dame-des-Champs. Il réclame *Marion de Lorme* pour le Théâtre-Français. Hugo donne son accord. Marion, a dit Taylor, ce ne peut être que Mlle Mars. Le lendemain matin — le 14 juillet — la petite servante introduit dans le cabinet de Victor un monsieur décoré, strictement vêtu d'un habit noir et d'un pantalon blanc, avec un visage blême encadré de favoris énormes où percent deux gros yeux spirituels. Il se présente : Harel, directeur de l'Odéon.

— Monsieur, fait-il, on ne parle que d'un drame que vous avez lu avant-hier soir. Je viens dès ce matin pour être le premier à le demander.

— Vous êtes le second, dit Victor.

Le manuscrit est là, sur un guéridon. Harel, sans attendre, se saisit d'une plume et, sans que Hugo ait pu l'arrêter, écrit au-dessous du titre de l'ouvrage : « Reçu au théâtre de l'Odéon, 14 juillet 1829. »

— Tiens ! dit-il, c'est l'anniversaire de la prise de la Bastille. Eh bien, je prends ma Bastille.

Déjà, il a glissé le manuscrit sous son bras. Il va l'emporter. Il faut que Hugo se gendarme et le lui reprenne de force !

Le lendemain, la servante, un peu effarée sans doute par ce *steeple chase* de directeurs — le mot est de Dumas — introduit dans le salon M. Crosnier, le directeur de la Porte-Saint-Martin. Hugo pose le journal qu'il lisait, se lève, invite d'un geste M. Crosnier à s'asseoir. Ce que fait le visiteur, après avoir salué. Hugo s'assied à son tour, attend. Obstinément, M. Crosnier garde le silence. Hugo, surpris, reprend son journal. Plus étonné encore, Crosnier se décide à intervenir :

— Monsieur, dit-il en s'adressant à Victor, j'étais venu pour avoir l'honneur de parler à Monsieur votre père ; on m'avait dit qu'il était chez lui. Si ce n'était point abuser de votre complaisance, je vous prierais de vouloir bien le faire prévenir que je l'attends.

— Hélas ! Monsieur, répond Hugo, mon père est mort depuis un an, et je présume que c'est à moi que vous voulez parler.

— Je veux parler à M. Victor Hugo.

— C'est moi, Monsieur.

Stupeur de Crosnier, incapable de s'être figuré que « ce petit jeune homme blond et rose, qui semblait un enfant de vingt ans, fût l'homme autour duquel, depuis cinq ou six ans, il se faisait déjà tant de bruit ».

Se ressaisissant, le directeur expose qu'il est venu demander *Marion de Lorme* pour son théâtre. Pauvre Crosnier : Hugo lui montre la réception dûment signée par Harel et lui indique que celle du Théâtre-Français prime à ses yeux. Crosnier a un léger sourire. Il prend une plume et, au-dessous de la signature d'Harel, il inscrit : « Reçu au Théâtre de la Porte-Saint-Martin, le 15 juillet 1829. » Étonnement de Hugo. Nouveau sourire de Crosnier :

— Peu importe, Monsieur, je désire prendre rang. Eh ! mon Dieu, qui sait ? Malgré ces deux réceptions, il se peut que ce soit moi qui joue l'ouvrage.

C'est très exactement ce qui arriva [1].

Il faut que Hugo lise à la Comédie-Française. Simple formalité. La petite coterie des inconditionnels est venue assister à l'événement. Dumas en est. La pièce est reçue à l'unanimité et par acclamations. Après quoi, les disciples amicaux s'égaillent, dans le même état d'effervescence qu'à la première lecture. Ils passent devant l'affiche qui annonce le spectacle que le Français représentera le soir. Émile Deschamps s'arrête, hausse les épaules et s'écrie avec compassion :

— Et *ils* vont jouer *Britannicus* !

Mémoires de Dumas : « Personne de nous aujourd'hui, pas même Émile Deschamps, n'avouerait avoir dit ce mot. Et moi, je déclare que nous l'eussions tous dit en 1829, et que plus d'un qui a fait, depuis, ses visites aux trente-neuf académiciens, le lui envia dans le moment. »

Nul n'en doute : *Marion* va confirmer la première victoire romantique remportée par Dumas. D'autant plus que le Théâtre-Français vient de recevoir une pièce de Vigny : *le More de Venise,* inspiré d'*Othello.* Vigny a lu sa pièce

1. J'adopte ici la version d'Alexandre Dumas. Adèle croit se souvenir que c'est Jouslin de Lasalle qui a demandé la pièce pour la Porte-Saint-Martin. Mais c'est Crosnier qui finalement, en 1831, a fait représenter la pièce. D'où le sel de la prophétie enregistrée par Dumas. Par ailleurs, on lit dans les notes prises par Dumas sous la dictée de Hugo : « Reçu par Harel, Crosnier, chez qui elle fut jouée ; reçu au Théâtre-Français. »

chez lui, le 17 juillet. Se sont retrouvés là les mêmes romantiques qui, chez Hugo, avaient entendu *Marion,* curieusement amalgamés avec nombre de personnages titrés. Le Théâtre-Français est-il en voie d'être définitivement enlevé par les bataillons romantiques ?

Quelques mois plus tôt, plusieurs auteurs classiques — et non des moindres — alarmés par l'offensive romantique, avaient adressé une supplique à Charles X, tendant à ce que le monopole du Théâtre-Français leur fût réservé. A quoi, non sans esprit, Charles X avait répondu qu'en fait de théâtre, il ne disposait, comme tous les Français, que d'une place au parterre. Il ne va pas tarder à se déjuger.

Comme le veut la législation du temps, *Marion de Lorme* a été soumise à la censure. Taylor n'est pas sans inquiétude. Ce qui l'effraie, c'est le quatrième acte. Hugo n'y montre guère de tendresse pour Louis XIII dont il a fait une sorte de psychopathe, prisonnier de ses terreurs et de ses velléités. Taylor a même demandé à Hugo d'atténuer quelques passages. Catégoriquement, Victor s'y est refusé.

La nouvelle va résonner comme un glas dans le clan romantique : la censure refuse *Marion de Lorme.* Il faut dire que l'homme qui domine cette censure s'appelle Charles Brifaut. On a pu croire, parce qu'il collaborait à *la Muse française,* que ce Brifaut penchait vers le romantisme. Erreur. Lorgnant lui aussi vers l'Académie, il s'est empressé de brûler ce qu'il avait, non pas adoré, mais soutenu du bout des lèvres. Son rapport sur *Marion de Lorme* n'est pas un jugement, c'est un verdict qui conclut à l'interdiction pure et simple.

La lettre de refus est arrivée rue Notre-Dame-des-Champs. Elle produit sur Hugo l'effet d'un fer rouge « qu'on lui aurait plongé en plein cœur ». Impression dont on constatera à quel point elle est romantique. Quoi ! On ne jouera pas *Marion de Lorme* ? Cette censure, Victor va la comparer instantanément au bagne de Toulon : n'est-ce pas une « chiourme de la pensée » ? Quant à Charles Brifaut, il devient sur-le-champ sous sa plume rageuse un « journaliste mouchard ». Superbe, Hugo écrit : « Dévoué à la monarchie et je l'ai prouvé, je ne le suis pas moins à la liberté, et je le prouverai ! »

Comment cela ? En se battant. Nous retrouvons ici, chez Hugo, ce mélange remarquable : l'homme en proie aux angoisses intimes, aux tourments intérieurs, est toujours prêt en même temps à croiser le fer avec ceux qui lui barreraient la route. Il n'y va pas par quatre chemins : il demande au vicomte de Martignac une audience qui d'ailleurs lui est aussitôt accordée. Le ministre le reçoit avec hauteur et lui signifie qu'il donne entièrement raison aux censeurs. Il a lui-même lu la pièce et trouvé le rapport modéré : « Ce n'est pas seulement un aïeul du roi qui est tourné en ridicule, c'est le roi lui-même. Dans Louis XIII, chasseur et gouverné par un prêtre, tout le monde verra une allusion à Charles X. »

Hugo se récrie. En dépeignant un roi, il n'a voulu représenter que Louis XIII, point un autre. De quel droit veut-on l'accuser d'hypocrisie ? « Il n'est pas dans mon caractère de souffleter un roi vivant sur la joue d'un roi mort ! »

Martignac s'adoucit, affecte de croire le jeune — et bouillant ! — poète. Avec une nuance cependant :

— Je suis convaincu que ce n'est pas Charles X que vous avez mis dans votre drame, mais c'est Charles X qu'on y verrait.

Le ministre l'éconduit ? Qu'à cela ne tienne : c'est au roi que s'adressera Hugo. Et le roi le reçoit ! L'événement, tout aussitôt, va frapper l'opinion. Dans *la Revue de Paris* datée du 9 août, le directeur lui-même, le fameux docteur Véron, lui consacre un article entier sous le titre : « De l'audience accordée par S.M. Charles X à M. Victor Hugo », article dont Sainte-Beuve réclamera plus tard la paternité. Par deux fois, *le Globe* revient sur cette affaire qu'il appelle un « premier coup d'État littéraire ». C'est à Saint-Cloud, le 7 août 1829, à midi, que le roi a reçu Victor. La convocation était adressée à « M. le baron Victor Hugo », titre auquel l'autorité royale accorde tout à coup sa garantie. Habileté.

Il faut un habit à la française. Victor n'en a pas. Son frère Abel lui en procure un. A l'heure dite, il pénètre dans le palais que construisit jadis, pour cadre de sa gloire contestée, Monsieur, frère de Louis XIV. Il fait dix minutes antichambre au milieu de vingt personnes, parmi lesquelles Mme du Cayla, l'ancienne favorite de Louis XVIII, avec laquelle il cause un moment. On l'appelle. Tous le dévisagent, ce qui l'intimide. Il est tout rouge quand il pénètre dans le cabinet royal. Dans un poème des *Rayons et les Ombres,* il évoquera l'entrevue mémorable. Il montrera le grand cabinet « simple, nu, solitaire, majestueux pourtant », une table, un fauteuil de velours aux pieds « dorés et lourds », des armoires de Boulle, des vases du Japon, des laques, des émaux, « et des chandeliers d'or aux immenses rameaux ». Par ses yeux nous verrons deux hommes qui marchent côte à côte en parlant, le vieux roi à la tête blanche, « l'air fatigué, triste et grave » avec un uniforme vert à ganse rouge, portant le grand cordon de l'Ordre du Saint-Esprit ainsi que la Toison d'or ; l'autre, un jeune homme « étranger chez les rois »,

Un poète, un passant, une inutile voix.

Ce poète-là ne peut s'empêcher d'évoquer secrètement la grande ombre de Napoléon qui, en ce même lieu, si souvent,

De la porte en rêvant allait à la fenêtre.

Sans tarder, on aborde le sujet de la visite. En quelques mots, Hugo défend sa *Marion de Lorme.*

— Ah ! oui, je sais, dit le roi. On m'en a parlé hier. Il paraît ajoute-t-il en souriant, que vous maltraitez un peu mon pauvre aïeul Louis XIII. M. de Martignac dit qu'il y a dans votre pièce un acte terrible.

— Peut-être Votre Majesté ne serait-elle pas de l'avis de son ministre, si elle voulait prendre la peine de s'éclairer elle-même. J'ai apporté le quatrième acte...

Taylor a fait somptueusement calligraphier cet acte sur un papier vélin que symboliquement on avait voulu royal. Hugo le tend à Charles X qui l'interrompt avec grâce :

— Le quatrième acte seul ! Certainement je le lirai. Il fallait m'apporter toute la pièce.

On parle. Le roi affirme qu'une pièce peut provoquer des révolutions, que cela est arrivé. Déjà Martignac avait fait allusion au *Mariage de Figaro.* Hugo répond avec feu, stigmatise la censure, dit qu'il rêve d'une monarchie qui l'anéantirait et s'attirerait les bénédictions du peuple. Le vieux roi l'écoute attentivement. S'il faut l'en croire, Hugo aura droit à un sourire et à ces mots murmurés :

— Ô poète !

En prenant congé, Victor se permet de souhaiter une prompte décision : les acteurs attendent, la date de la représentation a été fixée.

— Soyez tranquille, promet le roi, je me presserai. J'aime beaucoup votre talent, Monsieur Hugo. Il n'y a pour moi que deux poètes, vous et Désaugiers.

Le lendemain, Martignac quitte le ministère. Une chance pour *Marion* ? Le nouveau ministre de l'Intérieur,

M. de La Bourdonnaye, reçoit Hugo : « Le roi a lu l'acte, et regrette de ne pouvoir autoriser la représentation. Le gouvernement, du reste, est disposé à tout faire pour dédommager l'auteur. » Hugo salue et s'en va.

Le jour suivant, Sainte-Beuve vient rendre, rue Notre-Dame-des-Champs, sa chère visite quotidienne. Il cause avec Victor et Adèle quand on apporte un pli portant le cachet du ministère de l'Intérieur. Qu'est-ce ? M. de la Bourdonnaye annonce à Hugo que le roi lui accorde une nouvelle pension de 4000 francs, ce qui, ajouté aux 2000 francs qu'il touche déjà, aboutit à 6000 francs. « Ma femme et Sainte-Beuve étaient dans mon cabinet, racontera plus tard Hugo, quand une lettre du ministre de l'Intérieur, La Bourdonnaye, m'arriva. J'ouvris la lettre. C'était l'annonce des 6000 fr. de pension. Je tendis la lettre à ma femme et à Sainte-Beuve et je leur dis : lisez. Puis je pris une plume et me mis à écrire sur la première feuille de papier qui me tomba sous la main. Ils lisaient pendant que j'écrivais, et tous deux gardaient le silence. Je signai et je posai la plume. Sainte-Beuve me demanda : — Qu'allez-vous répondre ? Je lui dis : — Ceci. Et je lui tendis ce que je venais d'écrire. C'était la lettre de refus [1]. »

Ce jour-là, Sainte-Beuve va mériter le titre de chargé des relations publiques de Victor Hugo. Grâce à lui, les journaux ne vont rien ignorer de la proposition et de son rejet. On lira dans *le Journal des débats* : « La conduite de M. Victor Hugo n'étonnera nullement ceux qui le connaissent ; mais il est bon que le public sache les nouveaux droits que le jeune poète vient d'acquérir à son estime. » Et, dans *le Constitutionnel* : « La jeunesse n'est pas aussi facile à corrompre que l'espèrent MM. les Ministres. »

Nouvelle question pour les *Blancs* : nous appartient-il toujours ? Nouvelle énigme pour les *Bleus* : se pourrait-il qu'il aille plus loin que nous ?

A vrai dire, dans sa lettre à La Bourdonnaye, Hugo a su nuancer son orgueilleux refus d'une habile — et d'ailleurs sincère — proclamation de dévouement : « Quoi qu'il advienne, il est inutile que je vous en renouvelle l'assurance, rien d'*hostile* ne peut venir de moi. Le roi ne doit attendre de Victor Hugo que des preuves de fidélité, de loyauté et de dévouement. »

Il n'en pense pas moins. Huit jours plus tard, il dîne

1. Lettre à Auguste Vacquerie, 20 janvier 1870.

chez Charles Nodier avec le baron Taylor qui lui annonce son prochain départ en voyage. Hugo demande au commissaire royal quand il sera de retour.

— A la fin du mois.

— Cela nous donne un peu plus de trois semaines. Eh bien, convoquez le comité pour le 1er octobre, je lirai quelque chose.

Le 5 octobre, devant les comédiens français, c'est *Hernani* que Hugo lira. Il a commencé la pièce le 29 août, achevé le premier acte le 2 septembre, commencé le second le 3, l'achevant le 6. Le 8 septembre, il vient à bout du troisième acte et met cinq jours, du 15 au 20, pour terminer le quatrième acte. Il lui suffit de quatre jours, du 21 au 24, pour en finir avec la pièce.

Pourquoi *Hernani*?

Dès le mois d'août 1829, Sainte-Beuve écrivait à Hugo pour lui demander de lui restituer le « volume des *pièces du Cid* » qu'il avait lui-même emprunté à la bibliothèque de l'Arsenal. Donc, dans *Hernani*, il y a d'abord l'Espagne. Hugo, dans sa préface, dira que le *romancero general* est « la véritable clé » de son œuvre. Il invitera le lecteur qui pourrait être choqué par son propre drame à relire aussi « *le Cid, Don Sanche, Nicomède*, ou plutôt tout Corneille et tout Molière, ces grands et admirables poètes ». D'ailleurs, le sous-titre d'*Hernani* n'est-il pas *l'Honneur castillan*? L'obsession espagnole se décèle dans le même nom du héros, souvenir de son passage, tout enfant, par le petit bourg d'Ernani. Elle est telle, cette imprégnation, que c'est une authentique nécessité qui l'a conduit à situer dans ce cadre le conflit fulgurant que son imagination lui suggérait. A la violence qu'il voulait exprimer, il lui a paru que seules convenaient les couleurs exaspérées de l'Espagne.

En second lieu, il y a Adèle. Le personnage de Doña Sol lui doit beaucoup. En 1829, Hugo reste dans le droit-fil de ses propres amours, uniques et absolues. Doña Sol est vouée au blanc, par opposition au noir costume de Don Ruy Gomez. Dans les lettres de Victor à Adèle, que d'allusions à la « robe blanche » de celle-ci ! Il y a mieux : le 5 janvier 1822, Adèle Foucher écrivait à Victor :

« Serais-tu en prison, dans un cachot, dans tous les endroits les plus horribles, que je te suivrais partout. Tous les obstacles ne seraient rien et ton Adèle s'attacherait à toi quand bien même tu t'y opposerais. Et que crois-tu que soit la vie ? Elle n'est quelque chose qu'autant qu'on la parcourt avec quelqu'un qui sait vous la faire aimer, vous y faire attacher quelque prix, et pour moi un tombeau où je serais avec toi serait le ciel pour moi. »

Et que dit Doña Sol à Hernani ?

Allez où vous voudrez, j'irai. Restez —, partez.
Je suis à vous. Pourquoi fais-je ainsi ? Je l'ignore.
J'ai besoin de vous voir et de vous voir encore.

N'ajoute-t-elle pas : « Je veux ma part de ton linceul » ? Victor avait offert à Adèle — comme Hernani à Doña Sol — de mourir après une nuit d'amour.

Cependant, ni l'Espagne ni Adèle ne sont l'essentiel. Ce qu'a passionnément désiré Hugo, c'est de faire éclater non seulement les frontières convenues du théâtre à la française — cela, tous les lycéens l'apprennent — mais celles de la réalité. *Hernani* est un drame *rêvé*. L'incohérence, les invraisemblances, les absurdités que ne cessent de souligner les préfaces des éditions scolaires, tout cela existe. L'erreur vient d'avoir cru qu'elles sont dues aux insuffisances de Hugo comme dramaturge. Ses personnages, Victor les a ressentis comme il les a peints. Les situations où il les plonge correspondent au monde tel qu'il le voit, aux hommes tels qu'il les sent. Dans l'âme de Hugo, sans cesse la grandeur côtoie la folie. Quand il porte ses regards vers un personnage du passé, aussitôt il cherche ce qui domine, de la folie ou de la grandeur. Les personnages d'*Hernani* nous apparaissent comme de purs reflets de l'angoisse hugolienne. Don Carlos —, futur Charles Quint — c'est l'angoisse du pouvoir. Don Ruy Gomez, l'angoisse de la trahison. Hernani, l'angoisse de sa propre perdition. Comment ne pas découvrir « une précision presque clinique [1] », un véritable constat, dans les vers de l'acte III où Hernani, s'adressant à Doña Sol, crie sa terreur devant le destin où il se sent précipité :

Détrompe-toi ! Je suis une force qui va !
Agent aveugle et sourd de mystères funèbres !
Une âme de malheur faite avec des ténèbres !
Où vais-je ? Je ne sais. Mais je me sens poussé
D'un souffle impétueux, d'un destin insensé.
Je descends, je descends, et jamais ne m'arrête.
Si parfois, haletant, j'ose tourner la tête,
Une voix me dit : Marche ! et l'abîme est profond,

1. Jean Massin.

Et de flamme ou de sang je le vois rouge au fond !
Cependant, à l'entour de ma course farouche,
Tout se brise, tout meurt. Malheur à qui me touche !
Oh ! fuis ! détourne-toi de mon chemin fatal,
Hélas ! sans le vouloir, je te ferais du mal !

Hernani court à la destruction, il le sait. Pourtant, il agit. Il va jusqu'à aimer, alors que pour cet insurgé, ce rebelle, il est interdit d'aimer. Sachant que Ruy Gomez est maître de sa vie, qu'il peut la lui réclamer à tout instant, il veut l'oublier et oser croire à un possible bonheur. Il tressaille quand retentit le cor de Ruy Gomez. *Hernani* se présente comme la première œuvre totalement onirique portée en France sur une scène. Son importance ne naît pas, comme on le répète sans cesse, du fait que, conduisant le spectateur de Saragosse aux montagnes d'Aragon, d'Aix-la-Chapelle au palais de Ruy Gomez, elle bouscule les règles classiques ; mais de ce qu'elle fait littéralement éclater la logique des caractères. Hugo a-t-il regardé du côté de Shakespeare ? Bien sûr. Mais il reste Hugo. Pleinement.

Depuis longtemps le pouvoir le hantait. Il a vécu, les yeux littéralement fixés sur Napoléon. Charles Quint devient une nouvelle transposition du héros corse. Le fait même que la fonction impériale soit élective pour l'un et pour l'autre rend plus troublant encore le rapprochement. Identique, l'ambition des deux hommes. Identique, leur volonté d'unir l'Europe sous le même sceptre. Identiques, la grandeur, la part de la folie.

Hugo va lire *Hernani* devant un auditoire qui ressemble à s'y méprendre à celui qui, si peu de temps auparavant, avait acclamé la *Marion* mort-née. Les comédiens français reçoivent le drame par acclamations. Les journaux commencent à annoncer la nouvelle pièce, d'ailleurs sous le titre de *Hernani ou la jeunesse de Charles Quint,* première partie d'une trilogie.

Sainte-Beuve a naturellement assisté à la lecture d'*Hernani.* Après quoi, en compagnie de Louis Boulanger et de l'architecte Robelin, il a pris la diligence pour Besançon. C'est là que, devenu cardinal et archevêque, officie désormais Mgr de Rohan. A peine nommé, il a souhaité restaurer sa cathédrale et, pour cette tâche, a mandé auprès de lui Robelin. Un projet des trois voyageurs : pousser jusqu'au Rhin. Révélatrices sont les lettres de Sainte-Beuve. Pour la première fois, cet homme secret se dévoile. Le 11 octobre, il écrit de Dijon à Victor :

« Notre première pensée à tous trois est ici pour vous ; nous avons bien parlé de vous pendant le voyage, et hier à dîner vous et Madame Hugo ont été pour beaucoup dans ce plaisir qu'on éprouve à être trois amis dînant à dix heures du soir après deux mauvaises nuits et journées en diligence... Moi surtout, mon cher Victor, j'avais bien des raisons pour ne pas quitter un seul instant votre souvenir ; car, si je vous l'ai déjà dit en vers, souffrez que je le marque ici en simple et vraie prose, je ne vis plus que par vous... Tout ceci est pour vous, mon cher Victor, et pour Madame Victor qui n'est pas séparée de vous dans mon esprit ; dites-lui combien je la regrette et que je lui écrirai de Besançon et tâchez, du sein de votre bonheur et de votre gloire, d'avoir quelques pensées pour nous. »

Combien je la regrette. Dès qu'ils seront à Besançon, le 16 octobre, c'est à Adèle que Sainte-Beuve écrira :

« En vérité, Madame, quelle folle idée ai-je donc eue de quitter ainsi sans but votre foyer hospitalier, la parole féconde et encourageante de Victor, et mes deux visites par jour dont une était pour vous ? Je suis toujours inquiet parce que je suis vide, que je n'ai pas de but, de constance, d'œuvre ; ma vie est à tout vent, et je cherche comme un enfant hors de moi, ce qui ne peut sortir que de moi-même. Il n'y a plus qu'un point fixe et solide auquel, dans mes fous ennuis et mes divagations continuelles, je me rattache toujours : c'est vous, c'est Victor, c'est votre ménage et votre maison. »

Adèle ne tardera pas à répondre. Elle le fait dès le 20 octobre :

« Si de votre côté, vous voulez bien penser à nous, du nôtre, bien sûr nous n'y pensons et n'en parlons pas moins ; votre absence fait un grand vide dans notre foyer et nous vous prions de bien vous ennuyer loin de vous, afin de revenir bien vite : c'est la plus instante de toutes les prières que je puisse vous adresser... »

Une fois encore, Victor souffre des yeux. Adèle le dépeint « incapable d'aucun travail et de toute autre chose qui le force d'ôter le bandeau qui lui couvre les yeux ». Lui-même, dans une lettre à Sainte-Beuve parle de « cette maudite inflammation que vous me connaissez dans les intestins » qui « se met en marche, monte dans la tête et se jette sur mes yeux. Me voilà alors aveugle ; enfermé des jours entiers dans mon cabinet, stores baissés, volets fermés, porte close, ne pouvant travailler, ni lire, ni écrire ».

En fait de cécité, Hugo n'aurait pas dû méconnaître qu'il en existe une autre, toute morale. De ce spleen avoué par Sainte-Beuve, de cette absence si mal supportée, il n'a rien vu, rien décelé. Il faut dire que l'affaire d'*Hernani* l'occupe tout entier.

L'affaire : c'en est devenu une qui l'a quasiment brouillé avec Vigny. Le noble comte a traité les comédiens français du haut de sa superbe. Humiliés, ils se sont vengés en proposant de faire passer la représentation d'*Hernani* avant celle d'*Othello*. Le débat est devenu public. Paternellement, *le Globe* a souhaité que Hugo s'effaçât devant son ami, mais il l'a fait en des termes insupportables pour Vigny : « Shakespeare traduit avec fidélité, offert sans prétentions comme une étude, est une assez bonne introduction à la réforme. » Le lendemain, dans une lettre rendue publique, Hugo s'est engagé, avec quelque solennité, à ce que *Hernani* ne prît jamais le pas sur *Othello*. Ce qui n'a rien arrangé du tout. *Hugo à Vigny* : « On cherche à nous désunir, mais je vous prouverai le jour d'*Othello* que je suis plus que jamais votre bon et dévoué ami. » C'est bien *Othello* qu'on joue en premier. Vigny croyait au triomphe. Ce n'est qu'un succès. A l'égard de Hugo, son amertume grandit d'autant. Il en souffre, l'écorché Hugo. De même qu'il prendra fort mal un article de Nodier contenant une allusion plus que perfide aux *Orientales*. Quoi ! C'est donc cela l'amitié ? *Hugo à Nodier* : « Et vous aussi, Charles ! Je voudrais pour beaucoup n'avoir pas lu *la Quotidienne* d'hier. Car c'est une des plus violentes secousses de la vie que celle qui déracine du cœur une vieille et profonde amitié... Croyez-moi, c'est une chose bien triste pour moi, et pour vous aussi, car de votre vie, Charles, jamais vous n'avez perdu d'ami plus profondément et plus tendrement et plus absolument dévoué. »

D'évidence, c'est un homme dont les nerfs sont exacerbés qui écrit ainsi. Une explication : il vient d'apprendre que le censeur Brifaut — toujours lui — a signé un rapport horrifié sur *Hernani*. Qu'on en juge : « Il est bon que le public voie jusqu'à quel point d'égarement peut aller l'esprit humain affranchi de toute règle. » Le baron Trouvé, chef de la division des Belles-Lettres au ministère de l'Intérieur, a confirmé : la pièce ne pourra être jouée que si l'auteur accepte les modifications et suppressions qui lui seront proposées. De la part de Hugo, c'est d'abord une réaction de colère, suivie d'une dépression dont Sainte-Beuve, confident et confesseur, recevra l'écho. *2 novembre 1829* : « Tout s'assombrit autour de nous. Nous voilà revenus comme à nos premiers jours de lutte et de combat... La vieille école, qui ne soufflait plus, a repris l'offensive. Un orage terrible s'amoncelle sur moi, et la haine de tout ce bas journalisme est telle, qu'on ne me tient plus compte de rien... » Il se reprend, adresse à La Bourdonnaye, toujours ministre de l'Intérieur, une lettre très digne, protestant contre les suppressions qu'on veut lui imposer. Il ne peut croire « que de pareilles radiations soient définitives et sans appel ». Le ministre redoute-t-il les commentaires de la presse et surtout ceux d'une opinion qui ne pardonne plus rien à un régime qui se tient désormais pour assiégé ? Il cède. C'est le baron Trouvé lui-même qui sera chargé d'écrire au poète : « Vous êtes donc autorisé à laisser subsister sur le manuscrit les expressions suivantes adressées à Don Carlos : *lâche, insensé, mauvais roi.* » Pauvre censure.

Et le jour arrive où l'on met *Hernani* en répétition. Hugo sait déjà qu'il va livrer le combat décisif de sa vie.

Comme j'aime Dumas ! Pendant toute la bataille qui se prépare — bataille : le mot est prononcé — il ne quitte pas Hugo. Il ne manque pas une répétition. On dirait qu'il n'a plus rien à faire dans la vie que d'escorter et soutenir cet homme de son âge qu'il admire d'un cœur qui vaut son âme. Je le vois, tel que Devéria l'a dessiné, infiniment long, infiniment mince — l'embonpoint ne viendra chez ce gastronome qu'après quarante ans — infiniment brun de teint et crépu de cheveux. J'entends sa voix sonore, ses rires énormes. Je le vois se plier et se déplier dans l'un des fauteuils de velours rouge du Théâtre-Français. Je le vois se réjouir, se récrier, s'indigner. Présence pour nous irremplaçable. Des répétitions d'*Hernani*, il a tout perçu, tout retenu, tout noté. Adèle l'a si bien senti que, dans son propre récit, elle a tout bonnement recopié Dumas. Avec cela, parfaitement lucide en ce qui les concerne, Victor et lui : « Hugo et moi avons deux caractères absolument opposés ; lui est froid, calme, poli, sévère, plein de mémoire du bien et du mal ; moi, je suis en dehors, vif, débordant, railleur, oublieux du mal, quelquefois du bien. » Comment ne pas le croire lorsqu'il nous lance : « Avec les répétitions commencèrent les déboires » ? On ne peut dire que d'emblée le Théâtre-Français se soit montré tout entier acquis au romantisme. Seul le vieux Joanny — qui doit jouer Ruy Gomez — ne cèle pas sa sympathie pour la nouvelle école. Les autres, aussi bien Mlle Mars qui doit être Doña Sol, Michelot qui incarnera Charles Quint, et Firmin, futur Hernani, « ne regardaient l'envahissement qui s'opérait que comme une espèce d'invasion de barbares à laquelle il fallait se soumettre en souriant ». Dumas ajoute : « Dans les caresses que nous faisait Mlle Mars, il y avait toujours les restrictions mentales de la femme violée. » D'où un conflit qui, d'abord feutré, va peu à peu s'envenimer pour devenir flagrant. D'où, entre Hugo et Mlle Mars — qui a alors cinquante et un ans — des dialogues mémorables. Au milieu de la répétition, la grande actrice s'arrête tout à coup :

— Pardon, mon ami, dit-elle à Firmin, à Michelot ou à Joanny, j'ai un mot à dire à l'auteur.

Comme cet auteur-là se trouve assis dans la salle, le « mot » sera dit par-dessus la rampe, de sorte que rien n'en sera perdu « pour les trente ou quarante artistes, musiciens, régisseurs, comparses, garçons de théâtre, allumeurs et pompiers assistant à la répétition ». Mlle Mars s'avance jusqu'à la rampe, abrite ses yeux de la main et fait semblant de chercher l'auteur. Elle sait très bien où se trouve Hugo, mais chaque jour elle réitère ce manège :

— Monsieur Hugo ? Monsieur Hugo est-il là ?

Hugo se lève :

— Me voici, Madame.

— Eh ! très bien ! merci... Dites-moi, monsieur Hugo...

— Madame ?

— J'ai à dire ce vers-là :

Vous êtes mon lion superbe et généreux !

— Oui, Madame, Hernani vous dit :

Hélas ! J'aime pourtant d'une amour bien profonde !
Ne pleure pas... Mourons plutôt ! Que n'ai-je un monde,
Je le donnerais ! Je suis bien malheureux !

Et vous lui répondez :

Vous êtes mon lion superbe et généreux !

— Est-ce que vous aimez cela, monsieur Hugo ?

— Je l'ai écrit ainsi, Madame ; donc j'ai cru que c'était bien.

— Alors, vous y tenez, à votre *lion* ?

— J'y tiens et je n'y tiens pas, Madame ; trouvez-moi quelque chose de mieux, et je mettrai cette autre chose à la place.

— C'est qu'en vérité, cela me semble si drôle d'appeler M. Firmin *mon lion* !

Hugo, toujours armé du même calme olympien, explique que si Mlle Mars s'adresse en effet à Firmin, elle n'a pas de raison de l'appeler son lion. Qu'en revanche elle doit se souvenir qu'elle interpelle Hernani, un de ces terribles chefs de bande qui faisaient trembler Charles Quint jusque dans sa capitale. La pupille de Ruy Gomez de Silva, s'adressant à un tel homme, peut — elle — l'appeler son *lion.* Mlle Mars écoute, avec une attention qui semble infinie. Elle médite. Puis :

— C'est bien ! Puisque vous tenez à votre *lion*, n'en parlons plus. Je suis ici pour dire ce qui est écrit ; il y a dans le manuscrit : « Mon lion ! », je dirai « Mon lion ! ». Moi... Mon Dieu ! Cela m'est bien égal ! — Allons, Firmin !

Vous êtes mon lion superbe et généreux !

Seulement, le lendemain, parvenue au même endroit, Mlle Mars s'arrête comme la veille. Elle s'avance vers la rampe. Elle place la main sur ses yeux. Elle cherche l'auteur :

— Monsieur Hugo est-il là ?

Hugo se lève :

— Me voici, Madame.

De nouveau, elle lui demande s'il a pensé à ce vers, « vous savez bien ce vers » :

Vous êtes mon lion superbe et généreux !

N'a-t-il pas trouvé quelque chose pour remplacer ce *lion* qui sûrement sera sifflé ? Hugo, imperturbable, répond qu'il n'a pas trouvé parce qu'il n'a pas cherché. Et que, si l'on siffle l'hémistiche, c'est parce que Mlle Mars ne l'aura pas dit avec son talent habituel. A quoi la grande actrice répond qu'elle le dira de son mieux, mais qu'elle préférerait autre chose. Par exemple :

Vous êtes mon seigneur superbe et généreux !

— Est-ce que *mon seigneur* ne fait pas le vers comme *mon lion* ?

— Si fait, Madame, seulement *mon lion* relève le vers et *mon seigneur* l'aplatit. J'aime mieux être sifflé pour un bon vers qu'applaudi pour un méchant.

— C'est bien, c'est bien !... Ne nous fâchons pas... On dira votre *bon vers*, sans y rien changer ! — Allons, Firmin, mon ami, continuons...

Bien entendu, le jour de la première représentation, Mlle Mars, au lieu de prononcer : « Vous êtes mon lion », lancera : « mon seigneur ! ». « Le vers, dit Dumas, ne fut ni applaudi ni sifflé ; il n'en valait plus la peine. »

Chaque jour, les escarmouches se renouvellent. Tout est prétexte à Mlle Mars pour interpeller Hugo. Chaque jour, Hugo lui répond avec le même sérieux, le même calme. Jusqu'au jour où il perd patience. Il attend que la répétition soit achevée, monte sur le théâtre, s'approche de Mlle Mars et sollicite d'elle un entretien immédiat. Déconcertée, elle l'invite à l'accompagner au petit foyer. Là, tout à trac, il lui dit qu'il vient de prendre une résolution.

— Quelle résolution ?

— Celle de vous redemander votre rôle.

Stupeur de Mlle Mars à qui de sa vie un auteur n'a osé retirer un rôle. Incrédulité.

— Mais enfin, demande-t-elle d'une voix plus haut perchée qu'à l'ordinaire, pourquoi me le reprenez-vous ?

— Parce que je crois m'apercevoir d'une chose, Madame : c'est que, quand vous me faites l'honneur de m'adresser la parole, vous paraissez ignorer absolument à qui vous parlez.

— Comment cela, Monsieur ?

— Oui, vous êtes une femme d'un grand talent, je sais cela... Mais il y a une chose dont, je le répète, vous semblez ne pas vous douter, et que, dans ce cas, je dois vous apprendre : c'est que, moi aussi, Madame, je suis un homme d'un grand talent : tenez-vous-le donc pour dit, je vous prie, et traitez-moi en conséquence.

— Vous croyez donc que je le jouerai mal, votre rôle ?

— Je sais que vous le jouerez admirablement bien, Madame, mais je sais aussi que, depuis le commencement des répétitions, vous êtes fort impolie envers moi ; ce qui est indigne à la fois et de Mlle Mars et de M. Victor Hugo.

Mlle Mars mord ses lèvres pâles :

— Oh ! vous mériteriez bien que je vous le rendisse, votre rôle !

Ce qui l'achève, c'est que Hugo lui révèle que, pour la remplacer, il a pensé à Mlle Despréaux. Un détail : Mlle Despréaux a dix-sept ans.

— Elle n'aura pas votre talent sans doute ; mais elle est

jeune, elle est jolie ; sur trois conditions que le rôle exige, elle en réunit deux.

Réaction ultime et furibonde de Mlle Mars :

— Eh bien, moi, je le garde votre rôle ! Je le jouerai, et comme personne ne vous le jouerait à Paris, je vous en réponds !

— Soit, gardez le rôle ; mais n'oubliez pas ce que je vous ai dit à l'endroit des égards que se doivent entre eux les gens de notre mérite.

Désormais, Mlle Mars sera « froide mais polie envers Hugo ». Ce qui ne l'empêchera pas, le soir de la première représentation venue, de jouer « admirablement le rôle ».

Car il approche, ce soir tant attendu, tant espéré. Tant redouté.

Hugo à Saint-Valry, 18 décembre 1829 : « Vous me savez obéré, écrasé, surchargé, étouffé. La Comédie-Française, *Hernani*, les répétitions, les rivalités de coulisses, d'acteurs, d'actrices, les menées de journaux et de police... Voilà ma vie ; le moyen d'être tout à ses amis quand on n'est pas même à soi ! »

C'est ce climat que Sainte-Beuve, regagnant Paris, a retrouvé, en même temps que l'un des hivers les plus rudes que Paris ait traversés. Du 20 décembre à la fin de février, la Seine sera prise par les glaces. Les rues se sont muées en patinoires. Chaque jour, pour ne pas se casser la jambe, Hugo a pris le parti de traverser les ponts en chaussons. Dans la salle, dit Adèle, on lui apportait « une vaste chaufferette ». Les acteurs grelottent. Aussitôt qu'ils ont dit le dernier vers de leur rôle, ils courent « se chauffer les doigts au foyer ». Adèle ajoute : « La traînerie des répétitions avait ôté cette verdeur nécessaire au jeu des acteurs... »

Tout le théâtre chuchote, murmure à propos du coup d'État annoncé par Hugo : il a refusé la *claque* alors traditionnelle, expliquant que les applaudissements salariés lui répugnaient, « qu'à une forme nouvelle il fallait un public nouveau, que son public devait ressembler à son drame, que, voulant un art libre, il voulait un parterre libre, qu'il inviterait les jeunes gens, poètes, peintres, sculpteurs, musiciens, imprimeurs, etc. ».

En quelques heures, rue Notre-Dame-des-Champs, tout change, au grand étonnement, à la grande contrariété de Sainte-Beuve. « Ah ! vous voilà, Sainte-Beuve, lui dit Adèle quand il paraît, bonjour ; asseyez-vous. Nous sommes dans le coup de feu, vous voyez... » Le petit appartement grouille d'une foule inconnue, en tout cas chevelue, accourue à la convocation de Hugo pour livrer le bon combat. Une bataille, cela se prépare. Victor et Adèle sont sans cesse penchés sur le plan de la salle. On a marqué les fauteuils dont on sait qu'ils seront occupés par les plus virulents des classiques. Ces ennemis de premier rang, il faut littéralement les cerner.

Ils font du bruit, ces jeunes gens. Sainte-Beuve n'aime pas le bruit. Ils ont soif et, rire aux lèvres, Adèle leur sert à boire. Très vite, le petit Sainte-Beuve s'isole, va s'asseoir dans un coin, refuse la cohue. Son ami Ulrich Guttinguer recueillera l'aveu de sa morne tristesse en constatant ce qu'est devenu « cet asile si cher, si bruyant et si plein d'ordures. Quoi ? Plus de solitude avec des êtres si aimés ? Oh ! C'est triste, bien triste !... ». D'autant plus que Sainte-Beuve a découvert le secret des Hugo : Adèle est de nouveau enceinte. Certes, elle ne l'est que de trois mois et cela ne se voit point encore. Les chevelus assoiffés qui hantent le salon ignorent tout lorsqu'ils la voient allant, venant sans cesse, toujours debout, accueillant l'un, souriant à l'autre, désaltérant un troisième. Mais Sainte-Beuve *sait.* Ce qui monte en lui, c'est une sourde colère.

Au fait, que pense-t-il d'*Hernani,* Sainte-Beuve ? Il aime et il n'aime pas. Il en a été, il en sera toujours ainsi pour ce qu'écrit Hugo. Seules *les Feuilles d'automne,* par exception, trouveront presque entièrement grâce à ses yeux, parce qu'il y découvrira plus de mesure, « plus de familiarité et de tendresse ». N'aimer Hugo que lorsqu'il est mesuré, voilà un paradoxe qui va longtemps poursuivre Sainte-Beuve. En fait, la difficulté vient de sa part de faire coexister en lui l'ami et le critique. L'amitié lui a fait balayer les réserves exprimées dans ses articles sur les *Odes et Ballades* et dans sa lettre sur *Cromwell.* L'amitié — et l'admiration — ont fait de lui un romantique déclaré. Il a placé ses propres *Consolations* sous l'invocation de Hugo. Il affirme publiquement appartenir « d'esprit et de cœur » à la jeune école de poésie dont « Lamartine, Alfred de Vigny, Victor Hugo, Émile Deschamps, et dix autres après eux, ont recueilli, décoré, agrandi le glorieux héritage ». Tous ses écrits célèbrent indifféremment en Hugo l'ami et le romantique. Quand il offre à son « grand Victor » le Ronsard in-folio dont il s'est servi pour son *Tableau historique et critique de la poésie française et du théâtre français au XVIe siècle,* il l'adresse au « plus grand inventeur lyrique

que la poésie française ait eu depuis Ronsard ». Que ce soit pour *le Globe* ou *la Revue de Paris*, il se fait le chargé de presse ou l'agent de propagande, comme on voudra, de son ami. Il en viendra à écrire la biographie quasi officielle de Hugo qui paraîtra dans *la Revue des Deux Mondes*. Mais, constate l'un de ses commentateurs les plus lucides, « son amitié pour Hugo ressemble à beaucoup de passions : on se donne à l'autre tout en restant soi, et, si le désir qu'on a de l'unité provoque un mouvement vers l'autre, il peut aussi provoquer une tentative d'amener l'autre à soi [1] ».

Tandis que l'ami s'abandonne, le critique ne peut s'empêcher de rester vigilant. Peut-être aussi à l'égard de ce Victor tant admiré, laisse-t-il naître et s'installer une sourde jalousie. Nulle amitié intime n'en est exempte. Quelle différence entre l'estime mesurée dont on use à propos de ses propres productions, et les acclamations en forme de fanfare qui s'adressent déjà à Hugo et ne cesseront de déferler vers lui !

On découvre dans tout cela bien de la confusion. L'important est ailleurs : Sainte-Beuve aime Adèle. Et maintenant il le sait.

Sur la manière dont ont été recrutés les bataillons qui doivent combattre pour *Hernani*, le bon Théophile Gautier nous a tout dit. En ce temps-là, Gautier, encore lycéen, se croit des talents de peintre et, en dehors des heures qu'il passe au collège Charlemagne, étudie sous la férule de Rioult dans un atelier de la rue Saint-Antoine. Il ne passe pas inaperçu : à cette époque, il porte les cheveux jusqu'à la ceinture ! Dans les ateliers, on ne se contente pas d'user des fusains sur des feuilles à dessiner ou de barbouiller des toiles ; on lit. On lit beaucoup. On vénère Chateaubriand. En même temps que Shakespeare et Lord Byron, on vient de découvrir Victor Hugo : « La préface de *Cromwell* rayonnait à nos yeux comme les Tables de la Loi sur le Sinaï, et ses arguments nous semblaient sans réplique. Les injures des petits journaux classiques contre le jeune maître, que nous regardions dès lors et avec raison comme le plus grand poète de France, nous mettaient en des colères féroces. » Assister à la première représentation d'*Hernani* : c'est pour ces rapins un rêve inaccessible. Or, un matin, Gautier voit survenir chez Rioult l'un de ses condisciples

1. Raphaël Molho.

du collège Charlemagne, Gérard de Nerval, sorte d'elfe de dix-sept ans qui sautille plus qu'il ne marche. Si jeune, il a fait paraître un volume de vers et traduit *Faust* en français. Nerval connaît Hugo, a été reçu chez lui et bien reçu. « Il avait dans ses poches, dit Gautier, plus encombrées de livres, de bouquins, de brochures, de carnets à prendre des notes, car il écrivait en marchant, que celles du Colline de *la Vie de Bohême*, une liasse de petits carrés de papier rouge timbrés d'une griffe mystérieuse inscrivant au coin du billet le mot espagnol : *hierro*, voulant dire fer. » Ce *hierro* est le signe de ralliement. Hugo a acheté plusieurs mains de papier rouge, découpé de carrés sur lesquels il a imprimé le mot flamboyant : toujours l'Espagne. Il a distribué ces carrés à ceux — Nerval en est — dont il a fait ses sergents recruteurs. Détachant du paquet six carrés rouges, le poète de dix-sept ans les tend solennellement aux apprentis peintres :

— Surtout n'amenez que des hommes sûrs !

La suite logique sera une visite de Gautier à Hugo. Il doit, tant la frayeur le paralyse, s'y reprendre à deux fois. Une première fois, au moment de tirer le cordon de la sonnette, épouvanté par son audace, il tourne les talons, et redescend si vite les degrés qu'il manque choir jusqu'en bas. Une seconde fois, il tourne casaque devant la porte. La troisième fois, avant de sonner, il s'assoit, pour se donner du courage, sur une des marches de l'escalier. Il attend. Quoi ? Il ne le sait pas lui-même. Et voici que la porte s'ouvre et qu'apparaît Hugo. Gautier croit s'évanouir. Hugo se contente de sourire : la chevelure à la Samson y est peut-être pour quelque chose. Il invite Gautier à le suivre dans son cabinet. Comme le croyant considérerait l'apparition de l'archange Raphaël, Gautier le dévore littéralement des yeux : « Ce qui frappait d'abord dans Victor Hugo, c'était le front vraiment monumental qui couronnait comme un fronton de marbre blanc son visage d'une placidité sérieuse... Le signe de la puissance y était. Des cheveux châtain clair l'encadraient et retombaient un peu longs. Du reste, ni barbe, ni moustaches, ni favoris, ni royale, une face soigneusement rasée d'une pâleur particulière, trouée et illuminée de deux yeux fauves pareils à des prunelles d'aigle, et une bouche à lèvres sinueuses, à coins surbaissés, d'un dessin ferme et volontaire qui, en s'entrouvrant pour sourire, découvrait des dents d'une blancheur étincelante. Pour costume, une redingote noire, un pantalon gris, un petit col de chemise rabattu, — la tenue la plus exacte et la plus correcte. On n'aurait vraiment pas soupçonné dans ce parfait gentleman le chef de ces bandes échevelées et barbues, terreur des bourgeois à menton glabre. »

Ainsi Gautier va-t-il se trouver promu au rang de chef de tribu. Tel est le nom que l'on va donner désormais aux combattants. Adèle retrouvera plus tard une liste des *tribus* Gautier, Gérard, Pétrus Borel, etc. Elle y découvrira les noms de Balzac, Berlioz, Auguste Maquet, Préault, Bouchardy, Lemot, bien d'autres, tout cela entremêlé d'appellations collectives : l'atelier d'architecture de Gourmaud, 13 places ; l'atelier d'architecture de Labrousse, 5 ; l'atelier d'architecture de Duban, 12, etc.

Désormais, de jour et de nuit, les combattants vont gravir l'escalier de la rue Notre-Dame-des-Champs. Au grand dam des propriétaires terrés en leur rez-de-chaussée, ces boutiquiers retraités, qui avaient acquis l'immeuble « pour être tranquilles » ! Au désespoir, aussi, de Sainte-Beuve, de plus en plus réprobateur, de plus en plus replié sur luimême. Un jour, il n'en peut mais, il faut que cela éclate, qu'il dise enfin à Hugo tout ce qu'il a sur le cœur :

« En vérité, à voir ce qui arrive depuis quelque temps, votre vie à jamais en proie à tous, votre loisir perdu, les redoublements de la haine, les vieilles et nobles amitiés qui s'en vont, les sots ou les fous qui les remplacent, à voir vos rides et vos nuages au front, qui ne viennent pas seulement du travail des grandes pensées, je ne puis que m'affliger, regretter le passé, vous saluer du geste et m'aller cacher je ne sais où ; Bonaparte consul m'était bien plus sympathique que Napoléon empereur.

« Il m'est impossible maintenant de penser cinq minutes à *Hernani* sans que toutes ces tristes idées ne s'élèvent en foule dans mon esprit ; sans penser à cette voie de luttes et de concessions éternelles où vous vous engagez, à votre chasteté lyrique compromise, à la tactique obligée qui va présider à toutes vos démarches, aux sales gens que vous devrez voir, auxquels il vous faudra serrer la main. Je ne vous dis pas tout ceci pour vous détourner, car les esprits comme les vôtres sont inébranlables, doivent l'être ; car ils ont leur vocation marquée. Je ne vous le dis que pour moi, pour vous expliquer mon silence, non interprété, et mon inutilité... Déchirez, oubliez tout ceci. Que cette lettre ne soit pas un souci de plus dans vos soucis sans nombre. Mais j'avais besoin de vous l'écrire, puisqu'on ne peut plus vous parler seul à seul et que votre foyer est comme dévasté.

« Votre inviolable et triste.

« SAINTE-BEUVE. »

A cette lettre, il ajoutera un *post-scriptum.* Il faut le lire avec attention. Il est l'indice que, de la part de Sainte-Beuve, s'engage une véritable crise et qu'elle sera grave :

« Et Madame ? Et celle dont le *nom* ne devrait retentir sur votre lyre que quand on écouterait vos chants à genoux ; celle-là même exposée aux yeux profanes tout le jour, distribuant des billets à plus de quatre-vingts jeunes gens à peine connus d'hier ; cette familiarité chaste et charmante, véritable prix de l'amitié, à jamais déflorée par la cohue ; le mot de dévouement prostitué, l'*utile* apprécié avant tout, les combinaisons matérielles l'emportant !!! »

Hugo s'étonnera-t-il de découvrir sa femme à ce point sacralisée par son ami ? Jugera-t-il que cet ami dépasse un peu les bornes ? S'inquiétera-t-il ? Pas même. Les romantiques vivent dans la fréquentation quotidienne de l'outrance. Et puis, a-t-il seulement eu le temps de lire le *post-scriptum* ? C'est *Hernani* qui compte pour lui. Exclusivement.

Malgré tout, ce Sainte-Beuve réprobateur, blessé, chagrin, ne songe pas — éternelle contradiction dont il n'est pas maître — à se dérober : il joue son rôle dans le combat. Même, il figure dans les rangs de l'état-major. Il répond aux innombrables demandes de billets qui parviennent rue Notre-Dame-des-Champs : « M. Victor Hugo, accablé d'occupations et ne pouvant vous répondre, me charge de le faire... » Il sera à la première d'*Hernani.*

Pour cette représentation mémorable, Théophile Gautier s'est fait confectionner un gilet rouge. Qui l'ignorerait ? *Hernani* et le gilet sont devenus inséparables. Le bon Théo lui-même s'y résignait : « Le gilet rouge ! On en parle encore après plus de quarante ans, et l'on en parlera dans les âges futurs, tant cet éclair de couleur est entré profondément dans l'œil du public. » Il ajoutait : « Nos poésies, nos livres, nos articles, nos voyages seront oubliés ; mais l'on se souviendra de notre gilet rouge. »

25 février 1830. Impossible de ne pas s'émouvoir en lisant les lignes que Gautier a écrites quelques mois avant sa mort, alors qu'il luttait contre l'affreuse maladie qui allait l'emporter : « Cette date reste écrite dans le fond de notre passé en caractères flamboyants : la date de la première représentation d'*Hernani* ! Cette soirée décida de notre vie ! »

Elle a ses phases, la bataille d'*Hernani,* tout comme

celles d'Austerlitz et de Waterloo. On est convenu que les tribus occuperaient la salle avant le public. N'était-ce pas l'habitude pour la claque traditionnelle ? L'essentiel était d'occuper le terrain avant l'arrivée des classiques. Là-dessus, le baron Taylor a donné son accord, à condition que les tribus fussent en place avant que le public eût commencé de faire queue :

— Qu'ils soient tous entrés avant 3 heures !

Pour être sûrs de ne pas arriver trop tard, faisant bonne mesure, les tribus se sont présentées à 1 heure !

Manuscrit d'Adèle : « A une heure commença la queue grossissant de minute en minute et encombrant la rue de Richelieu. Elle s'était formée d'après les instructions du préfet de police en dehors des balustrades du théâtre. Cette rangée de jeunes gens à mines résolues, barbus, chevelus, habillés étrangement, portant les uns des chapeaux tromblons, d'autres des chapeaux à la Henri III, ceux-ci des vareuses, ceux-là des rubans que variaient des manteaux espagnols. Dans ce pêle-mêle de costumes bizarres on apercevait jusqu'à des gilets à la Robespierre ; un, magnifique, rouge écarlate s'étalait sur la large poitrine de Théophile Gautier. Ces êtres fantastiques faisant queue à une heure et à une place inusitée obstruaient le passage, mirent tout le quartier en émoi. »

Malgré le froid toujours digne de l'Arctique, les bourgeois qui passent s'immobilisent. Stupéfaits, ils observent avec colère une inconvenance aussi inouïe. Bientôt les tribus deviennent si nombreuses qu'elles débordent sur la chaussée jusqu'à gêner la circulation ! C'en est trop aux yeux de l'art classique qui compte ses meilleurs partisans dans le théâtre lui-même. Des combles de la Comédie-Française se mettent à pleuvoir sur les bataillons romantiques « toutes les balayures et toutes les ordures » que l'on a pu rassembler à une telle altitude. Le jeune Honoré de Balzac reçoit pour sa part sur la tête un trognon de chou. Va-t-on se fâcher ? C'est probablement ce qu'espèrent les classiques. Le moindre tumulte ferait accourir la police, on arrêterait les perturbateurs : alors, plus de défenseurs pour *Hernani*. Les chefs de tribus se concertent. Aux injures matérialisées qui continuent à tomber, on décide d'opposer la sérénité. Les plus bouillants se comparent à la Vieille Garde de Napoléon, stoïque sous la mitraille.

A 3 heures, la porte s'ouvre, les bataillons s'engouffrent dans la salle et prennent position. A 3 heures et demie, toutes les places ont été distribuées et sont occupées par des combattants plus déterminés que jamais. Un problème : jusqu'à 7 heures, heure de la représentation, il reste trois heures et demie. C'est long. Très long. Que faire ? Comme on est venu trop tôt pour avoir dîné — le dîner est alors le repas de midi — ces jeunes gens prévoyants ont apporté des en-cas. On déballe cervelas, saucisson, jambon, pain. On débouche les bouteilles. Les tribus ont, cet après-midi-là, dîné si longuement qu'elles étaient encore à table quand on a enfin admis le public à pénétrer dans la salle. Les voilà donc, les tenants obstinés de l'art classique. Au parterre et aux balcons, on aperçoit tant de têtes chauves, « moignons glabres, dit Gautier, sortant de leurs cols triangulaires avec des tons couleur de chair et beurre rance, malveillants malgré leur apparence paterne », qu'un jeune apprenti sculpteur ne peut se retenir de crier :

— A la guillotine, les genoux !

Le ton est donné. Une forte odeur d'ail plane dans cette enceinte sacrée. Les grisâtres, étonnés, hument ce parfum indéfinissable. Quand les dames pénètrent dans les troisièmes loges, des cris d'horreur fusent. C'est que cet après-midi si long n'a pas été sans susciter, parmi les combattants, certains besoins naturels augmentés par d'abondantes libations. On a cherché les toilettes. Malheureusement l'usage était de les fermer à clé et de ne les ouvrir que lors de l'arrivée du public. Les tribus ont tenu tant que cela a été possible. Les forces ont des limites. On a trouvé, pour se soulager, l'endroit le plus discret. On s'est glissé dans les troisièmes loges, alors plongées dans l'obscurité. Elles sont maintenant en pleine lumière. Les légers souliers des épouses classiques se posent dans des flaques dont l'odeur plus que l'aspect exprime hélas parfaitement la provenance. Furieux, les messieurs en habit noir protestent à grand bruit, exigent que le commissaire royal, M. Taylor, soit prévenu. Il accourt, prodigue ses excuses et, fort contrarié, regagne les coulisses. Justement, voici Hugo. Taylor l'aborde sans ménagement :

— Votre drame est mort et ce sont vos amis qui l'ont tué !

L'estomac noué — le trac — Hugo est arrivé à 2 heures en compagnie du petit Sainte-Beuve, plus renfrogné que jamais. Ensemble ils sont montés dans les combles. Seule façon de voir sans être vus le rassemblement des troupes du romantisme. Pas plus que les autres, ils n'ont dîné. Ils sont allés prendre des forces, à deux pas de là, chez Véfour. Admirons : Véfour n'est pas précisément un restaurant bon marché et il ne reste ce jour-là chez les Hugo que cinquante francs. Rassasiés, abreuvés, ils ont regagné le théâtre. Hugo est allé saluer Mlle Mars. Elle ne sait rien encore des troisièmes loges inondées. C'est du moins ce que Taylor vient de jurer à Hugo. Erreur tragique. Victor est accueilli par ces mots proférés par la voix la plus célèbre du temps :

— Eh bien, vous avez de jolis amis ! Vous savez ce qu'ils ont fait !

Dans les coulisses, c'est à peine si l'on regarde encore l'auteur. Des acteurs jusqu'aux machinistes, en y incluant les figurants et les régisseurs, c'était la froideur qui, la veille, dominait. Aujourd'hui le personnel en est à l'hostilité.

L'heure approche. Comme tous les auteurs du monde, Hugo ne peut s'empêcher de regarder la salle par le trou de la toile. Il ne voit que « soie, bijoux, fleurs, épaules nues ». Mais, perdues dans ce resplendissement, les tribus agitent leurs crinières. Le lustre, avec sa triple couronne de gaz, descend lentement du plafond, la rampe s'élève. Les candélabres s'allument aux avant-scènes. « Une rumeur d'orage grondait sourdement dans la salle, dit Gautier, il était temps que la toile se levât : on en serait peut-être venu aux mains avant la pièce, tant l'animosité était grande de part et d'autre. Enfin les trois coups retentirent. Le rideau se replia lentement sur lui-même, et l'on vit, dans une chambre à coucher du seizième siècle, éclairée par une petite lampe, Doña Josepha Duarte, vieille en noir, avec le corps de sa jupe cousu de jais à la mode d'Isabelle la Catholique, écoutant les coups que doit frapper à la porte secrète un galant attendu par sa maîtresse. » La première réplique retentit, prononcée par Josepha :

Serait-ce déjà lui ? C'est bien l'escalier
Dérobé...

Une clameur monte : la querelle est engagée ! Ce mot « rejeté sans façon à l'autre vers », cet « enjambement audacieux » suscite des *Oh* ! de protestation. Un romantique de l'atelier de Devéria, « fauve comme un cuir de Cordoue et coiffé d'épais cheveux rouges », prend feu et flamme pour défendre ce *dérobé* sublime. Il le fait à voix si haute que la salle s'indigne. On crit *chut* et *à la porte*. Tant bien que mal, Doña Josepha reprend un rôle si tôt interrompu. Dès lors, les seuls applaudissements ne vont venir que des chevelus. Les crânes restent de glace. Au second acte, pourtant, après le dialogue entre Don Carlos et Hernani, quelques classiques consentent à mêler leurs applaudissements à l'enthousiasme romantique. *Manuscrit d'Adèle*: « Le second acte terminé les acteurs sourirent à l'auteur. C'était un nouveau progrès. Le public des loges n'avait encore rien témoigné. Il restait là, impassible, l'attention tendue, regardant la scène puis le parterre et les galeries, ayant l'air de se demander d'où sortait cette tourbe qui l'environnait. » Ce que tout le Théâtre-Français redoute le plus, c'est la scène des portraits. Le public écoute en silence Don Ruy Gomez présenter l'interminable série de ses ancêtres. Cela jusqu'au sixième. Là, on commence à murmurer sérieusement. L'hémistische

J'en passe et des meilleurs !

sauve tout. On ira même jusqu'à acclamer le dernier portrait ! Et quand Don Ruy Gomez choisit de sacrifier sa vie et de livrer sa fiancée plutôt que l'hôte son rival, romantiques et classiques, pour la première fois unis, acclament la scène. Le monologue de Charles Quint, au quatrième acte, décide du succès. Chaque vers est interrompu par des bravos. La pièce s'achève par « une explosion de salves interminables ». Assourdi, chancelant, hagard, Hugo vit cela comme en un rêve. Entre chaque acte, il se rue à son poste d'observation : le trou de la toile. Quel choc quand il a reconnu Chateaubriand dans une loge, en compagnie de sa revêche et longue épouse ! Celle-ci a cillé quand elle a aperçu, juste en face, Mme Récamier placée là par l'ironie du sort ou la malignité de Taylor. Un regard tendre vers l'ombre d'une avant-scène où se cache Adèle, escortée de Sainte-Beuve, un peu en retrait. Il reconnaît, çà et là, les visages apoplectiques de ses meilleurs amis. D'autres qui lui ont manifesté leur sympathie : Benjamin Constant, Thiers, un journaliste qui promet. Et Mérimée. Et tant d'autres. On vient lui annoncer que quelqu'un le demande. Un geste de dénégation. Le fâcheux insiste, il y va. Devant lui, un petit homme au ventre arrondi et au regard luisant de franchise :

— Je m'appelle Mame ; je suis l'associé de M. Baudoin, l'éditeur... Mais nous sommes mal ici pour causer. Voudriez-vous venir une minute dehors ?

Dehors ? Il fait toujours aussi froid. Qu'importe, Hugo a besoin de respirer. Sur le trottoir du Théâtre-Français, Mame déclare tout à trac qu'il a envie de publier *Hernani*.

Hugo veut-il le vendre ? Hugo ne prononce qu'un seul mot : combien ?

— Six mille francs.

— Nous en recauserons après la représentation.

— Pardon, insiste le libraire, mais je tiendrais à terminer tout de suite.

— Pourquoi ? Vous ne savez pas ce que vous achetez. Le succès peut diminuer.

— Oui, mais il peut augmenter. Au second acte, je pensais vous offrir deux mille francs ; au troisième, quatre mille ; je vous en offre six mille au quatrième ; après le cinquième, j'aurais peur de vous en offrir dix mille.

Hugo pense aux cinquante francs qui restent à la maison. Il accepte. Que M. Mame veuille bien passer chez lui le lendemain, il signera le contrat. Obstination du petit homme :

— Si cela vous était égal, j'aimerais autant signer tout de suite. J'ai les six mille francs sur moi.

— Je veux bien, mais comment faire ? Nous sommes dans la rue.

— Voici un bureau de tabac.

Les deux hommes y entrent, on achète une feuille de papier timbré, on demande une plume, de l'encre. Voilà qui est fait. Les six mille francs passent de la poche de M. Mame à celle de Hugo.

Quand Hugo regagne le théâtre, le quatrième acte s'achève et décidément le succès se confirme. Le cinquième va marquer le triomphe de Mlle Mars. C'est avec un sentiment qui ressemble à de l'adoration qu'on l'écoute, « dans sa robe de satin blanc, sa couronne de roses blanches sur le front, avec sa taille qui avait toujours dix-huit ans ». On l'applaudit frénétiquement quand, de sa voix un peu nasale, elle dit, chante et psalmodie tout à la fois :

Regarde. Plus de feux, plus de bruit, tout se tait.
La lune tout à l'heure à l'horizon montait
Tandis que tu parlais ; sa lumière qui tremble
Et ta voix toutes deux m'allaient au cœur ensemble ;
Je me sentais joyeuse et calme, ô mon amant,
Et j'aurais bien voulu mourir en ce moment !

Au dénouement, c'est du délire. Une pluie de bouquets s'abat aux pieds de Mlle Mars. « Le nom de l'auteur fut acclamé même par les loges ; cinq ou six seulement restèrent muettes ; pas une ne protesta. »

Adèle et Sainte-Beuve ont fendu la foule pour rejoindre Hugo, l'embrasser, l'étreindre. Sortant du théâtre, on se heurte aux intimes qui attendent l'auteur triomphant pour, dans la nuit glacée, lui faire une escorte d'honneur jusqu'à la rue Notre-Dame-des-Champs. Quand Victor entre chez lui, il trouve l'appartement regorgeant d'autres amis qui l'ont précédé. C'est une effervescence, une fièvre qui ne veut pas s'éteindre. Achille Devéria s'écrie que nul n'a le droit de dormir une nuit pareille ! Adèle se multiplie, sert à boire, secondée par la petite servante effarée. Il est très tard — ou plutôt très tôt — quand Victor et Adèle se retrouvent seuls.

Le silence après les hourvaris. La paix après la bataille. Un regard aux enfants qui dorment et que rien n'a pu éveiller. La chambre conjugale regagnée. L'amour ressenti par cet homme qui n'a connu qu'une seule femme : la sienne. La douceur et l'harmonie. Et puis, soudain, des larmes qui tremblent dans les yeux d'Adèle. Pourquoi ?

La journée du lendemain commence par un coup de sonnette qui ressemble à un coup de tonnerre. On apporte cette lettre à Victor :

« J'ai vu, Monsieur, la première représentation d'*Hernani.* Vous connaissez mon admiration pour vous. Ma vanité s'attache à votre lyre, vous savez pourquoi. Je m'en vais, Monsieur, et vous venez. Je me recommande au souvenir de votre muse. Une pieuse gloire doit prier pour les morts.

« CHATEAUBRIAND. »

A-t-il, à cet instant, songé à la phrase audacieusement griffonnée quand il n'avait pas quinze ans : « Être Chateaubriand ou rien » ? Le biographe le souhaiterait. La bataille d'*Hernani* est donc gagnée ? Pas du tout. Les articles vont paraître. Tous, à l'exception de celui du *Journal des débats,* sont exécrables. On s'indigne que le respectable Théâtre-Français ait dû s'ouvrir aux complices de l'auteur, dignes de lui et de sa pièce, « des espèces de bandits, des individus incultes et déguenillés, ramassés dans on ne sait quels bouges ». On parle d'une « orgie qui avait eu des conséquences immondes ». Les journaux libéraux évoquent des « chants obscènes » et pour les journaux royalistes, ce sont des « chants impies ». Jusques à quand ces gens-là abuseront-ils de notre patience ?

Terreur de Taylor qui se précipite rue Notre-Dame-des-

Champs. Sûrement, il faudra le soir même livrer une nouvelle bataille. Que fera-t-on sans ces claqueurs dont Hugo a délibérément repoussé l'assistance professionnelle ? La réponse, ce sont les chefs de tribus qui l'apportent eux-mêmes. Ils accourent, clament qu'ils sont prêts et que derechef ils vont prendre leur place au combat. Taylor, prudent, fait savoir que, cette fois, il ne les laissera entrer que quelques minutes avant le public.

Le soir venu, voici comme la veille face à face les chevelus et les crânes. Avant même le lever du rideau, on sent qu'un orage gronde. Il est visible que les classiques sont résolus à occuper le terrain et à n'en rien céder. Dès le premier acte, tout vers insolite est empoigné, salué par des huées ou un rire immense. Avec le recul, Gautier s'est légitimement demandé comment un vers comme celui-ci :

Est-il minuit ? — Minuit bientôt

avait pu soulever tant de tempêtes. Autour de ces huit syllabes, on s'est battu trois jours ! « On le trouvait trivial, familier, inconvenant ; un roi demande l'heure comme un bourgeois et on lui répond comme à un rustre : *Minuit...* S'il s'était servi d'une belle périphrase, on aurait été poli. » Il faut suivre dans le journal de Joanny, créateur de Don Ruy Gomez, la progression de ce qui très vite est devenu une mode : on va à *Hernani,* non pas pour voir, pour apprécier, mais pour rire et manifester :

25 février: « cette pièce a complètement réussi, malgré une opposition bien organisée ». *27 février*: « l'ouvrage est vigoureusement attaqué et vigoureusement défendu. Nous verrons ». *1er mars* : « la lutte continue. Ce qu'il y a de mieux, c'est que cela attire beaucoup de monde ». *3 mars*: « une cabale acharnée. Les dames de haut parage s'en mêlent ; la mode, pour elles, est de pousser de grands éclats dans les moments les plus intéressants et particulièrement pendant la dernière scène du 5e acte ; mais ce sont des éclats *de rire* ». *5 mars*: « la salle est remplie et les sifflets redoublent d'acharnement ». *8 mars*: « ils viennent siffler *Hernani,* mais ils viennent ». *10 mars*: « encore un peu plus fort... coups de poing... interruption... police... arrestations... cris... bravos... sifflets... tumulte... foule ». *12 mars*: « grande foule et toujours le même bruit. Cela n'est amusant que pour la caisse ».

Ainsi de suite pendant tout le mois de mars, tout le mois d'avril, tout le mois de mai !

Paradoxe : *Hernani* est un succès, un très grand succès.

Sainte-Beuve à Saint-Valry, 8 mars 1830: « Les recettes sont excellentes, et avec un peu d'aide encore de la part des amis, le Cap de Bonne-Espérance est décidément doublé ; voilà le bulletin. Victor, au milieu de tout cela, calme, l'œil sur l'avenir, cherchant jour dans son temps pour faire une autre pièce, véritable César ou Napoléon, *nil actum reputans...* » C'est vrai qu'il fait face, qu'il tient bon. On est libre de déceler pourtant quelque amertume dans cette note de sa main datée du 7 mars : « Mlle Mars joue son rôle honnêtement et fidèlement, mais en rit, même devant moi. Michelot joue le sien, en charge et en rit, derrière moi. Il n'est pas un machiniste, pas un figurant, pas un allumeur de quinquets qui ne me montre du doigt. » Ceci encore : « Si j'entre dans un cabinet de lecture, je ne puis prendre un journal sans y lire : « Absurde comme *Hernani*; monstrueux comme *Hernani*; niais, faux, ampoulé, prétentieux, extravagant et amphigourique comme *Hernani*. Si je vais au théâtre pendant la représentation, je vois à chaque instant, dans les corridors où je me hasarde, des spectateurs sortir de leur loge et en jeter la porte avec indignation. »

La pièce va se jouer pendant quarante-cinq représentations, exploit exceptionnel à la Comédie-Française de ce temps-là. Les droits d'auteur ont renfloué le jeune ménage qui en avait bien besoin. Les passions ont exacerbé l'adulation que certains vouent désormais à Hugo mais surtout la haine dont d'autres l'accablent. Adèle affirme qu'à Toulouse, un jeune homme, nommé Batlan, eut un duel pour *Hernani* et fut tué. A Vannes, un caporal de dragons meurt, laissant ce testament : « Je désire qu'on mette sur ma tombe : *Ci-gît qui crut à Victor Hugo.* » L'académicien Viennet, lui, note : « Tissu d'invraisemblances, de niaiseries et d'absurdités... Voilà ce qu'une faction littéraire prétend substituer à *Athalie* et à *Mérope...* » Viennet jure que le baron Taylor, « jadis introduit dans cette pétaudière par le ministre Corbière », n'a reçu d'autre mission que de « détruire la scène française ».

Au courrier, presque chaque matin, des lettres d'injures parviennent à l'adresse de Victor. L'une d'elles s'achève par cette phrase : « Si tu ne retires pas ta sale pièce dans les vingt-quatre heures, nous te ferons passer le goût du pain. » Adèle tremble : et si ce n'étaient pas là seulement des mots ? Autour de Hugo, on prend la menace au sérieux. Désormais, chaque soir, deux jeunes gens attendront Hugo à la porte du théâtre pour le reconduire rue Notre-Dame-des-Champs.

Hugo rit de ces sottises. Il lui arrive, après que ses gardes du corps ont pris congé, de repartir seul dans la nuit. C'est en marchant, il le sait, que naissent ses idées les meilleures. Une nuit, il a en remontant le boulevard Montparnasse rimé toute une page des *Feuilles d'automne.* Il est 2 heures quand il rentre. Il a hâte de retranscrire les vers rangés dans sa mémoire. Il allume sa lampe, la porte sur la table de son cabinet de travail. A peine s'est-il assis, à peine a-t-il tracé quelques lignes qu'une détonation retentit. Une vitre vole en éclats. Il ouvre la croisée, personne. Il se retourne : une balle a troué derrière lui, « passant à quelques centimètres au-dessus de son front, un tableau de Boulanger accroché au mur [1] ». Il souffle sa lampe, rejoint en silence la chambre où dort Adèle. Il ne déposera pas plainte. La passion littéraire portée jusqu'à l'assassinat : Hugo aura donc provoqué cela.

La haine sera désormais sa compagne vigilante. Elle l'escortera jusqu'à sa mort et bien au-delà. C'est très exactement ce dont témoigne un journaliste en ce printemps de 1830 :

— Il y a en France deux hommes bien détestés : M. de Polignac et vous.

Ce comte Jules de Polignac, toujours au pouvoir, *le Globe* l'attaque avec violence. A travers lui, c'est à Charles X qu'on s'en prend, à ce roi qui, dans son discours du trône, a menacé : « Si de coupables manœuvres suscitaient à mon gouvernement des obstacles que je ne veux pas prévoir, je trouverais la force de les surmonter dans ma résolution de maintenir la paix publique, dans la juste confiance des Français et l'amour qu'ils ont toujours montré pour leurs rois. » Les députés lui retournent la plus cinglante des répliques : 221 d'entre eux votent une adresse qui exige le retrait des ministres. Indigné, Charles X dissout la Chambre et convoque les électeurs pour les 23 juin et 3 juillet. Le roi reste confiant : l'expédition d'Algérie qu'il a ordonnée et engagée se déroule favorablement. Si l'on prend Alger en son nom, il gagnera les élections.

Mais Hugo ?

Les représentations de sa pièce battent toujours leur plein. On frappe à la porte des Hugo. Adèle va ouvrir. C'est l'épouse du propriétaire. L'excellente personne

1. Témoignage d'Alfred Barbou, recueilli auprès de Hugo.

affiche un air de tristesse qui paraît sincère. Mais on sent qu'elle a pris une résolution sur laquelle elle ne reviendra pas :

— Ma petite dame, dit-elle, vous êtes bien gentille, et votre mari est un bon garçon, mais vous n'êtes pas assez tranquilles pour moi. Je me suis retirée du commerce pour vivre paisiblement, j'ai acheté exprès cette maison dans une rue sans bruit et, depuis trois mois, c'est ici, à cause de vous, une procession sans fin jour et nuit, un vacarme dans les escaliers et des tremblements de monde sur ma tête. A des une heure du matin, je suis réveillée en sursaut et je crois que le plafond va tomber sur mon lit. Nous ne pouvons plus rester ensemble.

— C'est-à-dire que vous nous donnez congé ?

— J'en suis vraiment désolée. Je vous regretterai bien. Vous êtes un bon petit ménage et vous aimez bien vos enfants. Mais vous ne dormez donc pas vous-même ? Que je vous plains donc, ma pauvre dame ! Votre mari a pris un état bien dur !

Telle fut la véritable conclusion de la bataille d'*Hernani* : la famille Hugo mise à la porte de chez elle.

IV

LE MARI, LA FEMME ET LE CRITIQUE

Les tours de Notre-Dame étaient l'H de son nom.
Auguste VACQUERIE.

Ce terrible hiver de 1829-1830, qui a tant éprouvé Paris, a recouvert la France de neige et de glace. Colère des éléments, cortège de misères. En Normandie, les centaines d'ateliers édifiés au sortir de Rouen ont fermé leurs portes. En cette ère industrielle commençante, qui songerait à prévoir une aide matérielle aux travailleurs frappés par le chômage ? Seuls, dans le silence de leur cabinet, y songent ces quelques théoriciens que l'on appelle, en haussant les épaules, des utopistes. Alors, au sein de milliers de foyers, ce qui naît, c'est ce mal qu'il faut bien appeler par son nom : la famine. L'an 1830, en France, des enfants meurent *vraiment* de faim.

On est venu trouver Hugo pour lui parler du vaste effort charitable auquel se livraient, à Rouen, quelques philanthropes. Telle est la seule ressource de ce temps-là : la générosité particulière. Disons, pour couper court à certaines conceptions trop manichéennes, qu'elle s'exerce largement. Ce qu'on a demandé à Hugo, ce n'est pas de l'argent mais des vers qui seraient vendus au profit des ouvriers sans travail. Il a écrit les vers, la plaquette a paru. Elle a été présentée à Dubois, le directeur du *Globe*, qui, dans son numéro du 3 février 1830, a publié le poème.

Hugo évoque les bals où se pressent les riches « heureux du monde ». Là brillent et rayonnent cristaux, miroirs, balustres ». Au front des conviés, on ne lit que la joie.

Mais songent-ils, ces privilégiés, que dehors, peut-être, « sous le givre et la neige », face « aux vitres du salon doré » illuminé dans la nuit, s'arrête « ce père sans travail que la famine assiège ». Il se dit qu'une seule miette de ce festin viendrait rassasier ses petits. Le prix des seuls jouets des riches procurerait le nécessaire à sa famille entière.

Hélas ! quand un vieillard, sur votre seuil de pierre,
Tout roidi par l'hiver, en vain tombe à genoux ;
Quand les petits enfants, les mains de froid rougies,
Ramassent sous vos pieds les miettes des orgies,
La face du Seigneur se détourne de vous [1].

Le leitmotiv du poème est : *donner !* Ce serait une facilité tentante, mais malhonnête, que de vouloir découvrir ici déjà le Hugo des *Misérables*. Il ne s'inscrit que comme soliste dans une symphonie de bons sentiments. A son actif : les vers ont été écrits au plein des soucis innombrables qui ont précédé la première d'*Hernani*. Mais il va faire bien davantage.

Le 30 novembre 1829, dans la matinée, un jeune poète et journaliste, Charles Dovalle, a été tué en duel par l'acteur Mira, directeur du théâtre des Variétés. Il avait vingt-deux ans. Dans son portefeuille, sur une feuille déchirée par la balle mortelle, on avait trouvé l'esquisse d'un poème :

Brillant d'un bonheur ineffable,
Pour moi commençait l'avenir,
Et ma jeunesse était semblable
A la fleur qui vient de s'ouvrir.

Il ne semble pas que Hugo ait connu Dovalle. Quand les amis de celui-ci viennent le trouver en annonçant qu'ils vont publier chez Ladvocat les « poésies de feu Charles Dovalle » et qu'ils sollicitent de lui une préface, il accepte immédiatement. Malgré les répétitions d'*Hernani*. A la lecture des vers de Dovalle, ce qui l'a frappé le plus, c'est que « tout dans ce livre d'un poète si fatalement prédestiné, tout est grâce, tendresse, fraîcheur, douceur harmonieuse, suave et molle rêverie ». Cette inspiration, qui semble prendre sa source dans Chénier, Hugo en lit l'origine dans « un grand mouvement, un vaste progrès, avec lequel sympathisait complètement M. Dovalle ». Et il ajoute, et il précise :

1. *Les Feuilles d'automne*, XXXII.

« Ce mouvement, nous l'avons déjà dit bien des fois, n'est qu'une conséquence naturelle, qu'un corollaire immédiat de notre grand mouvement social de 1789. C'est le principe de liberté qui, après s'être établi dans l'État et y avoir changé la face de toutes choses, poursuit sa marche, passe du monde matériel au monde intellectuel, et vient renouveler l'art comme il a renouvelé la société. Cette régénération, comme l'autre, est générale, universelle, irrésistible. Elle s'adresse à tout, recrée tout, réédifie tout, refait à la fois l'ensemble et le détail, rayonne en tous sens et chemine en toutes voies. »

On dira que ce *mouvement,* cette *régénération,* dans l'esprit de Hugo, concernent avant tout la percée qu'est en train de réussir le romantisme. On dira qu'il écrit cela fouetté précisément par la chaleur du combat qu'il va livrer avec *Hernani.* Assurément. Mais cette fois, l'allusion à 1789 est venue tout naturellement sous sa plume. Il ne cherche plus à la voiler. Il avait rejoint Napoléon, naguère tant haï. Le voici applaudissant ouvertement aux principes éclos avec la Révolution française, reconnaissant que les acquis de cette Révolution sont « irrésistibles ». Si la préface traite presque uniquement de littérature — c'est bien normal — comment ne pas s'attacher à un passage tel que celui-ci :

« La liberté dans l'art, la liberté dans la société, voilà le double but auquel doivent tendre d'un même pas tous les esprits conséquents et logiques ; voilà la double bannière qui rallie, à bien peu d'intelligences près (lesquelles s'éclaireront) toute la jeunesse si forte et si patiente d'aujourd'hui ; puis, avec la jeunesse et à sa tête, l'élite de la génération qui nous a précédés, tous ces sages vieillards qui, après le premier moment de défiance et d'examen, ont reconnu que ce que font leurs fils est une conséquence de ce qu'ils ont fait eux-mêmes, et que la liberté littéraire est fille de la liberté politique. Ce principe est celui du siècle et prévaudra. Les *ultras* de tout genre, classiques ou monarchiques, auront beau se prêter secours pour refaire l'ancien régime de toutes pièces, société et littérature, chaque progrès du pays, chaque développement des intelligences, chaque pas de la liberté, fera crouler tout ce qu'ils auront échafaudé. »

Hugo se réclame donc ouvertement de « la liberté dans la société ». Il s'oppose à toute réaction littéraire *et politique.* Il ne faut pas oublier que nous sommes au plein de l'affrontement entre les libéraux et les Bourbons, entre le Parlement et Charles X. Songeons que ce qui s'oppose ne représente rien de moins que deux principes et que, dans quelques mois, l'un va balayer l'autre. A propos de la mort d'un poète, le légitimiste Victor Hugo a choisi son camp et celui-ci, d'évidence, n'est plus le légitimisme.

Le 30 mars 1830, à l'Odéon, s'est livrée une nouvelle petite bataille d'*Hernani.* On a représenté une pièce de Dumas, *Christine,* écrite et reçue à la Comédie-Française antérieurement à *Henri III et sa cour,* mais que des intrigues avaient retardé. Cette *Christine,* plus romantique que de raison, met en scène le personnage haut en couleur de la reine Christine de Suède. En exil à Fontainebleau, persuadée que son conseiller Monaldeschi l'a trahie, elle décide de le faire mettre à mort. Ses *sbires,* dans la galerie du château prêté par le roi de France, percent de coups d'épée l'infortuné conseiller. Mais il n'est pas mort ! L'aumônier de la reine vient supplier celle-ci de faire grâce. N'est-ce pas Dieu qui, en laissant la vie au condamné, a fait entendre sa voix ? Christine, pesant longuement sa décision, prononce enfin ce vers, le dernier du drame, qui terrifia tous ses auditeurs :

Eh bien j'en ai pitié, mon père. Qu'on l'achève !

A la première représentation, beaucoup de vers ont été « empoignés ». Les acteurs tremblent : assurément, cela recommencera le lendemain et les autres jours. En outre, des coupures se révèlent nécessaires, une dizaine au moins. Comme dit Dumas, elles « demandaient à être faites et pansées par des mains habiles et presque paternelles ; il fallait qu'elles fussent opérées à l'instant même, pendant la nuit, et que les rapports fussent faits à midi, pour que la pièce pût être jouée le soir ».

Or Dumas, toujours magnifique, a convié après la pièce vingt-cinq personnes à dîner chez lui, dont Hugo et Vigny. Impossible pour Dumas de mettre la main lui-même à l'indispensable révision de son œuvre. Ce qui va se dérouler alors n'a, je pense, aucun équivalent dans l'histoire de la littérature dramatique : « Hugo et de Vigny prirent le manuscrit, m'invitèrent à ne m'inquiéter de rien, s'enfermèrent dans un cabinet, et tandis que nous autres nous mangions, buvions, chantions ils travaillèrent... Ils travaillèrent quatre heures de suite, avec la même ardeur, la même conscience, le même acharnement, qu'ils eussent mis à travailler pour eux et, quand ils sortirent au jour, nous trouvant tous couchés et endormis, ils laissèrent le manuscrit prêt à la représentation sur la cheminée, et, sans réveiller personne, ils s'en allèrent, ces deux rivaux, bras dessus bras dessous, comme deux frères. »

Dumas n'oubliera jamais.

Ce Hugo, qui vient de sacrifier une nuit pour parachever le succès d'un confrère, vient d'avoir vingt-huit ans. Il est devenu un sujet de conversation. Dans les salons, dans les rédactions de journaux, dans les cabinets ministériels, dans les bureaux on est *pour* ou *contre* Hugo. Lui-même, pour faire face à une adulation exagérée comme à une haine exacerbée, il semble qu'il ait voulu se cuirasser. On lui voit un air qui semble bien olympien à certains de ses amis. A ces polémiques bien impitoyables dont il est l'objet, il affecte de rester indifférent :

Qui peut savoir combien de jalouses pensées,
De haines, par l'envie en tous lieux ramassées,
De sourds ressentiments, d'inimitiés sans frein,
D'orages à courber les plus sublimes têtes,
Combien de passions, de fureurs, de tempêtes,
Grondent autour de toi, jeune homme au front serein !

Le front serein ? Vraiment ? Il parle encore de « la gueule des serpents » qui « s'élargit et s'écrase »,

Tandis que ces rivaux, que tu croyais meilleurs,
Vont t'assiégeant en foule, ou dans la nuit secrète
Creusent maint piège infâme à ta marche distraite [1]...

Tout cela montre un homme, quoi qu'il dise, profondément atteint. Cette sérénité qu'il arbore, il advient qu'il n'en soit plus le maître. Publiquement, ses nerfs craquent. Turquety note qu'il « a des accès de fureur pour un mauvais article ». Perfide, il ajoute que Hugo « se considère comme investi d'une dignité officielle. Croiriez-vous que, pour quelques mots défavorables dans un article de *la Quotidienne* il a menacé de faire périr le critique sous le bâton ? Sainte-Beuve brandissait une clef, en prononçant des invectives... ». Voilà qui démontre au moins beaucoup de nervosité chez Hugo et dans ses entours.

Mais Sainte-Beuve, justement ? Fidèlement, dans la bataille, il a joué sa partie et, de son mieux, contribué à la victoire. Seulement, il l'a fait en ne quittant jamais Adèle du regard, l'esprit plein de son image, l'âme éblouie par sa

1. *Les Feuilles d'automne,* XI, Dédain.

pensée. Après *Hernani,* dans une maison rendue à la paix, il a repris ses visites quotidiennes. Revivre les longs après-midi au salon avec Elle. Et, puisque les propriétaires ont accordé un sursis, les beaux jours revenus, la suivre au jardin avec les enfants, lui presser la main, lui parler, l'entendre, l'aimer, Elle. Car désormais, dans ses écrits secrets, elle devient Elle — avec une majuscule. Ne nous y trompons pas : l'amour du petit Sainte-Beuve est devenu passion. Elle sait que Sainte-Beuve l'aime. Aucune femme ne se méprend là-dessus, même les sottes. Adèle ne l'est pas. A cet amour, douce présence, habitude délicieuse, elle s'est accoutumée. Aucune ambiguïté d'abord dans son esprit. N'aime-t-elle pas toujours Victor? On note, au cours de l'année 1829, que Sainte-Beuve, jusque-là indifférent en religion, sent vaciller son incrédulité. On le voit tenté de se convertir. Hugo lui-même vit cette tentation à laquelle finalement il ne cédera jamais. C'est de cette époque que date la *Prière pour tous,* inspirée à Victor par le spectacle de la petite Léopoldine disant sa prière.

Le jour est pour le mal, la fatigue et la haine.
Prions : voici la nuit ! La nuit grave et sereine !
Le vieux pâtre, le vent aux brèches de la tour,
Les étangs, les troupeaux avec leur voix cassée,
Tout souffre et tout se plaint. La nature lassée
A besoin de sommeil, de prière et d'amour !

Le père montre la petite fille, qu'il trouve si belle — et qui l'est — agenouillée, parlant à Dieu :

Son beau front incliné semble un vase qu'il penche
Pour recevoir les flots de ce cœur qui s'épanche.

En fait, cette prière, il la voit nécessaire :

Pour étancher le soir, comme une coupe pleine,
Ce grand besoin d'amour, la seule soif de Dieu [1] !

Tel est le climat de la rue Notre-Dame-des-Champs. Sainte-Beuve est à l'unisson. Parmi les sujets de conversation que cite Hugo, en mai, il y a la patrie, les poètes, l'âme « qui s'élève en priant ». Et Dieu [2]. A un poème du 9 août 1829, il donnait déjà comme épigraphe *In God is all* : « En

1. *Les Feuilles d'automne,* XXXVII.
2. *Les Feuilles d'automne,* XIX.

Dieu est tout. » Hugo s'avance vers Dieu, mais théologiquement continue de s'interroger. Adèle participe étroitement de cet intérêt qui est une attirance. Élevée, elle, dans la religion catholique, elle ne se pose aucune question. Comment n'écouterait-elle pas celles qui obsèdent Sainte-Beuve ? Leurs entretiens, souvent, sont à base de religion. Elle y trouve une justification, l'indication d'une mission à elle confiée par la Providence. Sainte-Beuve y puise, lui, des délices renouvelées. Ce n'est pas d'aujourd'hui que les analystes du cœur — voire de la sexualité — ont souligné les possibles interférences du mysticisme et du désir.

Pourtant, dans les premiers mois de 1830 — sans qu'il soit possible de s'arrêter à une date précise — *quelque chose* leur advient. Ils franchissent une étape. Le problème est de savoir laquelle. Longtemps, quant aux amours d'Adèle et Sainte-Beuve, le doute a subsisté. On a commencé par les nier purement et simplement. Puis, lorsqu'il a bien fallu les admettre, on s'est mis à la recherche de jalons documentaires. Manifestement les lettres de Sainte-Beuve à Adèle avaient été détruites par celle-ci à mesure qu'elle les recevait. En revanche, celles d'Adèle avaient été soigneusement conservées par le destinataire, mais brûlées le 29 novembre 1885. Saurait-on jamais la vérité ?

Rien de plus singulier aujourd'hui pour le biographe que cette volonté des fanatiques de Hugo d'avoir voulu dissimuler une vérité qui, pensaient-ils, ternirait l'image en forme de statue de bronze du poète national. Si Hugo avait été trompé la postérité devait l'ignorer. Dans cette même perspective, plus tard, l'exécuteur testamentaire de Hugo, Gustave Simon, ira jusqu'à intenter un procès à un auteur dramatique qui avait osé montrer sur un théâtre Juliette Drouet auprès de Victor Hugo : Hugo, une maîtresse ? Idée insupportable. C'est dans cette perspective idolâtre mais bien peu scientifique que les lettres d'Adèle furent détruites, en présence de quatre personnes, quelques mois après la mort du poète : Henry Havard, détenteur de la correspondance, Paul Chéron, fils de l'exécuteur testamentaire de Sainte-Beuve, Paul Foucher, frère d'Adèle, Édouard Lockroy, mari de la veuve de Charles Hugo. Un procès-verbal a été rédigé :

« Le vingt-neuf novembre 1885, Nous soussignés, réunis chez M. Henry Havard, 13, rue Fénelon, avons reçu de M. Paul Chéron, trois cent trente-quatre lettres provenant de la succession Sainte-Beuve et émanant de Mme Adèle Victor Hugo. Ces lettres ont été immédiatement détruites sous nos yeux. M. Paul Chéron, en nous faisant la remise de ces documents sans intérêt pour l'histoire, mais compromettants pour la mémoire de certaines personnes illustres, nous a affirmé que ces 334 lettres provenant de l'héritage de son père, exécuteur testamentaire de Sainte-Beuve, comprenaient l'intégralité de la correspondance échangée entre celui-ci et Mme Victor Hugo et tout ce qui avait été conservé de cette correspondance par le testateur. M. Chéron père ayant été, par suite des dispositions testamentaires de Sainte-Beuve, mis en possession de cette correspondance, toute lettre semblant émaner d'une origine analogue ne saurait être qu'une pièce dérobée ou contrefaite. »

Avant l'incinération des feuillets dans la cheminée d'Henry Havard où, sur une grille, brûlait un feu très vif, Paul Foucher et Édouard Lockroy avaient pris connaissance des lettres dont ils ne savaient rien. Ils avaient pu constater qu'elles embrassaient une période de douze années (1831-1842). Havard avait placé sous leurs yeux, pour chaque année, celles qui pouvaient paraître les plus suggestives.

Récit de Havard : « L'impression produite par cette révélation fut à la fois stupéfiante et diverse : stupéfiante, car ni l'un ni l'autre des deux intéressés ne s'attendaient aux scabreux aveux que ces feuilles jaunies étalaient devant eux : diverse car, si P. Fouché *(sic)* assistait, avec une tristesse navrante, à l'écroulement de l'idole qu'il avait si longtemps estimée au-dessus de tout soupçon, Lockroy enregistrait ces révélations avec une joie mauvaise, accablant la pauvre femme d'épithètes dénuées d'indulgence et d'atticisme parmi lesquels le mot « vache » revenait trop fréquemment et paraissait se réjouir bassement de ce que l'illustre grand poète avait été, lui aussi, copieusement cocu. Les invectives prirent surtout un caractère de violence spéciale quand nous arrivâmes à la lettre où l'infortunée déclarait à son amant qu'elle l'aimait plus que ses propres enfants : je me vis même obligé d'intervenir pour tempérer cette rétrospective indignation. »

Disparues, *toutes* les lettres ? Il fut révélé plus tard que Paul Chéron en avait conservé trois cents qui *semblent* avoir été brûlées plus tard, sans que nous en ayons la certitude absolue. On a très longtemps ignoré que Henry Havard avait procédé, lui, à une analyse écrite de ces lettres. Celle-ci a été publiée en 1957 par les soins de M. Jean Bonnerot [1]. Ces notes, a précisé Havard, il les avait prises pour permettre à Paul Foucher et à Lockroy de se rendre

1. *Revue des Sciences humaines,* octobre-décembre 1957.

compte « de la gravité de cette correspondance que par souci littéraire, ils avaient dit (d'abord) pouvoir être conservée ». De cette analyse, voilà la première phrase, capitale en vérité : *« Leurs amours remontent à l'époque où Mme Victor Hugo était grosse d'Adèle. »* Mais que faut-il entendre par *amours* ? Indiscutablement : aveux.

Pendant les premiers mois de 1830, certainement après la première d'*Hernani*, probablement avant le mois de mai, Sainte-Beuve va ouvrir son cœur à Adèle. C'est à la même époque qu'Adèle a compris — ou voulu s'avouer — qu'elle-même aimait Sainte-Beuve. Et le lui a dit. Étrange situation s'il en fut : ce petit homme laid qui crie à cette femme enceinte — et maintenant cela se voit, elle accouchera en juillet — qu'il l'aime ; et cette femme qui découvre, plus terrifiée peut-être qu'enivrée, qu'elle aussi aime.

Sur cet aveu réciproque une seule indication : quelques vers de Sainte-Beuve dans ce *Livre d'amour* qu'il écrivit à la fois pour se délivrer, mais aussi pour garder pieusement le souvenir précis de ce qu'il avait vécu :

Alors tu me diras par quelles étincelles,
Par quel subtil éclair de mes regards fidèles,
Par quels pleurs de ma voix que j'étouffais en vain,
Mon secret commença de couler dans ton sein,
Et ton étonnement suivi de tant de joie,
Et ta première atteinte, ô ma charmante Proie !

Donc, elle sait. Et de savoir qu'elle sait tout à coup le plonge — lui — dans l'angoisse. Il se dit qu'il a eu tort de laisser échapper l'aveu. Où tout cela les conduira-t-il, *Elle* et lui ? A ce moment précis, il quitte Paris. Nous sommes bien forcés d'interpréter ce départ comme une fuite. Il a rejoint à Rouen son ami Ulric Guttinguer qui lui-même est encombré d'affaires de cœur. Tout amoureux a besoin de confident. Quoique admirateur déclaré de Hugo, il semble bien que Guttinguer ait encouragé plutôt que retenu Sainte-Beuve en cette passion qui le rend fou.

A Paris, Adèle vit un quotidien beaucoup plus terre à terre : les Hugo déménagent. Il a bien fallu obtempérer au congé donné par les propriétaires de la rue Notre-Dame-des-Champs. Rue Jean Goujon, près des Champs-Élysées, le comte de Mortemart vient de faire construire un petit immeuble. Il s'agit de ce comte de Mortemart de Boisse dont Émile Deschamps disait drôlement qu'il n'était ni comte, ni mort, ni de Boisse. Mortemart et Hugo se sont connus à *la Revue des Deux Mondes*. Mortemart a offert à Victor de lui louer le second étage de son hôtel. Le loyer est beaucoup plus élevé que rue Notre-Dame-des-Champs ? Qu'importe ! Les droits d'auteur d'*Hernani* ont rempli l'escarcelle du jeune ménage. A la fin de l'année, ses comptes laisseront apparaître un gain total de 20379 francs pour une dépense de 13880 francs. Il restera donc 6499 francs, dont 5000 francs seront placés à 5 %. Le premier placement de Victor Hugo !

Comme dit Adèle, les Champs-Élysées « n'étaient pas à la mode et bâtis comme à présent ; ils n'avaient que de rares maisons dans de vastes terrains abandonnés aux maraîchers ». La rue François-Ier ressemble à un désert. L'immeuble occupé par les Hugo, seul de son espèce, se dresse comme un défi au milieu des terrains vagues. En quelques années, les Hugo ont accumulé mille objets, meubles, tableaux, dessins, livres, manuscrits — et d'abord ceux de Hugo. Il faut à l'arrivée trouver une place pour chaque chose : quelle agitation, que de soucis ! De loin, Sainte-Beuve suit en imagination ce remue-ménage. Par la pensée, il ne quitte pas un instant Victor et Adèle.

Sainte-Beuve à Hugo, 7 mai 1830 : « Nous nous disions : c'est aujourd'hui le grand déménagement, aujourd'hui Victor découche, où dînera-t-il ? Où passera-t-il sa journée ? Vous êtes tout pour moi, mon cher ami ; je n'ai compté que depuis que je vous ai connu, et quand je m'éloigne de vous, ma flamme s'éteint. Elle est bien morte, je n'ai rien fait, ni pensé à rien faire depuis mon départ. Je vis assez heureux, content de me voir chez notre bon ami, mais sans but et sans passé — cela durera encore un certain nombre de jours, j'oublie. »

Hypocrisie ? Nullement. Tel est le drame de Sainte-Beuve, dont il souffre déjà et qui lui fera traverser mille morts. Il reste l'ami fraternel de Hugo, l'admirateur sans limite, le lieutenant fidèle. Rien n'a changé. Si ce n'est qu'il aime la femme de cet ami-là. Une semaine plus tard, c'est à Adèle qu'il écrit. Si cette lettre a été conservée, c'est d'évidence parce qu'elle était plus « convenable » que les autres. Parce qu'elle était faite pour être lue par le mari. Mais qui pourrait douter qu'Adèle n'ait su lire entre les lignes ?

13 mai 1830 : « Pensez-vous quelquefois à ceux qui ne vous voient plus aussi souvent, et à ceux qui, depuis quinze jours, ne vous voient plus du tout ? Je me pose ces questions un peu timidement ; je voudrais que vous eussiez quelques regrets et qu'il vous parût que quelque chose vous manque : c'est bien égoïste n'est-ce pas ? Mais vous me le pardonnerez ; je doute tant, non pas de mon amitié pour vous, non pas de votre bonté pour moi, mais de mon humilité, de ma valeur auprès de vous ; j'ai été si nul, si coupable dans tous ces derniers temps, si sottement irrégulier et fantasque, si préoccupé de moi-même en votre présence, que je conçois que j'ai dû bien perdre dans votre esprit ; blâmez-moi, accusez-en mon caractère, ma tête, mon peu de puissance à vouloir et à faire ; mais, je vous en prie, ne croyez à aucune froideur, à aucun éloignement de mon affection, bien au contraire, elle s'est encore accrue, s'il était possible ; elle ne peut jamais diminuer. Quand je ne vous verrais plus, quand je serais jeté pour toujours à des centaines de lieues de vous sans même vous écrire, je n'en serais pas moins le même pour vous par le cœur, et votre pensée ne serait pas moins mon consolant recours, mon bon génie, ma meilleure action. »

Comment Hugo concevrait-il des soupçons ? Rien ne l'a préparé à imaginer que sa femme puisse, non pas même aimer quelqu'un d'autre que lui, mais arrêter un instant ses pensées sur un autre. C'est par une lettre chaleureuse qu'il va répondre à Sainte-Beuve :

16 mai 1830 : « Si vous saviez, vous, combien vous nous avez manqué ces derniers temps ! combien il y a eu de vide et de tristesse pour nous, même en famille comme nous vivons, même au milieu de nos enfants, à emménager ainsi sans vous dans cette déserte ville de François Ier ! comme, à chaque instant, vos conseils, votre concours, vos soins nous manquaient, et, le soir, votre conversation, et toujours votre amitié ! C'est fini. L'habitude est prise dans le cœur. Vous n'aurez plus désormais, j'espère, la mauvaise volonté de nous quitter, de nous déserter ainsi. Voilà une épreuve qui sera bonne, en cela, du moins, que vous n'en tenterez plus d'autres, et la Normandie nous sauvera de la Grèce [1]. Du reste nous sommes matériellement bien ici, parfaitement même. Des arbres, de l'air, un gazon sous notre fenêtre, de grands enfants dans la maison pour jouer avec nos petits, M. de Mortemart très aimable qui nous accable d'attentions et de journaux, beaucoup de solitude, plus de *Hernanistes*... Je fais même des vers. »

Content de soi et des autres : voilà donc ce que serait le Hugo de ce mois de mai 1830. Mais, une fois de plus,

1. On avait parlé d'une nomination de Lamartine comme ambassadeur auprès du nouveau royaume de Grèce. Lamartine avait annoncé qu'il emmènerait Sainte-Beuve à Athènes comme secrétaire. Le projet n'a pas abouti.

n'est-ce pas un masque qu'il a posé et sur son visage et sur ses pensées ? Et si les lettres étaient trompeuses ? Quand le biographe écrit l'histoire d'un poète, il dispose heureusement d'un autre matériau que la correspondance : les vers. Plusieurs poèmes sont datés de ce mois de mai-là. L'un d'eux nous ravit, celui qui célèbre les premiers pas du petit Victor. Strophes célèbres qui rappellent une fois encore la place que l'enfance occupe dans sa vie, et ses enfants dans son cœur. Elles donnent raison à Théodore de Banville qui constatait : « Il est vrai qu'en art et en poésie, l'Enfant date de lui et n'a commencé à vivre que dans ses œuvres. »

Lorsque l'enfant paraît, le cercle de famille
Applaudit à grands cris ; son doux regard qui brille
Fait briller tous les yeux,
Et les plus tristes fronts, les plus souillés peut-être,
Se dérident soudain à voir l'enfant paraître,
Innocent et joyeux.

Un bonheur de plus à ajouter à tous les autres dont il bénéficie ? Attendons.

Enfant, vous êtes l'aube et mon âme est la plaine
Qui des plus douces fleurs embaume son haleine
Quand vous la respirez ;
Mon âme est la forêt dont les sombres ramures
S'emplissent pour vous seul de suaves murmures
Et de rayons dorés [1] !

Outre le symbolisme hardi dont on a pu dire qu'il annonçait Baudelaire ou Verlaine [2], nous voilà bien forcés de retenir que l'âme de Hugo, au moment où il écrit, ne ressemble à rien d'autre qu'à une forêt où de « sombres ramures » occultent toute lumière. Pourquoi, au cours de ce même mois de mai, pense-t-il tout à coup aux lettres qu'il adressait à sa fiancée, ces lettres qu'il avait écrites enivré et déchiré tout à la fois ?

Il avait dix-huit ans. Il était « plein de songes ». Pourquoi faut-il maintenant qu'en relisant ces lettres, ce qui l'accable, ce soit la tristesse ?

Que vous ai-je donc fait, ô mes jeunes années,
Pour m'avoir fui si vite, et vous être éloignées,
Me croyant satisfait ?

1. *Les Feuilles d'automne,* XIX.
2. Pierre Albouy.

Hélas ! pour revenir m'apparaître si belles,
Quand vous ne pouvez plus me prendre sur vos ailes,
Que vous ai-je donc fait [1] ?

Quelques jours plus tard — en juin — entrant chez Adèle, il la trouvera pleurant. Sans motif. Pour rien. Quand il la questionnera, elle ne répondra pas.

Oh ! pourquoi te cacher ? Tu pleurais seule ici.
Devant tes yeux rêveurs qui donc passait ainsi ?
Quelle ombre flottait dans ton âme ?
Était-ce long regret ou noir pressentiment,
Ou jeunes souvenirs dans le passé dormant,
Ou vague faiblesse de femme [2] ?

Adèle et Victor se taisent. Ils se gardent bien de se confier l'un à l'autre. Mais ils se voient et se sentent *différents.*

Sainte-Beuve a regagné Paris. Il a retrouvé les Hugo, surtout découvert — émerveillé — que l'absence avait fait d'Adèle l'amoureuse à son image dont en secret il avait tant rêvé. Tout est dit dans le *Livre d'amour.* D'abord il a cru que son départ était « une folle erreur ». Il sait maintenant que cette absence fut une bénédiction. Il constate comme un « éveil en sursaut ». Cette femme qui semblait depuis huit ans assise en son bonheur, dès qu'ils sont seuls, pousse un cri, un cri de jalousie. Qu'a-t-il fait à Rouen ? Quelle autre femme le retenait là-bas ? Il lui voit les yeux cernés et ce front que, jusque-là, il n'avait vu que baigné « aux purs rayons du ciel », tout à coup « sillonné d'un reflet de délire ». Ainsi la tempête a-t-elle pris possession du lac paisible.

Jusqu'où iront-ils Adèle et Sainte-Beuve ? Imaginer le petit homme enfiévré par le bonheur serait mal le connaître. On dirait que, tel l'oiseau, il se heurte aux barreaux d'une cage. Être aimé enfin, pour la première fois, lui qui avait si longtemps désespéré de l'être : voilà le miracle, un vrai. Mais il y a Hugo. A-t-il le droit de trahir son meilleur ami ? Le voilà si mal avec lui-même qu'il fait mauvais visage à Victor. Il prononce des paroles qu'il regrette aussitôt.

1. *Les Feuilles d'automne,* XIV.
2. *Les Feuilles d'automne,* XVII.

Sainte-Beuve à Hugo, 31 mai 1830 : « Je veux vous écrire, car hier nous étions si tristes, si froids, nous nous sommes si mal quittés que tout cela m'a fait bien du mal ; j'en ai souffert tout le soir en revenant, et la nuit ; je me suis dit qu'il m'était impossible de vous voir souvent à ce prix, puisque je ne pouvais vous voir toujours : qu'avons-nous en effet à nous dire, à nous raconter ? Rien, puisque nous ne pouvons tout mettre en commun comme avant. Je m'aperçois que je ne vous ai pas demandé instamment vos vers à moi ; mais que m'importent vos vers, ceux-là plutôt que d'autres [1] ? C'est tous que je voudrais ; c'est vous, c'est madame Victor à toute heure et sans fin. »

Tout se mêle, vraiment, dans ce cerveau tourmenté. Sainte-Beuve n'aime pas la rue Jean Goujon. Il pleure la rue Notre-Dame-des-Champs. Il ressent ce nouveau domicile comme un exil. Seulement, c'est lui que l'on a exilé. Songeons d'ailleurs que, même si l'appartement nouveau lui plaisait, la seule distance l'empêcherait de s'y rendre régulièrement ; en ce temps, la plupart des Parisiens ne se déplacent qu'à pied. Au fait, de quoi enrage-t-il le plus ? De cet exil ou de la pensée que peut-être bientôt il trahira son ami ? Le résultat est que cet amour mutuellement révélé, qui devrait conduire Sainte-Beuve au zénith de la joie, le plonge dans la morosité la plus flagrante :

« Vous, vous avez tout ce qui console, et ce qui est réel, votre femme, vos enfants. Songez bien que moi, je suis celui qui souffrirai le plus, moi qui n'ai rien, pas un être au monde ; que vais-je devenir ? Croyez donc bien que si je ne vais pas là-bas, je ne vous en aimerai pas moins, vous et Madame, qu'auparavant. Il y a dans mon amitié pour vous et pour elle autre chose que de l'habitude : croyez-le et n'allez pas imaginer qu'il entre dans ma nouvelle conduite la moindre diminution d'amitié. Il n'y a pas eu cette fois de nuage dans notre amitié pure, rien, pas une tache, pas un point noir au ciel ; c'est le tonnerre qui est tombé sur moi par un temps serein ; plaignez-moi, mais il n'y a pas de ma faute. Croyez (car la vraie amitié est jalouse aussi) croyez que je ne verrai personne désormais comme je vous ai vus autrefois, qu'absents, aucune liaison ne vous remplacera et que, seul, je ne penserai, jour et nuit, qu'à vous. »

Nous voici de plus en plus déconcertés. Sainte-Beuve déclare à son ami qu'il ne viendra plus le voir rue Jean

1. Il s'agit de deux poèmes que Hugo a dédiés à Sainte-Beuve et Louis Boulanger. Il était en effet assez extraordinaire que Sainte-Beuve, sachant que Hugo avait composé en partie pour lui deux poèmes, n'ait pas exprimé le désir d'en prendre connaissance. Les vers seront insérés dans *les Feuilles d'automne,* XXVII et XXVIII.

Goujon ! Mais Adèle ? C'est que, justement, il y a Adèle. Nous ignorons tout de ce qu'elle a pu lui dire. Certains vers du *Livre d'amour*, d'autres écrits de Sainte-Beuve nous inclinent à penser qu'elle lui a déclaré que, bien qu'elle l'aimât — et ceci pour toujours — jamais elle ne lui appartiendrait. Est-ce de là qu'est né son désespoir ? Nullement : une telle décision correspond exactement à ce que lui-même souhaite pour le moment. Rien n'est jamais simple avec Sainte-Beuve : n'oublions pas qu'il redoute l'amour physique. Les deux amoureux, enivrés de la certitude d'une commune passion, ne demandent rien d'autre. Même séparés, il leur suffit de vivre dans la pensée l'un de l'autre. Celle-ci leur suffit. En outre Sainte-Beuve doit redouter de se retrouver en face de Hugo. Pour la première fois de sa vie, il a perdu le contrôle de lui-même. Il craint de retomber dans une erreur qui, à la longue, pourrait éveiller les soupçons de Victor. Dans le *Livre d'amour*, quand il évoque Hugo, c'est le même mot qui revient toujours : *soupçons*. La répétition du vocable reflète une réalité qui a pesé très tôt sur les rapports entre le mari, la femme et celui qui n'est pas encore l'amant.

L'habitude, chez les hugolâtres, est d'accabler Sainte-Beuve. Lorsqu'on parle de son amour pour Adèle, on le prend de haut, on couvre le malheureux de sarcasmes. De quel droit ? Tout démontre que l'amour de Sainte-Beuve fut profondément sincère. Les amours vraies doivent toujours être respectées. Sainte-Beuve a lutté tant qu'il a pu pour ne pas trahir son ami. Il a, pour une longue période, choisi de se contenter d'une passion purement spirituelle. Pourquoi lui jeter la pierre ? Ce qui est touchant, c'est cette extrême difficulté d'être où je le vois pendant toutes ces semaines, pendant tous ces mois. Du désarroi né de l'inextricable situation c'est au mari qu'il fait confidence ! Sans pouvoir bien sûr lui révéler la véritable raison des chagrins qu'il traverse.

Sainte-Beuve à Hugo, 5 juillet 1830 : « Les jours, les soirs où je ne suis pas trop fatal et farouche, je me traîne à deux ou trois visites pour tuer une soirée ; le plus souvent incapable de travail et de toute conversation, j'erre autour de mon Luxembourg, craignant de rencontrer un visage ami, faisant vingt projets d'allées et venues, allant jusqu'à la porte de Lacroix ou de Magnin, et m'en revenant sans avoir la force d'entrer. Chez vous, je ne puis aller ; cela me fait trop mal et j'en ai pour un jour à me remettre avant de pouvoir écrire une ligne... J'ai d'affreuses, de mauvaises pensées, des haines, des jalousies, de la misanthropie ; je ne puis plus pleurer ; j'analyse tout avec perfidie et une secrète aigreur. Quand on est ainsi, il faut se cacher, tâcher de s'apaiser ; laisser déposer son fiel sans trop remuer la vase ; s'accuser devant soi-même, devant un ami comme vous, ainsi que je le fais en ce moment. »

Par un parallélisme qui ne peut guère nous étonner, ce qui l'emporte désormais, chez Sainte-Beuve, écrivain, à l'égard de son ami, c'est l'esprit critique. Depuis qu'il se sait aimé, il n'est plus capable de retenir le mouvement du poison qui s'infiltre en lui. Cependant, quelle admirable lucidité chez cet homme capable de si bien s'expliquer sur ces eaux mêlées qui se heurtent si violemment au fond de sa conscience : amitié, admiration, critique, jalousie !

Ne plus voir Adèle, mais aimer Adèle. Ne plus voir Hugo, mais peu à peu le haïr tout en refusant de le haïr. C'en est trop pour Sainte-Beuve. Paris lui redevient insupportable. En juillet 1830, il repart pour la Normandie, chez Ulric Guttinguer.

Hugo ? Pestant, enrageant du fait du temps perdu, il a achevé son emménagement rue Jean Goujon. Ce qui s'est abattu sur lui, c'est un souci d'ordre purement professionnel. Son éditeur Gosselin aurait voulu publier *Hernani.* Quand il a su qu'un autre éditeur l'avait devancé, il s'est montré plein d'amertume. Comment Gosselin aurait-il oublié qu'il avait signé avec Hugo un contrat pour la publication d'un roman qui devait être *Notre-Dame de Paris.* Un peu à la légère — mais tous les écrivains sont passés par là — Victor s'était engagé à livrer *Notre-Dame* le 15 avril 1829. Il avait donc la bagatelle d'un an de retard. Gosselin a rappelé sévèrement, presque brutalement, son auteur à l'ordre. Hugo a répondu par une lettre indignée autant que maladroite. Pendant des semaines, le dialogue s'est poursuivi, de plus en plus aigre-doux, démontrant de la part de Hugo une irritabilité croissante. Le pauvre Gosselin, sans le savoir, est tombé au plein de cette période que nous venons de vivre, au cours de laquelle, l'angoisse le gagnant peu à peu, Hugo a acquis la perception très nette d'un grand malheur qui allait le frapper. Le 21 mai, Hugo et Gosselin s'affrontent : au cours de l'entrevue, le ton monte jusqu'à l'intolérable. Quelques jours plus tard, Gosselin l'emporte. De guerre lasse, Hugo accepte un contrat implacable : il s'engage à livrer *Notre-Dame de Paris* pour le 1er décembre 1830. Chaque semaine de retard lui coûtera 1 000 francs d'amende. Si le retard dépasse deux mois, il paiera 2 000 francs de plus. Calculons : s'il ne remet son roman que le 1er février 1831, il devra 10 000 francs à Gosselin, une véritable fortune !

A quel jeu joue donc Victor Hugo ? Il a beau avoir juré à Gosselin que le roman était très avancé, il n'en a pas écrit une ligne. La logique voudrait que, dès le lendemain de la signature de ce traité insensé, il se jetât sur son écritoire, qu'il travaillât de jour et de nuit. Or il musarde, se donne les gants de composer de nouveaux poèmes dont le considérable *Ce siècle avait deux ans*, et quatre autres d'une importance égale qui tous prendront place dans *les Feuilles d'automne.* Parallèlement, il est vrai, il complète sa documentation pour *Notre-Dame,* il remanie un plan déjà esquissé précédemment. En fait, ce n'est que le 25 juillet qu'il va écrire la première ligne de *Notre-Dame de Paris.* Pour connaître le cadre exact de sa vie, donc de son travail, nous disposons d'un témoignage aussi précieux que minutieux.

Quatre jours plus tôt, le jeune calviniste vaudois que nous avons rencontré auprès de Sainte-Beuve, Juste Olivier, est venu le voir. Cet Olivier, récemment nommé professeur d'histoire et de littérature au gymnase de Neuchâtel, conquis au romantisme par la seule lecture des romantiques, a fini par n'y plus tenir : il a accompli le voyage de Paris pour rencontrer ses idoles. Un journal intime en est résulté qui constitue un plaisant reportage, en même temps qu'une sélection assez réjouissante de ragots : ces messieurs les romantiques ne se privent pas de dire du mal les uns des autres. Hugo n'est pas épargné, loin de là. « Victor Hugo n'étudie pas. Il croit tout savoir par intuition », ricane Gustave Planche, ajoutant qu'il manque à Hugo, pour parler des choses de l'amour, de les avoir faites. Quant à Vigny, il laisse entendre que la soi-disant culture de Hugo masque une profonde ignorance. Charmant.

C'est donc dûment prévenu que le jeune Olivier s'est présenté rue Jean Goujon, no 9, à 1 heure de l'après-midi. Il est monté au second. Une servante l'a introduit dans un salon « élégamment et richement meublé », décoré de plusieurs grands tableaux et de médaillons reproduisant les visages des hommes célèbres du temps. Ces derniers lui ont semblé être de David d'Angers. De là, on l'a fait passer dans le cabinet de travail où, pendant une demi-heure, il a attendu l'écrivain. Le temps pour Olivier de laisser sa mémoire — il l'avait excellente — enregistrer une infinité de détails. Il se souviendra d'un ameublement simple, d'un petit canapé recouvert d'une toile blanche, d'un canapé plus grand garni d'une étoffe rouge, et surtout, au fond du cabinet, de « plusieurs tables garnies de papiers, de livres et de brochures entassés les uns sur les autres, mais en ordre ». Près de la fenêtre, une autre table, avec une écritoire fortement tachée d'encre, quelques plumes, « et des rubans de papier comme j'en ai souvent coupé pour faire des notes dans des ouvrages que je consultais ». A côté de cette table, une autre encore où notre Vaudois voit étalés deux in-folio, traitant des antiquités et de l'histoire de la ville de Paris, ainsi qu'un manuscrit en cours qu'il a l'indiscrétion de lire. Il y trouve cette phrase : « On attaque une pièce avant qu'elle soit jouée... » Éparses dans le cabinet, cinq ou six petites chaises, simples, élégantes, couvertes de cuir rouge. A droite de la fenêtre, une petite étagère avec des livres. Sur la cheminée, Juste Olivier aperçoit « une vieille tête en bronze ou en quelque autre matière, un oiseau blanc empaillé, des petits vases de terre de forme assez bizarre, une espèce de coupe en verre où trempait une branche de fleurs ». Il s'est approché de la fenêtre et a découvert avec bonheur « des jardins, de la verdure, des arbres d'un feuillage assez épais pour que j'entendisse *bruire leurs dômes*. Et, plus loin, le Dôme des Invalides ».

Enfin paraît Hugo qui présente ses excuses : il n'attendait pas ce visiteur et il avait à s'habiller. Olivier le voit vêtu simplement : une redingote noire, une cravate noire, point de gilet, une chemise à quatre ou cinq boutons, des bas blancs. « Il a les cheveux brun foncé, on ne peut pas dire noirs, un peu du genre humide des miens. Ils ne sont pas rares, mais cependant pas très épais non plus. Un grand soin ne préside pas à leur arrangement. Ils ont même sur le côté un certain pli qui n'est peut-être pas très en harmonie avec l'ensemble des traits du visage... Le front est grand, cependant il n'est pas immense. Il est blanc, pur et je n'y ai pas découvert de rides. Les yeux, ni grands ni petits, sont bruns, vifs, mais on ne peut pas dire qu'ils soient ni brillants ni ardents. Son nez est quelque peu *renflé* vers le bout, ce qui lui donne quelque chose de peu agréable. Sa bouche n'a point cette expression dédaigneuse de son portrait ; au contraire, elle en avait une très gracieuse et naturelle. Je ne me rappelle ni ses sourcils ni ses mains. Je n'ai pas trouvé qu'il fût si gros que son portrait semble le faire croire. Cependant M. Sainte-Beuve m'a dit : “ Oh ! si, il a de l'embonpoint. ” Son teint est blanc ; je lui trouvai quelque chose de diaphane en même temps que sa peau ne me semblait pas très mince et très délicate. Sainte-Beuve y voit, lui, entre les yeux et le nez, le long des joues, des teintes bleues et roses qui donnent une expression particulière à sa physionomie. »

La conversation s'est engagée. Olivier l'a notée soigneusement, avec une exactitude de tabellion. Pauvre Hugo : il faut bien convenir qu'il n'a entendu que des banalités auxquelles il a répondu avec une patience et une courtoisie que beaucoup n'auraient pas manifestées. Qu'on en juge : « Je lui ai raconté aussi ma nomination à Neuchâtel, qui me permettrait de consacrer quelques loisirs à la poésie, etc. Ah ! oui, c'est une carrière charmante, etc. »

Au bout d'un moment, une dame s'est montrée. Hugo s'est levé et Olivier a compris qu'il était temps de partir. En prenant congé, le Vaudois a aperçu deux enfants. Hugo s'est adressé à l'un d'eux « en l'appelant *mon petit chat.* L'un de ses enfants est charmant. C'est une fille qui a de beaux cheveux noirs, secs et bouclés, une figure brûlée et expressive. Mme Hugo (si c'est la personne qui est apparue et qui m'avait l'air de ressembler à un portrait de femme placé au-dessus du grand canapé) doit être une belle et grande personne, mais rapprochée de l'âge de son mari. Victor Hugo a l'air d'un homme heureux et Sainte-Beuve dit qu'il l'est effectivement ».

Soyons reconnaissants à l'importun Juste Olivier. Sans lui nous ne connaîtrions pas si bien ce cabinet de travail où Hugo va commencer d'écrire *Notre-Dame de Paris.* Où, dans quelques semaines, Sainte-Beuve sera reçu, à sa demande, pour formuler un aveu à la suite duquel, pour des années, Hugo n'aura plus l'air d'un « homme heureux ».

Le 9 juillet, on annonce à grand bruit à Paris la prise d'Alger. « Cette nouvelle me ravit sans me rassurer, s'écrie Chateaubriand. La Providence peut du même coup agrandir un royaume et renverser une dynastie. » Quelle clairvoyance ! Le 25 juillet — le jour où Hugo commence *Notre-Dame de Paris* — le roi signe trois ordonnances : la première dissout la Chambre, la seconde modifie la loi électorale, la troisième suspend la liberté de la presse. Un instant — un instant seulement — le roi a hésité. Après quoi : « Plus j'y réfléchis, plus je suis convaincu que je suis dans mon droit et que c'est le seul moyen de salut. » Au conseil des ministres, on est optimiste. Polignac est certain de son affaire : Paris ne bougera pas, il est tout à fait inutile de prendre des précautions militaires. Le maréchal Marmont, qui se sait responsable de l'ordre, n'est guère de cet avis : « Ils sont perdus. Ils ne connaissent ni le pays, ni le temps. Ils vivent en dehors du monde et du siècle ! »

Le matin du 27 juillet, Gustave Planche vient rendre visite à Hugo. Il fait beau, très chaud même. Aimable, Planche demande à la petite Léopoldine — six ans dans un mois — si elle veut bien prendre avec lui une glace au Palais-Royal ; il a un cabriolet en bas. Didine bat des mains. A peine le cabriolet roule-t-il vers le Palais-Royal que tout à coup une foule nombreuse lui barre le chemin. Une foule en colère qui vocifère des injures à l'égard de Charles X et de son gouvernement. Il faut rentrer rue Jean Goujon. Sans manger la glace.

En fait, dès la veille, un grand nombre de journalistes se sont réunis dans les bureaux du *National*. Ils ont décidé de faire paraître leurs journaux sans tenir compte de l'autorisation préalable. Une protestation solennelle a été rédigée par Thiers et deux autres journalistes. On en a appelé à la résistance : « Le régime légal est interrompu, celui de la force a commencé... L'obéissance cesse d'être un devoir ! » Le 27 juillet au matin, les journaux, parus malgré l'interdiction, ont reproduit, en première page, la protestation des journalistes. Aussitôt l'agitation a commencé.

Un témoin évoquera ce Paris qui ressemblait « au pont d'un navire au moment du branle-bas ». La troupe occupe le Carrousel et le Palais-Royal, la place Louis XV et le boulevard des Capucines. Des patrouilles tentent de disperser les attroupements du genre de ceux que Planche et Léopoldine, dans leur cabriolet, ont vu se former devant eux. Peu à peu, l'audace des Parisiens augmente. Par les fenêtres ouvertes des immeubles, on jette sur la force armée des pots de fleurs, de vieilles marmites, des bûches de bois. Les gamins lancent des pierres. Bientôt, rue des Pyramides et rue Saint-Honoré, la troupe, assaillie de toute part, exaspérée, ouvre le feu. En guise de réponse deux barricades s'élèvent à l'entrée de la rue de l'Échelle et de la rue de Rivoli. Le soir, les premières cocardes tricolores apparaissent. On commence à crier :

— A bas les Bourbons !

Le lendemain, quand les Hugo s'éveillent, les Champs-Élysées sont devenus un bivouac. Une question fort prosaïque : comment pourra-t-on traverser ce rideau de troupes pour aller s'approvisionner ? La famille se sent prisonnière chez elle. On ne reçoit plus ni journaux ni lettres.

On ne sait rien. Tout ce que l'on entend, c'est l'appel du tocsin, au loin l'écho de la fusillade, et les fourgons d'artillerie qui, à grand fracas, roulent sur le quai. Hugo, devant la porte de l'immeuble, se heurte à l'un des autres locataires, le général Cavaignac, oncle de celui qui deviendra, en 1848, chef du pouvoir exécutif de la République. Ce vieux soldat développe avec autorité un raisonnement assez curieux : la maison, « étant isolée et en pierres de taille », sera certainement occupée par les troupes si le combat vient de ce côté-là. On y sera assiégé. Hugo n'a pas de raison de mettre en doute l'avis de ce spécialiste. Il n'en est pas plus rassuré. Ce jour-là, le thermomètre monte à 32°. Toute la journée, des soldats viendront frapper aux portes pour demander un verre d'eau. Adèle se souviendra que l'un d'eux, en rendant le verre, s'était évanoui.

A l'aube du 29, Paris est couvert de barricades. On a abattu les arbres des boulevards, semé sur le pavé le verre de bouteilles brisées : obstacle à la cavalerie. Les 10000 hommes jetés par Marmont dans Paris vont en vain, toute la journée, tenter de déblayer les grandes avenues.

Chez les Hugo, on est toujours sans nouvelles. Victor décide d'aller en chercher. Il quitte la maison en compagnie de M. de Mortemart, rejoint les Champs-Élysées. Ils y trouvent une batterie de canons et ne parviennent à passer qu'après avoir longuement parlementé. Un formidable déploiement militaire. Les soldats abattent les arbres pour en faire des chevaux de frise. On rejoint le carré Marigny. Hugo aperçoit un garçon de quatorze à quinze ans, l'air terrifié, ligoté à un arbre. A Mortemart qui s'enquiert des raisons qui l'ont fait ainsi attacher, un soldat répond :

— Pour qu'il n'échappe pas avant d'être fusillé.

Réaction immédiate de Hugo :

— Fusillé ! C'est un enfant.

— C'est un enfant qui a tué un homme. Il a descendu notre capitaine, mais il va la danser.

A l'instant même, venant de la barrière de l'Étoile, un peloton de cavalerie débouche dans le carré. A sa tête, Hugo reconnaît le général de Girardin. Il s'avance au-devant de lui :

— Que diable faites-vous ici ? interroge le général.

— J'y loge.

— Eh bien, je vous conseille d'en déloger. Je viens de Saint-Cloud, et on va tirer à boulets rouges.

Peu encourageant, Girardin. Ce n'est pas là ce qui obsède Hugo. C'est le jeune garçon qui va mourir. Il le montre au général, lui demande instamment de reconsidérer son cas. Girardin, aussitôt, fait détacher l'enfant. Voilà Hugo heureux.

Le 29, c'est la dernière des trois « Glorieuses ». Le peuple s'empare du Palais-Bourbon et du Louvre. Les troupes se replient en désordre sous les fenêtres de Talleyrand. Le vieux prince, impassible comme toujours, dicte à son secrétaire : « Mettez en note que le 29 juillet 1830, à midi cinq minutes, la branche aînée des Bourbons a cessé de régner sur la France. » A 1 heure et demie, le duc d'Angoulême, qui a reçu le commandement des troupes royales, évacue Paris. Les trois couleurs flottent sur le château des Tuileries.

Tout au long de ces trois jours, Hugo n'a pu se défendre d'une émotion que peut-être lui-même comprend mal. Ces trois couleurs qu'il voit surgir de partout, ce sont celles de son enfance. Son père s'est battu pour elles. Il n'en est pas moins partagé, déchiré. Ces Bourbons qu'il voit disparaître de l'Histoire, il leur avait donné sa foi. On ne chasse pas volontiers de sa mémoire ceux que l'on a aimés. Hugo moins que quiconque. Depuis longtemps il s'éloignait. Il n'était plus ultra et déjà libéral. Pourquoi le départ de ce vieux roi forcé de nouveau de quitter son pays lui serre-t-il malgré tout le cœur ? Nous aimons qu'il ait aussitôt écrit les vers que voici :

Oh ! laissez-moi pleurer sur cette race morte
Que rapporta l'exil et que l'exil remporte,
Vent fatal qui trois fois déjà les enleva !
Reconduisons au moins ces vieux rois de nos pères,
Rends, drapeau de Fleurus, les honneurs militaires
  A l'oriflamme qui s'en va !

Il écrira encore et nous aimons qu'il l'ait écrit :

L'exil et les tombeaux dans mes chants sont bénis ;
Et, tandis que d'un règne on salûra l'aurore,
Ma poésie en deuil ira longtemps encore
  De Sainte-Hélène à Saint-Denis !

Cependant que, le 28 juillet, se livrent les derniers combats, honnêtement c'est à autre chose que l'on pense chez les Hugo. Dès les premières heures de la matinée, Adèle a été prise de ce genre de douleurs que, en femme qui a déjà accouché quatre fois, elle connaît bien. Aussitôt, c'est l'habituel branle-bas. A défaut de pouvoir éloigner les enfants, on doit les reléguer au fond de l'appartement. Il faut trouver une sage-femme qui accepte de traverser la fusillade pour venir exercer son état. L'affolement de la servante gagne tous les membres de la famille. La nervosité monte à son comble. Dans le grand lit conjugal, Adèle laisse échapper des plaintes déchirantes. Un air brûlant glisse de la rue par les fenêtres ouvertes. La sueur coule sur le visage de l'infortunée parturiente.

Un cri plus aigu, un appel d'encouragement et de triomphe de la sage-femme : l'enfant est né, c'est une fille. Puisque le dernier fils s'est prénommé Victor, les Hugo ont décidé qu'ils appelleraient celle-ci Adèle.

Quelques combattants des Glorieuses avaient cru lutter au profit de la République. D'autres avaient fait le coup de feu au cri de : « Vive Napoléon II ». Les Français ont droit à Louis-Philippe. En proclamant roi des Français le duc d'Orléans, La Fayette s'est écrié qu'il fallait saluer en ce prince éclairé « la meilleure des Républiques ». Ce qu'il va d'ailleurs démentir quelques mois plus tard. La Fayette a toujours tout démenti. Jusqu'à ses velléités.

Le nouveau bébé Hugo vagit dans son berceau. Les deux garçons, Charles et Toto — ainsi appelle-t-on le petit Victor — contemplent avec respect cet animal étrange. Didine — on ne la nomme plus autrement — profère du haut de ses six ans des sentences définitives qui, de plus en plus délicieusement, font battre le cœur de son père. Les journaux parviennent de nouveau rue Jean Goujon. Les amis reviennent. Chez Victor l'avidité est la même. Que signifie cette révolution ? Que faut-il en attendre ? Que doit-on penser de Louis-Philippe qui, laissant l'aigle à Napoléon, a pris le coq pour emblème ? Jusqu'à quel point lui-même doit-il s'engager ? Comment ne pas lire avec un extrême intérêt les notes qu'il prend, quelques jours seulement après les Glorieuses ? Par exemple : « Après juillet 1830, il nous faut la chose *république* et le mot *monarchie.* » La plume à la main, il réfléchit :

« Les sociétés ne sont bien gouvernées en fait et en droit que lorsque ces deux forces, l'intelligence et le pouvoir, se superposent. Si l'intelligence n'éclaire encore qu'une tête au sommet du corps social, que cette tête règne ; les théocraties ont leur logique et leur beauté. Dès que plusieurs ont la lumière, que plusieurs gouvernent ; les aristocraties sont alors légitimes. Mais lorsqu'enfin l'ombre a disparu de partout, quand toutes les têtes sont dans la lumière, que tous régissent tout, le peuple est mûr à la république ; qu'il ait la république. »

Remarquons que par deux fois il s'est arrêté au mot république. Ce qui lui vient à l'esprit, ce sont aussi des images plaisantes : « Tout ce que nous voyons maintenant, c'est une aurore. Rien n'y manque. Pas même le coq. »

La ruée vers les prébendes l'indigne : « Donneurs de places ! Preneurs de places ! Demandeurs de places ! Gardeurs de places ! — C'est pitié de voir tous ces gens qui mettent une cocarde tricolore à leur marmite. » Sur le papier, il jette encore la phrase suivante qui va loin : « Les rois ont le jour, les peuples ont le lendemain. » Son souci, c'est que la future république, même si elle prend le masque de la monarchie, n'aboutisse à la même fatalité que la première : l'échafaud. Il n'est pas seul à partager cette hantise. L'image de la guillotine poursuit les survivants de la grande révolution et même leurs fils. D'où cette observation : « Je ne suis pas de vos gens coiffés du bonnet rouge et entêtés de la guillotine. » Et celle-ci :

« Pour beaucoup de raisonneurs à froid qui font après coup la théorie de la Terreur, 93 a été une amputation brutale, mais nécessaire. Robespierre est un Dupuytren politique. Ce que nous appelons la guillotine n'est qu'un bistouri. C'est possible. Mais il faut désormais que les maux de la société soient traités, non par le bistouri, mais par la lente et graduelle purification du sang, par la résorption prudente des humeurs extravasées, par la saine alimentation, par l'exercice des forces des facultés, par le bon régime. Ne nous adressons plus au chirurgien, mais au médecin. »

A quelques jours de là, il va achever une *Ode à la Jeune France,* hymne aux vainqueurs de juillet, exaltés comme les paladins de la liberté. André Maurois a très lucidement observé que cette ode est bien meilleure, littéralement, que les poèmes légitimistes de jadis, ce qui est « un indice de sincérité ».

Frères ! et vous aussi, vous avez vos journées !
Vos victoires, de chêne et de fleurs couronnées,
Vos civiques lauriers, vos morts ensevelis,
Vos triomphes, si beaux à l'aube de la vie,
Vos jeunes étendards, troués à faire envie
A de vieux drapeaux d'Austerlitz !

Va-t-il garder ces vers pour lui ? Il n'est pas l'homme de ces réserves ou de ces modesties. Aussitôt, il pense au *Globe.* La révolution a tiré Sainte-Beuve en même temps de la Normandie et de sa neurasthénie. Il est venu reprendre sa place au journal de Dubois. C'est à l'imprimerie que Hugo le rejoint. J'imagine Hugo trop à l'aise et Sainte-Beuve d'abord paralysé. Propos sur la révolution. Hugo sort un manuscrit de sa poche : c'est l'*Ode à la Jeune France.* Sainte-Beuve lit. Il lit vite, il lit bien. Il ne peut se défendre d'admirer : cette fois c'est l'amitié qui l'emporte sur le fiel. Publier ? Bien sûr. Mais si Hugo est spontanéité, élan, le caractère de Sainte-Beuve le conduit à tout prévoir, tout peser. Lui et ses amis savent à quel point Hugo a changé depuis le sacre de Charles X. Tout le monde ne le sait pas. Si Vigny a noté dans son Journal que Hugo avait décidément quitté le côté droit, la page où il enregistrait cela dort toujours dans un tiroir. Il en est souvent ainsi des évolutions politiques : flagrantes pour les proches, elles restent ignorées du public. Les Français cultivés en sont restés au jeune légitimiste choyé des Bourbons, chantre du drapeau blanc et des rois de la branche aînée. On doit à ces Français-là des explications. C'est lui, Sainte-Beuve, dans un « chapeau » qui les donnera.

Plus tard Sainte-Beuve dira que, écrivant cela, il « déroyalisait » Hugo. Stratégie payante : l'ode ne sera pas mal accueillie de l'opinion. Il faut dire qu'en ce temps-là, les ralliements sont innombrables. Quelque temps plus tard, Lamennais trouvera chez lui Victor Hugo écrivant. Il lui demandera ce qu'il est en train de mettre, là, sur le papier.

— Quelque chose qui ne vous plairait pas.

— Dites toujours.

Hugo lui tend une feuille. Lamennais lit : « La république, qui n'est pas encore mûre, mais qui aura l'Europe dans un siècle, c'est la société souveraine de la société ; se protégeant, garde national ; se jugeant, jury ; s'administrant, commune ; se gouvernant, collège électoral. Les quatre membres de la monarchie, l'armée, la magistrature, l'administration, la pairie, ne sont pour cette république que quatre excroissances gênantes qui s'atrophient et meurent bientôt. »

Lamennais juge que, dans ce texte, il y a un mot de trop : « La République n'est pas mûre. »

— Vous la mettez dans l'avenir ; moi, je la mets dans le présent.

Hugo s'explique — et, dans cette explication, il faut voir toute la logique de son évolution politique présente et à venir : il voit dans la république la forme aboutie de la société, mais ne la croit possible qu'après une évolution décisive de cette société. On ne peut accorder le suffrage universel à un peuple qui, dans sa majorité, est demeuré ignorant. Donc, parvenons au suffrage de tous par l'enseignement donné à tous. La royauté « mixte » de Louis-Philippe semble à Hugo une préparation assez favorable à cette organisation idéale. Lamennais, plus intransigeant, n'en est pas aussi sûr que lui.

L'homme le plus étonné de Paris a dû être Sainte-Beuve lorsqu'il s'est entendu solliciter par Hugo d'être le parrain de la petite Adèle. De quoi plonger le critique du *Globe* dans de nouveaux tourments. De loin, parvenu à l'apogée d'une passion désincarnée, il s'apaisait. Mais être parrain ! Méfiant, il questionne Hugo : l'idée est-elle de lui ? Réponse très franche de Victor : Non, l'idée est d'Adèle. Lui s'y est naturellement rangé avec joie. Sainte-Beuve ne peut plus se dérober sans risques de provoquer de la part de Hugo des soupçons auxquels il ne tient nullement.

Déconcertant, le comportement d'Adèle ? Nullement. Elle souffre autant que Sainte-Beuve de l'éloignement que celui-ci — seul — a décidé.En amour, les audaces viennent souvent du côté des femmes. En faisant de lui le parrain de sa fille, Adèle est sûre qu'il reviendra rue Jean Goujon. Ne serait-ce que pour embrasser sa filleule ! Elle joue avec le feu, Adèle ? Sans doute. Mais les femmes, en ces sortes d'affaires, ne détestent pas jouer avec le feu.

Sainte-Beuve a d'abord pensé que Adèle, en voulant créer avec lui des relations quasi familiales, voulait revenir à l'état de choses *ante*, balayer un aveu qu'elle regrettait. Une telle conviction donnerait tout son sens à la lettre que, le 17 septembre — deux jours avant le baptême ! — il va adresser à Victor Pavie :

« Allez, mon ami, priez pour moi et aimez-moi un peu, car je souffre d'horribles douleurs à l'âme ; toute ma poésie refoulée, tout mon amour sans issue, s'y aigrissent et me dévorent. Je suis redevenu méchant. Oh ! quand on est haï, que vite on est méchant ! Je ne suis pas haï, ou du moins je m'inquiète peu de ceux qui me haïssent. Mais mon mal et mon crime c'est de n'être pas aimé, de n'être pas aimé comme je voudrais l'être, comme j'aimerais l'être, aimant. C'est là le secret de toute ma folle existence, sans suite, sans tenue, sans but, sans travail d'avenir. »

Dans la même lettre, maniant à son tour l'antithèse, il oppose à son malheur l'image du mari heureux : « Victor est calme, serein ; il travaille à son roman et a foi en l'avenir, même littéraire. »

Sainte-Beuve a oublié jusqu'aux apparences de la sérénité. Un incident le démontre qui éclate à la rédaction du *Globe.* Dubois méditait depuis quelque temps d'évincer Pierre Leroux de la rédaction. Devant les actionnaires et rédacteurs réunis, il jette le masque. Sainte-Beuve n'y tient plus, il crie que l'on n'a pas le droit de chasser un homme qui a participé à la fondation du journal. Sèchement, Dubois lui fait observer que, n'étant pas actionnaire, il devrait se taire. « Insolent ! » jette Sainte-Beuve à celui qui a été son maître et reste son patron. Dubois feint de n'avoir rien entendu. « Insolent ! » répète Sainte-Beuve plus fort. Même jeu conciliateur de la part de Dubois. « Insolent ! » hurle Sainte-Beuve pour la troisième fois. Dubois a raconté lui-même : « Je saisis mon gant et j'en effleurai le visage de Sainte-Beuve. » Aussitôt, Sainte-Beuve, furieux, crie qu'il lui en demandera raison. Il envoie à Dubois ses témoins, Pierre Leroux et Duvergier de Hauranne. Dubois choisit comme témoins le jeune Barthélemy Saint-Hilaire et le vieux philosophe Damiron. On décide de se battre le 20. Le lendemain du baptême de la petite Adèle ! Quand, le 19, pour la première fois depuis tant de semaines, Sainte-Beuve retrouve Adèle, un seul regard lui suffit pour comprendre qu'il se leurrait, que rien entre eux n'est changé. Tremblant, il reçoit des mains de la bien-aimée le bébé qu'il doit porter sur les fonts baptismaux. De la journée, il ne quitte pas les Hugo. Il ne la quitte pas, Elle. Probablement ne lui a-t-il rien dit du duel. Et s'il allait être tué ? Idée toute romantique quoique non sans logique. Nul, hormis d'Artagnan, n'a gardé l'esprit libre la veille d'un duel. Donc, pas un mot. Mais l'obsession lancinante qui l'accompagne tout le jour. Ah ! s'il mourait en prononçant Son nom ! Alors, pour Sainte-Beuve, de nouvelles contradictions : l'amer bonheur de se dire que peut-être il mourra aimé ; aussitôt le regret de mourir alors qu'il est aimé.

Il pleut, quand Dubois et lui se rencontrent dans le bois de Romainville. Sur le terrain Sainte-Beuve s'avance abrité sous un parapluie. Il saisit de la main droite le pistolet que lui tend son témoin cependant que, de la gauche, il brandit son parapluie. On lui fait remarquer que ce comportement est contraire à toutes les règles :

— Je veux bien être tué, répond-il, mais je ne veux pas être mouillé.

On échange deux balles sans résultat. Puis deux autres. L'honneur est satisfait, jurent les témoins. On se sépare. Sainte-Beuve peut rentrer chez lui. Bien vivant, mais plus que jamais dévoré par la passion.

Comme il est loin de tout cela, Hugo ! Ce qui l'occupe exclusivement, c'est *Notre-Dame de Paris.* Dès le lendemain des Glorieuses, il a écrit à Gosselin, estimant que la révolution survenue constituait « un des cas graves et de force majeure qui ont été prévus par notre convention du 5 juin ». Il a juré que les événements l'avaient forcé à faire évacuer ses effets les plus précieux et ses manuscrits chez son beau-frère, « qui demeure rue du Cherche-Midi » et que, dans cette opération faite en toute hâte, il avait « perdu un cahier tout entier de notes » qui lui avaient coûté « plus de deux mois de recherches et qui étaient indispensables à l'achèvement de *Notre-Dame de Paris* ». Gosselin n'a probablement pas été dupe — nous pas davantage — mais il est entré dans ces raisons. La date de la remise du manuscrit a été reportée au 1er février 1831. Il reste à Victor cinq mois et demi. Plus un jour, plus une heure à perdre. Hugo va s'acheter une bouteille d'encre ainsi qu'un gros tricot de laine grise — très vite les enfants l'appelleront *la peau d'ours de papa* — qui l'enveloppera du cou jusqu'aux orteils. Pour plus de sûreté, il va enfermer ses habits dans une armoire, fermer l'armoire à clé et délibérément égarer la clé. Ainsi est-il sûr de couper à toute tentation de sortir. Le *témoin* : « Il entra dans son roman comme dans une prison. Il était fort triste. »

Revoyons-le dans le cabinet décrit par Juste Olivier. L'automne fait place à l'hiver. Sa « peau d'ours » le protège assez bien des frimas. Il vit au XVe siècle. Il ne connaît plus qu'Esmeralda, la pure bohémienne au charme venu d'ailleurs, Quasimodo difforme et tendre, le monstrueux Claude Frollo, perdu par l'amour. Peu à peu, dans un travail acharné de chaque instant, ils prennent vie, ces personnages. Outrés ? Bien sûr qu'ils le sont. Sans cela ils ne seraient pas hugoliens. Et cependant les analystes comme les critiques ont toujours buté sur cette évidence : lorsqu'ils reprochent à Hugo d'avoir introduit dans son roman des personnages hors du réel, à la fois symboles et caricatures, ils ne nous expliquent jamais pourquoi ces êtres imaginaires ont si profondément pénétré l'inconscient des peuples que, d'un bout du monde à l'autre, on les connaît mieux que s'ils avaient existé. Quasimodo et Esmeralda ont traversé un siècle et demi ; ils vivent toujours, on connaît leur nom, des millions d'hommes et de femmes sont capables, à l'instant, de narrer leur histoire. Sans relâche, des films tournés dans l'ancien et le nouveau monde redisent leur destin. De sorte que cette irréalité reprochée à Hugo a débouché sur quelque chose qui va plus loin que la réalité. Combien sont-ils, dans la longue histoire de la création humaine, les héros de théâtre ou de roman qui se sont superposés aux personnages vrais jusqu'à prendre le pas sur eux ? Un Américain d'aujourd'hui ne sait rien de Louis XI ; il connaît Quasimodo. Génie, où est ta victoire ?

Il peine sang et eau, l'homme au tricot de laine. Point de feu dans son cabinet, mais il ne sent pas le froid qui gagne. Devant ses fenêtres les arbres se sont dénudés. Il ne les voit pas. Ce qui se dresse sous son regard, c'est une silhouette colossale et magique : celle de *Notre-Dame*, la basilique sortie des siècles. Elle est là, il la voit, « découpant sur un ciel étoilé la silhouette noire de ses deux tours, de ses côtes de pierres et de sa croupe monstrueuse ». Il ne ressent aucune peine à l'imaginer comme « un énorme sphinx à deux têtes assis au milieu de la ville ». Dans son roman, elle devient une *créature* que se disputent Dieu et l'écrivain. Les chapitres succèdent aux chapitres, mais elle est toujours là. Les personnages de son imagination s'agitent par elle et autour d'elle. Ils finissent par lui échapper, sa plume ne faisant plus que reproduire les mots et les gestes imposés par une vision presque étrangère à lui. Le rictus de Quasimodo ressemble à celui des gargouilles. Hugo ne devient-il pas lui-même gargouille ? Et cette foule surgie de la Cour des Miracles, qui s'agite tout en bas, sur le parvis, minuscule sous le regard du monstre au cœur de jeune fille, l'écrivain n'a aucun mal à les parer de toutes ces couleurs qui chantent en lui : il est peintre autant que romancier.

Chrétien, ce roman autour d'une église ? L'idée de la fatalité — *ananké* — plane tout au long de l'œuvre. En riant de ce rire forcené qu'il n'entend pas, Quasimodo a beau déverser des flots de plomb fondu sur ceux qui veulent lui reprendre la bohémienne, elle n'en mourra pas moins. Ce n'est pas une idée chrétienne que la fatalité. Lamennais le fera observer à Hugo et Lamartine confirmera : « C'est une œuvre colossale, une pierre antédiluvienne. C'est le Shakespeare du roman, c'est l'épopée du Moyen Age... Seulement c'est immoral par le manque de providence assez sensible ; il y a de tout dans votre temple, excepté un peu de religion. » L'un et l'autre n'ont pas tort. *Notre-Dame de Paris,* dans la quête du divin poursuivie par Hugo, va marquer une étape essentielle. Longtemps il a cru accéder à Dieu par le christianisme. Désormais il perçoit Dieu sans le christianisme. Avec un paradoxe : dans sa vie Jésus sera sans cesse présent. Il lit et relira les évangiles devenus dans son esprit le plus admirable prologue qu'un homme ait accordé à la connaissance de Dieu. Ce qu'il répudie, c'est la religion. Toutes les religions. Point d'intermédiaire entre l'homme et Dieu.

Notre-Dame de Paris est un énorme roman. Si l'on néglige les quelques pages écrites avant les Glorieuses, c'est en fait le 1er septembre 1830 que Hugo l'a commencé. Il l'achève le 15 janvier. Il y ajoutera, en trois jours, du 31 janvier au 2 février, le chapitre : *Paris à vol d'oiseau.* C'est donc en quatre mois et demi qu'il est venu à bout de cette fresque immense. Faut-il pour cela l'imaginer dans sa « peau d'ours » totalement coupé du monde, n'accordant que quelques minutes aux repas, quelques heures au sommeil ? Erreur. Certes, son cabinet de travail est interdit à tous. Mais Hugo ne serait pas Hugo s'il ne gardait les yeux grands ouverts sur le monde extérieur. On lui apporte les journaux, il les lit. Il reçoit des lettres de ses amis et il leur écrit : *A Lamennais* : « Mettez-vous à la tête d'un catholicisme libéral et tous vous suivront... Au temps où nous vivons, le génie est une papauté. » Il ne se gêne pas pour blâmer avec Saint-Valry « le ministère dont la marche me paraît molle et que je voudrais plus hardie dans la voie de la liberté ». Il proteste auprès du commandant de son bataillon de la Garde nationale quand il apprend que son élection au grade de sous-lieutenant a été cassée par La Fayette. Sa porte s'ouvre à Lamennais accouru dès son arrivée de la Chênaie à Paris. Une fois de plus, on parle de religion. Une fois de plus, Lamennais adjure Hugo de franchir le rubicon de la conversion. Une fois de plus, Hugo se dérobe. Le prêtre aux bas de laine a-t-il entrouvert le manuscrit déjà épais ? A-t-il parcouru les pages où

Hugo montre l'archidiacre Claude Frollo tenant entre ses mains l'un des premiers livres venus de Nuremberg, « puis étendant avec un soupir sa main droite vers le livre imprimé qui était ouvert sur sa table et sa main gauche vers Notre-Dame, et promenant un triste regard du livre à l'église :

« — Hélas ! dit-il, ceci tuera cela. »

Lui a-t-il permis de lire le chapitre qui suivait cette scène et prolongeait en l'éclairant la constatation de l'archidiacre ? Frollo a voulu dire d'abord « que le livre de pierre, si solide et si durable, allait faire place au livre de papier, plus solide et plus durable encore... Un art allait détrôner un autre art. » Mais cette pensée ira plus loin :

« C'était l'effroi du sacerdoce devant un agent nouveau, l'imprimerie. C'était l'épouvante et l'éblouissement de l'homme du sanctuaire devant la presse lumineuse de Gutenberg. C'était la chaire et le manuscrit, la parole parlée et la parole écrite, s'alarmant de la parole imprimée ; quelque chose de pareil à la stupeur d'un passereau qui verrait l'ange Légion ouvrir ses six millions d'ailes. C'était le cri du prophète qui entend déjà bruire et fourmiller l'humanité émancipée, qui voit dans l'avenir l'intelligence saper la foi, l'opinion détrôner la croyance, le monde secouer Rome. Pronostic du philosophe qui voit la pensée humaine, volatilisée par la presse, s'évaporer du récipient théocratique. Terreur du soldat qui examine le bélier d'airain et qui dit : la tour croulera. Cela signifiait qu'une puissance allait succéder à une autre puissance. Cela voulait dire : la presse tuera l'église. »

Lamennais a-t-il poussé les hauts cris ? Ou plutôt — cela lui ressemblait davantage — a-t-il exprimé son chagrin ? Toujours est-il que le chapitre : « Ceci tuera cela » disparaîtra dans les premières éditions de *Notre-Dame de Paris.* Il s'y retrouvera quand Hugo se refusera à laisser plus longtemps l'admiration et l'amitié l'emporter sur sa propre vérité.

Pendant toute la composition du roman, Hugo s'est accordé une heure de causerie après dîner, en compagnie des quelques amis qui se hasardaient à venir le voir. Parfois, il leur a lu les pages écrites au cours de la journée. C'est ainsi qu'il a fait connaître le chapitre intitulé *les Cloches* à Pierre Leroux qui, selon Adèle, a trouvé « ce genre de littérature bien inutile ». Adèle nous avait montré son mari « fort triste ». « Dès les premiers chapitres, sa tristesse était partie. » Cet ermite tout relatif a même accompagné le prince de Craon au procès des ministres de

Charles X. Pour ne pas avoir à rouvrir l'armoire où se trouvaient enfermés ses vêtements, il s'est rendu à l'audience revêtu de son uniforme de garde national. Rentré dans son cabinet, avant de revenir à Esmeralda et Quasimodo, Hugo note : « Chacun se dépopularise à son tour. Le peuple finira peut-être par se dépopulariser. » Ce qui se précise de plus en plus, c'est sa pensée politique. En quelques lignes écrites devant la fenêtre ouverte de décembre, il exprime ce que désormais il soutiendra toute sa vie :

« C'est un devoir sacré pour les gouvernants de se hâter de répandre la lumière dans ces masses obscures où le droit définitif repose. Tout tuteur honnête presse l'émancipation de son pupille. Multipliez donc les chemins qui mènent à l'intelligence, à la science, à l'aptitude. La Chambre, j'ai presque dit le trône, doit être le dernier échelon d'une échelle dont le premier échelon est une école. Et puis, instruire le peuple, c'est l'améliorer ; éclairer le peuple, c'est le moraliser ; lettrer le peuple, c'est le civiliser. Toute brutalité se fond au feu doux des bonnes lectures quotidiennes. *Humaniores litterae.* Il faut faire faire au peuple ses humanités. Ne demandez pas de droits pour le peuple tant que le peuple demandera des têtes. »

Il repose sa plume. Il rêve un instant, repousse les feuilles auxquelles il confie ses notes, trempe de nouveau sa plume d'oie dans la bouteille d'encre achetée le 1er septembre. Il n'y a plus rien devant lui que les tours de Notre-Dame. Il plonge dans sa prose superbe.

Un jour, à une heure imprévue, quelqu'un va frapper à sa porte : Charles Augustin Sainte-Beuve. Nous ignorons la date exacte. Nous savons seulement qu'elle est antérieure au 7 décembre. Nous savons que Hugo a reçu son ami, et que, là, devant lui, tout à coup, Sainte-Beuve a vidé son cœur. Comment a-t-il été guidé vers cette démarche à laquelle on peut accorder tant de sens contradictoires et qui, en tout état de cause, nous paraît inouïe ? Pour tenter de répondre à cette question, il faut lire les lettres de l'un et de l'autre qui subsistent heureusement, correspondance remarquablement éclairante. A cette correspondance, une lettre d'Adèle, l'une des rares qui aient échappé à l'autodafé, peut être prise comme prologue. Elle a été écrite au lendemain du duel. Nous découvrons que le critique, depuis sa rencontre avec Dubois, n'a daigné donner de ses nouvelles ni le jour même, ni le lendemain. Les Hugo n'ont connu l'issue du duel qu'en interrogeant des amis communs. La réaction d'Adèle a été vive. *A Sainte-Beuve, 22 septembre 1830* : « Nous sommes très inquiets de vous, Monsieur. Nous serions heureux que vous vinssiez déjeuner aujourd'hui avec Lamartine et même nous y comptons ; quand vous nous aurez conté votre affaire et que tout sujet de crainte sera passé, il nous restera de vous gronder beaucoup de n'être pas venu *voir vos amis.* Quant à moi, je pardonnerai difficilement. Ainsi nous comptons sur vous entre dix et onze heures. Dans tous les cas, venez nous voir un moment aujourd'hui. » Assurément, elle ne plaisante pas quand elle dit qu'elle aura beaucoup de mal à pardonner. Toujours prisonnier de ses tourments, harcelé par ses contradictions, Sainte-Beuve est venu.

Et c'est Adèle qui a hasardé le premier pas ! Sainte-Beuve, dans le *Livre d'amour*, en une page si précise que sa vérité ne saurait être mise en doute, conte la scène qui s'est déroulée chez Adèle un après-midi à 3 heures — l'heure même y est ! — à quelques pas du nouveau-né. Il a sonné. Hugo venait de sortir. Adèle l'a accueilli, conduit dans sa chambre, l'a fait asseoir. Très vite, ils ont retrouvé l'abandon de naguère. Le soleil inondait la pièce. Elle s'est approchée d'un miroir, s'est jugée mal coiffée. Debout, elle a dénoué ses cheveux.

J'osai voir, j'osai lire au calice entr'ouvert ;
J'osai sentir d'abord ce parfum qui me perd...

Dans le miroir, elle l'a vu la dévorer des yeux. Et Sainte-Beuve a su qu'elle le voyait la regarder. Gêné, il a balbutié qu'il allait sortir, qu'il reviendrait. Elle lui a dit : « Restez ! »

Et, sous tes doigts pleuvant, la chevelure immense
Exhalait jusqu'à moi des senteurs de semence.

En ce « Restez ! », Sainte-Beuve a voulu discerner une intention, une invite, un encouragement. D'ailleurs, dans le poème enfiévré — et exécrable — qui évoque la scène, il fait suivre l'épisode d'une ligne de points éloquents.

Est-ce à ce moment que les soupçons de Hugo se seraient fait jour ? Nous l'avons vu, dans les mois précédents, angoissé plus par un pressentiment que par une réalité. Qu'a-t-il surpris entre son ami et sa femme ? Un aparté ? Un échange de regards qui tout à coup l'aura mis en alerte ? Aux visites suivantes que Sainte-Beuve osera, sans doute pour répondre aux supplications d'Adèle, cette suspicion grandira, se précisera.

Un jour, il n'y a plus tenu : il a frappé à la porte de Hugo.

— Hugo, j'aime votre femme.

Aucune lettre, aucun texte ne nous informent sur la teneur exacte des propos qu'il a tenus. Mais quelle que soit la forme que puisse prendre une telle déclaration, elle tournera toujours autour de ces mots-là : « J'aime votre femme. » De la défiance à la confirmation de cette défiance, il y a un pas immense. Le voilà franchi. Et l'on imagine aussitôt, chez Hugo, le tumulte qui naît, ce que l'auteur des *Misérables* baptisera lui-même tempête sous un crâne. Un mélange d'incrédulité, d'orgueil blessé, d'amour meurtri, d'amitié qui saigne. Nous ne connaissons pas le dialogue échangé, mais nous l'entendons : « Comment cela est-il arrivé ? Depuis quand ? Et elle ? » Nous entendons le petit Sainte-Beuve, tremblant de douleur, jurer que Victor n'a rien à reprocher à son épouse, que si des pensées ont pu se rencontrer, aucun geste de quelque nature que ce soit n'a même été esquissé. Que, de toute façon, dès le début, lui, Sainte-Beuve, s'est juré de ne jamais trahir son ami. S'il est venu lui parler, c'est parce que sa décision est définitive : on ne le reverra plus chez les Hugo. Jamais. Je l'entends, le silence qui a dû suivre. Je la devine, la tempête qui maintenant se déchaîne. Peut-être Hugo, auteur dramatique, a-t-il une seconde senti ce que la situation pouvait présenter de cornélien. Peut-être, dans la même seconde, a-t-il eu la velléité de s'en amuser. Avant de replonger dans son désarroi désespéré. Comment n'aurait-il pas en même temps jugé à sa valeur la noblesse de l'attitude de Sainte-Beuve, comme son offre à n'en pas douter sincère de disparaître de la vie de Victor — et d'Adèle ? Il s'éteint, le silence. Victor parle. Il apprécie, certes, l'attitude généreuse de Sainte-Beuve. Mais *il la refuse.* Lisons avec une attention infinie la lettre de Sainte-Beuve à Hugo du 7 décembre : *« Vous avez eu la bonté de me prier de venir toujours comme par le passé. »* Voilà qui est clair : Hugo a demandé à Sainte-Beuve de poursuivre ses visites rue Jean Goujon. Il l'a engagé à continuer à le voir lui, Hugo, mais aussi Adèle.

Hugo est même allé plus loin. Beaucoup plus loin. Trois mois plus tard, il écrira à Sainte-Beuve : « Vous devez vous souvenir de ce qui s'est passé entre nous dans l'occasion la plus douloureuse de ma vie, dans un moment où j'ai eu à choisir entre elle et vous ; rappelez-vous ce que je vous ai dit, *ce que je vous ai offert, ce que je vous ai proposé*, vous le savez, *avec la ferme résolution* de tenir ma promesse et de *faire comme vous voudriez* [1]. » Cette fois, nous touchons au sublime. Belle scène pour un théâtre !

La proposition a été faite, sans doute, puisque Hugo la rappelle à celui-là seul qui peut s'en souvenir. Mais Hugo a-t-il pu douter que Sainte-Beuve la rejetât ? Jamais le critique n'eût consenti à faire de celle qu'il aimait à la folie — *Elle !* — une femme déclassée. Comment lui eût-il demandé d'abandonner pour lui ses quatre enfants, dont un bébé en bas âge ? Hugo est revenu à sa proposition première : Revenez, mon ami. Revenez quand vous voudrez. Revenez comme si de rien n'était.

D'abord, devant une telle grandeur d'âme, nous avons tendance à nous émerveiller : toujours le cornélien. Ensuite, nous nous posons des questions. Après tout, l'éloignement définitif de Sainte-Beuve aurait mis fin à cette redoutable ambiguïté. Toutes les hypothèques auraient été levées, ceci pour chacun des trois intéressés. Or Hugo refuse formellement ce départ. Remarquable analyste, Sainte-Beuve explique : « C'était de votre part compassion et indulgence pour une faiblesse que vous pensiez soulager par cette marque d'attention. » Il faut ici peser tous les mots. *Compassion* : cela veut dire que Hugo a pitié de Sainte-Beuve. *Indulgence* : Victor pense qu'il n'a pas le droit de traiter Sainte-Beuve avec sévérité. *Une faiblesse à soulager* : Hugo vient de se persuader, ou plutôt a voulu se persuader, que l'amour déclaré de Sainte-Beuve pour Adèle n'était finalement qu'une aventure sans conséquence. D'où le : « Je vous prie de venir toujours comme par le passé. »

Nous savons — nous — que, sur les trois points, Hugo se trompe. Tragiquement. Comme tant de maris en une telle occasion, il en reste à la cécité. Mais, allant plus loin que ce bataillon millénaire, il la choisit, cette cécité.

J'ai souvent pensé aux raisons profondes d'une erreur qui, en définitive, allait consacrer le malheur de Hugo. J'en suis arrivé à cette conclusion que le lecteur aura sans doute autant de mal à admettre que moi-même : l'aveu de Sainte-Beuve a soulagé Hugo. Tristan Bernard, quand les Allemands viendront l'arrêter, pendant l'Occupation, s'exclamera : « Nous vivions dans l'angoisse, nous vivrons

1. Lettre du 18 mars 1831.

dans l'espoir. » Depuis des semaines, Hugo attendait qu'un malheur s'abattît sur sa tête. Il ne voulait pas savoir lequel. En un instant, tout devient clair. Sa première pensée est pour cette femme qui est la sienne, la seule qu'il ait connue, la seule qu'il ait aimée. Lorsque Sainte-Beuve lui jure qu'elle vit toujours dans l'innocence, il croit Sainte-Beuve. Du même coup, il met sa femme hors du débat. Il a grand tort, mais l'attitude à laquelle il s'arrête lui est commode. Les hommes aiment les situations commodes. Reste celui qui est en face de lui, le plus cher de ses amis. De quelle manière pourrait-il oublier l'affection profonde qui les lie, les heures de confiance absolue, l'entente rare de deux esprits et de deux intelligences ? Comment tout cela pourrait-il être balancé par un sentiment que, de minute en minute, Hugo en est venu à traiter comme une amourette sans conséquence ? Et, de nouveau très à l'aise avec lui-même, il progresse dans son raisonnement. Dès le moment où Sainte-Beuve est venu tout lui dire, sûrement il s'est guéri. Hugo admet l'explication des confesseurs catholiques aussi bien, avant la lettre, que celle de Freud. Tout cela se résumerait ainsi : « Vous m'avez fait passer un bien mauvais moment, cher Sainte-Beuve. Mais comme vous avez bien fait de venir me parler ! Par cette démarche, vous vous êtes délivré. Tous les deux — tous les trois — nous voilà libérés. Nous allons pouvoir repartir d'un nouvel élan. Ah ! quel avenir s'offre à nous désormais, Sainte-Beuve ! »

Cet homme, qui se trompe avec tant d'éclat, fait profession de sonder le cœur humain. Dans son théâtre, dans ses vers, dans sa prose, il ne cesse d'expliquer ce que peut être l'amour ressenti par un homme pour une femme, par une femme pour un homme. C'est son état. Se posant en expert pour les autres, il se montre dramatiquement ignorant quand il est lui-même en cause.

Faut-il s'arrêter à une autre explication ? Peut-être. Hugo a besoin de l'amitié de Sainte-Beuve, de son jugement, de sa lucidité. Il n'imagine pas qu'Adèle, tant aimée, puisse le trahir. Au fond, ce qu'il appréhende le plus, c'est de perdre l'indispensable ami. En minimisant le drame, en le réduisant à un incident sans portée, il garde Sainte-Beuve. De tout cela, bien sûr, il n'a nullement conscience. L'explication donnée ici est trop claire, trop évidente. Il faut que le lecteur la nappe de brume.

Rassuré, apaisé, content de lui — pourquoi pas ? —, Hugo a tendu la main à Sainte-Beuve.

Dans son roman *Volupté*, le critique s'est souvenu : « J'étais trop mal à l'aise après une pareille matière, trop ému par cette tendresse de l'homme fort pour y répondre au long ; j'aurais craint d'ailleurs, en levant les yeux, de surprendre une rougeur à sa sévère et chaste joue. Je lui serrai vite la main, en murmurant que je m'abandonnais à lui... » On a pris congé. Derechef enveloppé dans sa « peau d'ours », Hugo s'est remis à *Notre-Dame de Paris*. Comment Sainte-Beuve ne serait-il pas allé rendre compte à Adèle ? Comment Adèle n'aurait-elle pas accueilli avec le même malaise, voire la même amertume, la décision de son mari ? Le soir, après dîner, au cours de cette heure privilégiée où Hugo recevait ses amis, Sainte-Beuve a reparu. Adèle et lui ont dû à tout instant se méfier d'eux-mêmes, de leur maintien, du son de leur voix, de leurs regards. Insupportable.

Il n'en peut plus, Sainte-Beuve. Autorisé à la voir — Elle ! — en de telles conditions ! Mieux vaut renoncer. Malgré la permission si noble et si injurieuse donnée par Hugo. Les jours suivants on ne voit plus le critique rue Jean Goujon. Les amis s'étonnent. Un mot échappe à Hugo : « Inconstant ». Pourquoi l'a-t-il prononcé ? Le vocable a jailli de ces régions obscures dont nul ne se trouve maître. Les amis se sont tournés vers Adèle. Ne sachant probablement plus ce qu'elle dit elle-même, elle a répété en écho : « Inconstant ». On rapporte toujours ces choses-là aux intéressés. Quand Sainte-Beuve l'apprend, il n'y peut tenir. Il faut qu'il écrive à Hugo. Il faut qu'il lui confie tout ce que le grand homme sourd et aveugle n'a pas voulu entendre :

« Si vous saviez comment mes jours et mes nuits se passent et à quelles passions contradictoires je suis en proie, vous auriez pitié de qui vous a offensé et vous me souhaiteriez mort, sans me blâmer jamais et en gardant sur moi un éternel silence. — Je me repens déjà de ce que je fais en ce moment, et cette idée de vous écrire me paraît aussi insensée que le reste ; tant je viens de tous les côtés me briser contre l'impossible ; mais enfin la chose est commencée et je poursuis... Pensez à ceci, vous que tant de pensées remplissent, pensez au vide que laisse une telle amitié. — *Quoi ! pour jamais perdus !* — Je ne puis plus aller vous voir ; je ne remettrai plus jamais les pieds sur votre seuil, c'est impossible ; mais ce n'est pas indifférence au moins. Ah ! ne prononcez pas, je vous en conjure, priez Madame Hugo de ne jamais prononcer ce mot d'*inconstance* qui me revient de toutes parts. *Inconstant* avec vous, le pouvez-vous dire, hélas ! L'avez-vous donc oublié déjà, est-ce pour trop peu aimer que notre amitié cesse ; et n'est-ce pas un excès plutôt qui l'a tuée ? Je vous ai déjà expliqué mon inconstance en idées et d'où elle vient ; vous devez en être convaincu ; elle vient de cette poursuite éternelle du cœur à travers tout vers un seul et même objet qui soit un amour capable de le remplir. Cet amour, Dieu m'est témoin que je l'ai cherché uniquement, en vous, dans votre double amitié à Mme Hugo et à vous, et que je n'ai commencé à me cabrer et à frémir que lorsque j'ai cru voir la fatale méprise de mon imagination et de mon cœur. Si donc je cesse brusquement et si je ne vous vois plus désormais, c'est que des amitiés comme celle qui était entre nous ne se tempèrent pas, elles vivent ou on les tue... Je l'ensevelis dans mon cœur, comme je vous prie de faire dans le vôtre, comme je vous prie (soyez généreux) de dire à Madame Hugo de faire dans le sien ; chez moi, il y aura toujours quoi qu'il m'arrive désormais dans la vie, une pensée mélancolique et sainte qui veillera sur cette amitié déplorée ; oui, quoi qu'il m'arrive et même si, par impossible, il m'arrivait en cette vie des joies, cette pensée triste et muette restera à sa place en mon cœur et ne se dévoilera jamais. Tâchez de faire de même au milieu des joies de famille et de gloire qui continueront de descendre sur Madame Hugo et sur vous ; qu'il y ait en tout ceci mystère et silence ; parlons désormais le moins possible les uns des autres, mon ami, de peur d'en mal parler de loin, de peur que le dépit n'aigrisse des paroles légères et que l'amitié ensevelie n'en soit troublée. »

Dès le lendemain, 8 décembre, Hugo répondra à Sainte-Beuve :

« Pouvez-vous croire que je parle de vous *légèrement* ? J'ai pu vous dire *inconstant* pour des affaires d'art ou autres misères, mais point pour des affaires de cœur. N'ensevelissons point notre amitié : gardons-la chaste et sainte, comme elle a toujours été. Soyons indulgents l'un pour l'autre mon ami. J'ai ma plaie, vous avez la vôtre ; l'ébranlement douloureux se passera. Le temps cicatrisera tout ; espérons qu'un jour nous ne trouverons dans tout ceci que des raisons de nous aimer mieux. Ma femme a lu votre lettre. Venez me voir souvent. Écrivez-moi toujours. Songez qu'*après tout* vous n'avez pas de meilleur ami que moi. »

Il se passera de longs jours avant que Sainte-Beuve ne réponde à son tour. Le 22 décembre, il demande à Hugo de lui écrire, « avant la fin de l'année, un petit mot de souvenir ». Il ajoute : « Dites-moi comment vous allez, tâchez de me dire que votre plaie est guérie. Quant à la mienne, elle dure ; ne pouvant la guérir, je voudrais ouvrir d'autres plaies à côté ; allez, je souffre bien et le bonheur et moi ne nous connaissons pas et ne pouvons nous connaître. »

Ceci encore : « Adieu, soyez assez bon pour dire à Madame Hugo mon souvenir. Je vous écrirai ainsi quelquefois, pour vous prouver qu'il y a en mon cœur une lampe qui veille et une pensée qui prie éternellement au tombeau de notre amitié. Oh ! mon ami, qui l'eût dit il y a un an, et que je suis coupable et insensé ! Pardonnez-moi. » A quoi, le 24 décembre, Hugo rétorque : « Vous faites bien de m'écrire, mon ami, vous faites bien pour nous tous. Nous lisons vos lettres ensemble, ma femme et moi, et nous parlons de vous avec une profonde amitié. Les temps que vous me rappelez sont pleins de douceur. Croyez-vous qu'ils ne reviennent jamais ? Moi je l'espère. »

Vient le temps du Nouvel An et celui des étrennes. La petite Adèle reçoit un cadeau de son parrain Sainte-Beuve mais aussi les autres enfants. Didine remercie : « Bonjour, Sainte-Beuve, je te remercie bien de ta belle poupée. Charles est bien content aussi et nous tanbrasseron bien quan tu vindra voir papa et maman ma petite sœure est bien contente aussi. Ta petit ami *Didine.* » A ce billet, Hugo joindra quelques mots : « Vous avez été bien gentil pour mes petits enfants, mon ami. Venez donc dîner avec nous après demain mardi. 1830 est passé. Votre ami Victor. »

Aucune réponse.

Parfaitement étrangère à ces orages, Didine n'a pas seulement écrit à Sainte-Beuve. Pour le 1er janvier, elle a adressé à son père la première lettre que nous connaissions d'elle : « Je te souhaite la bonne année et je te promets d'être bien sage et de bien apprendre mes leçons pour que tu m'aimes bien. »

Rue Jean Goujon, on ne prononce plus le nom de Sainte-Beuve. Hugo, tout à son livre, se tait. Adèle se tait aussi.

V

LA PLACE ROYALE

> Tout se paye en ce monde,
> et surtout la volupté.
> Anatole FRANCE.

Surprenant Paris de l'après- « Trois Glorieuses ». La ville ressemble à un malade qui aurait eu la fièvre, qui se croirait guéri et qui, chaque soir, à la tombée de la nuit, se retrouverait en proie à une nouvelle poussée fébrile. Soudain, sur le boulevard, vingt personnes se rassemblent. Bientôt elles sont cent. On s'émeut, on s'alarme, on profère des cris hostiles, sinon au nouveau roi, du moins à tel ministre. C'est l'émeute. Sans trop de hâte, la police intervient, parfois la Garde nationale, rarement l'armée.

Ce malaise prend sa source dans une déception quasi générale. Nul ne semble avoir songé à élire une nouvelle Chambre. L'ancienne continue à exercer le pouvoir législatif. On s'est borné à abaisser légèrement le cens électoral : quelques milliers de Français de plus voteront. Pour les républicains, l'avènement de Louis-Philippe Ier n'a marqué rien d'autre qu'un détournement. Les bonapartistes se demandent pourquoi Napoléon II ne règne pas sur la France nouvelle. La société des « Amis du peuple » a réclamé l'enseignement gratuit et la réforme des impôts indirects. Vœux scandaleux : la Garde nationale prend d'assaut les lieux de réunion du club. On interdit ses séances publiques.

Tout indique que Hugo lui-même partage le sourd malaise qui s'est emparé de la société française. A aucun instant il ne se conduit en rallié. C'est le drapeau tricolore, c'est l'élan d'un peuple et d'une jeunesse qui l'ont bouleversé. Nullement la venue au pouvoir du roi bourgeois. Au fond de lui-même, son souhait eût été de voir le fils de l'Aigle monter sur le trône impérial restauré. Montalembert note dans son Journal : « Il est malheureusement napoléonien en politique. »

A la séance du 7 octobre 1830 de la Chambre des députés, plusieurs pétitionnaires ont demandé que les cendres de l'Empereur fussent ramenées de Sainte-Hélène à Paris et qu'on les inhumât sous la colonne de la place Vendôme. Le procès-verbal porte simplement : « Après une courte délibération, la Chambre passe à l'ordre du jour. » Napoléon restera à Sainte-Hélène. Hugo s'est indigné. Abandonnant la composition de *Notre-Dame de Paris*, il compose ces vers de feu :

Oh ! quand par un beau jour sur la place Vendôme
Homme dont tout un peuple adorait le fantôme,
        Tu vins grave et serein,
Et que tu découvris ton œuvre magnifique,
Tranquille, et contenant d'un geste pacifique
        Tes quatre aigles d'airain !

....

Oh ! qui t'eût dit alors, à ce faîte sublime,
Tandis que tu rêvais sur le trophée opime
        Un avenir si beau,
Qu'un jour à cet affront il te faudrait descendre
Que trois cents avocats oseraient à ta cendre
        Chicaner ce tombeau [1] !

Surpris et charmé, le roi Joseph, frère aîné de Napoléon, va, de son exil de New York, lui écrire comme on s'adresse à un partisan. Hugo lui répond :

« Je n'ai pas oublié, Sire, que mon père a été votre ami. C'est aussi le mot dont il se servait. J'ai été pénétré de reconnaissance et de joie en le retrouvant sous la plume de Votre Majesté... C'est parce que je suis dévoué à la France, dévoué à la liberté, que j'ai foi en l'avenir de votre royal neveu [2]. Il peut servir grandement la patrie. S'il donnait, comme je n'en doute pas, toutes les garanties nécessaires aux idées d'émancipation, de progrès et de liberté, personne ne se rallierait à cet ordre de choses nouveau plus cordialement et plus ardemment que moi, et avec moi, Sire, j'oserais

1. *Les Chants du crépuscule,* II.
2. Le roi de Rome devenu au sein de sa famille autrichienne duc de Reichstadt.

m'en faire garant en son nom, toute la jeunesse de France, qui vénère le nom de l'Empereur et sur laquelle, dans ma position obscure, mais indépendante, j'ai peut-être quelque influence... Si Votre Majesté m'a fait l'honneur de lire ce que j'ai publié jusqu'ici, elle a pu remarquer qu'à chacun de mes ouvrages mon admiration pour son illustre frère est de plus en plus profonde, de plus en plus sentie, de plus en plus dégagée de l'alliage royaliste de mes premières années. Comptez sur moi, Sire ; le peu que je puis, je le ferai pour l'héritier du plus grand nom qui soit au monde. Je crois qu'il peut sauver la France. Je le dirai, je l'écrirai et, s'il plaît à Dieu, je l'imprimerai. »

Hugo ne méprise pas Louis-Philippe. Il l'ignore. En cela il n'est probablement pas très loin de ce que ressent la majorité des Français. Dumas, toujours fort républicain, assourdit le boulevard de ses plaintes : les recettes des théâtres faiblissent ! Il pourrait ajouter que le commerce stagne, que la rente est en baisse, que Laffitte a dû fermer sa banque. La librairie, elle aussi, pâtit de la situation.

Comment le public va-t-il accueillir *Notre-Dame de Paris* ?

Le 15 janvier, Hugo a fini le livre, et avec lui la bouteille d'encre. Un instant, il a considéré le flacon vide et songé à intituler le roman : *Ce qu'il y a dans une bouteille d'encre*. Idée absurde comme en nourrissent, à un moment donné, tous les créateurs. Il y a renoncé. Ce qu'attend le public, c'est *Notre-Dame de Paris*.

Le manuscrit, dûment recopié et corrigé, est en hâte porté chez Gosselin : le contrat, toujours ! Aussitôt le libraire fait lire le manuscrit par son épouse, excellente personne à qui il voue une confiance aveugle. Mme Gosselin n'a-t-elle pas traduit les romans de Walter Scott ? Elle rend un verdict sans ambiguïté : l'ouvrage est d'un ennui mortel. Gosselin déclare sur-le-champ qu'assurément il a fait une mauvaise affaire. « Cela lui apprendra à acheter les livres sans les lire. »

Une mauvaise affaire ? C'est le 16 février que les libraires reçoivent le livre. Et l'on mesure ici les progrès à rebours qu'a, depuis, accomplis l'édition. Un mois seulement entre l'instant où l'auteur a écrit la dernière ligne et celui où l'ouvrage apparaît chez les libraires ! Entre-temps, il a été composé — à la main —, l'auteur a corrigé les épreuves, on a mis en forme plusieurs centaines de pages, on les a imprimées, brochées. Le livre a été empaqueté, distribué. Incroyable !

Malheureusement, le 16 février 1831 au matin, l'émeute quasi quotidienne se change en insurrection. Les légitimistes, qui attendent on ne sait quoi, peut-être un miracle, ont organisé à Saint-Germain-l'Auxerrois un service funèbre à la mémoire du duc de Berry. Résultat : une foule furieuse envahit l'église et met à sac le sanctuaire. Le lendemain, la même foule, considérablement renforcée par des éléments accourus de partout, va s'en prendre à la résidence de l'archevêque de Paris à qui l'on reproche d'avoir autorisé l'office séditieux. Hugo, fasciné, a voulu assister à l'extraordinaire spectacle. Avec un acharnement rarement observé, la « populace », selon les journaux légitimistes, « le peuple », selon les feuilles républicaines, fait irruption dans l'archevêché, pille la bibliothèque, éventre les tableaux, brise les tables, les chaises, les fauteuils. On jette le tout dans la Seine. Une centaine d'hommes montent sur les toits, les dépouillent de leurs ardoises. « On eût dit, conte Alexandre Dumas — naturellement il était là — que l'émeute n'était composée que de couvreurs. » Après les toits, on va s'en prendre aux murs. A 2 heures, de l'archevêché, il ne reste plus pierre sur pierre.

Hugo dira mélancoliquement avoir aperçu, au nombre des livres précieux jetés à l'eau, un manuscrit « qui lui avait servi pour son roman : la charte du cloître Notre-Dame ».

Il n'est jamais bon d'être publié un jour comme celui-là. D'évidence, les esprits sont ailleurs. On lira dans *le Temps* un article qui a été attribué à Musset, constatant que *Notre-Dame de Paris* avait eu du malheur de venir un jour d'émeute : « Il avait été noyé dans la bibliothèque de l'archevêché. » C'est un peu vite dit. Tout passe, même les insurrections. Il ne faut que quelques jours pour que l'intérêt du public se porte tout entier sur le roman de Victor Hugo. On oublie le carillon défunt de l'archevêché pour le gros bourdon de *Notre-Dame de Paris*. On s'arrache les volumes. La Jeune-France se retrouve celle d'*Hernani* : elle délire. Mais les Camusot, les Birotteau, les Gaudissart, eux aussi, achètent le livre. Les chanoines de Notre-Dame, ahuris, voient accourir de pleines grappes, non de fidèles, mais de visiteurs, avides de retrouver la loge de Quasimodo, de se pencher sur l'inscription *Ananké* et fort déçus quand on leur dit que la première n'existe pas et que nul, à part M. Victor Hugo, n'a été capable de retrouver la seconde. Ce que le public sent confusément, c'est qu'après Hugo quiconque s'aviserait d'écrire ou de parler de la basilique serait bien osé. Michelet y renonce : « Quelqu'un a marqué ce monument d'une telle griffe de lion que personne désormais ne se hasardera d'y toucher ! C'est sa chose désormais, c'est son fief ; c'est le majorat de Quasimodo. Il a bâti, à côté de la vieille cathédrale, une cathédrale de poésie, aussi ferme que les fondements de l'autre, aussi haute que ses tours. »

Le bruit fait autour du roman a dû être pour quelque chose — avant même sa publication — dans l'élection de Hugo, le 6 février 1831, à la commission de la Société des Auteurs dramatiques, fondée par Beaumarchais en 1777. Comme à l'Académie, les classiques l'emportent à la Société. C'est une porte que Hugo vient d'enfoncer. Mais que pensent du roman les amis de Hugo ? Nous connaissons les réserves de Lamennais, les éloges de Lamartine. Hugo attend un article de Sainte-Beuve. Il l'annonce même à Buloz, directeur de *la Revue des Deux Mondes.* Sainte-Beuve se dérobe. Comment, après ce qui s'est passé, pourrait-il tenter l'éloge de *Notre-Dame de Paris* dont d'ailleurs tout l'éloigne ? D'où un nouvel échange de correspondance. Presque hargneux, Sainte-Beuve rend cette fois Hugo responsable de tout. Dans les termes qu'il emploie, Émile Faguet a discerné de l'aberration. J'y verrais plutôt l'indice d'une souffrance portée au paroxysme. Un autre que Hugo aurait brisé net. Il attend cinq jours pour répondre, mais il répond :

18 mars 1831 : « Je n'ai pas voulu écrire sur la première impression de votre lettre. Elle a été trop triste et trop amère. J'aurais été injuste à mon tour. J'ai voulu attendre plusieurs jours. Aujourd'hui, je suis du moins calme, et je puis relire votre lettre sans raviver la profonde blessure qu'elle m'a faite. Je ne croyais pas, je dois vous le dire, que ce qui s'est passé entre nous, *ce qui est connu de nous deux seuls au monde* pût jamais être oublié, surtout par vous, par le Sainte-Beuve que j'ai connu. »

En regard de la phrase : « ce qui est connu de nous deux seuls au monde », Sainte-Beuve a écrit : « FAUX, il s'en était prévalu auprès d'Elle en me prêtant ce que je n'avais pas dit. » Devant un autre passage de la lettre : « Il me mentait dans le moment même et jouait jeu double. » Sur l'enveloppe : « Il jouait jeu double, il m'écrivait magnifiquement et agissait contre. De là des années d'un duel fourré entre nous. »

La preuve est faite : Adèle faisait confidence à Sainte-

Beuve des propos de son mari. Deux semaines plus tard, Charles Augustin présente des regrets, sinon des excuses : « Si je suis si méchant, si passionné, si inégal, c'est que je suis livré aux caprices de mon misérable cœur. Dites-moi, mon ami, puis-je aller vous serrer la main ? »

Cependant que le public, dos à dos avec la critique, fait un immense succès de vente à *Notre-Dame de Paris*, le drame privé des Hugo se poursuit, feutré, invisible. Obstinément, Sainte-Beuve se tient éloigné de la rue Jean Goujon. Vivre dans la même ville qu'Elle et ne pas la voir : voilà qui est au-dessus de ses forces. Il décide de quitter Paris. La ville de Liège l'appelait à une chaire de littérature française. Il avait jusque-là éludé la réponse. Le 4 mai, il écrit au ministre belge de l'Intérieur qu'il souhaiterait commencer ses cours « immédiatement ». Le 31 mai, il est nommé, « à charge pour lui d'obtenir préalablement de la législature des lettres de naturalisation ». Nous avons bien lu. Pour s'éloigner d'Adèle, Sainte-Beuve va jusqu'à envisager de renoncer à la nationalité française.

Malgré toute sa superbe — apparente — Hugo s'est montré ravi de la décision prise par celui qu'il appelle toujours son ami et son frère. Ce qui s'est abattu entre Adèle et lui c'est un rideau d'ombre — une ombre triste, inquiète, anxieuse. Sainte-Beuve à Liège, au moins Victor respirera. L'été est venu. On s'est transporté, une fois de plus, aux Roches, asile charmant. Hugo a cru surprendre plus de paix dans le regard de sa femme. Il l'a vue parfois sourire. Il s'est repris à espérer. L'amitié des Bertin met du liant à tout. Quand Louise pose ses doigts sur le clavier du piano, les enfants accourent. Elle ne s'offusque jamais lorsqu'ils lui demandent pourquoi elle est si grosse. Ils l'adorent.

Je l'ai visité ce château, à peine modifié, où s'est installée une école biblique. J'ai erré dans le parc. J'ai compris pourquoi, aux yeux de tous les Hugo, enfants et parents, les Roches ont incarné tant de liberté et tant de bonheur. On ne se retrouve qu'à table et après dîner. Le reste du temps, chacun fait ce qu'il veut. On peut aussi bien demeurer dans sa chambre que se promener sous les chênes géants du parc, rejoindre l'étang où nagent des cygnes, longer les ruisseaux murmurants, s'amuser des paons qui font la roue au soleil. Les enfants Hugo se ruent de la laiterie à la basse-cour, redemandent du lait mousseux, poursuivent les faisans dorés et les poussins. De Louise Bertin, ils entendent de merveilleuses histoires. Au coup de cloche, chacun gagne la salle à manger, M. Bertin dépose une rose sur la serviette de sa voisine de table. L'immanquable sujet de chaque repas : la littérature. La conversation est vive, légère, souvent passionnée. Au dessert, paraissent les petits Hugo. « Tous trois, dit Adèle, faisaient une ample récolte de caresses et de friandises. » Le soir, Hugo assiste au coucher des enfants par Adèle et tente de garder son sérieux quand les petits lui redisent à leur façon le beau conte appris dans l'après-midi de la grosse Mlle Louise. Les enfants couchés, les Hugo et les Bertin errent au clair de lune dans le parc — en continuant à deviser. La nature, l'horizon « faits à souhait pour le plaisir des yeux », l'amitié, la musique, les enfants : un foisonnement de sensations qui peu à peu viennent apaiser, pour Hugo, les chagrins des mois précédents.

Quelle idée lui passe donc par la tête ? Écrivant à Sainte-Beuve, il va lui adresser une lettre qui sonne comme un bulletin de victoire : Adèle, auprès de son mari et de ses enfants, est heureuse. Très heureuse. Le ménage Hugo est au beau fixe. Maladresse insigne. Cette inutile forfanterie obtient un résultat, nullement celui qu'escomptait Victor : piqué au vif, Sainte-Beuve refuse la chaire de Liège ! Voilà Hugo de nouveau plongé dans les alarmes. C'est un homme que l'on sent littéralement aux abois qui supplie Sainte-Beuve de ne pas renoncer à son projet belge !

6 juillet 1831 : « Puisque vous ne partez pas, et j'avoue que vos raisons peuvent être bonnes, il faut, mon ami, que je décharge mon cœur dans le vôtre, fût-ce pour la dernière fois ! Je ne puis supporter plus longtemps un état qui se prolongerait indéfiniment avec votre séjour à Paris... Tout m'est supplice à présent. L'obligation même, qui m'est imposée par une personne que je ne dois pas nommer ici, d'être toujours là quand vous y êtes, me dit sans cesse et bien cruellement que nous ne sommes plus les amis d'autrefois. Mon pauvre ami, il y a quelque chose d'absent dans votre présence, qui me la rend plus insupportable que votre absence même. Au moins, le vide sera complet. Cessons donc de nous voir, croyez-moi, encore pour quelque temps, afin de ne pas cesser de nous aimer. Votre plaie est-elle cicatrisée ? Je n'en sais rien. Ce que je sais, c'est que la mienne ne l'est pas. Chaque fois que je vous vois, elle saigne... J'arrête ici cette lettre... Brûlez-la, que personne ne puisse jamais la relire, pas même vous. Adieu. Votre ami, votre frère, Victor. — J'ai fait lire cette lettre à la seule personne qui devait la lire avant vous. »

Triste et plus calme, Sainte-Beuve répondra le lendemain : « J'ai besoin de me rejeter sur la fatalité pour m'absoudre d'être ainsi l'instrument meurtrier qui laboure votre grand cœur. » Le même jour, Hugo lui confie ce qu'il n'a dit et ne dira à personne d'autre : « *J'ai acquis la certitude qu'il était possible que ce qui a tout mon amour cessât de m'aimer.* »

La certitude ! Le mot va si loin que, une fois de plus, nous nous interrogeons. Aux Roches, pour la première fois, sans colère, mais fermement, Adèle a signifié à son mari qu'elle n'entendait plus se donner à lui. L'argument décisif : elle ne voulait plus avoir d'enfant. Quelques jours plus tard, rentré à Paris, il évoquera avec amertume « ce lit où tu pourrais être (quoique tu ne veuilles plus, méchante !) ». Il ajoutera : « Tout cela m'est douloureux et poignant. » Il s'écriera, comme un amant qui se raccroche à ce qui a été et n'est plus : « Je voudrais que tu puisses te figurer à quel point je t'aime... C'est plus fort peut-être encore qu'il y a dix ans... » Plus fort pour lui.

Nous avons cru jusqu'ici deviner une Adèle presque passive. Elle nous a paru subir les événements plus que les provoquer. Qu'en savons-nous ? Pouvons-nous admettre, ayant elle-même crié son amour à Sainte-Beuve, que tout à coup elle ait fait retraite, se méfiant plus d'elle-même que de lui ? Adèle était du nombre de ces femmes qui, une fois sorties d'elles-mêmes, n'y rentrent plus jamais. Lorsque Hugo écrit à Sainte-Beuve que sa femme exige qu'il soit présent pendant leur entrevue, il ne dit pas la vérité, c'est évident. C'est lui, mari rongé par la jalousie, qui veut être là. Mais pourquoi a-t-il joué avec le feu ?

Comment ne pas penser que, durant les premiers mois de 1831, Sainte-Beuve a obtenu d'Adèle un ou plusieurs rendez-vous clandestins ? Comment ne pas en avoir la conviction quand nous découvrons, dans le mémorandum d'Henry Havard, l'existence de huit lettres d'Adèle pour 1831 ? Elles sont adressées à « M. Sainte-Beuve, rue Notre-Dame-des-Champs, 19. » Une parente pauvre de Victor — celui-ci l'héberge —, la tante Martine Hugo, sert d'intermédiaire. Adèle *« rencontre Sainte-Beuve dans les églises ».* Mais voilà plus lumineux encore : Adèle annonce, étant aux Roches, qu'elle fait chambre à part « sans que Victor ait rien dit. Il a été bien, du reste ».

On se fatigue du sublime. Sincèrement, Sainte-Beuve a voulu mettre la frontière belge entre Adèle et lui. Adèle ne l'a pas voulu. Au cours d'une de leurs entrevues — dans une église — elle l'a supplié de rester. Il y a consenti. La lettre de démission qu'il adresse à Bruxelles, le 4 septembre, en donne une preuve supplémentaire : « Des circonstances toutes privées et personnelles qui d'abord m'avaient fait désirer vivement un séjour et un emploi honorable dans votre beau pays, sont venues à changer plus heureusement que les choses publiques pour nous tous... »

Le changement s'appelle Adèle.

Le Hugo qui rentre des Roches à Paris est un homme modifié. Cette dernière épreuve parachève la catastrophe qui, quelques mois plus tôt, s'est abattue sur lui. Les soupçons, d'abord. La confirmation marquée par l'aveu de Sainte-Beuve. La conviction peu à peu que sa femme s'éloigne de lui. La *certitude* qu'elle ne l'aime plus. Elle pour qui il s'était gardé. Elle à qui il avait réservé toutes les facultés qui lui avaient été données d'aimer. Elle.

A ses amis, à ses enfants, il fait bon visage. Il continue à écrire des lettres qui n'évoquent rien du drame qu'il traverse : lettres de travail, lettres d'amitié. Volontiers même il va dans le monde. Adèle écrit à Sainte-Beuve qu'elle « laisse jouer Victor aux petits jeux et embrasser les demoiselles ». Il tâche de son mieux de s'étourdir. Il n'y parvient pas.

Adèle en est maintenant à appeler Sainte-Beuve « mon ange ». « Mais, Charles, vous voyez vous-même qu'une femme n'est pas si facile puisque six mois passés aux pieds d'une femme, seul avec elle, sans obstacle, n'ont pu vous faire triompher. » En attendant, elle lui brode un mouchoir de poche. Elle voudrait lui faire de plus beaux cadeaux. Impossible. Parlant de Victor, elle dit « qu'il serait très mécontent de devoir dépenser de l'argent quand il est d'une économie parcimonieuse, tant il désire mettre de l'argent de côté ».

Il est vrai que Hugo est économe. Il le sera toute sa vie. A ce goût forcené de l'épargne, on découvre deux raisons : d'abord, simplement, pour lui et les siens, la peur de *manquer*, le souvenir de la pauvreté traversée à vingt ans, la conscience de l'instabilité du métier d'écrivain. En second lieu, l'amertume, au milieu d'amis riches ou aisés, d'être lui-même sans fortune, la volonté de s'en constituer une. La perspective qu'il s'est fixée, c'est la conquête d'une véritable indépendance. En ce XIXe siècle qui vit sous le signe du franc germinal, la monnaie ressemble à un colosse d'airain. Bientôt Guizot va s'écrier : « Enrichissez-vous par le travail et par l'épargne. » Quelques générations de Français mettront scrupuleusement ce conseil en usage. Hugo est du nombre. En cela, une fois de plus, il accompagne son temps. Son but : placer la plus grande part des droits d'auteur qu'il perçoit. Se créer ainsi un capital dont les revenus un jour le feront vivre. De ce propos il ne déviera pas d'un pouce. Même quand il touchera des sommes immenses, il ne modifiera pas son train de vie, poursuivant l'édification de sa fortune avec la persévérance d'une fourmi littéraire. Le ton même de la phrase d'Adèle retenue par Henry Havard n'apparaît d'ailleurs pas comme une critique. Mme Victor Hugo partage sur ce point les idées de son mari. Même si elle en souffre. Le mari oblige l'épouse à tenir des comptes très précis et lui-même en tient. Chez les Hugo, un sou est un sou. En grandissant, les enfants l'apprendront à leur tour.

Reprenons les notes d'Henry Havard : « Querelle de ménage. Victor Hugo parle de se séparer ; il soupçonne Sainte-Beuve. — Elle craint d'offenser Dieu. — Elle assiste à une reprise et défend Sainte-Beuve de venir dans sa loge pour ne pas exciter les soupçons du mari. »

Cette reprise, c'est celle de *Marion de Lorme.* Elle a lieu au moment précis où, rue Jean Goujon, l'atmosphère est devenue irrespirable. *Victor Hugo parle de se séparer.*

Dès après la révolution de juillet — c'était au commencement d'août 1830 — Hugo avait vu paraître chez lui Mlle Mars, flanquée des acteurs Firmin et Armand. Mlle Mars entendait faire elle-même sa petite révolution personnelle. Elle était venue rappeler à Victor que la censure était supprimée et que par voie de conséquence il fallait, sans perdre un jour, monter *Marion de Lorme* : « Le moment était admirable ; le quatrième acte surtout, défendu par Charles X en personne, aurait un succès de réaction politique. » Hugo avait refusé, déclarant « qu'en présence de cette enivrante révolution de juillet sa voix pouvait se mêler à celles qui applaudissaient le peuple, non à celles qui maudissaient le roi ».

Au printemps de 1831, on n'en est plus là. Comme le rappelle Adèle, « le roi qu'on attaquait n'était plus Charles X, c'était déjà Louis-Philippe ». Hugo a pensé que rien ne s'opposait plus à la représentation de *Marion de Lorme.* Il a vu Mlle Mars, accourue derechef, dans un rôle inédit pour elle : « aimable cette fois, et suppliante ». Mais la Comédie-Française le tente peu. Il conserve d'amers souvenirs de l'accueil que lui a réservé l'auguste maison au moment d'*Hernani.* Il préférerait un autre théâtre. Lequel ? Au début de mai, on représente à la Porte-Saint-Martin l'*Antony* d'Alexandre Dumas. Une nouvelle victoire du romantisme. Enchanté, enivré, le public parisien découvre pour la première fois des héros, non plus cette fois revêtus de pourpoints ou de cuirasses, mais portant le costume de leur temps. Dumas a mis en scène ses propres amours avec une poétesse, Mélanie Waldor. Il s'est lui-même dépeint sous les traits du bâtard Antony. Un cri de terreur suivi d'une acclamation immense a salué l'ultime réplique lancée par l'amant venant de poignarder sa maîtresse afin que celle-ci ne pût être soupçonnée par le mari :

— Elle me résistait : je l'ai assassinée.

Hugo a assisté à la représentation. Il a admiré le jeu pathétique, remarquable de naturel et de vérité, de la grande Marie Dorval. Sa décision a été vite prise : tant pis pour Mlle Mars, c'est Dorval qui jouera Marion. La pièce est créée le 10 août 1831. L'acteur Bocage reforme avec Marie Dorval le couple d'*Antony*. Interprète de Didier, il dit admirablement les nouveaux vers du pardon :

> Eh bien ! non ! non ! mon cœur se brise ! c'est horrible
> Non, je l'ai trop aimée ! Il est bien impossible
> De la quitter ainsi ! Non ! c'est trop malaisé
> De garder un front dur quand le cœur est brisé !
> Viens ! oh ! viens dans mes bras !

Le *témoin* : « A la chute du rideau, il y eut une bordée de sifflets. Mais les applaudissements, en grande majorité, eurent le dessus et saluèrent énergiquement le nom de l'auteur... Sans être aussi tumultueuses que les représentations d'*Hernani*, les représentations de *Marion de Lorme* furent très agitées. Le drame fut défendu mollement. Les bandes héroïques du Théâtre-Français ne revinrent pas. »

Écrire trente ans plus tard, alors que Victor Hugo est parvenu à l'apogée de sa gloire, que *Marion de Lorme* n'a obtenu qu'un succès mitigé, peut être pris comme une coquetterie. Cela ressemble à l'aveu orgueilleux d'un homme parti de très bas et qui s'en flatte alors qu'il est parvenu très haut. En 1831, ces sifflets chaque soir mêlés aux applaudissements n'ont pas dû susciter chez Hugo la même réaction de fierté. Il faut donc encore se battre, se battre et se battre encore. Aux sifflets qui se déchaînent, aux injures qui de nouveau pleuvent, Hugo a beau opposer un front olympien, il ne les ressent pas moins avec une infinie lassitude.

Donc, à cette première représentation de *Marion de*

Lorme, Sainte-Beuve, fidèle aux adjurations d'Adèle, s'est abstenu de paraître. En guise d'excuse, il va écrire à Hugo qu'on lui a refusé l'entrée de la salle. Pouvons-nous croire que le destinataire a été dupe ?

Sur la vie privée de Hugo au cours de cette année 1831, nous disposons d'un témoignage bien précieux. Il émane d'Antoine Fontaney, un jeune poète qui fréquentait le cénacle dès 1828 et avait fait le coup de feu en juillet 1830. Fort amoureux de l'adorable Marie Nodier, il ne s'est pas consolé du mariage de celle-ci avec Mennessier. Il a ses grandes entrées rue Jean Goujon, vient quand il veut, participe à son gré de la vie de famille. Les notes qu'il prend sur le vif nous restituent des croquis évocateurs et singulièrement vivants. Par exemple, le 26 août 1831 : « Je suis allé voir Victor. Je lui ai vu faire sa barbe. C'est un spectacle des plus curieux. Il faut le voir repasser son rasoir avec une lenteur incroyable, puis le mettre un quart d'heure dans son gousset pour l'échauffer, puis commencer ses ablutions à l'eau de rose, puis se verser tout un pot sur la tête. » Ce qui ne cesse de frapper Fontaney, ce sont les préoccupations financières de Hugo. Même jour : « Le métier est triste chez l'homme de génie ; Victor fait le sien trop bien. Le beau temps d'aujourd'hui, le soleil et le Dey d'Alger l'offusquent. Le soleil vient à Paris ce matin. Le Dey va à l'Opéra ce soir. Diminution sur la recette de 600 francs et pour lui perte de 60 francs. Du reste excellent homme, excellent ami ! »

Le 1er septembre, Fontaney mène Hugo dîner au café Foy. Ensuite, ils passent à la Porte-Saint-Martin : « Victor est terrible avec ses préoccupations de recette. » Après la pièce, ils montent dans la loge de Dorval, la reconduisent chez elle. Victor et Fontaney reviennent par le boulevard : « Nous causions art, mais comme il voit la chose matériellement ! Avec un pareil génie, quelle bizarrerie ! Quel fabricant ! Comme il calcule sa production ! Il commence un drame et fait d'abord 8, 10 vers, 20 vers par jour, puis 40, puis 100, puis jusqu'à 200 et plus. De la prose, il écrit par jour 6 pages de son écriture, ce qui fait 12 pages d'impression in-8°. Il compte d'avance les jours et sait quand son livre sera fait à point nommé, quand sa marchandise sera livrée au libraire. C'est son état, c'est sa profession. Au surplus, il a raison. Il faut qu'il en vive, lui et sa famille. C'est une noble chose que de vivre de sa plume, de sa pensée, de nourrir le corps avec l'intelligence, la matière au moyen de l'esprit. »

Intéressant, le jugement de Fontaney : il reflète l'attitude de ces lettrés, de ces poètes qui entourent Hugo et qui — eux — vivent de leurs rentes. Il permet de mieux comprendre la soif d'indépendance de Hugo. Le demi-succès de *Marion de Lorme* l'a renforcé dans cette idée.

Je les vois, Hugo et Sainte-Beuve, au lendemain de *Marion de Lorme.* Je les vois ayant emprunté chacun à l'autre son visage de l'année précédente : Hugo plongé dans les tourments, Sainte-Beuve au zénith du bonheur. Il vit dans la pensée constante d'Adèle. Il a entrepris de composer un long poème retraçant l'enfance de cette femme qu'il en est venu à déifier. Cette enfance n'est pas connue de lui. Il ne l'a apprise que par Elle. Raison de plus de s'exalter en rimant.

Cet amour enfin partagé le rend si fier, si profondément heureux, qu'il lui faut à tout prix crier sa joie à ses amis. A Victor Pavie, à Quinet, il expédie de véritables faire-part. Il rassure Pavie, affolé à l'idée d'un possible scandale : « Il ne faut pas être triste plus que nous-mêmes, elle et moi le sommes. » Au même Pavie, le 13 novembre : « Je vous dirai que, depuis trois semaines, tout va aussi bien que possible et qu'il y a lieu d'espérer que cela pourra s'établir de la sorte avec beaucoup de sacrifices, bien entendu, c'est même ce qui rend la chose bonne dans tous les sens. N'ayez donc pas trop peur de revenir à Paris, ce qui était pur l'est toujours, il faut bien l'espérer, et c'est bien notre volonté ; quant aux violences, en évitant d'y donner aucun prétexte, en se privant des plus agréables périls ou du moins en les rendant aussi rares et aussi précautionneux que possible, il faut espérer aussi qu'elles ne se réveilleront pas. Le reste à la grâce de Dieu ! »

Le mot violence utilisé par Sainte-Beuve ne doit pas être pris au pied de la lettre. Hugo s'est laissé allé à de la colère, point à des actes. Ce qui correspond très exactement à la menace de séparation mentionnée par Henry Havard. Le 18 décembre 1831, Sainte-Beuve va jusqu'à écrire à l'abbé Eustache Barbe : « J'ai eu bien des douleurs ces derniers mois, de ces douleurs qu'on évite en gardant le port de bonne heure. La passion que je n'avais qu'entrevue et désirée, je l'ai sentie ; elle dure, elle est fixée, et cela a jeté dans ma vie bien des nécessités, des amertumes mêlées de douceurs, et un devoir de sacrifice qui aura son bon effet, mais qui coûte bien à notre nature. »

Il semble que s'interpénètrent son bonheur et son travail. En même temps, il rime le *Livre d'amour*, il écrit *Volupté*, collabore à *la Revue de Paris* et à *la Revue des Deux Mondes*. Au grand dam de sa mère, il s'est décidé à la quitter. Il est allé se loger à l'*Hôtel de Rouen*, cour du Commerce-Saint-André-des-Arts, « sordide, bizarre, étouffée », où se voient encore le cabinet de lecture tenu naguère par la veuve du girondin Brissot, ainsi que, chez un libraire nommé Durel, la pierre sur laquelle avait été posée la première machine inventée par le docteur Guillotin [1]. Là, il s'est inscrit sous le nom de Charles Delorme. Il a loué deux chambres au quatrième étage, au bout d'un corridor carrelé de rouge, et numérotées 19 et 20. Il va y demeurer huit années. Et là, un jour, est venue le rejoindre Adèle.

Que le lecteur sache qu'il ne subsiste plus aucune ambiguïté quant à l'aspect « palpable » de la liaison. Il n'est que de feuilleter les notes d'Henry Havard. Si les lettres de 1832 et 1833 manquent, conservées secrètement par Paul Chéron, les lettres des années suivantes, telles que les analyse Havard, emportent la conviction. Qu'on en juge.

1834 : « C'est la tante Martine qui est la confidente et la cheville ouvrière de la relation. Les rendez-vous sont donnés dans les églises... Promenades en fiacre. Mme Hugo paye... Mme Hugo veut convertir Sainte-Beuve, lui prêche la résignation, l'espoir en Dieu et finalement l'avertit que, s'il n'a pas d'argent pour payer les fiacres, elle en a. Une de ces lettres se termine par ces mots : " Je vais prier Dieu — je t'aime ! "... Ils ont une petite chambre. — Érotisme et exaltation religieuse. — Chaque lettre contient quatre à cinq je t'aime ! — Elle prie Dieu pour lui — " Pensons à Dieu et remercions-le bien que je t'aime, mon ami. Sois lundi à 5 h à Saint-Paul "... Elle supplie Sainte-Beuve de ne pas prendre parti contre Victor ; si celui-ci venait à savoir que l'amant de sa femme est un de ses adversaires, ce serait un comble. » *1835* : « Elle l'appelle cher trésor (août). Elle se plaint de sa tiédeur, deux fois elle a compté passer 24 h avec lui, le rendez-vous a manqué, il n'a pas voulu coucher à la campagne quoiqu'il y eût peigne et brosse pour lui... Elle dit que Victor Hugo a dit de faire faire son portrait en peignoir blanc " *comme j'étais la veille dans tes bras* "... Il doit être le plus heureux des hommes parce qu'il est le plus aimé. Elle voudrait l'avoir dans ses bras... »

Et ainsi de suite. De tout cela émane l'évidence, de la part d'Adèle, d'une passion du corps autant que de l'esprit, à laquelle elle se livre tout entière et dont elle n'est

1. André Billy.

pas maîtresse. Personnellement, il y a une phrase, parmi celles retenues par Henry Havard, qui me semble résumer tout : on l'a lue plus haut, c'est celle dans laquelle Adèle déclare à son amant qu'elle l'aime « plus que ses propres enfants ». De cette outrance, une confirmation existe. Dans la préface du *Livre d'amour*, l'ancien secrétaire de Sainte-Beuve, Jules Troubat, a publié des lettres qu'il présente comme l'ébauche d'un roman « où Sainte-Beuve, à la manière de Rousseau et de George Sand, enchâssait ses rêves de poète ». Écrivant en 1906, Troubat se croyait tenu aux précautions que lui imposait la vigilance des hugolâtres. Il s'agit tout simplement de lettres authentiques échangées entre Adèle et Sainte-Beuve, à peine retouchées par celui-ci. Comment ne pas être frappé par le texte suivant, qui correspond avec tant d'exactitude, avec l'analyse gardée par Henry Havard ? « Vous êtes certainement l'être que j'ai le mieux aimé, je n'excepte pas mes enfants (ceci est sincère) ; vous comprenez de quel poids vous serez toujours dans mon existence. »

Hugo a-t-il su ? A-t-il connu les correspondances, les promenades en fiacre, stores baissés comme la mode le voulait, les rendez-vous à l'église, la tante Martine devenue entremetteuse, la chambre de la cour de Commerce, le peignoir blanc ? S'il faut en croire la lettre du mémorandum, non. Chaque année revient le mot soupçon. Les deux amants multiplient les précautions, parlent sans cesse de prudence : « 2 avril 1836. Tant qu'on ne saura rien, je serai maîtresse, c'est pour cela qu'il faut une prudence effrénée. » En janvier 1834, Adèle écrit encore à Sainte-Beuve que « son mari est jaloux sans savoir de qui ». L'un des traits essentiels de l'homme Hugo, c'est une extraordinaire maîtrise de soi-même. Tout est ambigu dans ses rapports avec Sainte-Beuve et l'ambiguïté vient de lui autant que de son ami. Au moment même où il menaçait Adèle d'une séparation, il continuait à écrire à Sainte-Beuve et a lui jurer une éternelle amitié ! De con côté Sainte-Beuve, alors qu'il accueille Adèle dans son lit, cour du Commerce, adresse d'émouvantes protestations au mari trompé. Au fond, ni l'un ni l'autre ne peuvent supporter l'idée d'une rupture définitive. Quand l'amitié s'exaspère à ce point, elle porte un autre nom : amour. Nul n'a jamais songé à attribuer à Hugo des tendances homosexuelles : l'imputation seule ferait rire. Mais il ne faut pas craindre de dire que la pauvre Adèle s'est lancée sans le savoir — comment l'aurait-elle su ? — au travers d'une relation qui s'ignorait elle-même.

Plus tard, quand Hugo pensera à Sainte-Beuve, ce sera avec un sentiment de haine qui éclate dans ces vers de 1874, retrouvés après sa mort dans ses papiers :

A S...-B...

Que dit-on ? On m'annonce un libelle posthume
De toi. C'est bien. Ta fange est faite d'amertume ;
Rien de toi ne m'étonne, ô fourbe tortueux.
Je n'ai point oublié ton regard monstrueux.
Le jour où je te mis hors de chez moi, vil drôle,
Et que sur l'escalier te poussant par l'épaule
Je te dis : « N'entrez plus, Monsieur, dans ma maison ! »
Je vis luire en tes yeux toute la trahison,
J'aperçus ta fureur dans ta peau, ô coupable,
Et je compris de quoi pouvait être capable
Ta lâcheté changée en haine, le dégoût
Qu'a d'elle-même une âme où s'amasse un égout,
Et ce que méditait ta laideur dédaignée ;
Car on pressent la toile en voyant l'araignée.

Il n'existe pas la moindre trace d'une scène au cours de laquelle Hugo aurait, de cette façon, mis Sainte-Beuve à la porte de chez lui. Mais il a suffi, en 1874, que l'on annonce à tort la publication d'un « libelle » que Sainte-Beuve aurait composé contre lui pour que la fureur de Hugo éclate, faisant tout à coup revivre les rancœurs, les colères, les chagrins d'autrefois. A noter cependant les mots : « ta laideur dédaignée ». Ils nous conduiraient à penser que, si Hugo croyait à l'amour de Sainte-Beuve pour Adèle, à celui d'Adèle pour Sainte-Beuve, il n'allait pas jusqu'à admettre la possession. Ou du moins il a voulu se persuader qu'elle n'avait pas existé. Ce qui reste, c'est l'obsession qui le poursuit continuellement : il a perdu sa femme.

Elle est tragique, cette note que l'on découvre dans un de ses Carnets :

« Malheur à qui aime sans être aimé ! Ah ! l'effrayante chose. Voyez cette femme. C'est un être charmant. Elle est douce, blanche, candide ; elle est la joie et l'amour du toit. Mais elle ne vous aime pas. Elle ne vous hait pas non plus. Elle ne vous aime pas ; voilà tout. Sondez, si vous l'osez, la profondeur d'un tel désespoir. Regardez-la ; elle ne vous comprend point. Parlez-lui ; elle ne vous entend pas. Toutes vos pensées d'amour viennent se poser sur elle ; elle les laisse repartir comme elles sont venues, sans les chasser, sans les retenir. Le rocher qui est au milieu de l'Océan n'est pas plus indifférent, ni plus impassible, ni plus immuable que l'insensibilité qu'elle a dans le cœur. Vous l'aimez. Hélas ! Vous êtes perdu. Je n'ai jamais rien vu de plus glaçant et de plus terrible que ces paroles de la Bible : *Stupide et insensible comme une colombe...* »

Soupçons, certitude, négation, tout cela n'a cessé de combattre au fond de lui-même, dans ces régions obscures où gisaient ses hantises. Ce long affrontement avec lui-même aurait pu faire sombrer Hugo. S'il n'en a rien été, c'est qu'il y avait ses enfants, devenus tout pour lui. Il y avait aussi son œuvre.

Le 31 mai 1831, la petite Adèle — Dédé — a dit papa pour la première fois. Depuis, il a peu écrit. Nouvelle confirmation d'une crise intérieure portée à son extrême. En juillet, il a achevé l'hymne que, pour l'anniversaire des Trois Glorieuses, le gouvernement lui a commandé et dont Hérold a composé la musique. Il faut attendre novembre pour que, coup sur coup, il compose six poèmes qui parachèvent son nouveau recueil, *les Feuilles d'automne.* Le 24 du même mois, il en rédige la préface. Six jours plus tard, *les Feuilles d'automne* paraissent en librairie.

Ce qui émane de tout le recueil : une mélancolie profonde, une inquiétude qu'il ne songe plus à dissimuler. Cet Hugo qui n'a pas encore trente ans se montre comme accablé par le poids d'années enfuies trop vite. Les morts qu'il a laissés derrière lui le hantent. Et aussi la démence de son frère. « Le noir envahit la sérénité, le ciel bleu finit en ciel noir, le familier aboutit à une rêverie toujours sombre, à l'angoisse de l'exploration intérieure [1]. »

Il se laisse emporter par la légende de Napoléon, par sa propre fragilité qu'il sent être celle de l'homme, par l'amour enfin qui meurt comme tout meurt en ce monde. Hugo lui-même, dans sa préface, explique et s'explique : « Ce n'est point là de la poésie de tumulte et de bruit ; ce sont des vers sereins et paisibles, des vers comme tout le monde en fait ou en rêve, des vers de la famille, du foyer domestique, de la vie privée ; des vers de l'intérieur de l'âme. C'est un regard mélancolique et résigné, jeté çà et là sur tout ce qui est, sur tout ce qui a été... » Pour exprimer cette douceur, cette tristesse, ces regrets, rien de douceâtre.

1. Henri Meschonnic.

Au contraire, plus l'inspiration se fait intimiste, plus la force hugolienne se déploie. Les vers se frappent en d'admirables formules :

Et moi je croyais voir vers le couchant en feu
Sous sa crinière d'or passer la main de Dieu.

L'exemplaire que Hugo a adressé à Sainte-Beuve est dédicacé : « A son fidèle et bon ami Sainte-Beuve, malgré ces silences qui deviennent comme des fleuves infranchissables entre nous. » Or, cette fois, Sainte-Beuve va rompre le silence obstiné que, depuis *Hernani,* il observe quant à l'œuvre de Hugo. Il va dire l'admiration qu'il éprouve pour le nouvel ouvrage. Pour plaire à Victor ? Pour détourner sa méfiance ? Non. Aux *Feuilles d'automne,* Sainte-Beuve ne pouvait qu'adhérer. Les outrances qui le glaçaient avaient presque disparu. Ce qui parlait ici, c'était le cœur. Le critique distinguait là comme une révolution dont, non sans vanité, il s'attribuait en partie la paternité. En 1855, il écrira dans son Journal : « Quant à Hugo, de qui je reconnais avoir tant appris pour l'art des vers, je crois aussi ne pas lui avoir été tout à fait inutile par mon exemple ; les *Consolations,* en effet, ont précédé *les Feuilles d'automne,* dans lesquelles le poète, en gardant sa force et son éclat, a introduit plus de familiarité et de tendresse qu'il n'avait coutume de le faire jusque-là. »

Ce que Sainte-Beuve n'a pas senti, ou peut-être a refusé de sentir, ce sont les *visions* qui, fulgurantes, traversent l'œuvre. Ici, un nouvel Hugo se dégage de sa gangue. On a pu noter la surabondance des images de nuit, de l'ombre et même de l'adjectif *sombre.* A chaque instant, l'angoisse surgit de ces nocturnes hugoliens :

L'horizon se perdit, les formes disparurent
Et l'homme avec la chose et l'être avec l'esprit
Flottèrent à mon souffle, et le frisson me prit.

Dans *la Pente de la rêverie,* on a pu voir une *illumination,* au sens rimbaldien. Hugo a délibérément précipité son esprit dans « cette double mer du temps et de l'espace [1] ». Il en surgit

1. Henri Bonnier.

... avec un cri terrible,
Ébloui, haletant, stupide, épouvanté,
Car il avait au fond trouvé l'éternité.

Pourquoi si souvent cite-t-il Babel ? Il tente de se hisser au sommet de la tour biblique dans « l'édifice effrayant des nuées », il la voit même « la pointe en bas ». Le mot abîme revient sans cesse. Il en use pour la mer, cette mer difforme « qui hurle béante sous moi ». Bien sûr, « le cercle de famille applaudit à grands cris », mais ce qui demeure tapi dans le secret de l'âme de Hugo, c'est *autre chose.*

« Bénie soit la providence qui a donné à chacun son joujou, l'enfant à la femme, la femme à l'homme, l'homme au diable. » Voilà ce que note pour lui-même, le 1er janvier 1832, Victor Hugo. Façon pour le moins désabusée de commencer l'année.

Mais, le même jour, il consigne des mots entendus de ses enfants. Le premier : « Hier, j'aimais pas papa dans le cabinet parce qu'il ne m'a pas donné deux cartes. » Le second : « J'ai rêvé qu'il y avait deux croquemitaines. » Cette année-là, Léon Noël le dessine pour *l'Artiste* : assis dans un fauteuil majestueux, un peu épaissi, Légion d'honneur au revers de l'habit, visage sévère, front pensif, regard triste. Si Léon Noël a voulu tracer le portrait d'un jeune génie, il nous a restitué surtout l'image d'un homme malheureux.

Il n'est plus guère de Français qui ignorent le nom de Victor Hugo. Même au-delà des frontières, on le lit, on l'admire ou on le discute, en tout cas on parle de lui. Goethe continue à s'entretenir périodiquement avec Eckermann de ce que nous appellerions le « phénomène Hugo ». Mais lui est bien loin de se sentir des certitudes quant à son avenir littéraire. Dans les premiers combats, ce qui lui avait été le plus précieux, c'était l'amitié. Or les amis sont loin. Lamartine va s'exhiler en Orient, cherchant, à travers la lumière des déserts et des ruines, à rejoindre celle de Dieu. Vigny, devenu l'amant de Marie Dorval, ressasse ses rancœurs et sa jalousie, ce qui suscite dans les Carnets de Hugo quelques lignes amères : « A. de Vigny a deux raisons pour ne pas m'aimer. *Primo,* que *Marion de Lorme* a fait plus d'argent que *la Maréchale d'Ancre* et *Hernani* plus d'argent qu'*Othello. Secundo,* que j'ai donné quelquefois le bras à Mme Dorval. » Ont pris aussi leurs distances ceux qu'agace le bruit persistant fait autour de lui. Gustave Planche, naguère si bienveillant, est passé à l'ennemi. Quand on lit les articles publiés par un Jules Janin, on mesure l'hostilité qui entoure Hugo — et aussi la haine. Avoir publié la même année *Notre-Dame de Paris* et *les Feuilles d'automne*, c'est beaucoup. Qu'il soit entré dans la plénitude de son génie, voilà qui est évident. Mais cette évidence même déchaîne les colères de ceux qui ressentent le succès comme une atteinte personnelle.

Ce qu'on lui reproche, c'est de manquer de modestie. Parbleu ! Il faut en effet une audace qui va au-delà de l'orgueil pour avoir écrit dans la préface de *Marion de Lorme*: « Pourquoi maintenant ne viendrait-il pas un poète qui serait à Shakespeare ce que Napoléon est à Charlemagne ? » Plus on l'attaque, plus il fait sentir sa primauté. Cercle vicieux qui n'augmente pas le nombre de ses amis.

Est-ce cette blessure à vif qui le ramène à cet Eugène oublié depuis si longtemps dans son asile ? Le 23 janvier, il s'adresse au docteur Esquirol, médecin en chef de Charenton : « Je voudrais savoir si vous verriez toujours à ce que je visite mon frère les mêmes inconvénients qu'y voyait il y a sept ans M. Royer-Collard. » Un mois plus tard, Esquirol lui répondra : « Vos visites ne sauraient plus nuire à M. votre frère. Elles auraient peut-être au contraire aujourd'hui pour effet d'éveiller en lui quelques-unes de ces émotions dont son état moral paraît malheureusement ne plus offrir aucun vestige. Peut-être votre présence ferait-elle vibrer en lui quelques cordes secrètes. » On ne saurait mieux dire qu'il n'existe plus d'Eugène Hugo. Victor s'est-il alors rendu auprès de son frère fou ? En mai, il écrira à son oncle Louis qu'Esquirol lui « défend toujours » de voir Eugène. Cet interdit venant après le souhait contraire semble indiquer qu'une visite a eu lieu, dont les résultats ont dû être au moins fâcheux. L'être amorphe qu'est devenu Eugène a-t-il, à la vue de Victor, retrouvé un peu de lucidité pour le haïr ?

L'enfance de Victor achève de mourir. Au cours de ce même mois de mai, c'est la mort de l'affreuse « Gotton », cette veuve Martin jadis tant détestée. Décès qui ne lui inspire qu'une pensée de mépris. Depuis un mois, bien d'autres morts ou mourants sollicitent sa pitié. Venant d'Asie, progressant peu à peu à travers l'Europe de Russie en Pologne, de Pologne en Allemagne, la plus terrible épidémie de choléra que l'on ait connue depuis longtemps vient de gagner la France.

Comme toujours en de tels cas, des bruits naissent et s'enflent. On jure que le gouvernement profite de l'épidémie pour faire empoisonner ce peuple qu'il redoute. En fait, toutes les classes sont atteintes. Ce qui est ressenti par ceux qui croyaient que leur richesse ou leur rang devait les mettre à l'abri comme une intolérable injustice. Hugo note : « Pauvres misérables bourgeois égoïstes qui vivent heureux et contents au milieu du peuple décimé tant que la liste fatale du choléra morbus n'entamera pas l'*Almanach des vingt-cinq mille adresses.* »

Parmi les jeunes amis de Hugo, l'un d'eux, bâtard du duc de Saxe-Cobourg, vivait à Paris en compagnie de sa mère, une Grecque magnifique, d'une pension que lui versait son père naturel. Ernest de Saxe-Cobourg s'était manifesté, lors de la bataille d'*Hernani,* comme l'un des soldats les plus ardents de l'armée romantique. Une nuit, une femme sonne violemment à la porte de la rue Jean Goujon. On lui ouvre. Elle se précipite dans la chambre des Hugo, éveillant Victor et Adèle. Échevelée, hors d'elle-même, elle hurle comme une bête sauvage à qui l'on viendrait de tuer son petit : Ernest est mort. En 1854, en exil, lorsque l'on parlera d'apparitions, Adèle rappellera à son mari : « Tu as toujours eu cette disposition. Quand Saxe-Cobourg est mort, et que sa mère est entrée dans ta chambre, la vue du désespoir de cette grande femme t'a causé une telle frayeur que, pendant quinze jours, tu ne pouvais rester seul une fois la nuit tombée. »

Rue Jean Goujon, le portier sera frappé l'un des premiers. Quelques jours plus tard, on ramène de son école le petit Charles. Il est « pâle et souffrant ». Il a été pris de vomissements. Aussitôt, la servante pousse de hauts cris : sûrement il a été empoisonné. Il a bu de l'eau à son école. Chacun sait que l'on empoisonne les fontaines, les barils des porteurs d'eau ! Hugo la fait taire, convoque en toute hâte le médecin de la maison, M. Louis. Celui-ci examine l'enfant, dit qu'il faut le coucher. Lui-même, que cent malades réclament, promet de revenir le plus tôt qu'il pourra. De fait, une fois Charles couché, ses vomissements cessent. On se rassure et on le laisse dormir. Tout à coup, on entend du bruit dans la salle à manger, on y court. L'enfant est à plat ventre au bas d'une fontaine de marbre dont il a ouvert le robinet. Il boit à pleine gorgée. On veut l'enlever de là, il résiste, il crie :

— Laissez-moi boire ! Je veux boire !

A ce moment précis, survient le médecin, M. Louis. Il déclare :

— C'est le choléra.

Le *témoin* : « En quelques instants, le pauvre cher enfant prit la rigidité et le froid du cadavre. L'œil était enfoncé dans l'orbite, les joues étaient creuses et livides, les doigts noirs et ridés. » Hugo et Adèle, éperdus, supplient le médecin de prescrire un remède, des soins à donner. M. Louis secoue la tête : il n'est point de remède, tous les secours sont inutiles. Un être humain frappé du choléra meurt à coup sûr. Avec d'infinies précautions, on a recouché Charles. A son chevet, les parents retiennent leurs larmes. Hugo se tourne vers le médecin d'un air si suppliant que M. Louis finit par lui dire que, dans certains cas — oh ! bien rares, si rares qu'il n'ose pas même en parler — on a sauvé des malades en entretenant la chaleur du corps par des frictions ininterrompues « avec de la flanelle chaude humectée d'esprit-de-vin ». Les caractéristiques du choléra n'échappent plus hélas à personne : à une fièvre ardente succède un froid de glace qui emporte le malade. C'est ce froid qu'il faut tenter d'éviter.

Hugo déjà s'est élancé, a ordonné qu'on allume dans la cheminée un grand feu. Il fait apporter toute la flanelle dont on dispose, l'étale devant le feu. Il arrache plutôt qu'il ne les ôte les vêtements de Charles. Dès que la flanelle est chaude, il l'humecte d'esprit-de-vin, frotte le petit corps dénudé de l'enfant qui ne cesse de vomir et de demander à boire. Quand la flanelle se refroidit, il court en chercher d'autre, recommence à frotter. Si durement, si désespérément que « la chair, écorchée, saignait ». Le petit malade « s'en apercevait à peine ; il dit une fois seulement : ne me touche donc pas comme ça, tu me fais mal. Il répétait toujours : j'ai soif. Sa peau, sanglante, restait froide ». La nuit tout entière s'est écoulée. Le jour blanchit au-delà des fenêtres. Pas un instant, Hugo ne s'est assis, n'a cherché de repos. Toujours les mêmes allées et venues précipitées, de la cheminée au lit, du lit à la cheminée. Et toujours cette froideur, cette glace annonciatrice du pire. Près de Victor, Adèle n'a plus de larmes.

Il fait grand jour. Tout à coup, posant les mains sur la peau de son enfant, Hugo croit sentir quelque chaleur. Charles supporte de plus en plus mal les frictions, proteste, adjure son père d'y mettre fin. Comment douter ? La chaleur est revenue dans ce petit corps. Et la sensibilité. Le visage reprend des couleurs. Le médecin, venu constater un décès, découvre avec stupeur un enfant bien en vie. Incrédule, il se penche vers lui, l'examine. Il se relève :

— Il est sauvé.

Dédé commence à marcher. Hugo guette ces premiers pas, avec plus d'émotion peut-être qu'il n'en a ressenti pour ses autres enfants. Il note qu'elle « tombe à la moindre rencontre, fait de grands circuits autour d'une pantoufle, comme un vaisseau autour d'un écueil ». Il enregistre les propos de Charles, définitivement guéri et qui va sur ses cinq ans et demi. Discours, écrit-il, *sténographié* : « Didine, tu sais dans la classe la table qui n'est pas blanche, il y a deux tables, une grande table où il y a tout plein de petits garçons et une grande table où il y a tout plein de grands garçons ; eh bien ! alors, il y a à cette table-là un grand garçon qui est joliment méchant. Il ne sait jamais ses devoirs. Quand on va à la promenade, on le met au piquet toute la journée. Le piquet, c'est un arbre qu'on passe toute la récréation là. »

Il observe aussi cette France qui s'épuise à courir après son équilibre. En novembre 1831, les canuts de Lyon, réduits à la famine par la diminution de leurs tarifs — de quatre ou six francs par jour ils sont passés à vingt sous — se révoltent. Il faut, pour les réduire, l'intervention d'une armée de vingt mille hommes, conduite par le duc d'Orléans, fils aîné du roi, et le maréchal Soult. La première grande manifestation des prolétaires au XIXe siècle, dira Louis Blanc. En janvier, des républicains ont tenté d'incendier une des tours de Notre-Dame. En février, on a démantelé un complot de légitimistes qui se proposaient de prendre d'assaut les Tuileries un soir de bal et, en toute simplicité, de massacrer la famille royale. Tout cela, chez Hugo, ne suscite que dédain. De moins en moins, il croit à l'avenir de Louis-Philippe : « Le jour où Louis-Philippe tombera du trône, il ne se fera pas maître d'école, comme Denys de Syracuse, mais épicier. »

Le 3 juin 1832, après de longues semaines de relative inaction littéraire, il a commencé une nouvelle pièce : *le Roi s'amuse*. Il souffre encore des yeux et même, cette fois, la crise paraît plus grave encore que d'autres. Dans une lettre à Montalembert, du 3 mars, il note : « J'ai les yeux plus malades que jamais. » *Au général Louis Hugo, le 5 mai* : « Je t'écris, mon cher oncle, avec des yeux bien malades. » Les médecins lui ont recommandé de porter des lunettes vertes, « de marcher beaucoup et de vivre le plus possible dans la verdure ». Le printemps, cette année-là, est beau et chaud. La rue Jean Goujon n'est pas loin des Tuileries. Hugo prend l'habitude de s'y rendre souvent. Il a découvert, sur la terrasse du bord de l'eau, un coin solitaire où il travaille en se promenant. Ainsi *le Roi s'amuse* prend-il forme.

Pourquoi, se remettant au travail, a-t-il choisi le théâtre ? D'abord parce que la scène est pour lui une nécessité. Il redira bientôt que « le théâtre est une chaire ». Avec le théâtre — seconde raison — il trouve l'occasion d'exprimer ce qui lui tient à cœur. Il a beaucoup à dire. Il faut se souvenir de ce vers des *Feuilles d'automne* :

> Je hais l'oppression d'une haine profonde.

Profession de foi prolongée par une adjuration qui sonne comme un serment :

> Et j'ajoute à ma lyre une corde d'airain.

Certes, en ce qui concerne Louis-Philippe, on ne peut guère parler d'oppression. En 1832, celle-ci viendrait plutôt de ces bourgeois infatués d'eux-mêmes qui occupent les avenues du pouvoir et se montrent plus intolérants que ne l'étaient peut-être les rois absolus. Au vrai, le régime se conduit comme s'il était en place depuis des siècles et comme si mille années l'attendaient. Il ne tolère aucune atteinte à sa pérennité. Si une opposition se hasarde à sa droite ou à sa gauche, il la brise. Sous le règne de la démocratie couronnée, les prisons sont plus pleines que sous Charles X : le légitimiste Poncelet y a retrouvé le républicain Considérant. Un discours un peu trop exalté ? Un article un peu trop enthousiaste ? En prison. Le jeune Blanqui en sait quelque chose. Tout cela n'a rien qui puisse plaire à Hugo. Ce qui l'a tenté, dans le sujet du *Roi s'amuse,* c'est de tracer le portrait d'un roi dont l'autorité n'est balancée par aucun contre-pouvoir. Sa sympathie ne va pas précisément à ce François Ier qu'il campe en face du bouffon Triboulet. Dans l'édifice monarchique, le bouffon est la chose du roi et ne peut pas se permettre l'héroïsme du refus, car ce refus ferait rire. Même dans son sentiment le plus pur, l'amour paternel, Triboulet doit passer par les volontés et les foucades de son maître. *Le Roi s'amuse* est la tragédie de la paternité. Que Hugo ait commencé à l'écrire dans le même trimestre où il arrachait lui-même son fils Charles à la mort, nous pouvons être sûrs que cela n'est pas l'effet du hasard.

Une pièce, donc, qu'il *doit* écrire. Une autre nécessité pour Hugo est de gagner sa vie. *Hernani* lui a rapporté quatre fois plus que *Notre-Dame de Paris,* soit 12 000 francs de droits d'auteur et 15 000 pour les trois premières éditions de la pièce publiée. Pourquoi n'en serait-il pas de même pour *le Roi s'amuse*?

A l'abri des arbres foisonnants des Tuileries, environné des chants d'oiseaux et des cris d'enfants, il est en train, le 5 juin, d'écrire le discours de Saint-Vallier. Surgissent soudain les gardes du jardin qui chassent les promeneurs : on ferme ! Hugo comprend vite : il y a insurrection. Ce jour-là, on enterre le général Lamarque, vieux soldat de l'Empire et député de l'opposition. Pour tout esprit averti, un mouvement populaire était prévisible. Ceux qui veulent à tout prix se débarrasser de Louis-Philippe vont faire bloc. Au loin, Hugo entend la fusillade et il marche de ce côté, comme les grognards marchaient au canon. Déjà, il se sent ce piéton de Paris que chacune des pages des *Choses vues* révèle à l'envi. Mieux qu'aucun de ses contemporains, il veut être de son temps, tout connaître de ce qui se déroule autour de lui. Le poète donne la main au journaliste, et bientôt au politique.

Le voilà qui s'avance dans le passage du Saumon. Il le traverse. En un instant, les grilles sont fermées, les balles sifflent d'une grille à l'autre. Nul endroit où se réfugier, les boutiquiers ont claqué leur porte et se claquemurent derrière leurs volets. Hugo avise tout près de là les fort minces colonnes du passage. Il se glisse entre deux d'entre elles : abri précaire. Pour Victor, un véritable baptême du feu. Au bout d'un quart d'heure, la troupe, ne parvenant pas à déloger les insurgés, va tourner leur position. Le combat s'engage d'un autre côté, les grilles sont rouvertes.

Le lendemain, Hugo dîne chez Émile Deschamps. L'un des hôtes, Jules de Rességuier, conte avec émotion la défense héroïque du cloître Saint-Merry par les insurgés. Hugo, profondément ému, écoute. Tout s'ordonne dans son infaillible mémoire : cette flambée qui, après le discours de La Fayette devant le char funèbre, a incendié un peuple entier ; les premiers coups de feu ; les charges de la troupe ; les étudiants attelés au char qui emportait la dépouille du vieux soldat, changés en un éclair en rebelles furieux ; ces barricades où il conduira plus tard ses propres héros, Marius venu rejoindre Enjolras, Valjean accouru sauver Marius. Ces pages des *Misérables* sont nées du choc survenu en juin 1832. Au soir même de la tragédie, il note : « Folies noyées dans le sang. Nous aurons un jour une république, et, quand elle viendra d'elle-même, elle sera bonne. Mais ne cueillons pas avant mai le fruit qui ne sera mûr qu'en juillet ; sachons attendre. La république proclamée par la France en Europe, ce sera la couronne de nos cheveux blancs. Mais il ne faut pas souffrir que des goujats barbouillent de rouge notre drapeau. » Étonnons-nous peut-être, mais reconnaissons ce qui crève les yeux : le futur chantre de l'épopée du cloître Saint-Merry nie en 1832 la signification grandiose qu'il donnera plus tard à l'épisode. Remarquable, à cet égard, le mot *goujats.* Hugo attend toujours la république, mais pour plus tard, quand le peuple sera instruit. Il ne sort pas de sa logique.

Il ne se replie pas pour autant sous sa tente. Rendu furieux par les émeutes dont le sens républicain n'a échappé à personne, le gouvernement a décrété l'état de siège. Constitutionnellement, il n'en a pas le droit. Le 7 juin, les journalistes du *National* se réunissent en toute hâte et protestent solennellement contre cette atteinte aux libertés. Sainte-Beuve en est. *A Hugo* : « On désirerait le plus de noms honorables, voire même illustres. Ampère va demander la signature de M. de Chateaubriand ; on me prie de demander la vôtre. » Réponse immédiate de Hugo : « Je m'unis à vous de grand cœur. Je signerai tout ce que vous signerez, à la barbe de l'état de siège. »

Il s'est remis au travail. Le 23 juin, il achève *le Roi s'amuse,* vingt jours après en avoir écrit le premier vers. Toujours cette facilité confondante. Le 30 juin, il lit la pièce à quelques amis réunis rue Jean Goujon. *Journal de Fontaney* : « Nous étions bien peu : Boulanger seulement et Robelin, puis Madame Victor. — J'étais tout endormi ; à peine ai-je pu entendre les deux derniers actes ; je ne sais, je puis en somme difficilement juger, mais je n'ose croire au succès de cette pièce... »

Neuf jours après, il commence une nouvelle pièce, *le Souper à Ferrare* qui deviendra *Lucrèce Borgia.* Pourquoi tant de hâte ? Dans la préface dont il ne va manquer de doter la nouvelle pièce, Hugo affirme que « l'idée qui a produit *le Roi s'amuse* et l'idée qui a produit *Lucrèce Borgia* sont nées au même moment sur le même point du cœur ». On a parlé d'œuvres jumelles. Peut-être a-t-on eu tort de méconnaître les différences essentielles entre les deux œuvres. D'abord, *le Roi s'amuse* est en vers ; avec *Lucrèce Borgia,* Hugo écrit sa première pièce en prose. Pour *le Roi s'amuse* il sait que la sévérité qu'il réserve à la monarchie et à ses entours peut lui susciter politiquement des dangers ; en apparence aucune arrière-pensée politique dans *Lucrèce Borgia.*

La véritable *Lucrèce Borgia* était faite pour tenter un poète romantique et, plus que les autres, Victor Hugo : l'histoire ne propose pas tous les jours au dramaturge la vie d'une princesse, fille d'un pape et livrée à toutes les passions. Ce n'est pas l'authentique Lucrèce, très en deçà de sa légende, qui a retenu l'attention de Hugo. Le drame imaginaire qu'il invente, plus autour de Lucrèce que sur elle-même, s'inscrit dans le cadre d'un sujet identique traité à la fois dans *Marion de Lorme, le Roi s'amuse* et *Lucrèce Borgia* : « un être perdu de vices, sauvé par un seul grand sentiment [1] ».

C'est dans la *Gaule poétique* de Marchangy, que Hugo a découvert l'idée de cette fête à laquelle sont conviés, par celui qui est résolu à les faire mettre à mort, des seigneurs tout à la joie d'une heure dont ils ne soupçonnent pas qu'elle sera pour eux la dernière. L'épisode des moines, qui, au dernier service, rejoignent les convives pour les confesser, se trouve lui-même dans Marchangy. Hugo s'est peut-être souvenu des policiers envahissant la maison des Feuillantines et arrêtant à table Lahorie. Peut-être aussi a-t-il songé à son frère Eugène pris de folie au cours du dîner de ses propres noces. Commencée le 9 juillet, *Lucrèce Borgia* sera achevée le 20. Le 23, Victor lit chez lui la pièce à des intimes.

Journal de Fontaney : « C'est vraiment bien beau et il y a là vraiment un grand succès ! »

La veille est mort à Vienne celui que les Chambres, en 1815, avaient proclamé Empereur sous le nom de Napoléon II. L'événement va frapper Hugo au plus profond de lui-même. C'est porté par une émotion intense qu'il va écrire, presque aussitôt, son poème *Napoléon II* :

> Quand il eut bien fait voir l'héritier de ses trônes
> Aux vieilles nations comme aux vieilles couronnes,
> Éperdu, l'œil fixé sur quiconque était roi.
> Comme un aigle arrivé sur une haute cime,

1. André Maurois.

Il cria tout joyeux avec un air sublime :
— L'avenir ! l'avenir ! l'avenir est à moi !

Non, l'avenir n'est à personne !
Sire ! l'avenir est à Dieu !

Les gens de spectacle, eux, semblent ainsi faits que rien ne les atteint. Révolutions, crises de l'État ou tempêtes intérieures n'entament jamais leur course en avant. Le baron Taylor a entendu dire que Hugo avait achevé deux pièces. Il accourt, se récrie : au moins qu'il y en ait une pour le Théâtre-Français ! Taylor répète que M. Hugo doit bien reconnaître qu'il a eu tort de donner *Marion de Lorme* à la Porte-Saint-Martin. *Hernani* n'a-t-il pas été un événement ? *Marion de Lorme,* « qui valait bien *Hernani* », n'a pas eu le même retentissement, et de loin. Le vrai théâtre littéraire, ajoute Taylor, c'est le Théâtre-Français. Les vers sont impossibles au boulevard, etc. Comme un homme qui se laisse convaincre peu à peu, Hugo l'écoute en silence. En fait, sa décision était prise depuis le début. Avant la fin du mois, il lit la pièce à la troupe de la Comédie-Française. Il annonce qu'il ne suivra pas régulièrement les répétitions, qu'il fait confiance aux comédiens : comme chaque année, Bertin aîné l'attend aux Roches. Il n'est pas question qu'il prive les enfants d'une joie si ardemment attendue. Ni qu'il laisse Adèle partir seule.

L'oasis des Roches ; la douceur du village de Bièvres ; un peu de paix pour son cœur violenté. Cette année-là, pour les enfants, le grand amusement, ce sont les cocottes en papier, les bateaux et les carrosses que leur père découpe pour eux dans du carton qu'il peint ensuite de couleurs vives. La joie des enfants quand on leur dit que ces belles voitures sont à eux et qu'ils pourront les emporter à Paris ! Louise Bertin songe à tirer de *Notre-Dame de Paris* un opéra, *la Esmeralda.* Hugo lui a promis d'en écrire le livret. Mais, aux Roches, il boit le silence comme s'il sortait de l'une de ces cavernes où les anciens situaient le tonnerre. Peut-être avec intention, il écrit à Sainte-Beuve : « Nous avons des arbres et de la verdure mêlée à ce beau ciel de septembre sur notre tête. C'est tout au plus si je fais quelques vers. Je vous assure que le mieux ici est de se laisser vivre. C'est une allée pleine de paresse. » Car, étrangement, les deux hommes s'écrivent toujours. Sainte-Beuve termine ses lettres par : « Je vous aime. » Péremptoirement, Hugo signe les siennes : « Votre frère, Hugo. »

Est-il d'ailleurs si loin qu'il le dit, Sainte-Beuve ? Sous

prétexte qu'elle engraisse — ce qui est vrai — Adèle part chaque jour pour de longues promenades, se fixant pour but de marcher huit kilomètres. Qui nous interdira de penser que toute promenade suppose un repos et que les pas d'Adèle pouvaient la porter en un lieu où l'attendait peut-être Sainte-Beuve ? Nous avons la preuve que de telles rencontres ont eu lieu l'année suivante.

Chaque jour, M. Ingres vient visiter M. Bertin dont il peint le portrait. Chaque soir, il retourne à Paris. Parfois, Hugo l'accompagne, pour assister, au moins de temps en temps, à l'une des répétitions du *Roi s'amuse.* Ingres le dépose devant le Théâtre-Français. Ces soirs-là, il s'en retourne dans l'appartement de la rue Jean Goujon. Seul.

A Adèle : « La maison me paraît bien vide, va, quand tu n'y es pas ! Tu ne sais pas, mon Adèle, à quel point tu fais partie de mon existence, tu ne le sais pas assez, vois-tu, tu doutes souvent de moi et tu as bien tort. Je suis capable de tout, excepté de cesser de t'aimer. Comment ne t'aimerais-je pas, mon pauvre ange, toi qui es si bonne, si douce, si excellente pour moi, si gracieuse et si belle ! Tu sais que je pense tout cela de toi depuis que j'ai l'âge de penser à quelque chose. Tu sais combien est profonde l'union intime de nos âmes, depuis dix ans, depuis treize ans même ! Ne doute jamais de moi, je t'en supplie. Je te le répète, je ne me crois pas meilleur que d'autres, je puis faillir ou errer, mais je t'aime, et je t'aimerai toujours... Adieu, mon Adèle bien aimée. A dimanche. Songe bien que tu es ma vie et ma joie... Mille baisers. Je t'aime. »

Il signe : *ton Victor* et, au dernier moment, il ajoute un post-scriptum : « Puisque j'ai encore un petit coin de papier ici, je veux en user pour te répéter que je t'aime, que tu es mon bonheur, que je ne vivrais pas deux heures sans toi. »

L'homme qui écrit cette lettre exaltée, celui-là a noté en secret qu'il ne se croyait plus aimé de sa femme. Écrit-il pour tenter de la reconquérir ? Ou pour lui-même s'étourdir ?

Les Hugo ont quitté les Roches. Comme chaque année, le désespoir des enfants n'a eu d'égal que la tristesse de Louise Bertin. Cette année-là, pourtant, les pleurs des aînés vont sécher plus vite qu'à l'accoutumée. Car les Hugo déménagent ! Ils vont s'installer dans le Marais, sur la place Royale — notre actuelle place des Vosges.

La présence de la petite Dédé a rendu trop exigu l'appartement de la rue Jean Goujon. Hugo a voulu se rapprocher de Charles Nodier pour mieux célébrer une amitié qui, pour avoir traversé quelques crises, est redevenue aussi vivante que naguère. Peut-être aussi a-t-il songé à cette Marion de Lorme qui lui appartient un peu désormais, et qui habitait l'un des hôtels de la place Royale. Souvent, il allait errer sur cette place. Il y ressentait fortement la présence d'un passé totalement préservé. Il ne se lassait pas de considérer ces façades, toutes identiques, blanches de pierres, rouges de briques, bleues d'ardoises. Hugo aimait ces arcades sous lesquelles on circule à l'abri des intempéries. Il admirait, au premier étage, les très hautes fenêtres et leurs balcons de fer forgé.

Quand il a su qu'un appartement se trouvait libre, au deuxième étage de l'hôtel de Guéméné, il y a conduit Adèle. C'était en juillet. A quoi peuvent penser l'homme et la femme qui savent leur ménage en péril et qui décident de s'engager pour l'avenir ? Peut-être à leurs enfants.

Un instant, l'énoncé du loyer les a fait hésiter : quinze cents francs par an. Mais les pièces étaient vastes, nombreuses. La plus belle place de Paris surgissait de l'histoire. Et puis, les petits pourraient jouer sous les ormes plantés autour de la statue équestre du roi. On a donc, le 12 juillet, signé le bail entre « M. Angélique-Jean-François Bellanger, propriétaire, demeurant à Paris, rue Castiglione, n° 8, agissant tant en son nom personnel que comme mandataire de Mme Péan de Saint-Gilles, sa belle-mère, et de Mme Passy, sa belle-sœur, et M. Victor-Marie, baron Hugo, homme de lettres, demeurant à Paris, rue Jean Goujon, n° 9 ». Tout l'été, on va penser à l'aménagement du nouveau logis. Le 8 octobre, la famille Hugo quitte la rue Jean Goujon pour le numéro 6 de la place Royale. Victor s'est-il souvenu qu'on l'avait appelée place des Vosges pendant les années de la Révolution, pour récompenser le département qui avait montré une plus grande exactitude que les autres à payer ses impôts ? L'entreprise de déménagement Louis-Gilliard a assuré le transport des meubles et des effets.

De la grande nouvelle, Didine va faire part à Louise Bertin : « Nous sommes très bien loger où nous somme. Nous avons un très beau balcon qui donne sur la place Royale... » Hugo arpente son nouveau domaine, non sans quelque vanité, il faut le dire. Sentiment que partage Adèle. Le bail est éloquent qui nous décrit « une antichambre, salle à manger et salon, plusieurs pièces en ailes desservies par un corridor, avec sortie par un petit escalier, lieux d'aisance, bûcher, trois chambres de domestiques et une cave ». Hugo a présidé lui-même à la décoration, travaillant quand il le fallait de ses mains. Il a cherché — et trouvé — des carreaux anciens à sujet et en a orné la hotte de la cuisine : pour l'époque une audace [1]. Au début, dans ces grandes pièces, le mobilier de la rue Jean Goujon paraît un peu perdu. Hugo fait tapisser les murs de damas écarlate : rien de plus « meublant » que le rouge. Peu à peu, l'appartement va s'emplir de ces meubles qu'affectionne Victor, le gothique le disputant au Renaissance. Il court les brocanteurs plus que les antiquaires. Adèle se plaindra hautement de ces vases et plats fêlés qu'il rapporte : il répondra que le prix a dépendu justement de la fêlure. Les murs se sont couverts de toiles de Boulanger, de Devéria et de ses autres « peintres ordinaires ». Pas de doute, la nouvelle résidence des Hugo est devenue digne de la place sur laquelle s'ouvrent ses fenêtres. Venu en reconnaissance, le cher Dumas clame d'ailleurs : c'est *royal* !

Quelques jours après l'installation, Mlle Didine, qui vient d'avoir huit ans et dont, décidément, Hugo se déclare tout à fait amoureux, fera sa première apparition à l'école : elle est placée comme demi-pensionnaire à l'externat de Jeunes Demoiselles qui, par un hasard en quoi Hugo n'est pas loin de voir un signe providentiel, est installé sur la même place Royale, au numéro 16. *Didine à Louise Bertin* : « Moi, je ne veux pas y aller mais maman le veux et alors y faut bien lui obéir. » Adèle a eu raison d'insister : les résultats de Léopoldine seront très vite supérieurs à la moyenne. Un peu plus tard, Sainte-Beuve lui enverra un exemplaire de *Paul et Virginie* avec cette dédicace : « Offert à Mademoiselle Léopoldine Hugo par son bon ami Sainte-Beuve. » Didine remerciera son « cher Saint de Beuve ».

Pour la première du *Roi s'amuse*, le 22 novembre, les inconditionnels vont cette fois se retrouver. Théophile Gautier et Célestin Nanteuil recrutent cent cinquante fiers-à-bras que, forts du précédent d'*Hernani*, ils répartissent, un peu avant que le public arrive, à l'orchestre et à la seconde galerie. Inutile de dire que ces jeunes gens ne se rangent pas précisément au nombre des partisans de Louis-Philippe : pour la plupart, ils se sont rués dans

1. *Manuscrit d'Adèle.*

l'insurrection de juin. Quand le public prend place, les troupes de Gautier et Nanteuil se mettent à hurler *la Marseillaise* et *la Carmagnole.* Ce qui évidemment jette un froid. Au moment où le rideau va se lever, un bruit court le théâtre : on vient de tenter d'assassiner le roi. La toile se lève au milieu de l'émotion générale et dans un fort brouhaha. Glacial, l'accueil réservé au premier acte. Au second, le figurant chargé d'enlever Blanche, la fille de Triboulet, paralysé par le trac, l'emporte tête en bas et jambes en l'air. Le public prend cela pour une intention de l'auteur. On siffle éperdument. Le troisième acte est hué. Au quatrième, les angoisses paternelles de Triboulet font rire. Dès lors, le vacarme ne cesse plus. Aucun vers n'est épargné, on les siffle tous. Nos cent cinquante forcenés se battent avec la rage du désespoir. Malheureusement, au moment de sortir de la taverne, le comédien qui incarne François Ier trouve la porte fermée. Il s'épuise, pour l'ouvrir, en vains efforts, renonce à en venir à bout et, à la stupeur générale, surgit tout à coup au fond du théâtre, sans que nul ne sache d'où il vient. C'en est trop : la pièce s'achève en mêlée. On pousse de tels cris que l'on n'entend même plus les applaudissements des cent cinquante désespérés de la brigade romantique. Sur la scène, derrière le rideau que l'on a baissé, il semble qu'une chape de glace se soit abattue sur les acteurs. Ligier, l'acteur qui vient de jouer Triboulet — fort bien d'ailleurs — s'approche de Hugo comme on hasarderait des condoléances :

— Faut-il vous nommer ? murmure-t-il.

— Monsieur, répond froidement Hugo, je crois un peu plus à ma pièce depuis qu'elle est tombée.

Belle réplique de théâtre. Il a raison. Lassé sans doute d'avoir tant hué, le public va écouter le nom de Hugo sans protester.

Où est l'escorte délirante qui, après la première d'*Hernani*, avait accompagné l'auteur jusque chez lui ? Hugo traverse Paris. Seul. Il pleut à verse. Place Royale, il trouve sa femme. Seule. Il s'attarde dans le salon désert, regarde longuement un tison mal éteint, jette sur la braise un peu d'eau — et va se coucher.

Le lendemain matin, on apporte à Hugo un billet signé du directeur de la scène du Théâtre-Français : « Il est dix heures et demie, et je reçois à l'instant *l'ordre* de suspendre les représentations du *Roi s'amuse.* C'est M. Taylor qui me communique cet ordre de la part du ministre. »

Que s'est-il passé ?

A la représentation, les attaques contre les Cossé, les Montmorency, et bien d'autres nobles familles avaient indigné les aristocrates présents. Un vers avait porté leur irritation à son comble, celui que lançait Triboulet à l'adresse d'hommes qui étaient leurs ancêtres :

Vos mères aux laquais se sont prostituées !

Nul, dans cette assistance, ne voulait ignorer que la duchesse d'Orléans, mère de Louis-Philippe Ier, avait eu des faiblesses coupables pour ses palefreniers. Vrai ou faux, peu importe ; le principal est qu'on le croyait. Beau prétexte en vérité pour les ennemis de Hugo. Ils vont croire, ou feindre de croire, qu'en écrivant le vers en question l'auteur avait voulu délibérément insulter le roi des Français. Si l'on y ajoutait cette *Marseillaise* et cette *Carmagnole* — chants interdits — que les troupes de Gautier et Nanteuil avaient clamées dans l'enceinte sacrée du Français, cela faisait beaucoup. Le jour même, le Conseil des ministres se saisit de « l'affaire » et tranche : la pièce sera suspendue *sine die.* Le ministre d'Argout, par décret, transforme la suspension en interdiction pour ce motif : « Dans des passages nombreux, les mœurs sont outragées. »

Le Roi s'amuse interdit ! Après une seule représentation ! Et par un régime qui se réclame de la révolution de juillet ! Comment répondre ? Certes, les jeunes amis de Hugo sont prêts à déclencher des manifestations violentes. Hugo n'en veut pas. Le lendemain de la suspension de sa pièce, Hugo adresse une lettre au rédacteur du *Constitutionnel* : « Je suis averti qu'une partie de la généreuse jeunesse des écoles et des ateliers a le projet de se rendre ce soir ou demain au Théâtre-Français pour y réclamer *le Roi s'amuse* et pour protester hautement contre l'acte d'arbitraire inouï dont cet ouvrage est frappé. Je crois, Monsieur, qu'il est d'autres moyens d'arriver au châtiment de cette mesure illégale, je les emploierai. » Il va vite en besogne, Hugo : la réponse, il l'a déjà trouvée. Il n'ira pas dans la rue, mais devant des juges. *A Taylor* : « Je vais être obligé d'intenter un procès au Théâtre-Français en dommages-intérêts, parce que c'est malheureusement le seul moyen de faire le procès politique au ministère. »

On n'aurait pu rêver plus ingénieuse stratégie. Prenant prétexte d'une rupture de contrat et, pour lui-même qui vit de sa plume, d'un considérable « manque à gagner »,

Hugo demande au tribunal de commerce de « condamner par toutes les voies de droit, *même par corps,* les sociétaires du Théâtre-Français à jouer la pièce dont il s'agit, sinon à payer par corps 25 000 francs de dommages et intérêts et, dans le cas où ils consentiraient à jouer la pièce, les condamner, pour le dommage passé, à telle somme qu'il plaira au Tribunal arbitrer. » Bien sûr 25 000 francs sont bons à prendre. Mais, dans l'esprit de Hugo, ils ne sont qu'un prétexte. Ce qu'il veut, c'est pouvoir s'exprimer librement et publiquement, crier aussi fort que possible ce qu'il pense d'un intolérable abus. Que l'enceinte du tribunal de commerce, qui siège à la Bourse, devienne le cadre d'un tel discours, voilà qui est insolite. L'originalité n'a jamais été pour déplaire à Hugo.

Le 19 décembre, dès 9 heures du matin, une foule considérable fait queue dans les galeries du palais de la Bourse. A midi, dès l'ouverture des portes, on se précipite dans la salle du Tribunal qui est remplie en un clin d'œil. Le trop-plein du public s'agglutine dans la salle des pas perdus, espérant, au travers des portes vitrées, entendre malgré tout quelque chose. Le compte rendu du *Journal des débats* évoque une séance parlementaire plutôt qu'un procès : « Lorsqu'on a vu arriver et se placer aux bancs de la gauche M. Victor Hugo, beaucoup d'individus sont montés sur les banquettes, les autres leur ont crié de s'asseoir et M. Hugo a été vivement applaudi. »

La parole est d'abord aux avocats : Chaix-d'Est-Ange, pour le ministère ; Odilon Barrot, pour Victor Hugo ; Léon Duval pour le Théâtre-Français. Les arguments s'échangent au milieu d'une nervosité croissante. On entend même des sifflets. Il fait de plus en plus chaud. On manque d'air ; le public se plaint que l'on étouffe. Il faut évacuer la salle. Pendant la suspension, on ouvre toutes grandes les fenêtres. C'est dans une ambiance rafraîchie autant que rassérénée que Hugo, à la reprise de l'audience, prend lui-même la parole.

Prenons garde : c'est un nouveau Victor Hugo qui se dévoile et se révèle. Jamais il n'a parlé en public. Il ne sait pas lui-même s'il est orateur. Il n'a pas hésité pourtant. Il n'hésite jamais. Donc, il parle. Et il parle bien. Dès les premiers mots qu'il prononce, les murmures s'apaisent, nul ne se plaint plus de la chaleur. La démonstration se déploie, claire, habile, convaincante. La Charte a aboli la censure. Elle dit : *la confiscation est abolie.* L'interdiction du *Roi s'amuse* est un acte de censure et « la suppression d'une pièce de théâtre après la représentation n'est pas seulement un acte monstrueux de censure et d'arbitraire, c'est une véritable confiscation ; c'est une propriété violemment dérobée au théâtre et à l'auteur ». Hugo écrase sous l'ironie l'accusation d'immoralité :

— Cette pièce a révolté la pudeur des gendarmes ; la brigade Léotaud y était et l'a trouvée obscène ; le bureau des mœurs s'est voilé la face ; M. Vidocq a rougi. Enfin le mot d'ordre que la censure a donné à la police, et que l'on balbutie depuis quelques jours autour de nous, le voici tout net : *C'est que la pièce est immorale.* — Holà ! mes maîtres ! silence sur ce point.

Voilà le ton. En fait, toute l'opération — c'en est une — n'a été montée que pour permettre à Hugo de tonner contre ce régime qui n'a eu sa faveur que pendant trois jours et dont il estime que, de mois en mois, il se discrédite. Écoutez-le :

— Je dis que le gouvernement nous retire petit à petit tout ce que nos quarante ans de révolution nous avaient acquis de droits et de franchises. Je dis que c'est à la probité des tribunaux de l'arrêter dans cette voie fatale pour lui comme pour nous. Je dis que le pouvoir actuel manque particulièrement de grandeur et de courage dans la manière mesquine dont il fait cette opération hasardeuse que chaque gouvernement, par un aveuglement étrange, tente à son tour, et qui consiste à substituer plus ou moins rapidement l'arbitraire à la constitution, le despotisme à la liberté. Bonaparte, quand il fut consul et quand il fut empereur, voulut aussi le despotisme. Mais il fit autrement. Il y entra de front et de plain-pied. Il n'employa aucune des misérables petites précautions avec lesquelles on escamote aujourd'hui une à une toutes nos libertés, les aînées comme les cadettes, celles de 1830, comme celles de 1789. Napoléon ne fut ni sournois ni hypocrite. Napoléon ne nous filouta pas nos droits l'un après l'autre à la faveur de notre assoupissement, comme on fait maintenant. Napoléon prit tout, à la fois, d'un seul coup et d'une seule main. Le lion n'a pas les mœurs du renard.

Dans la salle, on n'entendrait pas un huissier respirer. Hugo enfle la voix :

— On nous prenait toutes nos libertés, dis-je, on avait un bureau de censure, on mettait nos livres au pilon, on rayait nos pièces de l'affiche ; mais, à toutes nos plaintes, on pouvait faire d'un seul mot des réponses magnifiques, on pouvait nous répondre : Marengo ! Iéna ! Austerlitz ! Alors, je le répète, c'était grand ; aujourd'hui, c'est petit. Nous marchons à l'arbitraire comme alors, mais nous ne sommes pas des colosses. Notre gouvernement n'est pas de ceux qui peuvent consoler une grande nation de la perte de sa liberté. En fait d'art, nous déformons les Tuileries ; en fait de gloire, nous laissons périr la Pologne. Cela n'empêche pas nos petits hommes d'État de traiter la liberté comme s'ils étaient taillés en despotes ; de mettre la France sous leurs pieds, comme s'ils avaient des épaules à porter le monde... Aujourd'hui, on me fait prendre ma liberté de poète par un censeur, demain on me fera prendre ma liberté de citoyen par un gendarme ; aujourd'hui on me bannit du théâtre, demain on me bannira du pays ; aujourd'hui on me bâillonne, demain on me déportera ; aujourd'hui l'état de siège est dans la littérature, demain il sera dans la cité. De liberté, de garanties, de Charte, de droit public, plus un mot. Néant. Si le gouvernement, mieux conseillé par ses propres intérêts, ne s'arrête sur cette pente pendant qu'il en est temps encore, avant peu, nous aurons tout le despotisme de 1807, moins la gloire. Nous aurons l'empire sans l'empereur.

L'assistance a le souffle coupé. Le président vacille sur son siège. Hugo en est à sa péroraison :

— Je n'ai plus que quatre mots à dire, Messieurs, et je désire qu'ils soient présents à votre esprit au moment où vous délibérerez. Il n'y a eu dans ce siècle qu'un grand homme, Napoléon, et une grande chose, la liberté. Nous n'avons plus le grand homme, tâchons d'avoir la grande chose !

De tous les coins de la salle jusqu'à celle des pas perdus, les applaudissements éclatent. D'instant en instant, ils redoublent. Finiront-ils seulement ? Le président balbutie :

— Une partie du public oublie qu'on n'est pas ici au spectacle...

C'est le triomphe de Victor Hugo. Un triomphe où la dialectique donne la main au courage. Pour des déclarations bien moins catégoriques que cette déclaration de guerre, d'autres ont été jetés en prison.

Qu'importe que Hugo perde son procès ! Le tribunal de commerce se déclarera incompétent et condamnera le plaignant aux dépens. L'important, c'est que ce discours, devant l'opinion, campe définitivement Hugo comme l'avocat sans peur, l'inébranlable défenseur de toutes les libertés.

Ce qui n'empêche pas le même Hugo d'attendre beaucoup de la publication de la pièce interdite en librairie. Depuis le mois de juillet, le libraire Eugène Renduel est devenu son seul éditeur. Dès avant le procès, il lui a écrit : « Je crois, mon cher éditeur, qu'il est important pour vous, pour moi, pour le retentissement du livre et de l'affaire, que la chose soit énergiquement annoncée la veille par les journaux. Voici sept petites notes que je vous envoie, en vous priant d'user de toute votre influence pour qu'elles paraissent demain dans les sept principaux journaux de l'opposition... »

Le courage n'a jamais empêché les relations publiques.

TROISIÈME PARTIE

OLYMPIO

I

JULIETTE

> Je suis la colombe
> Qu'on blesse et qui tombe ;
> La nuit de la tombe
> Couvre mon berceau.
>
> Victor HUGO.

Ce jour-là, 2 janvier 1833, Victor Hugo s'arrête un instant devant la façade du théâtre de la Porte-Saint-Martin. Le Boulevard du Crime ! Depuis quelques lustres, il mérite bien son nom. Sur quelques centaines de mètres, les affiches des théâtres proposent au public des sorciers qui donnent la main aux vampires, des spadassins qui éventrent les traîtres, de nobles dames violées, des fantômes surgissant au milieu des feux de Bengale, le tonnerre qui déchaîne son fracas cependant que pleuvent les malédictions. Toute l'histoire de France est appelée en renfort. Là, à la Porte-Saint-Martin, Isabeau de Bavière rivalise en débauches avec Marguerite de Bourgogne. Le sang — du frais, celui d'un mouton — coule à flots.

Devant les angelots en ronde bosse qui ornent la façade de la Porte-Saint-Martin, Hugo pense-t-il à tant de cris, tant de fureur et de facilité ? Sur le boulevard, la foule des promeneurs circule sans hâte, s'attroupant autour des bateleurs et bonimenteurs. Un hercule fait jaillir vers le ciel des poids peu vraisemblables, un apothicaire à l'éloquence torrentielle démontre l'infaillibilité de ses remèdes, un ours mélancolique se dandine au bout de sa chaîne, tandis qu'un peu plus loin, le fracas d'une cloche agitée furieusement annonce le prochain spectacle du mime Deburau : avons-nous oublié, pour les *Enfants du Paradis,* le merveilleux décor de Traner ?

Des mélodrames, oui. La dernière pièce de Dumas, *la Tour de Nesle,* en était un. La première réplique annonçait tout :

— Holà, tavernier du diable !

Mais c'est à la Porte-Saint-Martin qu'avait, du même Dumas, triomphé *Antony.* Hugo, quant à lui, y a fait représenter *Marion de Lorme.* Donc, balayons les scrupules hors de saison. Allons.

Rien n'a changé de ce théâtre. Quand nous pénétrons dans le hall, nous trouvons à gauche un escalier qui conduit à la fois à la salle et au foyer, celui-ci s'allongeant le long de l'orchestre, à droite quand on regarde la scène. Dans ce foyer, Hugo vient de faire son entrée. Sagement assis sur des chaises rangées en cercle, les acteurs retenus pour la distribution de *Lucrèce Borgia* attendent leur auteur. Le directeur, Harel, se précipite. Ex-auditeur au Conseil d'État et bonapartiste fervent, il a eu le malheur, pendant les Cent Jours, d'accepter une préfecture. Le retour de Louis XVIII lui a interdit tout espoir de carrière. En exil à Bruxelles, il a trouvé son chemin de Damas lorsqu'il est entré dans le lit d'une grande actrice, Mlle George, qui s'enorgueillissait d'avoir été la maîtresse de Napoléon. Il a quatorze ans de moins qu'elle. Peu importe : dans ce lit, il dormira vingt-sept ans. Mlle George a fait de Harel un directeur de théâtre. Rentré en France, il est devenu dans ce métier une manière de potentat : en 1833, il dirige à la fois l'Odéon et la Porte-Saint-Martin. Jamais un auteur n'a pu résister à Harel. Il convainc par sa faconde et séduit par son esprit. Dumas jurait que Harel était l'homme le plus spirituel de son époque.

Après l'interdiction du *Roi s'amuse,* il ne saurait être question que Hugo donne sa nouvelle pièce à la Comédie-Française. Comme toujours avec Harel, la décision a été emportée à toute allure. L'amant de Mlle George s'est précipité place Royale, a exigé que *le Souper à Ferrare* lui fût réservé. Le soir même, Hugo a lu le drame chez Mlle George qui s'est déclarée ravie par le rôle de Lucrèce. Quant à Harel, il a témoigné une admiration aussi bruyante que définitive.

Manuscrit d'Adèle: « A la fin du premier acte, Harel se leva et dit : " Mais c'est superbe, jamais on n'est entré plus magnifiquement de plain-pied dans le drame, je n'ai qu'une inquiétude, c'est que la pièce ne puisse se soutenir à cette hauteur. Continuez, continuez vite. " L'enthousiasme alla crescendo, Harel se moucha vingt fois, fit passer une livre de tabac dans son nez, ce n'était pas des éloges, c'était une apothéose. »

La dernière réplique prononcée, Harel a déclaré :

— C'est trop beau pour s'appeler *le Souper à Ferrare*. Le titre n'est pas assez grave ni assez grand. A votre place, j'appellerais cela simplement et gravement *Lucrèce Borgia*.

Le conseil était bon, Hugo l'a suivi.

Penché sur sa brochure, Victor Hugo lit. Il lit bien. Mlle George, future Lucrèce, écoute de toute son attention tendue. Belle, massive, elle approche de la cinquantaine. Près d'elle, le grand Frédérick Lemaître, de noir vêtu, guette les répliques qu'il animera de son souffle puissant. D'autres comédiens, d'autres actrices — Provost, Delafosse, Serres — s'effacent un peu à côté de ces étoiles de première grandeur. Parfois, dans la pénombre, le regard de Hugo en croise un autre qui, depuis son entrée, ne le quitte pas : celui d'une ravissante jeune femme de vingt-six ans. L'année précédente, Léon Noël a publié dans *l'Artiste* une lithographie qui, pour nous, fixe la plus charmante des images : des cheveux très noirs, un visage à l'ovale tout à fait pur, de grands yeux sombres un peu mélancoliques, une bouche petite aux lèvres sensuelles dont on ne sait si elles esquissent un sourire ou une promesse. Des épaules découvertes, on comprend qu'un jour Hugo les ait comparées à un « beau marbre blanc ». Pour mieux entendre les répliques, terribles comme le malheur, passionnées comme l'amour, elle penche en avant le plus joli cou du monde. Pour l'occasion, elle a passé une robe de satin des Indes, de couleur maïs. Son visage s'encadre d'un « cabriolet » de velours noir, orné de deux plumes également. Tout à l'heure, lors des présentations, Harel l'a nommée à Hugo : Mlle Juliette, qui devra incarner la princesse Négroni, un tout petit rôle.

Mlle Juliette. Victor se souvient de l'avoir aperçue à un bal, au mois de mai 1832. Image fugitive, éblouissante, imprégnée dans sa mémoire :

Tu ne l'avais pas vue encor ; ce fut un soir,
A l'heure où dans le ciel les astres se font voir
Qu'elle apparut soudain à tes yeux, fraîche et belle,

Dans un lieu radieux qui rayonnait moins qu'elle.
Ses cheveux pétillaient de mille diamants ;
Un orchestre tremblait à tous ses mouvements
Tandis qu'elle enivrait la foule haletante
Blanche avec des yeux noirs, jeune, grande, éclatante.
Tout en elle était feu qui brille, ardeur qui rit.
La parole parfois tombait de son esprit
Comme un épi doré du sac de la glaneuse,
Ou sortait de sa bouche en vapeur lumineuse [1]...

Tout l'a frappé de cette femme rare : son front, qu'il a vu « plein de pensées écloses avant l'amour », son sourire, ses épaules, ses yeux « où l'on voyait luire son cœur brûlant ». Il l'a regardée aller « comme un oiseau de flamme », suivie par des regards où l'admiration le disputait au désir. Et lui, Hugo, n'a pas même osé lui parler :

Toi, tu la contemplais n'osant approcher d'elle,
Car le baril de poudre a peur de l'étincelle.

Mais là, dans le foyer de la Porte-Saint-Martin, il ne s'attarde pas à la fugitive et éblouissante image. Une lecture est chose importante. Il oublie tout, possédé tout entier par l'action et les mots de son drame. Entre chaque acte, il s'arrête, prend un instant de repos. Dans ces moments, il sent peser sur lui le beau regard fiévreux de Mlle Juliette.

Il interrogera Harel sur cette Mlle Juliette et saura qu'en fait on l'appelle Juliette Drouet. Rien de plus. Il lui faudra des années pour apprendre la vérité. Elle était fille d'un Breton du nom de Julien Gauvain, un ancien chouan, installé à Fougères au lendemain de la Terreur. Elle était née le 10 avril 1806, quatrième enfant de Gauvain et de son épouse Marie Marchandet. On l'avait baptisée sous les prénoms de Julienne-Joséphine. Sa mère, jamais remise de l'accouchement, était morte quelques mois plus tard. Et l'année suivante, Julien Gauvain, inconsolable, l'avait suivie dans la tombe. Julienne allait être confiée à l'hospice des enfants trouvés quand avait surgi l'oncle Drouet, sous-lieutenant à la 41e compagnie de canonniers garde-côtes, en garnison à Camaret. René Drouet n'avait pas d'enfant de sa femme, Françoise, tante maternelle de Julienne. L'oncle et la tante s'étaient attendris devant le bébé. Ils avaient décidé de l'élever.

Premières années un peu sauvages, face à l'océan.

1. *Les Voix intérieures,* XII.

Grandes courses sur la grève. L'enfant y a gagné un amour pour la mer qu'un jour elle fera partager à Victor Hugo. A neuf ans, on l'a placée chez les Dames de Sainte-Madeleine, rue Saint-Jacques, à Paris. Elle n'y a pas été heureuse. Les enfants étaient nourris de poisson « peu frais », de pommes de terre aigres, de fruits avariés. Terribles, les punitions. Quand on avait bavardé, il fallait faire une croix sur le plancher avec la langue. Dans un récit manuscrit, Juliette Drouet précise que les croix devaient être « marquées par la salive par terre et quelquefois on vous en imposait jusqu'à cinquante et soixante, mais toujours on avait des boutons ». Il y avait bien pis. Les élèves lavaient leurs assiettes et leurs couverts dans un récipient en terre. Si, par hasard, la religieuse trouvait dans l'eau grasse « quelques débris hideux », elle obligeait les responsables à les repêcher et à les manger.

Sept années dans ce couvent. Elle en sort dotée de l'une de ces éducations solides que dispensent, même aux filles pauvres, les pensions de ce temps-là. Nous sommes en 1822. Ici, un mystère. On ne retrouve la trace de Julienne, devenue Juliette, qu'au cours de l'hiver 1825. Qu'a-t-elle fait pendant ces trois ans ? En tout cas, le saut accompli peut à bon droit nous étonner. En 1825, l'ex-petite pensionnaire, confite en dévotion, pose nue chez Pradier, sculpteur à la mode, un athlète de trente-trois ans, à tête de mousquetaire, toujours drapé dans « une large tunique de velours de grenat dont les plis, ouverts sur la poitrine, laissent échapper des flots de dentelles ». De modèle, Juliette est naturellement devenue maîtresse. Des séances dans l'atelier est née une petite fille, Claire. Elle a quitté Pradier : incompatibilité d'humeur. Dans sa vie, bien des hommes se sont succédé : un graveur italien, plus âgé qu'elle de vingt-cinq ans — elle l'a suivi en Italie en 1828 — ; le journaliste et auteur dramatique Fontan, homme d'esprit, mais coléreux ; le chroniqueur Alphonse Karr, laid comme le péché, plein de talent qui, le même jour, lui a demandé sa main et prié de lui procurer « cinq cents francs pour demain » ; d'autres encore. Le dernier en date est un Russe, le comte Pavel Demidov, dont la famille est propriétaire des plus colossales mines de l'Oural [1].

1. Les biographes de Hugo et de Juliette ont beaucoup erré en ce qui concerne l'identité de l'amant russe de la jeune femme. Le plus souvent, on a voulu qu'il s'agisse d'Anatole Demidov, futur époux de la princesse Mathilde. Les recherches approfondies et toutes récentes (1983) de M. Jean Savant, qui a disposé notamment d'une correspondance inédite de Pradier, nous convainquent qu'il devrait s'agir du frère aîné d'Anatole, Pavel.

D'octobre 1831 à février 1832, Juliette l'a suivi à Florence où il possède des propriétés magnifiques. Elle est revenue à Paris reprendre sa place sur la scène du théâtre de la Porte-Saint-Martin.

Cette femme passionnée, amoureuse aussi de l'amour, dotée par la nature d'un corps splendide mais d'un tempérament exigeant, qui se donne tout entière à ceux, pauvres ou riches, qu'elle rencontre, est aussi actrice. Que l'on ne croie pas que le théâtre soit pour elle un alibi. Elle aime son métier de comédienne, même s'il lui a réservé bien des déboires. Réduite à la misère par sa rupture avec Pradier, elle a débuté à Bruxelles, très exactement le 6 décembre 1828. Elle a plu par sa beauté, déplu par sa maladresse. Les critiques retrouvées par Mme Jeanine Huas sont à cet égard édifiantes. Déçue par les Belges, désireuse aussi de retrouver sa fille Claire, elle a tenté l'aventure de Paris, a débuté au Vaudeville en juillet 1829. Passée l'année suivante à la Porte-Saint-Martin, elle y a débuté dans *l'Homme du monde* d'Ancelot et Saintine. Elle a eu droit à cette critique de *la Pandore* : « Une jeune personne, nommée Mlle Juliette, débutait dans la pièce par le rôle d'Emma ; cette actrice a joué la première partie de son rôle plus que faiblement, mais à mesure que l'intérêt se développe, le talent de l'actrice s'est révélé, et elle a souvent eu des inspirations qui lui ont valu des applaudissements. » *La Silhouette* l'a jugée « pleine d'heureuses dispositions » : éloge assez mitigé. Ce qui la sauve, c'est sa beauté. Quand elle est apparue dans *Aben Hamaya,* « souriante, svelte, le front ceint de pierreries, les épaules à peine voilées par une mousseline de couleur émeraude », la salle a éclaté en cris admiratifs. A l'Odéon, elle a créé, dans *le Moine,* un mélo, le rôle d'Antonia. *Le Courrier des théâtres* a jugé qu'on l'avait vue « sans déplaire dans un rôle qui n'a rien de favorable ». L'actrice est tombée amoureuse de l'auteur ; ce sont des choses qui arrivent. Louis-Marie Fontan était un Breton comme elle. Il l'a arrachée à Demidov dont la protection, quoi qu'en aient dit les biographes, ne semble pas s'être prolongée après le voyage d'Italie. Le « splendide appartement » de la rue de l'Échiquier, qu'il lui aurait meublé, se situait en fait dans un immeuble qu'elle disait elle-même « blafard ». Le mobilier, elle l'avait acquis de ses deniers à un sieur Jourdain, tapissier. Ses créanciers, pour se couvrir des dettes qu'elle avait contractées, avaient saisi le tout, l'expulsant même de l'appartement placé sous scellés.

Car la belle Juliette n'a pas agi autrement que les jolies filles qui brûlent leur vie aux feux de la rampe. Pour l'emporter sur leurs concurrentes, les actrices de ce temps rivalisent d'élégance. Rien ne leur paraît trop beau : chaussures, robes, coiffures, bijoux. Juliette gagne quatre mille francs par an, payables par douzièmes. Avec une telle somme, un comédien peut vivre. Pas une actrice. Alors Juliette achète à crédit, signe des lettres de change — et ne les paye pas. Le 7 avril 1832, pour avoir omis de régler une dame Ribot, elle a été condamnée à garantir le remboursement d'une dette de huit mille francs. Si encore il n'avait existé que la dame Ribot ! Elle doit douze mille francs à l'orfèvre Janisset, mille francs au gantier Poitevin ; six cents francs à une blanchisseuse ; deux cent soixante francs à un coiffeur ; quatre cents francs à son « marchand de rouge ». Elle doit encore à plusieurs couturières et marchandes de tissu, à l'huissier Godard, à l'huissier Manière, à des avocats, à des usurières à qui elle a emprunté pour boucher les trous trop urgents, sans oublier le Mont-de-Piété où régulièrement elle porte des bijoux, des cachemires, des robes, jusqu'à des mouchoirs. Chassée de son appartement, Juliette a reçu l'accueil de sa seule véritable amie, Laure Krafft, fille d'architecte et musicienne, qui lui a cédé une chambre dans son appartement du boulevard Saint-Martin, au 5 *bis*.

Est-elle une épave, Juliette, au moment où elle rencontre Hugo ? Nullement. Une fille de théâtre bien de son siècle. L'argent qu'elle doit ? Elle n'y pense pas. S'il le faut, elle emprunte à un amant pour donner à un autre. Elle a, comme toutes ces filles-là, le cœur sur la main. Sur la scène, elle lit l'admiration dans le regard des hommes. Et la convoitise. Et le désir. Ce sont des satisfactions qui étourdissent. Le jour viendra bien où se présentera l'homme avec qui l'on fera sa vie. Il sera bon, indulgent — et riche. Aucune ne doute de le rencontrer un jour.

Confusément, les aspirations de Juliette l'entraînent vers un autre but. A Alphonse Karr, elle a confié : « Il me semble que mon âme a des désirs comme mon corps, et mille fois plus ardents... Vous me donnez des plaisirs suivis de fatigue et de honte. Je rêve, au contraire, à un bonheur calme, uni. Écoutez, j'ai trop d'orgueil pour mentir : je vous quitterai, j'abandonnerai, vous, la terre et même la vie si je trouve un homme dont l'âme caresse mon âme, comme vous aimez et caressez mon corps... » Dès le premier instant qu'elle a vu Victor Hugo, elle a su — elle l'avouera plus tard — qu'à lui elle se donnerait tout entière. A conquérir cet homme réputé inaccessible, elle a juré d'employer toutes ses forces.

Comme l'avait prévu le perspicace Harel, Juliette a d'abord refusé le rôle de la princesse Négroni : trop court. Réaction d'actrice que, tout aussitôt, la femme a remise en question. Sur ce refus, elle a voulu s'expliquer avec le poète, lui a fait déposer un billet au théâtre : « Pouvez-vous me consacrer un moment, ce soir, après dix heures ? J'ai besoin de vous parler. » Elle est revenue sur une réaction qui n'était que d'amour-propre. Elle a écrit à Harel : « Il n'y a pas de petit rôle dans une pièce de M. Victor Hugo. » Elle répète donc avec ses camarades.

Journellement, Victor la rencontre. Avec lui, elle se montre tour à tour enjôleuse et coquette. Elle est trop experte pour douter de plaire au poète. Mais Hugo observe dans ses rapports avec elle une grande réserve. Les bourgeois, par préjugé, par atavisme, craignent la comédienne. Et, bourgeois, Hugo l'est. Profondément.

Cependant, comme malgré lui, inconsciemment, il ne la traite pas comme les autres actrices. Il lui baise la main — ce qui fait rire Frédérick Lemaître —, l'appelle « Mlle Juliette », ne la tutoie pas, comme le veut l'usage des théâtres. On en vient à une sorte d'intimité. Elle lui fait confidence de ses ennuis d'argent, d'ailleurs publics, les journaux ayant abondamment parlé du procès qui l'avait opposée à la marchande de cachemire. Victor s'émeut. Il lui fait remettre ce billet : « J'ai besoin de vous parler, pour vos intérêts, pauvre amie. Dites-moi où je pourrais vous voir, d'ici à une demi-heure. »

Le climat des répétitions est excellent. La pièce est forte, les acteurs y croient. Nul ne doute du succès. Pourtant, le 2 février 1833, jour de la première représentation, dès le premier acte, on entend un violent coup de sifflet.

— Comment, on siffle ? s'écrie Harel. Qu'est-ce que ça signifie ?

— Ça signifie, répond Victor, que la pièce est bien de moi.

Ce sifflet restera unique. A la fin du premier acte, les applaudissements éclatent avec « une incomparable furie ». Dans une loge, Adèle et Didine — sa première sortie ! — prennent leur part de succès. A l'entracte, la porte bat, c'est le bon Dumas. L'admiration et le bonheur se lisent sur son visage. Il veut balbutier des félicitations, n'y parvient pas, saisit les mains d'Adèle et éclate en sanglots !

Le témoin : « L'intérêt de la pièce fut plus fort que tout ; il y eut trêve du combat littéraire ; les classiques comme les romantiques voulurent savoir ce qui allait arriver ; il n'y eut plus au monde de tragédie ni de drame ; il n'y eut plus d'auteur, ni d'acteurs, ni de théâtre, il y eut un fils qui allait être empoisonné par sa mère qui l'adorait ; on n'applaudissait même plus. Lorsqu'à travers les éclats de rire et le joyeux refrain on entendit tout à coup le chant funèbre des moines, le frisson fut universel. Pour que la psalmodie eût toute sa réalité, on avait pris, au lieu de figurants, de vrais chantres de paroisse. L'entrée des moines, le contraste des cagoules avec les couronnes de fleurs, les cinq cercueils, l'apparition de Lucrèce Borgia aux jeunes gens, l'apparition plus terrible de Gennaro à sa mère, la dernière scène, tout fut un entraînement et un emportement ; orchestre galeries, loges, tout se leva et applaudit des mains et de la voix ; la scène fut jonchée de bouquets ; le nom de l'auteur ne suffit pas au public qui réclama l'auteur lui-même. »

Hugo s'est élancé dans la loge de Mlle George pour lui dire son admiration. Harel, les cheveux ébouriffés, l'habit en désordre, entre tout effaré :

— M. Hugo, sauvez-moi la vie ! On veut vous voir, on vous exige, on enjambe l'orchestre, on envahit le théâtre. Il faut absolument que vous paraissiez, ou l'on va tout casser !

Marmoréen, Hugo refuse :

— M. Harel, je donne au public ma pensée, non ma personne.

— Mais que leur dire ?

— Dites que je suis parti.

Hugo n'ira pas saluer. Mais, lorsqu'il sort du théâtre, le public entier l'attend, l'applaudit, l'acclame. Chacun veut lui parler, s'approcher, le toucher. Tant bien que mal, on fait avancer un fiacre. Victor y pousse Adèle et Didine, monte à son tour. La foule dételle les chevaux ! On veut traîner la voiture du poète jusqu'à son domicile. Hugo n'y échappe qu'en descendant par l'autre portière. Entouré de ses amis les plus fidèles — certains, qui avaient pris du champ, sont, succès oblige, revenus ce soir-là — il décide de rentrer à pied jusqu'à la place Royale. La foule suit ! Jusque tard dans la nuit, elle restera agglutinée sous les arcades de l'hôtel Guéméné.

Harel écrira à Hugo : « Le plus grand succès d'argent obtenu sous mon administration est celui de *Lucrèce Borgia.* Les recettes des trente premières représentations présentent un total de 84769 francs. Aucun autre ouvrage n'a, dans le cours d'une exploitation de huit années, égalé ou même approché ce chiffre. »

Juliette, malgré l'exiguïté de son rôle, a été remarquée. La critique et le public ont ressenti un même frémissement quand elle a prononcé la réplique : *Mon Dieu, qu'est-ce qui remplit tout le cœur ?* Théophile Gautier constatera : « Elle n'avait que deux mots à dire et ne faisait en quelque sorte que traverser la scène. Avec si peu de temps et si peu de paroles, elle a trouvé moyen de créer une ravissante figure, une vraie princesse italienne... » Quant à Victor, il ne songera pas à cacher son admiration : « Qu'elle est jolie, qu'elle est belle, quelle taille, des épaules superbes, un charmant profil, quelle charmante actrice, quel air décent et distingué ! Intentions et expressions justes, profonde émotion. Elle sent vivement ; il y a quelque rapport, dans sa voix et sa manière, avec Mme Dorval ; mais quelle différence pour le naturel et l'âme ; avec une année d'expérience, elle sera parfaite ; elle sera notre première actrice du genre. Quel jeu muet, quelle âme ! »

Le lendemain soir, ce n'est pas vers la loge de Mlle George que Hugo se dirige, mais vers celle de Juliette. Il frappe. Elle ouvre. Le beau regard tendre de l'actrice croise celui, grave, ému, de Hugo. Sur ce qui s'est passé ensuite, nous ne savons rien. Nous sommes sûrs seulement que Hugo est venu remercier Juliette de « l'éclat extraordinaire » qu'elle a su jeter sur son rôle. Nous sommes sûrs que, ce soir-là, il s'est attardé dans sa loge. Sûrs qu'il y est revenu le soir suivant, et les autres soirs. Sûrs que, maintenant, il vit dans l'attente de l'heure où il la retrouvera. Juliette ressent avec une ivresse mêlée d'étonnement cette étrange patience d'un homme amoureux : car elle ne doute pas un instant qu'il le soit.

La tradition est que l'on offre, dans les théâtres, la semaine du Mardi gras, des bals auxquels les acteurs convient leurs amis et connaissances. Le jeudi 14 février, Juliette et Victor se rendent ensemble à l'un d'eux. Est-ce ce soir-là que Hugo, pour la première fois, a laissé échapper l'aveu ? Probablement non. Plus tard, il lui écrira : « Tu sais qu'il y a un mot infini, je te le dis aujourd'hui comme je te l'ai dit pour la première fois le 16 février 1833 : je t'aime. »

Mais les actes ne suivent pas toujours les mots. Étonnement, déception de Juliette. Les hommes qu'elle a connus jusque-là se sont tous montrés beaucoup plus entreprenants ! Cette timidité est-elle chez Victor l'effet de l'inexpérience ? Plus probablement elle représente son ultime hésitation devant l'inconnu. Juliette, femme experte, sent qu'il lui appartient de lever les derniers scrupules de Victor. Cette nuit-même, elle lui écrit une lettre qu'il recevra le lendemain chez lui : « Merci, mon Bien-aimé Victor, de tout le bonheur que tu me donnes. Merci de ta croyance à l'avenir. Il y a déjà, entre nos âmes, une alliance sainte — qui ne peut pas être rompue. Nos projets ne réussiraient pas encore qu'il ne faudrait pas nous décourager. Au revoir, mon cher ange, à demain mon bien-aimé Victor. A demain le Bonheur. Demain, nous sentirons nos deux âmes se toucher sur nos lèvres. »

Or, trois jours vont s'écouler encore sans qu'il se passe rien ! Elle ne comprend pas, elle ne comprend plus. Le 19, soir du Mardi gras, c'est au foyer du Gymnase que doit être donné le bal quasi quotidien, suivi cette fois d'un souper. Hugo — qui décidément s'est mis à vivre pleinement l'existence des gens de théâtre — a accepté l'invitation. Il ira en compagnie de Juliette. Mais celle-ci est résolue à brusquer les choses. Qu'il vienne la chercher, oui, qu'ils aillent à ce bal, mais qu'au retour il agisse — enfin !

D'où le billet éperdu qu'elle adresse à Victor : « Viens me chercher, ce soir, chez Mme K. Je t'aimerai jusque-là pour prendre patience — et ce soir — oh ! ce soir, ce sera tout ! Je me donnerai à toi toute entière. J. »

Il est venu. Ils sont là tous les deux, dans le salon de Mme Krafft. En fait, ni elle ni lui n'ont envie d'aller à ce bal. Qui a prononcé la phrase qui allait déterminer tout leur avenir : et si nous n'y allions pas ? Elle, sans doute. Et ils ne sont pas allés au bal du Gymnase. Elle l'a entraîné dans la petite chambre qui est la sienne : « Ce soir, ce sera tout. » Ce fut tout. Huit ans plus tard, il lui écrira :

« T'en souviens-tu, ma bien-aimée ? Notre première nuit, c'était une nuit de carnaval, la nuit du Mardi gras de 1833. On donnait, je ne sais dans quel théâtre, je ne sais quel bal où nous devions aller tous les deux. (J'interromps ce que j'écris pour prendre un baiser sur ta belle bouche, et puis je continue.) Rien, pas même la mort, j'en suis sûr, n'effacera en moi ce souvenir. Toutes les heures de cette nuit-là traversent ma pensée en ce moment, l'une après l'autre, comme des étoiles qui passeraient devant l'œil de mon âme. Oui, tu devais aller au bal et tu n'y allas pas, et tu m'attendis. Pauvre ange ! que tu as de beauté et d'amour ! Ta petite chambre était pleine d'un adorable silence. Au-dehors, nous entendions Paris rire et chanter, et les masques passer avec de grands cris. Au milieu de la fête générale, nous avions mis à part et caché dans l'ombre notre douce fête à nous. Paris avait la fausse ivresse ; nous avions la vraie. N'oublie jamais, mon ange, cette heure mystérieuse qui a changé ta vie. Cette nuit du 17 février 1833 a été un symbole et comme une figure de la grande et solennelle chose qui s'accomplissait en toi. Cette nuit-là, tu as laissé au-dehors, loin de toi, le tumulte, le bruit, les faux éblouissements, la foule, pour entrer dans le mystère, dans la solitude et dans l'amour. »

Émerveillement de la découverte d'un corps et d'une âme. Ivresse, exaltation. Hugo lui écrira encore : « Le 26 février 1802, je suis né à la vie, le 17 février 1833, je suis né au bonheur dans tes bras. La première date, ce n'est que la vie, la seconde c'est l'amour. Aimer, c'est plus que vivre. » Le lecteur aura remarqué cette date du 17 février citée par deux fois. En tête du *Livre de l'anniversaire* que composera Juliette, elle a collé le billet d'invitation au bal d'artistes annoncé au théâtre du Gymnase, le *Mardi gras 19 février.* Toute la lettre de Hugo évoque l'ambiance de ce Mardi gras : la date du 19 février ne fait donc aucun doute. Pourtant, tout au long de sa vie, Hugo commettra l'erreur de fêter le 17 février l'inoubliable événement. Et Juliette s'est abstenue de le détromper.

Hugo à Juliette, 20 février 1849 : « Je n'oublierai jamais cette matinée où je sortis de chez toi, le cœur ébloui. Le jour naissait. Il pleuvait à verse, les masques déguenillés et souillés de boue descendaient de la Courtille avec de grands cris et inondaient le boulevard du Temple. Ils étaient ivres, et moi aussi, eux de vin, moi d'amour. A travers leurs hurlements, j'entendais un chant que j'avais dans le cœur ; je ne voyais pas tous ces spectres autour de moi, spectres de la joie morte, fantômes de l'orgie éteinte ; je te voyais, toi, douce ombre rayonnante dans la nuit, tes yeux, ton front, ta beauté, et ton sourire aussi enivrant que tes baisers. Ô matinée glaciale et pluvieuse dans le ciel, radieuse et ardente dans mon âme ! »

De cette nuit, elle et lui sont sortis éblouis. Dans les bras de la femme aimée, il a connu des plaisirs jusque-là ignorés. Il s'est étonné de ses propres dons restés — si longtemps — assoupis au creux du lit conjugal. Sur le théâtre, il l'avait vue belle, désirable. Nue dans ses bras, il a pu s'enivrer de ce cou, de ces épaules, de ces bras dont Gautier exaltait la « perfection tout antique », dignes de « Praxitèle méditant sa Vénus ». La différence, c'est que la Vénus de Praxitèle était de marbre et que celle que Victor avait dans ses bras s'animait au-delà du miracle.

Cinquante années d'amour viennent de commencer. Cinquante années !

L'homme qui, à l'aube regagne l'appartement endormi de la place Royale sait-il vraiment où il va ? Et elle qui, au fond d'un lit redevenu solitaire, garde dans le cœur et sur le corps la trace de tant de baisers brûlants ?

Victor à Juliette, 7 mars 1833 : « Je vous aime, mon pauvre ange, vous le savez bien, et pourtant vous voulez que je vous l'écrive. Vous avez raison. Il faut s'aimer, et puis il faut se le dire, et puis il faut se l'écrire, et puis il faut se baiser sur la bouche, sur les yeux, et ailleurs. Vous êtes ma Juliette bien-aimée. Quand je suis triste, je pense à vous, comme l'hiver on pense au soleil, et quand je suis gai, je pense à vous, comme en plein soleil on pense à l'ombre. Vous voyez bien, Juliette, que je vous aime de toute mon âme. Vous avez l'air jeune comme un enfant et l'air sage comme une mère, aussi je vous enveloppe de tous ces amours-là à la fois. Baisez-moi, belle Juju ! »

Comment douter qu'il y ait là de l'amour et du meilleur ? Et cependant, on sent ici quelque réserve, surtout quand on compare avec les lignes écrites par Juliette : « M. Victor Hugo. En ville. Oh ! je t'aime mon Victor, tu es toute ma vie — mes regards — mon souffle tout est à toi — je t'attends. Juliette. »

Rien ne manque à cette liaison qui s'engage, pas même la jalousie. Et celle-ci vient, non de Victor, mais de Juliette. Il lui a dit vouloir se rendre à un bal — encore un — sans elle. Elle n'en accepte même pas l'idée, qui la rend folle : « Je souffre trop de la pensée que vous allez vous trouver au milieu de femmes charmantes et heureuses pour que vous puissiez le faire sans être coupable envers moi. » D'où un véritable ultimatum : « Si vous ne me répondez, d'ici à minuit, je comprendrai que vous tenez peu à moi... et que tout est fini... et à tout jamais. » On se réconcilie : comment pourrait-il en être autrement ? C'est au tour de Hugo d'être jaloux : « Soi-disant, tu allais chez Frédérick Lemaître, tu as fait des affaires. Tu m'as dit : veux-tu que je ne fasse pas mes affaires et que je meure de faim ? Il a fallu y aller, tout quitter, me planter là... Il n'y avait rien de vrai... » Réponse de Juliette : « Dieu m'est témoin que je ne t'ai pas trompé dans notre amour une seule fois depuis quatre mois... » Casuistique évidente. Il y a là trois mots de trop : « dans notre amour » [1]. Juliette établit une différence entre le don de son corps sans plaisir et l'offrande totale : très exactement la distinction que font les courtisanes. Victor, lui, la veut toute à lui. A lui seul. Or il n'est pas riche. Marié, il ne songe pas à quitter sa femme ni ses enfants. Dans son monde et en son temps, cela ne se fait pas. A Juliette, il demande tout et n'offre rien — que son amour.

Cet étrange marché, parce qu'elle l'aime d'un amour plus fort que la raison, Juliette va l'accepter. Elle n'a pas eu conscience jusque-là de sa « déchéance », conséquence de tant d'amours successives et intéressées. Victor Hugo va prendre à tâche de la ramener à la réalité : « Même dans votre chute, je vous regarde comme l'âme la plus généreuse, comme la plus digne et la plus noble créature que le sort ait jamais frappée. Ce n'est pas moi qui me réunirai aux autres pour accabler une pauvre femme terrassée. Personne n'aurait le droit de vous jeter la première pierre, excepté moi... » Dans une autre lettre : « Le ciel a fait mes mains pour réparer ta vie à demi écroulée. » Elle qui vivait sans remords, dans une heureuse cécité, tout à coup, il lui révèle qu'elle est à plaindre. Le plus curieux est qu'elle va entrer aussi complètement que possible dans ce jeu singulier. Volontiers, elle s'humilie, reconnaît hautement ses fautes. Elle veut expier. Elle expie. Voici une lettre datant de ces premiers mois de 1833 et qui nous la révèle dans sa nudité :

« Victor, j'ai à subir les conséquences de ma vie passée, de ma vie sans amour. Il y a une plaie, il faut la brûler avec un fer rouge. Il faut une souffrance après la souffrance, des angoisses après les angoisses. Je souffrirai car je t'aime, je t'aime tant ! J'éprouverai d'affreuses tortures, mon cœur sera mâché — hâché. Et toi ! toi !... Mais il faut couper le membre gangrené, il faut à tout prix enterrer le cadavre — qui se place froid entre nos baisers. Tout comme les martyrs nous trouverons une vie céleste, une nouvelle vie que nous recommencerons ensemble, une vie d'oubli, de bonheur, de bonheur pur comme mon âme. Car mon âme est restée pure quand mon corps a été profané. elle est restée pure et vierge. Nous vivrons ensemble, pauvres et heureux, riches d'amour et de poésie. Si dans cette lettre quelque chose froisse ton cœur, pardonne. Je l'espère par les larmes que je verse en t'écrivant. Samedi 4 h... à ce soir ! Juliette [2]. »

1. Jeanine Huas.
2. *Bibliothèque nationale* Mss. NAF 16322 cotée 72.

Juliette a-t-elle cru un moment que Hugo quitterait tout, et d'abord Adèle, pour elle ? La lettre qu'on vient de lire pourrait le donner à penser. Les mots *nous vivrons ensemble* sont apparemment sans ambiguïté. Gardons-nous pourtant de nous fier aux apparences. Hugo n'est pas le premier homme marié qu'ait connu Juliette. Le genre de vie qu'elle a choisi lui a enseigné le partage. Aussi elle a trop conscience de ce qui la sépare de son amant génial. Si elle parle de ver de terre amoureux d'une étoile, elle n'hésite pas : le ver de terre, c'est elle. Même dans ses moments de fureur, elle demeure en posture d'humilité. Qu'elle ait, comme toute femme amoureuse, rêvé d'avoir Victor tout à elle, c'est évident. Soyons assuré que la dure raison est vite venue imposer silence à la folle du logis.

Quant à Hugo, à aucun moment — je dis bien : à aucun moment — l'idée ne lui est venue de vivre avec Juliette. Il ne se leurre ni ne nous leurre quand il répète, sous cent formes différentes, qu'il est né une seconde fois à la vie le 17 février 1833. Depuis deux ans, une amère certitude le poursuivait : il avait perdu l'amour de sa femme. Le triomphateur apparent de ces années-là n'était qu'un homme désespéré, frôlant à certains moments un dangereux état psychique. Dans les bras de Juliette, il retrouve quelque chose de capital qui n'est rien moins que son identité. De nouveau, il peut croire en un avenir. La victoire d'aujourd'hui prend le dessus sur la défaite d'hier. Il tient tant à cet amour neuf qu'il est prêt à tout supporter : l'idée difficile à admettre pour le bourgeois qu'il restera toujours que cette passion s'adresse à une femme « perdue » ; les scènes épuisantes qui éclatent à tout instant entre eux, qu'elles soient de son fait ou de celui de Juliette. C'est qu'elle n'est pas facile à vivre, Juliette ! Malgré ces tempêtes, Hugo ne brisera rien. Jamais. Perdre Juliette ! Cette seule idée lui fait monter aux lèvres un goût de cendre et de mort.

Ce qui ne veut pas dire qu'il ait songé à quitter sa femme. Adèle, dans son esprit, reste la mère de ses enfants. Et ses enfants comptent pour lui plus que tout au monde. Pas plus qu'Adèle n'a pensé à laisser son mari pour Sainte-Beuve, Hugo n'a jamais imaginé abandonner Adèle pour Juliette. Les convenances bourgeoises ? Bien sûr. Mais on se tromperait fort en leur attribuant une prédominance qu'elles n'ont pas eue dans la réalité. Si Victor a tant souffert de s'être vu préférer Sainte-Beuve, c'est parce qu'il aimait toujours sa femme. L'irruption de Juliette dans sa vie n'a pas fait taire complètement cet amour-là. Seulement, une immense tendresse prendra peu à peu le pas sur cet amour-passion dont la blessure est si longtemps restée à vif. Les rancœurs, les colères, il les réservera maintenant à Sainte-Beuve. Plus à sa femme. Même au plus fort de son amour pour Juliette, il ne cessera jamais d'aimer Adèle. Il l'aime différemment, voilà tout. Mais il a besoin d'elle, de sa douce présence dans la maison, de cette connivence qui fait une famille, d'habitudes devenues une autre nature. Il aime Juliette, mais il a parfaitement conscience qu'une séparation d'avec Adèle lui serait un intolérable arrachement. Donc il n'y pensera pas.

Pour que Juliette puisse rentrer chez elle, rue de l'Échiquier, Victor va se porter garant, auprès du tapissier créancier, du paiement de sa dette. Fin juin 1833, elle retrouve le petit appartement. C'est là que désormais se déroulent leurs rencontres — et leurs étreintes. Là aussi qu'éclatent des scènes de plus en plus violentes. Elle a du caractère, Juliette ! Du temps de sa liaison avec Pradier, le sculpteur conservait le souvenir quasi épouvanté des algarades qu'il lui devait. La première fois que Hugo lui a parlé de ses turpitudes passées, elle a frémi, elle a eu honte, elle s'est humiliée. La dixième fois, elle a trouvé cela insupportable. Un jour que Hugo a vraiment dépassé les bornes, elle a couru, après son départ, à la coiffeuse où elle enfermait les lettres de son amant et les a déchirées en mille morceaux. Après quoi, elle les a brûlées. L'apprenant, Hugo est au désespoir : ces pages, il estimait qu'elles contenaient le meilleur de sa prose. Quelle perte pour la postérité ! Un siècle plus tard, André Gide réagira de façon parfaitement identique. Même en amour, l'écrivain se garde d'oublier son œuvre.

Quelque temps, elle lui a tu ses dettes. En dehors du théâtre — qui compte toujours beaucoup pour elle — et de l'amour, elle épuise son temps à chercher de l'argent. Elle continue à ouvrir un trou pour en boucher un autre : « Je vais aller chez Janisset et, de là, chez M. Pradier, si je ne réussis pas chez Janisset, pour de l'argent dont j'ai absolument besoin. Attends-moi, tout cela ne me retiendra pas plus d'une heure. Je t'aime. Je t'aime. » Ils sont déchirants, les billets qu'elle adresse à Hugo : « Mon huissier pense que cette affaire pourra s'arranger d'ici à jeudi. Je tremble tant que je ne puis pas écrire... » Parfois, son anxiété atteint le paroxysme : « Je suis folle, folle... » Elle accuse son amant : « Tu m'abandonnes toujours au moment du danger. Ah ! Victor, Victor, tu es bien coupable, et moi bien malheureuse... » Elle en devient injuste car, avec l'appartement de la place Royale, une femme, quatre enfants, Hugo supporte des charges de plus en plus lourdes. Pourtant, il fait ce qu'il peut : « Cet argent est à vous. Je viens de le gagner pour vous. C'est le reste de ma nuit que j'ai voulu vous donner... La plume m'est vingt fois tombée des mains. Mais c'était pour vous. J'ai travaillé... Adieu, je voudrais trouver en ce moment les mots les plus doux pour vous parler. Je voudrais votre cœur aussi calme que le mien est déchiré. Je vous plains, je vous pardonne et je vous bénis. »

On se dispute. On se réconcilie sur l'oreiller. Humiliée, elle s'en veut d'avoir cédé : « Je vous demande pardon d'avoir consenti à vous appartenir, après ce qui s'était passé entre nous. » Elle l'injurie, pleure, sanglote, puis se jette dans ses bras. Ce qu'ils sont, au cours de tous ces premiers mois : de merveilleux amants, mais des amants terribles. Au tumulte succèdent des moments de bonheur absolu. Juliette se raconte, Hugo l'écoute. Lorsqu'elle évoque la Bretagne et son enfance, il rêve sur cette enfance et cette Bretagne qu'il ne connaît pas. Par elle il apprend beaucoup. Il arrive à Juliette de répéter avec fierté : « Je suis peuple. » Depuis longtemps, Hugo cherche ce peuple qu'il entrevoit sans bien le comprendre. Par Juliette, il s'en rapprochera.

Ce qui le touche aussi — profondément — c'est l'émerveillement toujours renouvelé et continûment exprimé par Juliette devant l'œuvre de *son* poète. Elle raffole de poésie, de littérature. Quand Hugo tire un manuscrit de sa poche, elle le lui arrache des mains, le déchiffre avec des cris de joie. Comme cela le change de la passivité d'Adèle, toujours prompte à redire qu'elle ne se sent pas à même de juger les œuvres de son mari ! Ce qui les lie encore, c'est que le sentencieux Victor s'est, tout à coup, et sans que rien n'annonce ce changement, senti redevenir un adolescent. En un instant, il perd ses airs graves pour retrouver la gaieté d'un enfant. Alors qu'elle le croit plongé dans des pensées abyssales, il lance un affreux calembour dont elle s'esclaffe. Dans ces moments, Juliette rit à perdre haleine et, bien sûr, cela s'achève au lit. Ce qui n'empêchera pas le lendemain une nouvelle scène et, tout à coup, la furieuse et solennelle promesse de ne plus se revoir. Jamais.

Au théâtre, Juliette trouve de plus en plus souvent des

visages hostiles. Mlle George accepte mal que les hommages de son auteur aillent à une autre qu'à elle-même. Ce n'est pas de la jalousie, mais autre chose que comprendront tous ceux qui ont quelque jour fréquenté des coulisses. Juliette s'en afflige, se plaint à Hugo, ce qui n'arrange rien. Est-ce pour cette raison que, fin avril, Hugo apprend que Harel suspend en plein succès les représentations de *Lucrèce Borgia* ? Hors de lui, Victor lui écrit pour lui dire que plus jamais le directeur n'aura une pièce de lui. D'où un échange de lettres pleines de rage. Harel, se jugeant offensé, demande réparation. Place Royale, la lettre arrive en l'absence de Victor. Adèle l'ouvre. Terrorisée, elle la cache. Hugo devine tout, annonce à Harel l'envoi de ses témoins. Les duels entre gens de théâtre s'achèvent rarement sur le terrain. Harel reprend *Lucrèce.* Magnanime, Victor lui promet sa prochaine pièce !

Autour de Hugo, les amis — pas seulement les amis — s'étonnent de le voir si rarement chez lui. Sa liaison avec Juliette est devenue la fable de Paris. Le bon Victor Pavie s'alarme. Décidément, il est promis au rôle de confident des deux parties. Sainte-Beuve lui avait tout dit de ses amours. Hugo lui écrit, le 25 juillet :

« Je n'ai jamais commis plus de fautes que cette année, et je n'ai jamais été meilleur. Je vaux bien mieux maintenant qu'à mon temps d'*innocence* que vous regrettez. Autrefois, j'étais innocent ; maintenant, je suis indulgent. C'est un grand progrès, Dieu le sait. J'ai auprès de moi une bonne et chère amie, cet ange qui le sait aussi, que vous vénérez comme moi, et qui me pardonne et qui m'aime. Aimer et pardonner, ce n'est pas de l'homme, c'est de Dieu, ou de la femme. Certes, vous avez bien raison de dire que vous êtes mon ami. A qui écrirais-je ? Allez ! Je vois bien clair dans mon avenir, car je vais avec foi, l'œil fixé au but. Je tomberai peut-être en chemin, mais je tomberai en avant. Quand j'aurai fini ma vie et mon œuvre, fautes et défauts, volonté et fatalité, bien et mal, on me jugera. »

Ne nous méprenons pas, *l'ange* en question, ce n'est pas Juliette, mais Adèle. Il est vrai qu'Adèle sait maintenant l'existence de Juliette. Ce pardon dont s'enchante apparemment — ou se vante — Hugo, elle se voit bien forcée de le donner. Elle a Sainte-Beuve, comment interdirait-elle à Victor d'avoir Juliette ?

Cette nouvelle pièce que Hugo a promise à Harel, il faut qu'il l'écrive. Depuis quelque temps, un sujet s'est imposé à lui, celui de Marie Tudor, cette sœur de la grande Élisabeth que, pour des raisons évidentes, ses contemporains surnommaient « Marie la sanglante ». Le portrait de la femme le tente, précisément par tout ce qu'il présente d'excessif. De Lucrèce à Marie, il se juge dans une continuité. Mais, autour de la reine, son imagination le conduit à placer une intrigue imaginée de toutes pièces — on le lui reprochera — une histoire d'amour fort invraisemblable dont le héros est l'ouvrier Gilbert, antagoniste du gentilhomme Fabiani. Au moment où Gilbert comprend qu'un duel entre lui et Fabiani est impossible, Gilbert s'écrie : « Ô rage, être du peuple ! » Ainsi réagira Ruy Blas face à Don Salluste. L'essentiel de *Marie Tudor* n'est pas là. Hugo imagine un personnage de femme qu'il nomme Jane, une pauvre fille portant le poids d'un passé de faiblesse et que l'amour régénère. Cette charmante Jane, à laquelle son amant pardonne, ressemble à s'y méprendre à la chère Juliette. Quel plus beau cadeau un poète peut-il offrir à la femme qu'il aime que de créer un personnage à son image ? Dès que Juliette a su que non seulement elle inspirait Victor, mais que celui-ci ne concevait pas qu'une autre puisse incarner Jane au théâtre, elle s'est sentie enivrée de bonheur et de fierté. Comme elle saura dire à Gilbert : « Ah ! Vous ne savez pas combien l'amour qui a des torts à se reprocher est un amour profond, exclusif et désespéré !... » Ou encore : « Comment te faire comprendre à quel point tu es tout pour moi, à quel point je suis confuse, repentante et à genoux devant toi ? » Comme elle saura avouer qu'elle est « une malheureuse fille du peuple, pauvre et vaine, folle et coquette, amoureuse de parures et de beaux dehors, qui se laisse éblouir par la belle mine d'un grand seigneur » ! Combien elle saura écouter l'amant rédempteur quand il lui pardonnera : « Comme Dieu, en purifiant ! »

Le 8 août, Victor Hugo commence à écrire *Marie Tudor*. Comme pour *Lucrèce Borgia,* il a choisi la prose. Le 1er septembre, à 8 heures du soir, il achève une première version de la pièce, dans laquelle Fabiani est sauvé, cependant que Gilbert est exécuté. A une date que nous ignorons, il inversera le dénouement.

Entre la composition du premier et du second acte, profitant d'une absence de sa famille, une étrange idée est venue à Victor. Il a voulu que Juliette découvre cet intérieur dans lequel non seulement il travaille, mais veille et dort. Ainsi pourra-t-elle, à tout instant, le suivre par la pensée. Ahurissante psychologie qui nous rappelle l'erreur fatale commise avec Sainte-Beuve. Le 13 août, en termes mesurés mais profondément affligés, Juliette exprimera très exactement ce qu'elle pense — et que nous pensons avec elle — de cette initiative bien fâcheuse :

« Savez-vous que vous êtes bien charmant de m'avoir ouvert les portes de chez vous, c'était plus que de la curiosité satisfaite pour moi et je vous remercie de m'avoir fait connaître l'endroit où vous vivez, où vous aimez, et où vous pensez. Mais, pour être sincère avec vous, mon cher adoré, je vous dirai que j'ai rapporté de cette visite une tristesse et un découragement affreux. Je sens bien plus qu'avant combien je suis séparée de vous et à quel point je vous suis une étrangère. Ce n'est pas de votre faute, mon pauvre bien-aimé, ce n'est pas de la mienne non plus ; mais c'est comme cela ; il ne serait pas sensé que je vous attribue dans mon malheur plus de part que vous n'y avez, mais je puis sans cela, mon cher bien aimé, vous dire que je me trouve la plus misérable des femmes. »

Est-ce pour cette raison que les scènes recommencent, plus violentes encore ? Après une altercation particulièrement affreuse, au cours de laquelle Victor l'a bassement injuriée, Juliette fait le serment de quitter Paris avec sa fille :

« Moi, j'irai à l'étranger. Telle que je suis, je puis encore y gagner ma vie, c'est autant qu'il faut, n'est-ce pas ? Mais tout ceci n'est pas l'important, l'important, le voici : c'est de partir le plus tôt possible, aujourd'hui même, pour nous mettre tous les deux à l'abri de nos atroces folies... Je ne garde même pas l'espérance, je vous laisse mon âme, ma pensée, ma vie, je n'emporte que mon corps, ne le regrettez pas. »

Elle ne partira pas. Même, quelques heures plus tard, elle le supplie de ne pas la laisser : « Tâche de m'aimer assez pour accepter ma vie telle que le mauvais sort l'a faite. »

Avec le mois de septembre est revenu le séjour annuel au château des Roches. Après les bourrasques et les ouragans, le calme immense et le recueillement de la chère vallée. Mais Victor ne peut supporter d'être trop longtemps éloigné de Juliette. Celle-ci encore moins. Très souvent, Bertin ramène son ami en voiture à Paris. Pendant ce temps, Adèle, reprenant ses courses solitaires, rejoint le visiteur à peine clandestin qu'est devenu Sainte-Beuve. D'autres fois, c'est la messe du dimanche qui sert de prétexte.

Anticipons. C'est aussi dans cette église de Bièvres que, l'année suivante, Hugo conduira Juliette !

C'était une humble église, au cintre surbaissé,
L'église où nous entrâmes,
Où depuis trois cents ans avaient déjà passé
Et pleuré bien des âmes [1] ...

Cet été-là, une belle amitié va se trouver ternie. *Le Journal des débats* publie un article insultant pour Alexandre Dumas. Un article anonyme. De bons amis viennent rappeler à l'auteur d'*Antony* que Bertin et Hugo sont intimes, que Hugo était l'hôte de Bertin quand l'article a paru, que sans doute il l'a inspiré, peut-être dicté. Ces choses-là, l'offensé les croit volontiers. Granier de Cassagnac aura beau proclamer publiquement qu'il est l'auteur de l'article, Bertin pourra regretter l'erreur d'une publication à lui seul imputable, un voile de doute et d'amertume s'est abattu entre l'amant de Juliette et le bon géant à la peau sombre. L'affaire de *Marie Tudor* précipitera la brouille.

Sans cesse, au cours des répétitions, Mlle George et Juliette se sont heurtées. L'acteur Bocage, estimant avoir été traité par « Mlle Drouet » avec impertinence, a rendu son rôle. Dans son dos, Juliette entend sans cesse chuchoter. Elle prend peur, se crispe, joue faux, écrit à Victor : « Ces gens m'ont ôté la confiance en moi. Je n'ose plus, je ne peux plus répéter, je suis paralysée. » A la veille de la première, on répète dans Paris que la pièce n'est pas bonne, que l'auteur a osé mettre sur la scène le bourreau et que, d'ailleurs, Mlle Juliette est mauvaise. Harel convoque Hugo, lui déclare : « Mlle Juliette est impossible ; Mlle Ida, maîtresse de Dumas, sait le rôle et elle est prête à le jouer. » Hugo refuse catégoriquement mais, au soir du 6 novembre, Juliette paraît dans un tel état de fatigue et de panique que Harel remet la première au lendemain.

Léopoldine à Louise Bertin : « La pièce de papa *Marie Tudor* passe jeudi prochain décidément et papa nous a dit qu'il aurait une illumination à la fin et qu'on tirait des coups de canon et cela me fait bien peure. » Didine, neuf ans, n'en assistera pas moins à la première, comme d'ailleurs désormais à toutes les créations et reprises des pièces de son père.

Arrive le jour de la première. La rumeur publique a annoncé l'une de ces soirées tumultes dont on a pris l'habitude avec Hugo. Dès avant le lever du rideau, un vacarme assourdissant règne dans la salle. Les amis de Hugo se

1. *Les Chants du crépuscule.*

mettent à hurler plutôt que chanter *la Marseillaise,* « bruit sublime, écrira l'envoyé du *Charivari,* à abasourdir un roi, à réveiller un académicien ». Applaudissements forcenés des amis, clameurs de protestation des autres. « Dans cette mêlée chaude, dit le journaliste du *Charivari,* nul spectateur n'est impartial. » Les trois coups enfin. Le rideau qui s'ouvre. La tour de Londres qui surgit, « fantastique et sombre », du brouillard de la nuit. On écoute le premier acte dans un silence relatif. Au second, on commence à murmurer, à rire — à siffler. Le déchaînement est pour le troisième acte. Il devient à peu près impossible d'entendre s'affronter la reine Marie et l'infortunée Jane, alarmées l'une et l'autre par le destin de leur amant respectif. En vraie professionnelle, Mlle George joue, très à l'aise, comme si elle baignait dans une atmosphère d'adulation. De temps à autre, quand monte le vacarme, sa voix s'élève, simplement. Juliette, elle, ne sait même plus où elle en est. On la fustige, elle en a parfaitement conscience. Ce qui déplaît, c'est sa maladresse, son trac trop apparent, aussi l'étrange attitude que, tout au long de son rôle, elle a choisi d'adopter : « La tête sans cesse baissée, elle avait l'air de chercher une épingle tombée de son joli costume, dira le chroniqueur du *Courrier des théâtres.* L'effet de cette mauvaise pose était affreux, quand on voyait l'actrice par-derrière ; à ces épaules sans l'ornement principal, on aurait dit une horrible décollation !... pardon de l'image, mais elle est exacte ! Point de voix, nulle sûreté dans la diction, point de sentiment dramatique et beaucoup de manières, telle a été mademoiselle Juliette. »

L'échec est irrémédiable. Et le désespoir. Et la honte. Elle tremble de fièvre, lorsque Hugo la reconduit chez elle. Elle traverse une nuit hagarde où la hantent les remords de son passé, l'accablement de son présent. Le lendemain, quand Hugo vient aux nouvelles, il la trouve trempée de sueur, blême, avec de grands cernes sous les yeux. Dans un tel moment, comme il l'aime ! Mais lorsque, fort peu à l'aise, il annonce que c'est Mlle Ida qui jouera le soir, le désespoir de Juliette se déchaîne, affreux, incoercible. Est-ce ce soir-là, est-ce le lendemain qu'il lui laissera cette lettre :

« Vous n'avez pas cessé, un seul instant, d'avoir l'accent vrai, l'accent passionné, l'accent pathétique. Ceux qui n'écoutaient pas se plaignaient de n'avoir pas entendu. Laissez-les dire. Vous avez été belle, touchante à la fin, vous étiez belle et charmante au commencement. Tout ce que vous avez dit, vous l'avez dit sans perdre un instant le sentiment délicat des nuances, chose rare et difficile dans la passion. Vous avez dignement tenu tête à la reine dans la scène du dénouement ; et, là, il était beau de ne pas succomber ; ce n'est pas la lutte de deux femmes, c'est Jane contre Marie, c'est la gazelle contre la panthère. Soyez tranquille, on vous rendra toute justice un jour... »

Peu à peu, dans ses bras, elle se calme. Qu'en serait-il si elle savait que, à part une brève reprise de *la Chambre ardente* en novembre, elle ne jouera plus jamais ?

Si, au début de 1834, Hugo publie une étude sur Mirabeau, ce n'est nullement l'effet d'une coïncidence. Après le succès de *Lucrèce,* il avait pu croire les haines apaisées. *Marie Tudor* les a plus que jamais déchaînées. La presse, même celle qu'il croyait acquise, ne lui passe plus rien. Les petits théâtres le moquent, les amis s'éloignent. « Lamennais réduit au silence, note Sainte-Beuve, ruiné et sans disciples ; Lamartine dans l'Orient désert, retranché des vivants par la mort de sa fille... *Eloa* captive et souffre-douleur de Mme Dorval [1]... ? »

Les plus intimes, même s'ils se taisent, lui reprochent Juliette. Presque fatalement, cet ostracisme l'a conduit à Mirabeau, lui-même poursuivi par l'intolérance, la jalousie, la vindicte. D'où un portrait chaleureux, plein de compréhension, presque de tendresse. A quel point il sait parler de l'envie qui suit Mirabeau comme elle l'assaille lui-même ! « A dater de ce moment, l'envie prit Mirabeau et ne le quitta plus. Avant tout, chose qui semble étrange et qui ne l'est pas, ce qu'elle lui contesta jusqu'à son dernier souffle, ce qu'elle lui nia sans cesse en face, sans lui épargner d'ailleurs les autres injures, ce fut précisément ce qui est la véritable couronne de cet homme dans la postérité, son génie d'orateur. Marche que l'envie suit toujours d'ailleurs ! C'est toujours à la plus belle façade d'un édifice qu'elle jette des pierres. »

Mais l'étude va bien au-delà. Elle prend son sens quand Hugo lance : « Le peuple, qui n'est pas envieux parce qu'il est grand... le peuple était pour Mirabeau. » Espère-t-il, Victor, que le peuple le vengera des insultes qu'il essuie ? Distingue-t-il pour lui-même, au-delà de la poésie et de la littérature, un autre destin ? A qui pense-t-il lorsqu'il écrit : « Après nos grands hommes de révolution, il nous faut un

1. Rappelons que l'auteur d'*Eloa* est Alfred de Vigny.

grand homme de progrès. » ? Il faut lire avec beaucoup d'attention les lignes que voici : « La Révolution française a ouvert, pour toutes les théories sociales, un livre immense, une sorte de grand testament. Mirabeau y a écrit son mot, Robespierre le sien, Napoléon le sien. Louis XVIII y a fait une rature. Charles X a déchiré la page. La Chambre du 7 août l'a recollée à peu près, mais voilà tout. Le livre est là, la plume est là. Qui osera écrire ? »

Toujours le même désenchantement devant l'immobilisme de Louis-Philippe et de son régime, la même rancœur face au coup d'arrêt que les hommes mis au pouvoir en juillet 1830 ont infligé à l'immense élan d'une génération, la même incertitude devant un avenir dont nul n'est capable de prédire quelle forme il prendra. Pour réagir, il faudrait un parti. Hugo le cherche. Il faudrait un homme. Hugo commence-t-il à rêver d'être celui-là ?

Il achève son étude sur Mirabeau le 10 janvier. Le 12, il dédicace le manuscrit à Juliette : « A toi ma Juliette bien-aimée. » Le 13, une nouvelle et atroce dispute les déchire. Cette fois, Victor vacille. Rentré chez lui, il note : « Aujourd'hui encore son amant, demain... » Se séparer d'elle, retrouver le calme, la monotonie du quotidien, mais la paix : un moment, il a été tenté.

Hugo s'est délivré de la tentation. Il écrit à Juliette : « Je donnerais un siècle de paradis pour une heure dans tes bras. » Amants terribles — toujours.

Juliette a compris que désormais la Porte-Saint-Martin lui serait fermée : crime inexpiable, elle a encouru l'opprobre de Mlle George. Où ira-t-elle ? Un soir, Hugo se penche à son oreille pour lui chuchoter deux mots magiques : Comédie-Française ! Ses beaux yeux s'agrandissent, elle cesse de respirer : plaisante-t-il ? Nullement. Au Français, on souhaite enterrer la hache de guerre. Victor a laissé entendre qu'une réconciliation serait fortement aidée par l'engagement de Mlle Juliette. Il n'a pas reçu un accueil hostile : Mlle Juliette, lui a-t-on dit, ferait une bien jolie pensionnaire. Tout à coup, la voilà qui rêve. Elle que la presse belge a traitée si mal et la presse française guère mieux ; elle que l'on accablait de tous les reproches après *Marie Tudor* ; elle qui doutait de tout, à commencer d'elle-même : le Théatre-Français ! Le stratège Hugo a rédigé de sa main un communiqué qu'il a demandé à Renduel de faire paraître dans *le Courrier français*. L'éditeur n'a rien à refuser à Hugo. Non moins averti, il recopie de sa main le communiqué de Victor, préférant que l'original ne coure pas les salles de rédaction : « Mlle Juliette, cette jeune actrice pleine de beauté et de talent, que le public a si souvent applaudie à la Porte-Saint-Martin, est sur le point de quitter ce théâtre. Plusieurs administrateurs dramatiques lui font en ce moment des offres d'engagement. Il est probable que c'est à la Comédie-Française que Mlle Juliette donnera la préférence. Son talent si digne et si intelligent l'appelle à notre premier théâtre. » La campagne les sert avec succès : le 13 février, Juliette est engagée, à trois mille francs par an comme pensionnaire. Elle se sent au-delà même du bonheur.

Le 17 — inaugurant cette erreur de deux jours qui les poursuivra toute leur vie — ils célèbrent leur premier anniversaire. *Victor à Juliette* : « Croire, espérer, jouir, vivre, rêver, sentir, aspirer, sourire, soupirer, vouloir, pouvoir, tous ces mots-là tiennent dans un seul mot : aimer. De même, ma Juliette, tous les rayons du ciel, ceux qui viennent du soleil, ceux qui viennent des étoiles, ceux de la nuit comme ceux du jour sont mêlés dans un regard de toi ! » Quelques jours plus tard, il oublie de venir à un rendez-vous et derechef Juliette crie sa colère et son chagrin : « Il est bien évident que vous ne m'aimez plus, et que vous ne tenez à moi que par la crainte de causer un grand malheur en vous éloignant. Il est bien triste que ce soit le seul sentiment qui vous attache à moi et je ne dois pas souffrir un dévouement inutile et humiliant. Je vous rends votre liberté... Adieu, soyez plus tranquille et plus heureux que moi. N'oubliez pas que nous avons été, un an tout entier, heureux de notre seul amour... Adieu, pensez à moi sans amertume. » Il accourt, il l'étreint, elle oublie.

L'ami Fontaney, parti de longs mois pour l'Espagne, vient de revenir. Le 13 mars, le voilà chez Victor, enchanté de le retrouver : « C'est bien Victor plus résolu que jamais et sur tout. Nous nous embrassons ! Il est au moins celui-là ami bon, fidèle et sûr. " Vous n'avez pas d'amis meilleurs que moi, allez ", m'a-t-il dit. Après avoir corrigé les épreuves d'une feuille de son nouvel ouvrage : *Journal d'un jeune jacobite,* Victor s'en va dans la salle à manger préparer une surprise à ses enfants. Il leur met à chacun sur la table un joujou, un cadeau, des bonbons et puis, au milieu, sous un mouchoir, le joli joujou du Chinois qui rit. Joie universelle. »

Ce *Journal d'un jeune jacobite* n'est autre qu'un chapitre

de son nouvel ouvrage, publié en ce même mois de mars et intitulé *Littérature et Philosophie mêlées*. L'*Essai sur Mirabeau* en fait partie ainsi que le *Journal des idées et opinions d'un révolutionnaire de 1830*. Il s'agit, explique-t-il, d'un examen de conscience. En fait, il a fondu dans l'ouvrage ses articles du *Conservateur littéraire* et de *la Muse française*, d'autres publiés dans diverses revues et journaux. Le lecteur trouvera pêle-mêle son texte sur Charles Dovalle, des articles sur Voltaire, Walter Scott, Lord Byron, Ymbert Galloix, une reprise de ses adjurations architecturales sous le titre déjà fameux de : *Guerre aux démolisseurs !* Et puis des réflexions, des aphorismes qui claquent ou font rêver, tous les thèmes obsessionnels de sa vision politique. Ceci par exemple : « Très bonne loi électorale (quand le peuple saura lire) : *Article Ier.* — Tout Français est électeur. *Article II.* — Tout Français est éligible. » Ou encore : « Les rois ont le jour, les peuples ont le lendemain. » Puis : « J'admire encore La Rochejaquelein, Lescure, Cathelineau, Charette même ; je ne les aime plus. J'admire toujours Mirabeau et Napoléon ; je ne les hais plus. »

Qui est Hugo en 1834 ? Un homme assoiffé de liberté. Mais ne sachant pas où la liberté le mènera.

Quatre-vingt-six lettres d'Adèle à Sainte-Beuve ont été recensées pour 1834 par Henry Havard. Les amants se retrouvent toujours dans des églises, dans leur « petite chambre », dans des fiacres. Plus tard, découvrant *Madame Bovary*, Sainte-Beuve soupirera : « Moi aussi j'ai eu mon fiacre ! » La tante Martine Hugo joue toujours l'entremetteuse. Adèle prie toujours pour la conversion de son amant. De ce côté-là, l'habitude accompagne l'amour.

Hugo a adressé à Sainte-Beuve, comme si de rien n'était, *Littérature et Philosophie mêlées*. Le critique en rendra compte, mais, comme à l'accoutumée, mêlera les compliments de quelque perfidie. Hugo ne s'y est pas mépris. *A Sainte-Beuve* : « J'aimerais mieux moins d'éloge et plus de sympathie... Victor Hugo est comblé, mais Victor, votre ancien Victor, est affligé. » Preuve que le « duel fourré » continue, Hugo affirmait dans sa lettre que cette impression désagréable, il ne l'avait pas ressentie seul : « *Nous sommes deux* à qui il a fait cet effet. » Le premier, le 30 mars 1834, Sainte-Beuve décide d'en rester là : « Faites-nous de belles poésies et je tâcherai de faire de consciencieux articles. Revenez à votre œuvre comme moi à mon métier. Je n'ai pas de temple et ne méprise personne. Vous avez un temple ; évitez-y tout scandale... » A l'instant même où il reçoit cette lettre, Hugo prend congé : « Il y a tant de haines et tant de lâches persécutions à partager aujourd'hui avec moi, que je comprends fort bien que les amitiés, même les plus éprouvées, renoncent et se délient. Adieu donc, mon ami. Enterrons, chacun de notre côté, en silence, ce qui était déjà mort en vous et ce que votre lettre tue en moi... »

De plus en plus, Hugo se sent concerné par la chose publique, impliqué, même. Si les politiques restent impuissants à résoudre la crise qui, depuis 1830, se perpétue, n'est-ce pas aux intellectuels de se substituer à eux ? Face à l'agitation qui ne s'apaise point, le pouvoir s'irrite. Le discours du trône de cette année-là a fait allusion à des « passions insensées » et à des « manœuvres coupables ». En février, des projets de loi ont été déposés, réglementant les crieurs publics — les crieurs ! —, exigeant de telles conditions aux associations que cela signifiait leur interdiction. Aussitôt, tout ce qui se voulait libre en France s'est ému. De toutes parts, les plaintes se sont élevées. Les ouvriers de Lyon, groupés justement en plusieurs associations, notamment « mutuellistes », ont publié une protestation portant 2 540 noms. La police a arrêté six des signataires. Les points névralgiques de la ville ont été occupés par dix mille hommes de troupe. Des barricades s'étant aussitôt dressées, on les a canonnées. Quatre jours de combats, une répression impitoyable. On a bombardé les quartiers insurgés depuis les forts des hauteurs. On a traité la ville comme pays conquis. Les derniers insurgés rabattus sur le centre ont été fusillés dans l'église des Cordeliers. Au cours de ce mois d'avril, d'autres mouvements ont éclaté à Lunéville, Saint-Etienne, Clermont, Chalon-sur-Saône, Marseille. Sans lendemain. Mais à Paris, le comité central des *Droits de l'homme* appelle au soutien des insurgés lyonnais. Thiers, ministre de l'Intérieur, supprime les journaux, fait arrêter les chefs et met quarante mille soldats sur le pied de guerre. Des barricades surgissent dans le Marais, rue Beaubourg, rue Aubry-le-Boucher, et encore rue Transnonain, celle-ci appelée à devenir tragiquement célèbre. Toute la troupe et les bourgeois furieux de la Garde nationale marchent contre ce réduit. On prend d'assaut les barricades, on massacre tout ce qui bouge. Dans un immeuble de la rue Transnonain, des caves jusqu'aux combles, on passe à la baïonnette tous les habitants, y compris femmes, vieillards et enfants. L'épouvante.

On va arrêter deux mille suspects. Pour tous les observateurs, il s'agit de la fin — provisoire — du parti républicain. Hugo est de ceux-là. Quand il pense à la république, il la voit se profiler sur un horizon de plus en plus lointain. Il ne se rallie pas pour autant à Louis-Philippe.

Au reste, dès qu'il devine qu'un événement va prendre corps dans Paris, il y court. Au moment de l'affaire de la rue Transnonain, il lui a été impossible de rester chez lui.

Il veut *voir* pour *comprendre.* Ce jour-là, il porte sous le bras un volume des Mémoires du duc de Saint-Simon que cet insatiable lecteur rapporte chez lui. Sans s'en rendre compte, il se rapproche des rues où l'on se bat. Il tombe sur un peloton de gardes nationaux. Un piéton qui se promène nez au vent alors que l'on s'entre-tue à deux pas de là, voilà qui suscite la méfiance de ces boutiquiers en uniforme. On se saisit de lui, on lui demande ses papiers. Bien entendu, il n'en a pas. On lui arrache le volume des mains, un sergent consulte le titre, s'arrête au nom de l'auteur : Saint-Simon. C'est le temps où les disciples d'un autre Saint-Simon font beaucoup parler d'eux. Les saint-simoniens se réclament de théories révolutionnaires, ils dénoncent « l'exploitation de l'homme par l'homme » — qui se souvient que la formule leur appartient ? — et affirment qu'il faut donner « à chacun selon sa capacité, à chaque capacité selon ses œuvres ». Cela suffit pour exciter la colère du sergent : à n'en pas douter, voilà un saint-simonien ! A l'autre bout de la rue, on fusille tous les suspects. Le siège du sergent est fait : il faut coller au mur ce saint-simonien-là. Hugo a beaucoup de mal à se justifier. Son nom finit par dire quelque chose à quelques-uns de ces gardes nationaux qui ont entendu parler d'*Hernani* ou de *Lucrèce Borgia.* De l'inconvénient, en temps de révolution, de vouloir chercher la vérité sur le terrain.

De cette confrontation avec la violence, comme du spectacle de gens qui meurent pour des idées, il est sorti ému, profondément agité. Quelques jours plus tard, il va écrire à Vitet, devenu secrétaire général du ministère du Commerce, pour lui demander d'intervenir en faveur du républicain Antony Thouret, un étudiant en droit qui, en compagnie de Raspail et du jeune Blanqui, a été accusé de conspiration et incarcéré à la prison de Douai. Hugo n'est pas républicain, mais il ne tolère pas que l'on jette quelqu'un en prison pour la seule raison qu'il le soit. Il ne s'en tient pas là. Le 1er juin, il écrit à Jules Lechevalier, directeur de la *Revue du progrès social*: « Depuis longtemps tous les hommes éclairés et intelligents qui ont étudié le passé dans un but d'avenir ont, sur les destinées futures de la société, une idée commune qui, éclose et développée à l'heure qu'il est séparément dans chaque cerveau, aboutira quelque jour, prochainement je l'espère, à une grande œuvre générale. Cette œuvre sera la formation paisible, lente et logique d'un ordre social où les principes nouveaux, dégagés par la Révolution française, trouveront enfin leur mode de combinaison avec les principes éternels et primordiaux de toute civilisation. » Il ajoute, et voilà qui est important : « Concourons donc ensemble tous, chacun dans notre région et selon notre loi particulière, *à la grande substitution des questions sociales aux questions politiques*. Tout est là. Tâchons de rallier à l'idée applicable du progrès tous les hommes d'élite, et d'extraire un parti supérieur qui veuille la civilisation, de tous les partis inférieurs qui ne savent ce qu'ils veulent. »

La question sociale. Il y a longtemps que Hugo a les yeux fixés sur elle. Mais de loin. Pour la première fois, il s'est rallié à une certitude qui marquera désormais toute son œuvre : le social doit avoir le pas sur le politique. Quelques jours plus tard, il écrit à Thiers, ministre de l'Intérieur, une lettre dont le ton ne manque pas de dédain. Il rappelle qu'en 1832, il a renoncé à la pension que le roi Louis XVIII lui avait assignée, qu'à cette époque le prédécesseur de Thiers, M. d'Argout, lui avait fait dire qu'il n'acceptait pas la renonciation, « qu'il continuerait de considérer cette pension comme mienne, qu'il n'en disposerait en faveur de personne ». Il demande donc qu'elle soit attribuée à Mlle Élisa Mercœur, auteur de plusieurs volumes de poésies et « qui meurt de faim ». Thiers fera d'ailleurs répondre à Hugo, avec un mépris identique, qu'il n'appartient pas à un écrivain de décider de la destination des fonds du ministère. Il a dû comprendre — Thiers n'est pas sot — que ce n'était pas par l'effet du hasard que Hugo déclarait, deux mois après le massacre de la rue Transnonain, que sa renonciation était *absolue et définitive*.

Qu'à la même époque, Hugo se soit décidé à reprendre un sujet découvert dans *la Gazette des tribunaux* du 19 mars 1832 et depuis soigneusement gardé sous le coude, voilà qui se situe évidemment dans une ligne analogue. Le 16 mars 1832, s'était ouvert à Troyes le procès d'un certain

Claude Gueux qui, condamné pour vol à huit ans de prison et détenu à Clairvaux, avait assassiné à coups de hache le gardien-chef Delacelle. Ce qui a touché Hugo, c'est que Claude Gueux, un ouvrier, avait manifesté à l'égard de son père, également détenu, un amour filial émouvant. Ce père était mort dans ses bras. Claude Gueux, de forte constitution, était doté d'un formidable appétit. Les rations ne lui suffisaient pas et il avait toujours faim. Un de ses camarades, Albin, partageait avec lui sa ration. Le gardien-chef Delacelle avait brutalement entrepris de séparer les deux hommes, lesquels entretenaient probablement des rapports homosexuels dont Hugo, avec la pudeur de règle sous la Monarchie de Juillet, ne dira pas un mot. Au procès, Claude Gueux devait déclarer qu'il avait été tué « à coups d'épingle » par le gardien-chef. Soutenu par ses codétenus, il avait donc choisi de se muer en justicier. Ses juges ne l'en ont pas moins envoyé à l'échafaud.

Hugo va consacrer non pas un roman mais une longue nouvelle, à l'histoire de Claude Gueux. Du 20 au 23 juin 1834, il ne mettra que trois jours à l'achever. Il s'agit d'un nouveau réquisitoire contre la peine de mort. Avocat beaucoup plus qu'historien, il ne s'attache pas à retracer les faits réels. Le véritable Claude Gueux, qui semble avoir été une simple fripouille, acquiert une noblesse qui déjà peut faire penser à celle dont il nimbera Jean Valjean. On peut se poser une question : si le condamné de la cour d'assises de Troyes s'était nommé autrement que Claude Gueux, aurait-il retenu pareillement l'attention de Hugo ? Il y a dans ce patronyme déjà le symbole des *Misérables.* Telle quelle, la nouvelle apparaît beaucoup moins réussie que *le Dernier Jour d'un condamné.* Elle manque de ces arrière-plans oniriques qui avaient frappé tous les lecteurs du précédent ouvrage. La valeur de *Claude Gueux* vient de la conclusion dont il a voulu faire un réquisitoire. « Nous avons cru devoir raconter en détail l'histoire de Claude Gueux, parce que, selon nous, tous les paragraphes de cette histoire pourraient servir de têtes de chapitre au livre où serait résolu le grand problème du peuple au dix-neuvième siècle. » Tout à coup, il s'adresse aux députés et aux ministres, les invective, leur dit vous :

« Messieurs des centres, Messieurs des extrémités, le gros du peuple souffre ! Que vous l'appeliez république, ou que vous l'appeliez monarchie, le peuple souffre, ceci est un fait. Le peuple a faim ; le peuple a froid. La misère le pousse au crime ou au vice, selon le sexe. Et j'ai pitié du peuple, à qui le bagne prend ses fils, et le lupanar ses filles. Vous avez trop de forçats, vous avez trop de prostituées. Que prouvent ces deux ulcères ? Que le cœur social a un vice dans le sang. »

La solution, Hugo est sûr de la connaître :

« Puisque vous êtes en verve de suppressions, supprimez le bourreau. Avec la solde de vos quatre-vingts bourreaux, vous paierez six cents maîtres d'école. Songez au gros du peuple. Des écoles pour les enfants, des ateliers pour les hommes. Savez-vous que la France est un des pays de l'Europe où il y a le moins de natifs qui sachent lire [1] ! Quoi ! La Suisse sait lire, la Belgique sait lire, le Danemark sait lire, la Grèce sait lire, l'Irlande sait lire, la France ne sait pas lire ! C'est une honte...

« La nature a mal ébauché, l'éducation a mal retouché l'ébauche. Tournez vos soins de ce côté. Une bonne éducation au peuple. Développez de votre mieux ces malheureuses têtes, afin que l'intelligence qui est dedans puisse grandir...

« La tête de l'homme du peuple, voilà la question. Cette tête est pleine de germes utiles. Employez pour la faire mûrir et venir à bien ce qu'il y a de plus lumineux et de mieux tempéré dans la vertu.

« Tel a assassiné sur des grandes routes qui, mieux dirigé, eût été le plus excellent serviteur de la cité.

« Cette tête de l'homme du peuple, cultivez-la, défrichez-la, arrosez-la, fécondez-la, éclairez-la, moralisez-la, utilisez-la ; vous n'aurez pas besoin de la couper. »

Ceux qui nous ont parlé — et parlent encore — de la versatilité politique de Hugo, ceux qui ironisent sur son opportunisme, ceux-là auraient bien fait — et feraient bien — de relire la péroraison de *Claude Gueux.* En 1834, tout le Hugo de 1848 est là. Tout le Hugo de 1851. Tout le Hugo de 1870. Les sceptiques observeront qu'en notre vingtième siècle où presque tout le monde sait lire, les prisons sont plus pleines qu'au temps de *Claude Gueux.* Faut-il condamner Hugo parce qu'il s'est trompé ? Parce qu'il a cru que la connaissance donnée à tous assurerait la moralisation de tous ? Il faut aimer les illusions quand elles sont généreuses. Même si nous devons plus tard nous attrister quant à leur naïveté.

Dès que, le 24 juin, dans l'après-midi, la dernière ligne a été écrite, Hugo est sorti de chez lui, le manuscrit en

1. Un rapport du 29 avril 1834 confirme le cri de Hugo : trois cinquièmes des Français de moins de vingt ans ne savent pas lire.

poche. Il s'est rendu chez Juliette, surprise et ravie de le voir apparaître à une heure aussi inattendue. Joyeux, frémissant, il lui a signifié que l'on partait en promenade. Elle lui a sauté dans les bras. On s'en est allé à Montmartre. Un chaud soleil baigne les jardins et les vignes. On est entré dans la cour d'un estaminet. On s'est installé sous une tonnelle. Encore tout bouillant de ses trois jours d'écriture acharnée, il s'est fait apporter une plume, de l'encre et il a écrit sur le manuscrit : « A ma Juliette bien-aimée à qui j'ai lu ces quelques pages, immédiatement après les avoir écrites, le 24 juin 1834, sur la colline Montmartre, entre trois et quatre heures après-midi. Il y avait deux jeunes arbres qui nous donnaient leur ombre, et au-dessus de nos têtes un beau soleil, — moins beau qu'elle. Victor Hugo. » Sur l'un des premiers exemplaires imprimés qu'il remettra à Juliette, Victor écrira : « A mon ange, dont les ailes repoussent, 2 septembre 1834. »

Quiconque se pencherait sur ces dédicaces conclurait que les deux amants, aussi bien en juin qu'en septembre, traversent une idylle décidément délivrée des nuages qui en ont accompagné les prémices. Quelle erreur ! Vingt fois, ils sont à la veille de rompre. Vingt fois, ils se découvrent au bord du gouffre, se jettent l'un vers l'autre dans des réconciliations aux étreintes passionnées. Trois jours plus tard, ils recommencent. Plus maladroit que jamais, aussi peu psychologue que possible, il lui ressasse son passé. Furieuse, elle crie, elle hurle, elle le chasse, annonce qu'elle va s'enfuir, ou même se donner la mort. Avec une spontanéité, un naturel, un charme, une richesse de vocabulaire et d'images qui font d'elle une des plus rares épistolières de notre littérature, tantôt elle annonce une séparation implacablement décidée, tantôt : « Oui, nous nous aimons, oui... nous resterons ensemble jusqu'à notre dernier soupir, oui tu m'aideras et tu feras de moi une femme à l'abri de la misère et de la prostitution, oui tu me rendras ce que j'étais avant ma chute, une honnête femme et, de plus, une bonne mère : j'ai confiance, j'espère, je t'aime. » Dans ces moments, son cœur déborde : « J'ai besoin d'initier les passants à mon bonheur, je le dis tout haut, je t'appelle *mon mari*, je t'appelle *mon amant* tant mon cœur est devant Dieu. »

Depuis son entrée à la Comédie-Française, elle n'a pas joué une seule fois. Les semaines passent, et puis les mois. Pas le plus petit rôle en vue. Est-ce donc qu'on l'a engagée avec le ferme propos de ne donner aucune suite à ce contrat ? Peu à peu, cette vérité s'impose à elle. C'en est trop. Elle veut en finir :

« Maintenant que la calomnie m'a terrassée dans tous les sens ; maintenant que j'ai été condamnée dans ma vie sans avoir été entendue, comme je l'ai été dans ta pièce ; maintenant que ma santé et ma raison se sont usées dans ce combat sans profit et sans gloire ; maintenant que je suis signalée à l'opinion publique comme une femme sans avenir, je n'ose plus, je ne peux plus vivre... Ceci est bien profondément vrai : je n'ose plus vivre. Cette crainte a fait naître en moi le besoin du suicide... »

Pour la première fois, Hugo prend au sérieux ce qu'il tenait pour des menaces sans conséquence. Il veut soigner l'âme de sa bien-aimée Juliette comme, au lendemain de *Marie Tudor,* il a soigné son corps. Il existe un remède propre à sauver les amants en danger : un voyage. Partons, Juliette !

Le 3 juillet 1834, elle monte avec lui en diligence. On fuit l'accablante chaleur de Paris, on roule vers cette vallée de la Bièvre qu'il aime entre toutes. La déplorable expérience de la visite place Royale n'a donc pas guéri Victor ? Cette fois encore, il tient à montrer à Juliette l'autre cadre de vie qui a sa dilection. Il a de la chance : elle se sent si pleinement heureuse qu'elle reçoit cela comme une bénédiction et ne songe plus à rien critiquer. On déjeune dans une auberge, *le Chariot d'or.* Elle dévore et Victor, souriant, s'extasie devant un si bel appétit. On repart. Il lui montre de loin le château des Roches avec sa pelouse ombrée de tilleuls géants, la pièce d'eau qu'aiment tant les enfants, l'atelier de Louise Bertin, les bois qui l'entourent. Ensemble ils s'avancent à travers les fougères de l'Homme-mort. Voici un hameau. Quelques chaumières, quelques masures. Cela s'appelle les Metz. Elle se serre contre lui, se laisse aller à l'ivresse de ce bonheur inédit. Devant eux, une petite maison « basse et blanche trouée de volets verts ». Une idée jaillit : bientôt viendront les vacances chez les Bertin. Pourquoi Juliette ne rejoindrait-elle pas Victor ? Elle logerait là, ferait venir sa fille Claire qui y trouverait le bon air. Chaque jour, ils pourraient se rejoindre, chacun accomplissant la moitié du chemin. Juliette bat des mains, croit à peine à l'inespéré. On cherche les propriétaires, on les trouve. Il s'agit des époux Labussière — eux-mêmes locataires d'un M. Pernot. Hugo leur paye séance tenante, et d'avance, un loyer de

92 francs pour un an. Toute cette campagne, toute cette nature enchantent Juliette. Est-ce qu'elle ne vit pas un rêve ? Serrés l'un contre l'autre, ils marchent vers Jouy-en-Josas et descendent à *l'Écu de France.* Hugo exige la plus belle chambre. On leur donne celle du premier étage, qui a vue sur cour. Ils dînent. Cela ne traîne guère. Ce qui attend Juliette, dans cette chambre, dans ce lit, c'est l'extase absolue :

« Mon bien aimé Victor, je suis encore tout émue de notre soirée d'hier ; à défaut d'amie et de cœur qui me comprenne et dans lequel je pourrais verser le trop-plein de mon bonheur, je t'écris ceci, " qu'hier 3 juillet 1834, à 10 heures 1/2 du soir, dans l'auberge de *l'Écu de France*, à Jouy, moi, Juliette, j'ai été la plus heureuse et la plus fière des femmes de ce monde ; je déclare encore que, jusque-là, je n'avais pas senti dans toute sa plénitude le bonheur de t'aimer et d'être aimée de toi ". Cette lettre, qui a toute la forme d'un procès-verbal est en effet un acte qui constate l'état de mon cœur. Cet acte, fait aujourd'hui, doit servir pour tout le reste de ma vie dans le monde ; le jour, l'heure et la minute où il me sera représenté, je m'engage à remettre ledit cœur dans le même état où il est aujourd'hui, c'est-à-dire rempli d'un seul amour qui est le tien et d'une seule pensée qui est la tienne. Fait à Paris, le 4 juillet 1834, à 3 heures de l'après-midi. JULIETTE. » Un post-scriptum : « Ont signé pour témoins les mille baisers dont j'ai couvert cette lettre. »

Adorable Juliette ! Le « voyage » n'a duré qu'une journée et une nuit. Au retour à Paris, elle retrouve l'enfer de ses dettes, le tapissier Jourdain de plus en plus pressant. Impossible de rester rue de l'Échiquier. Elle et Hugo décident d'abandonner ce loyer qui est un boulet dont elle est elle-même le forçat. Ils trouvent, rue de Paradis, dans un immeuble misérable, un petit appartement qui ne l'est guère moins. Le 19 juillet, Juliette quitte définitivement la rue de l'Échiquier. A minuit et demi, Victor lui écrit : « Ceci est la dernière soirée que nous passons rue de l'Échiquier 35 bis. Gardons un éternel souvenir de cette chambre où nous avons été si heureux et si malheureux ; de cette chambre que j'aime après tout et dont le plafond a été si souvent le ciel pour moi... Adieu donc à cette maison, mais bonjour éternel à l'amour ! » Ils restent ensemble toute la journée du 20. A minuit et demi encore, nouvelle lettre à Juliette : « Voici le premier jour écoulé que nous avons passé ensemble dans ta nouvelle maison rue de Paradis. Oh ! Cette rue est bien nommée, ma Juliette ! Le ciel est pour nous dans cette rue, dans cette maison, dans cette chambre, dans ce lit... Sais-tu à quoi est bon le baiser ? A essuyer les larmes et à faire naître le sourire. Souris-moi. » Dix jours ne se sont pas écoulés qu'une nouvelle scène, plus affreuse que toutes les précédentes, les déchire. La raison ? Les dettes encore, toujours. A la demande de Victor, elle a tenté laborieusement d'établir un bilan définitif : elle parvient à un total de 20 000 francs. D'abord, Hugo est resté sans voix : 20 000 francs ! A l'époque, il s'agit d'une véritable fortune. Placés à 3 %, 20 000 francs rapportent 600 francs, la moitié de ce que gagne en un an un employé ! 20 000 francs ! Peu à peu Hugo est sorti de sa stupeur, atterré de n'avoir pas mesuré l'étendue des folies passées de Juliette, furieux de devoir les imputer au temps où elle cherchait l'amour dans les bras de trop d'hommes, hors de lui de devoir admettre sa propre impuissance. Il accuse Juliette, trouve des mots si durs que chacun fait mouche, creuse une plaie à côté d'une autre. Comment à ces insultes n'aurait-elle pas répondu par des injures, des cris de rage, d'autres blessures ? Il est parti en lui criant adieu.

Le lendemain quand, repentant, il revient solliciter son pardon, il trouve l'appartement vide. Sur un meuble, quelques lignes de la main de Juliette. En haut : *Victor*. En dessous : « Samedi à midi, 2 août 1834. » En dessous encore : « adieu pour jamais — adieu pour toujours, c'est toi qui l'as dit, adieu donc et puisses-tu être heureux et admiré autant que je suis malheureuse et déchue — adieu, ce mot-là contient toute ma vie, toute ma joie, tout mon bonheur. Adieu. Juliette ». Au dos, Victor peut lire encore :

« Je pars avec ma fille, je vais en ce moment la chercher et retenir ma place — quand *(sic)* à la Comédie-Française elle n'est pas en droit de me faire jouer avant de m'avoir assigné des rôles. Ma bonne a ordre de décacheter mes lettres. S'il en venait une de la Comédie-Française, elle me le ferait savoir tout de suite et rien ne serait dérangé — il n'y a donc plus en *(sic)* t'en occuper [1]. »

Si souvent elle l'avait menacé de partir ! Elle a tenu parole. Le voilà seul dans l'appartement, sentant tout à coup son cœur se vider de son sang. Pour la première fois, peut-être, il comprend à quel point il s'est montré dur, injuste envers cette femme qu'il idolâtre. Une idée, une

1. D'après l'original, B.N., NAF 16322 cotée 196. Le texte exact, publié jusqu'ici fautivement, a été rétabli.

seule, l'habite : la retrouver, la rejoindre. Il rentre place Royale, n'ayant en tête qu'une obsession, le visage de celle que peut-être il a perdue à jamais. Chaque jour il attend et chaque jour il meurt. Un matin, voici une lettre dont il reconnaît aussitôt l'écriture. Elle !

La lettre vient de Bretagne. Juliette est allée enlever sa fille Claire de la pension où Pradier la fait élever. Ensemble, elles ont pris la diligence et ont roulé vers la Bretagne jusqu'à Saint-Renan, près de Brest, où demeure la sœur de Juliette, Mme Koch. A peine arrivée, chaque heure convainc Juliette qu'elle ne peut vivre sans Victor, qu'à une séparation définitive, mille fois la mort serait préférable.

Hugo a couru rue de Paradis, obtenu de la petite servante l'adresse de Juliette en Bretagne. Puisque les dettes sont à l'origine de leurs tourments, puisqu'il faut de l'argent, il en trouvera. Il demandera à Pradier qui, peut-être, en donnera. Il annonce qu'il part, qu'il arrive :

« En attendant, je vais remuer des pieds, des mains et des ongles. Tu verras ce que c'est que l'amour. Je ne veux pas que tu sois à jamais perdue. Je ne veux pas t'abandonner lâchement, moi. Cette lettre-ci arrivera presque en même temps que toi. Hélas. Pourquoi as-tu voulu partir !... Juliette, Juliette ! Ma bien aimée ! Je retire toutes mes dures paroles de désespoir. Non, je ne te maudis pas, je te plains, je te pardonne, je t'aime, je te bénis. Garde-moi ton cœur de ton côté. Tu sais ? Souviens-toi de la lettre adorable, du *procès-verbal* de notre journée à Jouy. Il ne faut pas que cette lettre-là ait menti. Hélas, où es-tu dans ce moment ? J'ai le cœur brisé. Il faut que mon amour meure ou moi. Plutôt moi !... Je suis dans les ténèbres. Je b[aise] tes pieds. Le ciel est bi[en] [no]ir, mais je ne sais pourquoi j'espère. Tu es faite pour moi, Juliette. Il me semble impossible que je ne te revoie pas, et bientôt. Mille baisers partout. Aime-moi ! »

La lettre a été postée le 3 août. Le lendemain, il demande son passeport, voit Pradier, le convainc d'aider Juliette : « Moi, de mon côté, je viens de ramasser mille francs avec mes ongles. Tu vois ce que peut l'amour. Je vais courir à la malle-poste, s'il y a une place, je partirai Mardi et tu me verras Vendredi... Je n'ai pas mangé depuis trente heures mais je t'aime. » Le 5 août, il monte en diligence. Cependant que roule et cahote la lourde voiture, que tournent les roues, que galopent les chevaux, il ne pense qu'à elle. Le 7 août, il est à Rennes et le 8, il arrive à Brest, « encore tout étourdi, écrit-il — à Adèle ! — de trois nuits de malle-poste, sans compter les jours. Trois nuits à grands coups de fouet, à franc étrier, sans boire, ni manger, ni respirer à peine, avec quatre diablesses de roues qui mangent les lieues... » Quand, à l'aube, la diligence fait à grande allure son entrée dans Brest, Hugo ne trouve que vent, brume et pluie.

Quel instant que celui où, brisée de bonheur et de chagrin, Juliette s'est abattue dans ses bras ! L'un et l'autre se crient les mêmes mots : jamais, jamais plus ils ne se feront de mal !

A petites étapes, ils rentrent : leur premier *vrai* voyage, unité reconquise de deux cœurs et de deux corps, longues flâneries de rêves, d'amour et de confidences. Avant de quitter Brest, Victor tient à visiter le bagne. Exigence qui s'est imposée au « journaliste » Hugo ? Écho et prolongement du *Dernier Jour d'un condamné* et de *Claude Gueux* ? L'intérêt que Hugo a toujours porté à l'univers carcéral ressemble à une fascination. Après quoi, en route ! Ils voient Carnac, Locmariaker, Auray, Vannes, Nantes où ils contemplent, au coucher du soleil, « toute la ville, les quatre bras de la Loire, l'Erdre dont les bords sont charmants, le canal, tous les vieux toits, la prairie de Mauves ». Le 15 août, ils prennent le bateau à vapeur jusqu'à Angers : un genre de navigation qui, pour Hugo, est une grande première. Le 17, ils visitent le château d'Amboise, partent pour Orléans, continuent à musarder : Étampes, Montlhéry, Pontoise, Gisors, Beauvais, Saint-Germain-en-Laye, Versailles. Enfin, le 1er septembre, Jouy-en-Josas où Juliette, avec ravissement, s'installe dans la petite maison des Metz. Hugo semble avoir passé là la nuit avec elle puisqu'il ne rentre à Paris que le lendemain. Il reviendra le 3 aux Roches avec Adèle et les enfants.

Une question se pose : que sait — et que pense — Adèle de cette absence de son mari, de ce voyage qui s'est prolongé pendant tant de jours ? Bien sûr, elle n'ignore plus rien : l'existence de Juliette, l'importance que celle-ci a prise dans la vie de son mari. Si elle n'a probablement pas connu les détails de la fuite en Bretagne, elle a compris quelle était la raison du voyage. D'autant plus — et nous revenons à l'ambiguïté de la relation Victor-Adèle — que Hugo n'a cessé, tout au long de sa course sur les grandes routes, d'écrire à sa femme les lettres les plus tendres. A chaque étape, il lui a adressé, ainsi qu'aux enfants, « Didine, Toto, Charlot et Dédé, mes bijoux », des messages quasi amoureux. De Rennes, le 7 août :

« Adieu, mon Adèle. Je t'aime. A bientôt. Écris-moi long et souvent. Tu es la joie et l'honneur de ma vie. Je baise ton beau front et tes beaux yeux. »

De Brest, le 8 août, après lui avoir parlé de sa fatigue, il ajoute :

« Mais ce qui n'est pas las, ce qui est toujours prêt à t'écrire, à penser à toi et à t'aimer, c'est le cœur de ton pauvre vieux mari qui a été enfant avec toi, quoique tu sois restée bien plus jeune que lui, de cœur, d'âme et de visage. »

D'Étampes le 22 août :

« Mon Adèle, ma pauvre amie, si tu savais quelle joie j'aurais de t'avoir près de moi dans ces moments-là. Oh ! certes nous ferons un voyage ensemble... »

Ces lettres, on peut penser qu'Adèle les a lues avec un sentiment quelque peu mitigé. Pourtant, le 27 août, on constate que c'est avec une tendresse semblable, quoique teintée de mélancolie, qu'elle répond à son mari :

« Je crois que tu m'aimes au fond de tout cela et que tu t'amuses puisque tu tardes ainsi à revenir : et, en vérité, ces deux certitudes me rendent heureuse. J'espère que nous ne nous quitterons plus après et que tu sentiras le bonheur d'être auprès d'une amie si véritable et si dévouée, et près de tes chers petits qui t'aiment tant et que tu aimes tant. Car tu es pour eux plus même que père... Il fait ici un temps épouvantable, j'en suis presque contente car cela va te faire revenir... »

Il est revenu en effet : pour conduire Juliette aux Metz.

Sur les coteaux qui dominent Jouy-en-Josas, voici, cernée par des vergers et des prés, séparée d'un petit chemin par une haie vive, un mur peu élevé et une grille étroite « dont l'œil plonge en une oblique allée », une maison « isolée », toute modeste, un rez-de-chaussée avec des fenêtres munies de barreaux et un seul étage mansardé sous des tuiles grises. Une vigne courait alors sur le mur. Les prés et les vergers ont disparu. Le chemin est devenu rue. Des maisons ont poussé alentour. Mais ce qui domine, ce sont les jardins. On reste plus près de la campagne que de la banlieue. La maison de Juliette, « restaurée » récemment, a perdu tout son charme. Dieu sait si elle en avait alors !

Dans ce jardin, quand elle y pénètre en compagnie de la petite Claire, foisonnent les rosiers. Les vignes s'effondrent sous les grappes. Entrons. Au rez-de-chaussée, trois pièces. Au milieu, la salle à manger, à gauche le salon, à droite la cuisine. Là, Juliette descendait pour surveiller le repas que préparait, la première année, la mère Labussière, la seconde sa bonne Hyacinthe. Un escalier en colimaçon permet d'accéder à l'étage composé de trois chambres mansardées et d'un grenier. La chambre du fond, à droite, semble avoir été celle de Juliette. Elle seule possède une cheminée et deux fenêtres. S'y trouvait « un grand lit garni de courtines de toile imprimée, une armoire de chêne, une table, une commode et quelques chaises rustiques [1] ». De la fenêtre qui donne sur le jardin, Juliette peut guetter Victor lorsqu'il arrive de Jouy.

Le soir même de son retour, en pleine nuit, laissant Adèle et les enfants, il a quitté les Roches. Il n'y tenait plus. Il a parcouru les quatre kilomètres qui séparent le château de la maison des Metz, s'est glissé dans la demeure endormie, a laissé un mot : « Dors bien, je suis là. Mais je ne veux pas te réveiller. » A son lever, Juliette l'a trouvée, cette feuille. Ravie et furieuse :

« Pourquoi ne m'avoir pas réveillée, méchant garçon ? Je vous aurais reposé et séché dans mes bras. J'aurais bu avec mes lèvres brûlantes toutes les brumes de la nuit qui avaient imprégné vos beaux cheveux, vos petites mains, toute votre charmante personne que j'adore. Décidément, je suis fâchée contre vous. Que cela ne vous arrive plus, une autre fois, de venir jusqu'à ma porte sans entrer. C'est *stupide* de priver une pauvre femme comme moi de son bonheur et de sa vie, sous prétexte qu'elle dort ! »

Étrange séjour que celui des Roches en 1834. Aussi bien pour Adèle que pour Juliette. Les Bertin ne voient plus guère Hugo qu'aux repas. Le soir, enfermé dans sa chambre, il écrit inlassablement, amoncelant les feuillets sur le dessus colorié de cette belle cheminée en pierre du pays près de laquelle il aime à s'installer. Dans la journée, après quelques jeux organisés avec ses enfants — jamais, et pour personne, il n'a négligé ses enfants —, il part. Où va-t-il ? A la rencontre de Juliette. Il ne revient qu'à la nuit tombée, ses habits souvent mouillés de pluie. A la table des Bertin, il retrouve Adèle qui, de son côté, a parcouru quelques kilomètres. Pour retrouver Sainte-Beuve.

1. Paul Souchon.

Donc, chaque jour, à la même heure, il s'élance, traverse les bois. Dans le même temps, Juliette court vers lui. Toujours, ils se retrouvent au même endroit : près d'un châtaignier creux. Et là, sous les branches et les feuilles, pendant des heures, les corps qui se retrouvent, les souffles qui se mêlent, des étreintes sans fin, d'adorables ivresses. Apaisés, assouvis, ils se taisent dans les bras l'un de l'autre, ferment les yeux, dorment peut-être. Au réveil, ils se regardent, émerveillés. Alors il parle. Il explique Dieu à Juliette. Il perçoit dans toute joie, tout bonheur une image de la divinité. Elle, fidèle aux enseignements de son enfance, se juge pécheresse. Il lui jure que Dieu les approuve puisqu'il les a réunis. « Toute ma vie, lui écrira Juliette, j'entendrai tes paroles de tendre sollicitude et d'enseignement. »

Ces entrevues ne leur suffisent pas. Ils s'écrivent, portent l'un et l'autre leurs lettres dans le châtaignier creux.

Lui à elle : « Oh ! n'est-ce pas ? Tu viendras ? Tu te portes bien ? Je te verrai ? Oh ! J'ai tant d'amour à te donner, tant de baisers à te prodiguer, sur tes pieds parce que je te respecte, sur ton front parce que je t'admire, sur tes lèvres parce que je t'aime ! Ce n'est pas une couronne que tu devrais avoir sur la tête, c'est une étoile ! » *Elle à lui* : « J'ai du délire et de l'amour, plus que mon pauvre cœur n'en peut contenir. Viens donc prendre le trop-plein de mon extase ! Si tu savais combien je t'attends ! combien je te désire ! Si tu savais le reste encore !... Oh ! tu viendrais, j'en suis bien sûre. Viens, viens, je t'en prie, viens !... »

Un jour, pressée sans doute, Juliette se contente de déposer dans le châtaignier un petit carré de papier avec, au crayon, sa signature : JUJU. Une autre fois : « Je suis venue, Juju. »

Il advient qu'ils se manquent ou que même ils se croisent sans se voir. Dans ce cas, elle enrage : « Je m'en vais m'en retourner très lentement par la prairie d'où je suis venue. Je ne suppose pas que nous nous sommes croisés encore cette fois. Ce serait trop bête. » Parfois aussi, il est retenu par des visites impromptues. Furieux contre lui-même, il lui est impossible de se rendre au rendez-vous. Quand enfin il y courra, ce sera pour trouver un billet tel que celui-ci : « J'ai attendu bien longtemps, je m'en vais l'âme bien triste, le cœur serré. Je crains toutes sortes de malheurs. » D'autres fois — plus rares — c'est à Hugo d'attendre Juliette. Il dépose des vers dans le châtaignier creux. Le poème XXIV des *Chants du crépuscule* est daté : « Enghien, 14 septembre 1834. » Précaution destinée à

Adèle ou aux Bertin. Le manuscrit autographe, conservé à la Bibliothèque nationale, porte sous le dernier vers, ces mots éloquents : « 19 septembre 1834, 9 heures et demie du matin. Sous le châtaignier ».

Que ce réseau d'objets qui t'entoure et te presse,
Et dont l'arbre amoureux qui sur ton front se dresse
Est le premier chaînon ;
Herbe et feuille, onde et terre, ombre, lumière et flamme,
Que tout prenne une voix, que tout devienne une âme,
Et te dise mon nom !

Le lendemain, ayant lu et relu ces vers, les ayant même copiés, Juliette s'exalte : « Tout ce que je puis te dire, c'est que j'ai pleuré et admiré en les relisant, c'est que je pleure et que j'admire en me les rappelant... Tu n'es pas seulement sublime, tu es bon, et ce qui vaut encore mieux, tu es indulgent, toi qui as tant le droit d'être rigoriste. »

D'autres jours, ils se promènent dans la campagne. Ensemble, ils pénètrent dans la petite église de Bièvres.

Elle était triste et calme à la chute du jour,
L'église où nous entrâmes ;
L'autel sans serviteur, comme un cœur sans amour,
Avait éteint ses flammes...

Là, tous les deux, ils prient. Dans cette église, pour la première fois, Juliette a cru que s'était accomplie cette rédemption à laquelle aspirait tant son amant. Elle s'est sentie régénérée. Et toute à lui.

L'automne venu, ils regagnent Paris. Chacun de son côté. Hugo s'est réinstallé place Royale, en famille. Juliette n'a pas voulu revenir rue de Paradis, elle en garde de trop mauvais souvenirs : « Je fuis cette maison. Elle est si remplie de malheurs et de tristesses qu'il me semble, en la quittant, éprouver quelque soulagement... » Provisoirement, elle loge chez sa vieille amie Laure Krafft. Hugo va lui louer un appartement rue des Tournelles, beaucoup plus près de la place Royale. Amour et commodité. En octobre, elle s'installe et retrouve l'essentiel de ses meubles de la rue de l'Échiquier, rachetés à crédit — cinquante francs par mois — par Victor. Parmi ceux-ci, des armoires, trois lits, deux commodes, quelques fauteuils, des chaises, des tabourets ; enfin — ce qui a dû être agréable à Hugo

— un « grand fauteuil gothique, deux tabourets gothiques et une glace à cadre gothique ». L'inventaire fait état d'une toilette peinte en vert, d'un bidet à dossier en acajou, d'un prie-Dieu, de deux pendules, de deux flambeaux, d'un bougeoir, d'une vaisselle abondante, dont « cent assiettes et vingt-quatre verres à vin de Champagne », de huit tapis enfin [1].

C'est là désormais que Juliette va célébrer chaque jour le cérémonial de son amour et le culte de ce Victor qui, s'il l'appelle *Juju*, est nommé par elle *Toto*. Elle ne se rebelle plus. Elle accepte. Cette acceptation même, devant l'histoire, fait sa grandeur. Elle nous épouvante aussi. Cette solitude délibérément voulue ; ces journées écoulées dans la seule attente de la venue de l'homme qu'elle aime ; l'heure enfin qui sonne ; le pas qu'elle guette dans l'escalier, la porte qu'elle ouvre, le cri de bonheur qu'elle pousse. Hugo lui donne ses manuscrits à recopier. Parfois, aussi, pressé par le travail, à peine arrivé chez elle, il s'installe à un bureau — elle en possède deux, pourquoi ? — pour poursuivre l'œuvre en cours. L'hiver, chez Juliette, il fait froid. Elle a peu d'argent et souvent n'allume pas le feu. Alors, cependant qu'il aligne vers ou prose, elle se couche. Et là, sous les couvertures, usant d'un crayon, elle écrit, elle aussi, une lettre à ce Victor qu'elle voit à quelques mètres d'elle. Pour tromper son attente, tout au long de leur liaison, elle va adresser à Hugo entre vingt et vingt-cinq mille lettres ! Nul n'a réussi encore à les dénombrer. Record sans doute unique dans l'histoire du cœur.

Soigneusement, elle tient ses comptes. Chaque mois, Hugo lui verse, en plusieurs fois, à peu près 800 francs. Il lui a appris à noter chaque versement, elle naguère si tête folle, avec l'exactitude d'un comptable :

Dates		*Francs*	*Sous*
1er	Argent gagné par mon adoré	400	
4	Argent gagné par mon adoré	53	
6	Argent de la nourriture de mon Toto	50	
10	Argent gagné par mon petit homme ..	100	
11	Argent de la nourriture de mon chéri	55	
12	Argent gagné par mon bien-aimé.....	50	
14	Argent de la bourse de mon adoré....	6	4

1. Jean Savant.

24	Argent de la bourse de mon cher adoré	11
30	Argent de la bourse de mon petit Toto	3[1]

Sur ses rentrées, elle doit prélever de quoi calmer la colère des créanciers les plus exigeants. On s'étonne de lui voir disposer d'une bonne, mais, en ce temps-là, c'est tout juste si l'on paye les domestiques. Elle-même, par économie, n'achète guère que du lait, du fromage et des œufs. Le soir, elle se contente d'une pomme. Si elle arbore un tablier nouveau, Hugo fronce les sourcils : est-ce bien raisonnable ? L'achat d'une boîte de poudre dentifrice l'oblige à se justifier. Ce qui n'empêche pas Juju d'aimer Toto à la passion, de l'idolâtrer, de ne vivre que pour les brefs instants qu'il lui accorde. Quand il n'est pas là, elle recopie ses manuscrits. Il lui apporte ses chaussettes à ravauder et elle y trouve de nouvelles voluptés. Et chaque jour une lettre, deux, trois, plus encore ! Elle passe de l'exaltation à la douceur, du lyrisme démesuré à la liberté la plus charmante. Elle plaisante :

« Bonjour, mon cher petit TOTO, comment que tu vas ce matin ? Le Bon Génie t'a-t-il envoyé de bons rêves comme à moi ? Sais-tu que j'ai été toute la nuit dans tes bras, ce n'était qu'un rêve il est vrai mais cela fait prendre patience pour attendre la réalité. J'ai lu hier et ce matin ton *Bug-Jargal*, comme c'est beau tout ce que tu dis ! ta poésie y est plus touffue, plus haute et plus variée que la végétation dans les forêts vierges. Comme toutes les bonnes causes y sont admirablement plaidées par toi sans distinction de couleur : c'est le cas de le dire avec l'affreux Habibrah ! Nègre cé blan, blan cé nègre ! et penser que tu as fait cette merveille à seize ans !

« C'est à ne pas croire à moins de te supposer d'une nature toute divine, auquel cas je suis forcée de t'aimer plus qu'on aime ordinairement dans cette vie. Aussi c'est ce que je fais depuis longtemps car je t'aime plus que Dieu, plus que tout au monde. Je voudrais te voir à présent seulement le temps de te dire : je t'aime, cela me donnerait de la respiration pour attendre le moment où je te verrai tout à fait. Je te garde de bons baisers, de douces caresses et toutes mes pensées [2]. »

Quelquefois, plusieurs jours s'écoulent avant qu'il ne vienne la retrouver. Elle en souffre mille morts. Quelquefois aussi, mettant en défaut les biographes qui le voient

1. Cette feuille de comptes a figuré dans la collection Simone André Maurois.
2. B.N., NAF, 16 324, cotée 168.

comme le plus viril des écrivains français, Hugo ne se montre pas aussi empressé au lit qu'elle le souhaiterait. Des semaines entières, plus tard des mois passeront sans qu'il songe à lui prodiguer autre chose que d'amoureuses paroles. Elle qui n'a jamais boudé les plaisirs du corps, proteste alors, tantôt avec tristesse, tantôt avec ironie, tantôt avec amertume : « Je vous aime, vous êtes charmant, et je vous désire. Je ne me suis jamais mieux portée que ce soir. Si vous aviez l'esprit d'en profiter, ce serait ravissant, mais vous êtes plus bête qu'un bonhomme en pain d'épice et vous n'êtes pas même bon à être mis en loterie. » Le 13 juillet 1835, elle protestera contre « la loi de chasteté que vous observez si rigoureusement avec moi ». Et encore : « Je vous assure, plaisanterie à part, mon cher petit Toto, que nous nous conduisons d'une manière tout à fait ridicule. Il est temps de faire cesser le scandale de deux amoureux vivant dans la plus atroce chasteté » (25 novembre 1835). Elle le poursuit de façon aussi drôle que charmante : « Mon cher petit Toto, vraiment tu devrais venir, ne fût-ce que pour voir l'effet que cela me ferait. » En revanche, quand il la retrouve, c'est une ivresse dont elle ne songe jamais à limiter l'expression :

« Mon Toto adoré, tu m'as rendue bien heureuse ce matin. Ces longues matinées qui ressemblent si fort à des nuits me ravissent. Je ne connais que nos voyages ensemble qui leur soient préférables. Mais, de notre vie de Paris, ce sont à coup sûr les plus doux moments. Non pas que je méprise nos petites promenades, comme celle d'aujourd'hui, bien au contraire. Mais je trouve que six heures passées dans les bras l'un de l'autre valent plus d'un siècle en omnibus. C'est mon opinion, et toi ? »

La dernière citation montre qu'après une matinée au lit, ils se sont promenés jusqu'au soir. Grâce au ciel, la claustration comporte des échappées. Dès qu'il le peut, Hugo accompagne Juliette à Saint-Mandé, où Claire Pradier est en pension. Victor s'est pris d'affection pour cette petite fille mélancolique élevée loin de sa mère et de son père. Pradier, marié, ayant des enfants légitimes, la tient fermement en dehors de son existence officielle. Juliette convient qu'elle-même s'est peu occupée de Claire. L'entrée de Victor dans sa vie a changé cela. Hugo aime tant ses propres enfants qu'il ne peut tolérer qu'une petite fille, même si elle ne lui est rien, soit malheureuse. Claire, à peu près sevrée de toute affection, découvre avec enchantement que *Monsieur Toto* s'intéresse à elle. Quand il ne vient pas la voir, il lui écrit : « Puisque tu penses un peu, ma pauvre Claire, à ton ancien ami M. Toto il faut que je te dise ici un petit bonjour. Travaille bien, deviens sage et grande, deviens une noble et digne personne comme ta mère... » D'autres fois, il va la chercher en fiacre à Saint-Mandé, la conduit chez Juliette où il passe, pour les fêtes carillonnées, quelques jours. Alors, rue des Tournelles, sont rassemblés trois êtres pleinement heureux : Juliette, Claire, et Victor.

Des enfants de Victor Hugo, bientôt, Juliette n'a plus rien ignoré. Sans cesse il lui parle d'eux. Elle sait que Didine croît en charme, en intelligence et beauté. Qu'elle commence à jouer très bien du piano. Longtemps, les gammes sempiternelles qui traversaient les murs de la place Royale ont considérablement horripilé le poète qui, malgré tout, n'en a rien dit à sa fille chérie. Bizarre coup du sort : c'est lui maintenant, Hugo, qui en est à prendre des leçons de piano. Professeur : Liszt... et Didine ! Et Victor de mander avec une sorte de fierté à Louise Bertin : « Je commence à exécuter avec un seul doigt, d'une manière satisfaisante *Jamais dans ces beaux lieux.* » Juliette devine une telle tendresse, une telle connivence entre père et fille, qu'elle s'est tout à coup sentie mordue par une jalousie d'un nouveau genre. Il lui a fallu accomplir beaucoup d'efforts pour la refouler. Peut-être Hugo lui a-t-il montré les notes qu'il prend sur Toto, puisque c'est ainsi qu'on appelle chez les Hugo le petit Victor qui vient d'avoir cinq ans. Son père lui a demandé ce que c'était que Napoléon. Il a répondu : « Eh bien ! C'est notre empereur ; c'est le meilleur ! » Voilà un père bien content. Il note, le 22 novembre 1834 : « Toto me disait ce matin : " Je t'adore, dix, cent, mille, combien y a de maisons sur la terre, combien il y a de tableaux sur la terre, combien il y a de crayons sur la terre, combien il y a de cailloux sur la terre, combien il y a de fleurs sur la terre, combien... " et il a levé les yeux au ciel pour y chercher le reste de sa phrase, qui a expiré sur ses lèvres. » Elle pense à Claire, Juliette, et ne sourit qu'à demi. Mais elle est si bonne que, peu à peu, elle en viendra à aimer ces enfants-là comme les siens. Sans les voir.

Dans le secret de son cœur, elle n'a pas renoncé au théâtre. Elle sait que Victor s'est mis à un nouveau drame en prose : *Angelo, tyran de Padoue.* C'est, comme *Lucrèce Bor-*

gia, une pièce en prose et d'une inspiration identique : Rodolfo est aimé en même temps par deux femmes, la Tisbé, une comédienne, et Catarina, épouse d'Angelo, le podestat. Angelo aime la Tisbé, cependant que la Tisbé aime Rodolfo, lequel aime Catarina, celle-ci voulant se garder pour Angelo. Un être que Hugo baptise Homodei — en latin *l'homme de Dieu* — va obliger chacun des personnages à aller au-delà de ses refus. Dès lors, Hugo ne rejette aucun des effets du mélodrame. Ce ne sont que portes secrètes, figures déguisées, enlèvements, duels, poisons et morts subites. A la fin, Catarina, que l'on croit morte, revit pour tomber dans les bras de Rodolfo, cependant que la Tisbé, qui a donné sa vie pour sa rivale, expire en disant : « Je te bénis. »

A peine achevée, la pièce est acceptée par la Comédie-Française. Une prime de 4000 francs va même être accordée au poète dès avant la lecture de sa pièce.

Quoique Juliette n'ait jamais joué encore, elle reste pensionnaire. Dès qu'elle a lu *Angelo*, elle s'est mise à rêver d'incarner le personnage de la douce Catarina. Mais Hugo hésite. Il se souvient de *Marie Tudor*. Comment dire à Juliette qu'il n'ose lui confier le rôle ? Elle, fine comme l'ambre, devine. « Séparons nos destins dramatiques », lui dit-elle avec un sourire. Ce sourire cache une blessure qu'il lui faudra des années à guérir. Elle va quitter la Comédie-Française sans que jamais on ait daigné lui confier le moindre rôle. Mlle Mars et Mme Dorval joueront *Angelo*. La grande Dorval, dont Juliette va tout à coup se montrer jalouse. Férocement. Il faut dire que, pour qui connaît Dorval et ses appétits, il y a de quoi : « Je suis jalouse, moi, écrit Juliette, d'une femme en chair et en os, de l'humeur la plus concupiscente qui se puisse trouver, qui est là tous les jours avec toi, te regardant, te parlant, te touchant. Oh ! oui, de celle-là, j'en suis jalouse ! cela va même jusqu'à me faire souffrir des douleurs atroces... Plains-moi, aime-moi, si tu peux, mais ne te moque pas de ta pauvre femme qui t'aime, qui te contemple jour et nuit au fond de son cœur avec des yeux pleins d'admiration pour tout toi. »

Hugo ne fait que rire d'une jalousie réellement imaginaire. Il est tout aux répétitions d'*Angelo* et à leurs difficultés. D'avoir mis face à face Mlle Mars et Mme Dorval était bien de l'audace.

Aux premières répétitions, Dorval ne s'est permis aucun effet, elle s'est montrée « terne, éteinte, nulle ». En secret,

Mlle Mars a triomphé. Au bout de quelques jours, le naturel ayant repris le dessus, Dorval s'est mise à jouer *vraiment*. Et Mlle Mars de trembler. Dès lors, elle multiplie les pièges et les perfidies. A l'instant où Mme Dorval se dirigeait en chancelant vers l'oratoire, Mlle Mars, qui se trouvait de l'autre côté, à traversé le théâtre et est venue tout bonnement se placer de façon à cacher aux spectateurs la sortie de Catarina. D'où une discussion entre Mlle Mars et Hugo qui a dû leur rappeler à tous les deux celles, mémorables, d'*Hernani*. A la représentation, c'est comme un match qui se livre : le public bourgeois de Mlle Mars contre le public bohème de Mme Dorval. Aux deux premiers actes, Mlle Mars semble l'emporter.

Manuscrit d'Adèle : « Madame Dorval sentit qu'elle était seule pour se défendre ; cette situation doubla sa force, elle joua admirablement, non pas avec son talent ordinaire mais avec son talent extraordinaire. Elle dit : " Tu n'es embarrassé de rien " d'une façon si naïve et si chaste qu'elle souleva la salle. Elle fut pudique, passionnée, vraie, jeune, poétique, elle était toute blancheur et rayon ;... les premières loges elles-mêmes ne purent se contenir à la fin de l'acte... Le succès de Madame Dorval avait effacé celui de Mademoiselle Mars. Madame Dorval fut proclamée la grande actrice, on sentit quelle différence il y avait entre le jeu étudié, cherché, factice, le talent d'épiderme, et celui de Madame Dorval, si naturel, s'inspirant de la situation, dont les effets venaient des entrailles et du cœur, — la différence qu'il y a entre un talent composé et un talent spontané, entre le vrai et le convenu. »

A cette première — 28 avril 1835 — Juliette s'est rendue. L'équité a gagné contre la jalousie : « Si tu savais avec quelle probité j'ai applaudi Mme Dorval, tu te ferais un scrupule de rien dire ni rien faire ce soir qui puisse blesser mon pauvre cœur un peu endolori déjà par la pensée qu'une autre que moi est admise à interpréter tes plus nobles pensées ! »

Les ennemis, eux, ne désarment pas. Viennet, dans son *Journal* (29 avril 1835) :

« Je me suis fort égayé de cet amas de niaiseries et de turpitudes.

« Hugo est sans contredit le plus audacieux, le plus orgueilleux de la bande. On ne conçoit pas une pareille tyrannie. Il y a quelques centaines de séides qui l'ont élevé sur le pavois et qui ne souffriraient pas la moindre attaque à sa renommée. Le reste du public se composait de piliers d'estaminet ou de soldats de l'émeute ramassés on ne sait où. »

Crieraient-ils dans le désert, ces inconciliables ? *Angelo* est un succès considérable. Aux mois de mai, juin et juillet, la moyenne des recettes dépasse 2250 francs. Au cours de l'année 1835, *Angelo* sera joué soixante-deux fois. De plus, Renduel achète 4000 francs le droit de publier le manuscrit et paye 9000 francs pour réimprimer les *Odes et Ballades, les Orientales, les Feuilles d'automne.* Pour ce prix, il pourra également éditer le prochain recueil de poèmes de Hugo : *les Chants du crépuscule.*

On peut dire que beaucoup d'argent coule maintenant vers la place Royale. Ce qui n'est pas pour rendre Victor plus dépensier. De même qu'il oblige Juliette à tenir des comptes très stricts, Adèle doit continuer à inscrire toutes ses dépenses dans des carnets, que Hugo contrôle minutieusement. Ainsi, nous savons que l'on dépensait pour la nourriture de la famille et des domestiques — huit personnes en tout — moins de 500 francs par mois, vin non compris. Si l'on prend le mois de janvier 1833, on voit dans la colonne *nourriture* que celle-ci a coûté 352 francs. Dans la colonne *entretien*, 48 francs pour Adèle, 25,9 francs pour les enfants. Dans la colonne *éducation*, la pension de Didine est inscrite pour 7 francs, la pension de « mes garçons », 14,10 francs et l'on s'aperçoit que l'accordeur du piano de Didine a perçu 3 francs. A la colonne *mercerie*, 6 francs. A la colonne *voitures* ne figure ce mois-là aucun fiacre ; seulement le 16 janvier 1,4 franc d'omnibus, le 24 janvier 0,12 franc. Le chapitre du vin est l'un des plus considérables : en moyenne, 2 000 francs par an. Quand on consulte les factures — conservées par centaines — on constate la fidélité des Hugo à leurs fournisseurs. Et aussi l'extraordinaire invention avec laquelle les boulangers, crémiers, tapissiers, tailleurs, orthographient le nom de leur client : *baron Victor Hugo, M. Eugot, M. Victor Ugot, M. le baron Ugot, M. Hugot fils, M. Hugaux, M. le baron Huguo, M. Hugau, M. Victor Hugaut, M. Hugeaux, M. Hugeau, M. Huguelot...* On peut être bon commerçant sans s'intéresser à la littérature.

Une lettre est arrivée place Royale. Le cher Victor Pavie annonce qu'il se marie. Bien sûr, il convie son grand ami Hugo à la noce, qui aura lieu le 28 juillet à Saint-Mélaine, à trois lieues d'Angers. Mais Pavie gaffe : il annonce qu'il a également convié Sainte-Beuve. La question est réglée : à aucun prix Hugo ne veut rencontrer son ex-ami. Il écrit à Pavie qu'il a une pièce à faire jouer, des épreuves à corriger, il ne peut venir, il est désespéré, mais le jeune marié n'y perdra rien : « J'envoie vers votre jeune femme, ce que j'ai de plus doux, de meilleur, ma femme et ma fille, mes deux anges. » En fait, ce que projette Hugo, c'est un voyage d'amoureux en compagnie de Juliette.

Tous deux ont gardé un si ravissant souvenir du retour de Bretagne, l'année précédente, qu'ils se sont bien promis de recommencer une escapade du même genre. Du 25 juillet au 20 août, les amants vont donc voyager à travers la Picardie et la Normandie. Départ le 26 juillet à 7 heures du matin : par le bateau à vapeur, on arrive le soir à Montereau dont Victor admire le vieux « pont tortu d'où l'église est charmante à voir ». On couche à Bray, « petite ville puante ». Furieux de l'accueil, il écrit sur le mur de l'auberge :

Au Diable ! auberge immonde ! Hôtel de la punaise !
Où la peau le matin se couvre de rougeurs ;
Où la cuisine pue, où l'on dort mal à l'aise,
Où l'on entend chanter les commis voyageurs !

Le 27, il est à Provins dont il admire les quatre églises, « une porte de ville fort belle, un donjon avec quatre tourelles en contreforts, et une enceinte de murailles et de tours ruinées, le tout répandu de la façon la plus charmante sur deux collines baignées jusqu'à mi-côte dans les arbres. Et puis force vieilles maisons encore pittoresques. J'ai dessiné le donjon... » Ils verront Coulommiers, Château-Thierry où ils visitent la maison de La Fontaine, Soissons et les ruines de l'abbaye de Saint-Jean-des-Vignes. La Fère, Saint-Quentin, la cathédrale de Laon, Péronne — il dessine le beffroi —, Amiens, dont la cathédrale, « chef-d'œuvre prodigieux », le laisse muet, accablé d'admiration, Abbeville où il flâne dans « la vieille ville aux maisons peintes » qui lui rappellent Burgos. Le 5 août, ils sont à Eu, puis au Tréport.

A Louis Boulanger : « A la nuit tombante, je suis allé me promener au bord de la mer. La lune se levait ; la marée montait ; des chasse-marées et des bateaux pêcheurs sortaient l'un après l'autre en ondulant de l'étroit goulot du Tréport. Une grande brume grise couvrait le fond de la mer où les voiles s'enfonçaient en se simplifiant. A mes pieds, l'océan avançait pas à pas. Les lames venaient se poser les unes sur les autres comme les ardoises d'un toit qu'on bâtit. Il faisait assez grand vent. Tout l'horizon était rempli d'un vaste tremblement de vagues vertes ; sur tout cela un râle affreux et un aspect sombre, et les larges mousselines de l'écume se déchirant aux cailloux ; c'était vraiment beau et monstrueux. La mer était désespérée ; la lune était sinistre. Il y avait quelque chose d'étrange à voir cette immense chimère mystérieuse aux mille écailles monter avec douleur vers cette froide face de cadavre qui l'attire du regard à travers quatre-vingt dix mille lieues comme le serpent attire l'oiseau. Qu'est-ce donc que cette fascination où l'océan joue le rôle de l'oiseau ? »

On suit la mer du Tréport au Havre. Hugo dessine la grande arche d'Étretat. Ils arrivent à Rouen le 13 août. *A Adèle* : « J'ai vu Rouen. Dis à Boulanger que j'ai vu Rouen. Il comprendra tout ce qu'il y a dans ce mot. » Dans la même lettre, il parle « des Andelys où j'ai passé la nuit dernière, et du château Gaillard, immense faisceau de tours ruinées qui dominent quatre méandres de la Seine. Je l'ai dessiné ». Le 16 août, ils sont à Mantes où Hugo se réjouit de trouver les lettres d'Adèle : « Merci, mon Adèle, de tout ce qu'elles contiennent de doux et de bon pour moi. Tu m'aimes, n'est-ce pas ? Remercie ma Didine de sa douce petite lettre... Embrasse tous nos chers petits. » Par Mantes, Pontoise, Senlis, Pierrefonds et Villers-Cotterêts, Juliette et lui regagnent Paris. Achevé, le premier des voyages touristiques et amoureux dont chaque année, désormais, Victor et Juliette se donneront le bonheur. Plus tard, en exil, Juliette se rappellera ces périples et s'attendrira sur les souvenirs charmants qu'elle en a conservés :

« Te rappelles-tu nos départs et comme on se serrait l'un contre l'autre sous la capote de la diligence ? La main dans la main, l'âme dans l'âme, on perdait le sentiment de tout ce qui n'était pas notre amour. Et quand on arrivait à l'étape, et quand on visitait cathédrales et musées, on admirait toutes choses à travers l'émotion dont nos cœurs étaient inondés. Que de chefs-d'œuvre m'ont ainsi exaltée parce que tu les aimais et que ta bouche savait m'en éclaircir le mystère ! Que de marches j'ai montées jusqu'au sommet d'interminables tours parce que tu les montais devant moi ! J'en avais oublié la coquetterie naturelle aux femmes. Une fois, dans les couloirs du Mont-Saint-Michel, en visitant les cachots, j'ai gâté toute une robe ; je n'avais que celle-là et je riais tout de même ! Et une autre fois, à Coutances, tu sais bien, Coutances dont “ les clochers tremblent au vent de mer ”, dans un horizon noyé de brumes, souviens-toi comme l'averse tombait, une averse normande ! Tu voulus m'abriter sous ton manteau mais je refusai, disant à l'imitation de je ne sais plus qui : cette eau-là ne mouille pas ! »

Cette année-là, la femme d'esprit qu'elle était n'a pas dû manquer de s'amuser du parallélisme de son propre voyage avec celui entrepris, exactement à la même époque, par Adèle. Le jour où Victor et Juliette ont quitté Paris, Adèle en a fait autant, en compagnie de sa fille Léopoldine et de Pierre Foucher, son père. Le lendemain soir, Adèle est arrivée à Angers. Là, elle a retrouvé... Sainte-Beuve. Le mémorandum d'Henry Havard nous prouve que le double voyage d'Adèle et de Charles Augustin a été soigneusément préparé. La liaison en est arrivée à un point culminant. Qu'on en juge :

« Sainte-Beuve devient tyran, il empêche Adèle d'aller à des concerts. La tante continue de favoriser les amours. Les premières de Victor Hugo leur servent d'occasions de se voir. Les scènes commencent. Jalousie de Mme Victor Hugo. Elle lui offre de lui prêter de l'argent pour louer un appartement et lui défend de donner le bras à aucune autre femme... Elle l'appelle mon ange, allusion à des dangers courus par elle et par Martine. Elle ne sort qu'accompagnée — Victor va partir. Ils auront un mois pour reprendre leurs bonnes promenades. Elle l'appelle Cher bien-aimé. Rendez-vous au cimetière de Montparnasse, dans l'allée où est le tombeau de sa mère. Ils partent pour un voyage à Angers. »

Nous y voici. Lisons la suite :

« Elle part le samedi et lui recommande de partir vendredi ou dimanche pour que, si Victor la conduisait, il ne les vît pas partir ensemble (juillet). Rendez-vous à Saint-Sulpice pour préparer leur départ. »

De fait, pendant toute une semaine, Adèle et Sainte-Beuve ne vont pas se quitter, en observant naturellement en public une réserve de bon ton. Pierre Foucher n'y voit que du feu et s'émerveille surtout des festins rabelaisiens dont on les accable. On descend la Loire en bateau à vapeur jusqu'à Nantes. Sainte-Beuve récite le fameux sonnet de Du Bellay et des vers de lui qui, la chaleur aidant, assoupissent peu à peu l'auditoire. Du reste, Foucher est fier de sa fille. « Adèle doit être satisfaite, si elle a de l'amour-propre. Elle a été l'admiration des gens de la noce. Le nom de Mme Victor Hugo se murmurait d'une oreille à l'autre dans le bateau à vapeur... » Ce qui malgré tout étonne quelque peu Foucher, parfaitement au courant de la liaison de son gendre, c'est d'apprendre que celui-ci persiste à écrire à Adèle les lettres les plus tendres : « Hier soir, à notre rentrée dans Angers, Adèle a trouvé des lettres de son mari. Il voyage dans la Brie et la Champagne et paraît n'être pas satisfait des auberges qu'il rencontre dans sa course... Du reste, il est très aimable pour notre Adèle. Il lui mande qu'il veut qu'elle s'amuse, qu'elle pense à lui, qu'elle l'aime... » Si Foucher avait pu lire l'ensemble des lettres quasi quotidiennes de Victor à sa femme, il eût été encore plus surpris. Celle-ci par exemple : « Je suis à La Roche-Guyon et je pense à toi. Il y a quatorze ans, presque jour pour jour, j'étais ici ; et à qui pensais-je ? A toi, mon Adèle. Oh ! rien n'est changé dans mon cœur. Je t'aime toujours plus que tout au monde, va, tu peux bien me croire. Tu es ma propre vie... »

De quoi procurer à M. Pierre Foucher des perspectives inédites sur la nature humaine. Quant à Adèle, elle va faire connaître à son mari que Sainte-Beuve, pendant tout le voyage, a multiplié les attentions à son égard comme à l'endroit de Léopoldine. Elle ajoutera : « Quand tu seras à Paris, je te prierai, mon ami, de lui écrire quelques lignes de remerciement pour ses soins. »

Hugo ne semble pas en avoir senti l'utilité.

II

UN HOMME RICHE

L'argent, mon cher, l'argent,
c'est la seule puissance.
François PONSARD.

Il est minuit et demi. Dans son cabinet de la place Royale, à la lueur d'une bougie, Hugo écrit. Quelques instants plus tôt, une voiture l'a jeté devant chez lui. Il a gravi les deux étages et, au lieu de gagner sa chambre, s'est précipité dans son cabinet de travail. Il n'y tient plus. Il faut, il faut absolument qu'il écrive à Juliette. Sur-le-champ. Elle est aux Metz depuis quelques heures. Ce jour-là, 9 septembre 1835, Victor l'y a accompagnée dans une voiture particulière avec laquelle il est aussitôt reparti pour Paris. Alors, la plume d'oie — il n'en tolère pas d'autre — court sur le papier.

« A cinq lieues de toi. Hélas !

« Que fais-tu en ce moment ? Tu dors ? Moi je pense à toi. Rêves-tu de moi au moins, ma Juliette bien-aimée ? Je vais travailler pour nous. Oh ! je voudrais que toute notre vie fût comme cette nuit. Un doux rêve pour toi, le travail pour moi.

« Je t'aime. J'ai le désir de te voir qui me brûle. Je suis revenu dans cette voiture seul, et je te sentais pourtant là. La voiture était vide, mais j'avais le cœur plein.

« Je veux que tu m'aimes, je veux que tu m'écrives, je veux que tu me désires, je veux que tu sois belle, ce qui t'est facile, je veux que tu sois heureuse, ce qui m'est aisé.

« Oui, tu seras heureuse. Je t'aime tant, et si profondément. Si tu pouvais voir comme en ce moment je pense à toi avec amour !

« A bientôt. Je t'envoie d'ici mon âme et je te porterai demain le reste.

« Pose ta bouche ici.
« J'y ai mis la mienne. A bientôt, ma vie. »

Le lendemain, il va reprendre le chemin des Roches. Il a fallu cette fois une voiture plus vaste. Ce n'est pas rien d'emmener en même temps le père, la mère, les quatre enfants, la servante — et les bagages. De nouveau, l'accueil chaleureux des Bertin, les cris de bonheur des enfants, les courses éperdues dans les couloirs, la redécouverte du parc et des contes de Mlle Louise. Pour Hugo, dès l'installation dans *sa* chambre — les Bertin lui donnent toujours la même — il porte ses regards vers les arbres, les pelouses, l'horizon devenus familiers. Et, au-delà, vers la petite maison invisible où l'attend Juliette.

Quand il lui écrivait : « le travail pour moi », il illustrait fort exactement ce qu'allait représenter pour lui ce nouveau séjour. Renduel attend son nouveau recueil de poèmes : *les Chants du crépuscule.* Il est loin d'en avoir fini. Il sait où il va — il le sait toujours. L'architecture de l'ouvrage a été soigneusement bâtie. Il lui reste à écrire plusieurs poèmes, peut-être les plus importants, tels que *A Canaris.* Les journées ne suffiront pas, il lui faudra les nuits.

Et Juliette ?

Il ne peut aligner des vers sans s'évader quelques heures chaque jour. Ces heures-là, il a prévu — ainsi que l'an passé — de les partager entre ses enfants et sa maîtresse. Comme ils en ont parlé, elle et lui ! Comme ils ont rêvé — ensemble — du châtaignier creux et des sous-bois où ils ont traversé d'inoubliables ivresses !

Et de sa petitesse étalant l'ironie,
Son pied charmant semblait rire à côté du mien...

Quand il est arrivé aux Roches, il était sûr — et elle était sûre — que ces semaines-là allaient une fois encore marquer l'union idyllique de deux âmes et de deux cœurs. Ils s'étaient juré qu'aucun malentendu, aucun inutile emportement, aucun orage ne viendraient troubler ce bonheur que l'on prévoyait ineffable. Juré.

Hélas !

D'abord, il y a le temps. Épouvantable, au cours de cet automne de 1835. Impossible, pendant des jours entiers, de sortir, de se retrouver. Dans la maison des Metz, l'humidité suinte le long des murs. Durant des heures, par les fenêtres closes, Juliette regarde la pluie tomber. Victor travaille — et oublie. Mais elle ? Son unique ressource est d'écrire à cet homme si près d'elle et qui lui reste si loin. Elle ne s'en prive pas. Quand elle a terminé une lettre, elle la range avec les autres, celles écrites la veille, ou l'avant-veille. Elle attend.

Une éclaircie — enfin ! Ils se précipitent à la même minute l'un au-devant de l'autre, courant à travers les herbes trempées, les cheveux mouillés par l'eau qui glisse des branches et des feuilles. Il la voit, elle le voit. Ils s'élancent, elle est dans ses bras. Leurs lèvres s'unissent. Mais ensuite ? Un regard à la terre changée en boue, à ces fougères — lit idéal — qui, gorgées de pluie, s'effondrent vers le sol comme si elles participaient du désespoir des amants. Il faut se contenter de quelques pas, elle blottissant contre lui son corps souple et chaud. Encore faut-il qu'ils se réjouissent si une ondée soudaine ne vient pas tout à coup interrompre ce qui n'est guère qu'un entretien amoureux. Un cri : « Ah ! non ! » Un dernier baiser, vite. Chacun s'enfuit chez soi. Et dans quel état arrive-t-on !

Juliette à Victor : « Mon Victor adoré, je t'aime, je n'ai aucun mal, je n'ai que la crainte que cette longue immersion ne t'ait pas aussi bien réussi qu'à moi. Ma pauvre âme, mon beau corps, je voudrais vous avoir à présent près de mon bon feu pour vous aimer et vous réchauffer avec mon amour et mes baisers. Mon bon chéri, à peine t'avais-je perdu de vue que j'ai rencontré Hyacinthe. Elle avait eu la précaution de m'apporter des souliers de rechange et de m'apprêter un bon feu. Je suis rentrée à six heures moins cinq. J'ai changé de tout, ensuite j'ai fait tout laver pour demain dans le cas où il ferait beau. Je veux être la première au rendez-vous... »

S'il n'était que les contretemps de la météorologie ! Cette année-là, aux Metz, Juliette a bien plus encore à s'affliger des négligences de son amant. Il lui a promis sa visite et, sans raison, il ne vient pas la voir. Une autre fois, il part à l'improviste pour Paris. Si d'aventure il arrive à l'heure dite, il ne la touche pas. L'année précédente, pour ne pas rejoindre Juliette chez elle, Hugo pouvait arguer de la présence de sa fille, dont le lit se trouvait dans la chambre de sa mère. Cette fois, Juliette a expédié Claire à Saumur. Elle est seule, dans la petite maison, avec sa servante Hyacinthe. Alors, pourquoi cette froideur, ce dédain, ce mépris pour un corps toujours si beau, qui n'attend que des caresses ? A Paris, ce n'était guère mieux, mais elle avait cru — comme elle l'avait cru ! — que les Metz changeraient tout cela. Les éléments s'en mêlant, elle plonge dans un désespoir dont rien ne peut la délivrer, pas même les protestations d'amour de Hugo : elle a perdu confiance. S'il tente de la convaincre, elle se change en furie, hurle qu'il ment, qu'elle ne le croira plus jamais, et que d'ailleurs il ne l'a jamais aimée. Des larmes ont surgi dans les yeux de Hugo. Elles ne l'ont pas attendrie. Se mettant en colère — alternance rituelle — il lui répond sur le même ton, lui lance au visage les insultes de toujours. Elle crie plus fort encore. Hors de lui, il fuit, claquant la porte derrière lui.

C'en est trop. Le lendemain, quand il revient — il revient toujours — elle lui annonce que c'est décidé, elle le quitte, elle part et, cette fois, définitivement :

« Je te supplie à genoux de me laisser partir. Je n'ai pas assez de voix, pas assez de prière pour te le demander et, vois-tu, mon pauvre ami, je suis si malheureuse, si humiliée et je souffre tant que je m'éloignerais de toi, malgré toi. Il vaut mieux que tu donnes ton consentement, j'aurai du moins la triste satisfaction, en m'éloignant de toi pour toujours, de ne t'avoir pas désobéi. »

La lettre a été écrite à 11 heures un quart du matin. Deux lignes ont été soulignées par elle : *« Tu es le seul homme que j'aie jamais aimé, le seul à qui je l'aie dit. »* En travers de la première page, en haut, elle a noté : « Il y aura demain un mois que nous avons quitté Pierre. » Pierre était un de leurs conducteurs, au cours de leur voyage du mois d'août. Ils avaient été si heureux alors ! Elle a dû faire porter la lettre aux Roches par sa servante Hyacinthe — le regard d'Adèle si elle l'a aperçue ! — Hugo, après l'avoir lue, s'est précipité aux Metz. Il frappe, elle ouvre, reste un instant interdite. Il pleure. Elle lui ouvre les bras. Le même jour, à 7 h 10 du soir — elle n'inscrit pas seulement les heures, mais les minutes — elle lui écrit :

« Si je t'ai fait du chagrin, si je t'ai fait du mal, si je t'ai offensé, pardonne-moi, pardonne-moi, pardonne-moi. Je t'aime. Je voudrais lécher tes pieds comme un *pauvre chien battu que je suis.* Ne me dis plus que je t'aime moins. Ne me dis plus rien de triste. Ne fais plus ta petite mine malheureuse. Pour te voir me sourire, je donnerai tout ce que j'ai et tout ce que je n'ai pas. Mon Toto, je t'ai fait bien du mal et j'ai été bien cruelle. Je ne me comprends pas, quand je pense que j'ai vu, sans me jeter sur tes yeux et sur ton cœur, tout le mal que tu y avais. Juge de ma douleur à moi par ma férocité pour les tiennes. Mon adoré, mon chéri, mon Toto, mon amour. Bien que je te voie pleurer, que je te voie souffrir, veux-tu bien te laisser aimer, caresser, consoler tout de suite ?

« Je ne sais pas ce que je te dis. Mais c'est que je suis *grise* à la lettre. La joie de ne pas partir, la joie d'être à toi encore, le chagrin de t'avoir fait tant souffrir, la fatigue de la journée, car j'ai tout *rerangé*, l'estomac que j'ai vide depuis hier midi, tout cela me tourne, me tourne, au point que je suis *soûle.* Mais je n'aurais rien pu approcher de mes lèvres avant d'avoir approché mon cœur du tien, avant de t'avoir dit comme autrefois, avec le même accent et la même conviction : je t'aime *plus.*

« Maintenant, calme-toi, laisse-toi aimer, prends soin de toi, dors bien, pense à moi. Ne m'écris pas. Tes yeux sont trop malades. Je lirai dans ton cœur demain. »

Hyacinthe a dû reprendre aussitôt le chemin des Roches, car le même jour, à minuit et demi, Hugo lui écrit déjà. Il a lu, relu, baisé mille fois la lettre, « ton adorable lettre de ce soir, ta lettre qui me rend heureux, ta lettre qui me rend fou, ta lettre qui me rendra sage !... Ma Juliette, ma bien-aimée, c'est moi qui te demande pardon à genoux, à mains jointes, avec larmes, c'est moi qui ai été monstrueux, c'est moi qui ai besoin de coller mes lèvres sur tes pieds, sur ton pauvre corps adorable que je n'ai jamais plus aimé qu'hier même, Dieu m'en est témoin. Ma Juliette, je t'aime. Il est dans ta destinée d'être ma vie ou d'être ma mort... Jamais je ne t'ai plus aimée qu'hier, cela est pourtant vrai, dans cette frénésie, dans cette furie, dans cette férocité où j'étais. Pardonne-moi. J'ai été un misérable fou atroce et perdu de jalousie, perdu de rage, perdu d'amour. Je ne sais pas ce que j'ai fait. Mais je sais bien que je t'ai aimée. Aimée, vois-tu, comme jamais une femme ne l'a été avant toi, comme jamais femme ne le sera après. Je t'aime jusqu'à mourir, jusqu'à te tuer... Aime-moi de même, et le jour où tu prendras mon sang, je baiserai ta main qui m'aura frappé. Mais non, rien de tout cela. Nous nous aimerons. Tu seras heureuse. Moi, je relis ta lettre, je suis à tes pieds, je suis au ciel. »

Comment, en lisant cela, ne serait-elle pas, elle aussi, au ciel ? Amants terribles toujours, mais amants admirables. De nouveau, elle l'attend. De nouveau, elle espère des étreintes dont elle imagine des joies infinies : « Pense à moi. Viens le plus tôt possible. Je te tends les bras, les joues et tout mon être... » Ses lettres prennent un caractère de plus en plus charnel : « Je vous baise partout, sans exception. » Et aussi : « Je te baise sur toutes tes joues, même celles qui sont grasses. » Mais il continue à la décevoir — souvent : « Vous voyez bien que vous n'êtes pas venu, cette nuit. Ni ce matin. » Et encore : « Je suis très fâchée contre vous, Toto. Vous n'êtes pas venu, ni cette nuit, ni ce matin... »

Il est vrai qu'il travaille avec acharnement, presque avec fureur : des jours entiers, des nuits entières. Le but qu'il s'est fixé pour *les Chants du crépuscule*, c'est d'atteindre au chef-d'œuvre. Pour cela, rien ne doit être épargné. Parfois, à 5 heures du matin, il interrompt son travail afin de lui écrire. D'autres fois, l'aube venue, il quitte le château, court à travers bois, la surprend aux Metz alors qu'elle dort encore.

De ces matins exaltants, comme il saura se souvenir ! « Je songe avec ravissement à notre matinée d'aujourd'hui, à ton lit si parfumé de toi, à tes bras si doux, à tes baisers si enivrants. Ma Juliette ! Ma joie ! » N'importe, amère est la désillusion de Juju quand, allant à *leur* châtaignier creux, elle ne trouve ni Victor ni lettre : « A moins que le ciel ne se fonde en eau, j'irai à notre *gros arbre* qui est bien stérile pour moi cette année. Il ne m'a pas encore apporté la plus petite lettre et c'est bien ingrat à lui, car je lui donne la préférence sur les autres, beaucoup plus jeunes et plus charmants que lui. Mais l'ingratitude, c'est le fond des hommes et des arbres... » C'est elle qui est ingrate : sous le feuillage de l'un de ces arbres, elle va vivre — et lui aussi — un moment d'extase si sublime que le souvenir les marquera tous deux jusqu'à l'instant ultime de leur vie.

Victor à Juliette : Souvenons-nous, toute notre vie, de la journée d'hier. N'oublions jamais cet effroyable orage du 24 septembre 1835, si plein de douces choses pour nous. La pluie tombait à torrents, les feuilles de l'arbre ne servaient qu'à la conduire plus froide sur nos têtes, le ciel était plein de tonnerres. Tu étais nue entre mes bras, ton beau visage caché dans mes genoux, ne se détournant que pour me sourire, et ta chemise collée par l'eau sur tes belles épaules. Et pendant cette longue tempête d'une heure et demie, pas un mot qui n'ait été un mot d'amour. Tu es ravissante ! Je t'aime plus qu'il n'y a de paroles pour te le dire, ma Juliette ! Quel affreux tumulte hors de nous ; en nous, quelle délicieuse harmonie ! Que ce jour-là soit un souvenir d'or pur sur les jours qui nous restent... »

C'est peut-être ce jour-là qu'est né Olympio. Toujours est-il que, quelque temps plus tard, le 15 octobre, il va composer son poème intitulé « Olympio », destiné primitivement aux *Chants du crépuscule* et en définitive publié, en 1837, dans *les Voix intérieures.* Olympio, c'est lui, Victor Hugo. Ou plutôt, son double. Dans un fragment du manuscrit, partie non insérée de la préface des *Voix intérieures,* le poète s'est expliqué : « Il vient une certaine heure dans la vie où, l'horizon s'agrandissant sans cesse, un homme se sent trop petit pour continuer à parler en son nom. Il crée alors, poète, philosophe ou penseur, une figure dans laquelle il se personnifie et s'incarne. C'est encore l'homme, mais ce n'est plus le moi. » Plus tard, au temps de l'exil, il dira : « Mon moi se décompose en : Olympio : la lyre — Herman : l'amour — Maglia : le rire — Hierro : le combat. » D'autres romantiques se sont cherché des doubles : Byron avec *Childe Harold,* Chateaubriand, avec *René,* Vigny avec *Stello,* Musset avec *Fantasio,* George Sand avec *Lélia.* Le choix seul du nom Olympio représente une admirable trouvaille. Sa consonance nous élève sur le haut d'une montagne où la foudre frappe un « demi-dieu né dans la solitude aux souffles confondus de l'orgueil, de la nature et de l'amour [1] ».

Il faut lire tout le poème des *Voix intérieures* pour sentir combien, au moment où il écrit, il souffre de se voir discuté, controversé, haï. Il compare cet opprobre, ces ricanements qui l'accompagnent avec ce jeune homme dont on craignait à la fois et révérait le nom.

Les méchants accourus pour déchirer ta vie,
L'ont prise entre leurs dents,
Et les hommes alors se sont avec envie,
Penchés pour voir dedans !

On admirait la chaste renommée du jeune poète, maintenant, on foule aux pieds sa vie privée, on l'accable de calomnies, on discrédite sa gloire.

Nul ne te défend plus. On se fait une fête
De tes mots aggravés.
On ne parle de toi qu'en secouant la tête,
Et l'on dit : Vous savez !

Ses amis l'ont abandonné. Quand ils parlent de lui, ils ont l'air de montrer « un palais ruiné ». De tout cela, il éprouve une souffrance qui sans cesse grandit et le déchire

1. Maurice Levaillant.

davantage. Il tente de se délivrer par la certitude orgueilleuse de son génie, par la conviction que le jour viendra où les méchants seront confondus. A son double qui supporte si mal les coups qu'on lui porte, les blessures dont il saigne, il répond par un chant « calme et paisible ». Il lui parle « comme à la grande mer qui parlerait au fleuve », il attarde son regard aux grandeurs du ciel et aux beautés du monde, il proclame la victoire de l'amour. Certes, les illusions de l'enfance sont mortes. Mais la paix est venue.

Dieu nous donne à chacun notre part du destin,
Au fort, au faible, au lâche,
Comme un maître soigneux levé dès le matin
Divise à tous leur tâche
Soyons grands. Le grand cœur à Dieu même est pareil.

En fait, nous assistons à une nouvelle transformation du poète. Les tumultes de la liaison avec Juliette ont joué un rôle. La jalousie, les fureurs, les angoisses, le désespoir ont ajouté, comme il eût dit lui-même, une corde à sa lyre. Quand vont paraître, à la fin d'octobre, *les Chants du crépuscule,* nul ne pourra disconvenir que son but avait été atteint. Le chant est devenu ample sans être outré, la force s'enveloppe de douceur. L'inspiration naît aussi bien des croyances politiques passées et présentes, de l'empereur après le roi, mais aussi de la France avant n'importe quel souverain, cette France personnifiée en Femme divine, aimée et révérée comme la Vierge. Et des enfants, image de la pureté, suscitant l'amour le plus pur parce que le plus sacré. Et aussi des femmes, Juliette au centre de tout, Juliette qui apparaît dans treize poèmes, que ceux-ci la chantent ou lui soient dédiés.

Puisque j'ai mis ma lèvre à ta coupe encor pleine,
Puisque j'ai dans tes mains posé mon front pâli,
Puisque j'ai respiré parfois la douce haleine
De ton âme, parfum dans l'ombre enseveli,

Puisqu'il me fut donné de t'entendre me dire
Les mots où se répand le cœur mystérieux,
Puisque j'ai vu pleurer, puisque j'ai vu sourire
Ta bouche sur ma bouche et tes yeux sur mes yeux...

Je puis maintenant dire aux rapides années :
« Passez ! Passez toujours ! Je n'ai plus à vieillir !
Allez-vous-en, avec vos fleurs toutes fanées ;
J'ai dans l'âme une fleur que nul ne peut cueillir.

« Votre aile, en le heurtant, ne fera rien répandre
Du vase où je m'abreuve et que j'ai bien rempli.
Mon âme a plus de feu que vous n'avez de cendre !
Mon cœur a plus d'amour que vous n'avez d'oubli ! »

Mais les lecteurs des *Chants du crépuscule* vont découvrir non sans étonnement, souvent avec scandale, que d'autres poèmes célèbrent aussi... Adèle. « Date Lilia » apparaît comme la proclamation d'un amour conjugal que rien n'a pu tuer :

Oh ! qui que vous soyez, bénissez-la. C'est elle !
La sœur, visible aux yeux, de mon âme immortelle !
Mon orgueil, mon espoir, mon abri, mon recours !
Toit de mes jeunes ans qu'espèrent mes vieux jours !...

Il n'est pas sûr que, de cette dévotion, Adèle se soit montrée enchantée. Avant même la publication de l'ouvrage, Sainte-Beuve, informé par elle — par qui d'autre l'eût-il été ? — écrivait à Béranger pour stigmatiser vertueusement l'étalage public que Hugo allait faire de ses amours illégitimes. Écrivant à Victor Pavie, il a réitéré : « Son volume de vers s'imprime ; il y en a beaucoup à cette belle Dalila ; il accommode tout cela comme il peut, et à la chinoise, avec l'amour conjugal des *Feuilles d'automne,* qu'il ne veut pas rompre officiellement, mais il y aura éclat je pense et curiosité maligne très en jeu lors de cette publication. » A peine l'ouvrage est-il en librairie que Sainte-Beuve rédige, pour *la Revue des Deux Mondes,* un article où, après des éloges mêlés de fiel, il en vient à ce qui, depuis le début, l'agite si furieusement. Parlant du poème, *Date Lilia,* réservé à sa chère Adèle, il écrit :

« On dirait qu'en finissant, l'auteur a voulu jeter une poignée de lis aux yeux. Nous regrettons que l'auteur ait cru ce soin nécessaire. L'unité du volume en souffre ; son titre de *Chants du crépuscule* n'allait pas jusqu'à réclamer cette dualité. Le thème manque de tact littéraire (au milieu de tant d'éclat et de puissance !) qui plus haut, nous l'avons vu, lui a fait comparer l'harmonie de l'orgue à *l'eau d'une éponge,* et parler du sourire *fatal* de la résignation à propos de Pétrarque, lui a inspiré d'introduire dans la composition de son volume deux couleurs qui se heurtent, deux encens qui se repoussent. Il n'a pas vu que l'impression de tous serait qu'un objet respecté eût été mieux honoré et loué par une omission entière... »

Cette indignation que Sainte-Beuve n'a pu contenir va bien au-delà de l'atteinte portée aux convenances. Elle n'est rien d'autre qu'une « vraie jalousie d'amant ». Sainte-Beuve ne reproche pas seulement à Victor d'avoir « manqué » à Adèle, il crie bien plus sa colère d' « être trompé par Hugo avec Juliette [1] ». Il y a dans toute âme humaine des zones d'ombre où nul ne pénètre, pas même soi.

Place Royale, Hugo vient de lire l'article de Sainte-Beuve. Il crie sa rage et son mépris. Si le critique était là, il le souffletterait, le pousserait dehors. Adèle se tait. Regrette-t-elle le zèle intempestif de Charles Augustin ? Le mémorandum d'Henry Havard se borne à dépeindre par le menu, à travers les lettres d'Adèle, ses relations avec Sainte-Beuve au cours de la fin de cette même année.

« Elle part pour un mois pour les Roches, ensuite ils auront *eux* leurs vacances. Il doit être le plus heureux des hommes parce qu'il est le plus aimé. Elle voudrait l'avoir dans ses bras. Elle est aux Roches (17 septembre 1835), elle lui rend compte de sa vie... Rendez-vous dans les églises, promenades en fiacre. Redoublement de tendresse et de rendez-vous. — 3 décembre 1835 : " Je te sais si peu heureux cependant je t'aime tant. *C'est si bon d'être aimé,* crois-le, notre vie est tellement mieux qu'il y a quatre ans que nous devons espérer tout au monde." — 15 décembre : " C'était aujourd'hui une fête, que n'es-tu auprès de moi ! " »

Peut-on après cela croire qu'elle ait donné tort à son amant ?

Après la publication de l'article, on a parlé de duel entre Hugo et le critique. Il a fallu que des amis s'entremettent. Finalement, le poète a préféré le mépris. Il s'y sent plus grand.

Du mépris, il n'est pas loin d'en éprouver toujours pour Louis-Philippe. De ses ministres, de tout ce personnel qu'il voit d'autant plus enflé qu'il sort de la « boutique », il ne parle qu'avec condescendance. Réflexe à la fois aristocratique et irréaliste. L'enrichissement proposé par Guizot en manière d'idéal comporte des résultats tangibles dont le bourgeois Hugo serait mal venu de se plaindre. Mais, l'*autre* Hugo continue à penser que l'on n'a pas le droit de fuir le vrai problème, celui de la misère et de l'ignorance, l'une étant la conséquence de l'autre. Il conserve aux

1. Raphaël Molho.

Bourbons de la branche aînée une sorte de révérence sensible et grave ; et cela ne l'empêche pas de revenir sans cesse sur les errements qui ont causé leur perte. Il a stigmatisé l'arrestation de la duchesse de Berry, flétrissant avec une indignation sincère ce Deutz qui avait monnayé — cent mille francs que Thiers lui a remis, dit-on, avec des pincettes — la livraison de la princesse : « l'homme qui avait vendu une femme », écrit-il. Il n'en est pas pour autant redevenu légitimiste. Il souhaite toujours une sorte de bonapartisme social qui lui permettrait de conjuguer son admiration pour Napoléon et ses aspirations à une plus grande équité. Mais le duc de Reichstadt est mort. Se rapprocher de Louis-Philippe ? Il n'y songe pas. La seule démarche qu'il se soit résolu à entreprendre — en septembre 1834 — auprès du duc d'Orléans, fils aîné du roi des Français, c'est une demande de secours pour une famille dans le besoin. Le duc s'est d'ailleurs empressé de lui donner satisfaction. Hugo l'a remercié par un poème. Rien de plus.

De plus en plus, il pense que le poète a sa place dans la cité. Que, mieux que d'autres et plus que d'autres, il peut utiliser les facultés dont la Providence l'a doté pour faire progresser la chose publique. Quand il regarde derrière lui, il s'aperçoit que toute sa vie littéraire, à son corps défendant, s'est trouvée escortée par une compagne fidèle : la politique. Il a lui-même écrit qu'il avait été « jeté à seize ans dans le monde littéraire par des passions politiques [1] ». Comment oublier les « affaires » de *Marion* et du *Roi s'amuse* ?

Impossible de douter que, depuis 1830, Hugo n'ait gardé les yeux fixés sur Lamartine. Pour lui, le grand aîné représente une manière d'exemple. L'auteur du *Lac* ne s'est pas non plus rallié au nouveau régime. Mais sa résistance a pris une forme active, alors que celle de Hugo reste passive. Après la Révolution de juillet, Lamartine a donné sa démission de diplomate. Il s'est présenté à la députation : première audace. Il a échoué. En 1831, il a publié une brochure intitulée *Sur la politique rationnelle* qui balayait toute prudence : il y prônait un État évangélique et social où importait peu la personne ou l'origine du chef de l'État, mais qui devait respecter avant tout la liberté de la presse, la centralisation administrative, la gratuité de l'enseignement, la séparation de l'Église et de l'État, la suppression

1. Préface de *Marion de Lorme.*

de la peine de mort. Déçu peut-être de n'être point entendu, il a entrepris un long voyage en Orient au cours duquel il a eu la douleur de perdre sa fille âgée de dix ans, Julia. En son absence, il a été élu député et, à son retour, a pris possession de son siège. A la Chambre, il se fait orgueil d'un splendide isolement. Il n'est membre d'aucun parti et, quand on lui demande quel est le sien, il répond, superbe : le parti social. Chaque fois qu'il parle, c'est sur les thèmes mêmes qui obsèdent Hugo. Comment ne serait-il pas ému — et secrètement jaloux — lorsque Lamartine s'en prend à cette peine de mort qu'il hait ? Dans ce sens, la visite que Lamartine rend à Hugo, le 17 avril 1834, représente un tournant de sa vie.

Qu'est venu lui demander Lamartine ? Il souhaite que son ami se présente aux élections. Peut-être le grand poète est-il un peu las de sa solitude. Parler dans le désert peut se révéler exquis, à condition que cela ne soit pas éternel. Lamartine a dû rêver à deux grandes voix associées imposant le silence aux nains du Palais Bourbon. Certes, quand il prend la parole, il en impose. Que serait-ce si s'exprimaient ensemble Hugo et Lamartine ! Nous ne savons rien de ce qu'a pu répondre Hugo. Mais le passage que le *témoin* consacre à l'entrée de Hugo dans le combat politique ressemble beaucoup à une réponse :

« Il y avait deux tribunes, celle des députés et celle des pairs. Député, il ne pouvait l'être ; la loi électorale d'alors était faite pour de plus riches que lui ; *Notre-Dame de Paris* et *les Feuilles d'automne* n'équivalaient pas à une terre ou à une maison. Il y avait bien un moyen de tricher la loi, assez usitée, si l'on avait un ami propriétaire ; il vous prêtait sa maison. Mais, quand M. Victor Hugo eût emprunté la maison d'un ami, les électeurs du cens étaient peu sympathiques aux littérateurs ; les écrivains étaient pour eux des rêveurs bons à les amuser dans les intervalles de leurs affaires sérieuses, mais, du moment qu'on était un penseur, et surtout un poète, on devenait radicalement incapable de bon sens et de rien entendre aux choses pratiques. Je ne sais par quelle erreur M. de Lamartine avait dû et pu être élu ; c'était déjà trop d'un poète, on n'en aurait certainement pas admis deux. »

Constatons qu'ici le nom de Lamartine vient bien à propos. Châtelain lui-même, l'auteur de *Jocelyn* a dû ouvrir de grands yeux. Sûrement, il n'avait pas pensé à cela, à cette loi qui ne voulait d'éligibles que les propriétaires ! Est-ce lui qui, tout à coup désabusé, aura indiqué à Hugo une autre voie possible vers la tribune : la Chambre des pairs ?

Les pairs avaient été créés par la Charte de 1814, à l'image des lords britanniques. Sous les Bourbons, la pairie était héréditaire. Louis-Philippe a gardé les pairs, se contentant de supprimer l'hérédité, mais conservant à la Chambre haute de réels pouvoirs, plus importants que ceux du Sénat de la Ve République. Une différence : notre Sénat est électif, les pairs étaient nommés par le roi. La réponse qu'a pu faire Hugo à Lamartine, nous l'entendons : il n'a aucune sorte de lien avec le roi Louis-Philippe, il n'a même jamais mis les pieds aux Tuileries. D'ailleurs, chacun sait que les seuls écrivains qui aient été nommés à la Chambre des pairs ont tous appartenu à l'Académie française. Lamartine avait l'esprit vif, il aura aussitôt rétorqué : Eh bien, présentez-vous à l'Académie française ! Moue de Hugo : chacun sait que la vieille dame du quai Conti est composée, à une majorité écrasante, d'auteurs classiques. Un poète romantique n'a aucune chance d'y être admis.

Lamartine réplique alors : J'y suis bien, moi ! Raisonnement qui n'a pas dû manquer de frapper Hugo. Reprenons le *témoin* : la « filière » y est très exactement indiquée : « Restait la Chambre des pairs. Mais pour pouvoir être nommé, il fallait être d'une des catégories où le roi devait choisir. Une seule était accessible à M. Victor Hugo : l'Académie. »

Dès 1832, quelques amis de Victor avaient commencé de lui parler de l'Académie française. Chant de sirènes auquel peu restent insensibles. Si de nombreux académiciens lui étaient fort hostiles, certains lui avaient manifesté de la sympathie. Nombreux sont ceux qui, en 1834, pensent que l'entrée de Victor Hugo à l'Académie représenterait pour le romantisme un droit de cité définitif dans la république des lettres. Certes, Hugo est encore bien jeune : trente-deux ans. Mais l'âge moyen des académiciens d'alors est inférieur à celui d'aujourd'hui. Malgré les instances de ses amis, malgré l'envie qu'il en a, Hugo n'a pas franchi le pas. Mais, le 17 décembre 1835, voici que meurt l'académicien-politicien Lainé dont nous conviendrons qu'il nous est devenu bien obscur. Aussitôt le *Courrier des théâtres* imprime : « Le bruit court que M. Victor Hugo se porte candidat à la place d'académicien, vacante par le décès de M. Lainé. Pour y réussir, cet écrivain a fait ses *Odes* ; pour n'y réussir pas, il a fait ses drames. » Le journaliste est bien informé. Le premier, l'auteur dramatique Népomucène Lemercier, pourtant si hostile au romantisme — il avait publié une brochure qui prétendait tuer *Hernani* sous l'ironie — a fait dire à Hugo qu'il « ferait bien de se présenter ; qu'il n'entrerait pas cette fois, mais aurait des voix honorables qui lui assureraient l'élection suivante ». Adèle nous raconte cela dans un chapitre de son manuscrit que le *témoin* n'a pas cru devoir insérer, même réécrit, dans l'ouvrage définitif. Mme Sheila Gaudon a retrouvé ces pages inédites et savoureuses pour qui a quelque raison de porter intérêt à la stratégie académique. Que Hugo ait jugé inutile, parce que déplacé, de lever le secret sur ses visites académiques, on le comprend. Notre gratitude n'en va pas moins à Adèle de nous avoir restitué le sel d'un itinéraire demeuré après un siècle et demi sans changement.

Hugo médite encore le conseil de Lemercier qu'il reçoit une lettre de Lamartine : « Cher ami, le premier de nos hommes politiques est mort. Il ne peut être remplacé que par le premier de nos hommes littéraires. Vous savez si vous pouvez compter sur ma voix. » Deux jours plus tard, c'en est une autre, d'Alexandre Soumet : « Ce n'est pas à vous à venir demander ma voix mais à moi à vous l'apporter. Celle de Guiraud vous est également assurée. Il est aussi désireux que moi de vous avoir pour confrère. » Comment ne pas céder à de telles amabilités ? La décision est prise, Hugo rédige sa lettre de candidature, aussitôt envoyée au secrétaire perpétuel de l'Académie.

Une candidature académique est une épreuve pour l'entourage de celui qui se met sur les rangs. Si Hugo a pu espérer être soutenu par ceux qu'il aimait, il est vite tombé de haut. Place Royale, Didine se déclare farouchement contre. Elle a onze ans maintenant, elle a vu tous les drames, lu tous les vers de son père. Elle l'aime avec passion, mais aussi, elle l'admire. Elle juge que M. Victor Hugo est bien assez grand par son œuvre sans qu'il lui soit besoin de convoiter un uniforme. Non, vraiment, qu'aurait-elle à faire d'un *papa vert* à la maison ? A son insu, Léopoldine possède un allié incomparable : Juliette. Depuis le jour où la belle recluse a appris que son Toto songeait à se présenter, elle s'est récriée. Quelle idée est donc passée par la tête de son grand homme de convoiter un habit brodé d'or, fût-ce selon le canon du peintre David ? En outre, l'Académie risquait de procurer à Victor un surcroît d'obligations dont Juliette prévoyait — elle n'avait pas tort — qu'elle payerait le prix. Son opposition baisse d'un ton lorsque Hugo l'avertit que, si le règlement de l'Académie interdit les visites, la tradition les conseille. Il lui faudra donc faire campagne auprès des académiciens en place. Il prévoit de louer un fiacre pour l'après-midi et, d'une seule randonnée, d'en « faire » plusieurs. Pourquoi Juliette ne l'accompagnerait-elle pas ? Quand la jeune femme apprend qu'il y a quarante académiciens, elle bat des mains : cela fait quarante visites et beaucoup d'après-midi en fiacre avec Toto ! Sentencieux, Victor observe que cela ne fait que trente-neuf, puisqu'un siège vacant signifie obligatoirement un mort. Elle ouvre de grands yeux : elle n'y avait pas pensé.

Ainsi en sera-t-il fait. Lors des visites qu'il entreprend, elle l'attend en bas, frémissante, ravie, cependant qu'il tire la sonnette d'improbables votants. Tendre et jalouse, elle lui a dit : « Comme cela, je saurai le temps que vous passez auprès des femmes et des filles d'académiciens. »

L'une des premières visites est pour le cher Nodier qui l'accueille avec un large sourire. Quand Victor lui confirme qu'il se présente, Nodier se rembrunit. Victor a-t-il bien réfléchi ? Réponse positive. Nodier hoche la tête.

— Votre génie vous dirige mal et, depuis *Notre-Dame de Paris,* vous êtes dans une mauvaise voie. Votre théâtre me choque et *Lucrèce Borgia* en particulier... Vous flétrissez, dans votre drame, un pape et blessez les sentiments religieux qui ont résisté chez moi aux secousses de la jeunesse.

Bref, Hugo n'aura pas la voix de Nodier :

— Je la donne à genoux à l'auteur de *Notre-Dame de Paris,* et la refuse à l'auteur de *Lucrèce Borgia.*

— Eh bien, Nodier, l'auteur de *Lucrèce Borgia* défend à l'auteur de *Notre-Dame de Paris* de vous la demander.

Alexandre Duval, attaché à la Bibliothèque de l'Arsenal, loge dans le même bâtiment. Quelques pas et Hugo frappe à sa porte. Duval est formel : il ne votera pas pour M. Hugo, attendu qu'il a ressenti une sinistre impression au spectacle de la pièce intitulée *Robert Macaire.* Hugo ose observer qu'il n'est pour rien dans *Robert Macaire.* Duval se récrie : sans l'influence pernicieuse de l'école romantique, il n'y aurait jamais eu de *Robert Macaire.* Confondu par cette logique, Hugo se retire en saluant. Dans le fiacre, Juliette commence ses comptes. On se fait conduire chez M. Villemain, tout récent secrétaire perpétuel de l'Académie, qui naguère avait dit grand bien des *Odes et Ballades.* Il est en train d'emménager. Les propos que Hugo a retenus et qu'Adèle a transcrits méritent d'être reproduits intégralement :

« Mr. Villemain savait que Mr. Hugo se présentait à l'Académie. Il savait aussi qu'on ne pouvait le faire revenir sur une résolution prise. Il lui dit qu'il n'essayerait pas de le faire changer d'avis ; qu'il était très embarrassé ; qu'il y avait en lui deux hommes : l'écrivain qui appartenait à Mr. Victor Hugo, et l'organe de l'Académie ; que sa candidature de chef du romantisme effrayait la majorité dont il était difficile au secrétaire perpétuel de se séparer ; que de plus, Mr. Molé avec lequel il avait été ministre étant un des concurrents, il devait par bon goût lui donner sa voix ; que la donnant à Mr. Molé en présence d'un des premiers poètes du siècle, il faisait un vol aux lettres ; qu'il aurait voulu, dans un intérêt commun et pour l'honneur de l'Académie, que Mr. Hugo laissât mûrir sa candidature et entrât d'emblée à l'Académie ; que, du reste, le résultat du vote, même prévu à l'avance, était toujours incertain ; qu'il tiendrait à la prochaine élection d'inscrire son nom sur l'un de ses bulletins et tâcherait enfin de concilier les exigences de sa situation avec sa conscience littéraire. »

Hugo remercie, salue et se fait conduire — avec Juliette — au ministère de l'Intérieur, dont le titulaire est toujours M. Thiers. Le petit Marseillais, avec sa pétulance ordinaire, expose les graves interrogations dans lesquelles il se trouve plongé. Molé se présente. Or, il tire à boulets rouges sur le gouvernement auquel appartient Thiers. Il faudrait donc avoir l'élégance de voter pour lui. Cependant il sait à l'avance que la voix qu'il donnera à M. Molé sera perdue, car M. Dupaty, autre candidat, a pour lui « la fraction agissante et enrégimentée de l'Académie ». Mais, ministre pour l'instant, il se doit d'être plus ministre qu'autre chose. Il regrette pour M. Hugo, c'est pour M. Molé qu'il votera.

M. Étienne estime que les lettres et la politique dont, au *Constitutionnel,* il s'est fait l'arbitre, lui paraissent inconciliables. Donc, il refuse sa voix à Hugo. Casimir Delavigne reçoit Victor affaissé au fond d'un fauteuil près d'une lampe à abat-jour qui éclaire faiblement son cabinet de travail. Il va droit au but :

— Vous connaissez sans doute les statuts de l'Académie. Nous ne pouvons engager notre voix ni révéler pour quel candidat nous votons.

— Aussi ma démarche, répond Hugo, n'est-elle qu'une simple formalité.

S'engage alors une conversation dont il ressort que Casimir Delavigne a rencontré M. Molé aux eaux d'Aix. Il lui a trouvé « de l'esprit et des manières de l'ancien monde ». Par ailleurs, il a lu le livre de M. Molé intitulé *le Pouvoir* et a jugé qu'il était écrit très purement. Rien de plus. Rien de moins. C'est ce qui pour M. Delavigne s'appelle garder le secret du vote. M. Scribe se déclare trop admirateur de Racine et des classiques pour ne pas s'opposer de tout son pouvoir à l'envahissement de l'Académie par le romantisme. « Entre M. Victor Hugo, promoteur des idées nouvelles et M. Dupaty, gardien des saines doctrines », il opte pour M. Dupaty. M. Dupin ne connaît pas M. Victor Hugo, mais déclare que peut-être il lira d'ici l'élection un livre de lui. Il n'est qu'un écrivain auquel il donnerait sa voix sans hésiter, c'est M. Casimir Bonjour. M. Viennet lit à Hugo une scène de sa tragédie d'*Argobaste.* Compliments de Hugo. Viennet se penche vers lui : ne pourrait-il pas l'aider — en bon confrère — à faire représenter sa pièce à la Comédie-Française ? Hugo déclare qu'il a tout juste assez d'influence pour faire jouer ses propres œuvres. Viennet se rembrunit. Victor n'aura pas sa voix.

Après sa visite à M. Viennet, c'est chez M. Royer-Collard que Victor se rend. Lequel n'y va pas par quatre chemins : il ne votera pas et ne votera jamais pour M. Victor Hugo. D'ailleurs, le jeune candidat a le temps d'être de l'Académie. Il en sera, mais après que lui, Royer-Collard, n'y sera plus.

Le fiacre où se pelotonne une Juliette déconfite conduit le candidat chez Chateaubriand. Très ému, Hugo pénètre dans ce cabinet de travail où il avait tremblé adolescent. A l'exception des cheveux devenus tout blancs, il trouve René à peine changé. Le grand homme se lève, avance un fauteuil et parle :

— Je vous attendais, Monsieur. Ayant appris la mort de M. Lainé, je pensais que vous viendriez me voir. Vous avez raison de vous présenter à l'Académie. C'est une bêtise mais tous les hommes de génie l'ont faite. Racine et Corneille ont été de l'Académie, il ne faut pas leur donner un démenti. Il est d'ailleurs bon que les hommes de valeur barrent le passage aux intrigants qui ont toutes les places, tous les honneurs, tout l'argent et qui veulent prendre les douze ou quinze cents francs que rapporte l'Académie dans la poche des pauvres littérateurs dont ce serait le pain. J'ai fait comme vous, Monsieur Hugo, je me suis présenté à l'Académie. Je suis académicien ; j'ai eu cette faiblesse.

Il se lève, tend la main à son visiteur :

— Ne vous dérangez donc plus, Monsieur Hugo, pour moi. Il me sera toujours agréable de vous serrer la main, mais cette espèce de visite officielle est superflue.

Quand, le 18 février 1836, on parvient à l'élection, Juliette, qui a soigneusement tenu ses comptes, sait à l'avance que son Victor ne sera pas élu. Avec malice et tendresse, elle lui écrit : « Dans trois heures environ, vous ne serez pas académicien, mon cher petit Toto, et vous pourrez vous en vanter. Moi, qui ne tiens pas aux avantages politiques lorsqu'ils sont habillés d'un habit académique, je fais les mêmes vœux que Mlle Didine et je me réjouis à l'avance de vous conserver sans aucun persil... »

Cinq candidats : Molé, Dupaty, Hugo, Dumolard et Kératry. Au premier tour, douze voix vont à Dupaty, huit à Molé, neuf à Hugo, une à Kératry, une à Dumolard. Dupaty sera élu au cinquième tour avec dix-huit voix, Molé en obtenant douze et Hugo deux. L'examen des registres de l'Académie permet de savoir que, parmi les présents, se trouvaient ce jour-là Chateaubriand et Lamartine. Sans guère d'hésitation, on peut penser que les deux voix de Hugo leur ont appartenu [1].

A l'annonce des résultats, Didine et Juliette, chacune chez soi, ont battu des mains.

Rien ne déroute jamais Hugo dès lors qu'il a choisi un chemin. Il veut être de l'Académie, donc il en sera. Il renonce à se présenter à l'élection du 28 avril 1836, assuré que nul ne peut s'opposer à Guizot. De fait, l'homme d'État est élu triomphalement. En revanche, il se présentera, le 29 décembre 1836, au fauteuil de Raynouard. L'historien Mignet est élu. Tant pis, ce sera pour la prochaine fois.

Avant leur brouille, Hugo avait longuement entretenu Sainte-Beuve de ses projets. Agacé, le critique avait noté : « Hugo veut être de l'Académie. Il s'en occupe ; il vous en entretient gravement ; il s'y appesantit durant des heures ; il vous reconduit, par distraction, du boulevard Saint-Antoine à la Madeleine, tout en vous en parlant. Dès que Hugo tient une idée, toutes ses forces s'y portent en masse et s'y concentrent ; et l'on entend arriver du plus loin sa grosse cavalerie d'esprit, artillerie, et train, et méta-

1. *Archives de l'Institut de France.* Rappelons que le vote est secret et que les bulletins sont brûlés aussitôt après l'élection. Dans son Journal, Viennet confirme que les deux voix qui se sont portées sur Hugo sont celles de Chateaubriand et Lamartine. « Guiraud et Charles Nodier avaient cependant intrigaillé pour lui ; et, en sortant, ils m'ont demandé si, à la première élection, je ne viendrais point à leur secours. Je le nommerai, leur ai-je répondu, quand il aura le sens commun. »

phores. » Quand Sainte-Beuve sera lui-même candidat, il fera comme les autres.

Pas de séjour aux Roches en 1836. On va représenter, en novembre, cet opéra que Louise Bertin a composé d'après *Notre-Dame de Paris* et qu'elle a intitulé *la Esmeralda.* Hugo en a composé le livret par amitié. Il l'a fait sans joie, souffrant de ne pouvoir faire que des « bouts rimés » : ne fallait-il pas suivre le « patron donné » ? Pendant l'été, les répétitions ont commencé à l'Opéra : Berlioz les dirige, après avoir secrètement mis la main à une partition qui, pour inspirée qu'elle fût, manquait parfois de solidité. A ces répétitions, Hugo n'a pas assisté, ceci pour une raison fort simple que le *témoin* nous livre pudiquement en ces termes : « l'auteur des paroles n'y assista pas ; il voyageait en Bretagne ». Le 15 juin, Juliette et lui se sont mis en route pour leur voyage de chaque année. Mais auparavant, le 1er mai, Hugo est allé installer sa famille à Fourqueux, non loin de Saint-Germain-en-Laye, où il est prévu qu'elle passera tout l'été.

Elle existe encore, cette maison de Fourqueux. Elle est de noble allure, demeure à prétention seigneuriale pour bourgeois cossus : sept larges fenêtres et portes-fenêtres à volets blancs au rez-de-chaussée, sept fenêtres à l'étage, un balcon et trois fenêtres ménagées dans le toit d'ardoises aux pentes élégantes. Un grand parc autour de la demeure. La forêt de Marly est toute proche.

Le 1er mai, c'est bien tôt pour des enfants qui poursuivent des études. Didine a douze ans. Louis Boulanger, la dessinant quelques mois plus tard, l'a montrée devenue jeune fille, avec sa coiffure en bandeau, son cou serré par un ruban noir, jolie, fine. Un peu trop sérieuse aussi : une enfant qui vit une existence familiale difficile, qui feint de n'être au courant de rien et qui naturellement sait tout. Ne devrait-elle pas être à sa pension pour le dernier trimestre ? Et les garçons, Hugo prend-il leur éducation si légèrement ? L'explication est peut-être que, sachant qu'il va lui-même partir le mois suivant avec Juliette, il a voulu accorder aux siens d'*autres* vacances. N'est-ce pas aussi que, gardant au cœur la rage dans laquelle l'a plongé l'article de Sainte-Beuve sur *les Chants du crépuscule,* il a voulu éloigner Adèle de l'ex-ami ? Ce mari, dont Adèle croit toujours qu'il ne connaît rien de précis, n'est peut-être pas resté aussi aveugle qu'elle veut bien le croire.

Entre Adèle et Sainte-Beuve, il s'est passé quelque

chose, cette année-là, qui va modifier leurs rapports. L'année avait pourtant bien commencé. On lit, à la date du 1er janvier 1836, dans le mémorandum d'Henry Havard : « Mon ange, à toi ma première pensée, à toi ma dernière, je t'aime tant. » Les rendez-vous se poursuivent à la satisfaction des deux partenaires. Pourtant, « elle se plaint de l'avoir trouvé froid et un peu *papa* ». Et puis, c'est le départ pour Fourqueux :

« 12 mai 1836, longue lettre de cinq grandes pages pleines de détails d'auteur, " tes vers sont arrivés dans un moment où mon âme était en rapport avec l'idée religieuse "... Longs détails sur la vie de campagne. Les lettres de Sainte-Beuve deviennent rares. Elle lui donne son adresse avec ordre de ne plus adresser poste restante à Saint-Germain, cette adresse est : Mme Victor Hugo chez Madame Mariette à Fourqueux, près Saint-Germain. Explications pénibles. L'amour qui ne peut se réaliser et s'épancher par des rapports journaliers ne va pas à la nature de Sainte-Beuve. Elle sent qu'elle l'a plutôt étourdi que satisfait. Elle cherche dans sa croyance en Dieu des consolations. Elle garde ses cheveux blancs qui poussent à merveille pour lui plaire. Mon mari est revenu, je l'ai vu très peu, il est assez préoccupé, mais convenable pour moi. »

En marge de tout ce passage, Henri Havard a placé une accolade avec cette mention : « Depuis le 2 avril 1836 on se dit *vous*. »

Chacun gardera un souvenir délicieux de cet été à Fourqueux. On a traîné là M. Foucher qui vieillit doucement et qu'Adèle tenait à ne pas laisser seul à Paris. De se trouver auprès de sa fille et de ses petits-enfants qui l'adorent, il rayonne de bonheur. Louis Boulanger et Auguste de Chatillon viennent séjourner auprès de leurs amis. Alexandre Dumas les rejoint, mettant fin avec une joie explosive à sa brouille avec Victor. Le cher Fontaney qui, entre-temps, a enlevé la fille de Mme Dorval, Gabrielle, et filerait le parfait amour si sa maîtresse chérie n'était phtisique, suit le mouvement : « Journée délicieuse... Dîner le plus joyeux qui se soit fait de longtemps. Victor sans habit, en chemise, c'est-à-dire en peignoir de sa femme, est superbe de gaieté. »

Dès qu'elle se trouve seule, Adèle s'absorbe dans son dessin : « Adèle a repris son crayon, écrit Pierre Foucher, et ne le quitte plus. Elle en est toute noire. Nous ne pouvons pas lui arracher une parole... Adèle est toujours enfouie dans son dessin. Pas possible de la faire remuer et il ne faudra rien moins que la présence de sa tante pour qu'elle reprenne ses promenades. » La tante en question, Martine Hugo, vient d'apporter quelque message qu'il vaut mieux lire hors des regards indiscrets.

Didine prépare sa première communion. Elle devrait l'avoir faite au mois de juillet. Son père, devant être absent, on remet le grand événement à l'automne. Léopoldine eût préféré que l'on ne le retardât pas et que son père fût là. Chaque fois qu'il part, c'est le même serrement de cœur, la même vague de jalousie à l'égard de l'inconnue.

Elle, Juliette, ne se sent plus de joie : voilà donc revenue l'époque de son « pauvre petit bonheur annuel ». De son côté, l'année semble être au beau fixe. En tout cas, les orages durent peu. C'est avec une sorte de philosophie que Victor les accueille. Pour leur anniversaire, dans la nuit du 16 au 17 février, il lui a écrit : « Tout à l'heure encore tu pleurais. Et voilà maintenant que tu souris, ma bien-aimée. Va, ne te plains pas de ces brumes qui s'en vont vite. Il n'y a de nuages que dans le ciel ou dans l'amour. » Le 8 mars, elle a déménagé. Hugo lui a loué un nouvel appartement, au 14 de la rue Saint-Anastase. Elle est heureuse, appelle cela un « petit palais » et le trouve « fièrement beau ». Afin qu'il multiplie ses visites, même quand il est malade — de nouveau il souffre des yeux — elle l'avertit : « J'ai un bon petit remède dans une très jolie *pharmacie* que je vous donnerai et qui vous guérira si vous m'aimez. » Elle admet que, si parfois il passe plusieurs jours sans venir la voir, ou s'il reste de marbre en sa présence, c'est parce qu'il travaille beaucoup. Elle convient que l'inspiration de l'écrivain et les fatigues du corps ne sont pas toujours compatibles. Tout de même ! « Vous ne faites pas assez l'amour : toutes choses nécessaires à la santé et au bonheur... J'aimerais mieux que vous fussiez beaucoup plus paresseux et beaucoup plus amoureux. »

Quand le jour du grand voyage approche, elle ne tient plus en place : « Pauvre cher adoré, je meurs d'envie de faire ce voyage, c'est-à-dire de passer avec toi des journées et des *nuits entières.* » Une ombre au tableau : cette année, on ne part pas seuls. Le bon Célestin Nanteuil, graveur et peintre, est de la fête. Il se montrera le plus discret des compagnons et Juliette n'aura à se plaindre que de la mélancolie qu'il affiche en tout lieu. A Chartres, on s'émerveille, on cherche à Fougères le souvenir de la famille de Juliette, à Saint-Malo celui de Chateaubriand, on s'enivre aux beautés du Mont-Saint-Michel, on visite la

Normandie. Mais, aux étapes, Hugo ne néglige jamais d'écrire à Adèle. Le 30 juin : « Il y a quinze jours que je suis privé de toi, de ton doux sourire indulgent... » Elle lui répond :

« Ne te prive de rien. Moi je n'ai pas besoin de plaisirs, c'est le calme qu'il me faut. Je suis bien vieille par les goûts et assez triste sans chagrins. Que peut-on faire de mieux dans cette vie ? Je n'ai au monde qu'un désir, c'est que ceux que j'aime soient heureux, le bonheur de la vie est passé pour moi, je le cherche dans la satisfaction des autres. Il y a bien de la douceur malgré tout, là-dedans. Aussi, tu as bien raison quand tu dis que j'ai le sourire indulgent, mon Dieu ! Tu peux faire tout au monde, pourvu que tu sois heureux, je le serai. »

A-t-elle vraiment acquis tant de sérénité ? Ébranlée par sa propre déception, ne veut-elle plutôt se convaincre qu'elle est tolérante ?

Le voyage en Normandie continue : Bayeux, Caen, Honfleur, Yvetot. Le même jour, Adèle lui écrit : « Ne manque pas d'être ici pour ta fête ; ce serait mal à toi de n'être pas revenu pour *ce jour-là.* » Elle est écoutée. Hugo rentre à Paris à temps pour être, le 21 août, au sein de sa famille. Un mois plus tard, Sainte-Beuve écrit à Guttinguer : « Le bonheur dont vous voulez bien vous inquiéter dure toujours, mais si lointain, si rare, si sevré ! »

Le 8 septembre, c'est la première communion de Léopoldine. Auguste de Chatillon est là qui y trouvera le sujet d'un délicieux tableau. Théophile Gautier, Charles Robelin, Alfred Asseline et Alexandre Dumas ont fait le voyage. Il vaut mieux que Chatillon, dans son tableau, n'ait pas montré Robelin et Gautier plongés, pendant l'office, dans la lecture des *Mémoires* de Mlle Quinault ! L'abbé Roussel, curé de Fourqueux, et le pieux Pierre Foucher ont aidé Didine à se préparer. Ce que nul n'a su, c'est que la ravissante jeune fille, communiant avec une ferveur qui a troublé jusqu'aux incroyants les plus endurcis, portait une robe blanche taillée par Juliette Drouet dans l'une de ses anciennes robes de bal, un organdi bien séculier ! Un repas a suivi, auquel M. Foucher a convié tout le clergé des environs. Hugo, peu désireux de s' « ensoutaner », est reparti pour Paris sans y assister : visage fermé, regard triste de Didine. Hugo n'en est pas moins sincèrement ému. *A Adèle* : « Dis à Didine et à Dédé que j'ai pensé aujourd'hui à elles dans la Chapelle de Notre-Dame de la Délivrance...

J'ai prié aussi sans m'agenouiller avec l'orgueil bête de notre temps, mais du plus profond de mon cœur. »

Adèle fera les comptes : cette première communion a coûté 200 francs. *A Victor* : « C'est, en effet, assez cher, mais aussitôt que Chatillon aura fini son tableau, il s'en ira et je fermerai ma maison pour *tout le monde...* » Chez les Hugo, l'heure ne sera jamais à la prodigalité.

On a joué *la Esmeralda.* Un échec retentissant. Dès la sixième représentation, on a dû réduire l'œuvre de quatre à trois actes. Le four n'a fait que s'aggraver. L'infortunée *Esmeralda* finira en un seul acte que, de temps à autre, pour faire plaisir à Mlle Bertin — et au *Journal des débats* — on jouera en lever de rideau.

Tout ce temps-là, Hugo écrit fort peu. Parfois, un poème — dont le fameux *Oceano Nox,* en juillet 1836. Mais, entre le 6 septembre et le 9 novembre, pas même un vers. A ce point qu'Adèle s'inquiète :

« Je voudrais bien, mon ami, te voir travailler... Je suis triste parce qu'il me semble que tu fais maintenant peu pour ta famille. » Juliette rêve de reprendre sa carrière théâtrale. Elle étudie le rôle de Marion de Lorme, écrit à Victor : « Il me semble que tu m'aimais déjà en ce temps-là... Marion n'est pas pour moi un *rôle*; c'est *moi.* » Mais l'important, pour Hugo, est ailleurs. L'académicien Raynouard vient de mourir, celui-là même qui l'avait reçu à quinze ans quai Conti. Nulle hésitation : il se présente. Nouvelle campagne, nouvelles visites, nouvelles tensions familiales. Sont en lice Mignet, Casimir Bonjour — si cher à M. Dupin — Pariset. Et Hugo. Le 29 décembre, Mignet est élu avec 16 voix. Aux cinq tours, Hugo peut dénombrer 6, 6, 6, 5, puis 4 voix. Parfait. On attendra.

Le 20 février 1837, une ombre immense s'abat sur les pièces tapissées de rouge de l'appartement de la place Royale. Un message vient de parvenir de Charenton, annonçant la mort d'Eugène Hugo. Depuis des années, Victor ne l'a plus vu. Parce que les médecins ne le souhaitaient pas ou plutôt par confort moral ? Les deux sans doute. S'il fallait en croire les psychiatres, Eugène, depuis longtemps, avait sombré dans l'inconscience. Pourtant, le 3 avril 1832, il avait paru autre à l'ami Fontaney : « La cour des fous furieux. Le frère de Victor ; il se lève ; il se souvient de la poésie, de son prix de Toulouse... » Le voilà guéri à jamais, celui dont on avait fait un mort vivant. Comment oublier le temps de leur enfance lorsque, étant deux, ils ne faisaient qu'un ? Comment oublier la captivité commune, la vocation commune, les espoirs et l'enthousiasme communs ? Oublier ? Pour Victor, le chagrin se teinte d'amertume, peut-être de remords. Pour se délivrer, il compose un poème et l'intitule : *A Eugène, vicomte H...*

Tu dois te souvenir des vertes Feuillantines,
Et de la grande allée où nos voix enfantines,
Nos purs gazouillements,
Ont laissé dans les coins des murs, dans les fontaines,
Dans le nid des oiseaux et dans le creux des chênes,
Tant d'échos si charmants !

Il se souvient de leur mère qui « au même lit nous couchait côte à côte »... Il pleure, mais s'incline devant la volonté de Dieu :

Puisqu'il plut au Seigneur de te briser, poète ;
Puisqu'il plut au Seigneur de comprimer ta tête
De son doigt souverain...

Ce même Dieu a fait « rouler ton esprit à travers la folie, cet océan sans fond ». Peut-être est-ce mieux ainsi, après tout :

Rien n'a souillé ta main ni ton cœur ; dans ce monde
Où chacun court, se hâte, et forge, et crie, et gronde
A peine tu rêvas !

Abel et Victor vont conduire leur frère jusqu'à cette tombe du Père Lachaise où reposent déjà le général et Sophie Hugo, cette « colline verte » qui, ouverte à tous les vents, « a le ciel pour plafond ».

Abel, chef de famille, portait, depuis la mort du général, le titre de comte. La disparition d'Eugène laisse le titre de vicomte à Victor. Il faut changer les cartes de visite. C'est à Mme la Vicomtesse Hugo que Sainte-Beuve écrira désormais.

C'est de cette époque que date l'une des rares lettres d'Adèle à Sainte-Beuve dont Henry Havard ait pu noter le texte intégral. L'occasion nous est donnée de faire très précisément le point sur cet amour qui n'en finit pas d'agoniser :

« Vous vous plaignez de ce que je vous aime moins ou autrement, moins non, autrement peut-être... Vous savez mon ami quelle passion jeune et vive j'ai eue pour vous ; vous savez aussi à quel point de vous voir une heure tous les huit jours, de recevoir une lettre suffisaient à ma vie vivant entièrement de votre pensée. Cette vie, mon ami, ne vous allait que peu ; vous étiez toujours bon, toujours dévoué, mais vous désiriez une chose impossible : une vie de tous les jours, douce et d'habitude que j'aurais désiré *(sic)* comme vous si cela eût pu être. Au lieu, la plupart du temps ou du moins assez souvent de jouir du bonheur d'être ensemble, vous me parliez du désir d'une autre vie pour laquelle j'eusse donné mon sang si cela eût été possible. Vous me parliez religion, de la nécessité que vous éprouviez d'entrer dans cet ordre d'idées. Je voyais là-dedans moins d'amour que je n'en avais... Je vous tourmentais de votre manque d'amour. »

Elle lui rappelle une scène violente qui, commencée en fiacre dans les Champs-Élysées, s'est achevée sur le boulevard. Elle le prie aussi de se souvenir des noces de Victor Pavie : « Rappelez-vous notre voyage à Angers. Ces reproches de vous empêcher d'entrer dans des idées religieuses et voyez-vous, il faut choisir ou d'un amour passionné et alors accepter les exigences de cet amour, ou d'un amour calme et raisonnable d'un amour amical. » Étonnante révélation : nous nous apercevons que lorsque le mémorandum d'Henry Havard fait état, presque à chaque page, de « préoccupations religieuses », il faut comprendre qu'elles étaient surtout le fait de Sainte-Beuve. Adèle, pourtant si pieuse, non seulement faisait bon marché de ses scrupules, mais reprochait à son amant de trop en nourrir ! Or, à cette époque, tout démontre que Sainte-Beuve s'était éloigné de la foi. Il a donc joué à Adèle une comédie bien curieuse. Sous le masque d'une piété imaginaire, il a repoussé les élans de sa maîtresse. Nous comprenons la vérité : leur amour est mort, non point d'un éloignement d'Adèle, mais du reproche de tiédeur qu'elle adresse à Charles. La scène dont elle parle, elle y revient, précise que depuis lors ils se sont vus souvent sans sortir « des limites de l'amitié, de l'amour épuré de tout ce qui pouvait empêcher d'y mêler des idées religieuses. C'était faire ce que vous désiriez, ce que vous sollicitiez de moi, ce que vous ne me disiez pas aussi nettement dans la crainte de me faire de la peine ». Elle jure qu'il n'y a pas refroidissement de sa part. Elle l'aime toujours. Il a son estime, elle tient à la sienne. Henry Havard note : « Il est son ami le plus cher, elle compte qu'il n'*en aura jamais d'autre qu'elle.* »

Une femme qui écrit en ces termes n'aime plus l'homme à qui elle s'adresse. Le trop lucide Sainte-Beuve l'a parfaitement compris. Il a toujours su et saura toujours mieux analyser qu'un autre. Il le prouve dans le dernier poème du *Livre d'amour* :

Insensé, qu'ai-je fait ? Voyant le mal sacré
Dévorer tout son cœur et me brûler comme Elle,
J'ai voulu, sans atteinte à la flamme éternelle,
Diminuer pourtant l'incendie effaré...
J'ai voulu la nuance et j'ai gâté l'ardeur !

Adieu, Sainte-Beuve. Ils se reverront cependant, mais de loin en loin. La correspondance continuera, mais comme celle de deux vieux amis qui se souviennent du passé. Havard note : « Plus de tutoiement, plus d'expression affectueuse. Elle lui parle de ses enfants. Elle l'appelle simplement son ami et termine en lui disant qu'elle a du plaisir à lui écrire. »

Le 20 juin 1837, Sainte-Beuve confie à Guttinguer que la santé de Mme H... l'inquiète fort. Elle garde la chambre, ne peut supporter ni la voiture ni la marche à pied. « Je n'ai qu'à grand-peine et à très longs intervalles de ses nouvelles directes et vraies. Hélas ! L'autre soir, par ce ciel si beau, j'allais à travers la foule heureuse en hurlant et pleurant comme un cerf blessé. » Tel fut le drame de Charles Augustin Sainte-Beuve. Il aima le premier — et le dernier.

Le sort lui réservera de revoir bientôt Hugo. Le pauvre Fontaney a traversé un grand malheur. Il a perdu sa jeune et ravissante Gabrielle Dorval, celle qu'il appelait « son ange ». Aux obsèques, à la sortie de l'église, quand les voitures s'avancent, une bousculade se produit qui pousse Sainte-Beuve et Hugo ensemble dans le même fiacre, avec Bonnaire, de *la Revue des Deux Mondes,* et Auguste Barbier. Gêne immense. Personne ne parle. Barbier se souviendra de Hugo « calme, impassible », et de Sainte-Beuve « inquiet, excité », qui « ne disait mot et regardait sans cesse par la portière. S'il avait pu s'envoler, il l'eût fait sans doute... ». Fontaney souffre du mal qui a emporté Gabrielle et que peut-être il a tenu d'elle. Il mourra à son tour deux mois plus tard. Sur sa tombe, c'est un nouvel adieu à l'amitié qu'adressera Hugo. A sa jeunesse aussi.

Ce printemps-là, la France du « juste milieu » vit à

l'heure d'un mariage : celui du prince héritier. Le duc d'Orléans épouse la princesse Hélène de Mecklembourg. C'est un homme séduisant, fin, intelligent, que le fils aîné du roi. Il aime les lettres et, mieux que son père, a compris qu'il n'est jamais mauvais pour un régime de s'exercer, avec les écrivains, aux grandes manœuvres de la séduction. La supplique de 1834, la suite immédiate qui lui a été donnée, le poème écrit en remerciement ont créé, entre Hugo et le duc, un lien ténu mais existant [1]. Le mariage princier a été célébré à Fontainebleau. Un mois plus tard, le roi offre à Versailles une grande fête, non seulement en l'honneur du nouveau couple royal, mais pour marquer l'inauguration du nouveau Versailles. C'est que Louis-Philippe tient à *son* Versailles. Les quinze cents couverts disposés dans la galerie des Glaces marquent une aurore : celle du palais sauvegardé. Place Royale, Hugo a reçu une invitation pour le mariage. Ira-t-il ? A cette occasion, plusieurs écrivains ont été promus dans la Légion d'honneur. *La Presse* d'Émile de Girardin — grand admirateur de Hugo — s'est étonnée que, dans cette promotion, ne figurent ni Hugo à titre d'officier ni Dumas à titre de chevalier. L'argument frappe Victor qui écrit au duc d'Orléans son regret : « C'est donc à Votre Altesse Royale elle-même que je m'adresse, et je la supplie de trouver bon que je m'abstienne d'aller à Versailles dans une circonstance où je ne pourrais le faire avec dignité. » Il ajoute : « Je vois avec peine, et ceci dans un autre intérêt que le nôtre, le gouvernement ne négliger depuis sept ans aucune occasion de témoigner une profonde antipathie à la littérature actuelle, et en particulier à celle qui est plus spécialement contemporaine de V.A.R. » Un souhait tout politique : « Prince, nous placions bien des espérances en vous. Nous serions heureux le jour où vous voudrez prendre à la tête des jeunes générations intelligentes la place que vous ne méritez pas moins par votre esprit que par votre naissance. » Le dramaturge d'après *le Roi s'amuse* se retrouve ici tout entier. Dignement, mais courtoisement, Hugo prie le prince de « déposer aux pieds de Madame la duchesse d'Orléans » l'hommage de son profond respect. Le lendemain — oui, le lendemain — le duc répond à Hugo :

1. Dans son Journal, à la date du 21 décembre 1836, Viennet note : « Après dîner, j'ai entretenu le prince royal sur la littérature. Il s'est déclaré romantique forcené et m'a témoigné son étonnement de ce que Victor Hugo n'était pas encore de l'Académie. »

« J'apprends avec regret, Monsieur, que je n'aurai point le plaisir de vous voir à la fête nationale de Versailles et je suis surtout peiné des motifs de votre absence. Je me suis acquitté de votre message ; la duchesse d'Orléans, qui aime toutes les gloires de la France, et s'associe vivement à ses sympathies littéraires, espère avoir bientôt une autre occasion de faire la connaissance personnelle de l'écrivain illustre dont elle admire déjà les œuvres. »

L'assurance est donnée à Hugo que les omissions signalées, au moins celles qui concernent Dumas et lui-même, seront réparées. De fait, quelques jours plus tard, Victor sera promu officier de la Légion d'honneur et Dumas chevalier. Tant de courtoisie doit comporter une réponse identique : il ira donc à Versailles et Dumas avec lui. Faute d'habit de cour, les deux hommes se présentent d'ailleurs en uniforme de gardes nationaux. Hugo se voit placé à la table du duc d'Aumale, l'un des fils du roi. Pas de doute : on veut l'honorer. Surtout, il est présenté à Louis-Philippe — qu'il n'a jamais vu. A sa vive surprise, il découvre un vieil homme plein de finesse qui, avec tact et mesure, le complimente sur son œuvre. Il entend, ravi, la jeune duchesse d'Orléans lui confier qu'elle a lu tous ses ouvrages, qu'elle sait plusieurs de ses poèmes par cœur — elle le prouve en lui récitant les premiers de ses vers sur l'église de Bièvres — et que, d'ailleurs, elle a plusieurs fois parlé de lui avec M. de Goethe. Elle a un mot charmant :

— J'ai visité *votre* Notre-Dame !

Comment, en venant à Versailles, Victor aurait-il pu concevoir cela ? Ainsi rayonnait la France de ce temps-là. En son Allemagne lointaine, Hélène de Mecklembourg a été nourrie de littérature et de poésie françaises. Avec passion, elle a suivi le mouvement littéraire et salué l'apparition du romantisme. Dans le vieux château de ses ancêtres, elle rêvait de Paris et désespérait de connaître un jour son poète — qui était Victor Hugo ! L'entretien se prolonge, s'éternise, suscitant commentaires, stupeur et jalousie.

Quelques jours plus tard, on apportera place Royale un tableau choisi par la jeune duchesse, une œuvre romantique qui a obtenu un grand succès au dernier Salon, le *Couronnement du cadavre d'Ines de Castro*, par Saint-Èvre. Le cadre porte cette inscription : « Le duc et la duchesse d'Orléans à Monsieur Victor Hugo, 27 juin 1837. » Comment se dérober devant tant d'admiration déclarée et tant d'égards déployés ? Surtout quand ils sont princiers. Dans les mois qui suivront, on verra Hugo de plus en plus souvent convié au pavillon de Marsan, résidence du duc et de la duchesse. Lui, jusqu'alors si dédaigneux, se laissera prendre au charme, non seulement des réunions officielles, mais aussi de celles, plus intimes, que les initiés appelaient : *la cheminée.* Chaque fois, la duchesse, vive et gracieuse, s'avance au-devant de l'auteur des *Feuilles d'automne* laissant voir sur son beau visage serein une joie sincère. Et ce sont de nouveaux apartés, de longs entretiens sur les écrivains, les poètes, les artistes. Le duc se joint à eux. Ce grand jeune homme blond a huit ans de moins que Hugo et modestement laisse entendre qu'il a besoin de ses conseils. Hugo, avec ce sérieux qui en impose toujours, répète « que le poète est le truchement de Dieu auprès des princes ».

C'est ainsi que d'opposant on devient dynastique.

En juin 1837, vont paraître *les Voix intérieures,* qui marquent l'apparition publique d' « Olympio » mais aussi un approfondissement sensible du rêve et d'un au-delà constamment côtoyé :

Je ne regarde point le monde d'ici-bas,
Mais le monde invisible.

Et encore : « Il pense, il rêve, doute... — ô ténèbres humaines ! »

Quels sont les thèmes ? Ceux des *Chants du crépuscule,* la famille, l'amour, la France et son histoire. Mais la nature ici devient omniprésente et le poète ne se lasse pas de la contempler. Sans cesse, la forêt rencontre la mer — et la mer la forêt qui devient synonyme d'angoisse, de terreur. L'arbre « tord ses bras douloureux », il prend, le soir « un profil humain et monstrueux », il est affligé d'un « feuillage hideux ». Se rencontrent les abîmes de l'homme et de Dieu. « L'innomé, le vague, conduisent à la profondeur. Dante domine, qui vise à Virgile. Profondeur des éléments, la nuit, l'océan, l'antre ; profondeur de la mort, de la pensée, des questions, diffuse dans tout le livre, livre de la profondeur à l'inverse des *Chants du crépuscule*[1]. »

Bien sûr, Juliette se retrouve dans *les Voix intérieures.* Dans *A Virgile,* Hugo évoque cette chaste vallée, entre Buc et Meudon, « retraite favorable à des amants cachés ». Le

1. Henri Meschonnic.

manuscrit de ce poème-là, d'ailleurs, il l'a offert à Juliette avec cette dédicace : « Donné à ma Juju-V. »

A la première page de l'ouvrage, on a pu lire :

« A Joseph-Léopold-Sigisbert, comte Hugo, lieutenant-général des armées du Roi, né en 1774, volontaire en 1791, colonel en 1803, général de brigade en 1809, gouverneur de province en 1810, lieutenant-général en 1825, mort en 1828, NON INSCRIT SUR L'ARC DE L'ÉTOILE. Son fils respectueux V. H. » C'était le temps où Louis-Philippe avait décidé de faire inscrire sous les voûtes du grand arc les noms des batailles et des généraux de la Révolution et de l'Empire. Léopold Hugo, général à titre espagnol, n'y était pas.

L'été 1837, c'est le départ, devenu habituel, en compagnie de Juliette. Cette fois, la Belgique les attend, le choc avec une contrée pour laquelle ils se sentent aussitôt de singulières affinités. Quand, le 16 août, ils entrent pour la première fois dans ce pays, Victor a trente-cinq ans. Il écrit à Adèle : « Je suis tout ébloui de Bruxelles. » Ils vont visiter Mons, Louvain, Malines, Lierre, Anvers, Gand, Audenarde, Tournai, Ypres, Ostende, Furnes, Bruges. Dix-sept jours en Belgique. La correspondance quasi quotidienne avec Adèle est désormais le prétexte plus que l'occasion de longues descriptions, souvent splendides, qui laissent à penser que Hugo songe à *utiliser* un jour ces lettres. Réaction que toute épouse jugera abominable mais que comprendra toute femme d'écrivain.

Cet été-là, Hugo découvre, entre Anvers et Bruxelles, le chemin de fer. Il s'émerveille : « La rapidité est inouïe. Les fleurs du bord du chemin ne sont plus des fleurs, ce sont des raies rouges ou blanches ; plus de points, tout devient raie ; les blés sont de grandes chevelures jaunes ; les luzernes sont de longues tresses vertes... » De plus en plus, il dessine, au début des notes, simples comme des esquisses, peu à peu de véritables œuvres, libres de toute influence, qui ne sont d'aucune école, d'aucun style.

Juliette, blottie contre son amant dans les grands lits des auberges flamandes, serrée à ses côtés sur l'impériale des diligences ou dans le compartiment du chemin de fer, oublie les plaintes sans cesse renouvelées au long de l'année contre sa captivité, son « esclavage », les insuffisances amoureuses de Victor. Pour quelques semaines, elle est au paradis. Hugo trouve-t-il enfin la paix en amour ? Non. Dans le même temps, Adèle apparaît fort tentée de renoncer à cette grandeur d'âme qu'elle proclamait si hautement l'année précédente. Elle a renoncé à Sainte-Beuve, donc son mari doit lui revenir :

« Il ne faut plus que tu voyages sans moi l'année prochaine. *J'ai résolu ceci.* Je suis, je l'espère, dans mon droit. Ce que je te dis est sérieux. Si le voyage est impossible pour *nous*, je louerai ici une maison où je serai mieux, avec mon père et Julie, que je débaucherai [1]. Tu peux très bien ne pas aller à Paris tous les jours et prendre domicile à la campagne. Les communications sont si faciles. Alors, mon ami, tu pourras me faire passer une année heureuse, car je sais que tu peux cela. Lorsque tu dis que ce ne peut être, je fais souvent semblant de te croire pour ne pas te tracasser, mais je ne suis pas convaincue... »

Sans répondre précisément, Hugo laissera entendre qu'il se range à son avis. Au même moment — exactement — il promet à Juliette d'autres bonheurs, d'autres voyages. Ainsi en a-t-il toujours été, depuis qu'existe la trilogie du mari, de l'épouse et de la maîtresse.

De retour à Paris, pourquoi Hugo se rend-il seul aux Metz ? Juliette eût été si heureuse de l'accompagner ! Cherche-t-il une réponse à de graves questions qu'il se pose à lui-même ? Entre ses deux « femmes », poursuit-il, en un de ces lieux qui lui parlent si bien, une vérité qui le fuit ? Le poème que cette visite va lui inspirer est l'un des plus beaux qu'il ait écrits — et qui aient été écrits. Il a voulu tout revoir, « l'étang près de la source, le vieux frêne plié », « les retraites d'amour au fond des bois perdus », le châtaignier creux, la maison des Metz, sa grille, les vergers qui l'entourent. Mais comme le titre nous apparaît justifié : *Tristesse d'Olympio* !

Pâle il marchait. Au bruit de son pas grave et sombre,
Il voyait à chaque arbre, hélas ! se dresser l'ombre
Des jours qui ne sont plus !

Il a retrouvé la nature dans son éternité. L'arbre est là, la clairière aussi, les herbes qu'ont foulées leurs deux corps enlacés. Mais il lui semble que, depuis lors, un siècle s'est écoulé.

D'autres vont maintenant passer où nous passâmes.
Nous y sommes venus ; d'autres vont y venir ;

1. Rappelons qu'Adèle a une jeune sœur, « Julie Foucher », qui a quinze ans.

Et le songe qu'avaient ébauché nos deux âmes
Ils le continueront, sans pouvoir le finir !...

Tant de désenchantement aurait dû accabler Juliette. Or, après avoir lu, elle va battre des mains, crier qu'elle est enchantée. Nous savons bien, nous, qu'elle n'est pas sotte. Sans doute ici s'est-elle montrée suprêmement habile. En amour, mettre au jour les interrogations de l'autre, c'est risquer d'amener celui qui les formule à une explication qui peut tuer.

Ce qui ne plaît guère à Juliette, ce sont ces liens qui se tissent, mois après mois, entre le duc et la duchesse d'Orléans et Victor Hugo. Avec quel mélange d'envie, d'agacement — et de fierté — ne va-t-elle pas apprendre que les Hugo ont invité chez eux le duc et la duchesse — et que leurs Altesses royales ont accepté !

Ce soir-là, c'est grand apparat chez le vicomte et la vicomtesse Hugo. Les pièces, trop souvent à l'abandon — Adèle est le contraire d'une bonne maîtresse de maison —, resplendissent. Les enfants ont reçu des habits neufs. Une foule d'invités choisis avec soin sert de faire-valoir. Louise Bertin a traîné là son embonpoint et un groupe de fillettes qui attendent, terrorisées, au fond du vaste salon. Adèle, qui, décidément, grossit elle aussi beaucoup, fait montre d'un orgueil trop visible dans sa belle robe. A une fenêtre, Hugo, qui arbore sur son habit noir les insignes d'officier de la Légion d'honneur, guette l'instant solennel. Une voiture, une escorte : les voilà ! Victor s'élance pour accueillir, dans l'escalier, le duc d'Orléans, en uniforme de général de division, et la duchesse, sourire et simplicité. Au moment où les hôtes princiers entrent dans le salon, Louise Bertin, d'un signe, lance un ordre. Les fillettes, à l'unisson, se mettent à chanter... le chœur d'*Esmeralda* !

Venez tous à la fête,
Page, dame et seigneur !
Venez tous à la fête,
Des fleurs sur votre tête,
La joie au fond du cœur !

Applaudissements polis. Félicitations : il faut encourager la jeunesse. Hélène d'Orléans se penche vers Hugo, lui demande qui est cette fillette « si blanche, si grande, avec ces cheveux qu'aurait aimés le Titien ». Bref coup d'œil de Hugo qui, reconnaissant la jeune personne, répond que sa mère, Doña Manuela, leur a été amenée par Mérimée.

— Cette jeune fille, Madame, est espagnole. Elle s'appelle Eugénie de Montijo.

Le vicomte Walsh, qui était là, affirme avoir entendu demande et réponse. *Se non è vero...*

Un jour le cher Dumas, tout agité, est accouru place Royale. Lui aussi est devenu l'un des intimes du duc d'Orléans. Or le prince héritier vient tout à trac de lui demander pourquoi il ne faisait plus rien jouer au théâtre. Dumas a répondu que la littérature nouvelle n'avait plus de scène, qu'elle avait cru être chez elle au Théâtre-Français, mais qu'elle avait compris qu'on ne l'y avait que tolérée ; que son asile véritable avait été quelque temps la Porte-Saint-Martin mais que les mauvais procédés de M. Harel en avaient éloigné « tout ce qui avait du talent ou seulement de la dignité, et qu'on y était tombé aux exhibitions des ménageries ambulantes » ; qu'entre le Théâtre-Français, « voué aux morts », et la Porte-Saint-Martin, « vouée aux bêtes », l'art moderne était sur le pavé. Dumas a ajouté qu'il ne parlait pas seulement pour lui, mais pour tous les autres, à commencer par M. Victor Hugo que l'on ne jouait plus. Étonnement scandalisé du duc d'Orléans ajoutant aussitôt que c'était là, en effet, « un état de choses impossible », qu'il fallait que l'art contemporain eût un théâtre et qu'il en parlerait à M. Guizot. Conclusion de Dumas s'adressant à Hugo :

— Maintenant, il faut que vous alliez voir Guizot. J'ai persuadé le prince, persuadez le ministre !

Il a fallu de longs mois, mais le privilège a été concédé. D'un commun accord, Hugo et Dumas ont choisi comme directeur un journaliste très favorable aux idées nouvelles, un certain Anténor Joly. L'ennui est que ce Joly n'avait pas un sou. Pour trouver de l'argent, il a fallu vingt-deux mois. Les capitaux ont été apportés par un certain Villeneuve, un vaudevilliste enrichi dans les pompes funèbres. La première démarche de Joly et Villeneuve, désormais associés, a été de demander à Hugo la pièce d'ouverture. Il l'a promise. Cette pièce, ce sera *Ruy Blas*.

Le sujet de *Ruy Blas* préoccupait depuis très longtemps Hugo. Il n'avait jamais oublié un passage des *Confessions*, celui où Jean-Jacques Rousseau narre comment, étant laquais à Turin, il s'était épris, en servant à table, de la jolie Mlle de Breuil. Adèle II Hugo, dans son journal tenu à Guernesey et dont on n'a malheureusement publié qu'une partie, le confirme expressément. Mais ce thème central d'un laquais amoureux d'une reine doit probablement aussi beaucoup à la parade dont Eugène et Victor se régalaient en 1814, lorsque, chaque jour, ils passaient par le Luxembourg.

Manuscrit d'Adèle : « On jouait la même scène constamment. Le jocrisse était un valet et avait un maître habillé en monsieur qui le souffletait, le battait de çà *de là* ; sur toutes les coutures, aux endroits les plus malhonnêtes : c'était une tempête, un tourbillon de coups. Les jeunes Hugo se régalaient de la *rossée.* Ils jetaient leur ignorance dans l'autre gouffre de douleur... Ils conspuaient ce malheureux de la société, ce banni voulu : cette bosse de l'homme, comme ils avaient conspué le bouffon de l'inaccessible... Le sombre valet a vengé le jocrisse. La queue rouge a monté aussi dans son soleil : elle a eu sa vision. Comme Jacob elle a gravi l'échelle lumineuse et s'est réveillée : Ruy Blas. »

Donc, un point de départ grotesque, c'est-à-dire essentiellement hugolien, où s'opposent déjà le maître et le domestique. Mais dans l'anecdote imaginée par Hugo, le bouffon rejoint le sublime. Qui ne connaît l'intrigue ? Don Salluste, disgracié par la reine d'Espagne — toujours l'obsession de l'Espagne — incite son valet Ruy Blas à devenir l'amant de celle-ci. Ruy Blas n'y réussit que trop bien. Pris à son piège, il tombe amoureux de la reine Marie, cependant qu'elle-même découvre qu'elle l'aime follement. Bonheur infini. La reine n'a rien à refuser à son amant, elle le fait ministre. Mais Ruy Blas se prend à son jeu, met de l'ordre dans les affaires de l'État, élimine les abus, punit les prévaricateurs, vient en aide au peuple et acquiert de ce fait une immense popularité. Le moment est venu pour Don Salluste de savourer sa vengeance. Il révèle tout à la reine. Pour laver et sauver celle-ci, Ruy Blas assassine Don Salluste. Il supplie Marie de lui pardonner. Elle refuse, jure que, ce pardon, elle ne le lui accordera jamais. Sur ce mot de *jamais,* Ruy Blas se saisit d'une fiole de poison et la vide d'un trait. Au paroxysme du désespoir, la reine lui crie son amour. Alors qu'il agonise, elle l'étreint, criant pour la première fois son vrai nom : « Ruy Blas ! » Celui « qui allait mourir se réveille à son nom prononcé par la reine ». Il murmure : « Merci ! »

Assurément, on retrouve ici tous les excès propres à Hugo. Les critiques épris d'équilibre et de rigueur s'en sont souvent gaussés. Or, c'est précisément cette sombre grandeur, ces face à face insolites, ce panache nuancé de lyrisme qui font le prix de l'œuvre. Dans aucun de ses drames, Hugo n'a montré plus de force et n'a composé de plus beaux vers. Impossible d'échapper à ces rimes à l'incroyable richesse, à ces rythmes aux sonorités qui annoncent *la Légende des siècles*. La pièce abonde en morceaux de bravoure : en tout cas, elle est la meilleure qu'ait composée Hugo. Comme toujours, il va écrire sa pièce « à toute vapeur ». Il commence le 5 juillet un premier acte auquel il renonce, cherche et trouve un nouveau début, se met à la version définitive le 8 juillet, achève, le 11 août à 7 heures du soir, le cinquième et dernier acte.

Pendant ce temps, les travaux du théâtre s'achèvent. On a repris et rénové une vieille salle, le théâtre Ventadour que l'on a baptisé théâtre de la Renaissance. Sans cesse, Anténor Joly se présente place Royale, accompagné d'architectes ou de décorateurs. On discute longuement des aménagements de la salle, ce qui intéresse médiocrement Hugo. Précurseur, Anténor Joly a voulu supprimer la rampe et la remplacer par un éclairage venu de haut. Hugo s'y est refusé : il ne tenait pas au réel mais à sa transfiguration. Et puis, il a fallu s'occuper de la distribution. Avant même d'avoir écrit le premier vers, Hugo avait exigé d'Anténor Joly et de son associé l'engagement de Frédérick Lemaître. Il l'a obtenu. Reste le rôle de la reine.

Bien sûr, Juliette a suivi jour par jour l'élaboration du nouveau drame. D'autant plus que, durant le temps où, dans son cabinet de la place Royale, Victor alignait les vers, sa réclusion est devenue claustration. Les lettres de Juliette de cette période évoquent une sorte de contrepoint du travail de Hugo. Avant qu'il ne se mette à écrire, le 5 juillet :

« Jeudi matin, onze heures et quart : " Je me prépare à rester chez moi aujourd'hui et les jours suivants, jusqu'à ce que tu aies fini ton travail. Si j'ai autant de courage que d'amour, ça ira bien. Mais si le courage me manque, je te prie de ne pas m'en vouloir. Je t'aime trop... " »

Le 8 juillet, le temps est beau ; elle imagine une promenade avec son Victor. Ce n'est qu'un rêve. Au moindre bruit, elle tressaille :

« C'est si bon de vous voir, mon petit homme, que rien que d'y penser, ça m'en fait venir les baisers à la bouche. Je viens d'entendre la porte. Je croyais que c'était vous. Je suis attrapée et je vous aime. »

Malgré tout, il arrive à Victor, après une journée de labeur, de s'évader. Mais alors, incapable d'abandonner ses personnages, il apporte le manuscrit avec lui ! Il ne pense qu'à cela, il ne parle que de cela. Elle trouve, quand il vient souper — et seulement souper — qu'il exagère : « J'ai été bien heureuse de te voir souper hier, j'aurais voulu être la bouchée que tu mettais dans ta chère petite bouche. Ce serait si gentil d'être croquée par vous. Vous avez des dents faites pour cela et vous êtes bien bête de ne pas vous en servir... »

Et cependant, lors d'une de ses trop rares et trop brèves apparitions, Hugo va lui procurer le plus grand bonheur qu'elle ait pu éprouver pendant des années : il lui révèle qu'il a pensé à elle pour le rôle de la reine. Du coup, elle bat des mains, sanglote, lui saute au cou. Et puis, elle doute. Il faudra convaincre ce directeur dont Victor ne cesse de lui conter le comportement de plus en plus désagréable. Comme Anténor Joly est en outre dur d'oreille, on doit, lors des discussions, crier plus fort que lui ! Acceptera-t-il de lui signer un contrat, à elle, la pauvre Juliette ? *11 août, samedi matin, dix heures* : « Je tremble de m'engager ou plutôt de t'engager avec ce hideux sourd qui n'entend pas plus son intérêt que la parole humaine. »

Il a écrit le dernier vers le 11 août, à 7 heures du soir. Le 12, tôt le matin, il est déjà chez elle. Quand elle aperçoit l'épais manuscrit qui gonfle sa poche, elle se jette dans ses bras. Pendant deux longues heures, il va lui lire la pièce, suscitant à chaque scène son délire et ses applaudissements. Ils déjeunent tous les deux, en amoureux. A peine est-il parti qu'elle lui écrit une page de plus entre les innombrables feuillets qu'elle noircit depuis cinq ans :

« Il y avait quinze jours, mon adoré, que vous n'étiez pas venu déjeuner avec moi. Aussi Dieu sait quel appétit j'avais de vous. Je vous aurais avalé comme une cerise, si vous n'aviez pas eu de queue. C'est pour le coup que la précaution du petit Toto était bonne : " Ze ne sais pas si z'ai une queue, mais ze ne veux pas qu'on me la coupe ! " »

Fiévreusement, elle s'est mise à relire *Ruy Blas* :

« Quel miracle que ta pièce, mon pauvre bien-aimé, et que tu es bon de me l'avoir fait admirer la première ! Jamais je n'avais rien entendu de si magnifique. Je n'en excepte même pas tes autres chefs-d'œuvre. C'est une richesse, une magnificence, un éblouissement dont on ne peut pas se faire une idée avant de l'avoir entendue. C'est miraculeux !... Oh ! mon beau soleil, vous m'avez aveuglée pour longtemps. Je ne vois plus rien que vos rayons qui me brûlent. Au-dedans, au-dehors de moi, tout ce qui n'est pas vous est noir. »

Joie ! Puisque la pièce est finie, on peut songer au grand départ. Elle se préoccupe d'un chapeau à se faire prêter par Mme Krafft, d'une robe que doit terminer sa couturière, Mme Pierceau. Elle se fait porter un bain à domicile, afin d'être propre pour leurs vacances. Elle ne tient plus en place :

« Je vais donc voyager AVEC TOI ! C'est ravissant. QUEL BONHEUR !!! »

Victor est venu lui dire que décidément Anténor Joly la retient pour le rôle de la reine. Cette fois, elle est au comble de la joie. Le 15 août :

« Je suis comme une pauvre somnambule à qui on a fait boire beaucoup de vin de Champagne. J'y vois double. Je vois de la gloire, du bonheur, de l'amour et de l'adoration, tout cela dans des dimensions gigantesques et impossibles... Je t'aime, mon Toto, je t'adore, mon petit homme. Tu es mon soleil et ma vie. Tu es mon amour et mon âme. Tu es tout et bien plus encore. Je t'adore... »

Déjà, elle sait plusieurs des vers magnifiques. Elle qui est *l'amante,* comme elle saura crier son amour à Ruy Blas !

Le 17, Hugo conduit sa famille à Auteuil, qui n'est encore qu'un village, et où il a loué un appartement au numéro 1 de la rue de Boulogne. Fidèle aux habitudes déjà établies de sa vie en partie double, il juge convenable, pendant que lui-même voyagera, que sa femme et ses enfants soient eux-mêmes au bon air. La jeune Julie Foucher, pensionnaire à la maison royale de la Légion d'honneur à Saint-Denis, rejoindra pour ces vacances sa sœur Adèle et ses nièces. Léopoldine lui a écrit :

« J'ai été, hier, voir avec Maman notre petit appartement. Nous avons pour nous deux une charmante petite chambre. Elle est composée d'un lit, d'une armoire, d'un secrétaire et d'une table. Toi qui aimes tant voir passer le roi, tu jouiras entièrement de ce plaisir. Il passe devant nos fenêtres pour aller à Saint-Cloud.

Nous sommes à la porte du bois de Boulogne qui est fort beau dans cet endroit [1]. »

Le 18, Victor et Juliette se hissent sur l'impériale de la diligence. Ils vont voyager en Champagne, cela jusqu'au 28 : dix jours seulement de bonheur pour Juliette ! Hugo va se passionner à suivre l'itinéraire de Louis XVI en 1791, de Sainte-Menehould à Varennes. Il note : « Aujourd'hui je traverse la fatale petite place triangulaire de Varennes qui a la forme du couteau de la guillotine. L'homme qui assistait Drouet et qui saisit là Louis XVI s'appelait Billaud. — Pourquoi pas Billot ? » Liesse, toujours, pour Juliette. Elle ne sait pas ce qui l'attend à Paris.

Dans sa maison d'Auteuil, Adèle a longuement ressassé ce qu'elle a appris juste avant le départ de son mari : c'est « Mlle Juliette » qui va donner la réplique à Frédérick Lemaître. Ainsi, la rivale va sortir de l'obscurité où l'avait plongée son échec dans *Marie Tudor* et par laquelle Adèle s'était sentie vengée ! Une salle entière va pouvoir braquer sur sa beauté lorgnettes et jumelles, s'ébaudir, cancaner, admirer peut-être ! C'est plus qu'Adèle n'en peut supporter. Elle prend une plume et noircit deux grandes pages qu'elle adresse « A M. Anténor Joly, directeur du théâtre de la Renaissance ». Voici ce que, le lendemain, va pouvoir lire l'associé de M. Villeneuve :

« Vous serez sans doute étonné de me voir me mêler à une chose qui ne regarde en définitive que vous et mon mari. Pourtant, Monsieur, il me semble que j'ai un peu le droit d'agir ainsi quand je vois le succès d'une pièce de Victor compromis, et compromis volontairement. Il l'est, en effet, je le crains du moins, car le rôle de la Reine a été donné à une personne qui a été un des éléments du tapage qui a été fait à *Marie Tudor*. Je sais que les conditions sont actuellement meilleures, puisqu'au lieu d'aller dans un théâtre malveillant, il va dans un théâtre dévoué, et *chez vous*. Mais, monsieur, ce que vous ne pouvez empêcher, c'est l'opinion, opinion qui est défavorable à tort ou à raison au talent de mademoiselle Juliette. Ce que vous ne pouvez empêcher, c'est que cette dame passe pour avoir des relations avec mon mari. — Tout en étant personnellement convaincue que ce bruit est dénué entière-

1. 9 août 1838. Maison Vacquerie. Musée Victor Hugo, Villequier, Inv. n° 589. A cette lettre, Léopoldine a ajouté un *post-scriptum* charmant : « Tu m'as écrit dernièrement et au bas de la lettre tu mets : " *Ta tante respectueuse.* " Je suis très honorée d'être respectée par ma tante, j'aimerais mieux en être aimée, mais on prend ce qu'on trouve. » N'oublions pas que Julie Foucher et Léopoldine Hugo ont presque le même âge.

ment de fondement, il n'en existe pas moins, vous le savez comme moi, et le résultat est le même [1].

« Je vous dis cela, monsieur, parce que j'ai quelque espoir que vous trouverez moyen de donner le rôle à une autre personne. Je ne vois ici, je n'ai pas besoin de vous le dire, que l'intérêt de l'ouvrage, c'est pourquoi j'insiste.

« Que mon mari, qui porte intérêt à cette dame (intérêt qui a probablement donné lieu à ce bruit), l'ait appuyée pour la faire entrer à votre théâtre, rien de mieux, mais que cela aille jusqu'à mettre en question le succès d'une des plus belles choses qui soient, voilà ce que je ne puis admettre.

« D'ailleurs, je suis convaincue que le début de mademoiselle Juliette sera moins chanceux pour elle, s'il a lieu dans un autre ouvrage.

« Ils ne peuvent manquer à votre théâtre, et tout le monde s'en trouvera mieux.

« Il faut, monsieur, que d'une part, je trouve la chose assez grave pour prendre sur moi de m'en ouvrir avec vous. Il faut de plus que j'aie une parfaite confiance en vous pour m'autoriser à en avoir une si grande à votre égard. Elle va jusqu'au point de ne pas douter que tout ceci restera *entièrement* entre nous deux.

« Adieu, mon cher monsieur, quoi qu'il arrive, croyez à mes affectueux sentiments.

« Adèle HUGO. »

Un beau titre pour une comédie du temps : *Adèle ou les Méfaits de la jalousie.* Il ne lui a fallu que deux ans pour passer de la complicité bienveillante (été 1836) à l'avertissement sévère (été 1837) puis à la déclaration de guerre (été 1838). Elle ne pense plus guère à Sainte-Beuve. On s'écrit, mais rarement, et, dans ce cas, ses enfants forment le sujet principal de ses lettres. En décembre, on en sera à des « banalités affectueuses ». Ce cœur redevenu vide s'est donc ouvert à de nouvelles passions, que nous pouvons juger aussi bien logiques qu'illogiques. Elle regarde désormais Juliette comme l'intruse et ne la supporte plus. Tout sera bon pour l'atteindre, lui nuire, l'évincer si possible. La lettre à Anténor Joly représente un des deux sommets de cette stratégie. Il y en aura un autre. Mais n'anticipons pas.

Pour Joly, une règle d'or doit gouverner les rapports d'un directeur avec ses auteurs : pas d'histoires de femmes ! Sans enthousiasme, il a accepté Mlle Juliette, quasi imposée par Hugo. Dès le moment où on peut redouter l'irruption furieuse de l'épouse légitime au milieu des répétitions, le jeu n'en vaut plus la chandelle.

1. Ce dernier paragraphe — resté inédit — est retranscrit d'après la photocopie de l'original que m'a communiquée Michèle Maurois.

A l'arrivée de la diligence qui les ramène de leurs courtes vacances amoureuses, Hugo et Juliette ont la surprise de découvrir Anténor Joly, solidement campé, sourire aux dents. Pauvre Juliette. Devant elle, le directeur n'a rien dit, bien sûr. Une heure après, son sort est réglé. Désinvolte, Joly l'informe qu'il a définitivement distribué le rôle de la reine à Louise Beaudoin. Il n'est pas sûr que Hugo, qui sait fort bien que cette Louise est la maîtresse de Frédérick Lemaître, ait beaucoup défendu Juliette. Comment oublierait-il le désastre de *Marie Tudor*? Les hommes qui hasardent des propositions avec l'espoir secret qu'on leur oppose un refus sont plus nombreux qu'on ne le croit. Gêné, embarrassé, mais décidé, Victor se doit d'expliquer à Juliette qu'elle ne sera pas Marie de Neubourg. Une mince consolation : Joly lui offre un contrat lui garantissant des appointements réguliers. Elle appartiendra à la troupe de la Renaissance et fera ses débuts dans une autre pièce dès que le succès de *Ruy Blas* sera épuisé. D'abord, il semble que Juliette ait fait contre mauvaise fortune bon cœur.

A Victor, le 29 août, mercredi soir, à dix heures et quart : « Tu as été bien bon avec moi, tantôt, pauvre bien-aimé. Je sens bien tous les efforts que tu fais pour me dissimuler un affront ou me cacher un chagrin. Je les apprécie bien, va, et quand, malgré toutes les peines que tu prends, la honte et la douleur arrivent jusqu'à moi, je rends bien justice à ta loyauté et à ton dévouement sans bornes. »

Mais, le lendemain, quand elle apprend que la lecture aura lieu place Royale et qu'il n'est évidemment pas question qu'elle puisse y assister, le désespoir éclate :

« Je resterai donc seule dans mon coin, aujourd'hui et toujours, vous admirant de souvenir et vous aimant de passion, car je vous aime, moi... »

Le 4 septembre, c'est une lettre déchirante :

« Je suis triste, mon pauvre bien-aimé. Je porte en moi le deuil d'un beau et admirable rôle qui est mort pour moi à tout jamais. Jamais *Marie de Neubourg* ne vivra *par moi* et *pour moi.* J'ai un chagrin plus grand que tu ne peux te l'imaginer. Cette dernière espérance perdue m'a donné un coup terrible. Je suis démoralisée au point de ne pas oser jouer dans la pièce de n'importe qui un rôle de n'importe quoi. Je suis vraiment bien malheureuse. Pourtant, mon bon ange, je reconnais que ce n'est pas ta faute et que tu as tout fait pour lutter contre mon guignon. Mais cela n'a servi qu'à montrer dans tout son jour ta persévérance et ton dévouement. Je suis bien découragée. Mon Dieu, qu'est-ce que je deviendrai ? C'est dans ce moment-ci qu'il faut que tu sois bon et indulgent, car je souffre beaucoup. Aime-moi, aime-moi, aime-moi, si tu veux que je vive. Moi, je t'aime trop. C'est malheureusement bien vrai et tu le sais aussi bien que moi. Mais, pour t'aimer moins, je ne le peux pas. Il faut que je t'aime comme il faut que je respire. »

A la première, plus de combattants comme à *Hernani.* Le *témoin*: « La célébrité était venue pour quelques-uns, l'âge pour tous ; parmi les rapins de 1830, les uns étaient maintenant des maîtres et pensaient à leurs propres œuvres ; les autres, n'ayant pu faire leur trouée en art, y avaient renoncé, et, commerçants, industriels, mariés, faisaient pénitence de leurs péchés d'enthousiasme et de littérature. » Ceux qui, contre vents et marées, étaient restés artistes, « s'étaient coupé les cheveux, avaient reconnu le chapeau et la redingote de tout le monde, avaient des femmes ou des maîtresses qu'ils ne pouvaient mener au parterre, ni aux combles, trouvaient de mauvais goût les acclamations forcenées, et applaudissaient quelquefois du bout des gants ». Hugo allait éprouver la surprise d'être davantage applaudi par les loges que par le parterre. Le temps écoulé avait modifié l'ordre des choses : « L'auteur avait dans la salle des amis qui ne le connaissaient plus et des amis qu'il ne connaissait pas. » Cependant, une lettre de Juliette nous révèle que Hugo, toujours excellent stratège, avait distribué des places à des personnes sûres : « J'ai vu Lanvin ce matin. Je lui ai remis les douze places. Si tu as besoin d'en placer demain, il sera là. »

Curieux cadre pour une première que ce théâtre dont les travaux ne sont pas achevés : les portes des loges, posées trop à la hâte, grincent sur leurs gonds et ne ferment pas, les calorifères ne donnent pas la moindre chaleur, la salle évoque une glacière. Les femmes, qui avaient ôté leurs manteaux, leurs fourrures et leur chapeau, se voient obligées de les remettre, et les hommes leurs manteaux. Le duc d'Orléans, décidément érigé en protecteur officieux de Hugo, a seul la politesse de rester en habit. Dans une loge, une femme applaudit plus que toutes les autres : Juliette. Probablement y a-t-elle mis du sien. Elle est orgueilleuse et ne veut pas perdre la face : « J'ai versé tout mon sang pour vous, pour votre pièce. J'ai déchiré un gant. Enfin je mérite beaucoup de récompenses. La première de toutes, c'est que vous m'aimiez comme je vous aime. »

Bien sûr, Viennet est venu à *Ruy Blas*. Comment pourrait-il manquer une seule pièce du poète qu'il déteste le plus en France ? Dans son Journal, il note cette fois : « Je ne crois pas que l'extravagance puisse aller plus loin. Quelques amis de l'auteur en sont même indignés. J'ai rencontré dans le foyer Roger de Beauvoir, un de ses anciens séides. Il est venu me demander en riant ce que je pensais du quatrième acte. J'ai répondu que la plus grande preuve de la liberté dont on jouissait à Paris, c'était qu'un fou pareil courût les rues impunément. Il entend rire aux éclats dans le parterre, on y siffle, on crie, on fait des lazzis. Il prend cela pour du succès et se promène dans les corridors pour recueillir ou quêter des éloges. » A quoi répond, fidèle écho, Gustave Planche, décidément passé à l'ennemi, qui condamne de *Ruy Blas* le « cynisme révoltant », le « puéril entassement de scènes impossibles » et explique : « M. Hugo a connu la gloire de trop bonne heure... Il s'est enfermé dans l'adoration de lui-même comme dans une citadelle... De cet orgueil démesuré à la folie, il n'y a qu'un pas, et ce pas, M. Hugo vient de le franchir en écrivant *Ruy Blas...* » Un nouveau déferlement auquel, comme d'habitude, Victor opposera le calme d'Olympio. Ce qui ne veut pas dire que cette certitude extérieurement affichée soit le reflet *ne varietur* d'une paix intérieure. Quiconque a essuyé de tels jugements connaît la détresse profonde qui en découle, même et d'autant plus si l'on s'applique soigneusement à la dissimuler.

A chaque représentation, on siffle le quatrième et le cinquième acte. Cela durera jusqu'à la dernière. Il était convenu à Paris que siffler les pièces de Hugo était un amusement à la mode. Un succès ? La pièce aura une cinquantaine de représentations, ce qui est correct, sans plus.

Quelques jours avant la première, Hugo a signé un contrat qui marque, dans sa carrière — et dans sa vie — une étape capitale. Depuis le lendemain d'*Hernani* où, pour la première fois, il avait pu placer 5 000 francs, il n'a eu de cesse d'augmenter cette « épargne » à laquelle il persiste à vouloir attacher son indépendance. Des sommes modestes en ont souvent rejoint d'autres qui l'étaient moins. Tout à coup, il va se voir à la tête d'un capital considérable. On siffle Hugo, on le vilipende, les pères de famille répètent qu'ils ne conduiront plus leurs filles à ses pièces, les salons se proclament indignés ; il n'en remplit pas moins les salles et ses livres mobilisent des lecteurs toujours plus nombreux. Il n'en faut pas plus pour que d'astucieux entrepreneurs hasardent une véritable spéculation sur la « marque » Victor Hugo. Une firme va se créer tout spécialement : la « Société en commandite pour l'exploitation des œuvres de Victor Hugo », sous la raison sociale Duriez et Cie. Se sont associés : un éditeur de profession, Delloye, un certain Duriez qui sera gérant, un négociant en papier nommé Cornuau, deux fabricants de papier du nom de Blanchet et Kléber, enfin deux banquiers, MM. Gaillard et Rampin. Le 25 octobre, Hugo cède à cette société, pour une durée de dix ans, la propriété exclusive des vingt-deux volumes de son œuvre publiée et celle de deux ouvrages inédits — dont *Ruy Blas* — avec droit d'option sur les autres ouvrages inédits. Il va recevoir 300 000 francs dont 180 000 payables au comptant et 120 000 en quatre annuités successives à partir de 1840. Dans l'acception de l'époque, Hugo est désormais un homme riche. Ne l'oublions pas : après son mariage, il se réjouissait de pouvoir vivre avec 100 francs par mois, salaire que touchait un employé de ministère. Rappelons-nous également que, l'impôt sur le revenu n'existant pas alors, ces sommes ne sont amputées d'aucun prélèvement fiscal. L'ampleur de cette somme nous permet aussi de mieux situer la place qu'il occupe dans le monde littéraire. Plus important encore : à l'abri du besoin, Hugo va pouvoir poursuivre la réalisation de ces ambitions politiques qui demeurent son but le plus cher.

Juliette n'a rien connu de ce contrat. Hugo exige toujours d'elle des comptes minutieux. Elle en est toujours à économiser sur le bois, sur la nourriture, sur des vêtements de première nécessité. Elle triomphe parce qu'elle a épargné six sous à Victor. Que dirait-elle si elle savait qu'il vient de déposer 180 000 francs à la banque ! Soyons lucides : elle ne dirait rien. D'abord parce que l'ère des grandes scènes revendicatives semble bien achevée. Aussi parce que la Juliette de ce temps-là est une femme qui accepte, s'incline, se résigne. D'ailleurs, le concept de l'épargne que l'on ne dépense à aucun prix est alors si bien ancré dans tous les esprits que Juliette l'aurait probablement admis. Dans le même temps, Adèle reste contrainte aux mêmes comptes, à la même parcimonie quotidienne. Elle sait, elle, ce que son mari vient d'encaisser. Elle ne dit rien. Quand elle se permet d'aborder la question d'argent, c'est pour, indirectement, atteindre *l'autre* :

« Je suis inquiète, je l'avoue, de ton avenir matériel. Il serait nécessaire que l'état de ta maison fût plus convenable qu'il ne l'est maintenant. Il faudrait que tu puisses recevoir de même que tu es reçu. Je sais que la façon restreinte dans laquelle nous vivons n'empêchera rien, mais sois sûr qu'elle t'enrayera dans ton chemin et t'empêchera d'arriver aussitôt que tu le voudrais, au but que tu te proposes.

« D'un côté je sais l'inconvénient de cette gêne, d'un autre côté je crains que les charges que tu as contractées ne te forcent, un jour quelconque, à retirer une partie de l'argent que tu as placé avec tant de peine. Il y a donc deux plaies et l'une entretient l'autre. Tout ce que je puis faire afin de diminuer celle sur laquelle je puis avoir une action, je le fais, mais de longtemps il ne me sera possible de donner un autre air à ta maison. Il faut avant tout que le nécessaire ne manque pas. Trois ou quatre ans de mes petites économies suffiraient à peine à cet effet... Ni toi, ni les tiens ne doivent vivoter. Vous devez vivre honorablement. J'ai besoin ici de te rappeler ce que je t'ai déjà dit : j'ai abdiqué dans ma pensée, toute espèce de droit en ce qui concerne la fortune que tu peux avoir. Je me considère, vis-à-vis de toi, comme une intendante chargée de surveiller et de tenir ta maison avec le plus d'ordre possible, comme la gouvernante de nos enfants. Là-dessus je dis nos enfants et je ne veux pas, sur ce point, abdiquer mon droit à la possession.

« C'est donc pour toi, mon ami, pour toi seul, dans ton unique intérêt que je te conjure de réfléchir. Je te parle comme le ferait une sœur, une amie, je ne sais que te dire afin que tu croies à mon complet désintéressement. Songe, songe à ton avenir. Vois quels moyens employer afin de diminuer tes charges. N'attends pas que tes plaies guérissables deviennent incurables. Il est loin de ma pensée que tu doives laisser qui que ce soit dans la misère ; si tu crois, en agissant ainsi, faire une mauvaise action, avant tout, il faut être un honnête homme, mais au moins arrange tes affaires, règle tes charges avec équité, mais règle-les. »

Cette lettre, pétrie d'apparente dignité, et d'authentique perfidie, est signée : « Ta meilleure et peut-être ta seule amie, Adèle. »

Rien ne le fera changer : on ne dépense, on ne doit dépenser que le revenu du capital. Pas un sou de plus. Hugo tient à constituer des dots pour chacune de ses filles, et à pouvoir aider ses deux fils quand ils choisiront une carrière. Il faut lui reconnaître qu'il montre l'exemple à tous. Juliette juge même abominable que, place Royale, il travaille dans un cabinet jamais chauffé, « une horrible petite glacière ». Elle souffre pour lui qu'il se contente d'un matelas garni, plutôt que de laine, d'« espèces de têtes de clous ». Elle supporte mal que son linge manque de boutons, qu'elle soit forcée de brosser et de ravauder elle-même ses redingotes. Elle le tance pour ses chaussures ressemblant à des « poêles à marrons ». Ceux qui fréquentent régulièrement la place Royale ne lui porteraient certainement pas la contradiction. On y est merveilleusement accueilli, mais on y mange fort mal. Arsène Houssaye : « Je trouvai que le grand poète était logé comme un prince ; mais je fis remarquer à Théo [phile Gautier] qu'on soupait peu chez lui. A peine si on servait une tasse de thé aux privilégiés. Il fallait y aller tout esprit en laissant son estomac dans l'antichambre. »

Tous sont d'accord : Adèle n'a jamais été une maîtresse de maison. Elle n'est pas non plus du genre silencieux. Un historien et dessinateur romantique, Achille Allier, confie à sa femme : « *Malheureusement* elle est fort causeuse. » Ce que confirme Théodore Pavie à son frère Victor : « Cette conversation était comme d'ordinaire percée en maints endroits par les questions intermittentes de Mme Hugo, sur ta femme, sur tes enfants, sur le père, sur toi. Tu sais : dans les " spectacles marins ", un gros vaisseau passe sur une mer agitée où rien ne motive sa présence ; on le suit de l'œil, et tout à coup, psicht... boum !... le feu de la lumière et le canon. Ainsi les soirs où Mme Hugo, trônant devant son feu, accueillante et distraite, rêvant et non rêveuse, se laisse aller à la pente de ses idées. » Certes, Champfleury nous la dépeint, dans le même salon, comme une « personne de grand air avec les plus belles épaules du monde », il lui attribue « une sorte de majesté espagnole » ; certes, Jules Troubat se souvient qu'elle « avait grand air quand elle faisait les honneurs du salon de son mari » ; mais Nefftzer, fondateur du journal *le Temps,* a raconté aux Goncourt ce dîner où « Mme Hugo se mit à parler un peu trop » : « Je n'oublierai jamais le regard impossible à rendre par lequel Hugo l'a foudroyée, l'a réduite au silence. »

Au fil des années, l'appartement de la place Royale s'est garni de meubles de prix, d'objets d'art et d'innombrables bibelots. Au plafond du cabinet de travail tendu de damas rouge, dont la fenêtre s'ouvre sur une cour intérieure, on voit une peinture de Chatillon, du genre fantastique, *le Moine rouge.* Ce saint homme, vêtu d'une robe cramoisie, étudie la Bible sur le ventre d'une femme nue : pourquoi pas ? Au mur, des aquarelles et des dessins de Nanteuil, de Boulanger, beaucoup de livres anciens, des laques, des porcelaines de Chine — malheureusement ébréchées. Sur le bureau, une boussole de cuivre portant la date de 1489 et le nom de la *Pinta.* Hugo affirme gravement qu'il s'agit de la boussole de Christophe Colomb. Peut-être.

Dans le salon rouge, deux cheminées, chacune avec un miroir ancien, une abondance de vases, de flambeaux, de pendules. Les trois larges baies s'encadrent de rideaux, de tapisseries, formant de si larges embrasures que, les soirs de réception, on peut s'isoler pour causer à l'abri des indiscrétions. L'été, les fenêtres largement ouvertes laissent voler dans le salon le parfum des feuilles et des fleurs. En face, voici un grand dais à lambrequin : un trophée de la prise d'Alger, que le lieutenant Elbée a offert à Victor Hugo. Cela permet à Gautier qui, comme Victor, adore les calembours de s'exclamer : *le dais du dey!*

Sous ces lambrequins qui auraient appartenu à Mme de Maintenon — *dixit* Hugo — on a porté un grand divan recouvert de broderies anciennes, place de prédilection, les soirs de réception, des jolies femmes. Les mauvais esprits ne manquent pas d'observer que, dans ce salon, celui qui règne — « présent ou absent » — c'est Hugo. L'œil est attiré, invinciblement, par le grand portrait peint par Auguste de Chatillon qui a représenté son ami tenant entre ses genoux François-Victor. Les initiés n'oublient pas de lire, « sur cette toile divinatrice... la métamorphose du père archange tranquille en un homme puissamment tourmenté [1] ». En pendant, voici, par Louis Boulanger, le portrait gracieux et fier d'Adèle Hugo. Tout près, le buste de Victor sculpté par David d'Angers, hommage inspiré, reflet éclatant de la gloire et du génie.

Dans ce salon, viennent toujours Gautier, Nerval, les Devéria, Delphine Gay, David d'Angers, Auguste de Chatillon, Boulanger, Dumas parfois, Lamartine rarement. Et puis les nouveaux, les jeunes, de plus en plus nombreux, les hôtes de passage, éblouis de se retrouver dans le saint des saints. Achille Allier, déjà cité, les incarne tous, qui adresse ce bulletin de victoire à sa femme : « J'ai vu Victor Hugo. Sa figure est plus juvénile que le portrait de Léon Noël, les traits y sont trop fortement accusés. Son accueil a été tout amical. Il m'a reçu dans son cabinet. Une vieille bonne travaillait auprès de lui et sa petite fille jouait à ses pieds, me regardant de ses grands yeux noirs et vifs, mais sans étonnement, comme les enfants de Paris accoutumés

1. Raymond Escholier.

à tout voir, puis elle grimpait sur les genoux de son père et jouait avec le ruban rouge de sa boutonnière. »

Image de vie familiale quasi idéale. Allier repartira pour sa province, plein d'admiration pour cette réussite toute d'équilibre intime, d'harmonie conjugale et d'entente sublime. Il ignore que, chaque jour, ou presque, le maître des lieux quitte son appartement, soit par la grande porte, soit par le petit escalier dérobé qui s'ouvre près de son cabinet de travail. Il quitte sa première femme pour rejoindre la seconde.

Assurément, Juliette est résignée. Seulement, de temps en temps, elle n'en peut plus de solitude, elle aspire à un peu d'air, à des rues, à des jardins, à un coin de ciel. Elle sanglote sur son malheur. On la comprend. Mais Hugo paraît et les rires succèdent aux pleurs. Son beau corps sensuel se dévore toujours de désirs auxquels répond de moins en moins son amant. M. Jean Savant s'est amusé à piquer dans l'océan de ses lettres encore inédites quelques cris révélateurs soigneusement laissés sous le boisseau par les hugolâtres : « Je serai bien heureuse si vous venez dîner avec moi et coucher avec Juju. Malheureusement, je n'ai pas beaucoup d'espoir de ce côté... Je baise tout ce qu'enveloppe votre pantalon collant. J'y colle mes lèvres... » Cela n'émeut pas Hugo. Dix jours plus tard : « Quel affreux Toto vous faites. On ne peut pas *jouir de vous* dans aucun cas. » Enfin il vient « déjeuner » — ce qui, dans le vocabulaire de Juliette correspond en effet à un hors-d'œuvre, sans plus : « Malheureusement, en voilà pour longtemps. Aussi vais-je m'enfermer dans mes souvenirs de la matinée jusqu'au moment où vous m'apporterez du bonheur frais et nouveau. » Elle soupire : « Tu n'es pas homme à te prodiguer deux fois dans la même journée... » ou encore : « Vous êtes l'homme le moins héroïque et le plus vertueux de France et de Navarre... » Elle se fâche : « Je veux même, à l'avenir, ne plus t'en parler, parce que rien n'est plus déplacé ni plus ridicule qu'une femme qui sollicite *vainement* les faveurs de son amant. Ainsi mon bien-aimé, puisque je dois vivre avec toi comme *une sœur avec son frère,* tu trouveras bon que je m'abstienne de te rappeler, en aucune manière, le temps où nous étions mari et femme. »

De temps à autre pourtant, une nouvelle vague de désirs fous le jette vers elle. Ce sont des moments qui effacent tout, les innombrables heures où elle l'attend, tous ces jours et toutes ces nuits où elle se consume en vain. Alors, bouleversée, elle lui écrit : « Je n'oublierai jamais le 13 janvier 1839, trois heures après-midi... » Lui non plus. Ce jour-là, il écrit pour elle :

Relève ton beau front, assombri par instants ;
Il faut se réjouir, car voici le printemps :
Avril, saison dorée où parmi les zéphyres,
Les parfums, les chansons, les baisers, les sourires,
Et tous ces doux propos qu'on tient à demi-voix,
L'amour revient au cœur comme l'ombrage au bois [1].

Peu à peu, les « nouveaux » de la place Royale se muent en « disciples ». C'est le lot de tous les chefs d'école. Reconnaissons qu'il est rare, à trente-six ans, de compter de tels séides. Parmi ceux-ci, un jeune poète du nom d'Auguste Vacquerie. La rencontre remonte à ce jour de 1837 où, élève du collège Charlemagne — et récoltant tous les prix — il s'est présenté place Royale, tout tremblant, suppliant Hugo d'accorder à lui et à ses condisciples, fous de théâtre, une représentation d'*Hernani* au collège pour la Saint-Charlemagne. Hugo avait reçu avec son habituelle cordialité ce jeune garçon long et maigre qui se présentait comme poète — et l'était. Une autorisation ? Bien sûr, il l'accordait. Même, il était venu assister à la représentation. Belle entrée en matière. Lors du procès de *Marion de Lorme*, Auguste Vacquerie était dans le public. Hugo l'avait reconnu, s'était avancé pour lui serrer la main. Délire du jeune homme. Ainsi encouragé, il s'était présenté de nouveau place Royale, y était revenu, et, un jour, s'était permis d'amener l'un de ses camarades, Paul Meurice. Les deux jeunes gens allaient devenir des familiers. Pouvaient-ils savoir, ces adolescents, qu'ils consacreraient leur vie entière au poète ? Que, dotés l'un et l'autre d'un véritable talent, ils choisiraient de l'oublier pour servir celui de Victor Hugo ?

Auguste Vacquerie a vécu la bataille de *Ruy Blas* dans un état de fièvre qui transparaît dans une lettre adressée à son frère : « *Ruy Blas* ne se donnera que dans les premiers jours de la semaine prochaine. Ainsi ma vie à présent se résume dans ce mot : j'attends. Il y a pourtant des détails que je vais te dire, heure par heure, et jour par jour. Arrivé ici jeudi à dix heures du matin, je suis allé chez M. Hugo où je suis resté à dîner et de chez qui je suis sorti à minuit.

1. *Dernière Gerbe.*

Voilà pour la première journée. » Le lendemain, il est allé voir la jeune Rachel, l'étoile montante de la Comédie-Française, dont Tout-Paris chante le génie, qui réhabilite les classiques et qui, ce soir-là, joue *Cinna*. Verdict d'un romantique inconditionnel : « Dans six mois, on ne parlera plus de Mlle Rachel. » Bien sûr, à la première de *Ruy Blas*, il sera de ceux qui ont applaudi, acclamé, crié, hurlé.

Un jour, le jeune homme est tombé malade. Adèle l'a soigné comme s'il s'agissait de l'un de ses enfants. Auguste a aussitôt informé son père, Charles Vacquerie, bourgeois du Havre enrichi dans le métier d'armateur, de ce singulier privilège. En signe de sa réussite, M. Vacquerie a fait construire à Villequier, sur les bords de la Seine, une grande maison de brique flanquée de deux charmants pavillons à balcon de bois où, l'été, viennent le rejoindre ses deux fils : l'aîné, Charles, désigné comme son successeur, et Auguste, le fort en thème. Adèle Hugo a eu droit aux remerciements de la famille. Une correspondance s'en est suivie. Derrière tout cela, planait un secret : Auguste, dès qu'il avait aperçu l'adorable Léopoldine, en était tombé amoureux.

Ce jeune poète qui fixe son ambition tout entière à ressembler — de loin — à Victor Hugo, brûle pour Léopoldine comme Hugo s'est consumé pour Adèle. Dès qu'il est de retour chez ses parents, faute de pouvoir écrire à l'élue — ce que les mœurs du temps ne tolèrent point — c'est à Hugo qu'il s'adresse. Et le grand homme — ô joie — lui répond :

« Cher poète, vous m'écrivez une bonne et charmante lettre du milieu de vos arbres, de vos bois, de vos collines, de vos eaux et des couchers de soleil et des levers de lune sur vos magnifiques horizons. Je vous remercie de vouloir bien encore prêter l'oreille à la parole d'un homme, entouré que vous êtes de cette grande parole de Dieu. Je ferai tous mes efforts pour aller vous serrer la main quelques heures. En attendant, je me déclare votre envieux, vous avez la poésie, en vous, et autour de vous [1]. »

Tout au long de l'hiver 1838-1839, Auguste est revenu souvent place Royale. Il a revu Léopoldine. Certes, elle n'a que quatorze ans, mais elle est fine, intelligente, avec une taille et un cou flexibles, de grands yeux noirs qui sont une caresse, un mélange d'innocence et d'extrême lucidité. Naïve rouerie d'amoureux transi : Auguste n'a eu de cesse

1. Maison Vacquerie. Musée Victor Hugo, Villequier. Inv. n° 70.

d'obtenir que ses parents invitent, pour l'été de 1839, la famille Hugo à Villequier. Il faut dire que ce printemps-là n'a pas été de tout repos. Le 12 mai, Auguste Blanqui, Armand Barbès et Martin Bernard, animateurs de la Société secrète des Saisons, ont tenté de soulever Paris contre Louis-Philippe. On s'est battu dans le quartier de l'Hôtel de Ville et de la Préfecture de police. A 3 heures, Léopoldine est entrée dans le cabinet de Hugo et lui a dit :

— Papa, sais-tu ce qui se passe ? On se bat au pont Saint-Michel.

Aussitôt, Hugo s'est précipité hors de chez lui. Toujours, il sera ainsi. S'il se produit un événement quelconque, il veut y être. Il veut voir. Le voilà sur le boulevard, à la recherche de l'émeute. Il la poursuit dans le Marais. Il recueille des détails. Il note :

« Vers trois heures, deux ou trois cents jeunes gens mal armés ont brusquement investi la mairie du VIIIe arrondissement, ont désarmé le poste et pris les fusils. De là ils ont couru à l'Hôtel de Ville et ont fait la même équipée. En entrant au corps de garde, ils ont gaiement embrassé l'officier. Quand ils ont eu l'Hôtel de Ville, qu'en faire ? Ils s'en sont allés. S'ils avaient la France, en seraient-ils moins embarrassés que de l'Hôtel de Ville ? Il y a parmi eux beaucoup d'enfants de quatorze à quinze ans. Quelques-uns ne savent pas charger leur fusil ; d'autres ne peuvent le porter. Un de ceux qui ont tiré rue de Paradis est tombé sur son derrière après le coup. Deux tambours tués en tête de leurs colonnes sont déposés à l'Imprimerie royale dont la grande porte est fermée. En ce moment, on fait des barricades rue des Quatre-Fils. Aux angles de toutes les petites rues de Bretagne, de Poitou, de Touraine, etc., il y a des groupes qui écoutent. Un grenadier de la garde nationale passe en uniforme, le fusil sur le dos, regardant autour de lui d'un air inquiet. Il est sept heures ; je suis sur mon balcon, place Royale ; on entend des feux de peloton. »

A 1 heure du matin, il est toujours sur son balcon, guettant les bruits de la nuit : « La place Royale est un camp. Il y a quatre grands feux devant la mairie, autour desquels les soldats causent et rient assis sur leurs sacs. La flamme découpe la silhouette noire des uns et empourpre la face des autres. Les feuilles vertes et fraîches des arbres de mai s'agitent joyeusement au-dessus des brasiers [1]. »

Le lendemain, il gagne encore les boulevards. « Ils sont couverts de foule et de troupe. On entend des feux de pelo-

1. A cette époque, la mairie de l'arrondissement était installée dans l'un des immeubles de la place, du côté opposé de celui qu'habitaient les Hugo.

ton dans la rue Saint-Martin. » C'est l'agonie de l'émeute. Barbès, blessé, est fait prisonnier sur sa barricade. Blanqui, l'homme de la nuit, disparaît. Le procès des insurgés du 12 mai commencera un mois plus tard, Barbès sera condamné à mort. Quand Hugo apprend le verdict, il est minuit. Il saisit une feuille, une plume et compose. C'est à Louis-Philippe qui, quelques mois plus tôt, a perdu sa fille Marie, duchesse de Wurtemberg, et dont le petit-fils, le comte de Paris, fils du duc et de la duchesse d'Orléans, est né quelques mois plus tôt, qu'il s'adresse :

Par votre ange envolé ainsi qu'une colombe !
Par ce royal enfant, doux et frêle roseau !
Grâce encore une fois ! grâce au nom de la tombe !
Grâce au nom du berceau !

Comme Hugo, Louis-Philippe déteste la peine de mort. Comment aurait-il oublié que son père, Philippe-Égalité, est mort sur l'échafaud ? Hugo, dans *les Misérables,* le montrera s'acharnant à trouver des motifs de grâce :

« Il s'opiniâtrait contre son garde des sceaux ; il disputait pied à pied le terrain de la guillotine aux procureurs généraux, *ces bavards de la loi,* comme il les appelait. Quelquefois, les dossiers empilés couvraient sa table ; il les examinait tous ; c'était une angoisse pour lui d'abandonner ces misérables têtes condamnées. Un jour il disait au même témoin que nous avons indiqué tout à l'heure : *Cette nuit, j'en ai gagné sept.* Pendant toutes les premières années de son règne, la peine de mort fut comme abolie, et l'échafaud relevé fut une violence faite au roi. »

A Hugo intervenant pour Barbès, Louis-Philippe va répondre : « Ma pensée a devancé la vôtre. Au moment où vous me demandez cette grâce, elle est faite dans mon cœur. Il ne me reste plus qu'à l'obtenir. » Barbès sera gracié — et aussi, quand on le prendra et le condamnera à son tour, Blanqui. Ces mois-là, Hugo se porte mal : les yeux encore une fois. Sans cesse, dans les lettres de Juliette, on retrouve la phrase inquiète : « Comment vont tes yeux ? » Sans cesse elle parle de cette « tisane pour les yeux » qu'elle prépare à l'aide de pavots broyés. Une crise de furonculose l'accable, en un lieu singulièrement mal placé puisque, dans une lettre du 23 août, Juliette lui propose de lui préparer un bain de siège. Il souffre en outre d'atroces et tenaces migraines. Faut-il parler de maladie psychosomatique, comme le pense Mme Annie Ubersfeld ?

L'angoisse qui taraude Hugo est-elle née de la maladie, ou la maladie de l'angoisse ? En août, il confie à Juliette qu'il ne dort plus que deux heures par nuit. Un nouveau thème de drame l'obsède, celui des *Jumeaux*. Le 23 juillet, il écrit à Auguste Vacquerie : « Je suis dans ces jours décisifs où l'on tourne autour d'une œuvre qu'on a dans l'esprit, afin de trouver le meilleur côté pour l'entamer... Il y a une sorte de tristesse sombre et mêlée de crainte qui précède l'abordage d'une grande idée. »

Trois jours plus tard, le 26 juillet, il se plonge dans cette nouvelle pièce. Son thème : le Masque de fer. Jamais la légende ne s'est trouvée aussi populaire. Emboîtant allégrement le pas à Voltaire, le XIXe siècle tout entier se veut assuré que Louis XIV avait un frère jumeau qui, par raison d'État, avait été emprisonné et affublé d'un masque de métal. Vigny, dans *la Prison*, poème de 1822, avait développé ce thème, romantique entre tous. Dumas le reprendra, l'amplifiera, lui donnant son cadre définitif. Aujourd'hui, les historiens se déclarent certains que l'homme au masque — qui a existé — ne pouvait en aucun cas être le frère du roi Soleil. Les contemporains de Hugo — et Hugo lui-même — étaient sûrs du contraire. Dès septembre 1829, établissant la liste de ses projets dramatiques, Hugo citait déjà : *le Masque de fer*. Au dos d'une lettre du 10 juin 1830, le titre *le Masque de fer* voisinait avec un très curieux brouillon que l'on peut, à juste titre, juger révélateur :

Caïn, Abel, vos races sont encor dans le monde
    les justes, les héros
Esclaves et tyrans, victimes et bourreaux.
Caïn
Abel dit Providence ! et toi : fatalité !

Comment douter ? Dans l'esprit de Hugo, le mythe du Masque de fer s'identifie au face à face originel de Caïn et d'Abel. D'où l'angoisse. Si Caïn a tué Abel, Louis XIV, pour régner, a condamné son frère à la prison et à la nuit. Le prisonnier royal, selon Hugo, s'écrie du fond de son cachot : « Ce masque est mon visage et je suis un fantôme. » Le jumeau méritait autant que son frère les ivresses du trône : il s'agissait donc d'une confiscation. Comment tout aussitôt ne pas en revenir à la tragédie des deux frères, Eugène et Victor, à cette gloire et à ce bonheur intime de l'un qui ne se sont confirmés qu'au prix de la folie et de la captivité de l'autre ? Qu'il tourne ou retourne dans son esprit le problème, Hugo ne peut objectivement se sentir coupable du sort advenu à Eugène. La pensée ne l'en obsède pas moins que, s'il n'est pas la cause de ce désastre, il en est la raison. Voilà pourquoi l'écrivain envisage le thème des *Jumeaux,* et avec quelle difficulté, pour la première fois de sa vie, il avance dans la composition. De là vient la décision prise tout à coup d'interrompre l'œuvre en cours. Le 27 août, il écrit à sa femme : « Je suis tellement souffrant et la solitude de la maison m'est si insupportable que je vais partir. Je ferai le dernier acte à mon retour. Il n'y perdra pas car je suis épuisé de fatigue et, si j'allais plus loin maintenant, je crois que je tomberais malade. Quand je reviendrai, je serai refait et en huit jours j'aurai fini. Ainsi tout est pour le mieux. »

Un peu d'hypocrisie dans ces lignes ? Il ne part pas seulement parce qu'il est fatigué, mais parce qu'il l'a promis à Juliette. Le moment est arrivé du « pauvre petit bonheur annuel » qu'il réserve à celle-ci. La lettre de Victor est adressée à Villequier.

Les grandes manœuvres d'Auguste Vacquerie ont obtenu un résultat qui fait honneur à sa persévérance. Au cours de l'hiver, sa sœur aînée — elle avait épousé Nicolas Lefèvre, promoteur immobilier avant la lettre, un Havrais — est venu le voir à Paris. Il l'a conduite place Royale. On a sympathisé. Mme Lefèvre a invité Adèle à venir au Havre avec ses enfants passer les vacances chez elle. Adèle a accepté. Il a été convenu que l'on s'arrêterait à Villequier, entre Rouen et Le Havre, chez M. et Mme Charles Vacquerie. Dès le début du mois d'août, Didine se faisait une joie de ce voyage et l'annonçait à son grand-père, Pierre Foucher :

« Nous visiterons les bords de la Seine, nous verrons Rouen, nous admirerons la mer qu'aucun de nous ne connaît, nous comptons aussi battre les environs de Villequier qui d'après ce qu'on dit sont très beaux... Nous nous portons tous bien. Nous sommes florissants de santé. Charles travaille avec fureur pour remporter un prix au collège, c'est un bon et charmant garçon... Il embellit tous les jours ainsi que Dédé que tu trouveras bien jolie à son retour. Toto est bien travailleur aussi ; sa surdité a entièrement disparu, mais papa exige qu'il porte toujours une casquette sur ses énormes cheveux [1]... »

1. Maison Vacquerie, Musée Victor-Hugo, Villequier. Inv. n° 404.

On est allé prendre, à Saint-Germain-en-Laye, le bateau qui fait le service de Rouen. On a navigué sur cette Seine qui a émerveillé Léopoldine.

A son père : « Nous n'avons pas eu un instant d'ennui ; nous regardions toujours, nous ne perdions aucun des magnifiques points de vue qui nous ont semblé à nous qui n'avions rien vu encore plus superbes qu'à ceux qui voyagent souvent. Nous avons ensuite admiré Rouen et ses belles églises, sa cathédrale surtout que j'aurais voulu visiter complètement. Je t'ai remercié dans le fond de mon cœur, mon père chéri, car c'est toi qui nous as appris à apprécier et à jouir des belles choses. »

A l'embarcadère de Rouen, justement, les attendent deux jeunes gens. Ils savent bien qui est le premier : Auguste Vacquerie. Ils font la connaissance du second, Charles, frère d'Auguste. Rien de plus différent que les deux frères Vacquerie. Charles a deux ans de plus qu'Auguste, il est aussi rond que son frère est long et maigre. Auguste n'a pas été précisément gâté par la nature ; certains répéteront qu'il était franchement laid. Charles, sans être beau, offre au regard un visage harmonieux encadré d'une barbe en collier et des yeux noirs pleins de douceur. Les frères Vacquerie vont conduire Mme Hugo et son petit monde à Villequier. *Léopoldine à son père* : « La Seine borde le jardin de M. Vacquerie, nous voyons de petits navires stationnaires depuis plusieurs jours en cet endroit, le matin je regarde l'eau de mon lit ; c'est une bien charmante maison que celle-ci ; elle le serait bien davantage si tu l'habitais avec nous [1]... »

Elle a quinze ans, Didine. Charles en a vingt-deux. Quand Auguste voit son frère emmener la jeune fille en promenade, ou canoter sur la Seine, ou prendre un bain de mer, il regarde cela avec un sourire indulgent. A la fin du séjour, Didine écrira à Julie Foucher : « Mr Auguste m'a donnée *(sic)* la plus ravissante cassolette qu'on puisse voir, Mr Charles, son frère, doit me faire présent d'une petite boîte en ivoire avec deux jolis petits flacons, [de] deux baguiers en coquillages montés avec des fleurs en porcelaine, il m'a déjà donné d'admirables coquillages [2]. »

Voilà beaucoup de cadeaux.

Le 5 octobre, Léopoldine, qui découvre la mer, dit son émerveillement à son père : « Je l'ai trouvée superbe et

1. Maison Vacquerie, Musée Victor-Hugo, Villequier. Inv. nº 629.
2. Maison Vacquerie, Musée Victor-Hugo. Villequier. Inv. nº 603.

immense, je ne pourrais jamais dire ce qu'elle m'a fait éprouver, j'ai compris ton admiration... » La lettre s'est croisée avec une autre de Hugo, écrite de Marseille, empreinte d'une émotion semblable : « Toutes les nuits, je regarde les étoiles comme nous faisions le soir sur le balcon de la place Royale, et je pense à toi, ma Didine. Je vois avec plaisir que tu aimes et que tu comprends la nature... »

Hugo, lui, court les grandes routes avec Juliette.

« Pendant que le corps se déplace, grâce au chemin de fer, à la diligence ou au bateau à vapeur, l'imagination se déplace aussi. Le caprice de la pensée franchit les mers sans navire, les fleuves sans pont, les montagnes sans route. L'esprit de tout rêveur chausse les bottes de sept lieues. » Ces lignes, tirées de la préface du *Rhin,* pourraient servir d'exergue à tous les voyages de Hugo. Que cherche-t-il en s'élançant sur les routes ? Est-ce seulement cette intimité quasi conjugale après laquelle aspire Juliette durant onze mois et qui, si elle lui manque moins qu'à sa compagne, lui fait à lui aussi parfois défaut ? S'il ne s'agissait que de cela, il pourrait simplement louer une maison en quelque campagne. La vérité est qu'il veut mêler ces retrouvailles de l'être aimé, étape indispensable à la survie de leur couple, à cette nécessité de découverte qui lui est une seconde nature. On l'a vu courant dans Paris dès lors qu'il s'y passe quelque chose. Pareillement, il lui est devenu indispensable d'explorer cette France où il plonge des racines chaque année plus profondes. Comment la sentirait-il s'il ne la connaissait pas tout entière ? Comment prendrait-il la mesure de sa véritable identité s'il n'allait regarder en face, de l'autre côté des frontières, les peuples qui lui sont voisins ? Il sait ce qu'il doit déjà à ses souvenirs espagnols et, à un moindre degré, à son voyage italien. Il a besoin de meubler sa mémoire d'autres images, d'impressions nouvelles. Alors, il part, il marche, il roule, il vogue — et il note. La présence de Juliette, parce qu'elle lui fait le cœur plein, exaspère ses impressions. Un penseur plus profond qu'on ne l'a cru ou qu'on ne l'a dit, expert en âme féminine, a écrit : « Rien n'est plus beau, je crois, qu'un Vermeer que l'on montre à la femme qu'on aime [1]. »

On reste stupéfait des itinéraires et des étapes qu'il s'impose. Cette année 1839, par exemple, le 31 août,

1. Sacha Guitry.

Juliette et lui quittent Paris à 22 heures. Ayant voyagé par Coulommiers, Sézanne, Vitry, Saint-Dizier, Bar-le-Duc, Ligny et Toul, ils arrivent le lendemain à Nancy. Le 2, ils sont à Strasbourg où ils parviennent à 18 h 30. Ils visitent Strasbourg le 3, quittent la ville le 4 à 18 h 30, passant le Rhin à Kehl une heure plus tard. Le Rhin ! Nous avons hâte de connaître l'impression produite par ce fleuve qui va occuper une place si capitale dans son œuvre, hâte de savoir comment il a ressenti le premier choc. Déception. Le choc est pour plus tard. L'année suivante, il écrira :

« Je contemplai longtemps ce fier et noble fleuve, violent, mais sans fureur ; sauvage, mais majestueux. Il était enflé et magnifique au moment où je le traversais. Il essuyait aux bateaux du pont sa crinière fauve, sa *barbe limoneuse* comme dit Boileau. Ses deux rives se perdaient dans le crépuscule. Son bruit était un mugissement puissant et paisible. Je lui trouvais quelque chose de la grande mer. »

En 1839, rien de cette attirance en forme de fascination. Pas de temps à perdre, d'ailleurs : le 5, après une nuit entière en diligence, on arrive à Fribourg-en-Brisgau à 4 h 30 du matin. On en repart à 5 heures, on arrive à Bâle à midi. Pas question de se reposer, on visite Bâle toute la journée. Une nuit à l'auberge et l'on saute de nouveau en diligence le 8 à 7 heures du matin pour arriver à Zurich à 19 h 30. Cela continue ainsi chaque jour, chaque nuit ! Et les voyageurs supportent ce rythme infernal, ces voitures qui brisent les reins, ces nuits écourtées, ce marathon de visites ! Tout de même, à Lucerne, on s'installe pour quelques jours. Pour prendre un peu de repos ? Non, le temps de faire l'ascension du Rigi. On part pour Berne, Fribourg, Vevey, le château de Chillon, Lausanne, Genève que l'on quitte le 24, à 5 heures du matin, pour arriver à Aix-les-Bains à 17 heures. On gagne Lyon en bateau. On navigue de Lyon à Avignon, puis d'Avignon à Beaucaire, de Beaucaire à Marseille où l'on débarque, le 29 septembre à 16 h 30. Une journée pour visiter Marseille. On quitte la ville le lendemain à 6 heures du matin pour arriver à Toulon à 16 heures. Le 2 octobre — autre nécessité hugolienne — on visite le bagne de Toulon. Sur place, il se hâte d'enregistrer ses sensations en une série de notations impressionnantes :

« Entrée du bagne — bac — forçats polis offrant des tabourets et des coussins. — Embarcations où rament des forçats. Rapides.

— Soleil couchant — avenue de gros vaisseaux acculés au quai du bagne — bandes de forçats rentrant au ponton, fatigués, traînant leurs chaînes, montant l'étroit escalier, s'engouffrant sous le guichet bas du vaisseau — bagnes flottants... Visite des forçats au passage du port dans le bagne — aspect de leurs dortoirs au moment où ils viennent d'y rentrer. — On passe une tringle de fer assujettie par un cadenas dans l'anneau extrême de toutes les chaînes. Lits de camp — une caisse, un matelas, une couverture pour les bons ; le lit du trappiste est une faveur pour le forçat... Sept nouveaux venus, dont trois Arabes. Figures graves et regards perçants. On leur a coupé la barbe la veille. Ils sont patients et résignés. L'un d'eux, d'assez haute taille, maigre, est marabout. Il tient son chapelet à la main. Dans un coin, au fond, sous une lucarne, trois tas de forme étrange couverts d'un haillon de laine. De chacun de ces tas sort une chaîne qui rampe sur le sol et va se cramponner six pieds plus loin à une barre de fer transversale scellée dans le plancher. — Ce sont trois hommes, trois forçats, deux incurables et un fou — un fou au bagne ! *Maushardt* (voir la note dans le portefeuille cuir de Russie). »

Que disait-elle, cette note ? « Philippe Maushardt, condamné à Strasbourg à 12 ans — pr coups ayant tué sa femme plus à un mois de prison pour avoir cassé deux carreaux chez le procureur du Roi. »

La note — et plus encore la référence à cette note — prennent un sens très précis : Hugo se documente une fois de plus sur l'univers carcéral. Il avait vu le bagne de Brest, il a voulu connaître celui de Toulon. Toujours l'obsession majeure, les peines que l'on inflige à des hommes, celles privatives de la vie comme celles privatives de liberté : « Cachot des condamnés à Brest plus terrible — *parler du bourreau de Brest.* » Et ceci : « En somme bagne propre, lavé et bien tenu. Le comparer à celui de Brest. Faire la part des deux climats. » Et enfin, cette phrase qui dit tout : *« Traiter la grande question. »*

On a quitté le bagne de Toulon et l'on est rentré à Marseille. Une journée de visites et l'on repart, le 4 octobre, à 6 heures du matin, pour Nice et Cannes où l'on s'établit pour quelques jours. Victor et Juliette visitent les îles Sainte-Marguerite et Saint-Honorat, s'en vont rêver à Golfe-Juan sur le lieu où Napoléon a débarqué. On sera à Paris le 26, à 16 heures. Juliette pourrait bénir le repos qui s'offre enfin. Elle se désespère.

Juliette à Victor, 27 octobre, dimanche soir, six heures et demie :
« Me voici avec mon encre, mon papier, mes fautes d'orthographe, ma stupidité et mon amour. En voyage, je n'avais pas

besoin de tout cet attirail pour être heureuse. Il me suffisait de t'aimer et Dieu sait si je m'en acquittais bien. Ici, je ne t'aime pas moins, au contraire, si le contraire pouvait se faire. Mais je vis loin de toi, mais je te désire, mais je m'inquiète, mais je souffre et je suis malheureuse, voilà tout.

« Cependant, je ne suis pas ingrate, ni oublieuse. Je sens bien que tu viens de me donner presque deux mois de bonheur. J'ai encore sur les lèvres les bons baisers de tous les jours et de toutes les nuits et je sens encore dans ma main la pression de la tienne. Mais tout ce bonheur passé ne sert qu'à faire ressortir plus douloureusement le vide que ton absence fait dans ma vie.

« Aussitôt que tu n'es plus là, je ne vis plus, je ne pense plus, je n'espère plus. Je te désire et je souffre. Aussi je redoute à l'égal de la mort notre retour dans ce hideux Paris où il n'y a rien pour les amants qui s'aiment comme nous nous aimons. Rien, ni soleil, ni confiance — ce soleil de l'amour — rien que de la pluie, des soupçons et de la jalousie, c'est-à-dire les trois fléaux les plus noirs, les plus tristes et les plus froids qui affligent le corps et le cœur.

« Oh ! je souffre, mon Toto, autant que je t'aime, c'est bien vrai, mon pauvre adoré, et c'est toujours ainsi quand tu n'es pas avec moi. »

Pourtant, ils sont rentrés de voyage plus proches l'un de l'autre qu'ils ne l'ont été depuis longtemps. A ce point que, dans la nuit du dimanche au lundi 4 novembre, il lui crie qu'il n'a jamais aimé qu'elle. Ce qui est faux, bien sûr. Comment oublierions-nous Adèle, la fiévreuse et longue attente, les lettres passionnées à la fiancée ? Lui-même, au moment où il a prononcé ces mots, l'oubliait-il ? Quelle joie, pour Juliette !

« J'ai bien pensé toute la nuit à ce que tu m'as dit dans la soirée, mon adoré. Il y a surtout une phrase lumineuse qui brille et me brûle l'âme. Peut-être n'est-elle sortie de tes lèvres que comme un de ces compliments qu'on est entraîné à dire à la femme qui aime ? Je ne sais, mais ce qui est sûr, c'est que j'ai converti l'assurance que tu m'as donnée de n'avoir jamais réellement *aimé d'amour que moi* en une chose sainte, sacrée et de la plus grande vérité. »

Cette exaltation réciproque va conduire Juliette à une idée qui lentement prendra possession d'elle-même comme la foi s'empare de l'âme du converti. Bien sûr, elle a renoncé à tout, elle sait qu'elle ne partagera jamais la vie de Hugo, qu'elle restera toujours la seconde de fait et de droit. Elle a tout sacrifié pour le garder. Mais, de toute son âme, elle aspire à une chose qui, à ses yeux, tiendra lieu de tout. Ce qu'elle souhaite n'est rien d'autre que de devenir *la femme* de Victor, non par la loi mais par l'esprit. Sans cesse son Toto lui parle de Dieu. A ses côtés, elle a senti se raviver cette flamme de foi un peu remisée au temps de ses folles amours. Il a besoin de la prière, il prie souvent. Miroir fidèle, elle prie autant que lui. Il lui redit que Dieu bénit leur amour, idée peu chrétienne mais fort pratique. Elle s'est récriée. Avec la persévérance qu'il met à tout, il lui a démontré qu'il avait raison et l'a définitivement convaincue. Elle veut aller jusqu'au bout de cette logique. Alors : Toto, épouse-moi, devant Dieu ! Sans doute ignore-t-elle qu'un jour, en pleine Révolution, le terrible Marat a résolu lui aussi d'épouser sa compagne devant l'Être suprême. Il a mené la jeune femme étonnée devant la fenêtre de leur chambre, a ouvert la fenêtre — sans doute pour que Dieu soit plus près — et s'est déclaré son époux. Dans la nuit du 17 au 18 novembre 1839, à cette supplique sans cesse présentée, il accepte enfin. Il jure qu'il n'abandonnera jamais sa Juliette bien-aimée. Il jure que Claire est devenue sa fille. Elle fait le serment — elle — qu'elle sera toujours sienne. Dès lors, elle se considère comme mariée mystiquement avec Victor.

Juliette à Victor, 18 novembre 1839 : « Oh ! oui, je suis ta femme, n'est-ce pas, mon adoré ? Tu peux m'avouer sans rougir et cependant mon premier titre, celui que je veux conserver entre tous les autres et par dessus tous les autres, c'est celui de TA MAÎTRESSE, ta maîtresse passionnée, ardente, dévouée et ne comptant que sur ton regard pour vivre, sur ton sourire pour être heureuse. Je te bénis, mon petit homme généreux, d'avoir pensé à ma fille, ma pauvre fille qui devient ainsi la tienne, et qui t'aimera d'une partie de mon amour, celui qui te vénère, t'admire et te bénit nuit et jour. Merci pour elle, merci pour moi, pour *nous*, car nous serons bien heureux je l'espère, toi par le bienfait, moi par l'amour. »

Moment unique, dans ces vies secouées d'impossibles traverses et d'intolérables affrontements. Moment qui, par-delà même la réalité, édifie peu à peu une légende.

TABLE DES MATIÈRES

IMPRIMÉ EN FRANCE PAR BRODARD ET TAUPIN
Usine de La Flèche (Sarthe), le 19-01-1987.
1166-5 -N° d'Éditeur 2236, janvier 1987.

PRESSES POCKET - 8, rue Garancière - 75006 Paris
Tél. 46.34.12.80